Jörg Gabriel

Tansanias Nationalparks, Sansibar

»Eine Reise ist ein Trunk aus der Quelle des Lebens.«

Friedrich Hebbel, deutscher Dramatiker und Lyriker (1813–1863)

Impressum

Jörg Gabriel
Reise Know-How Tansanias Nationalparks, Sansibar

erschienen im
Reise Know-How Verlag Peter Rump GmbH
Osnabrücker Str. 79
33649 Bielefeld
Deutschland
+49-051-946490
info@reise-know-how.de

4., neu bearbeitete und aktualisierte Auflage 2024

ISBN 978-3-8317-3416-0

Teile des Buchinhaltes sind dem Reise Know-How-Titel „Tansania, Sansibar, Kilimanjaro" entnommen.

Gestaltung und Bearbeitung
Umschlag: Peter Rump, der Verlag
Inhalt: G. Pawlak, Wayan Rump, der Verlag
Karten: T. Buri; B. Spachmüller; der Verlag
Fotonachweis: siehe S. 455
Lektorat: M. Luck
Lektorat (Aktualisierung): der Verlag

Druck und Bindung
Druck- und Verlagshaus
Zarbock GmbH & Co. KG,
Frankfurt am Main

Printed in Germany

Bibliografische Information der Deutschen Nationalbibliothek
Die Deutsche Nationalbibliothek verzeichnet diese Publikation in der Deutschen Nationalbibliografie; detaillierte bibliografische Daten sind im Internet über http://dnb.dnb.de abrufbar.

Anzeigenvertrieb
KV Kommunalverlag GmbH & Co. KG,
Alte Landstraße 23, 85521 Ottobrunn,
Tel. 089 928 096-0, info@kommunal-verlag.de

Bildlegende Umschlag und Vorspann
Titelfoto: Am Ngorongoro-Krater (Adobe Stock ©Elena)
Vordere Umschlagklappe: Liebesvogel (jg)
kleines Bild: Kitulo National Park (jg)
S. 1: Sanfter Riese: eine Giraffe (jg)
S. 2/3: Unterwegs mit dem Geländewagen in der Savanne (jg)

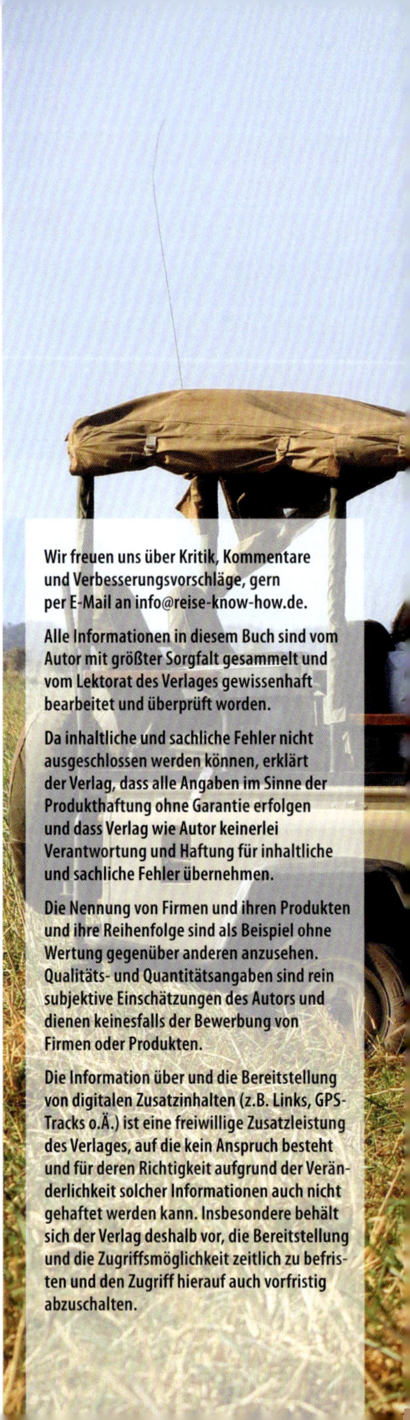

Jörg Gabriel

TANSANIAS NATIONALPARKS, SANSIBAR

Vorwort

Tansania! In unseren Breiten hat dieses Wort noch nicht annähernd die Anziehungskraft wie die Namen der einzelnen Nationalparks und Regionen des Landes: die riesige wilde Savannenlandschaft der Serengeti, der mit Tieren gefüllte Ngorongoro-Krater, der gewaltige, schneebedeckte Kilimanjaro und die Gewürzinsel Sansibar.

Fast dreimal so groß wie Deutschland, eröffnet Tansania Reisenden eine Fülle an Möglichkeiten. Die verschiedensten Naturräume zwischen Indischem Ozean und den drei größten Seen des Kontinents bieten ein breites Spektrum an Sehenswürdigkeiten, kulturellen Begegnungen, einsamer Wildnis und geschichtsträchtigen Orten. Um das Land abseits der gängigen Routen und viel frequentierten Safari-Spots näher kennenzulernen, bietet dieses Buch das nötige Werkzeug. Die Anzeihungskraft Tansanias hat natürlich ihren guten Grund und versammelt Besucher aus aller Welt: Speziell der Norden Tansanias trumpft mit besonderen Höhepunkten der afrikanischen Safariwelt auf. Wer hier noch nicht war, will einmal auch in *Grzimeks* bzw. in den von *National Geographic* oscarreif gefilmten tierreichen Savannenlandschaften unterwegs sein.

Mit diesem Buch soll insbesondere **Tansania Safari-Urlaubern ein Buch** an die Hand geben werden, dass ausführliche und hilfreiche Informationen rund um das Thema Safari (Planung, Vorbereitung, Durchführung usw.) in Tansania, speziell zu Nationalparks und zu ein paar ausgesuchten anderen Naturschutzgebieten, welche mittlerweile auch Bestandteil vieler angebotener Reiseprogramme sind, enthält.

Und warum Safari in Tansania?

Wer mit einem Safari-Urlaub in Afrika liebäugelt, wird bei der Wahl des Reiselandes kaum an Tansania vorbeikommen. Hier befinden sich nicht nur **einige der bekanntesten Nationalparks und Wildschutzgebiete Afrikas,** diese gelten auch als die größten, tier- und artenreichsten des ganzen Kontinents. Doch nicht nur die Besonderheiten der Fauna verleihen den Nationalparks Tansanias ihre Ausnahmestellung, es sind auch die vielfältigen Landschaftsformen: mal hoch und kühl, mal bergig und von dichtem Tropenwald bedeckt oder aber flaches Savannenland mit teils skurril anmutenden Bäumen und bizarren Felsformationen.

Für den Safari-Urlauber bieten sich in den tansanischen Nationalparks viele

Möglichkeiten der Tierbeobachtung: hauptsächlich vom geschlossenen oder offenen Geländewagen aus, zu Fuß oder in manchen Schutzgebieten auch mit dem Boot/Kanu. Viele Wildschutzgebiete lassen sich mühelos miteinander verbinden, meist mit dem Fahrzeug, aber auch mit mittelgroßen Propellerflugzeugen, vor allem wenn man die Parks im Norden („Northern Safari Circuit") mit den etwas weiter auseinander liegenden Schutzgebieten im Süden und Westen des Landes verbinden möchte. Oder wenn es nach den Safaritagen zum sonnigen Ausklang des Urlaubs an die herrlichen **Strände Sansibars** gehen soll.

Der vorliegende Reiseführer wendet sich an Urlauber, die eine reine Nationalpark-Safari planen bzw. durchführen wollen – mit oder ohne Badeurlaub auf Sansibar.

Ob bei der Planung zu Hause oder als Begleiter vor Ort – dieses Buch soll Ihnen als Leserinnen und Lesern verlässliche Dienste leisten und bei der Entdeckung der großartigen Naturlandschaften und der Tierwelt behilflich sein. Optimal vorbereitet und gut informiert wird der Safari-Urlaub mit Sicherheit ein unvergessliches Erlebnis. Vor allem durch den regelrechten „Safari-Boom" in Tansania fällt die Orientierung im Wust der Anbieter, Preise und Programme nicht immer leicht. Und: Zu welcher Jahreszeit sind welche Parks am besten zu besuchen? Sollte man Regenzeiten wirklich komplett meiden, oder sind die Tierbeobachtungsmöglichkeiten womöglich besser als vermutet? Safari mit Kindern – geht das? Auf solche und andere Fragen wird in diesem Buch näher eingegangen.

Dementsprechend hoffe ich, dass Sie möglichst viele Antworten, Informationen und Tipps für ihre Safari finden und das einzigartige Land Tansania auf einer interessanten und erlebnisreichen Reise näher kennenlernen.

Jörg Gabriel

tannp051 jg

Inhalt

Vorwort 4
Karten 9
Hinweise zur Benutzung 9
Steckbrief Tansania 10
Tansanias „Safari-Circuits" 11

1 Vor der Reise: Planung und Vorbereitung 12

An- und Einreise 14
Ausrüstung und Kleidung 20
Diplomatische Vertretungen und Infostellen 27
Dokumente (Visum) und Zollbestimmungen 28
Geld und Reisekasse 31
Telefonieren 34
Versicherungen 35
Zeit und Zeitverschiebung 35
Safari-Planung und -Vorbereitung 36
Privat-Safari oder Gruppenreise? *44*
Unterkunftsarten 52
Der Aufenthalt in Lodges und Camps *52*
Verhalten und Verständigung 55

2 Auf Safari 58

Safari-Tourismus 60
Safari-Sprache 62
Sicherheit auf Safari 63
Safari-/Driver-Guide 66
Achtung Paviane – Die Affenbande am Nationalpark-Eingang *68*
Safari mit Kraftfahrzeugen 69
Game Drive 71
Verhaltensregeln für Tansanias Schutzgebiete *72*
Fuß-Safari 73
Boot-Safari 75
Reit-Safari 76
Train-Safari 76
Essen und Trinken 76
Tierbeobachtung und -fotografie 77

3 Die Tierwelt Ostafrikas 88

Säugetiere 90
Affen **90**
Nagetiere **93**
Schuppentiere **95**
Raubtiere **95**
Katzen 95
Hunde 97
Schakale 98
Hyänen 98
Schleichkatzen **100**
Marder **100**
Erdferkel **100**
Elefant **101**
Schliefer **102**
Unpaarhufer **102**
Zebras 102
Nashörner 103
Paarhufer **104**
Flusspferd und Schweine 104
Giraffen 106
Hornträger **106**
Ducker 106
Böckchen 107
Waldböcke 108
Rinder 109
Kuhantilopen 110
Pferdeböcke 111
Ried- und Wasserböcke 112
Schwarzfersenantilope 112
Gazellen 113

Vögel (Binnenland) 114
Strauß **114**
Pelikane und Kormorane **114**
Reiher **115**
Störche und Ibisse **116**
Flamingos **117**
Enten und Gänse **118**
Greifvögel **119**
Geier 119
Adler 119
Sonstige Greifvögel 120
Sonstige Vögel **120**
Hühnervögel 120
Kraniche 121
Rallen 121
Trappen 121
Watvögel 122
Tauben 122
Papageien 123
Eulen und Nachtschwalben 123
Rackenvögel 123
Spechte und Bartvögel 125
Sperlingsvögel 125
Sonstige 125
Reptilien 126
Krokodil **126**
Schlangen **126**
Echsen **127**
Schildkröte **127**

4 Tansanias Natur und Klima 128

Naturraum **130**
Klima **141**
Wild- und Naturschutz **144**
Nationalparks 145
Conservation Area 146
Game Reserves (Jagd) 147
Wildlife Management Area und Forest bzw. Nature Reserve 149
Abholzung und Wilderei 150

5 Northern Safari Circuit 152

Arusha 154
Der Norden Tansanias – ein Bilderbuch-Afrika *156*
Flycatcher – Tricks und Machenschaften der Safari-Vermittler *174*
THEMA Wissenswertes zur Organisation einer Safari vor Ort 176
Arusha National Park 180
„Hatari" – Hardy Krügers ehemalige Farm in Afrika *194*
Enduimet WMA/West-Kilimanjaro 196
Tarangire National Park 197
Der Baobab (Affenbrotbaum) *202*
Lake Manyara National Park 206
Ngorongoro Conservation Area 213
Die Maasai – Afrikas bekanntes Volk zwischen Tradition und Moderne *218*
Wenn Nashörner Namen haben *226*
Die Entstehung der Ngorongoro Conservation Area *230*
Serengeti National Park 240
Die Migration – der große Trek der Gnus *250*

6 Moshi und Mt. Kilimanjaro National Park 258

Moshi 260
Mt. Kilimanjaro National Park 267
Die Chagga – das Volk am Kilimanjaro *268*
Wie Kibo und Mawenzi voneinander getrennt wurden *276*

7 Eastern Safari Circuit 292

Mkomazi National Park 294
Saadani National Park 301

8 Southern Safari Circuit 306

Nyerere National Park 308
Frederick Courteny Selous 310
Der Afrikanische Wildhund 322
Mikumi National Park 325
Udzungwa Mountains National Park 331
Ruaha National Park 335
Kitulo National Park 341

9 Western Safari Circuit 344

Katavi National Park 346
Ugalla River National Park 350
Mahale Mountains National Park 353
Schimpansen – unsere nächsten Verwandten 356
Gombe Stream National Park 360
Lake Victoria – das „Meer" im Herzen Afrikas ist bedroht 364
Rubondo Island National Park 367

10 Sansibar 370

Allgemeines 373
Flora und Fauna 376
Nelken und andere Gewürze 378
Der Sansibar Rotkopf Guereza – eine bedrohte Affenart 381
Zanzibar Town 383
Geschichte und Stadtentwicklung 384
Sehenwertes in der Altstadt Stone Town 385
Praktische Infos 394
Strände bei Zanzibar Town 407
Unternehmungen 407
Spice Tour – die „Gewürztour" 412
Nationalpark Jozani Chwaka Bay 413
Zanzibar Butterfly Centre 414
Ruinenstätten auf Sansibar 414
Sansibars Küstenregionen 418
Nungwi und Kendwa – die Nordspitze Sansibars 418
Die nördlichen Ostküstenstrände 423
Die südlichen Ostküstenstrände 425
Die südwestlichen Strände 428

11 Anhang 430

Gesundheit 432
Literatur 434
Film 435
Karten 435
Internetadressen zu Tansania 436
Kleines Tier-Wörterbuch 438
Register 445
Der Autor 455
Fotonachweis 455

Karten

Tansanias Nationalparks Umschlag vorn
Plateaulandschaften 134

Stadtpläne
Arusha/Zentrum 160, 162
Karatu und Umfeld 234
Moshi 262

Nationalparks
Arusha/Mt. Meru Ostseite 182, 192
Gombe Stream 362
Katavi 348
Kilimanjaro/Kibo 272, 288
Lake Manyara 207
Mahale Mountains 354
Mikumi (Nördlicher Teil) 326
Mkomazi 296
Ngorongoro Conservation Area/ Nord-Maasailand Umschlag hinten
Ngorongoro-Krater 214
Nyerere/Selous/Mikumi/ Udzungwa 312
Selous Game Reserve (Beho-Beho) 314
Ruaha 336
Rubondo Island 368
Saadani 302
Serengeti National Park 245
Seronera Valley 244
Tarangire 200
Udzungwa Mountains 330
Zentrale Serengeti 246

Sansibar
Jozani Nature Trail 414
Norden 372
Nungwi 420
Stone Town 386
Süden 374
Westküste 408
Zanzibar Town 385

Hinweise zur Benutzung

Hinweis zu den Karten

4 Die **Ziffern** in den farbigen Kästchen vor Unterkünften, Restaurants usw. verweisen auf den jeweiligen Legendeneintrag in den Karten und Stadtplänen.

GPS Koordinaten

Die GPS-Koordinaten in diesem Buch sind als geografische Koordinaten (Breite und Länge, Lat./Lon.) in Dezimalgrad angegeben, also beispielsweise so: **GPS N 52.00017, E 8.49119.** Weitere Infos zum Thema unter www.reise-know-how.de/gps.

Preiskategorien Übernachtung

Die Preise variieren i.d.R. saisonal, nach Art der Buchung (pauschal, vor Ort, online) und Verpflegung (B&B, Halb-, Vollpension). Die Lodges und Camps in den Nationalparks sind grundsätzlich (sehr) teuer, zudem können die Preisspannen je nach Saison und gebuchten Leistungen/Aktivitäten sehr groß sein. Grob gesagt, kann man von dem Doppelten ausgehen wie hier unten erwähnt Weitere Infos auf den angegebenen Homepages der Unterkünfte.

① bis 100 US$ pro DZ
② 100–200 US$ pro DZ
③ 200–350 US$ pro DZ
④ 350–650 US$ pro DZ
⑤ über 650 US$ pro DZ

Updates nach Redaktionsschluss

Auf der Produktseite dieses Reiseführers in unserem Internetshop finden Sie **zusätzliche Informationen** und **wichtige Änderungen.**

Steckbrief Tansania

Staatsname/-gründung: Die Vereinigte Republik Tansania *(Jamhuri ya Muungano wa Tanzania)* entstand am 26. April 1964 aus dem Zusammenschluss von Tanganyika (Festland und Insel Mafia, 1890–1918 „Deutsch-Ostafrika", danach britisches Treuhand- bzw. Mandatsgebiet bis zur Unabhängigkeit am 9. Dezember 1961) und den Inseln Sansibars (Zanzibar und Pemba, 1890–1963 britisches Protektorat). Der Staatsname „Tanzania" bildet sich aus *Tan*ganyika + *Zan*zibar + Aza*nia* (früherer griechischer Begriff für die Küste Ostafrikas).

Staatsfläche: 883.749 km^2, davon Sansibar 2644 km^2 (zum Vgl. Deutschland: 357.030 km^2).

Amtliche Sprache: Swahili (Kisuaheli); Englisch ist Zweitsprache.

Währung: 1 Tanzania Shilling (TSh) = 100 Cents; 1 Euro = 2834 TSh (Juli 2024, bei einem Euro-Kurs von 1,08 US-Dollar), 1 US$ = 2631 TSh.

Hauptstadt: Dodoma, de facto jedoch ist Dar es Salaam Verwaltungs- und Regierungszentrum.

tannp052 jg

Staats- und Regierungsform: Föderative Präsidialrepublik. Bis zum 1. Juli 1992 war Tansania laut Verfassung ein Einparteienstaat, der bis 1985 unter der Führung des ersten Präsidenten *Julius Nyerere* den sog. Ujamaa-Sozialismus propagierte.

Staatsoberhaupt: Seit März 2021 ist die ehemalige Vize-Präsidentin Samia Suluhu Hassan die sechste Präsidentin seit der Unabhängigkeit Tansanias. Das Präsidentschaftsamt wird für fünf Jahre vergeben und kann bei Wiederwahl um eine Amtsperiode verlängert werden. Der Inhaber des Amts hat die oberste Befehlsgewalt über die Streitkräfte. Gemäß der Verfassung ist der Präsident von Sansibar, aktuell Hussein Uwinyi, Mitglied des tansanischen Kabinetts.

Parlament/Parteien: Im tansanischen Parlament vertreten sind die Einheitspartei CCM (*Chama Cha Mapunduzi* = Partei der Revolution) sowie die drei Oppositionsparteien CHADEMA (*Chama Cha Demokrasia na Maendeleo* = Partei für Demokratie und Entwicklung), CUF *(Civic United Front)* und NCCR *(National Convention for Construction & Reform)*. Der halbautonome Teilstaat Sansibar verfügt über ein eigenes Parlament *(House of Representatives)*.

Verwaltungsgliederung: Tansania hat 31 Verwaltungsregionen (*regions*), die sich in insgesamt 184 Distrikte (*districts*) gliedern.

Wirtschaft: Tansania hat eine überwiegend agrarisch strukturierte Wirtschaft (fast 65% der Erwerbstätigen). Hauptexportprodukte sind Kaffee, Tee, Tabak, Baumwolle, Sisal, Cashew-Nüsse und Gewürznelken aus Sansibar. Die Arbeitslosigkeit beträgt bis zu 10%. BIP 2023: fast 80 Mrd. US-Dollar.

Bevölkerung: ca. 66,5 Millionen, davon Sansibar ca. 1,3 Millionen; Bevölkerungswachstum ca. 3%; durchschnittliche Lebenserwartung: Frauen ca. 50 Jahre, Männer ca. 53 Jahre; Stadtbevölkerung 38%; Analphabetenrate 22,4%.

Religion: 63% Christen, 34% Moslems, 1,5% Anhänger traditioneller Religionen.

Tansanias „Safari-Circuits"

Die tansanischen **Nationalparks** können einzeln, kombiniert oder als „Safari-Circuits" bereist werden. Die Kapitelstruktur in diesem Buch folgt der Einteilung der Parks in Circuits bzw. nach Regionen.

Aufgrund ihrer geografischen Nähe im Norden Tansanias sind fünf Wildschutzgebiete zu ständigen Größen in fast jeder Safari geworden, besonders bei Tansania-Neulingen. Die Drehscheibe bildet hierbei der Kilimanjaro International Airport bzw. die vom Flughafen 47 km entfernte Safari-Metropole Arusha. Fast wie am Schnürchen aufgereiht lassen sich die Parks Arusha, Tarangire, Manyara, das Ngorongoro-Schutzgebiet sowie die Serengeti gut über Straßen und auch zahlreiche Flugplätze miteinander verbinden. Diese Safari-Region in Tansania ist bekannt als **„Northern Safari/ Tourist Circuit"**. Zunehmend interessante Safari-Destinationen im Northern Circuit sind auch die Wildschutzgebiete Grumeti im Nordwesten der Serengeti, das Lake-Natron-Gebiet und die Randilen und Burunge *Wildlife Management Areas* im Manyara/Tarangire Ökosystem am Fuße des Kilimanjaro.

Mit der Bezeichnung als „Northern Circuit" stand der Norden dann auch Pate für den im Süden verorteten **„Southern Circuit"** und in jüngster Zeit auch für die im Westen und Osten verorteten Circuits **„Western Circuit"** und **„Eastern Circuit"** (→ entsprechende Kapitel).

[<] In Tansania lebt das größte Säugetier der Welt: die Giraffe

[v] Baobab im Abendlicht

tannp053 jg

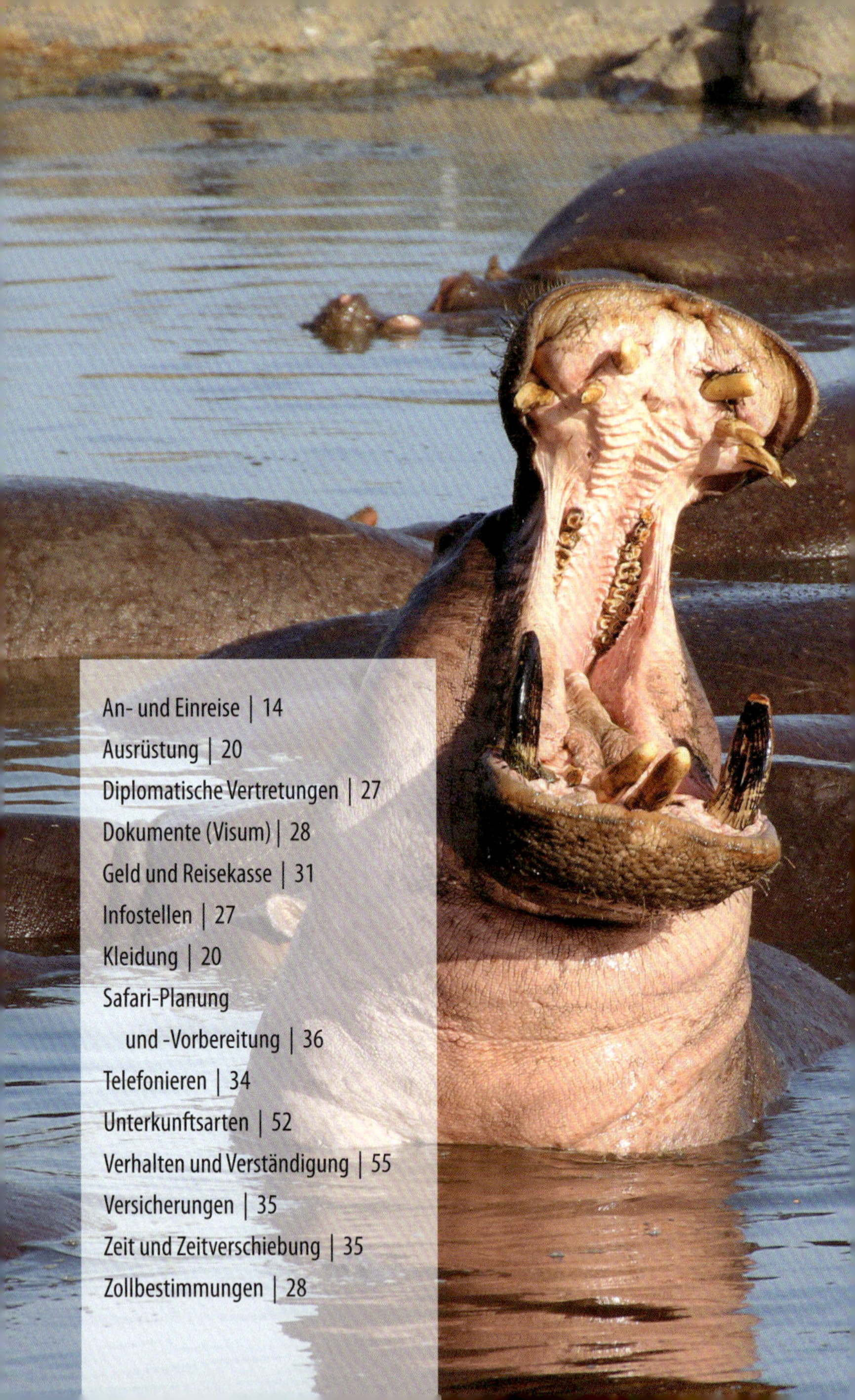

An- und Einreise | 14
Ausrüstung | 20
Diplomatische Vertretungen | 27
Dokumente (Visum) | 28
Geld und Reisekasse | 31
Infostellen | 27
Kleidung | 20
Safari-Planung
und -Vorbereitung | 36
Telefonieren | 34
Unterkunftsarten | 52
Verhalten und Verständigung | 55
Versicherungen | 35
Zeit und Zeitverschiebung | 35
Zollbestimmungen | 28

1

Vor der Reise: Planung und Vorbereitung

‹ Flusspferde in der Serengeti

An- und Einreise

Am häufigsten erfolgt die Anreise nach Tansania über den Luftweg zu den **internationalen Flughäfen in Dar es Salaam, Mwanza, Sansibar und am Kilimanjaro.**

Flugverbindungen

Flugverbindungen nach Tansania bestehen sowohl von Europa und Asien als auch von anderen afrikanischen Ländern aus. Aus dem deutschsprachigen Raum fliegen zurzeit **direkt** *Swiss* von Zürich nach Dar es Salaam und *Discover Airlines* von Frankfurt nach Kilimanjaro sowie von Frankfurt nach Sansibar. Ebenfalls von Zürich fliegt die *Edelweiss Airline* nach Kilimanjaro.

Fluggesellschaften, die von Deutschland, Österreich und der Schweiz **Umsteigeverbindungen** über Amsterdam, Istanbul, Paris, Addis Abeba, Muscat, Dubai oder Doha nach Kilimanjaro, Dar es Salaam oder Sansibar anbieten, sind *KLM/Kenya Airways, Turkish Airlines, Air France, Ethiopian Airlines, Oman Air, Emirates* und *Qatar Airways.* Die nationale Fluggesellschaft *Air Tanzania* bietet noch keine Flüge nach Europa an, ist aber eine gute Wahl für nationale Flugverbindungen zwischen Nordtansania und Dar es Salaam bzw. Sansibar.

Eine gute Option sind sogenannte **Gabelflüge.** Bei diesen Flügen besteht die Möglichkeit, die Reise z.B. im Norden Tansanias zu beginnen und von der Küste oder Sansibar zurückzufliegen. Mit *KLM* kann man nach Nairobi oder Kilimanjaro und zurück von Dar es Salaam (oder umgekehrt) fliegen.

Wer Tansania um die **Weihnachtszeit** oder in den **Sommermonaten** besuchen möchte, sollte **frühzeitig** einen Flug **reservieren,** da für diese Zeiten das Buchungsaufkommen sehr hoch ist.

Flugpreise

Die Flugpreise variieren nach Aufenthaltsdauer, Saison und je nachdem, ob man eine Jugend- oder Studentenermäßigung in Anspruch nehmen kann. Am teuersten ist es in der **Hauptsaison,** die je nach Airline zwischen dem 15. Juni und dem 3. Juli beginnt und bis etwa Mitte September dauert. Hochsaison bei Flügen ist auch von Mitte bis Ende Dezember. Für ein Ticket muss man in dieser Zeit mit mind. **1000 Euro** rechnen. In der **Nebensaison** kann man bereits ab etwa **800 Euro** von Deutschland, Österreich und der Schweiz nach Tansania und zurück fliegen (Endpreis inkl. aller Steuern, Gebühren und Entgelte).

Von Zeit zu Zeit offerieren die Fluggesellschaften **befristete Sonderangebote** zu niedrigeren als den üblichen Preisen. Dann kann man z.B. mit *KLM* für unter 800 Euro von Deutschland nach Dar es Salaam und zurück fliegen.

Buchung

Flugtickets kann man bei den einschlägigen Internet-Fluganbietern und direkt bei den Fluggesellschaften kaufen:

- **www.swiss.com**
- **www.flyedelweiss.com**

- www.discover-airlines.com
- www.emirates.com
- www.qatarairways.com
- www.omanair.com
- www.ethiopianairlines.com
- www.turkishairlines.com
- www.kenya-airways.com
- www.klm.com

Check-In

Nicht vergessen: Ohne einen gültigen Reisepass, der bei der Einreise noch eine Gültigkeit von sechs Monaten haben muss, kommt man nicht an Bord eines Flugzeuges nach Tansania. Kinder benötigen ein eigenes Dokument!

Bei den meisten internationalen Flügen muss man zwei bis drei Stunden vor Abflug am Schalter der Fluggesellschaft eingecheckt haben. Je nach Airline kann man den Check-In in der Regel ab 23 Stunden vor dem Flug im Internet erledigen und muss am Flughafen nur die ausgedruckte oder die digitale **Boardkarte** auf den Scanner legen und sein Gepäck am entsprechenden Schalter abgeben.

Das Gepäck

In der **Economy Class** darf man je nach Airline pro Person ein Handgepäckstück mit bis zu 12 kg in die Kabine mitnehmen (nicht größer als 55 x 40 x 20 cm) und bei Bedarf zusätzlich ein Gepäckstück mit bis zu 23 kg aufgeben. In der **Business Class** sind es pro Person meist zwei Handgepäckstücke (mit bis zu 12 kg) und ein Aufgabegepäckstück mit bis zu 30 kg.

Aufgepasst: Bei nationalen Fluggesellschaften in Tansania (z.B. *Air Excel, Auric Air oder Coastal*) gelten andere Gewichtsklassen. Man sollte sich also beim Kauf des Tickets über die Bestimmungen der jeweiligen Airline informieren.

Bei der Einreise in Tansania sollte bedacht werden, dass vom Zoll **alle** Gepäckstücke kontrolliert werden (auch Handgepäck). Es ist daher ratsam, neue Artikel nicht in ihrer Originalverpackung im Reisegepäck zu führen, speziell dann, wenn es sich um elektronische Artikel oder auch um Medizin in größeren Mengen handelt. Es kann sonst vorkommen, dass man aufgefordert wird, Einfuhrsteuer zu zahlen, da es sich schließlich um Neuware handelt, die im Land verkauft werden könnte.

Ankunft am Kilimanjaro

Wer in Tansania vor allem die grandiose afrikanische Tierwelt des Nordens erleben möchte oder aber Bergsteigerambitionen hat, sollte sich bemühen, von Europa einen Flug zum **Kilimanjaro International Airport (JRO)** zu bekommen. Dieser Flughafen liegt zwischen den Städten Arusha (knapp 50 km) und Moshi (35 km), den Zentren für organisierte Safaris und Bergsteigertouren. Vom Kilimanjaro Airport verkehren Shuttlebusse der örtlichen Fluggesellschaften (*Air Tanzania* und *Precision Air*) und Privattaxis in beide Städte. Wer schon eine Safari bei einem Reiseveranstalter gebucht hat, wird meistens – sofern dies vereinbart wurde – vom Flughafen abgeholt. Wer nachts ankommt und noch keine Übernachtungsmöglich-

Mini-„Flug-Know-how"

Check-In

Nicht vergessen: Ohne einen gültigen **Reisepass** oder **Personalausweis** für EU-Staatsbürger und Schweizer kommt man nicht an Bord. **Kinder** benötigen einen eigenen Reisepass.

Das (Hand-)Gepäck

Man darf pro Person in der Regel ein Handgepäckund zusätzlich ein Gepäckstück einchecken. Aufgepasst: Informieren Sie sich vor Ihrem Flug bei Ihrer Airline über die konkreten Bestimmungen, da diese mitunter stark voneinander abweichen. Beim Packen des Handgepäcks sollte man darauf achten, dass **Flüssigkeiten** jeder Art nur in geringen Mengen bis zu jeweils 100 ml mit ins Flugzeug dürfen. Diese Substanzen muss man separat in einem durchsichtigen Plastikbeutel (z.B. Gefrierbeutel) transportieren, den man beim Durchleuchten in eine der bereitstehenden Schalen auf das Fließband legen sollte. Auch elektronische Geräte müssen in diese Schale gelegt werden, ebenso Gürtel mit einer Schnalle aus Metall.

Aus Sicherheitsgründen dürfen **scharfe Gegenstände** wie Messer, Nagelfeilen oder Scheren nicht im Handgepäck untergebracht werden. Diese Gegenstände sollte man unbedingt zu Hause lassen oder im aufzugebenden Gepäck verstauen, sonst werden sie bei der Sicherheitskontrolle einfach weggeworfen. Darüber hinaus gilt, dass leicht entzündliche Gase in Sprühdosen (Schuhspray, Campinggas, Feuerzeugfüllung) und Feuerwerkskörper etc. nicht im Koffer oder dem Handgepäck transportiert werden dürfen. Für die **Raucher** unter uns: Ins Handgepäck und auch in den Koffer dürfen bei innereuropäischen Flügen weder Feuerzeug noch Streichhölzer, man darf aber ein Feuerzeug oder eine Streichholzpackung pro Person am Körper mitführen.

Ein kleiner Tipp: Um Stress und Ärger zu vermeiden, packen Sie neben den wichtigsten Dingen auch Utensilien ins **Handgepäck**, die Sie am ersten Tag in Ihrem Urlaub gebrauchen könnten. Wenn es an den Strand geht, packen Sie zum Beispiel direkt die Badekleidung ein. Falls das Gepäck Verspätung hat oder verloren geht, können sie trotzdem schon den ersten Tag genießen und müssen nicht direkt einkaufen gehen.

CO_2-Fußabdruck

Grundsätzlich gilt beim Thema **Umweltschutz**: Vermeiden ist besser als kompensieren. Auch längere Strecken lassen sich oft per Bahn, Bus oder Schiff zurücklegen, die allesamt eine bessere Klimabilanz haben als das Flugzeug. Wer nicht aufs Reisen mit dem Flugzeug verzichten will oder kann, hat die Möglichkeit, zusätzlich Geld für Klimaschutzprojekte auszugeben. Dabei ist jedoch darauf zu achten, in welche Projekte genau das Geld geht oder auch wie viel bei der jeweiligen Organisation für die Verwaltung stecken bleibt. Bisher als gut bewertete Organisationen sind u.a. atmosfair.de, myclimate.org sowie goclimate.com.

Auf dem Airstrip im Ruaha National Park

keit hat, kann in der KIA Lodge oder in der Airport Planet Lodge übernachten. Erstere liegt 1 km, letztere 7 km vom Flughafen entfernt.

Ein Büro einer Autovermietung gibt es am Flughafen nicht (→ hierzu mehr: Autoverleiher in Arusha, S. 168 bzw. Veranstalter in Europa und Tansania, S. 37). Ein Geldwechselbüro ist vorhanden, der Kurs ist nur geringfügig niedriger als bei den Banken in den Städten. Am Ausgang des Flughafengebäudes befinden sich **Geldautomaten.** Hier können Sie zu akzeptablen Kursen mit VISA- und Maestro-Karte Geld abheben (→ Infokasten S. 32). Trotz Online-System erhält man gegen eine Gebühr von 50 US$/50 € weiterhin problemlos ein **Visum bei Ankunft** *(visa on arrival).* Fluggäste der Fluggesellschaften Discover Airlines und Edelweiss sollten zudem wissen, dass beide weder am Flughafen noch in den Städten ein Büro unterhalten.

Wer national ankommt und international weiterfliegt (oder andersherum), muss jeweils nach der Gepäckbandhalle und dem Zoll das Flughafengebäude verlassen und beim Nebeneingang mit allen Sicherheitsmaßnahmen wieder neu einchecken.

Inmitten des Parkplatzgeländes gibt es nur ein Café, in welchem sich ein wenig die Zeit vertreiben lässt.

Ankunft in Dar es Salaam

Der **Julius Nyerere International Airport** (Terminal 2 und 3) liegt 11 km vom Stadtzentrum entfernt. Bei beiden Terminals gibt es Schalter für Ankünfte und rechter Hand der Passkontrolle ein Infostand mit Telefonservice und Auskünften zu Weiterflügen nach Sansibar oder Arusha/Kilimanjaro. Bei den Ausgängen befinden sich Wechselschalter der nationalen Banken sowie VISA-Geldautomaten (akzeptable Wechselkurse), eine Bar/Restaurant im 1. Stock (Terminal 2), ein Taxischalter, Büros der inländischen Fluggesellschaften und Reisebüroschalter. Ein Airport-Hotel gibt es nicht, Übernachtungsmöglichkeiten findet man also erst im Stadtzentrum. Eine Autoanmietung gibt es ebenfalls nicht vor Ort.

Terminal 3 ist Dar es Salaams **neuestes und ausschließlich internationales Terminal.** Mit Gepäckwagen braucht man ca. 3 Minuten um zwischen Terminal 2 und 3 hin- und herzulaufen. Ter-

np033 pr

minal 3 kann man nur mit gültigem Flugticket betreten. In dem **klimatisierten Gebäude** finden sich im Gang der Check-In-Schalter kleine Kioske mit Snack-Angebot. Ein nettes Café/Restaurant befindet sich auch im Außenbereich von Terminal 2.

Inländische Flugtransfers erfolgen von Terminal 2, sofern diese von *Precision Air, Air Tanzania* etc. angeboten werden. Der Großteil der 12-sitzigen, einmotorigen Flugzeuge der Fluggesellschaften *Coastal Aviation, Air Excel, Flightlink* und *Zan Air* fliegen von Terminal 1, dem „old airport" (Distanz 2 km).

Für **Taxifahrten vom Flughafen in die Stadt** gelten Fixpreise: Am Taxischalter hängt eine Tabelle mit den Preisen zu den jeweiligen Fahrzielen aus. Auf jeden Fall nur einen beim Taxischalter registrierten Taxifahrer nehmen!

Ankunft auf Sansibar

Sansibars **Abeid Amani Karume International Airport** liegt 7 km südlich von Zanzibar Town. Vom/zum Flughafen verkehren Taxis (10 US-Dollar bis in die Stone Town) sowie die Buslinie „U" (mehrmals täglich zum Darajani-Markt). Busse fahren vom Flughafen nicht direkt an die Ostküste, man muss zunächst nach Zanzibar Town fahren.

Am Flughafen befinden sich die Büros der privaten Fluggesellschaften *Coastal Travel, Safari Link, Precision Air* und *Zan Air,* die nationale Flugverbindungen von und nach Sansibar anbieten. Discover Airlines unterhält kein Büro am Flughafen.

Weiterreise/Flugverbindungen in Tansania

Die schnellste und bequemste Art des Reisens in Tansania bieten die **zahlreichen Inlandsflüge der nationalen Air Tanzania sowie der privaten Fluggesellschaften.** Gerade wer an einer organisierten Park-Safari teilnimmt und mit der verfügbaren Urlaubszeit genau kalkulieren muss, sollte bei manchen Nationalparks die An- und Abreise mit dem Flugzeug in Erwägung ziehen. Zu einigen Wildschutzgebieten sind die Straßen in einem sehr schlechten Zustand, oder die Parks liegen fernab in einem nur über mehrere Tagesreisen zu erreichenden Gebiet (West-Tansania).

Die Mehrheit der eingesetzten Flugzeuge sind Cessnas, überwiegend 12-sitzige Turboprop-Maschinen vom Typ Caravan 10 sowie Cessna 206, 208 und 404, aber auch ATR 42 und ATR 72. Leider sind einige Strecken bis in den Süden und Westen des Landes recht kostspielig. Ein Überblick der **Anbieter:**

Air Tanzania

www.airtanzania.co.tz

Die seit 2016 wieder in Betrieb genommene nationale Fluggesellschaft baut ihr Netz an Flugverbindungen weiter aus. National gehören sie zu den einzigen, welche auch entlegene Landesteile wie Kigoma und Mbeya anfliegen. Täglich bestehen Flugverbindungen zwischen Sansibar bzw. Dar es Salaam und Kilimanjaro sowie zwischen Dodoma und Dar es Salaam. Arusha Flughafen wird nicht angeflogen. International werden mehrmals die Woche Flüge nach Uganda, Simbabwe und Sambia durchgeführt.

Precision Air

www.precisionairtz.com
In Bezug auf Pünktlichkeit nicht gerade „präzise", verbindet aber im ständigen Pendel Sansibar/Dar es Salaam mit Arusha, auch Destinationen wie Mwanza, Bukoba, Entebbe, Mombasa, Kigoma und Mbeya werden angeflogen.

Coastal Aviation

www.coastal.co.tz
Überzeugt vor allem mit modernen und regelmäßig gewarteten Flugzeugen. Wie der Name schon andeutet, konzentriert sich die in Dar es Salaam ansässige Fluggesellschaft auf den Küstenraum (Dar es Salaam, Sansibar und Pemba, Tanga und Pangani, Kilwa und Mafia Island) und fliegt in der Hochsaison im täglichen Pendel die Parks Nyerere (ehemals Selous) und Ruaha an (von Dar es Salaam). Im Norden verbindet Coastal vor allem auch die Serengeti von Arusha kommend mit dem Victoria-See und Ruanda, bzw. über die Grenzorte Tarime und Migori kann die Serengeti auch mit der kenianischen Masai Mara verbunden werden. Arusha bzw. West Kilimanjaro Airstrip und Moshi werden ebenfalls von Dar es Salaam sowie von Sansibar aus bedient. Charterflüge sind möglich. Ein sehr zuverlässiger Anbieter für Flüge zu den Nationalparks.

Regional Air

regionaltanzania.com, www.airkenya.com
Sitz in Arusha (→ S. 175). Bewährte Fluggesellschaft, welche von Arusha/Kilimanjaro aus täglich die nördlichen Nationalparks anfliegt: Manyara, Ngorongoro und Serengeti (Klein's Camp, Grumeti, Seronera). Regional Air gehört zu Air Kenya, im Verbund bestehen Verbindungen zwischen Kilimanjaro und Nairobi. Auch mit Coastal Travel besteht ein solcher Verbund, d.h. die einzelnen Flüge sind aufeinander abgestimmt. An einem Tag lässt sich von der Serengeti über Arusha nach Nairobi fliegen oder eben weiter nach Dar es Salaam bzw. Sansibar. Charterflüge sind möglich.

Air Excel

www.airexcelonline.com
Kleines, aber effizientes Unternehmen, das nahezu täglich zwischen Arusha, Tarangire, Manyara, diversen Landebahnen in der Serengeti und wieder zurück nach Arusha fliegt. Charterflüge sind möglich.

Auric Air

www.auricair.com
Die Fluggesellschaft mit Sitz in Mwanza ist in den letzten Jahren eine gute Alternative geworden, gerade in Bezug auf Flüge zu fast allen Landebahnen in Nationalparks oder in deren Nähe (Ifakara für Udzungwa National Park, Iringa für einen Besuch in den Ruaha Nationalpark). Seit 2020 starten Direktflüge von Sansibar nach Seronera/Serengeti. Sehr professionelle Durchführung und selten Ausfälle.

Zan Air

www.zanair.com
Auf Sansibar ansässiges Unternehmen, das Pemba, Mafia, Nyerere Nationalpark (ehemals Selous) und Arusha bedient. Charterflüge sind möglich.

Safari Link

www.flysafarilink.com
Gute, bewährte kenianische Airline mit Kleinflugzeugen, welche vom Nairobi Wilson Airport nach Kilimanjaro und nach Sansibar fliegen. Preiswerter als die Konkurrenz.

Ausrüstung und Kleidung

Zunächst sind Menge und Größe der Gepäckstücke begrenzt duch die **Vorgaben der** internationalen und nationalen **Fluggesellschaften** (s.o.). Bei **Park-zu-Park-Transfers** mit kleinen Flugzeugen dürfen oft nicht mehr als 15 kg Gepäck (Handgepäck nicht miteingerechnet) mit an Bord genommen werden. Sollten Sie mehr Gepäck haben (z.B. eine schwere Fotoausrüstung), müssen Sie das rechtzeitig über Ihren Veranstalter ankündigen lassen.

Leute, die eine von Anfang bis Ende **durchorganisierte Safari gebucht** haben, brauchen für gewöhnlich nur persönliche Gegenstände im Gepäck mitführen. Ist die Safari exklusiver, beinhaltet also viele Camp- und Lodge-Aufenthalte, können Dinge wie Handtücher, Wechselkleidung für drei Wochen oder Schlafsäcke getrost zu Hause bleiben. Hier wird guter Hotel-Standard geboten; Kleidung beispielsweise kann man regelmäßig waschen lassen.

Budget-Safari-Campern steht ein solcher Service nicht immer zur Verfügung. Klären Sie deshalb vorher mit dem örtlichen Safari-Unternehmen, welche Ausrüstungsgegenstände Sie selber mitbringen müssen.

Als **Reisegepäck** eignen sich große Taschen und Rucksäcke besser als Hartschalenkoffer. Reisetaschen lassen sich einfacher im Gepäckraum der Safari-Autos und Motorflugzeuge verstauen.

Ausrüstungs-Checkliste

- Kleiner Tagesrucksack/Daypack
- Sonnenmilch und Après-Gel
- Lippenstift mit Schutzfaktor
- Sonnenhut/Kappe
- Sonnenbrille
- Reservebrille, Ersatzlinsen
- Weste
- Halstuch, Kopftuch
- Persönliche Reiseapotheke
- Tampons/Binden
- Mineraltabletten
- Mückencreme/-spray
- Foto-/Videoausrüstung
- Fernglas
- Wasserflasche
- Taschenmesser
- Taschenlampe/Stirnlampe
- Reservebatterien und -akkus (auch für die Kamera)
- Adapter (von engl. Dreipol- auf Euro-Stecker)
- Reiseliteratur, Landkarten
- Notizblock/Schreibgerät
- Bestimmungsbuch
- Regenjacke, Schlafsack (bei Budget-Camping)

Kleidung

Die Kleidung richtet sich in erster Linie nach der **Reisezeit,** der **Reiseart** und dem **Reiseziel.** In Tansania liegen viele Safari-Destinationen zum Teil weit über 1000 m hoch. Auch hier, in greifbarer Nähe zum Äquator, sinken die Temperaturen bei Anbruch der Dunkelheit schnell auf 15 °C und weniger. Daher

[>] Eine Kilimanjaro-Besteigung setzt die richtige Ausrüstung voraus

kann es nie schaden, einen warmen Pullover oder eine Fleece-Jacke sowie einen guten Wind- und Wetterschutz im Reisegepäck mit sich zu führen. Empfindlich kalt kann es in den Sommermonaten werden, vor allem in den Bergregionen, etwa im Ngorongoro-Gebiet und am Kilimanjaro sowie im Arusha National Park. Hier kommt es im Juli und August mancherorts zu Nächten mit Temperaturen unter 10 °C.

Die meiste Zeit eignet sich jedoch Kleidung aus pflegeleichten, luftdurchlässigen und Schweiß absorbierenden **Baumwoll- oder Gemischfasern.**

Leichte, lange Hosen und bequeme Hemden bzw. weitärmlige Blusen sind nicht nur aus gesundheitlichen Gründen sinnvoll, sondern auch in vielen Regionen Afrikas **„sittlich angemessene" Kleidungsstücke.** Es kann in einigen Regionen Tansanias als würde- und taktlos angesehen werden (nicht nur in islamischen Kreisen), wenn Oberschenkel oder Schultern nicht bekleidet sind. Auf Sansibar sollte **Rücksicht auf die teils sehr islamisch geprägte Bevölkerung** genommen werden. Frauen sollten gemäß moslemischer Sitte Knie und Schultern bedeckt halten und überhaupt „textile Zurückhaltung" üben, wollen sie nicht unangenehm auffallen. „Oben ohne" sollte auf keinen Fall gebadet werden, auch nicht an Hotelbadestränden. Das Tragen von Badekleidung, Shorts und tief ausgeschnittenen, ärmellosen Oberteilen bei Frauen sollte auf Strände und Hotelanlagen beschränkt bleiben.

Langärmelige, dünne **Hemden** sind besser als T-Shirts. Zum einen sind die Arme so bis auf die Hände abgeschirmt gegen Mücken und andere Insekten. Zum anderen schützen sie bei Wanderungen oder Safaris in offenen Fahrzeugen vor Kratzern und zu intensiver Sonneneinstrahlung. Ein weiterer Vorteil ist, dass Hemden aus dünnem Stoff schneller trocknen als verschwitzte T-Shirts. In

tannp006 xb

kühleren Regionen empfehlen sich spezielle Polyester-Coolmax-Shirts, die unter dem Hemd oder auch solo getragen werden.

Ähnlich verhält es sich mit **Hosen.** Lieber lang als kurz. Ideal sind Zip-Off-Hosen, bei denen man die Hosenbeine mittels Reißverschluss abtrennen kann. Auch wenn es noch so heiß zu werden scheint, kurze Hosen sind auf einer Fußsafari durch hüfthohes Savannengras und dorniges Unterholz nicht empfehlenswert. Sollte die Landschaft offener sein und es unerträglich heiß werden, können Sie bei einer Zip-Off-Hose schnell mal die Hosenbeine abtrennen.

Bei der **Farbe der Kleidung** sind dezente Farbtöne grell leuchtenden vorzuziehen. Allerdings ist es ein Trugschluss, dass man in naturnahen Farben gekleidet deutlich näher an Tiere herankommt. Die Farben spielen bei Tieren keine große Rolle, nur eben grelle, leuchtende Kleidung ist zu meiden. Kleidung in mattem Blau oder stumpfem Rot wird Sie genauso nah an die Tiere herankommen lassen wie die beste Tarnbekleidung. Tiere nehmen nämlich Ihren Geruch und Ihre Geräusche viel früher wahr, als Sie denken, da wird auch ein Hemd im Baumrinden-Design nicht viel helfen. Doch zugegeben: Dezente naturnahe Farben vermitteln ein größeres Safari-Feeling – schick auch fürs Auge!

Tagsüber, für Fahrten in offenen Safariwagen oder in Motorbooten, eignet sich eine **Weste** mit Taschen. Einige Hersteller haben Safari-Westen im Programm, die sich bis auf die grünen und beigen Farbtöne nur unwesentlich von einer herkömmlichen Outdoor-Weste unterscheiden. Wichtig ist die Funktionalität. Safari-Westen bieten nicht nur Taschen für die persönliche Tagesausrüstung (Sonnenbrille, Taschenfernglas, Sonnenblocker, Taschenmesser, Kau-

Selbst organisiertes Campen bietet ein ganz besonderes Naturerlebnis

gummi usw.), sie wärmen vor allem bei Fahrtwind im offenen Wagen die Nieren.

Eine Allround-Alternative sind leichte Windjacken, bei denen man, wie bei der Zip-Off-Hose, die Ärmel mittels Reißverschluss abtrennen kann. Das hat den Vorteil, dass man neben einer Weste nicht noch extra eine Jacke mitnehmen muss. Wird es während einer morgendlichen Pirschfahrt nun langsam wärmer, trennt man die Ärmel der **Multifunktionsjacke** einfach ab. Die übrig bleibende Weste hat zudem den Vorteil, dass sie sich bei zu starkem Wind bis zum Hals schließen lässt, was bei vielen herkömmlichen Westen oft nicht der Fall ist.

In solchen Fällen sind **Hals-/Kopftücher** sehr zu empfehlen. Auch wenn man beispielsweise auf Grund der Hitze nur ein Hemd oder eine Bluse trägt: In offenen Safariautos ist man dem Fahrtwind und dem Staub öfter ausgesetzt, als einem lieb ist. Da kann ein Halstuch sehr angenehm sein und vor Dreck und einer Erkältung schützen.

Auch bei langen Haaren bewährt sich das Tragen eines **Kopftuches.** Es schützt nicht nur die feuchten Haare im Wind, sondern ist auch auf staubigen Pisten nützlich. Denn da kann das Haar sehr schnell verfilzen.

Für Bergbesteigungen über 4000 m (Mt. Meru und Mt. Kilimanjaro) ist eine **alpine Bergsteigerbekleidung/-ausrüstung erforderlich.** Zum Teil können solche Kleidungsstücke bei den Bergsteigerunternehmen vor Ort für die Dauer der Bergtour gemietet werden. Doch bergtaugliches, gut eingelaufenes Schuhwerk sollten Sie von daheim mitbringen (→ Kap. 6/Mt. Kilimanjaro National Park, S. 267).

Schuhwerk

Bei der Wahl des Schuhwerks ist abzuwägen, was man im Safari-Urlaub machen wird. Besteht die Reise in erster Linie aus einer **Fahrzeug-Safari,** bei der man kaum zu Fuß unterwegs sein wird, dann reichen leichte, bequeme Schuhe, wie Sandalen oder normale Halbschuhe mit sicherem Tritt. Sollte es sich aber um etwas regenreichere oder kühlere Monate handeln, kommt man um gute Schuhe nicht herum. Dann empfiehlt sich z.B. ein Goretex-Schuh, denn bei Tierbeobachtungsfahrten oder Park-Transfers kann es durchaus vorkommen, dass man aussteigen und Wasserdurchfahrten im knöcheltiefen Pistenschlamm umlaufen muss, während der Fahrer versucht, den Wagen durch das Wasser zu dirigieren.

Wer während seines Safari-Urlaubs auch **Fuß-Safaris** plant, sollte ohnehin einen guten Schuh für unwegsames Gelände im Gepäck haben. Es empfehlen sich Schuhe, die über den Knöchel reichen. Ist das Safari-Gebiet trocken und warm, reichen leichte Schuhe mit griffiger Sohle aus atmungsaktivem Gewebe, wie z.B. Leinen.

In Zelten bzw. Lodge-Zimmern sowie im Aufenthalts- und Restaurantbereich reichen normale Halbschuhe oder Sandalen aus.

Camping-Ausrüstung

Eine Camping-Ausrüstung ist nur dann nötig, wenn man allein mit einem gemieteten oder eigenen Fahrzeug unterwegs ist. Selbst wer eine kostengünstige Camping-Safari bucht, muss sich kaum um die Ausrüstung kümmern. Alle halbwegs seriösen Budget-Safariveranstalter verfügen über Zelte, Matratzen/Isomatten, Schlafsäcke und Kochgeschirr. Lediglich bei den **Schlafsäcken** ist je nach Unternehmen zu erwägen, seinen eigenen von zu Hause mitzubringen. Denn Schlafsäcke können schon mal ziemlich mitgenommen aussehen, sind eventuell muffig oder werden dem Kälte-Isolierungsgrad nicht gerecht. Sprich: Man friert! **Frieren in Afrika?** Ja, richtig, am Ngorongoro-Kraterrand auf 2300 m Höhe kann es nachts schon mal empfindlich kalt werden (5 °C). Informieren Sie sich vorher bei dem Unternehmen und wägen Sie ab, ob Sie lieber mit dem eigenen Schlafsack unterwegs sein möchten. Für die meisten Regionen Tansanias reicht ein leichter Thermo-Schlafsack mit einem Komfortbereich bis -5 °C.

Technische Ausrüstung

Neben Foto- und Film-Ausrüstung sollte immer ein **Fernglas** für die bessere Tierbeobachtung im Gepäck sein (→ Kap. 2/ Tierbeobachtung und -fotografie, S. 77).

Ein **Taschenmesser,** am besten mit Schere und Feile, ist immer nützlich. Dieses sollte unbedingt auch bei nationalen Kurzflügen im aufgegebenen Gepäck verstaut werden, auch wenn Sie nur in einen kleinen 6-Sitzer steigen.

Taschenlampe

Eine kleine Taschenlampe ist für die Abendstunden in Camps und Lodges **empfehlenswert,** denn die Beleuchtung der Pfade und Wege zwischen Zimmer/

Im Zweifelsfall einfach nach dem Weg fragen

tannp055 jg

Zelt und Aufenthaltsraum/Restaurant ist nicht immer ausreichend. Batterien sind überall erhältlich. Am besten geeignet sind Taschenlampen mit eingebauten Akkus, welche sich auch in Camps im Busch wieder aufladen lassen.

Akkus und Elektrizität

Wer mit Akkus arbeitet, ob in Taschenlampe, Kamera oder Rasierapparat, kann diese in den meisten Camps an der Rezeption oder Bar aufladen lassen, falls im Zelt/Zimmer keine Steckdose vorhanden ist. Viele Camps sind mittlerweile mit **Solaranlagen** ausgerüstet und bieten daher durchgehend Strom. Hilfreich ist auf jeden Fall ein zweiter Satz Akkus. Die Stromspannung beträgt wie in Europa 230 Volt.

Adapter mitnehmen! „Strom und Steckdosen vorhanden" heißt noch lange nicht, dass der Stecker des Gerätes passen wird. Dreipolsteckdosen und Schukostecker harmonieren nicht! Einige Safariveranstalter haben **Spannungs-Inverter** (konvertieren die Spannung von 12 auf 230 Volt) in ihren Fahrzeugen eingebaut (vorher nachfragen, um dies sicherzustellen), sodass auch bei langen Ausflügen Kamera-Akkus und Smartphones geladen werden können.

Navigationsgeräte

Wer nicht als Selbstfahrer reist, kann auf Navigationsgeräte **verzichten.** Höhenmesser, GPS und Kompass sind im Normalfall überflüssig. Safariwagen-Fahrer kennen sich in der Regel gut aus, in manchen Nationalparks würden diese den Weg auch blind finden. Wer ein GPS-fähiges Smartphone hat, kann sich Karten-Apps downloaden, die offline eine gute Navigationshilfe sein können. Zu nennen wären z.B. maps.me, Guru Maps oder Tracks4Africa.

Smartphone und WLAN/WiFi

→ Telefonieren

Das **Smartphone** von zu Hause kann in vielen Wildschutzgebieten Afrikas benutzt werden, speziell im Umfeld von Lodges/Camps, die mit sog. Booster-Antennen arbeiten. **WLAN/WiFi** ist in fast allen Lodges und Camps vorhanden. Nur sehr wenige Camps sind so von der Außenwelt abgeschnitten, dass sie mit dieser nur in **Funkkontakt** stehen. Die **Signalstärke bzw. Geschwindigkeit des Internets** (je nach Gebiet 3G oder 4G) wird fast überall über das Mobiltelefonnetz realisiert. Sogar inmitten der Serengeti ragen Sendemasten auf Hügeln gen Himmel auf.

Praktisches für unterwegs

Sonnenschutz

In den Tropen ist die Sonneneinstrahlung stärker als in Mitteleuropa. Ein guter Sonnenschutz ist daher **dringend zu empfehlen,** da jeder Sonnenbrand das Hautkrebsrisiko erhöht. Das gilt besonders für Wildschutzgebiete, die höher als 1500 m liegen. Dort ist die subjektive Wahrnehmung der starken Sonneneinstrahlung nicht so hoch. Die Höhenstrahlung ist jedoch beträchtlich.

(Zu) lange Sonneneinstrahlung kann neben Hautverbrennungen auch zu Sonnenstich oder Hitzschlag durch Überwärmung führen. Durch Benutzen einer **Sonnencreme,** Tragen eines **Sonnenhuts,** Aufenthalt im Schatten und regelmäßiges Trinken kann man dem vorbeugen. Eine **Sonnenbrille mit UV-Schutz** schont die Augen und sollte nicht fehlen.

Wasserflasche

Eine eigene Wasserflasche mitzuführen ist auf organisierten Safaris dringend angeraten. Nahezu alle Veranstalter haben Trinkwasser im Auto, jedoch immer nur in Form von Einwegflaschen. Während das Wasser an sich eine gute Qualität hat, sind in den Parks die Mülleimer mit Plastikflaschen überfüllt (und leider finden sich diese auch immer wieder am Wegesrand). Eine eigene Wasserflasche zu verwenden hilft, die Verschmutzung zumindest zu reduzieren. In Lodges und Camps gibt es fast immer gutes Filterwasser zum Auffüllen. Manchmal besteht nicht die Möglichkeit aus dem Wasserhahn aufzufüllen, sondern nur aus Plastik-Wasserflaschen. Wer ganz sicher sein möchte, dass das selbst abgefüllte Wasser trinkbar ist, kann auch **Wasser-Entkeimungsmittel** wie Micropur oder Certisil mitführen, um letzte Zweifel aus dem Weg zu räumen.

☐ Besuch in der Lodge: Ginsterkatze

np070 pr

Reiseliteratur, Landkarten

Neben diesem Reiseführer und evtl. einer Tansania-Landkarte (ebenfalls von Reise-Know-How) ist auch ein Bestimmungsbuch für Flora und Fauna eine informative Ergänzung zur Reiseliteratur. Empfehlungen dazu stehen im Anhang.

Kleine Reiseapotheke

Gut organisierte und ausgerüstete Safari-Veranstalter, Lodges und Camps verfügen in der Regel über eine ausreichende Apotheke für Notfälle. Zudem sind Erste-Hilfe-Kits meist im Fahrzeug bzw. Rucksack des Safari-Guides während einer Fuß-Safari. Falls dem nicht so ist, empfiehlt sich eine Reiseapotheke:

- **Malariaprophylaxe**
- **Insektenschutz/-abwehrmittel,** z.B. Autan
- **Sonnencreme und -blocker**
- **Mineralsalztabletten** (bei übermäßigem Schwitzen)
- **Gegen Schmerz/Fieber:** z.B. Paracetamol oder Aspirin

- **Gegen Durchfall:**
z.B. Tannacomp, Loperamid oder Immodium akut
- **Verbandsmaterial:**
Pflaster, Mullbinden und Schere
- **Hansa-Sprühpflaster** (desinfiziert und schützt, bewährt sich sehr gut)
- **Gegen Reisekrankheit:**
z.B. Superpep-Reisekaugummi
- **Gegen starken Juckreiz:**
Antihistamin in Tablettenform, z.B. Fenistil
- **Gegen (aufgekratzte) Mückenstiche:**
Betaisodona
- **Fieberthermometer**
- **Wundsalbe:** z.B. Bepanthen
- **Notfallantibiotikum:** z.B. Tarivid oder Bactrim
- **Augentropfen:** z.B. Berberil
- **Ohrentropfen** (bei empfindlichen Hörkanälen)
- **Ohrenstöpsel** (bei schmatzendem Flusspferd neben der Zeltwand, auch gut gegen Fahrtwind)
- **Für Brillen- und Kontaktlinsenträger:**
Reservelinsen und -brille
- **Weitere Medikamente** machen nur bei genauerer Kenntnis über ihre Verwendung Sinn. Lagerungshinweise und Gegenanzeigen beachten.

Diplomatische Vertretungen und Infostellen

Diplomatische Vertretung in Deutschland

Botschaft der Vereinigten Republik Tansania

- **14050 Berlin,** Eschenallee 11, Tel. (030) 3030 800, www.tanzania-gov.de. Sprechzeit 9–16.30 Uhr, Visa-Angelegenheiten 10–13 Uhr. **Auch zuständig für Österreich und die Schweiz.** Für die Bearbeitungszeit sollte man mit ein bis zwei Wochen rechnen.

Zu den Modalitäten bzgl. der Beantragung/**Ausstellung eines Visums** vgl. das nächste Kapitel.

Diplomatische Vertretungen in Tansania

Bei den meisten diplomatischen Vertretungen gelten die Vormittagsstunden zwischen 9 und 12 Uhr für Visaanträge und Besucherverkehr als die geeignetste Zeit.

Hinweis: Da sich die **Einreisebedingungen** kurzfristig ändern können, raten wir, sich kurz vor der Abreise beim **Auswärtigen Amt** (www.auswaertiges-amt.de bzw. www.bmeia.gv.at oder www.dfae.admin.ch) oder der jeweiligen **Botschaft** zu informieren.

Deutsche Vertretungen

- **Botschaft in Dar es Salaam:** Umoja House, 2. Stock, Ecke Hamburg Avenue/Mirambo Street, **Dar es Salaam,** Tel. +255 222212300, in Notfällen auch unter Tel. 0786971692, www.daressalam.diplo.de.
- **Honorarkonsulin Sansibar:** Frau Jenny Bouraima, Fumba Town, Nyamanzi, Zanzibar/Tanzania, Tel. +255 622820011, sansibar@hk-diplo.de.
- **Honorarkonsul Arusha/Moshi:** Herr Ulf Kusserow, Sabel Square Shopping Village (in der Nähe des Flughafens), **Arusha,** Tel. +255 787981797 oder +255 787789603 oder Notfallnummer +255 787 981797, arusha@hk-diplo.de.

Österreichische Vertretung

- **Honorarkonsulat Dar es Salaam:** temporär geschlossen.

Schweizerische Vertretung

- **Embassy of Switzerland:** Kinondoni Road, Plot 79, **Dar es Salaam,** Tel. +255 222666008/09, daressalaam@eda.admin.ch.

Infoadressen

Touristeninformation (Zentrale)

- **Tanzania Tourist Board,** Ecke Laibon Road/Ali Hassan Mwinyi Road, **Dar es Salaam**, Tel. +255 222664878/9, www.tanzaniatourism.go.tz .

Aktuelle Reisehinweise

Aktuelle Reisehinweise zu den Transitländern und zur allgemeinen Sicherheitslage erteilen:

- **Deutschland:** www.auswaertiges-amt.de (Reise & Sicherheit), Tel. +49 3050000.
- **Österreich:** www.bmeia.gv.at (Bürgerservice), Tel. +43 1901153775
- **Schweiz:** www.dfae.admin.ch/eda/de/home.html, Tel. +41 800247365/+41 584653333.

Sonstiges

- **Reiseveranstalter, Reisebüros, Airlines** und **Autovermietungen** in Tansania sind bei den jeweiligen Städten vermerkt.
- Auf **www.safarireviews.com** kann man Safari-Angebote (zu ganz Afrika) einsehen und vergleichen, zudem finden sich dort viele interessante Links.
- **www.tanzaniaparks.go.tz,** die offizielle Website der tansanischen Nationalparks, informiert über Gebühren, Vorschriften, Unterkünfte etc.

Dokumente (Visum) und Zollbestimmungen

Deutsche, Schweizer und Österreicher benötigen für die Einreise nach Tansania einen bei Abflug noch mindestens sechs Monate gültigen **Reisepass.** Ein **Tourist oder Visitors Visum** (gültig für 3 Monate) ist weiterhin bei der Ankunft an den internationalen Flughäfen *(visa on arrival)* von Dar es Salaam, Kilimanjaro, Mwanza und Sansibar erhältlich und kostet 50 $ bzw. 50 €. Es werden Visa online ausgestellt (www.immigration.go.tz). Der Vorgang ist gut erklärt, Sie benötigen allerdings eine Scanner-Funktion, um ihre Dokumente in das System einzugeben und eine Kreditkarte für die Zahlung. Auch an allen offiziellen Landesgrenzstationen erhält man ein Visum mit bis zu dreimonatiger Gültigkeit ohne großen bürokratischen Aufwand.

Die **Verlängerung** eines Visums in einem **Immigration Office** (Einwanderungsbehörde) ist in fast allen großen

Städten Tansanias möglich. Ein dreimonatiges Visum ist nur bei entsprechender Begründung (z.B. Krankheit) um einen weiteren Monat kostenfrei zu verlängern, wer darüber liegt, muss 250 $ (und nicht mehr) auf den Tisch legen. Leider scheint nicht jeder Immigration-Officer diese Bestimmung zu kennen !

Bei Ankunft am Flughafen oder an einer Grenzstation müssen Sie eine **„Immigration Arrival Card"** ausfüllen. Hier werden ihre persönlichen Daten sowie Zweck und Dauer ihres Aufenthaltes im Land festgehalten.

Wer vom Festland **nach Sansibar** einreist, bekommt dort manchmal einen Einreisestempel, was lediglich Formsache ist (zu Impfungen → Anhang).

Die Mitnahme eines **Impfpasses** ist in jedem Fall sinnvoll. Bei Einreise direkt aus Europa (ohne Zwischenaufenthalt in einem anderen ost- oder zentralafrikanischen Land) ist der Nachweis einer Gelbfieberimpfung nicht erforderlich. Wer jedoch aus einem Nachbarland nach Tansania einreist, muss einen gültigen Impfnachweis (nicht älter als zehn Jahre) und eine Gelbfieberimpfung vorweisen können. In jedem Fall ratsam ist ein Impfschutz gegen Tetanus und Hepatitis A und B.

Eine **Devisendeklaration** bei der Einreise ist **nicht nötig.**

Streng **verboten** ist die **Einfuhr von Waffen und Drogen.**

Ansonsten können alle Artikel, die dem persönlichen Bedarf dienen, problemlos ein- und ausgeführt werden.

Bei der **Ausreise** müssen Sie erneut ein Informationsformular *(departure card)* der Immigration-Behörde ausfüllen oder je nach Flughafen Ihre Fingerabdrücke und den Pass einscannen lassen. Gepäckkontrollen finden selten statt, doch sollten Sie darauf achten, keine bzw. nur wenige tansanische Shillinge auszuführen.

Bei der **Ausfuhr** ist darauf zu achten, dass die Mitnahme von antiken Kunstwerken nicht gestattet ist, es sei denn, Sie haben ein offizielles Zertifikat der Verkaufsstelle bekommen. Keiner Beschränkung unterliegen alle neu produzierten Waren. **Souvenirs,** deren Materialien aus nicht-tierischen Produkten bestehen, können ohne Bedenken ausgeführt werden. Verboten sind die Mitnahme von Elfenbein, Trophäen und Wildtierfellen (hier gelten übrigens auch in Europa international verbindliche Schutzabkommen, die bei Missachtung empfindliche Strafen nach sich ziehen) sowie Strandsouvenirs wie Seesterne, Schneckenhäuser, Schildkrötenpanzer, Korallen, Muscheln u.a.

Minderjährige

Jedes Kind benötigt seinen **eigenen Reisepass.** Dieser ist sechs Jahre gültig und kann für alle Personen unter 18 Jahren beantragt werden.

Reisen Minderjährige nicht in Begleitung beider Eltern, kann man bei Rückkehr in die EU (vor allem per Flugzeug) nach einer Einverständniserklärung des anderen Sorgeberechtigten gefragt werden (als Schutzmaßnahme gegen eine mögliche Kindesentführung). Die Einverständniserklärung nach dem Muster „Ich bestätige, dass meine Ehefrau/Ehemann/etc. mit meinem Sohn/meiner Tochter außer Landes reist. Er/Sie hat/haben meine Erlaubnis, dies zu tun." sollte von beiden Sorgeberech-

np036 pr

tigten unterschrieben sein. Auf eine amtlich beglaubigte Version wird nicht bestanden, wenn den Grenzbeamten kein konkreter Verdacht vorliegt. Kann man keine Einverständniserklärung vorzeigen, wenn man danach gefragt wird, wird man möglicherweise festgehalten, bis die Umstände, unter denen das Kind ohne beide Elternteile reist, vollständig geklärt sind. Wenn es keinen zweiten Elternteil mit rechtlichen Ansprüchen auf das Kind gibt (verstorben, alleiniges Sorgerecht etc.), ist jedes andere relevante Dokument hilfreich, wie ein Gerichtsurteil, eine Geburtsurkunde, in der nur ein Elternteil steht, eine Sterbeurkunde etc.

Zollbestimmungen bei der Rückreise nach Europa

Bei der Wiedereinreise in die EU und die Schweiz gelten verschiedene **Freigrenzen, Verbote und Beschränkungen.**

- Die wichtigsten **Freigrenzen** für die Einreise im Flug- und Seeverkehr sind: 200 St. Zigaretten oder 100 St. Zigarillos oder 50 St. Zigarren oder 250 g Rauchtabak (ab 17 Jahren); 1 Liter Spirituosen über 22 Vol.-% (ab 17 Jahren), 4 Liter nicht schäumende Weine, 16 Liter Bier und andere Waren zur persönlichen Verwendung oder als Geschenk im Wert von 430 € p.P. bzw. bei Reisenden bis 15 Jahre 175 €. Für Einreise in die Schweiz 300 SFr p.P.
- Bei Überschreitungen dieser Mengen- und Wertgrenzen müssen die Waren angemeldet und versteuert werden. Hierbei fallen **Abgaben** von 15 % bzw. 17,5 % des Kaufpreises (bis 700 € Warenwert) an. Bei Kaufpreisen über 700 € liegen die Abgaben zwischen 19 % und 35 %. Hohe Abgaben bei Zigaretten und Spirituosen!
- **Verbotene Waffen** sind u.a. Springmesser, Butterflymesser, Faustmesser, Schlagringe, Wurfsterne, Stockdegen, Stahlruten, ausländische Elektroschocker und Reizstoffsprays.
- Als **artengeschützte Produkte** gelten z.B. Korallen (auch am Strand gefundene), diverse Schnecken- und Muschelarten, Schlangen- und Krokodilleder, Elfenbein, Schildkrötenteile, Whisky mit eingelegter Kobra, verschiedene Tierfelle, Kakteen, Orchideen und bestimmte Kaviarsorten.
- Bei **Arzneimitteln** ist die Menge eines üblichen Drei-Monatseigenbedarfs erlaubt. Anabolika sind in jedem Fall verboten.

Charakteristisch für Savannenlandschaften: die Schirmakazie

- **Markengefälschte Produkte** aller Art sind für den eigenen Gebrauch und als Geschenk in geringer Stückzahl erlaubt.
- Für **Drogen** gilt: Auch Kleinmengen sowie Hanfsamen, Kokatee und -blätter sind verboten, ggf. auch im Ausland gekaufte starke Schmerz- und Beruhigungsmittel.
- **Feuerwerkskörper** sind einfuhrverboten.
- Für **Fleisch, Wurst, Käse, Milchprodukte und Eier** aus Nicht-EU/EFTA-Ländern gilt ein generelles Einfuhrverbot.
- **Pflanzensanitäre Vorschriften:** Pflanzen mit Wurzeln oder Erde ohne Pflanzengesundheitszeugnis aus nicht-europäischen Ländern sind einfuhrverboten (nur aus Mittelmeeranrainerstaaten frei). Auch für bestimmte frische Früchte in größeren Mengen gelten Verbote.
- Für die Mitnahme von **Haustieren** gelten besondere Veterinärvorschriften.
- **Barmittel** über 10.000 € (bzw. Schweiz: 10.000 SFr) sind dem Zoll bei Aus- und Einreise schriftlich anzumelden.
- Für selbst aufgegebene **Postsendungen** gelten gesonderte Regelungen und eine Freigrenze von 45 € Warenwert. **Internetbestellungen** und Sendungen von Firmen über 22 € Warenwert sind abgabenpflichtig.
- Die Zollbestimmungen und die Steuersätze für die **Schweiz und Österreich** können von dem Gesagten etwas abweichen.

Nähere Informationen

- **Deutschland:** www.zoll.de
- **Österreich:** www.bmf.gv.at
- **Schweiz:** www.ezv.admin.ch

Geld und Reisekasse

Preiswerte Safaris, Bergbesteigungen und Strandurlaube sind längst Geschichte, Tansania ist in diesen Bereichen preisgleich oder sogar teurer als die Länder im südlichen Afrika.

Reisemittel/Geldwechsel

Auch wenn man nur mit Reise-/Safariunternehmen in Nationalparks unterwegs ist und sich an Badestränden aufhält und die Leistungen bereits im Voraus beglichen hat, benötigt man natürlich bei vielen Gelegenheiten – vom Souvenirkauf bis zum Trinkgeld – eine ausreichende Menge an **Bargeld.** Obwohl der US-Dollar noch immer die etabliertere Währung ist, werden im Tourismus-Sektor überall Euro akzeptiert.

Kredit- und Geldkarten sind ein bequemes und sicheres Mittel, um in nahezu allen Städten und Distriktorten an Geldautomaten (engl. *ATM*) Beträge bis zu 400.000 TSh (ca. 155 €) pro Abhebung zu erhalten. Dabei lässt sich evtl. auch mehrmals hintereinander Geld ziehen. Die Automatenkurse sind gut, d.h. gleich wie beim Bargeldwechsel in der Bank bzw. bei Wechselschaltern der staatlichen Banken. Die VISA Card ist am verbreitetsten (und besonders an den Eingängen zu den Nationalparks bewährtes Zahlungsmittel), mit Mastercard lässt sich meist nur bei der ABSA Bank Geld ziehen, auch wenn der sonst übliche Aufkleber als Hinweis hierfür fehlt. **Aufgepasst:** VISA und Mastercard stellen ihr System um, sodass VPAY und Maestro zukünftig nicht mehr funktionieren (→ Hinweis unten). Oft finden sich an Hoteltüren, Eingängen zu Reisebüros usw. Aufkleber bekannter Kreditkarte. Fragen Sie dennoch lieber nach, ob Sie mit der beworbenen Karte auch zahlen können und der Aufkleber nicht nur dekorative Zwecke erfüllt.

Die **tansanische Währung** ist der **Shilling** (Swahili: *shillingi*), kurz **TSh.** Im Juli 2024 betrug der **Wechselkurs** für 1 Euro (€) 2834 TSh, für 1 US-Dollar ($) 2631 TSh, für 1 SFr 2915 TSh. Größter Schein ist die 10.000-TSh-Note.

Parallel zum Shilling ist der **US-Dollar** so etwas wie eine **inoffizielle Zweitwährung in Tansania,** mit dem vor allem im Tourismusgewerbe gehandelt und gerechnet wird (zunehmend aber auch in Euro). Manche Bergwanderungen, Nationalparks und auch einige Hotels können nur mit Dollars bezahlt werden, ebenso Visa an den Grenzen. Es ist daher ratsam, einen **Teil seines Bargeldes in US-Dollar mitzuführen.**

Mit tansanischen Schillingen lassen sich problemlos US-Dollars und Euros am Wechselschalter in Banken und auf den internationalen Flughäfen kaufen, um Safaris oder andere in Devisen berechnete Leistungen zu bezahlen.

Um vor Ort tansanische Shillinge zu kaufen, eignen sich SFr und Euro bestens. Diese können Sie im Norden, in Dar es Salaam und auf Sansibar problemlos wechseln. Auch im Landesinneren tauschen Banken Euro.

Privat betriebene Wechselbüros sind, nach zuvor flächendeckendem Verbot, vereinzelt wieder erlaubt und es ist davon auszugehen, dass in den nächsten Jahren viele wieder eröffnen werden.

Ob und wie hoch die **Kosten für die Barabhebung** sind, ist abhängig von der kartenausstellenden Bank und von der Bank, bei der die Abhebung erfolgt. Man sollte sich vor der Reise bei seiner Hausbank informieren, mit welcher Bank sie vor Ort zusammenarbeitet. Im ungünstigsten Fall wird pro Abhebung eine Gebühr von bis zu 1 % des Abhebungsbetrags per Debitkarte mit Maestro-Logo oder gar 5,5 % des Abhebungsbetrags per Kreditkarte berechnet.

Für das **bargeldlose Zahlen per Kreditkarte** werden fast überall 3 bis 5 % auf den zu zahlenden Preis aufgeschlagen.

Zum **Schwarztausch** wird man nur selten in den von Touristen häufig frequentierten Städten angesprochen. Die Kurse liegen nur geringfügig über den offiziellen Raten. Lassen Sie die Finger von solch einem Geschäft! Irgendwo in einer Seitengasse könnten böse Jungs mit dicken Keulen lauern oder auch die

Hinweis: Wer mit seiner normalen Bankkarte (statt einer Kreditkarte) im Ausland zahlt, nutzte dafür bisher meist den Maestro- oder VPAY-Standard (zu erkennen am entsprechenden Zeichen auf der Karte). Diese von den Kreditkartenfirmen Mastercard und Visa angebotenen Systeme laufen aus und werden durch **neue Standards** ersetzt. Bankkunden erfahren das in der Regel dadurch, dass sie eine entsprechende neue Karte ausgestellt bekommen. Ob die neuen Karten dann schon überall funktionieren, lässt sich zurzeit noch nicht sagen. Im Zweifel erkundigen Sie sich vor der Reise bei Ihrer Bank.

Polizei, die Sie mit einem zivilen Beamten einer strafbaren Handlung überführt hat, denn der Geldtausch auf dem Schwarzmarkt ist **verboten!**

Unterbringung von Geld

Wichtig bei der Aufbewahrung von Geldmitteln und Papieren ist, dass Sie Geld und Pass **am Körper** tragen (Brusttasche unterm Hemd, Geldgürtel usw.), das Geld immer verteilt aufbewahren und für den Tagesbedarf gut erreichbar haben.

Sofern Sie die Möglichkeit haben, Ihre Wertsachen in einem Hotel zu sichern **(Hotelsafe),** ist es empfehlenswert diese auch zu nutzen. Gerade in den größeren Städten wie Arusha und Dar es Salaam treiben Taschendiebe auch am Tag ihr Unwesen. In den Nationalparks stellt dies kein Problem dar, dennoch sollte auch hier in Lodges und Camps Geld in Zimmersafes, sofern vorhanden, aufbewahrt werden.

Geld-Notfall

Bei Verlust oder Diebstahl der Kredit- oder Maestro-/Debit-Karte sollte man diese umgehend sperren lassen. Für deutsche Maestro-/Kreditkarten gibt es die einheitliche **Sperrnummer +49 116116** und im Ausland zusätzlich +49 3040504050. Für österreichische und schweizerische Karten gelten:

- **Maestro/Bankomat,** (A-)Tel. +43 12048800; (CH-)Tel. +1 6367227111, Credit Suisse: +41 800800488.
- **Für Mastercard, VISA, American Express und Diners Club** sollten Österreicher und Schweizer sich vor der Reise die Rufnummer der kartenausstellenden Bank notiert haben.

Wer dringend eine **größere Geldsumme** benötigt, kann dies über **www.western union.de** regeln und das Geld bei der entsprechenden Western Union-Vertretung vor Ort auszahlen lassen. Je nach Höhe des Betrags wird eine Gebühr erhoben. Diese Art von Überweisung kann man per **App** von Western Union machen, über **Online-Banking** von seiner eigenen Bank oder durch eine dritte Person von z.B. Deutschland aus. Einziger Wermutstropfen sind die Gebühren

11001 pasob

Der Löwe übt eine ganz besondere Faszination auf Safari-Touristen aus und die Tatsache, dass der Betrag einem dann in tansanischen Shilling ausgezahlt wird.

Telefonieren

Das Telefonieren über Festnetz funktioniert in Tansania recht gut, wobei es fast keine Rolle mehr spielt, denn sowohl Einheimische als auch Touristen telefonieren mit **Handy bzw. Smartphone,** d.h. über Mobilfunkanbieter. Alle gehobenen Hotels sind telefonisch erreichbar, auch Lodges und Camps in Nationalparks sind an das Mobilfunknetz angeschlossen. Die Betreiber *Vodacom, Airtel, TIGO* und *Halotel* bieten einen **fast flächendeckenden Service.** Nur einige dünn besiedelte Gebiete im Zentrum und Westen sowie manche Ecken in den Nationalparks haben einen eingeschränkten Empfang. Es ist daher möglich mit Handy über die tansanischen Mobilnetze **im Roamingverfahren internationale Gespräche** zu führen. Wegen **hoher Gebühren** sollte man auf der Website seines Anbieters nachschauen, welcher der Roamingpartner günstig ist und diesen per manueller Netzauswahl voreinstellen.

Nicht zu vergessen sind die **Kosten** der Rufweiterleitung ins Ausland, die der Empfänger bezahlt (also Mailbox evtl. abstellen). Der Empfang von SMS ist in der Regel kostenfrei.

Empfehlenswert und preiswert ist auch das Nutzen von **Instant Messengern** wie *WhatsApp* oder *Signal* mit Telefonfunktion mittels kostenloser WiFi-Verbindung im Hotel oder Café.

Falls das Mobiltelefon **SIM-lock-frei** ist (keine Sperrung anderer Provider vorhanden ist) und man vor Ort und unterwegs viele tansanische Telefonnummern wählen möchte, lohnt sich eine **tansanische Prepaid-Karte** der unten aufgeführten lokalen Anbieter. Die eigentliche SIM-Karte mit einer lokalen Telefonnummer ist je nach Angebot sehr preiswert (ab 2000 TSh), passende Guthabenkarten gibt es in Stückelungen bis 50.000 TSh. Ruft jemand von zu Hause an, ist es der Anrufer, der die Kosten trägt (Daheimgebliebene können unter www.teltarif.de die günstigsten Call-by-Call-Tarife für das tansanische Mobilnetz herausfinden). Nützlich ist es, die temporäre Reisenummer auf seine heimische Mailboxansage zu sprechen. Beachten Sie hierzu die Tipps auf www.teltarif.de/i/reise-mailbox.html.

Internationale Gespräche sind mit der lokalen Nummer sehr teuer oder erst gar nicht möglich. Deshalb empfiehlt es sich, immer auch die heimische SIM-Karte bei sich zu haben, um ggf. schnell tauschen zu können. Auch hier kann man einfachheitshalber alternativ in den Unterkünften über WiFi per Messenger telefonieren.

Eine tansanische SIM-Karte lässt sich nur noch bei den Filialen der Mobilfunk-Anbieter erwerben. Es erfolgt eine Registrierung gegen Vorlage ihres Reisepasses mitsamt Fingerabdruck-Scan. Es empfehlen sich *Vodacom* oder *Airtel.* **Mobiltelefonfirmen** in Tansania (alle Betreiber bieten mittlerweile 4G-Empfangsstärke an) sind:

- **Vodacom,** www.vodacom.co.tz
- **Airtel,** www.airtel.com
- **TIGO,** www.tigo.co.tz

- **Halotel,** www.halotel.co.tz
- **Zantel,** www.zantel.co.tz (v.a. Sansibar)

Versicherungen

Zunächst: Für alle abgeschlossenen Versicherungen sollte man die **Notfallnummern notieren** und mit der Versicherungsnummer (*policy number*) gut aufheben. Bei Eintreten eines Notfalles sollte die Versicherungsgesellschaft sofort verständigt werden!

Auslandskrankenversicherung

Die Kosten für eine ärztliche Behandlung in Tansania werden von den gesetzlichen Krankenkassen in Deutschland und Österreich nicht übernommen, daher ist der Abschluss einer privaten Auslandskrankenversicherung (oft auch als zeitlich begrenzte Auslandszusatzversicherung angeboten) sehr ratsam.

Bei **Abschluss** der Versicherung – die es mit bis zu einem Jahr Gültigkeit gibt – sollte auf einige Punkte geachtet werden. Zunächst sollte ein Vollschutz ohne Summenbeschränkung bestehen, im Falle einer schweren Krankheit oder eines Unfalls sollte auch der Rücktransport übernommen werden.

Wichtig ist auch, dass im Krankheitsfall der **Versicherungsschutz** über die vorher festgelegte Zeit hinaus automatisch verlängert wird, wenn die Rückreise nicht möglich ist.

Schweizer sollten bei ihrer Krankenversicherungsgesellschaft nachfragen, ob die Auslandsdeckung auch für Tansania gilt. Sofern man keine Auslandsdeckung hat, kann man sich kostenlos bei Soliswiss (www.soliswiss.ch) über mögliche Krankenversicherer informieren.

Zur **Erstattung der Kosten** benötigt man ausführliche Quittungen (mit Datum, Namen, Bericht über Art und Umfang der Behandlung, Kosten der Behandlung und Medikamente).

Zeit und Zeitverschiebung

Während der europäischen Sommerzeit ist die Uhr in Tansania eine Stunde weiter, ansonsten beträgt der **Zeitunterschied zwei Stunden.**

Die **Swahili-Kultur** hat eine **eigene Zeitrechnung,** die zu der unseren **um sechs Stunden versetzt** ist. Besonders an der Küste und auf den vorgelagerten Inseln ist diese Art der Zeitwahrnehmung noch gang und gäbe, aber auch im Landesinnern, wenn die Kommunikation auf Swahili stattfindet, muss man sich vergewissern, ob eine Zeitangabe nach dem internationalen oder nach dem Swahili-Modus erfolgt. Verwirrungen und Missverständnisse sind keine Seltenheit.

In der **Swahili-Zeitrechnung** hat ein Tag nicht 24 Stunden, sondern 2 x 12. Diese Zeiteinteilung richtet sich nach dem Wechsel von Tag und Nacht. So ist z.B. 1 Uhr in der Swahili-Zeit entweder eine Stunde nach Sonnenaufgang oder nach Sonnenuntergang. Damit dies nicht jeden Tag neu berechnet werden muss, gelten 18 Uhr und 6 Uhr als das jeweilige Ende von Tag und Nacht und werden in der Swahili-Zeitrechnung als 12 Uhr bezeichnet. Die Angabe „null Uhr" existiert nicht.

In der Praxis jedoch richten sich alle **offiziellen Zeitangaben** (Banken, Postämter, Behörden, Abfahrtszeiten, Öffnungszeiten der Nationalparks usw.) nach der internationalen Zeitrechnung. Doch wenn Sie Swahili sprechen und mit jemandem eine Uhrzeit vereinbaren, sollte man sich vergewissern, in welcher Zeitrechnung gedacht wurde.

Die Swahili-Uhrzeit erklärt auch das Sansibar-Sprichwort: „Um null Uhr geht die Sonne auf", was so viel bedeutet wie: „Jeder neue Tag auf Sansibar ist immer etwas Besonderes und für eine Überraschung gut".

Safari-Planung/ -Vorbereitung

→ Kap. 5/Wissenswertes zur Organisation einer Safari vor Ort, S. 176

Jeder Nationalpark und nahezu alle touristischen Sehenswürdigkeiten Tansanias lassen sich über Reiseunternehmen in Europa und mit Safariveranstaltern vor Ort buchen bzw. besuchen. Ohne eigenes Fahrzeug ist man für den Besuch eines Nationalparks, der nicht zu Fuß erkundet werden darf (Serengeti, Tarangire, Manyara u.a.), auf einen Tour-Operator bzw. auf ein geländegängiges Fahrzeug angewiesen.

Wie im Vorwort erwähnt, ist Tansania ein sehr großes Land mit 20 Nationalparks und vielen weiteren Naturschutzgebieten. Diese lassen sich nicht alle auf einmal besuchen. Es ist daher empfehlenswert, sich auf eine bestimmte Safariregion zu konzentrieren, in der man verschiedene **Touren kombinieren** kann. Bei der Wahl der jeweiligen Region, bei der die Kapitelstruktur dieses Buches behilflich sein kann, spielt neben persönlichem Interessen und den Erlebnismöglichkeiten oftmals auch der Preisfaktor eine Rolle. Die hochfrequentierten nördlichen Nationalparks haben **höhere Eintritts- und Übernachtungsgebühren** als die Parks im Süden und Westen des Landes (davon ausgenommen sind lediglich der Gombe und der Mahle Nationalpark, was unter anderem an den Schimpansen liegt, die man dort sehen kann). Allerdings sind die südlichen und westlichen Parks teilweise mit **höheren Reisekosten** verbunden, da oftmals Distan-

tan110jg

zen mit Kleinflugzeugen zurückgelegt werden (z.B. Ruaha und Katavi Nationalpark).

Veranstalter in Europa

Auch wenn es in Tansania an Anbietern nicht mangelt (s.u.), empfiehlt sich die **Buchung im Vorfeld** über einen Reiseveranstalter in Europa. Weder fallen dadurch höhere Kosten an (die Vermittlungsprovision ist im Preis der Vor-Ort-Veranstalter berücksichtigt), noch gehen so wertvolle Reisetage mit der Organisation vor Ort verloren, und es besteht Versicherungsschutz in Form des Reise-Sicherungsscheines.

In Deutschland, Österreich und der Schweiz ist eine **Vielzahl von Reisebüros** auf Safaris, Trekking, Kilimanjaro-Besteigungen und Strand-/Tauchurlaube auf Sansibar spezialisiert. Mittels Suchmaschinen oder im Reisebüro lässt sich schnell ermitteln, wer was wie wann und zu welchen Konditionen anbietet. Wer einen Spezialisten als Veranstalter sucht, um sich z.B. eine individuell maßgeschneiderte Safari ausarbeiten zu lassen, sollte natürlich darauf achten, dass der Anbieter seinen Schwerpunkt auf Tansania/Ostafrika hat. Hier kann man dann davon ausgehen, dass der Veranstalter auch oft vor Ort (vertreten) ist und über die nötigen Informationen, Kenntnisse und Kontakte verfügt. Von herkömmlichen Reisebüros ist eine solche **individuelle Reiseplanung** nur selten zu erwarten. Entspricht der dort angebotene

Eine gelungene Safari will gut vorbereitet sein

Tourenplan nicht den eigenen Vorstellungen, kann man zwar zu einem anderen Anbieter wechseln, dies verspricht allerdings nur bedingt Erfolg: Viele Programme ähneln sich in Bezug auf Ablauf, Anzahl der Nächte pro Park und Streckenverläufe.

Oftmals sind der Individualität auch auf finanzieller Ebene Grenzen gesetzt. Denn wer auf eigene Faust reisen möchte, muss auch tiefer in die Tasche greifen.

Veranstalter in Tansania

In Tansania gibt es eine **Unmenge an Safariveranstaltern,** vor allem in **Arusha, Moshi** und **Dar es Salaam.** Gerade in der Tourismusmetropole Arusha ist die Auswahl sehr groß. Hier können Sie je nach Geldbeutel und Interessen Ihre ganz persönlich zugeschnittene Tour zusammenstellen, wobei Sie im Low-Budget-Bereich mit ein bis zwei Organisationstagen vor Ort rechnen müssen.

Doch nicht alle Nationalpark-Safaris lassen sich in Arusha und Moshi organisieren. Für die südlichen Parks sind Dar es Salaam, Mbeya und Iringa die besten Ausgangsorte; für die westlichen Nationalparks bieten die Städte Mwanza und Kigoma gute Möglichkeiten.

Viele Safaris lassen sich auch direkt **über Unterkünfte** vor Ort buchen, besonders dann, wenn eine Safarifirma mehrere Lodges und Camps in verschiedenen Nationalparks oder Wildschutzgebieten betreibt. In solchen Fällen lassen sich „Lodge-zu-Lodge-Safaris" organisieren; die Lodge und/oder Safari Camps organisieren dann die Transfers zwischen den ausgewählten Gebieten. Je nach Distanz zwischen diesen Nationalpark-Unterkünften erfolgen solche **Transfers** mit dem Auto und/oder mit dem Kleinflugzeug. Allein in der Serengeti werden in der Reisesaison mehrmals täglich Landepisten mit Klein- bzw. Propellerflugzeugen angeflogen. Die meisten Lodges und Camps in den Wildschutzgebieten bieten dann ihre eigenen Pirschfahrten und Fuß-Safaris an, oft mit noch ortskundigerem Personal, als wenn man mit dem Guide eines Safari-Operators unterwegs ist. Die verwendeten **Fahrzeuge** der Lodges und Camps sind meistens offene Geländewagen mit Sonnendach. Das hat Erlebnis-Vorteile gegenüber den geschlossenen Fahrzeugen mit Hubdach.

☒ Seine Fellmusterung macht den Leoparden zu einem besonderen Hingucker

Organisation und Buchung einer Safari

Informationsquellen

Eine gute Informationsquelle sind die **Internetseiten** der einschlägigen Reiseveranstalter. Hier bekommt man einen **guten Überblick** über die Standard-Touren im Norden des Landes (Nationalparks Arusha, Tarangire, Manyara, Ngorongoro und Serengeti) und in die südlichen Parks wie Nyerere (vormals der westliche Selous) und Ruaha. Bei Veranstaltern, welche auch andere Wildschutzgebiete im Land anbieten und die eine oder andere Bergregion wie z.B. die Usambara Mountains im Programm einbauen oder die immer noch wenig besuchten Nationalparks Mkomazi, Saadani, Udzungwa etc. mit anbieten, lässt sich oftmals schon mehr Landes-Know-How erkennen. Staatliche und offizielle Informationsbüros bzw. Broschüren von TTB *(Tanzania Tourism Board)* oder TANAPA *(Tanzania National Parks)* bieten einen Gesamtüberblick, liefern jedoch keine detaillierten Informationen zur Organisation einer Safari. Aktuelle **Impfbestimmungen** und Informationen zu reisemedizinischen Fragen stehen auf Internetseiten wie www.crm.de oder www.fitfortravel.de zur Verfügung.

Über die **Sicherheitssituation** informiert das Auswärtige Amt (www.auswaertiges-amt.de).

Gestaltung und Kostenplanung

→ Exkurs: Privat-Safari oder Gruppenreise, S. 44

Safaris können sehr unterschiedlich gestaltet werden. Neben den verschiedenen Transportmitteln gibt es Unterschiede in Bezug auf Komfort, Reisekilometer und Erlebniswert – wie fast überall eine Frage des Geldbeutels.

Gruppengröße und Fahrzeuge

Meist bekommt man über den Veranstalter Auskunft, ob man sich anderen anschließen kann und sich ein Fahrzeug und somit auch die Kosten teilen kann. Bei Geländewagen (je nach Typ) ist eine Größe von vier bis sechs Personen ein guter Kompromiss zwischen Kostenreduzierung und noch ausreichendem Sitzkomfort. Minibusse mit mehr Sitzplätzen werden nur noch sehr selten eingesetzt. Eine große Gruppe hat manchmal den Nachteil, dass das Gelingen der Safari immer vom **„Funktionieren" der Gruppe** abhängt, also vor allem Verständnis und Rücksichtnahme seitens aller Gruppenmitglieder voraussetzt.

Wer möglichst kostengünstig zu zweit reisen will, kann die höheren anteiligen Fahrzeugkosten durch Campen wieder wettmachen.

Lodge- oder Camping-Safari?

Tansanias Nationalparks und Wildschutzgebiete lassen sich **in verschiedenen Preisklassen** bereisen. Von Low-Budget (ab 250 $ im Norden Tansanias und ab 180 $ im südlichen Tansania) bis zu 1000 $ pro Person und Tag und noch

006 ewanc

weitaus mehr – ein und derselbe Parkaufenthalt kann die Reisekasse äußerst unterschiedlich belasten.

Eine Safari kann als reine Lodge-/Camp- oder Camping-Safari durchgeführt werden bzw. als Kombination von beidem. Lodges/Tented Camps bieten Hotel-Komfort und sind in den Parks meist besser gelegen als Campingplätze. Der Preisunterschied zum Camping kann bis zu 700 $ pro Person und Nacht ausmachen.

Zelten spart aber nicht nur Geld, sondern ist vor allem eine intensivere Erfahrung (für Abenteurer). Eigene **Ausrüstung** benötigt man bei den meisten Unternehmen nicht. Nur **Schlafsäcke** werden nicht immer gestellt. Sogar ein **Koch** ist als Beifahrer mit von der Partie. Allerdings kann es bei sehr günstigen Unternehmen schon mal vorkommen, dass das Zelt nicht ganz intakt ist (Moskitonetz und/oder Reißverschluss kaputt) und das Essen von Plastiktellern auch nicht unbedingt gut schmeckt.

Es ist daher ratsam, sich die Ausrüstung vor der Camping-Safari zeigen zu lassen, was auch in Bezug auf das geplante Menü von Vorteil ist.

Der gute Kompromiss zu einer reinen Lodge/Hotel-Safari ist die Übernachtung in Tented Lodges oder Tented Camps. Die Tented Camps sind meist ähnlich komfortabel wie Tented Lodges. Bei letzteren sind die Zelte im Gegensatz zu den Camps oftmals mit einem gemauerten Badezimmer versehen, was sie zu permanenten Zelt-Hotels macht (→ Unterkunftsarten, S. 52). Bei der Buchung über einen Veranstalter ist es oftmals nicht möglich reine Lodge- oder Camp-Safaris zu wählen, da die Safaris basierend auf der Qualität der Unterkünfte und deren Lage konzipiert werden (z.T. auch saisonabhängig). Zudem sagt die Art der Unterkunft nicht zwingend etwas über deren Qualität aus: Es gibt viele saisonale Tented Camps, die einen besseren Service-Standard haben, als gebaute Lodges oder Park-Hotels. Entsprechend lohnt es sich, den verschiedenen Unterkunftsarten offen gegenüberzustehen, da die Mischung am Ende zu einem gelungenen Safari-Erlebnis dazugehört.

Dauer und Route

Von Ein-Tages-Safaris im Rahmen eines Badeurlaubs auf Sansibar bis hin zu mehreren Tagen (und sogar Wochen) in verschiedenen Ländern – einer Safari sind kaum Grenzen gesetzt.

Da im Norden Tansanias Nationalparks und kommunale Wildschutzgebiete (WMAs) nur wenige Fahrstunden auseinanderliegen, hat sich das Konzept der **Park-zu-Park-Safaris** entwickelt, mit ein bis zwei Übernachtungen pro Park und im Schnitt fünf bis neun Tagen insgesamt. Zwar sollten nicht unter Zeitdruck alle naheliegenden Parks miteinander verbunden werden, es lohnt sich jedoch, die Parks ergänzend zu besichtigen, um die verschiedenen Naturräume und Tierarten sehen zu können.

Die Möglichkeit, die nördlichen Parks Tansanias miteinander zu verbinden und zu einer **großen Safari-Rundreise** verschmelzen zu lassen, gehört sicherlich zum Erfolgsrezept Tansanias in der Safari-Industrie Afrikas. Das führt aber bei Rundreisen im Safariwagen dazu, fast jeden Tag acht oder mehr Stunden im Auto zu sitzen (Anfahrt zum und Zeit im jeweiligen Park zusammengerechnet). Das ist die Standarddauer für über 90 % aller ausgeschriebenen Safaris im Norden Tansanias.

Arusha bildet meist den Start und Endpunkt; irgendwo in den Weiten der Serengeti befindet sich der Wendepunkt. Oftmals wird jedoch empfohlen, von Serengeti zurück nach Arusha zu fliegen, um sich die lange Autorückfahrt auf holpriger Piste zu ersparen.

Wer zum ersten mal nach Tansania fliegt, bereist fast immer die **nördlichen Nationalparks** zuerst. Schließlich liegt hier auch die weltberühmte Serengeti, die afrikaweit Maßstäbe setzt. Das hat nicht nur der berühmte Zoologe und Tierschützer *Bernhard Grzimek* erkannt, der berühmte Park hat in allen Ecken dieser Welt den Status eines Safari-Pilgerortes.

Die Fluggesellschaften unterstützen den florierenden Tourismus im Norden Tansanias natürlich und fliegen den kleinen, aber internationalen Flughafen Kilimanjaro an, unweit von Arusha. Umstände, die natürlich während der **Hochsaison** (Juni bis Oktober/November, Dezember bis März) dazu führen, dass viele Autos unterwegs sind und an interessanten, tierreichen Stellen der Nationalparks vermehrt Safari-Camps entstehen.

Zeitgleich wirken dagegen die **Nationalparks im Süden und Westen** des Landes, was Besucher angeht, regelrecht leer. Nur im Nyerere und Mikumi Nationalpark gehen tagsüber die Besucherzahlen schlagartig hoch, wenn Badeurlauber aus Sansibar für eine eintägige Safari anreisen.

Auch wenn man die hohe Frequentierung der nördlichen Nationalparks bei der Safari-Planung bedenken sollte, bedeutet dies nicht, dass deren Besuch weniger lohnenswert ist. Je nach eigenen Präferenzen sollte jedoch auch ein **Besuch der weniger bekannten Nationalparks** in Erwägung gezogen werden, die ihre ganz eigenen Alleinstellungsmerkmale haben. Auch dort lassen sich tolle Safari-Erlebnisse sammeln: Während im Nyerere und Saadani Nationalpark Flusslandschaften mit dem Boot erkundet werden können, lassen sich nur in den Parks im Westen des Landes Schimpansen zu Fuß besuchen.

Bei der zeitlichen Planung der Safari ist es zudem empfehlenswert, **nicht zu viele Parks zu bereisen** und den Transfer zwischen verschiedenen Regionen mittels **Inlandsflug** zu gestalten. Auch wenn diese nicht ganz preiswert sind, spart man so wertvolle Urlaubszeit, die andernfalls auf langen Autofahrten verloren ginge.

Ebenso sollte man bei der Planung bedenken, dass viele Reisende ihre Camps oder Lodges nur abends bei der Ankunft sehen. Früh morgens folgt aufgrund des straffen Tagesprogramms die Weiterfahrt. Wenn die Urlaubslektüre also nicht unberührt bleiben soll, lohnt es sich bei der Planung, den **ein oder anderen Tag zum Verweilen in einer Lodge** einzukalkulieren.

Buchung vor Ort

Das **Internet** macht es einfach und schlägt Brücken in die letzten Winkel Afrikas. Camps und Safari-Veranstalter, die früher nur über Funk oder rauschende Telefonverbindungen erreicht werden konnten, sind heutzutage schnell und einfach zu kontaktieren. Der allgemeine Trend geht deshalb dahin, die Safari von zu Hause aus zu buchen. Zudem ist der internationale **Zahlungsverkehr** durch das SWIFT-System einfacher denn je. In wenigen Tagen lassen sich Beträge zu allen Banken der Welt transferieren. Die Möglichkeit, sich selbst seine eigene Tour zusammenstellen zu können, mit Veranstaltern und Camp-Managern vor Ort direkt in Kommunikation zu stehen, schätzen viele. Doch was zunächst besser und „eigen" klingt, muss nicht unbedingt vorteilhaft sein. Organisation und Buchung einer Safari über einen Reiseveranstalter bleiben generell die sicherere Alternative – aus folgendem Grund:

Es gibt keine oder nur selten finanzielle Vorteile, wenn man Organisation und Buchung von zu Hause aus oder vor Ort in die eigene Hand nimmt, denn der Reise-Veranstalter in Europa bekommt vom Safari-Veranstalter in Afrika einen günstigen Nettopreis, auf den er seine Kommission aufschlägt. Dieser Gesamtbetrag ist aber meist genau so hoch wie direkt beim Safari-Veranstalter vor Ort, denn auch dieser schlägt wieder etwas drauf.

Soweit noch kein Nachteil. Wickeln Sie Ihre Safari aber über das heimische Reisebüro ab, sind Sie damit gegen Insolvenz versichert bzw. liegen alle rechtlichen Vorteile bei Ihnen, falls es während Ihrer Safari zu einem Unfall kommt oder Vereinbarungen nicht eingehalten werden. Als Selbstbucher hat man in solchen Fällen im Ausland schnell das Nachsehen.

In Tansania haben sich leider in den vergangenen Jahren Vorfälle gehäuft, bei

☑ Der Elefant, das größte Landsäugetier in freier Wildbahn

004 oleg

007 bia

denen die vom einheimischen Veranstalter versprochenen Leistungen nicht eingehalten wurden. Man sollte sich also nicht auf einen ansprechenden Internetauftritt verlassen, sondern auch Empfehlungen von Freunden oder anderen Reisenden vertrauen.

Bezahlung einer Safari

Buchung bei Reiseveranstaltern

Safaris über Reiseveranstalter müssen in der Regel einige Wochen vor Reisebeginn bezahlt werden – komplett. Gehen Sie sicher, dass Ihre Reise als Gesamtleistung, d.h. mit Flug und allen einzelnen Reiseteilen, gebucht ist. Zudem sollte in jedem Fall eine Insolvenz-Versicherung eingeschlossen sein. Dies ist der sog. **Reisepreis-Sicherungsschein,** den seriös arbeitende Veranstalter pflichtgemäß anbieten sollten.

Eine häufig auftretendes Problem, das an dieser Stelle erwähnt werden muss, sind die oft **limitierten Orts- und Sachkenntnisse** von Reiseveranstaltern und Reisebüros in Europa, wenn es sich bei diesen nicht um spezialisierte Veranstalter handelt.

Oft können diese gezieltere Fragen nicht beantworten oder Mitarbeiter geben Kunden nur unzureichende Auskünfte, um deren Buchungsinteresse zu wahren. Auf Safari erfährt man dann womöglich, dass es sich bei dem als ruhig empfohlenen Camp um einen Club für Partytouristen handelt und dass die erwarteten tierreichen Savannen der Serengeti einer leblosen Halbwüste gleichen, weil man leider am Ende der Trockenzeit gebucht hat.

⌃ Löwen bei der Paarung

Privat-Safari oder Gruppenreise?

Eine Tendenz im Safari-Tourismus ist die zunehmende Neigung zur privaten Gestaltung des Safari-Urlaubs. Dabei liegt der Unterschied oftmals gar nicht so sehr im Preisniveau der Safari, denn die Gebühren für die Nationalparks und Wildschutzgebiete gelten für alle gleichermaßen. Gruppenrabatte gibt es in Tansania nicht und auch die Unterkünfte in den Parks und Schutzgebieten geben in der Regel keine Gruppenermäßigungen, es sei denn, man belegt Dreier- oder Viererzimmer, was jedoch in den meisten Unterkünften nur bedingt möglich ist. Wo liegt also der Preisunterschied? **Mehr Leute** in einem Geländewagen bedeuten **geteilte Kosten** bei der Fortbewegung und bei der Bezahlung des Guides. Die gesamte Safari kostet daher weniger, als wenn man nur zu zweit im Wagen sitzt.

„Private" Safaris bieten ein **Maximum an Freiheit** und Intimität, während sie nur ein **Minimum an Kompromissfähigkeit** erfordern, oder anders ausgedrückt: Rücksichtnahme auf die Bedürfnisse und Vorlieben (Eigenheiten) anderer Safariteilnehmer ist nicht nötig.

Auf Safari ist man oft stundenlang an ein Fahrzeug gebunden, das einen nicht nur geländegängig über Afrikas Pisten befördert, sondern vor allem auch den ganzen Tag über einen „Aufenthaltsraum" darstellt. Während man in der Lodge oder im Camp morgens und abends seine privat zur Verfügung stehende Zeit als Alleinreisender, als Paar, Familie oder im guten Bekanntenkreis auf meist großzügigem Raum genießen kann, ist man im Rahmen einer Gruppenreise tagsüber im Geländewagen auf relativ engem Raum weniger privat unterwegs. Wenn dann einer der Mitreisenden mit seiner analogen Ausrüstung hantiert und oft länger braucht als der Digital-Profi, während das jüngere Publikum mit Smartphone den Löwen schon längst auf Instagram geposted hat und weiter will, die im Englischen aber nicht so versierte ältere Dame noch mit den holprigen Deutschkenntnissen des Guides kämpft, kann ein Safaritag auch zu einem Belastungstest für die Gemüter aller Beteiligten werden. Die **Interessen und Fähigkeiten der Safariteilnehmer** können manchmal verschiedener nicht sein. Man weiß vorher einfach nicht, ob die Mitreisenden auf der gleichen Wellenlänge sind oder bei jedem noch so weit entfernten Vogel ausharren wollen, um sich als Verhaltensforscher zu üben.

Daher also vielleicht der Umstand, dass der Trend immer mehr zur privaten Safari geht, bei der man unter sich ist, das Tempo bestimmen und mit dem Guide die Dinge besprechen kann, die einen wirklich interessieren – so werden die eigentlichen Safari-Stunden im Wagen und auf der Pirsch mit größerer Wahrscheinlichkeit zu „quality time".

Kurz: Gegebenenfalls sollte man lieber bei den Unterkünften einen Stern und Kosten sparen, dafür aber das fremde Land mit seiner überwältigenden Fauna und Flora in aller Ruhe selbstbestimmt genießen.

Wenden Sie sich also an einen **Spezialisten**, wenn Sie auf Nummer sicher gehen wollen.

Buchung vor Ort

Zwischen den lokalen tansanischen Veranstaltern gibt es große Qualitätsunterschiede. **Besonders kleinere lokale Veranstalter** sind häufig nicht mit dem ganzen Land vertraut und kennen nur ihren eigenen Wirkungskreis. Auch das Flora- und Faunawissen der Fahrer *(driver guides)* kann von Veranstalter zu Veranstalter stark variieren – tendenziell erweisen sich **größere Veranstalter** als die bessere Wahl.

Die Zahlung in Tansania ist entsprechend mit einer guten Portion **Vorsicht** abzuwickeln: Suchen Sie das Büro des Veranstalters auf, um sich einen Eindruck von der Professionalität des Betriebes und seiner Mitarbeiter zu verschaffen. Stellen Sie Fragen zu Ablauf, Organisation, der geplanten Route und ob Kilometerbegrenzungen bestehen. Lernen Sie den Guide/Fahrer kennen, welcher für Sie vorgesehen ist.

Haben Sie sich für eine **preiswerte Mitfahrer-Safari** entschieden, die besonders in Arusha und Karatu über andere Reisende organisiert werden, um sich die Kosten eines 6- bis 7-Sitzer-Fahrzeuges zu teilen, ist Folgendes zu beachten: Leisten Sie keine Vorauszahlung, bis Sie das Auto gesehen, sich von seinem Zustand überzeugt haben und die am Vortag festgelegte Anzahl der Mitfahrenden verifiziert haben. Denn wenn kurz vor der Abfahrt noch unerwarteterweise Personen dazukommen, kann die Safari schnell zu einem Konserventrip werden.

Gruppenreisen

In einer festen Gruppe zu reisen ist nicht unbedingt jedermanns Sache. **Flexibilität und Kompromissbereitschaft** sind Voraussetzungen für diese Reiseform. Das Gemeinschaftsinteresse geht vor dem Eigeninteresse! Wer jedoch einmal im Rahmen einer Gruppenreise unterwegs war, wird vielleicht die Tatsache einer Reiseleitung zu schätzen wissen. Reiseleiter sind oft geschulte Persönlichkeiten, die sich in der Region gut auskennen und für Sie die Brücke bilden, um Natur und Kultur Afrikas tiefer zu erleben. In vielen Fällen ist eine solche Reiseleitung deutschsprachig.

Gruppenreisen haben in Tansania oft den Vorteil, dass Safaris ganz individuell gestaltet werden können. Wildschutzgebiete, die z.B. nicht regelmäßig angeflogen werden, lassen sich mit gecharterten Flugzeugen kostengünstig und nach Terminwunsch erreichen.

Unterschiedliche **Standards** gibt es allerdings auch hier: Gruppenreisen, die mit dem Motorflugzeug die jeweiligen Safari-Destinationen besuchen und in vornehmen Camps/Lodges übernachten, gehören zum gehobenen Preissegment. Bei Jugendlichen und Abenteurernaturen sind dagegen Safaris populär, bei denen Teilnehmer selbst mithelfen können, wenn es um Auf- und Abbau des Camps (Schlafzelte, Dusch- und WC-Zelte und Feuerholz sammeln) oder auch das Zubereiten von Lebensmitteln in der Küche, das Decken der Tische und den Abwasch geht.

Studienreisen

Die Studienreise unterscheidet sich von normalen Gruppenreisen durch ihren **höheren Informationsgehalt** und erlaubt oftmals mehr Nähe und Bezug zum Land, dessen Kultur und Geschichte. Veranstalter, deren Markenzeichen professionell geführte Studienreisen sind, arbeiten häufig mit Fach-Akademikern zusammen, deren Kompetenzen mit Namenstiteln wie Dipl., Dr., Prof. usw. ausdrücklich unterstrichen werden. Titel sollten aber bei Ihrer Reise-Entscheidung keine große Rolle spielen. Vor Ort aufgewachsene, im Land tief verwurzelte Persönlichkeiten gelten genauso als Insider und sind oftmals die wahre „Studien-Quelle" – ohne hochgradigen Titel.

Wie auch immer, ein Reiseleiter sollte informativ sein und Ihre Fragen beantworten können. Doch bei Gruppenreisen spielen auch menschliche Führungs- und Verständnisqualitäten eine Rolle und können über einen harmonischen Reiseverlauf entscheiden.

Individualreisen (organisiert/Selbstfahrer)

Nicht immer heißt allein oder individuell reisen, dass man vor Ort tatsächlich einen individuellen Entscheidungsspielraum hat oder für sich allein ist. Oft ist dies aus organisatorischen oder logistischen Gründen nicht möglich, es sei denn, Sie bestehen bei Ihrer Buchung auf Exklusivität. Das kostet in der Regel jedoch einen Aufpreis, der manchmal sehr hoch oder keine Option ist, falls der tansanische Guide nur das Standard-Programm, kaum aber alternative Routen, kennt.

Individuell reisen bedeutet zunächst, sich aus der Fülle der Angebote das Attraktivste auszusuchen bzw. einzelne **Bausteine** miteinander zu verbinden. Dabei kann nur ein Teil der Reise über einen Veranstalter gebucht werden, den Rest unternimmt man auf eigene Faust – was jedoch nicht immer bedeuten muss, dass man damit preiswerter fährt. Je nach Flexibilität des Veranstalters und dessen ausführendem Safari-Unternehmen vor Ort lassen sich viele Wünsche umsetzen und die Safari bekommt einen eigenen, persönlichen Charakter.

Wenn Sie darüber hinaus noch den Anspruch haben, allein, in Zweisamkeit oder zusammen mit der Familie **exklusiv** zu **reisen** und sich nicht mit vier anderen Safari-Urlaubern in einen verlängerten Safariwagen zwängen möchten, dann müssen Sie mit Mehrkosten rechnen. Je nach Unterkunft können Sie davon ausgehen, dass Sie im Safari-Camp mit anderen Gästen an einem gemeinsamen Tisch dinieren und sich mit ihnen Jeep, Boot und Guide teilen.

Camps/Lodges haben nur eine bestimmte Anzahl von Transportmitteln und Safari-Führern zur Verfügung. Speziell während der Hochsaison besteht oft keine andere Möglichkeit, als verschiedene Safari-Gäste in einem Fahrzeug zusammenzusetzen. Ein Umstand, der in der Regel kaum Qualitätseinbuße bedeutet, denn der Guide entscheidet am besten, wo die Pirsch im Park hingehen soll. Schwierig kann es dann werden, wenn es **Sprachprobleme** gibt oder aber völlig konträre Einstellungen aufeinander prallen: Bunt gemischte Konstellationen verschiedenster Altersklassen, Nationalitäten und Charaktere können durchaus vorkommen, auch wenn erfahrene Safari-Unternehmen und Camp-Betreiber bemüht sind, dies zu vermeiden. Wenn Ihnen die Buchung von zusätzlicher Exklusivität nicht nötig erscheint oder Ihren finanziellen Rahmen überschreitet, können Sie auch vor Ort Ihre Wünsche/Bedenken mit der Safari-Organisation oder dem Lodge-/Camp-Management absprechen – vielerorts wird Rücksicht auf persönliche Wünsche genommen. Natürlich nur, soweit dies organisatorisch möglich ist.

Die Vorteile der (teuren) Exklusivität liegen dagegen auf der Hand. Nur Sie oder Ihr Partner/Ihre Familienangehörigen entscheiden bei Pirschfahrten und können Interessen und Geschwindigkeit bestimmen. Es müssen keine Kompromisse eingegangen werden und Ärger bleibt einem erspart, sofern man gut mit seinem persönlichen Fahrer auskommt.

Selbstfahren mit Mietwagen wird zunehmend populärer in Tansania. Die Straßen und Ausschilderungen werden immer besser, die Möglichkeiten der Navigation mit Karten-Apps, die auch offline verwendet werden können, ist mittlerweile auf einem brauchbaren Niveau angelangt und auch das **Angebot von geländegängigen Mietwagen mit kleiner Ausrüstung** bis hin zu kompletter Campingausrüstung verbessert sich kontinuierlich – wenngleich noch nicht in der Auswahl/Qualität und Professionalität wie im südlichen Afrika.

Informationen zu geländegängigen Mietwagen finden Sie in den jeweiligen Kapiteln zu den verschiedenen Regionen (→ Arusha, Kap. 5; Moshi, Kap. 6).

Mit Kindern auf Safari?

Safari-Urlaub mit (Klein-)Kindern ist **nicht überall üblich.** In der Regel sind große Lodges auf Kinder eingestellt, doch es gibt Camps und kleine exklusive Lodges, die ein Mindestalter von etwa 14 Jahren vorgeben. Die Gründe sind vielschichtig: Manche Camps wollen wegen ihrer (nicht umzäunten) Lage inmitten eines wildreichen Gebietes oder aus Versicherungsgründen keine Verantwortung übernehmen, andere bevorzugen bei Preisen von 500 € pro Nacht schlichtweg eine Adults-Only-Ausrichtung.

Dennoch, viele Veranstalter bieten Safaris auch für Familien an, als Campingtrips oder mit Übernachtungsmöglichkeiten, bei denen man auf Kinder eingestellt ist. Um Konflikte mit anderen Safari-Touristen zu vermeiden, ist eine **individuelle Buchung** ratsam, um vor Ort möglichst nur im Kreise der Familie auf Tierbeobachtungstouren zu gehen. Den wahrscheinlich kompromisslosesten Weg, um mit Kindern auf Safari zu gehen, bietet die **Selbstfahrer-Variante** (s.o.). Man muss auf niemanden Rücksicht nehmen und schaut sich gezielt die Tiere an, die auch von den Kleinen gewünscht werden. Auf diese Weise werden Kinder mehr involviert und können sich für das Fremde begeistern. Wird dann noch gezeltet, Holz fürs Lagerfeuer gesammelt und mit der Taschenlampe das Buschwerk abgeleuchtet, steht einer glücklichen Safari mit Kindern nichts mehr im Wege.

Alleine auf Safari?

Jede Safari in Afrika, jeder Aufenthalt in einem Park lässt sich auch allein gestalten, ist aber hie und da mit einem **Preisaufschlag** verbunden. In manchen Lodges und Camps können Einzelzimmerzuschläge berechnet werden und bei Rundreisen sind die Kosten ebenfalls höher, wenn man allein im Wagen sitzt.

Um einen **Mitreisenden** zu finden, ist eine Reisepartnervermittlung nicht unbedingt nötig. Wenden Sie sich an einschlägige Reiseveranstalter. Hier kann oft der Kontakt zwischen Einzelreisenden hergestellt werden.

Welche Nationalparks sind zu besuchen?

Tansanias „Safari-Circuits"

In Tansania hört man schnell den Begriff *Safari Circuit,* in erster Linie abgeleitet von **Tansania Northern Safari Circuit.** Aufgrund ihrer geografischen Nähe im Norden Tansanias sind **fünf Nationalparks** zu ständigen Größen in fast jeder Safari geworden, besonders bei Tansania-Neulingen. Die Drehscheibe bildet hierbei der Kilimanjaro International Airport bzw. die Safari-Metropole Arusha (47 km vom Flughafen entfernt). Fast wie am Schnürchen aufgereiht, lassen sich die Parks **Arusha, Tarangire, Manyara, Serengeti** sowie die **Ngorongoro Conservation Area** als fünftes Naturschutzgebiet besuchen. Weitere Safari-Destinationen im Northern Circuit

Parkeingang des Tarangire National Park

tannp056 jg

sind auch die *Game Reserves* und *Wildlife Management Areas* (beides in Form von Wildschutzgebieten) **Grumeti** und **Rubanda** im Nordwesten der Serengeti, das **Lake-Natron-Gebiet** sowie die **Enduimet Wildlife Management Area,** der tansanische Teil des Amboseli-Ökosystems am Fuße des Kilimanjaro.

Mit der Bezeichnung als „Northern Circuit" stand der Norden dann auch Modell für die anderen Safari-Regionen: **„Southern Circuit", „Western Circuit"** und **„Eastern Circuit"** (→ die entsprechenden Kapitel). Die jeweiligen Parks können einzeln oder kombiniert bereist werden.

Wie schon erwähnt, ist es sinnvoll, sich bei einer Safari in Tansania ein oder auch zwei Regionen rauszusuchen und diese zu bereisen. Sollten finanziell keine Grenzen gesetzt sein, lassen sich auch mehrere Circuits per Flugzeug miteinander verbinden. Oftmals werden im Anschluss an den Northern Circuit die Parks **Nyerere** und **Ruaha** angeflogen (Teil des Southern Circuit). Oder nach abgeschlossenem Northern Circuit folgt noch eine Flug-Safari zum **Schimpansen-Trekking** in den Parks Gombe, Mahale oder Rubondo.

Die Wetterperioden – Reisezeit

Intuitiv entscheiden sich viele, während der vermeintlichen **Trockenzeit** zu reisen, denn die Chance, regenfreies Wetter zu genießen, ist während dieser Zeit wesentlich größer. Doch heißt dies nicht Sonnenschein ohne Ende. Gerade die Trockenmonate (während des europäischen Sommers) können gelegentlich wolkenverhangen sein, ohne dass es regnet. Der Himmel ist dann hellgrau und Winde sind selten. Eine Reise in die Serengeti im September oder Oktober, wenn am Ende der Trockenzeit die Kurzgrassavanne sich wie eine leblose Halbwüste präsentiert und die großen Gnu-Herden in entfernte, für Touristen weniger zugängliche Gebiete abgewandert sind, muss gut geplant sein. In diesem Fall ist man auf gute Ortskenntnisse seitens des Veranstalters angewiesen: Die Serengeti ist dann in ihrem Herzen, im Seronera-Tal, sowie im Westen entlang des Flusslaufes Grumeti sehenswert oder ganz im Norden entlang des Mara River.

Wie fast überall auf der Welt verändert sich auch in Tansania das Wetter und allgemeine Aussagen werden unzuverlässiger. So gab es in den vergangenen Jahren in den eher regenarmen Monaten sehr viel und in den klassischen Regenzeit-Monaten (April/Mai) sehr wenig Regen. Der Trend scheint anzuhalten und bringt damit auch eine **spürbare Veränderung im Reiseverhalten** von Safari-Touristen. Generell läßt sich zur Zeit sagen, dass es kaum einen Monat gibt, in welchem man das Reisen nach Tansania unterlassen sollte. April und Mai werden sicherlich auch in Zukunft **Hauptregenmonate** bleiben, was jedoch den Vorteil haben kann, dass man die Serengeti dann mit weniger anderen Besuchern teilen muss. Zudem bedeuten die **Regenmonate** in Tansania nicht, dass es ununterbrochen schüttet. Zwar gibt es solche Tage, aber danach ist der Himmel trotzdem wieder blau und klar. In der Trockenzeit sind Nationalparks attraktiv, die von einer Zu- und Abwanderungsbewegung gekennzeichnet sind; wo Flüsse, Seen und Wasserlöcher ganzjährig die einzige Wasserquelle darstellen und sämtliche Vertreter der Tierwelt magnetisch anziehen. Solche Bedingungen gelten vor allem in den Nationalparks Tarangire, Manyara, Katavi, Ugalla River und Ruaha.

Die **besten Reisezeiten für die jeweiligen Nationalparks** (und anderen Naturschutzgebiete) sind bei den jeweiligen Parks genannt.

Tierwanderungen

Neben den klimatischen Bedingungen vor Ort sind die daraus resultierenden Wanderungsverhältnisse in der Tierwelt ausschlaggebend für eine erlebnisreiche Safari, denn die Tiere sind stets in Bewegung bei der Suche nach Wasser und Nahrung und überwinden in den weitflächigen Nationalparks Tansanias große Entfernungen. Folgende **Tiermigrationen** sind in Tansania bzw. Afrika charakteristisch:

Die Zu- und Abwanderung

Das **weitverbreitetste Phänomen in der afrikanischen Tierwelt:** Habitate, die von Flussläufen, Seen oder Wasserlöchern geprägt sind, markieren die Lebensader für Tiere in einem Ökosystem. Während der Trockenmonate konzentriert sich die Tierwelt in Wassernähe.

tannp057 jg

Eine Büffelherde auf der Flucht

tannp058 jg

Grundwasser lässt die ufernahe Vegetation gedeihen und bietet dem Wild Nahrung. Während einer solchen Zeit herrscht **Zuwanderung**.

Setzt die **Regenzeit** ein und verwandelt trockene und wasserarme Gebiete im Umland in nahrungsreiche Habitate, beginnt für einen Großteil der Tiere, speziell Pflanzenfresser, die **Abwanderung**. Das Wild ist nun weit zerstreut. Der Safari-Tourist hat in vielen Parks keinen Zugang in diese Gebiete. Wenn die Regenzeit vorbei ist, können die Tiere zügig zurückkehren oder es existieren noch für eine Übergangszeit genug Wasserlöcher, die eine Zuwanderung in das Kerngebiet verzögern. Erst im **Zenit der Trockenzeit** ist die Tierkonzentration um die ganzjährig Wasser führenden Flüsse und Wasserlöcher wieder am höchsten.

Eine Löwin erspäht in der Ferne einige Gnus

Der Zyklus

Die wahrscheinlich in Afrika einst weitverbreitetste Form der Tierwanderung ist heute nur noch auf Naturschutzgebiete beschränkt, die allein auf Grund ihrer Größe noch ausgedehnte Jahreszyklen in der Tierwelt zulassen. Solche Zyklen gibt es in erster Linie nur bei **Gnu- und Zebraherden.** Die Bevölkerungsentwicklung der Menschen hat im letzten Jahrhundert viele dieser großen Tiermigrationen unterbunden. Wanderrouten wurden eingeengt und schließlich ganz unterbunden, zusammenhängende Tierpopulationen spalteten sich auf in kleinere Ökosysteme mit Zu- und Abwanderungscharakter.

Die letzten Großwanderungen lassen sich nur noch im **Ökosystem Serengeti/Masai Mara** beobachten – hier gehört die als „Great Migration" bezeichnete Wanderung im Jahreszyklus zu den beeindruckendsten Schauspielen der afrikanischen Tierwelt.

Unterkunftsarten

Lodges und Camps

Eine stationäre Unterkunft auf Safari ist eine **Lodge** oder ein **Zelt-Camp** bzw. eine Kombination aus beidem (Tented Lodge). Sie befinden sich entweder in Wildschutzgebieten oder außerhalb entlang der Parkgrenzen. In Bezug auf Service und Komfort besteht kein Unterschied zu Hotels der Mittel- oder Oberklasse. Lodges und Camps können entweder reine Unterkünfte sein, deren Serviceleistungen sich auf Übernachtung und Verpflegung beschränken oder aber es sind sämtliche Safari-Aktivitäten im Umkreis eingeschlossen. In diesem Fall sind Lodges und Camps mit einem Fuhrpark, ein paar erlesenen Safari-Guides und oft auch mit Camping-Ausrüstung für größere bzw. exklusivere Exkursionen ausgestattet. Solche **All-inclusive-Safaris** (manchmal sogar inklusive aller Getränke) gehören jedoch dem oberen Preissegment an.

Der Aufenthalt in Lodges und Camps

Lodges und Camps liegen in oder am Rande von Wildreservaten; in Tansania sind sie nicht eingezäunt, Tiere haben also freien Zugang. Je nach Standard wird Energie mit Solaranlagen oder auch Stromgeneratoren erzeugt. Akkus, Handys, Rasierapparate etc. lassen sich evtl. nur in den Restaurants und Aufenthaltszelten („Mess Tent" in der Safari-Sprache) an einer langen Steckerleiste aufladen und nicht im eigenen Zimmer oder Zelt (evtl. Adapter im Gepäck haben). Während Fenster fast immer mit Moskitonetzen versehen sind, gibt es über den Betten nicht immer Netze. Das hängt dann entweder damit zusammen, dass es wenig Mücken gibt oder dass die Zimmer/Zelte abends mit Mückenspray ausgesprüht werden. Wer seine Zeit in einem einsamen Busch-Camp verbringt, bekommt vom Rest der Welt nicht viel mit, es sei denn, man packt einen kleinen Weltempfänger ein. Auch die Möglichkeit zu mailen oder sein Handy zu nutzen, kann wegen unzureichender Netzabdeckung ausgeschlossen sein.

Lodges

Lodges liegen oft an Plätzen mit wunderbaren Ausblicken. Gebaut aus viel Naturstein und/oder Holz (Lodge wird auch mit Blockhütte übersetzt) sind sie oft **gut in die Landschaft integriert.** Lodges können klein und privat sein, sprich nicht für Tagestouristen ausgelegt, oder sie sind ganz wie Hotels auf größere Besucherzahlen eingestellt und somit auch häufig der Öffentlichkeit zugänglich. Externen Safari-Touristen stehen dann auch Restaurant und Bar-Service zur Verfügung. Essen wird oft in Buffet-Form gereicht.

Unterkünfte: Preiskategorien in diesem Buch

① bis 100 US$ pro DZ
② 100–200 US$ pro DZ
③ 200–350 US$ pro DZ
④ 350–650 US$ pro DZ
⑤ über 650 US$ pro DZ

tannp059 jg

Tented Safari Camps

Tented Safari Camps sind **reine Zelt-Camps** aus Canvas-Leinen ohne oder nur mit wenig gemauerten bzw. aus Holz errichteten Baulichkeiten. Die Zelte sind zimmergroß, rustikal, aber fein ausgestattet (richtige Betten, Kommoden, Stuhl, Licht) entweder mit integriertem WC und Bad oder mit zwei einzelnen Sichtschutzzelten für jeweils Toilette (chem. Campingtoilette oder Plumpsklo) und Dusche neben dem Hauptzelt. Der Toilettengang und das Duschen erfolgt dann unter freiem Himmel. Über eine Vorrichtung oder einen Ast wird ein Duschsack mit erhitztem Wasser nach Bedarf aufgehängt.

Die Gäste versammeln sich auf Stühlen um das Lagerfeuer, essen im Freien oder in einem Restaurant-Zelt, das „mess" genannt wird.

Die Tented Camps bieten eine gelungene Mischung aus Komfort und Service einerseits und Naturverbundenheit andererseits. Strom für Licht und das (begrenzte) Aufladen z.B. von Akkus wird meist durch Solarenergie gewährleistet. Es kann aber auch sein, dass nur Kerzen und Kerosinlampen eingesetzt werden.

Tented Lodges

Die Tented Lodges sind eine **Mischung aus Lodge und Camp,** vereinen gemauerte Räumlichkeiten mit Zelten. Meistens sind Tented Lodges noch ein Stück luxuriöser und exklusiver als Tented Camps. Die „Zimmer" sind ebenfalls große Safari-Zelte.

Der Zeltboden besteht meist aus einer betonierten Fläche oder einer etwas erhöhten Holzplattform. Oft hängt das Zelt an einem Holzgerüst und ist von einem Reetdach überdeckt, um einen besseren Schutz vor Wind und Regen zu garantieren. Das Überdach reicht in der Regel weit über beide Enden des Zeltes hinaus. Auf diese Weise entsteht vor dem Zelt eine eigene Terrasse, und am hinteren Teil überdeckt das Dach das ans Zelt

In vielen Unterkünften lässt es sich nach einem Tag auf Safari entspannen

Überblick Buchungsportale

Als Ergänzung zu den sorgfältig zusammengetragenen Unterkunftsempfehlungen in diesem Buch können Buchungsportale wie Booking.com, hrs.de, Agoda.com oder AirBnB.de dazu genutzt werden, **aktuelle Preise** und die **Bewertungen anderer Reisende**r einzusehen sowie Unterkünfte direkt zu buchen.

Die Plattformen arbeiten mit Unterkünften aller Art zusammen und machen diese für Reisende leicht auffindbar. Bewertungen, Fotos und Filtermöglichkeiten nach zahlreichen Details helfen bei der Auswahl. Auch der **Kontakt zwischen Vermietenden und Unterkunftssuchenden** sowie die Bezahlung können über die Plattformen abgewickelt werden.

Eine gewisse Vorsicht ist bei der Benutzung dennoch geboten. Wann immer möglich, sollten die Angaben mit zusätzlichen Quellen überprüft werden. Sind die Bewertungen wirklich auf allen Plattformen und Suchmaschinen so gut? Sind sie so zahlreich, dass ein Missbrauch unwahrscheinlich ist? Weshalb genau fanden die Bewertenden die Unterkunft gut und stimmt das mit meinen Interessen überein? Häufig hilft die jeweils eigene Internetseite der Unterkunft, Google Street View oder ein Anruf, um genauere Informationen zu bekommen.

Wem einzelne Aspekte besonders wichtig sind, der sollte auf jeden Fall **genau prüfen** – z.B. ob der versprochene „geschlossene Parkplatz" wirklich so beschaffen ist, dass man das vollgepackte Auto dort stehenlassen möchte. Auch der angepriesene „Bestpreis" und die durch die Plattformen suggerierte knappe Verfügbarkeit lösen sich bei einem Anruf vielleicht in Luft auf, weil die Vermietenden einen eigenen günstigen Preis bieten, um sich die teure Vermittlungsprovision an die Plattform zu sparen.

Während die Plattformen also eine praktische Hilfe bei der Reiseplanung sein können, empfiehlt sich doch häufig ein **kritischer zweiter Blick!**

anschließende, gemauerte oder aus Holz konstruierte Badezimmer mit Toilette (Wasserspülung). Zentrale Aufenthaltsbereiche, wie Restaurant, Bar, Rezeption und Aussichtsstellen, sind meist gemauert und von einem Reetdach überspannt.

Tented Lodges haben in der Regel **Mobilfunkverbindung** für das Handy und bieten 24 Stunden Strom über **Solaranlagen.** Abends wird zusätzlich ein Generator betrieben, um die Solarbatterien mit Ladestrom zu versorgen.

Camping/Campsites

Zeltplätze in und außerhalb von Parks werden als „Campsites" oder „Camping Sites" bezeichnet. Campingplätze innerhalb von Wildschutzgebieten sind überwiegend funktionell gestaltet und einfach strukturiert. An den oftmals nur aus einer freigeschlagenen Fläche bestehenden Campsites finden sich (nicht immer) ein Toiletten- und Duschhäuschen.

In Tansanias Nationalparks wird zwischen **„Public Campsites"** und **„Special Campsites"** unterschieden: Public bedeutet zugänglich für eine große Anzahl von Campern, während special nur für eine Buchungsgruppe gedacht ist. Letztere kosten oft mehr, besitzen keine sanitären Einrichtungen, liegen aber dafür an den besten Stellen im Park. In den viel besuchten Nationalparks Serengeti und Tarangire (auch in der Ngorongoro Conservation Area) sind fast immer in der Saison die Special Campsites von örtlichen Safari-Veranstaltern besetzt.

Privat verwaltete und oftmals bessere Campingplätze befinden sich außerhalb von Schutzgebieten. Ihnen angegliedert ist oft noch eine kleine Restaurant-Bar mit Einkaufsladen. Mit bis zu 15 US$ pro Person sind diese um einiges günstiger. Kehrseite der Campingplätze außerhalb der Nationalparks ist allerdings, dass man etwas längere Anfahrtswege zu den schönen, tierreichen Teilen der jeweiligen Parks hat und man aufgrund der Formalitäten/Bezahlungen immer etwas Zeit am Parkeingang verliert. Wer im Park direkt zum Sonnenaufgang vom Zeltplatz aufbricht, erlebt unter Umständen noch einige der nachtaktiven Tiere, die im Morgengrauen unterwegs sind, um ihren Rastplatz für den Tag zu suchen (z.B. Hyänen, Waldschweine, Ginster- und Zibetkatzen). In der weitläufigen Serengeti kommt man nicht umhin, direkt im Park zu zelten. **Wildes Zelten** innerhalb von Wildschutzgebieten ist strikt verboten.

Zelten und Tiere: Nachts müssen Zelte geschlossen bleiben, denn in ein geschlossenes Zelt dringt kein Tier ein. In wildreichen Gebieten hält Feuer die Wildtiere auf Distanz. Vorsicht mit Früchten, speziell wenn diese schon einen gärenden Geruch verströmen Elefanten lieben sie und würden für solche Leckereien das Zelt besuchen oder den Rüssel durch das Autofenster stecken.

Verhalten und Verständigung

Europäer werden in Tansania als **Wazungu** (Einzahl *Mzungu* = Landstreicher/Weißer) bezeichnet. Als Tourist ist man im Allgemeinen nur kurze Zeit im Land, eine Zeit, die natürlich optimal genutzt sein will. Viele sehen in dieser Zeit nur Hotels/Lodges und Nationalparks. und lernen allenfalls den Safari-Wagen-Fahrer oder den Kilimanjaro-Führer näher kennen. Hotelbediensteten wird ein Lächeln und ein Trinkgeld geschenkt. So darf es nicht verwundern, wenn Einheimische eine bestimmte Vorstellung vom reisenden Europäer entwickeln: In Natur und Tierwelt vernarrt, mit mangelnden Sprachkenntnissen ausgerüstet, alles, was ihn interessiert, sind Safaris, Berge und Strände, und dafür hat er eine Menge Geld.

Das **monatliche Durchschnittseinkommen in Tansania** beträgt rund 50 Euro. Der Preis für eine fünftägige Safari in die Nationalparks entspricht somit der Hälfte eines tansanischen Jahreseinkommens! Man findet sich im Urlaub also plötzlich in einer Einkommensklasse wieder, die den oberen 10.000 in Deutschland entspricht. Auf Reisen im Land kommt man daher oft zwangsläufig in die unangenehme Rolle der zu melkenden Kuh.

Im ganzen Land sind **Rücksicht und Respekt** touristische Grundtugenden, die an Tansanias islamisch geprägten Küsten besonders gefordert sind, wo z.B. „angemessene" Kleidung zu tragen ist und der für Europäer selbstverständliche öffentliche Austausch von Zärtlichkeiten zwischen Mann und Frau tabu ist. Doch auch im zentralen und westlichen Tansania sind Zurückhaltung bei Liebkosungen und dezente Kleidung angebracht. Sie werden feststellen, dass viele tansanische Männer tadellose Hosen und gebügelte Hemden tragen und tansanische Frauen in farbenprächtigen, sauberen Kangas (Wickelkleider) gekleidet sind. Hier zeigt sich kein gesteigertes Modebewusstsein, sondern schlicht die Tatsache, dass es als unfein gilt, schmutzig oder unpassend gekleidet aufzutreten.

Am Anfang eines Gesprächs oder wenn man eine Frage stellen möchte, begrüßt man sein Gegenüber zunächst und erkundigt sich über die Neuigkeiten des Tages, das Wohlbefinden des Gesprächspartners oder dessen nächtliche Schlafqualität. Dieses **„Begrüßungsritual"** ist nicht nur Bestandteil der Swahili-Sprache, es ist eine für viele Teile Afrikas übliche Umgangsform und alles andere als ein lästiger Austausch von Höflichkeitsfloskeln. Handelt es sich um eine Gruppe, mit der Kontakt aufgenommen wird, grüßt man zuerst den oder die Ältesten. In Tansania gelten alte Menschen als Weise und werden respektvoll behandelt.

Zeit ist das höchste Gut in Tansania und ein wichtiges Element im Leben eines Tansaniers – wenn man schon sonst nicht viel hat, so verfügt man zumindest über viel Zeit. Dass einem aus europäischer Sicht diese Lebensphilosophie nicht immer ganz behagt bzw. die Geduld hin und wieder strapaziert wird, ist völlig normal. Es geht ja auch nicht darum, genauso zu denken und zu fühlen wie ein Tansanier, sondern darum, sein Bestes zu geben, um die verschiedenen Sichtweisen konfliktfrei miteinander zu verbinden. Gelingt das, ist die Brücke zwischen den Kulturen geschlagen.

tannp060 jg

tannp061 jg

Fragen nach dem Weg, einem Ort oder nach einer Lodge sind so zu formulieren, dass sie mit einem einfachen Ja oder Nein beantwortet werden können. Also nicht: „Wie finde ich das Camp xy/den Ort xy?“, sondern: „Ist das hier die Piste, an der das Camp xy liegt/zu dem Ort xy?“.

Im **alltäglichen Verhalten** gibt es einige Gepflogenheiten unter Tansaniern. Beim Händeschütteln z.B. stützt häufig die linke Hand den rechten Unterarm, und bei der Übergabe eines Gegenstandes werden beide Hände benutzt. Doch diese Verhaltensweisen muss der Tourist nicht übernehmen, denn es geht nicht darum, eine kulturelle Assimilation anzustreben. Reisende, die „tansanisch auftreten“ (Kleidung, Verhalten, Sprache), werden weniger akzeptiert als diejenigen, die einen gesunden Mittelweg zwischen tansanischer Kultur und eigener Identität wählen. Tansanier sind oftmals offen dafür, andere Kulturen kennenzulernen und nur wenige haben die Möglichkeit, in der Welt umherzureisen. Bedenken Sie, dass die „Beobachtungssituation“ eine wechselseitige ist: Jedes Detail, das Sie bei einem Tansanier beobachten oder dessen Bedeutung Sie in Erfahrung bringen möchten, hat für den oder die Tansanierin auch in Ihrem Verhalten und Auftreten eine Entsprechung – und damit ist Ihr Handeln und Reden wichtig für das Bild, das sich die Bevölkerung von Europa und seinen Bewohnern macht.

Achten Sie also Ihr Gastland, und entsprechen Sie nicht dem Bild des souvenirhungrigen, allzeit fotografierenden Touristen, dessen Reise im Eiltempo verläuft und der sich nicht um fremde Kultur und Konventionen schert.

⌃ Frauen bei der Zubereitung von Kochbananen

‹ Unterwegs mit dem Überlandbus

Boot-Safari | 75
Essen und Trinken | 76
Fuß-Safari | 73
Game Drive | 71
Reit-Safari | 76
Safari mit Kraftfahrzeugen | 69
Safari-/Driver-Guide | 66
Safari-Sprache | 62
Safari-Tourismus | 60
Sicherheit auf Safari | 63
Tierbeobachtung und -fotografie | 77
Train-Safari | 76

tannp001 jg

2 Auf Safari

Ein Elefantenbulle nach einem Bad im Schlamm

Safari-Tourismus

Safari = Reise: Das Kisuaheli-Wort „Safari“ bedeutet Reise, wie z.B. eine Zugfahrt von A nach B, ein Urlaub woandershin, also nicht nur die *Land-Rover*-Reise in der Wildnis bzw. in Nationalparks. Im diesem Buch wird unter dem Begriff Safari im Wesentlichen die **Foto-Safari** verstanden, eine Reise oder ein Urlaub inmitten der großen afrikanischen Wildnis mitsamt ihrer atemberaubenden Tierwelt.

Über sechs Millionen Europäer, Amerikaner und Asiaten (neben Japanern zunehmend auch Chinesen und Koreaner) gehen jedes Jahr auf Safari in Afrika. Nicht wenige legen hierfür fünfstellige Dollar-Beträge hin – der **„Lockruf der Wildnis“** ertönt aus den Nationalparks, die durch viele Tier- und Naturreportagen auf den heimischen Bildschirmen, in Zeitschriften und Tageszeitungen weltberühmt sind.

Das **Ziel der meisten Besucher** ist es, die einzigartige afrikanische Tierwelt einmal selbst zu erleben, sich in einem Wildreservat auf Entdeckungstour zu begeben und längst verloren geglaubte Empfindungen neu zu beleben. Afrika wird gleichgesetzt mit Wildnis, mit Safari und dem Erlebnis von scheinbar grenzen- und zeitloser Freiheit. Leider wird in vielen Fällen bei Reisenden und Veranstaltern übersehen, dass diese paradiesartigen Gärten einen hohen Preis kosten und dass jenseits der Nationalparkgrenzen das wirkliche, gegenwärtige Afrika liegt, wo Menschen sich mit harter Arbeit das tägliche Brot verdienen müssen und am Rande der Idylle oft einen Überlebenskampf führen.

Naturschutzgedanken liegen vielen Tansaniern, die in ärmlichen Verhältnissen leben, fern. Sie haben auch wenig Interesse, auf Pirschfahrt zu gehen, um sich genüsslich Tiere anzusehen, die für sie seit jeher Gefahr oder Verwüstung von Feldern bedeuten.

Wildreservate sind **keine afrikanische Erfindung,** auch wenn viele Nationalparks erst nach der Unabhängigkeit der afrikanischen Staaten entstanden sind. Die ersten afrikanischen Regierungen führten zu Ende, was die Kolonialmächte schon vorbereitet hatten. Das weiße Erbe ist auch heute noch „white mans territory“.

Führt man sich die Besucherstatistiken vor Augen, wird schnell klar, dass die afrikanischen bzw. tansanischen Wildreservate vorwiegend Vergnügungsziele für Ausländer sind, die dafür zum Teil tief in die Tasche greifen. Doch ohne die Einnahmen aus dem internationalen Safari-Tourismus wäre der Unterhalt der Wildschutzgebiete gar nicht möglich. Mehr noch: Der Tourismus ist die Hauptdevisenquelle für Tansania, schafft mehr Arbeitsplätze als irgendein anderer Wirtschaftssektor und hat mit über 18 % Anteil am Bruttosozialprodukt des Landes.

Safari ist auch Kultur-Tourismus: Eine Safari in Tansania dreht sich nicht nur um Tiere und Landschaften. Veranstalter, aber auch der Staat selbst, sind darauf bedacht, Kultur und Geschichte als festen Bestandteil einer jeden Safari mit zu vermarkten. Eine Möglichkeit für Besucher, neben der artenreichen Tier-

[>] Beachtet man einige Grundregeln, ist die Beobachtung von Tieren (hier ein Büffel) gefahrlos möglich

welt, auch Einblick in den Alltag afrikanischer Völker zu erlangen. Das kann zu einer sehr faszinierenden Begegnung werden oder enttäuschend in Erinnerung bleiben. Denn vielerorts, speziell in den Safari-Ballungsgebieten, sind fein herausgeputzte „Touristen-Dörfer“ eigens errichtet worden, um die afrikanische Kultur vorzustellen. Rollen Safari-Autos vor, stimmen die Bewohner wie auf Kommando Tanz und Gesang an, bieten Souvenirs feil und spielen das sorglose Leben vor. Gegen ein entsprechendes Eintrittsgeld oder eine erkaufte Foto-Erlaubnis darf dann auch losgeknipst werden. Sollte keine Zeit für derartige Visiten bleiben, kommt auch ein Teil des Dorfes, eine Tanz- oder Trommelgruppe etwa, abends in die Unterkunft und macht die garantiert traditionelle Vorführung, während man genüsslich an seinem Verdauungstrunk schlürft. Das hat nichts (oder nur selten) mit tief verwurzelter Kultur zu tun und ist in den meisten Fällen eine rein gestellte Show, um der Erwartung von den noch „wilden Völkern Afrikas“ gerecht zu werden.

Sicher ist es einfach, den Gehalt und die **Moral** solcher Begegnungen zu verurteilen. Andererseits können tansanische Gemeinschaften in den Randzonen von Wildschutzgebieten auf diese Weise etwas am Safari-Tourismus mitverdienen. Das Geld, das ausländische Besucher für ihre Safaris zahlen, fließt ansonsten in die Kassen des Staates und der vielen privaten Veranstalter. Dörfer im Randbereich der geschützten Tier-Paradiese profitieren kaum.

Inwieweit ein solcher Besuch wertvoll ist, muss jeder für sich entscheiden. Reiseveranstalter, die sich für exklusiv halten und sich als Landesspezialisten aus-

tannp062 jg

weisen, versuchen sich von diesem Paparazzi-Image zu distanzieren. Ihnen steht meist ein sehr viel **einfühlsamerer Zugang** zu „echten" Dörfern afrikanischer Volksgruppen zu. Dort stellen die Einnahmen aus dem Tourismus einen Nebenverdienst dar und wurden nicht zum Tradition untergrabenden, bestimmenden Teil des Alltags. Besonders vereinnahmt vom Safari-Tourismus ist in Tansania das berühmte Volk der Maasai (→ Kap. 5, Exkurs, S. 218).

Safari-Sprache

Auf Safari wird Englisch gesprochen! Kolonialgeschichtlich bedingt sind die heute klassischen Safari-Länder vom englischen Spracheinfluss geprägt. In Tansania ist Swahili (Kisuaheli) die offizielle Amtssprache, Englisch Zweitsprache. Die Safari-Branche im Land hat sich schon recht gut auf deutschsprachige Touristen eingestellt.

Bereits bei der Reisevorbereitung, spätestens jedoch unterwegs werden Sie mit einer Reihe **gängiger Safari-Ausdrücke** konfrontiert: „Um 6 Uhr erfolgt der wake-up-call, dann bekommen Sie einen early morning tea serviert und anschließend beginnen wir am gate unseren game drive." Alles klar?

Kleines Safari-Lexikon

Englisch – Deutsch/Erklärung

- **a kill** – das Reißen einer Beute/Beuteschlag
- **big five** – Löwe, Elefant, Büffel, Nashorn, Leopard
- **boma visit** – Besuch eines Masai-Kraals
- **bungalow** – freistehender Bau (Zimmer)
- **camp** – Zelt-Hotel
- **camp fire** – Lagerfeuer
- **(river) crossing** – Flussüberquerung (bei der Gnu-Migration in der Serengeti)
- **driver** – siehe guide/driver
- **droppings** – Losung
- **early morning tea** – Morgentee
- **entrance gate** – Eingang/Zutrittstor zum Wildschutzgebiet
- **entrance fee** – Eintrittsgebühr
- **game drive** – Tierbeobachtungs-/Pirschfahrt mit dem Fahrzeug
- **guide/driver** – ein Guide ist ein Führer, der auch gleichzeitig Fahrer sein kann; ein driver ist i.d.R. ebenfalls ein Führer *(driver-guide)*, aber nur, wenn er ein Fahrzeug steuert
- **lodge** – Busch-Hotel
- **lunch box** – weißer Pappkarton mit Hühnerbeinchen, gekochtem Ei und Keksen (jeder Safaritourist in Tansania kommt in den Genuss dieses Klassikers!)
- **mess** – großes Restaurant-Zelt, Aufenthaltsbereich
- **night (game) drive** – Pirschfahrt bei Dunkelheit
- **park warden** – oberster Wildhüter und Park-Verwaltungschef
- **ranger** – Wildhüter
- **staff** – Angestellte, Bedienstete in einer Lodge/in einem Camp
- **sun-downer** – den Tag abschließendes Getränk zum Sonnenuntergang
- **tracks** – Fuß-, Hufspuren
- **tented lodge** – Hotel mit integrierten Wohnzelten
- **tip-box** – Trinkgeldkasten
- **wake-up-call** – Weckservice
- **walking safari** – Fuß-Safari
- **waterhole** – Wasserloch

Sicherheit auf Safari

Allgemein

Wie sicher ist es, in einem Wildschutzgebiet unterwegs zu sein? Was passiert, wenn der Löwe plötzlich aufsteht und ganz gemächlich auf den Jeep zuläuft? Wird der Elefant nicht das Auto umschmeißen? Kriechen Schlangen in die Zelte? Sind Fuß-Safaris nicht enorm riskant? Solche und andere Fragen in Bezug auf Sicherheit und Gefahren werden häufig gestellt, speziell wenn man noch nie in einem afrikanischen Wildschutzgebiet unterwegs war. Die Bedenken haben nichts mit übertriebener Ängstlichkeit zu tun, sie sind natürlich und verständlich. Schließlich halten Sie sich ja nicht tagtäglich in der tansanischen Wildnis auf – einem Naturraum, der ganz anderen Regeln folgt als das Leben in Mitteleuropa. Doch seien Sie beruhigt: Durch bedachtes und angepasstes Verhalten kann man nahezu sämtliche potenziellen Gefahren bereits im Vorfeld beseitigen.

Viel hängt vom Verständnis und der Bereitschaft zur Auseinandersetzung mit dem **Verhaltensmuster afrikanischer Tiere** ab. Wollen wir uns Tieren nähern, müssen wir sie verstehen lernen und dabei nie aufhören, ihnen den nötigen Respekt entgegenzubringen. Gelingt uns dies, müssen weder Angst noch Unsicherheit die Safari begleiten. Pirschfahrten, Fuß-Safaris, Bootstouren usw. werden in der Regel von **geschulten Guides** geführt, die sich in der Tierwelt gut auskennen und möglichen Gefahren durch Wildtiere von Vornherein aus dem Weg gehen. Haben Sie Vertrauen, es ist äußerst selten, dass auf einer Fuß-Safari etwas passieren kann – einen guten Guide vorausgesetzt.

In Unterkünften und auf Campingplätzen passiert es nicht selten, dass Elefanten durch das Camp marschieren, Hyänen und Flusspferde nachts um Zelt und Zimmer schleichen und Löwen in der Entfernung brüllen. Haben Sie keine Angst! Hält man sich an die Anweisungen von Lodge- und Campbetreibern, besteht kaum eine Gefahr.

Wer schon einmal im südlichen Afrika unterwegs war, muss wissen, dass in Tansania **Unterkünfte und Campingplätze nicht eingezäunt** sind. Eltern tragen für ihre Kinder die volle Verantwortung!

Für Menschen gefährliche Tiere

Viele Tiere Afrikas – ob groß oder klein – können für den Menschen prinzipiell gefährlich und auch tödlich sein. Ohne Schusswaffe, geschützte Umbauung oder einem geschlossenen Fahrzeug gehören wir Menschen zu den anfälligsten Lebewesen. Zum einen sind unsere Sinnesorgane im Vergleich zu denen der Tiere oft wesentlich schwächer ausgeprägt. Das betrifft besonders unseren Geruchssinn, aber auch unsere Fähigkeit, bei Nacht ohne künstliche Lichtquelle zu sehen oder Elefantenlaute in Tieffrequenz über kilometerweite Entfernungen wahrzunehmen. Zudem sind wir äußerst langsam. Selbst bei zehn Sekunden auf 100 m würde man im Vergleich zu den meisten Großsäugern Afrikas ziemlich lahm aussehen. Aber: In intakten Ökosystemen, wo es ein ausgewogenes Verhältnis zwischen Nahrungsangebot und -nachfrage gibt und wo nicht die kommerzielle Jagd oder die Wilderei im direkten Umfeld bewirkt, dass Tiere sensibel werden oder in Einzelfällen ein aggressives Verhalten annehmen, ist der Mensch für die Tiere ein eher uninteressanter Gast.

Kein Tier ist von Natur aus dem Menschen gegenüber aggressiv. Im Folgenden dennoch eine Auswahl von potenziell gefährlichen Tieren und wie man ihnen begegnen sollte.

Generell gilt, allen Tieren den nötigen Respekt zu erweisen, indem man ausreichenden Abstand wahrt und sich ruhig verhält!

Grundregeln

- **Nicht zu nah an ein Tier heranfahren** (speziell Elefanten und Nashörner).
- **Auf Fuß-Safari niemals wegrennen.** Rennen signalisiert Angst und animiert Raubkatzen und Elefanten zum Nachstellen.
- **Nicht zwischen eine Herde geraten** (gilt speziell bei Elefanten).
- **Essen und Früchte luftdicht verpacken** (Paviane können im Auto ein Schlachtfeld anrichten)!
- **In unüberschaubaren Gebieten nicht aus dem Wagen steigen.**

Elefanten

- Keine Früchte im Wagen mitführen!
- **Niemals zwischen Elefantenkühe und deren Junge geraten!**

Flusspferde

- **Nicht zwischen Tier und Wasser geraten!**
- Es besteht keine Gefahr, wenn ein Flusspferd nachts direkt neben dem Zelt grast.
- Blitz und Taschenlampe vermeiden und im Zelt bleiben!

Büffel

- **Im Fahrzeug besteht keine Gefahr.**
- Auf Fuß-Safaris strikt an die Anweisung des Führers halten!

Löwen/Leoparden

- **Auf Fuß-Safaris niemals wegrennen!** Es passiert jedoch äußerst selten, dass man unverhofft einer Großkatze bei einer Walking-Safari auf kurzer Distanz begegnet.

Paviane und Milane (Greifvögel)

- **Können penetrant sein,** speziell an Picknickplätzen in Parks, wo Essensreste hinterlassen werden. Pavianmännchen haben wenig Respekt vor Frauen und reißen auch schon mal Essen aus der Hand! Dann gilt: Bloß nicht wehren! Paviane haben extrem lange Zähne und die Beißkraft eines Löwen.

Krokodile

- Vorsicht an flachen Uferböschungen von krokodilreichen Flüssen!

[>] Auf Pirschfahrt Auge in Auge

tannp063 jg

Es besteht keine Gefahr nachts im Camp. Krokodile bleiben im Wasser und marschieren nicht im Camp herum.

Schlangen

- **Sind selten zu sehen.** Halten Sie aber dennoch (oder gerade deswegen) die Augen auf.
- Stets darauf achten, wo man hintritt!
- Büsche und vegetationsreiche Felslandschaften meiden!

Notfall unterwegs! Was geschieht?

Was passiert, wenn ich inmitten eines Wildschutzgebietes in eine Notfall-Situation komme? Sind Sie im Rahmen einer organisierten Safari unterwegs, geschieht in der Regel Folgendes:

Auf Beobachtungsfahrten und bei Fußmärschen wird oft ein **Funkgerät** mitgeführt. Aber auch mit Handy wird kommuniziert (in vielen Nationalparks gibt es flächendeckend mobilen Empfang). Als erstes wird die Unterkunft benachrichtigt.

Von dort kann man telefonisch (auch das hängt von der Netzabdeckung ab bzw. ob ein Satellitentelefon vorhanden ist) den **Flugrettungsdienst** kontaktieren. Der Service, den die in Tansania als „Flying Doctors" bekannten Privatunternehmen bieten, ist meist über die heimische Krankenrücktransport-Versicherung abgedeckt. Das an Bord befindliche Notfall-Team ist kompetent und besteht oft aus europäisch geschulten Ambulanzärzten.

Je nach Krankheitsfall wird man in die nächstbeste **Klinik** geflogen, wo man von fachkundigen Ärzten in Empfang genommen wird. Dort werden weitere Maßnahmen, wie etwa ein Transport zu den überregionalen Krankenhäusern (Arusha, Moshi, Nairobi) oder nach Europa, beschlossen.

Die Distanzen in Tansania sind sehr groß: Je nach Safari-Region kann es zwischen einer Stunde und unter Umständen einem halben Tag dauern, bis die notwendige medizinische Betreuung bei Notfällen am Unglücksort eintrifft!

Safari-/ Driver-Guide

Er macht den Unterschied zwischen einer durchschnittlichen Reise und dem absoluten Safari-Erlebnis aus. Von ihm – denn es handelt sich hierbei fast ausschließlich um einen Männerjob – hängt oft ab, was Sie zu sehen bekommen, was Sie über Flora und Fauna erfahren und (wichtig!) wie sich die Stimmung in Ihrer Gruppe entwickelt. Ein Guide muss daher nicht nur viel **Wissen** besitzen, sondern eben auch ein **gutes Gespür, Menschenkenntnis und Humor.** Seine Fähigkeit, möglichst nah an die begehrten Tiere heranzufahren (ohne sie zu stören) oder sich ihnen zu Fuß zu nähern, ohne dass diese panisch davon galoppieren oder gar angreifen (!), kann über einen sehr guten oder mittelmäßigen Ausgang einer Safari entscheiden. Bei organisierten Safaris wird der Fahrer in der Regel vieles zuerst sehen, denn er weiß, wonach er suchen muss und erkennt bereits an entfernten Konturen die Tierart.

Viele Guides haben eine spezielle Ausbildung durchlaufen, andere haben sich ihr Wissen allein und im Laufe der Zeit angeeignet.

Für den Safari-Touristen bildet der Safari-Guide die **Brücke zur Natur und zum Land allgemein.** Speziell wenn Sie auf einer Rundreise mit einem Fahrzeug unterwegs sind, wird sich ein engeres Verhältnis zum Guide entwickeln. Safari-Guides sprechen in den meisten Fällen gutes Englisch, manchmal sogar Deutsch, was man über den Veranstalter herausfinden kann.

In puncto **Verhalten gegenüber dem Guide** ist noch Folgendes zu sagen: Geben Sie sich und Ihrem Guide Zeit, um gegenseitiges Vertrauen/Verständis aufzubauen. Fordern Sie nicht zu viel. Ihr Guide kann nicht garantieren, welche

009 noakes

tannp064 jg

Tiere zu sehen sein werden. Hier lässt sich auch wenig reklamieren, es sei denn, die Fahrweise ist grob fahrlässig. Neben einem angemessenen Trinkgeld sind auch Abschiedsgeschenke denkbar, etwa ein Fernglas oder eine Sonnenbrille.

Trinkgeld

Wie überall im Urlaub sind Trinkgelder, oder „Tips", auch auf Safari üblich. Diese kommen in erster Linie dem **Safari-Guide** und den **Lodge- und Camp-Bediensteten** zu. Üblich sind 5–10 Euro pro Tag und Buchung, doch fragen Sie ruhig den Veranstalter oder den Manager der Unterkunft. Oft gibt es auch einen Sammelkasten, **Tip-box** genannt, in den am Ende des Aufenthaltes Trinkgelder hineingesteckt werden. Auf diese Weise können auch Angestellte hinter den Kulissen (Koch, Wächter, Mechaniker usw.) von der Großzügigkeit der Gäste profitieren.

Generell ist zu konstatieren, dass sich in den letzten Jahren eine **hohe Erwartungshaltung** bezüglich großzügiger Trinkgelder aufgebaut hat. Viele Guides machen daraus keinen Hehl und geben schon mal im Vorfeld oder während der Safari bekannt, was Ihnen am Ende zustehen sollte. Das ist eine traurige Entwicklung und Folge eines unkontrollierten Tourismus, aber auch schlicht der Tatsache geschuldet, dass es immer wieder Touristen gibt, die gerne über ein „normales" Trinkgeld hinaus, aus Mitleid für das vermeintlich harte Leben der Afrikaner, dreistellige Summen verteilen. Mitunter kommt es deshalb vor, dass Guides zu „niedriges" Trinkgeld zurückweisen. Davon darf man sich nicht verunsichern lassen. Wurde man korrekt, einfühlsam und professionell behandelt, ist Trinkgeld angemessen, keinesfalls aber besteht eine Trinkgeldpflicht, erst recht nicht, wenn keine oder nur eine schlechte Leistung erbracht wurde.

◁ △ Einblicke in Tansanias Kinderstube: Löwenjungen beim Frühstück, links ein Elefantenbaby

Achtung Paviane – Die Affenbande am Nationalpark-Eingang

Tourismus oder vielmehr der unachtsame Umgang mit Essensresten hat leider an vielen Eingangstoren von Nationalparks zu eigentlich eher untypischen **Verhaltensmustern bei Pavianen** geführt: Besonders an den Eingangstoren am Ngorongoro-Krater und am Manyara See, aber auch zunehmend an den Hauptpicknickplätzen in vielen Nationalparks, **speziell im hochfrequentierten Norden Tansanias,** wird man als Besucher von herumstreifenden Pavianen (meist große Männchen) beobachtet. Im kleinsten Moment der Unachtsamkeit wird einem dann das Essen aus der Hand gerissen oder die Lunch-Box geklaut. Es gibt mittlerweile ganze Pavian-Gruppen, die hauptsächlich im Umfeld der Eingangstore leben und so auch ihrem Nachwuchs dieses dreiste Verhalten von klein auf beibringen. Und ab und an kommt es auch vor, dass die putzigen, kleineren Meerkatzen die Paviane nachahmen und sich beim Frühstück in der Lodge etwas vom Tisch klauen, während man unbedacht mit dem Fernglas in die andere Richtung schaut.

Dies liegt, wie bereits gesagt, zum einen an den Tausenden von Pappkartons mit **Essensresten,** die in der Hochsaison täglich im Serengeti- oder Ngorongoro-Schutzgebiet in überfüllten oder kaputten Mülltonnen landen, die nicht mittels Käfigen oder Ähnlichem geschützt werden. Zum anderen gibt es unzählige **unreflektierte Reisende**, die sich daran erfreuen, Affen zu füttern. Die Parkverwaltungen bekommen das Problem nur bedingt in den Griff: Regelmäßige Müllverbrennung wird praktiziert, doch solange Besucher und die betreuenden Veranstalter nicht auch ihren Teil dazu beitragen, wird dieses Verhalten fortbestehen. So kommt es leider manchmal dazu, dass der ein oder andere Pavian gezielt erschossen werden muss. Eine Maßnahme, die die Parkverwaltung allerdings diskret und außerhalb der Besuchszeiten ausübt. Wenn allerdings das Töten eines sogenannten *Trouble-Monkeys* zur letzten Maßnahme wird, um der Parkplatzplage entgegenzuwirken, ist das traurigerweise nicht die Schuld des Affen, sondern die Konsequenz des unkontrollierten Tourismus.

Wichtig ist, das Thema mit ihrem Guide, dem Fahrer, zu besprechen und **auf Parkplätzen die Fenster und Türen der Autos geschlossen zu halten.** Beim Essen im Freien sollten man das Umfeld stets aufmerksam beobachten und nicht alleine, entfernt von anderen Mitreisenden, einen Snack zu sich zu nehmen. Auch trotz Vorsichtsmaßnahmen können Pavian-Männchen ihren Anteil am Picknick einfordern – besonders gegenüber weiblichen Parkbesuchern, bei denen oftmals keine Scheu besteht, sich direkt neben sie auf die Motorhaube oder ins Auto zu setzen und ihnen das Essen förmlich aus der Hand zu reißen. In diesem Fall sollten Sie sich **nicht wehren oder handgreiflich werden.** Paviane können beißen – und zwar ziemlich fies. Vor männlichen Reisenden haben Paviane deutlich mehr Respekt und lassen sich mit wirbelnden Armen oder der Andeutung, etwas nach ihnen zu werfen, vertreiben.

Versuchen Sie daher, sich an die **Anweisungen Ihres Guides** zu halten und tragen Sie bitte dazu bei, die Menge an Essensresten in den Nationalparks zu reduzieren.

☒ Schon im jungen Alter lernen Paviane, sich am Essen Reisender zu bedienen

Safari mit Kraftfahrzeugen

Die klassische und bekannteste Form einer Safari ist davon geprägt, mit einem Fahrzeug unterwegs zu sein, in Nationalparks auf Tierbeobachtungsfahrt zu gehen oder Reiseziele per Auto zu erreichen. Unterschiedliche Fahrzeugarten werden eingesetzt. In nahezu allen Gebieten Tansanias kommt man um eine absolute **Geländetauglichkeit** nicht herum. Safaris mit normalen Pkws sind in den meisten Parks nicht möglich.

Wenn Budget-Safaris für große Reisegruppen stattfinden, wo Komfort nicht im Vordergrund steht, sondern Abenteuer und Camping-Erlebnis, werden bisweilen auch große **Lkws** eingesetzt. Selbst **Mountainbike- und Motorrad-Safaris** sind möglich.

Die von den Veranstaltern verwendeten Fahrzeuge richten sich nach Geländeanspruch, Image und Exklusivität. Anschaffungskosten, Unterhalt und Anzahl der Fahrgäste sind mitentscheidend für den Preis einer Safari.

Neben der Geländetauglichkeit spielen die **Sichtverhältnisse** bei Tierbeobachtungsfahrten eine Rolle, schließlich wollen Sie ja etwas sehen. Sollten Sie auf dem hinteren Mittelsitz eines Geländewagens sitzen (müssen), wird dies wahrscheinlich keine erfreuliche Safari. Offene Fahrzeuge mit Cabrio-Charakter bieten viel mehr Sichtkontakt zur Natur. Diese *open-top game drive vehicles* sind vor allem den Lodges und Camps innerhalb der Wildschutzgebiete vorbehalten. Mit zum Teil heruntergeklappter Frontscheibe ermöglichen diese Fahrzeuge den ultimativen Erlebniswert auf einer Safari.

Selbstfahrer sollten ebenfalls gut überlegen: Wer meint, der halb so teure **Mietwagen** werde für die Safari ausreichen, kann schnell eines Besseren belehrt werden. Bei der Wahl Ihrer Safari sollten Sie einen Blick auf die Fahrzeugarten werfen und abwägen, ob Sie lieber ein paar Euro mehr zahlen, als am Ende aufgrund von Einschränkungen bei Komfort und Sichtverhältnissen nur die Hälfte erleben zu können.

tannp065 jg

tannp066 jg

Geschlossene Geländewagen

Ob für Transfers bei Park-zu-Park-Safaris oder Tierbeobachtungsfahrten, der geschlossene Geländewagen ist in Tansania das dominierende Transportmittel. In erster Linie sind dies **Land Cruiser** der Marke *Toyota*. Geländefahrzeuge anderer Hersteller sind die britischen *Landrover* („Landies“), die einen legendären Ruf in der Safari-Szene haben und oft für **Camping-Safaris** eingesetzt werden. Auch *Nissan Patrol* und *Mercedes G* kommen hier und da zum Einsatz. Ausgestattet mit einer hochzustellenden Dachluke oder einer zur Seite gerollten Plane für Tierbeobachtungen finden neben dem Driver-Guide 5–7 Leute in einem Wagen Platz.

Vorteil: gegen Sonne, Regen und Wind geschützt, gut für die Fahrten zwischen den Parks auf den Landstraßen
Nachteil: eingeschränkte Sicht

Offene Geländewagen

Speziell für die Safari-Industrie umgebaute Geländewagen mit 2–3 Sitzreihen auf der Pritsche und einem Sonnendach je nach Bedarf. Neben dem Fahrer und Guide sind auch **„tracker“** dabei, die nach Spuren Ausschau halten. Einsatz nur für Tierbeobachtungsfahrten in Wildschutzgebieten.

Vorteil: hervorragende Sicht, abenteuerlicher, naturverbundener
Nachteil: wenig Schutz gegen Sonne, Regen und Wind, ratsam sind Sonnencreme und Hut

Mini-Bus

In Gebieten, wo **Park-zu-Park-Safaris** mit dem stets gleichen Fahrzeug stattfinden und die Safari kostengünstig verlaufen soll, kommen auch (selten) Minibus-

Auf Game Drive

se zum Einsatz. Je nach Größe der Kleinbusse finden **7–9 Leute** Platz. Übernachtungen finden fast immer in Lodges mit normalem Hotel-Standard statt. Mini-Busse werden eigentlich nur noch ab Dar es Salaam für Touren zum Mikumi National Park angeboten.

- **Vorteile:** gegen Sonne, Regen und Wind geschützt, preiswert
- **Nachteile:** eingeschränkte Sicht, weniger geländegängig

Game Drive

Das **eigentliche Safari-Erlebnis** bestimmen die sog. Game Drives (*game* = Wild), **Tierbeobachtungsfahrten oder auch Pirschfahrten.** Anders als bei einem Rundgang durch einen Zoo weiß man natürlich nie genau, welche Tiere man zu Gesicht bekommt. Doch genau das macht den Reiz aus: Erwartungsvoll in freier Wildbahn unterwegs sein, um plötzlich und völlig unvermittelt ein Löwenrudel aufzuspüren.

Game Drives finden in der Regel **frühmorgens und am späten Nachmittag** statt. Dann lässt sich am meisten sehen, denn die Tiere sind wesentlich aktiver als in den heißen Mittagsstunden.

Game Drive im Ngorongoro-Krater

np050 pr

Verhaltensregeln für Tansanias Schutzgebiete

Die Nationalparkbehörde Tansanias *(TANAPA)* hat für Besucher *Park Regulations* formuliert, die auf dem Eintrittsticket stehen oder zusammen mit diesem ausgehändigt bzw. auf Tafeln an den Eingangstoren verkündet werden. Die Parkverwaltungen sind bei Vergehen äußerst strikt und zögern nicht lange damit, Geldstrafen zu verhängen. Hier die wichtigsten Grundregeln:

- Fahren Sie nicht schneller als 50 km/h. Für die Tierbeobachtung ist eine **Geschwindigkeit** von 25 km/h empfohlen.
- Bleiben Sie auf dem vorgesehenen **Wegenetz.** Fahren Sie nicht querfeldein, außer wenn dies ausdrücklich toleriert wird.
- Stören Sie die Tiere nicht. Erzeugen Sie nicht zu viel **Lärm** und Radiobeschallung. Benutzen Sie nicht die Autohupe.
- Seien Sie verständnisvoll gegenüber **anderen Besuchern.** Stören Sie weder sie, noch die von ihnen beobachteten Tiere. Warten Sie, bis Sie an der Reihe sind, näher heranzufahren.
- **Haustiere** und **Schusswaffen** sind im Park strengstens verboten!
- Das **Einsetzen von Drohnen** ist in allen Nationalparks strengstens verboten!
- **Verlassen Sie Ihren Wagen** nur an dafür vorgesehenen Stellen (Picknick- oder Toilettenplätze) oder nur im Beisein eines dafür vorgesehenen Führers/Rangers.
- Entnehmen oder beschädigen Sie keine endemischen **Pflanzen** in den Parks.
- **Feuer** sollten auf Campingplätzen nur dort gemacht werden, wo es feste Feuerstellen gibt. Brennholz darf nicht im Park gesammelt werden. Es ist oft auf den Campingplätzen erhältlich.
- Machen Sie Ihre **Zigaretten** gründlich aus und entsorgen Sie sie in einem dafür vorgesehenen Aschenbecher. Schmeißen Sie keine Zigarettenstummel aus dem Fahrzeug.
- Deponieren Sie Ihren **Müll** in dafür vorgesehenen Müllbehältern (am Eintrittstor, an Picknick-/Aussichtsplätzen). Schmeißen Sie keine Gegenstände aus dem Fahrzeugfenster.
- Es ist verboten, sich **nachts** zwischen 19 und 6 Uhr im Nationalpark aufzuhalten, außer Sie befinden sich auf dem Campingplatz, im Hotel oder auf einer genehmigten und geführten Nachtfahrt (Night Drive).

tannp067 jg

Meist ist man etwa drei Stunden unterwegs, bevor es zu einem späten Frühstück (oder Brunch) bzw. zum Sundowner in die Lodge zurückgeht.

Game Drives werden von **Guides** durchgeführt, die auch meist die Route wählen und mit anderen Fahrern Informationen austauschen. Je nach Standard kann ein Game Drive sehr informativ sein. Bei gesichteten Tieren wird viel Wissenswertes zur Art vermittelt.

Night Drive

Night Drives sind **Tierbeobachtungsfahrten bei Nacht.** Mit lichtstarken Scheinwerfern wird die Finsternis nach Tieren abgeleuchtet. Das hat nichts mit Überstunden im Safari-Tourismus zu tun, sondern wird unternommen, weil sich nachts viele Tiere beobachten lassen, die man tagsüber nicht oder nur äußerst selten zu Gesicht bekommt (z.B. Ginster- und Zibet-Katzen, Erdwölfe, Gürteltiere usw.).

Night Drives sind aber umstritten. Viele befürchten eine **Gefährdung der Tiere:** Zum einen können kräftige Suchscheinwerfer Tieren mit nachtempfindlichen Augen große Schäden an der Netzhaut zufügen, zum anderen können Tiere durch das ungewohnte Licht in der Nacht ihre natürlichen Instinkte verlieren. Eine Antilope rennt dann womöglich einem Leoparden direkt auf den Präsentierteller. Damit würde man ganz extrem in natürliche Abläufe eingreifen. Einem Tier direkt in die Augen zu leuchten, ist eigentlich tabu. Leider kommt das dennoch vor, damit der Tourist auch sein Nachtfoto schießen kann. Doch nur wenn Tiere so angeleuchtet werden (z.B. vor ihnen auf den Boden), dass die natürlichen Verhaltensweisen nicht beeinflusst werden, können Night Drives zu einem ungetrübten Erlebnis werden – für Sie und die Tiere!

In Tansania werden Night Drives derzeit im Ruaha-Park, im Manyara-Park und begrenzt im Süden des Tarangire National Park sowie in der Wildlife Management Area Ikona und in den Savannen am Fuße des Kilimanjaro in der Enduimet Wildlife Management Area angeboten.

Fuß-Safari

Die Fuß-Safari – auch **Foot Safari, Walking Safari** oder **Game Walk** – ist zweifelsohne die authentischste und naturverbundenste Art, die Wildnis zu erleben. Sicherlich werden Sie im Rahmen einer sachkundig geführten Fuß-Safari nicht ganz so nah an die Tiere herangeführt – geschweige denn, dass diese Sie überhaupt so nah heranlassen – wie dies mit dem Fahrzeug möglich ist. Fuß-Safaris eignen sich daher nur bedingt für gute Tierfotografie. Doch lassen sich Dinge sehen, die auf Tierbeobachtungsfahrten oft völlig an Ihnen vorbeigehen.

Zum einen lassen sich ohne laufenden Fahrzeug-Motor **Geräusche und Stimmen** viel besser wahrnehmen und zum anderen ist man nicht an feste Wege gebunden. Bei einer Fuß-Safari geht es mitten durch Busch und Savannengras, wird sich an Wasserlöcher herangeschlichen oder es werden Tiere aus sicherem Abstand verfolgt. Beeindruckend ist auch die **Spurensuche.** Fuß-, Tatzen-

tannp068 jg

und Hufabdrücke unterscheiden zu lernen, sie zu deuten und – wenn frisch – ihnen sogar nachzugehen; die Losungen den Tieren zuzuordnen und mehr über Fressgewohnheiten und Markierungen zu erfahren; anhand von abgebrochenen Stämmen/Ästen oder abgenagten Zweigen zu erkennen, welche Tiere was anrichten, sich wovon ernähren – all diese Details tragen dazu bei, die tansanische Wildnis besser zu verstehen und ihr näher zu kommen.

Von manchen Lodges und Camps werden Fuß-Safaris nicht nur inner-, sondern auch außerhalb der Nationalparks angeboten. Begleitet wird man von einem **bewaffneten Safari-Guide,** oft auch von einem Tracker (Spurenleser) oder innerhalb der Nationalparks von einem Ranger (Wildhüter). Das mitgeführte Gewehr ist nur für äußerste Notfälle. Das **Mindestalter für Kinder** beträgt je nach Park 8 bis 14 Jahre. Folgende Unterschiede gibt es in Bezug auf Dauer und Erlebnis:

Morgen- oder Nachmittagspirsch

Fuß-Safaris, die von einem Camp bzw. einer Lodge aus stattfinden und in der Regel **zwei bis drei Stunden** dauern. Diese werden frühmorgens oder am späten Nachmittag unternommen, um der Mittagshitze zu entgehen. Die beste Zeit ist am Morgen, direkt nach Sonnenaufgang, gestärkt mit Kaffee oder Tee und einer Kleinigkeit zu knabbern. Ein ausgiebiges Frühstück wird dann meistens nach der Rückkehr gereicht. Im Rahmen dieser kurzen „walks" in den tansanischen Haupt-Tierbeobachtungsgebieten innerhalb von Parks ist oftmals mehr Artenreichtum zu erleben als im Rahmen mehrtägiger Wanderungen.

⌃ Fuß-Safaris erfolgen immer in Begleitung eines bewaffneten Safari-Guides

Mehrtägige Walking Safaris

Mehrtägige Walking Safaris sind ein sehr beeindruckendes Erlebnis. Das Gepäck wird auf Fahrzeugen zu den jeweils nächsten Übernachtungscamps gebracht, während man tagsüber nur mit einem kleinen Daypack ausgestattet ist. Auch Packesel werden eingesetzt, und die Begleitung erfolgt durch **Maasai-Krieger,** was den Erlebniswert zusätzlich steigert.

Ähnlich wie bei einer Morgenpirsch steht auch hier die Erkundung der Wildnis im Vordergrund. Gelaufen wird ebenfalls hauptsächlich morgens und nachmittags, doch „Kilometer zu machen" ist nicht das Wesentliche. Mehrtägige Fuß-Safaris sind nicht mit Trekking-Touren zu vergleichen. Selbst Duschen und richtige Toilettenzelte können auf Wunsch aufgebaut werden.

Derzeit finden solche Wanderungen in der **Ngorongoro Conservation Area, Lake Natron Area** und sehr exklusiv über hochpreisige Veranstalter im **Nord-Osten der Serengeti** statt.

Boot-Safari

Vom Wasser aus die Wildnis erleben, da, wo Flüsse und Seen viele Tiere anziehen, ist eine weitere Safari-Dimension, die man sich in Tansania nicht entgehen lassen sollte. Mit Booten kann man sich den Tieren bis auf kürzeste Distanz nähern. Die Tiere empfinden die Menschen nicht so stark als Bedrohung wie auf dem Land. Elefanten lassen sich im Wasser auf diese Weise aus nächster Nähe beobachten. Insbesondere Flusspferde, Krokodile sowie viele Vogelarten sind vom Wasser aus sehr gut zu sehen.

Mit dem Motorboot

Besonders erlebnisreich sind Boot-Safaris im **Nyerere Nationalpark** (ehemals Selous Game Reserve), entlang der Seeufer im **Rubondo Island Nationalpark** und im **Saadani National Park** auf dem Wami River. Motorgetriebene Boote haben den Vorteil, größere Distanzen zurücklegen zu können, lassen einen auf Grund des Motors näher an potenziell missmutig reagierende Tiere (Flusspferde, Elefanten) herankommen – und schneller wieder wegdüsen. Auch liegen Sie für die Fotografie stabiler im Wasser. Andererseits lässt sich ohne Motorengeräusch die Natur intensiver erleben.

Mit dem Kanu

Sich in kleinen Gruppen und fast lautlos auf Flüssen und in überschwemmten Gebieten fortzubewegen ist ein Safari-Highlight. Das schöne an einer Kanutour ist die **Ruhe,** die Wahrnehmung der Laute in der Natur, während man mit etwa 5 km/h dahintreibt. Dabei auf Höhe der Wasserlinie zu sein, steigert das Naturerlebnis ungemein. Allerdings setzt das ein wenig Paddel-Erfahrung voraus, denn bei organisierten Kanu-Safaris ist man zu zweit im Fiberglass-Boot mit dem „Canoeing-Guide" in einem separaten Kanu, von wo er über die Tierwelt informiert. Die wackelig aussehenden

Boote sind äußerst kippstabil. Kanu-Safaris sind im Arusha National Park, im Manyara National Park und gelegentlich auf dem Burigi-See an der Grenze zum Tarangire National Park zu erleben.

Reit-Safari

Wenig bekannt sind die sogenannten **Horseback-Safaris.** Der Vorteil ist, durch jegliches Gelände vorankommen zu können. So kann man sich den Tieren, speziell Antilopen und Huftieren, auf kurze Distanzen nähern und diese beobachten. Man sollte allerdings einiges an Reiterfahrung mitbringen. Reit-Safaris lassen sich in Tansania in der Enduimet Wildlife Management Area, im Arusha National Park oder am Kilimanjaro (Makoa Farm) unternehmen.

Train-Safari

Einmal im Jahr verkehrt die sehr edle **Rovos Rail** von Kapstadt in Südafrika bis nach Dar es Salaam. Dabei werden in Tansania die Wildschutzgebiete Selous, Udzungwa und evtl. Mikumi durchquert bzw. besucht.

- **Informationen** unter www. rovos.com.

[>] Very British: das Busch-Frühstück

Essen und Trinken

Während einer organisierten Safari in Tansania ist die Küche international. Das **Frühstück** gestaltet sich oft sehr englisch, d.h. zu Eiern werden Bohnen und Speck gereicht oder anstatt Müsli und Cornflakes kann es auch mal Porridge geben. Ansonsten wird alles aufgetischt, was man auch in der internationalen Hotelszene erwarten würde. Zusätzlich werden oft tropische Früchte gereicht. Wildfleisch, wie man es evtl. aus dem südlichen Afrika kennt, wird in Tansania nicht angeboten.

Wer den ganzen Tag über unterwegs ist, wird mit einer **Lunch-Box** bzw. einem **Daypack** versorgt. Werden Tagestouren von den in den Parks ansässigen Lodges oder Camps durchgeführt, kommt man in den Genuss, ein umfangreicheres Picknick-*Breakfast* oder Picknick-*Lunch* mitzunehmen – mitsamt Thermoskanne für einen frisch aufgebrühten Kaffee. Darüber hinaus lassen sich zusätzlich an vielen Park-Zugangstoren und Lodges Kleinigkeiten wie Kekse, Schokolade, Säfte, Bier usw. einkaufen.

In der Safari-Industrie wird sehr auf **Hygiene** geachtet. In Küchen wird „sauberes" Wasser zum Waschen von Gemüse, Obst und Salaten sowie zum Kochen verwendet. In Zelten und Lodgezimmern befinden sich meistens Trinkwasserflaschen (auch zum Zähneputzen). Das im Restaurant oder an der Bar gereichte Tafelwasser ist in der Regel abgekocht und gefiltert und in jedem Fall bedenkenlos zu trinken. Kein Unternehmen möchte das Risiko einer Negativ-

Werbung in Kauf nehmen. Wenn dennoch Durchfall auftritt, so ist das meist eine individuelle Reaktion auf die plötzliche Nahrungsumstellung oder die Folge eines Sonnenstichs.

Tierbeobachtung und -fotografie

Die erfolgreiche Beobachtung von Tieren in freier Natur hängt von verschiedenen Faktoren ab und setzt einige Grundkenntnisse voraus. Für eine Foto-Safari ist es ratsam, sich gezielt **auf bestimmte Regionen** zu **konzentrieren.** Besser, man hat einen Nationalpark weniger im Programm, als einen zu viel. Manche angebotenen Safaris gleichen nämlich einer Park-zu-Park-Rallye. Da bleibt oft wenig Zeit, einzelne Parks auf sich wirken zu lassen, sich mit der Gegend vertraut zu machen, um auch selbst ein Gespür für die Verhaltensweisen der Tiere zu entwickeln! Denn eine Safari sollte in erster Linie auch Urlaub sein und kein Wettbewerb um die größte Anzahl von besuchten Nationalparks und fotografierten Tieren.

Eine über einen Veranstalter organisierte Safari wird nur dann zu einer erfolgreichen Foto-Pirsch, wenn der Fahrer bzw. **Driver-Guide** sein Handwerk versteht. Seine Fähigkeit, möglichst nah an die Tiere heranzufahren (ohne sie zu stören) oder sich ihnen zu Fuß zu nähern (ohne dass sie panisch davon galoppieren oder gar angreifen), kann über eine sehr gute oder mittelmäßige Safari entscheiden. Schließlich wird es auch auf Ihre Kooperation ankommen, denn als lauter Besucher, werden Sie stets nur das Hinterteil afrikanischer Tiere beobachten können.

Nicht alle tansanischen Wildschutzgebiete sind gleich. Die Tierbestände variieren, sind von den Jahreszeiten abhän-

tannp069 jg

gig oder auf Grund eines spärlichen und/oder mangelhaften Wegenetzes nicht überall gleich gut zu beobachten.

Auch in puncto Sicherheit sind einige Regeln zu befolgen, um mögliche Gefahren bei der Tierbeobachtung zu minimieren – für Sie selbst, aber auch für die Tiere.

Ballon-Safari über der Serengeti

Ein Höhepunkt im Rahmen eines Serengeti-, Ruaha- und Tarangire-Besuchs ist im wahrsten Sinne des Wortes eine Ballonfahrt in **Höhen bis zu 1000 m.** Der Blick aus der Vogelperspektive am frühen Morgen auf die erwachende Savanne ist ein ultimatives und in Tansania einzigartiges Erlebnis. Bis zu 14 Personen finden in den Heißluftballons Platz – es handelt sich um die größten der Welt. 500 $ p.P. kostet das Vergnügen einschließlich Sektfrühstück „à la Out of Africa" mitten in der Savanne.

Anfangs gab es sehr viel **Kritik am Ballon-Tourismus,** da einige Tiere zunächst verstört auf den fauchenden Schatten am Himmel reagierten. Mittlerweile scheint das nicht mehr der Fall zu sein, dennoch gibt es einige Kritiker, die von *View-Pollution* sprechen.

Die Ballonfahrten finden in der Serengeti in vier Gebieten statt: zentrale Serengeti, Western Corridor, im Süden und in den Grumeti Reserves.

- **www.balloonsafaris.com** (Serengeti)
- **www.madahotels.com** (Tarangire, Adventures Aloft)

Voraussetzungen für eine gute Tierbeobachtung

Das Fernglas

Wer auf ein Fernglas verzichtet, erlebt nur die halbe Safari. Es sei denn, Sie sind passionierter Tier-Fotograf und besitzen große Teleobjektive.

Das Fernglas ist die Grundvoraussetzung für eine gute Tierbeobachtung. Auf einer Safari werden Sie nicht an alle Tiere derart nah herankommen, um sprichwörtlich das „Weiße in den Augen" erkennen zu können. Mal halten die Tiere sicheren Abstand, sobald sich die Menschen ihnen nähern, mal dürfen Sie mit dem Fahrzeug nicht vom Weg ab und querfeldein fahren. In solchen (und vielen anderen) Situationen leistet ein Fernglas wertvolle Dienste!

Zudem können Sie mit Hilfe eines Fernglases auch viel besser erkennen, ob das, was mit dem bloßen Auge wie ein grauer Fels aussieht, in Wirklichkeit nicht ein Nashorn ist! Mit einem Fernglas erspähen Sie in der Regel viel mehr Tierarten als ohne.

Je nach Bauart und Geldbeutel gibt es die verschiedensten Modelle. Wichtig ist neben einer guten **Optik** (Finger weg von Billig-Produkten, Ihre Augen werden es Ihnen danken!) der **Vergrößerungsfaktor.** Für Safaris sollte der mindestens achtfach (8x) sein.

Das Wildgebiet oder der Nationalpark

Steht das Beobachten von Tieren aus nächster Entfernung im Mittelpunkt Ihrer Safari, dann suchen Sie sich genau die Nationalparks aus, bei denen Sie sicher sein können, Zeuge einer möglichst großen und artenreichen Tierwelt zu werden, z.B. die Serengeti und die Ngorongoro Conservation Area. Dafür sind allerdings weniger Authentizität und Unberührtheit und zum Teil höhere Besucherzahlen in Kauf zu nehmen.

Die Jahreszeit/Saison

Von der richtigen Jahreszeit kann sehr viel abhängen, besonders dann, wenn es ausgeprägte **Trocken- und Regenmonate** gibt. Die Auswirkungen auf die Natur sind beträchtlich. Ein und dieselbe Region kann sich entweder als staubige, nahrungsarme Halbwüste präsentieren oder ist direkt nach der Regensaison eine Oase für Pflanzen- und Fleischfresser. Die strenge Unterscheidung der Trocken- und Regenmonate verschwimmt jedoch zunehmends, da in den letzten Jahren immer öfter Regen in den Trockenmonaten fiel oder dieser in den Regenmonaten ausblieb.

Die richtige Tageszeit

Die afrikanische Hitze kann allen zu schaffen machen, selbst der Tierwelt. Tierbeobachtungsfahrten, Fuß- und Reit-Safaris sollten sich auf die **frühen Morgen- und späten Nachmittagsstunden** beschränken. Die Tiere suchen sich während den Mittagsstunden schattige Plätze und sind so inaktiv wie möglich.

tannp 070jg

⌃ Kleiner Kudu mit wachsamem Blick

In vegetationsreichen Gebieten sind Tiere oftmals so gut getarnt, dass man während einer Mittagspirsch ohnehin nicht viel sehen würde.

Richtig Bewegung herrscht nur, wenn in der Morgendämmerung die letzten nachtaktiven Tiere (Hyänen, Flusspferde, Bushbabies usw.) ihre Ruhestätte für den Tag aufsuchen und die tagaktiven Tiere sich von ihren Schlafstellen erheben und sich zum Trinken, Grasen oder Jagen aufmachen. Ähnliches gilt für den späten Nachmittag. Nach der Siesta machen sich Hunger und Durst breit. Löwen und Geparden werden aktiv, Antilopen suchen durstig nach Wasserstellen. In den waldreichen Nationalparks wie Arusha, Udzungwa oder Rubondo lassen sich wegen der schattigen Verhältnisse auch mittags gut Tiere beobachten.

Der richtige (und vor allem rücksichtsvolle) Beobachtungsplatz

Die besten Tierbeobachtungsplätze sind Orte, an denen sich Tiere gern aufhalten, sei es zur Nahrungssuche, zum Abküh-

tannp071 jg

len oder weil der Ort eine gewisse Sicherheit bietet. Wer sich mit dem Ökosystem eines Nationalparks beschäftigt und sich über Nahrungsgewohnheiten von Tieren informiert, wird schon bald selbst einen gewissen Instinkt für Stellen entwickeln, die eine gute Tierbeobachtung versprechen.

In den meisten Wildschutzgebieten sind, insbesondere in den Trockenmonaten, **Wasserlöcher und Flussläufe** Gebiete mit dichtem Wildbestand. Auch **Lichtungen und Hügelkuppen** bieten gute Chancen zur Tierbeobachtung.

Wenn Sie in einem tierreichen Gebiet stehen bleiben, achten Sie darauf, dass Ihr **Safari-Auto** keine natürlichen Pfade blockiert oder den Zugang zum Wasser abschneidet. Versperren Sie Antilopen oder anderem von Raubkatzen gern gejagtem Wild nicht die Sicht. Löwen hätten dann leichtes Spiel. Positionieren Sie sich also so, dass Ihr Wagen keinen Einfluss auf die Tierwelt hat. Lieber in der dritten Reihe stehen als ganz vorne, wo Sie womöglich auch anderen Safari-Fahrzeugen die Sicht nehmen. Driver-Guides in Tansania sind nicht immer ganz so rücksichtsvoll. Teilen Sie dennoch ruhig Ihre Bedenken mit, wenn Sie der Ansicht sind, dass Ihre Präsenz zu sehr in Naturbelange eingreift. Sie werden besonders während der Hochsaison erleben, wie manchmal Dutzende Autos um einen Löwen herumstehen. Bitte geben Sie in solchen Situationen Ihrem Guide zu verstehen, dass seine Bemühungen zwar geschätzt werden, es aber nicht in Ihrem Interesse liegt, einem Tier wortwörtlich so auf den Pelz zu rücken.

→ **Kommunikation mit dem Fahrer, S. 85**

Fähigkeit des (Driver-)Guides

Wer mehrere Tage im Rahmen einer organisierten Safari unterwegs ist, wird an einen Fahrer (Driver) bzw. Führer (Driver-Guide) gebunden sein. Ihr Begleiter ist der Schlüssel für eine gute Safari. **Er wird sein Bestes versuchen, Ihnen die Safari so angenehm und vielseitig wie möglich zu machen.** Er kennt sich in der Regel in den zu besuchenden Gebieten gut aus und steht auch oft in Kommunikation mit anderen Fahrern. Dabei werden die neuesten Informationen über die Aufenthaltsorte von Tieren ausgetauscht. Er weiß, welche Pisten zu befahren sind und welche nicht. Er hat oft ein geschultes oder angelesenes Wissen über Flora und Fauna. Seine Einschätzung über die beste Anpirschgeschwindigkeit/-richtung und Positionierung des Autos kann entscheidend sein.

Die Qualifikation eines Fahrers/Safari-Guides und dessen Fähigkeiten steigen mit der Exklusivität Ihrer Reise. Renommierte und teure Safari-Veranstalter beschäftigen meist auch hochqualifizierte Guides. Für sehr wissbegierige Menschen sicherlich ideal, denn in der Regel können professionell ausgebildete Safari-Guides mehr Fragen beantworten als ein ehemaliger Taxi-Fahrer in einem klapprigen *Land Rover*, gefüllt mit neun Pauschalurlaubern auf eintägigem Safari-Ausflug.

[<] Eine gute Fotoausrüstung beschert schöne Erinnerungen

Geduld und Zeit

Geduld ist nicht unbedingt die stärkste mitteleuropäische Tugend, doch **auf Safari** – so heißt es – **„ticken die Uhren anders“.** Bei einer Pirschfahrt oder einer Fuß-Safari kann sich sehr viel binnen Minuten ereignen, es können aber auch manchmal Stunden ohne bedeutende Ereignisse vergehen. Das liegt dann weniger an der Qualität des Nationalparks, denn viel hängt von unserem Erwartungshorizont ab. Nicht immer laufen alle Tiere so durch die Savanne, wie man es aus diversen Dokumentarfilmen vielleicht kennt.

Manchmal sind es einfach die großartigen Landschaften Tansanias, welche die Schönheit einer Safari ausmachen. Blickt man nicht auf die Uhr oder lässt diese (auch die innere) im Zelt, werden sich die Dinge von ganz alleine ereignen. Meistens genau dann, wenn man sie am wenigsten erwartet. Aber: Nicht jeden Tag bekommt man Löwen oder Elefanten zu Gesicht – die „big five“ müssen sich erst erarbeitet werden!

Glück muss auch sein

Zu einer erfolgreichen Tierbeobachtung gehört natürlich auch eine gute Portion Glück. Wie oft mag ich schon auf meinen Safaris an interessanten Tieren vorbeigefahren sein, ohne diese zu bemerken. In Parks mit hohem Savannengras bleibt dies nicht aus. Oft verpasst man vielleicht gerade die Geburt eines Gnu-Fohlens oder eine spannende Jagdszene um ein paar Minuten oder man verlässt nach gut einer Stunde Aufenthalt die dösenden Löwen, um am Abend von einer anderen Safari-Gruppe zu erfahren, dass zehn Minuten später das Rudel aktiv wurde und einem Zebra erfolgreich nachstellte.

Manchmal, so scheint es, gibt es aber auch Menschen, die vom Pech verfolgt sind und tagelang nicht viel sehen, während andere wiederum alles Erdenkliche an einem einzigen Tag zu Gesicht bekommen.

Verhaltensregeln bei der Tierbeobachtung

Wie erfolgreich eine Tierbeobachtung ausfällt, hängt auch vom persönlichen Verhalten ab. Sich an ein Tier/eine Herde mit dem Fahrzeug heranzupirschen, setzt voraus:

- **Ruhiges Verhalten, keine Musik!**
- **Keine wild gestikulierenden Armbewegungen!**
- **Kleidung ohne grelle/leuchtende Farben!**
- **Nicht „mit dem Wind" stehen!**
- **Keine Zurufe und Lautsignale von sich geben!**
- **Den Tieren nichts entgegenwerfen!**
- **Respektvollen Abstand halten!**
- **Keine Pfade blockieren – Tiere haben Vorfahrt!**
- **Motor abstellen!**
- **Geduld und Nachsicht!**

Fotografieren auf Safari

Allgemeines

Sollten Sie kein professioneller Tierfotograf sein, dann **erwarten Sie nicht zu viel von Ihren Bildern,** denn von allen Bereichen der Fotografie zählt die Tierfotografie in freier Wildbahn zu den kostspieligsten und oftmals zeitintensivsten. Hinzu kommt, dass unser Bild meist vorgeprägt ist: Den durch die Savanne einer Gazelle hinterher rasenden Gepard im Moment des entscheidenden Schlages zu fotografieren ist fast wie ein Sechser im Lotto. Solche Bilder entstehen mit riesigem Aufwand, wie z.B. bei sehr teuren Naturdokumentationen, bei denen sich Fotografen und Filmemacher monate- und sogar jahrelang in einem Gebiet aufhalten, um Tiere derart vor die Linse zu bekommen. Auf einer geführten Safari bzw. unterwegs in einem Safariwagen wird es nicht immer möglich sein, stundenlang an einem Fleck auszuharren, um auf eine solche Jagdszene zu warten. Dennoch werden Sie staunen, welch schöne **Erinnerungsbilder** Sie mit nach Hause nehmen.

Wahl der Kamera

Bei den **Kleinbildkameras im Pocket-Format** (Kompaktkamera) hat sich viel getan, nicht nur im Preis-Leistungs-Verhältnis, auch in der optischen Qualität. Aufgrund des Gewichts, der Größe und der einfachen Bedienung sind sie für Leute gedacht, die mehr Wert auf Erinnerungsfotos und Schnappschüsse legen. Doch auch Kompaktkameras (auch Bridge-Kameras genannt) besitzen mittlerweile recht gute Zoom-Teleobjektive mit bis zu (umgerechneten) 3000 mm Brennweite. Das reicht in jedem Fall aus, und ist teilweise gar nicht unbedingt nötig, wenn man in Nationalparks unterwegs ist, in denen wegen der hohen Besucherzahl die Wildtiere weniger scheu sind und man sich ihnen mit dem Fahrzeug gut nähern kann. Ein Manko bleibt jedoch: Konstruktionsbedingt sind die Objektive nicht sehr lichtstark und erfordern daher empfindlichere Sensoren.

Spiegelreflexkameras bieten je nach Preisniveau mehr Möglichkeiten und sind in der Regel robuster und mit noch empfindlicheren Sensoren ausgestattet als Kompaktkameras.

Den besten Kompromiss für Tier-Safaris bieten **Bridge-Kameras.** Diese haben immer größere Zoombereiche und eine Anti-Verwackelfunktion für Teleaufnahmen – ideal für die Safari.

Es ist übrigens ein Trugschluss, gute Tieraufnahmen seien nur mit einer modernen, vollautomatischen Profikamera möglich. Solange die Kamera eine ausgewogene und gute Belichtungsmessung besitzt, sollte mehr Wert auf gute Optik (Objektive) gelegt werden.

Wie groß muss das Tele sein?

Die Allround-Lösung sind **Telezooms,** also Objektive, die stufenlos mehrere Brennweiten von einem kleinen bis zu einem größeren Tele abdecken. Damit sind Sie für alle Situationen gewappnet. Sie können einerseits den Elefantenkopf formatfüllend ablichten oder mit einem Dreh den Ausschnitt verändern und die gesamte Herde festhalten. Wer anstatt zu einer Bridge-Kamera zu einer Spiegelreflex- oder Spiegellosen Kamera mit Wechselobjektiven tendiert, dem bieten die Hersteller *Sigma* und *Tamron* beide eine 28–300 mm bzw. 16/18/270/300/400 mm **Universalzoom** (abhängig von der Sensor-Größe; Vollformat versus Crop-Sensor) zu guten Preisen an, was für die meisten Nationalparks ausreichend ist. Die optische Leistung ist beachtenswert, die Lichtstärke reicht bei den oft guten Lichtverhältnissen in Tansania aus. Hinzu kommt, dass man vielleicht an einer Fuß-Safari oder einer Kanu-Tour teilnimmt, wo eine größere Kameraausrüstung mit mehreren Objektiven lästig sein kann. Teles sind bei Pirschfahrten, Bootstouren und Fuß-Safaris vorteilhaft, auf denen ein Stativ nur schwierig zu handhaben ist.

Noch **größere Brennweiten** im Zoom-Bereich von 150–500/600 mm lassen Sie natürlich noch bessere Bilder schießen, doch muss man dabei beachten, dass das zu tragende Equipment dadurch auch schwerer wird. Größere

Ein großer Kudus schaut direkt in die Kamera

np051 pr

Brennweiten sind aber vor allem für Ornithologen wichtig. Um Vögel zu fotografieren, bedarf es Brennweiten von 600 mm und mehr. Und um die fast nie still sitzenden Tiere unverwackelt ablichten zu können, ist eine kamerainterne oder im Objektiv verbaute Stabilisierungstechnik nötig. Auch sollte das Tele sehr lichtstark sein und eine Anti-Verwacklungsfunktion besitzen.

Für Auto-Safaris gibt es **Fenster-Stative,** die schraubzwingenartig in der heruntergekurbelten Fensteröffnung angebracht werden. Dann ist es wegen der Vibrationen wichtig, den Motor des Fahrzeuges abzuschalten.

Filter

Filter sollten in jedem Fall verwendet werden, allein schon zum Objektivschutz. Zu empfehlen sind **UV-Filter.** Wer während der Mittagszeit unterwegs ist, kann für kontrastreichere Fotos einen **Polarisationsfilter** verwenden, der sich auch gut eignet, um den Himmel in einem kräftigen blau wiederzugeben und Wolken wie Wattebäusche aussehen zu lassen.

Blitzlicht

In der Tierfotografie werden durchaus auch Blitzlichtgeräte eingesetzt, **speziell im näheren Telebereich.** Man spricht dann von einem Aufhellblitz, mit dem das begehrte Objekt erhellt wird. Dies wird beispielsweise gern beim Fotografieren von Vögeln und kleineren Tierarten eingesetzt, da diese sich oft an schattigen, kontrastarmen Plätzen aufhalten. Auf Safari werden Blitzlichter jedoch **nur bei Tageslicht** verwendet, sozusagen als Restlichtlieferant. Der Blitz sollte nicht bei Dunkelheit eingesetzt werden. Viele Tiere können nachts bedeutend besser sehen als Menschen und grelles Blitzlicht kann zu Schäden an den empfindlichen Augen führen.

Sonstiges

Standard-Batterien, wie die Größen AA, sind vielerorts zu bekommen. Spezielle Kamera-Batterien sind vorsichtshalber als Ersatz mitzuführen. Zu bedenken ist, dass das benötigte Material zum Teil doppelt so teuer ist wie zu Hause. Auch **Speicherkarten** sind nicht immer und überall erhältlich, daher ausreichend Vorsorge treffen.

Filmen auf Safari

Für ambitionierte Filmer gelten ähnliche Voraussetzungen wie für Freunde der Fotografie. Grundsätzlich sollten Videokameras, welcher Art auch immer, eine **Anti-Verwacklungsfunktion** besitzen. Sie eignen sich besonders gut bei Jagdsequenzen, wenn Löwen oder Geparden in peitschender Geschwindigkeit ihrer Beute hinterherrasen.

Ein guter **Telebereich** ist in jedem Fall wichtig und bei den meisten modernen digitalen Videokameras mittlerweile auch Standard. Achten Sie aber darauf, dass die Vergößerung durch die Optik erzielt und nicht ausschließlich „digital berechnet“ wird, was letztendlich zu einer schlechteren Bildqualität führt.

Tipps zum Fotografieren und Filmen

Die optimalen Fotografier- bzw. Filmverhältnisse auf einer Safari stehen in engem Zusammenhang mit den vorn erwähnten Voraussetzungen für erfolgreiche Tierbeobachtungen. Darüber hinaus im Folgenden noch ein paar Praxis-Tipps für eine möglichst gute Ausbeute an Bildern.

Ort und Zeit der Safari

Ist Tierfotografie/Filmen das wichtigste Element Ihrer Safari, dann suchen Sie sich auch genau die Nationalparks aus, bei denen Sie sicher sein können, eine möglichst große und artenreiche Tierwelt vor die Linse zu bekommen, wie etwa die nördlichen Parks von Arusha bis Serengeti sowie der Ruaha.

Kommunikation mit dem Fahrer

Bei einer organisierten Tour sollten Sie mit dem Fahrer **vorab Ihre Interessen besprechen.** In der Regel sind Driver-Guides geschult oder haben schon Erfahrung mit anderen Fotografen gesammelt. Das heißt jedoch nicht, dass ein Fahrer seine Arbeit immer zu Ihrer größten Zufriedenheit erledigen wird. Fragen Sie daher nicht nur, ob schon Erfahrung vorhanden ist. Gehen Sie Ihre Wünsche mit ihm einmal durch, damit es auf Tour zu so wenig Missverständnissen wie möglich kommt. Ein Fahrer ist nun mal in erster Linie ein Safari-Guide und mit großer Wahrscheinlichkeit kein ambitionierter Fotograf wie Sie. Erwarten Sie daher kein „fotografisches Auge", wie Sie es vielleicht entwickelt haben. „Warum ist der denn nicht noch ein Stück vorgefahren, dann hätte ich den Sonnenuntergang mit Schirmakazie als Hintergrund auf meinem Elefanten-Foto gehabt?" Nun, teilen Sie es Ihrem Fahrer sachlich und höflich mit. Denn Ihre Gedanken wird er – und die Mitreisenden übrigens auch – nicht lesen können. Bedenken Sie: Ein angespanntes Verhältnis zwischen Safari-Kunden und Fahrer vermiest schnell eine ganze Reise.

Mit dem Licht stehen

Wie bereits erwähnt, sind die kontrastlosen Mittagsstunden zu meiden. Pirscht man sich mit dem Wagen an ein Tier oder eine Herde heran, dann versucht

Eindringlicher Blick eines Anubis-Pavian

011 cucu

man, sich zwischen Sonne und den begehrten Foto-Objekten zu positionieren. So hat man das Licht im Rücken und die Tierwelt Tansanias mit ihrer schönsten Seite vor der Linse – erleuchtet von warmen Sonnenstrahlen!

Bewegungsrichtung der Tiere

Studieren Sie die Situation. Was auf den ersten Blick nicht sehr fotogen aussieht, kann sich je nach Bewegung der Tiere ändern. Giraffen, die am Rande eines Galeriewaldes genüsslich im Schatten Blätter zupfen, können im nächsten Augenblick in die offene Fläche treten, wo sie von der untergehenden Sonne plötzlich wie von einem Spotlight bühnenreif erleuchtet werden, dazu am Horizont tolle Wolkenformationen – das Bild wird zum Urlaubsgewinner!

Nehmen Sie sich daher immer einen Moment Zeit, wenn Sie Tiere erspäht haben. Wägen Sie ab (am besten mit dem ortskundigen Fahrer), ob sich die Tiere in absehbarer Zeit noch besser positionieren werden und für Sie ins Rampenlicht laufen. Behalten Sie dabei immer die Sonne im Auge!

Motor abschalten

Das Ausschalten des Motors hat für Fotografen zwei **Vorteile:** Zum einen können Teleaufnahmen vibrationsfrei gemacht werden (die Kamera kann im Fenster ruhig aufgelegt werden), zum anderen reagieren die Tiere oftmals auf die plötzliche Motorstille. Nicht selten schauen sie dann fotogerecht in die Linse. Doch sollte man dann nicht zu lange warten mit dem Fotografieren/Filmen, denn das Interesse kann manchmal nur von kurzer Dauer sein. Wer erst im Moment des Motorabstellens seine Kamera aus der Tasche holt, kann schnell das Nachsehen haben.

Sicherheitsbild

Zögern Sie nicht zu lange! Wenn Ihnen eine Situation als besonders wertvoll erscheint, Sie aber noch nicht richtig positioniert oder noch zu weit entfernt sind, lohnt es sich, zunächst eine Sicherheitsaufnahme zu machen, allein schon als Erinnerung. Mit dem sogenannten Sicherheitsbild im Kasten können Sie dann versuchen, noch näher heranzufahren.

Kamera immer bereithalten

Immer wieder aufs Neue erweist sich die weggepackte Kamera als Fehleinschätzung – passiert auch Profis. Vielleicht denkt man in Erwartung des Biers am Lagerfeuer: „Trostlose Gegend, hier wird man nicht mehr viel sehen." oder „Vor Sonnenuntergang wird die Wolkendecke eh nicht mehr aufreißen."

Tatsächlich können sich die **Bedingungen** in der tansanischen Wildnis aber **blitzschnell ändern.** Im scheinbar tierlosen Gebiet taucht plötzlich – vom Baum herunterhuschend – ein Leopard auf, die Wolkendecke reißt auf und die letzten warmen Sonnenstrahlen erleuchten das gepunktete Fell im goldgelben Savannengras. „Die Kamera! Schnell. Da in der Tasche unter dem Buch. Mach schon hin! Mist! Weg …" So oder ähnlich ereignen sich Situationen auf Safari tagtäglich. Halten Sie die Kamera also von Anfang bis Ende Ihrer Pirschfahrt bereit, man weiß eben nie!

Batterie leer, Speicher voll!?

Auch das ist nichts Seltenes. Hat man sich an alle Empfehlungen gehalten und denkt, dass nichts mehr dem Zufall überlassen ist, geht einem garantiert der Speicherplatz aus oder die Batterie ist plötzlich leer. Die Zeit, die man fürs Wechseln benötigt, ist kostbar; das begehrte Motiv kann weg sein. **Regelmäßige Kontrollen** sind angesagt, um nicht plötzlich „ohne Nachschub" dazustehen. Manche Safari-Wagen sind mit einem Spannungswandler ausgerüstet, sodass Sie während der ganztägigen Pirschfahrten ihre Akkus aufladen können.

Die richtige Kameratasche

Am meisten leiden Kameras und Optik unter **Staub und Erschütterungen.** Überlegen Sie sich, was Ihnen die Ausrüstung wert ist und kaufen Sie den entsprechenden Schutz. Staub wird fast immer vorkommen und hat die Eigenschaft, bis in die letzten Fugen zu kriechen. Taschen mit einfachem Klappverschluss sind daher nicht zu empfehlen. Gut verarbeitete Reißverschlusssysteme mit überlappenden Abdeckungen eignen sich wesentlich besser. Besonders Kamerataschen von den Herstellern Lowepro und Tamrac erlauben den bedingungslosen Outdoor-Einsatz.

Die **Polsterung** der Taschen sollte großzügig und weich sein – kaum eine Safari in Tansania, auf der man nicht auf holprigen Pisten unterwegs sein wird. Eine gute Tasche wird vieles abfangen können.

Für die **Pflege und Reinigung** von Optik sind Pinsel mit Luftbalg und Mikrofasertücher nützlich.

Straußenrennen auf staubiger Piste

tannp 072jg

Säugetiere | 90
Affen | 90
Afrikanischer Büffel | 110
Böckchen | 107
Ducker | 106
Elefant | 101
Erdferkel | 100
Flusspferd | 104
Gazellen | 113
Gepard | 96
Giraffen | 106
Hunde | 97
Hyänen | 98
Hornträger | 106
Kuhantilopen | 110
Leopard | 96
Löwe | 95
Marder | 100
Nagetiere | 93
Nashörner | 103
Paarhufer | 104
Pferdeböcke | 111
Raubtiere | 95
Ried- und Wasserböcke | 112
Rinder | 109
Schakale | 98
Schleichkatzen | 100
Schliefer | 102
Schuppentiere | 95
Schwarzfersenantilope | 112
Serval | 96
Unpaarhufer | 102
Waldböcke | 108
Warzenschwein | 105
Zebras | 102
Vögel (Binnenland) | 114
Adler | 119
Strauß | 114
Enten und Gänse | 118
Eulen und Nachtschwalben | 123
Flamingos | 117
Geier | 119
Greifvögel | 119
Hühnervögel | 120
Kraniche | 121
Papageien | 123
Pelikane und Kormorane | 114
Rackenvögel | 123
Rallen | 121
Reiher | 115
Spechte und Bartvögel | 125
Sperlingsvögel | 125
Störche und Ibisse | 116
Tauben | 122
Trappen | 121
Watvögel | 122
Reptilien | 126
Echsen | 127
Krokodil | 126
Schildkröte | 127
Schlangen | 126

tannp002 jg

3
Die Tierwelt Ostafrikas

< Gnu-Migration in der Serengeti

Säugetiere

Affen

Unter den sogenannten Herrentieren (Primaten) sind im östlichen Afrika die **Menschenaffen** mit Gorilla (nur in Ruanda, Uganda und im Osten von Kongo-Zaire) und Schimpanse, die **Niederen Affen** mit verschiedenen Pavian-, Meerkatzen- und Stummelaffenarten sowie die Halbaffen mit Galagos („Buschbabys") vertreten.

Menschenaffen

Die im Regenwald Afrikas vorkommenden Schimpansen gibt es in Ostafrika von Uganda über Ruanda und Burundi bis in den Osten der DR Kongo und den Westen Tansanias.

Schimpanse – Chimpanzee (Pan troglodytes)

■ **Körpermerkmale:** Kopf-Rumpf-Länge von ca. 170 cm, selten mehr als 60 kg Gewicht. Behaarung mittellang und nicht sehr dicht, Farbe schwarz bis dunkelgrau, Gesichtshaut hell bis fast schwarz.

■ **Fortpflanzung & Entwicklung:** 1 Jungtier (selten Zwillinge) nach etwa 7½ Monaten Tragzeit. Säugeperiode bis 4 Jahre, Geschlechtsreife mit 6–8, Lebenserwartung bis 50 Jahre.

■ **Nahrung:** Vorwiegend pflanzlich (Früchte, Knospen, Blätter, Rinde), daneben Insekten und Vogeleier, gelegentlich auch Affen oder junge Antilopen.

■ **Lebensraum & Lebensweise:** Ausschließlich in Wäldern (vom tropischen Regenwald bis zum offenen Savannenwald), hervorragende Kletterer, die sich aber auch sehr häufig auf dem Boden fortbewegen. Gemischte Gruppen aus beiden Geschlechtern von 30–50 Tieren (oder auch mehr), die nur selten zusammen anzutreffen sind und ihr Revier gegen Gruppenfremde verteidigen. Streifgebiete bis zu 50 km^2. Übernachten in Zweignestern vorwiegend in Bäumen.

■ **Bestand & Situation:** Gesamtzahl der Tiere in einem insgesamt riesigen Verbreitungsgebiet noch weit über 100.000, stellenweise durch Jagd und Fang sowie Verlust des Lebensraums gefährdet.

■ **Beobachtungsmöglichkeiten:** An drei Orten in Tansania (Gombe, Rubondo Island und Mahale) wurden Schimpansen an Menschen gewöhnt und können unter Führung erfahrener Ranger besucht werden. Im Rubondo Island National Park ist das Habituierungsprogramm noch nicht abgeschlossen, weshalb eine Sichtung der Schimpansen nicht immer einfach ist.

Niedere Affen – Paviane

Von den fünf Pavianarten kommen im östlichen Afrika **Anubis- und Steppenpavian** vor (der Bärenpavian lebt im südlichen Afrika, der Sphinxpavian in Westafrika, der Mantelpavian in Somalia, Eritrea und Arabien). Es handelt sich um große und schwere Hundsaffen, die viel auf dem Boden anzutreffen sind. Kennzeichnend sind stämmige, kräftige Arme und Beine, eine sehr lange Schnauze und ein kräftiges Gebiss mit riesigen Eckzähnen. Männchen sind doppelt so groß wie die Weibchen.

■ **Fortpflanzung & Entwicklung:** Nach 175–195 Tagen wird ein Jungtier (selten zwei) geboren, das etwa ein Jahr (zunächst am Bauch, später auf dem Rücken) von der Mutter getragen und mit ca. fünf

[>] Pavian-Trio

Jahren geschlechtsreif wird und eine Lebenserwartung von 30–40 Jahren hat.

Nahrung: Vor allem pflanzlich (Früchte, Knollen, Gräser), aber auch Insekten, Jungvögel und kleine Säugetiere (z.B. Kitze von Antilopen).

Lebensraum & Lebensweise: Gruppen von 10–150 Tieren, angeführt von einem oder mehreren Männchen mit deutlicher Rangordnung. Vor allem in der Baumsavanne lebend.

Bestand & Situation: Keine Art gefährdet, Hauptfeinde Leopard und Mensch, der sie als Ernteschädlinge bekämpft.

Beobachtungsmöglichkeiten: In fast allen Nationalparks des südlichen und östlichen Afrika regelmäßig zu sehen.

Anubis-Pavian – Olive Baboon (Papio anubis)

Körpermerkmale: Männchen mit einer Kopf-Rumpf-Länge von 70–95 cm, einem 40–60 cm langen Schwanz und bis 30 kg Gewicht. Weibchen ein Drittel kleiner und nur halb so schwer. Fell dunkel olivgrün, Gesicht schwarz.

Vorkommen: Von Kamerun bis Uganda und Kenia sowie im Osten der Republik Kongo und im Westen und Norden Tansanias häufig. Vorsicht! Bei den Eingangstoren und an vielen Picknickstellen in den Parks Serengeti, Tarangire, Manyara und am Ngorongoro gibt es Paviangruppen, die einem das Butterbrot aus der Hand reißen oder auch einfach mal ins Auto springen und dieses nach Essbarem durchsuchen. Fenster und Türen geschlossen halten und nie allein irgendwo mit Essen stehen! Leider sind diese verwöhnten Paviane eine Plage geworden, woran der unkontrollierte Tourismus und die nicht sorgsame Entsorgung von Essensresten mit Schuld sind.

Steppenpavian – Yellow Baboon (Papio cynocephalus)

Körpermerkmale: Schlanker und etwas kleiner als der Anubis-Pavian, verhältnismäßig runder Kopf und kurze Schnauze, Fell überwiegend gelbgrün.

tannp073 jg

Vorkommen: Vom Osten Kenias über Tansania (im Norden Tansanias nur vereinzelte Populationen) bis Sambia. In manchen Gebieten (z.B. am Manyara-See in Tansania) leben zwei Pavianarten nebeneinander.

Niedere Affen – Meerkatzen

Mit gut einem Dutzend Arten sind Meerkatzen die **häufigsten Affen Afrikas.** Die meisten Arten leben im tropischen Regenwald, nur zwei im Savannengürtel Ost- und Südafrikas.

Grüne Meerkatze – Vervet Monkey (Cercopithecus aethiops)

Körpermerkmale: Kopf-Rumpf-Länge 40–65 cm, Schwanz 55–75 cm, Gewicht 2,5–7 kg, Fell vorwiegend hellgrau bis gelbgrün, Gesicht schwarz und von einem weißen Stirnstreifen umrahmt. Männchen mit blauem Hodensack, Penis und Aftergegend hellrot.

Fortpflanzung & Entwicklung: Nach etwa 160 Tagen Tragzeit in der Regel ein Jungtier von 300–400 g. Geschlechtsreife mit zwei Jahren, Lebenserwartung bis 30 Jahre.

Nahrung: Gras, Früchte, Knospen, Blüten, Blätter, gelegentlich Insekten.

Lebensraum & Lebensweise: Bewohner offener Wälder und angrenzender Savannen, oft in der Nähe menschlicher Siedlungen, häufig auf dem Boden, aber nie weit entfernt von Bäumen, auf die sie sich bei Gefahr (durch Leoparden oder Adler) zurückziehen. Verbreitung in ganz Afrika südlich der Sahara mit Ausnahme des tropischen Regenwalds und der Wüste. Gruppen von 10–60 Tieren mit mehreren Männchen. Reviergröße bis zu 1 km^2.

Bestand & Situation: Sehr häufig, nicht gefährdet.

Beobachtungsmöglichkeiten: In allen Savannengebieten anzutreffen, regelmäßig auch an Camping sites und Lodges. Bitte nicht füttern!

Diadem-Meerkatze – Blue Monkey (Cercopithecus mitis)

Körpermerkmale: Etwas schwerer und gedrungener als die Grüne Meerkatze, dunkleres Fell („Blue Monkey"), weißer Kehlfleck („Diadem"). Zahlreiche Unterarten.

Fortpflanzung & Entwicklung: wie Grüne Meerkatze.

Nahrung: wie Grüne Meerkatze.

Lebensraum & Lebensweise: Stärker ans Baumleben gebunden, kleinere Verbände.

Bestand & Situation: Seltener als Grüne Meerkatzen, aber nicht gefährdet.

Beobachtungsmöglichkeiten: Eher in Waldgebieten, bei weitem nicht so häufig wie die Grüne Meerkatze. Tansania rühmt sich, gleich sechs verschiedene Arten von Diadem-Meerkatzen zu haben. Reisende werden hauptsächlich die Sansibar-Diadem-Meerkatze *(Cercopithecus mitis alboguaris)* mit ihrer ausgeprägten weißen Halskrause zu Gesicht bekommen sowie im Manyara National Park und im bewaldeten Ngorongoro-Hochland die Manyara-Diadem-Meerkatze *(Cercopithecus mitis manyaraensis)*, deren Beine heller sind als die der Sansibar-Diadem-Meerkatze und die so gut wie keine Rot-Braun-Färbung auf dem Rücken hat.

Niedere Affen – Stummelaffen – Colobus Monkeys

Mit einem gekammerten Magen auf Verzehr und Verdauung von nährstoffarmen Blättern spezialisiert sind Stummelaffen im Regenwald Zentralafrikas anzutreffen, einige Arten auch in Bergwäldern und bewaldeten Flusslandschaften Ostafrikas. In Tansania sind sie gut zu beobachten in den Saadani und Nyerere National Parks sowie in den Bergwäldern am Mt. Meru/Arusha National Park (dort vor allem schwarz-weiße Stummelaffen, die größte Art). Es gibt zwei Arten von schwarz-weißen **Guerezas** (Mantelaffe, *Colobus guereza,* und Bärenstummelaffe, *Colobus polykomos*) sowie in Ruanda, im Westen Tansanias und in anderen ostafrikanischen Randgebieten des Regenwaldes **Rote Stummelaffen** *(Procolobus badius).* Eine Unterart von diesen (Rotkopf Guereza) lebt im Jozani Forest auf Sansibar.

Halbaffen

Von den diversen Familien der Halbaffen (zerebral „noch nicht so weit" wie die „echten" Affen) gibt es **nur eine in Ostafrika:** die Galagos oder Buschbabys. Die meisten sind Bewohner des dichten Waldes. Der Senegalgalago hat den lichten Savannenwald erobert und ist nachts in Bäumen unterwegs und bei vielen Lodges und Camps gut zu beobachten.

Senegalgalago – Bushbaby (Galago senegalensis)

Körpermerkmale: 150–450 g, Körper höchstens 19 cm, Schwanz rund 30 cm lang. Hinterbeine sehr kräftig für eine hüpfende Fortbewegung, Augen und Ohren groß.

Fortpflanzung & Entwicklung: Tragzeit 120–145 Tage, meist ein Jungtier (selten zwei), Geschlechtsreife ab ½ Jahr, Lebenserwartung ca. 15 Jahre.

Nahrung: V.a. Insekten und Baumsäfte.

Lebensraum & Lebensweise: Ausschließlich nachtaktiv, Einzelgänger, vorwiegend am Rand von Wäldern und in der Baumsavanne. Tagsüber Schlaf in Baumhöhlen.

Bestand & Situation: Recht häufig, nicht gefährdet; Feinde insbesondere Eulen und Schleichkatzen.

cl-t14 cl

☝ Erdhörnchen bei der Nahrungsaufnahme

Beobachtungsmöglichkeiten: Galagos sind nur nachts mit Hilfe starker Scheinwerfer in Bäumen zu entdecken, da ihre lichtempfindlichen Augen das Licht stark reflektieren. In Tansania (selten) zu beobachten sind die Unterarten Udzungwa-, Usambara- und Sansibargalago.

Nagetiere

Die meisten **Hasen** und Nagetiere (zwei verschiedene Säugetierordnungen) sind klein und nachtaktiv, sodass sie nur selten zu sehen sind. Regional häufig sind **Hörnchen** (Erd- und Buschhörnchen im Osten und Süden des Kontinents, Rotschenkelhörnchen und andere in den Regenwäldern Zentral- und Ostafrikas).

Kaphase – Cape Hare (Lepus capensis)

Sehr ähnlich dem europäischen Feldhasen, nur selten tagsüber zu sehen, da vorwiegend dämmerungs- und nachtaktiv. Bevorzugter Lebensraum sind offene, grasige Ebenen mit verstreutem Buschwerk. Ähnliche, verwandte Arten sind **Crawshay's-Hase** *(Lepus crawshayi),* **Buschhase** *(Lepus saxatilis)* und der **Buschmannhase** *(Bunolagus monticularis).* Während der Crawshay's-Hase im gesamten subsaharischen Afrika anzutreffen ist, kommen letztere nur in der Kap-Provinz Südafrikas vor.

Springhase – Spring Hare (Pedetes capensis)

Im östlichen Afrika von Kenia bis Südtansania weit verbreitet. Einschließlich des langen, buschigen Schwanzes 70–90 cm groß, 3–4 kg schwer, ein echtes Nagetier (nicht verwandt mit Hasen), ausschließlich nachtaktiv, in kleinen Kolonien in selbst gegrabenen Höhlen lebend, sehr sprungkräftig mit langen Hinterbeinen (wie ein kleines Känguru), nachts mit Scheinwerfern zu beobachten.

Erdhörnchen – Ground Squirrel (Xerus rutilus)

Im östlichen Afrika unter allen Nagetieren am häufigsten zu sehen, da es tagaktiv ist (seinen buschigen Schwanz verwendet es wie einen Sonnenschirm). Lebt in kleinen Gruppen in Buschsavannen. Im gesamten Nordosten Tansanias sowie in Kenia und Uganda häufig anzutreffen.

Buschhörnchen (Rotbauch) (Paraxerus palliatus)

Lokal häufig (im Küstenvorland von Kenia und Tansania). Verhältnismäßig kurzer, buschiger Schwanz. Dem Borstenhörnchen sehr ähnlich. Lebensraum sind die Baumsavanne und lichte Wälder. Ausschließlich tagaktiv. Tansania: Neben den im Selous Game Reserve weit verbreiteten **Streifen-Buschhörnchen** *(Striped Bush Squirrel)* kommen die **Berg-Buschhörnchen** *(Tanganyika Mountain Squirrel)* in den Eastern Arc Mountains häufig vor.

Stachelschwein – Porcupine (Hystrix cristata & africaeaustralis)

50–90 cm lang und bis 27 kg schwer, dank der langen, schwarzweiß geringelten Stacheln (umge-

Die „Big Five" Afrikas

Was für viele als Safari-Höhepunkt gezählt wird, ist das Erspähen der so genannten „Big Five" in freier Wildbahn. Gemeint sind **Löwe, Leopard, Büffel, Elefant** und **eine der beiden Nashornarten**. Im südlichen Afrika wird gerne auch von den „Big Seven" (plus Gepard und Giraffe) gesprochen und machmal liest man auch in Anzeigen von eingezäunten Wildnis-Parks, dass dort die „Big Nine" garantiert werden (plus Breit- und Spitzmaulnashorn sowie Wildhund).

Damit soll verdeutlicht werden, wie tierreich – besonders in Bezug auf die großen und charismatischen Tiere – ein Gebiet ist, und der Safari-Gast wird damit angelockt, alle an einem Tag oder zumindest während einer ganzen Safari erspähen zu können. Dahinter steckt reiner Marketing-Jargon.

Der Begriff „Big Five" kommt ursprünglich aus der Welt der Großwildjäger. Bis in die 1970er-Jahre hinein galt es noch als eine der größten Errungenschaften eines ambitionierten Afrika-Jägers, diese fünf famosen Geschöpfe der Natur mit großkalibrigen Flinten zu erlegen. Die moderne Foto-Safari-Industrie bediente sich schließlich dieses Begriffs und setzt ihn bis heute gekonnt ein.

Ob es wirklich so wichtig ist, diese fünf Tiere zu sehen und zu fotografieren ist am Ende natürlich jedem selbst überlassen. Auch ohne die Begegnung mit den „Big Five" hat man am Ende einer Safari eine solche Vielzahl an Tierarten, Landschafts- und Vegetationsformen gesehen, dass die Sichtung der „Big Five" nicht ausschlaggebend für den Erfolg oder die Vielfalt des Urlaubs sein wird.

wandelte Haare) unverkennbar, aber kaum zu sehen, da ausschließlich nachtaktiv und die Tage in Höhlen verschlafend. In Tansania sind beide Hauptarten häufig: **Gemeines Stachelschwein** *(Crested Porcupine)* sowie **Südafrikanisches Stachelschwein** *(Southafrican Porcupine).*

Schuppentiere

Eine der ältesten und ungewöhnlichsten Säugetierordnungen mit Arten in Afrika und Asien, die mit den südamerikanischen Gürteltieren (an die sie ein wenig erinnern) nicht verwandt sind und statt der gürtelartigen Hornringe als Körperschutz tannenzapfenartig angelegte Hornschuppen tragen.

Pangolin – Pangolin (Manis temminckii)

Einschließlich des kräftigen Schwanzes fast 1 m lang und 15 kg schwer, nachtaktiv, Ernährung vorwiegend von Ameisen und Termiten, deren Baue sie mit ihren kräftigen Krallen aufreißen. Äußerst selten zu sehen, da trotz des Panzerschutzes sehr scheu und verborgen lebend.

Raubtiere

Raubtiere gehören zu den attraktivsten Säugetieren des Schwarzen Kontinents. Eine **Safari** ist für viele Teilnehmer erst erfolgreich, wenn der erste Löwe gesichtet wurde. Kaum weniger attraktiv sind Leoparden und Geparde, Hyänen und Schakale. Selten zu sehen sind die kleineren Katzen (wie Serval, Wildkatze, Karakal) und die vorwiegend nachtaktiven Schleichkatzen und Marder, nicht vertreten in Afrika sind Bären und Kleinbären.

Katzen

Mit den Großkatzen Löwe und Leopard und diversen Kleinkatzen von Gepard bis Wildkatze ist Tansania ein ausgesprochenes „Katzen-Land“.

Löwe – Lion (Panthera leo)

- **Körpermerkmale:** Einschließlich des knapp 1 m langen Schwanzes 250–300 cm lang, 80–105 cm hoch und bis 250 kg schwer (etwa gleich groß wie der Sibirische Tiger), Männchen mit Backen- und Halsmähne, Schwanz mit dunkler Quaste, Jungtiere gefleckt wie Leoparden.
- **Fortpflanzung & Entwicklung:** Tragzeit 100–115 Tage, zwei bis vier (ausnahmsweise bis sieben) Jungtiere von ca. 1300 g Geburtsgewicht, Säugezeit etwa ein halbes Jahr, Geschlechtsreife mit drei (Weibchen) oder fünf bis sechs Jahren (Männchen), Lebenserwartung selten über 15 Jahre, in Zoos teilweise viel länger.
- **Nahrung:** Vorwiegend größere Huftiere (Zebras, Antilopen, Büffel, gelegentlich Giraffen und junge Elefanten, Flusspferde oder Nashörner).
- **Lebensraum & Lebensweise:** Als einzige Katze im Rudel (zwei bis über 30 Tiere) mit ein bis mehreren Männchen lebend, vorwiegend in der offenen Savanne, auch in Halbwüsten und lichten Wäldern. Reviergröße bis zu 400 km^2.
- **Bestand & Situation:** In einigen Gebieten Afrikas (äußerster Norden und Süden) ausgerottet, ansonsten v.a. in großen Schutzgebieten mit reichem Wildbestand nicht bedroht. Jungtiere durch Leopard, Hyäne und Wildhund gefährdet, erwachsene nur durch den Menschen.
- **Beobachtungsmöglichkeiten:** Zwar sind Löwen vorwiegend dämmerungs- und nachtaktiv, doch suchen die Tiere beim Ruhen kein Versteck (nur Sonnenschutz) und sind deshalb in Nationalparks früher oder später zu entdecken. Einzelne Tiere sind aber auch bei Tag unterwegs.

Leopard – Leopard (Panthera pardus)

Körpermerkmale: Gesamtlänge 155–270 cm (davon 60–95 cm Schwanz), Schulterhöhe von 50–75 cm, Gewicht 30–85 kg (also deutlich kleiner als der Löwe, v.a. aber schlanker und weniger kräftig gebaut), auffallende, sehr variable Rosettenmusterung, Schwärzlinge („Schwarze Panther") in der Natur äußerst selten.

Fortpflanzung & Entwicklung: Nach 90–105 Tagen ein bis sechs (in der Regel zwei bis vier) Jungtiere von 500–600 g, die mit 2½–4 Jahren geschlechtsreif und 15–20 Jahre alt werden.

Nahrung: Kleine bis mittelgroße Huftiere (in Afrika vorwiegend Antilopen), Affen und Vögel.

Lebensraum & Lebensweise: Einzelgänger, vorwiegend dämmerungs- und nachtaktiv, aber manchmal auch bei Tag unterwegs. Fast in allen Lebensräumen von Regenwald bis Wüstenrand, von Gebirge bis Flachland, in ganz Afrika (sowie in großen Teilen Asiens von der östlichen Türkei bis Sibirien und Java), selbst in Vororten von Großstädten (z.B. Nairobi in Kenia) und dort unter anderem Haushunde jagend.

Bestand & Situation: Weit verbreitet und stellenweise nicht selten, trotz Verfolgung durch den Menschen (wegen seines schönen Pelzes und seiner „Schädlichkeit" für Haustiere) höchstens regional gefährdet.

Beobachtungsmöglichkeiten: Von wenigen Stellen abgesehen (v.a. im Seronera-Gebiet in der Serengeti sowie im Bergwald des Mt. Meru) auf Safari nur sehr selten zu sehen, am ehesten bei einer Siesta im Baum.

Gepard – Cheetah (Acinonyx jubatus)

Körpermerkmale: 180–230 cm Gesamtlänge (Schwanz 60–80 cm), 60–80 cm hoch, 30–65 kg schwer (fast so groß wie der Leopard und doch wesentlich schlanker und leichter gebaut), relativ hochbeinig, Krallen nicht einziehbar, helles Fell mit unregelmäßigen Flecken. Jungtiere einfarbig gelbgrau mit langer Rückenmähne.

Fortpflanzung & Entwicklung: Nach 90–95 Tagen werden ein bis fünf Jungtiere von 250–280 g geboren. Geschlechtsreife mit 2½–3 Jahren, Lebenserwartung kaum über 15 Jahre.

Nahrung: Vorwiegend Gazellen und andere kleine Huftiere, Hasen und Vögel.

Lebensraum & Lebensweise: Einzelgänger, doch können Junge bis zu zwei Jahre bei der Mutter bleiben und zwei oder drei Brüder eine Jagdgemeinschaft bilden. Streifgebiete bis zu einer Größe von 100 km². Um seine überragende Schnelligkeit (bis über 100 km/h) ausspielen zu können, braucht der Gepard offene Lebensräume (Gras- und Buschsavanne) und gute Sicht (ist deshalb im Gegensatz zu allen anderen Katzen tagaktiv).

Bestand & Situation: Selbst in Schutzgebieten geringe Bestände und bedroht, da das Erbgut eine sehr geringe Variabilität aufweist und Inzuchtdefekte auftreten. Neben dem Menschen (der dem Geparden oft als „Viehräuber" nachstellt) sind alle Raubtiere (Löwe, Leopard, Wildhund, Hyänen, Schakale) v.a. für junge Geparde gefährlich und können den nicht sehr wehrhaften Jägern die Beute streitig machen.

Beobachtungsmöglichkeiten: Wo der Gepard noch relativ häufig vorkommt (in den Kurzgrassavannen im Serengeti-Ngorongoro-Ökosystem, z.B. im Ndutu-Gebiet), ist die Chance gut, ihn zu sehen, da der Sprinter tagsüber auf Jagd geht.

Serval – Serval (Leptailurus serval)

Körpermerkmale: Länge 70–100 cm, Schwanz mit 30–40 cm verhältnismäßig kurz, relativ hochbeinig (45–65 cm) und doch leicht (7–18 kg). Fell strohfarben mit kleinen schwarzen Flecken und Bändern. Kopf schmal und spitz, Ohren groß.

Fortpflanzung & Entwicklung: Ein bis drei (selten fünf) Jungtiere nach 2½ Monaten Tragzeit, mit ca. zwei Jahren erwachsen, Lebenserwartung etwa 20 Jahre.

Nahrung: Vorwiegend Kleinsäuger (Mäuse) und Vögel.

tannp074 jg

Lebensraum & Lebensweise: Bewohnt Busch- und Grasland, meist einzeln, Reviere bis 10 km².

Bestand & Situation: In den Savannen Afrikas weit verbreitet und nicht bedroht.

Beobachtungsmöglichkeiten: Die scheue Kleinkatze ist mit viel Glück zu sehen (z.B. im Ngorongoro-, Arusha- und Serengeti-Park).

Hunde – Dogs

Die Hundeartigen (v.a. die Schakale) sind häufiger zu beobachten als Vertreter anderer Raubtier-Familien.

Afrikanischer Wildhund – African Wild Dog/ Cape Hunting Dog (Lycaon pictus)

Körpermerkmale: 60–80 cm hoch, 75–100 cm lang (plus 30–40 cm Schwanz), 17–36 kg schwer. Farbe sehr variabel: unregelmäßige gelbe und weiße Flecken im dunklen Fell, stets weiße Schwanzspitze, sehr große, runde Ohren, lange Beine.

Fortpflanzung & Entwicklung: zwei bis 16 (!) Junge mit 200–300 g nach 60–80 Tagen Tragzeit. Geschlechtsreife mit ca. 1½ Jahren, Lebenserwartung 10–12 Jahre.

Nahrung: Vorwiegend mittelgroße bis große Huftiere (bis zu Gnu- und Zebragröße).

Lebensraum & Lebensweise: In hoch organisierten Rudeln von durchschnittlich etwa zehn Tieren in großen Streifgebieten lebend, v.a. in der Savanne und in offenen Wäldern.

Bestand & Situation: Stark bedroht durch Bejagung (als „Schädlinge"), Lebensraumverlust und Seuchen (z.B. Hundestaupe).

Beobachtungsmöglichkeiten: Da die Bestände überall (z.B. auch in der Serengeti) stark abgenommen haben, sind Begegnungen mit den „Hyänenhunden" (so der frühere Name) ausgesprochen selten. Relativ häufig noch im Selous GR, im Ruaha-Park und immer wieder im Kakesio-Gebiet im Süden der Ngorongoro Conservation Area.

⌃ Leopard

Schakale – Jackals

Alle drei Arten der fuchsähnlichen Schakale kommen im östlichen Afrika vor. Die Tiere sind Einzelgänger, die überall dort auftauchen, wo es Essbares zu holen gibt, also an Müllhalden und am Riss großer Raubtiere (insbesondere Löwen).

- **Körpermerkmale:** Gesamtlänge 100–140 cm (Schwanz 25–35 cm), Schulterhöhe ca. 40 cm, Gewicht 8–15 kg, Grundfärbung gelb- bis graubraun, langer, spitzer Kopf, verhältnismäßig kurzbeinig.
- **Fortpflanzung & Entwicklung:** Drei bis sechs Junge mit ca. 200–250 g nach neun Wochen Tragzeit, erwachsen mit knapp zwei Jahren, Lebenserwartung 12–14 Jahre.
- **Nahrung:** Vorwiegend Kleinsäuger (Mäuse) und Vögel, Insekten, Früchte, gerne auch „Abfälle" von großen Raubtieren.
- **Lebensraum & Lebensweise:** Tag- und nachtaktiv, meist einzeln, manchmal auch in Paaren und Familientrupps, Savanne und lichter Wald.
- **Bestand & Situation:** Häufig, nicht bedroht.
- **Beobachtungsmöglichkeiten:** Regelmäßig zu sehen, v.a. am „Kill" von Löwen.

Schabrackenschakal – Blackbacked Jackal (Canis mesomelas)

Ost- und Südafrika, gekennzeichnet durch schwarzen Sattel auf dem grauen bis silberfarbigen Fell, häufig.

Streifenschakal – Sidestriped Jackal (Canis adustus)

Östliches und südliches Afrika außer Kap-Provinz, gekennzeichnet durch dunkle Streifen an den Flanken und weißes Schwanzende, seltener als der Schabrackenschakal.

Goldschakal – Common Jackal (Canis aureus)

Nur im nördlichen Ostafrika (bis Norden Tansanias, z.B. Serengeti), golden, rotgelbes Fell ohne Marken, kleiner als die beiden anderen Arten, etwas struppig im Aussehen.

Löffelhund – Bat eared Fox (Otocyon megalotis)

Größe und Aussehen etwa wie Schakale, auffallend große, breite Ohren, kurze, spitze Schnauze, dichtes Fell. Ernährung von Kleintieren und Insekten, meist paarweise und in Familien lebend, relativ häufig, gelegentlich morgens am Bau (nicht selten in alten Termitenstöcken) beim Sonnenbaden anzutreffen, da vorwiegend nachtaktiv.

tannp075.jg

Hyänen – Hyenas

Von den **vier Arten** sind die Tüpfelhyänen am häufigsten und trotz ihrer vorwiegend nächtlichen Lebensweise nicht selten zu sehen. Streifenhyäne (nur im nördlichen und östlichen Afrika) und Erdwolf sind viel seltener und zudem ausschließlich nachtaktiv. Die Schabrackenhyäne oder Braune Hyäne kommt nur in Namibia, Botswana, Teilen Südafrikas und in Simbabwe vor.

tannp076 jg

Tüpfelhyäne – Spotted Hyena (Crocuta crocuta)

■ **Körpermerkmale:** 150–210 cm lang (Schwanz 25–30 cm), 70–90 cm hoch und 40–65 kg schwer (Weibchen i.d.R. größer und schwerer), Rücken abfallend, Ohren rund und verhältnismäßig groß.

■ **Fortpflanzung & Entwicklung:** Meist zwei Jungtiere von 1–1,2 kg nach etwa 110 Tagen Tragzeit, Geschlechtsreife mit zwei bis drei Jahren, Lebenserwartung ca. 25 Jahre.

■ **Nahrung:** Allesfresser, v.a. Aas (von Löwen, aber auch anderen Raubtieren, denen sie den Fang zum Teil streitig machen und wegnehmen), aber im Rudel auch selbst Antilopen und Zebras jagend.

■ **Lebensraum & Lebensweise:** Einzelgänger, aber auch große Clans mit bis zu 100 Tieren in stark verteidigten Eigenbezirken, vorwiegend nachtaktiv, tags in Erdbauen schlafend, manchmal auch bei Tag unterwegs und nicht selten beim Sonnenbaden und Suhlen in seichten Pfützen zu entdecken.

■ **Bestand & Situation:** Recht häufig, nicht gefährdet.

■ **Beobachtungsmöglichkeiten:** In fast allen Savannengebieten anzutreffen, am häufigsten im Ngorongoro-Krater, in der Serengeti und im Arusha National Park.

⌃ Löffelhund

< Hyäne in ihrem Bau genießt die ersten Sonnenstrahlen

Streifenhyäne – Striped Hyena (Hyaena hyaena)

Geringfügig kleiner und leichter als die Tüpfelhyäne, gekennzeichnet durch schwarze Streifen und Kehlfleck, relativ lange Nacken- und Schultermähne und verlängerte Schwanzhaare sowie verhältnismäßig spitze Ohren. Meist Einzelgänger, doch auch in kleinen Familiengruppen lebend. Recht selten und stellenweise bedroht.

Erdwolf – Aardwolf (Proteles cristatus)

Sehr ähnlich wie Streifenhyäne aussehend, aber deutlich kleiner, schwarze Schnauze kaum behaart. Lebt in Dauerehe in Savannen und ernährt sich v.a. von Termiten, Ameisen und anderen Kerbtieren. Recht selten.

Schleichkatzen

Die meisten Arten sind nachtaktiv und recht klein und folglich nur selten zu beobachten – ausgenommen sind Stellen, die eigens für Nachtbeobachtungen eingerichtet wurden. In der Regel sind Schleichkatzen Einzelgänger. Zwei Arten, **Zwerg-** und **Zebramangusten,** sind aber nicht nur sehr gesellig, sondern außerdem auch tagaktiv, sodass Trupps von ihnen gelegentlich bei der Beutesuche gesehen werden können.

- **Körpermerkmale:** Meist klein, schlank und lang gestreckt, zwischen 20 (Zwergmungo) und über 85 cm (Afrikanische Zibetkatze) plus 20–45 cm Schwanz, Höhe 15–45 cm, Gewicht 350 g–20 kg.
- **Fortpflanzung & Entwicklung:** Tragzeit meist knapp zwei Monate, Geburtsgewicht 50–500 g, Geschlechtsreife mit ein bis zwei Jahren, Lebenserwartung 10–15 Jahre.
- **Nahrung:** Vorwiegend Kleintiere wie Insekten, Mäuse, Reptilien, Vögel, aber auch Früchte.
- **Lebensraum & Lebensweise:** Meist Einzelgänger und nachtaktiv in sehr unterschiedlichen Lebensräumen.
- **Bestand & Situation:** Keine Art vom Aussterben bedroht.
- **Beobachtungsmöglichkeiten:** Nur die tagaktiven und geselligen **Zwergmangusten** *(Helogale parvula)* und **Zebramangusten** *(Mungos mungo)* sind gelegentlich zu sehen, wenn ihre Trupps flink und wuselig auf Nahrungssuche unterwegs sind (oder auch wenn sie aus den Termitenbauen, die sie gerne als Höhlen benutzen, herausschauen). Auch der sehr schlanke und lang gestreckte, tagaktive **Rotichneumon** *(Herpestes sanguineus)* mit rotbraunem Fell und schwarzer Schwanzspitze ist manchmal für kurze Zeit zu beobachten, ehe er wieder in einem Dickicht verschwindet. Zwei nachtaktive Schleichkatzen im östlichen Afrika sind die **Ginsterkatze** (*Genetta genetta,* engl. *Genet*) und die **Zibetkatze** (*Civettictis civetta,* engl. *Civet*). Beide lassen sich oft bei abendlichen und nächtlichen Fahrten sehen.

Marder

Alle Arten der Marder sind nachtaktive Einzelgänger. Am ehesten ist noch der **Honigdachs** (*Mellivora capensis,* engl. *Honey badger*) zu beobachten. Dank seiner „Zweifarbigkeit" (schwarzer Körper, deutlich abgesetzter silbrig-weißer Rücken) und der kräftigen Dachsfigur ist er unverkennbar. Sehr aggressiv, greift selbst Katzen und Großwild wie Büffel und Elefanten an. Selten zu sehen sind die in Afrika lebenden Otter, am ehesten noch der **Kapotter** *(Aonyx capensis),* sowie die nur nächtlich auf Nahrungssuche gehenden Streifeniltisse.

Erdferkel

Eine der ungewöhnlichsten afrikanischen Tiergestalten ist das Erdferkel (*Orycteropus afer,* engl. *Aardvark*), das in Savannengebieten weit verbreitet ist, aber nur selten beobachtet werden kann, wenn es sich nachts auf Nahrungssuche (Termiten und Ameisen) macht. Kennzeichnend sind der kräftige, fast haarlose Körper (schweineähnlich, auch wenn die Tiere gar nichts mit den Borstentieren zu tun haben, sondern in die altertümliche Säugetierordnung der Vorhuftiere gehören), große Ohren, kräftige Grabklauen an den Vorderbeinen. Tagsüber in selbst gegrabenen Erdhöhlen schlafend.

[>] Afrikanischer Elefant

Elefant

Begegnungen mit Elefanten gehören zu den eindrucksvollsten Erlebnissen einer Afrikareise. Nicht nur, weil sie die **größten Landtiere** sind und mit dem Rüssel ein einmaliges Allzweckorgan haben, sondern auch wegen ihres faszinierenden Sozialverhaltens. Doch es gibt nur wenige Nationalparks, die den Großtieren mit dem riesigen Appetit auf Dauer ausreichend Lebensraum garantieren können. Es ist zu befürchten, dass die Elefanten wie ihre Verwandten, die Mammuts und Mastodons, aussterben werden.

Afrikanischer Elefant – African Elephant (Loxodonta africana)

Körpermerkmale: Von der Rüssel- bis zur Schwanzspitze 7–7,50 m lang, Schulterhöhe 2,20–3,70 m, Gewicht bis über 9000 kg – damit das bei weitem größte Landtier. Der Rüssel, der aus Oberlippe und Nase entstand und mehr als 2 m lang sein kann, dient zur Nahrungsaufnahme (beim Trinken werden bis zu 10 l Wasser angesaugt und dann in den Mund gespritzt), zum Tasten, Riechen, Ergreifen von Gegenständen, zur Kommunikation (gegenseitiges Berühren, aber auch Schlagen) und Lautgebung. Die Stoßzähne, die bei den Bullen deutlich größer sind als bei den Kühen (Rekordmaße über 3 m), sind umgewandelte Schneidezähne mit offener Wurzel, können also lebenslang wachsen. In jeder Kieferhälfte ist jeweils nur ein Mahlzahn von Backsteingröße im Einsatz. Der nächste Zahn schiebt von hinten nach (horizontaler Zahnwechsel). Die Fußsohlen bedecken zusammen eine Fläche von mehr als 1 m². Unter den Zehen- und Mittelfußknochen fängt ein mächtiges Bindegewebspolster den Druck von einigen Tonnen ab. An den Zehenspitzen befinden sich vorne fünf, hinten drei flache, hufartige Hornnägel.

Fortpflanzung & Entwicklung: 22 Monate Tragzeit, ein Jungtier (ganz selten zwei) von 90–135 kg. Säugezeit bis über zwei Jahre, Geschlechtsreife ab sieben bis acht Jahren, Lebenserwartung 50–70 Jahre.

Nahrung: Gras, Zweige, Blätter, Früchte, Rinde, Wurzeln, Knollen – bis zu 200 kg am Tag.

Lebensweise und Lebensraum: Aktiv „rund um die Uhr“, Mutterfamilien als Grundeinheit, Männchen in eigenen Gruppen oder Einzelgänger, Eindringen in Weibchenrudel nur, wenn ein Tier empfängnisbereit ist. Lebensraum von Halbwüste und Grassavanne bis tropischer Regenwald.

np004 pr

Bestand & Situation: Die Population hat sich seit 2008 auf 300.000 Tiere halbiert, denn die Elefanten wurden/werden wegen ihres Elfenbeins gnadenlos bejagt, und v.a. schwindet ihr Lebensraum drastisch. Die Aussichten sind selbst bei konsequentem Schutz wegen des großen Elfenbeinbedarfs in Asien schlecht. In Tansania sind im Jahr 2013 bis zu 30 Elefanten am Tag wegen des „weißen Goldes" getötet worden. Terrorbanden wie Al-Shabab finanzieren ihre Kriege mit illegalem Elfenbein. Marode, korrupte Staatsstrukturen ermöglichen und begünstigen das blutige Geschäft.

Beobachtungsmöglichkeiten: Berühmte Nationalparks mit Elefanten sind in Tansania Tarangire, Manyara und Ruaha. Der Bestand in der Serengeti ist in den letzten Jahren gleich geblieben. Die aus vielen Dokumentationen bekannten großen Herden und gewaltigen Bullen im Amboseli-Ökosystem sind auf tansanischer Seite in der Enduimet WMA wieder gut zu beobachten.

Schliefer

Die murmeltierähnlichen Schliefer wurden früher als Verwandte der Elefanten angesehen, doch haben genauere Untersuchungen gezeigt, dass sie eher mit Pferden und anderen Unpaarhufern verwandt sind. Die auf Felsen lebenden Klipp- und Buschschliefer sind regelmäßig zu beobachten, die ausschließlich nachtaktiven Baumschliefer bekommt der Afrikabesucher nur mit ihren knarzenden Rufen zu hören.

Klippschliefer – Rock Hyrax (Procavia capensis)

Körpermerkmale: 45–44 cm lang, schwanzlos, 15–25 cm hoch, 2–5,5 kg schwer, gedrungener Körper und kurze Beine (mit nagelförmigen kleinen Hufen), Fell kurz und dicht. Geschlechter äußerlich kaum zu unterscheiden.

Fortpflanzung & Entwicklung: Tragzeit sieben bis acht Monate, ein bis vier Junge von 200–250 g. Geschlechtsreife mit 1½–2 Jahren, Lebenserwartung 9–14 Jahre.

Nahrung: Pflanzlich (Gras und Laub).

Lebensraum & Lebensweise: Tagaktiv (Nahrungsaufnahme v.a. morgens und abends), Zusammenleben in Familiengruppen (ein Männchen mit einem bis mehreren Weibchen), in felsigem Gelände bis über 4000 m Höhe, hervorragende Kletterer (vorwiegend auf Felsen, aber auch auf Bäumen).

Bestand & Situation: Weit verbreitet und nicht gefährdet.

Beobachtungsmöglichkeiten: Überall in felsigem Gelände (besonders in der Serengeti) anzutreffen und recht auffallend.

Busch- und Steppenschliefer sind in Aussehen und Lebensweise sehr ähnlich, dagegen sind die **Baumschliefer** *(Dendrohyrax spec.)* ausgesprochen nachtaktiv und nur ausnahmsweise zu sehen, wenn sie aus ihrer Schlafhöhle in Bäumen schauen.

Unpaarhufer

Von den **drei Tierfamilien** sind Pferdeverwandte (mit drei Zebraarten und dem Wildesel) und Nashörner (mit Breit- und Spitzmaulnashorn) in Afrika vertreten, während Tapire nur in Asien und Südamerika vorkommen.

Zebras – Zebras

Vier der sechs Einhufer-Arten sind auf dem afrikanischen Kontinent zu Hause. Nur eine, das **Steppen-Zebra** (verschiedene Unterarten), ist nicht gefährdet. Das im Norden Kenias lebende Grevy-Zebra ist sehr selten geworden, das im Süden des Kontinents beheimatete Berg-

tannp077 jg

zebra vom Aussterben bedroht. Im südlichen Afrika wird v.a. die Hauptunterart des Steppenzebras, das Burchell-Zebra, angetroffen, in Ostafrika eher das Grant- oder Böhm-Zebra.

Steppen-Zebra – Burchell's Zebra (Equus quagga)

- **Körpermerkmale:** Einschließlich Schwanz (50 cm) ca. 3 m lang und 125–135 cm hoch und etwa 300 kg schwer, schwarze Streifen auf weißem Grund im Norden, mit Zwischenstreifen und gelblicherem Grund im Süden, vom Körper kontinuierlich auf die Beine übergehend, an Beinen und Rumpf verringert.
- **Fortpflanzung & Entwicklung:** Ein Jungtier von 30 kg nach einem Jahr Tragzeit, Geschlechtsreife mit zwei Jahren, Lebenserwartung 20 Jahre.
- **Nahrung:** Fast ausschließlich Gras.
- **Lebensraum & Lebensweise:** Familienverbände von einem Hengst mit mehreren Weibchen, in Grasländern von Ost- bis Südwestafrika.
- **Bestand & Situation:** Insgesamt häufig, nur stellenweise selten oder gar bedroht.
- **Beobachtungsmöglichkeiten:** Fast in allen Nationalparks und Wildlife Management Areas des Savannengebiets anzutreffen.

Nashörner – Rhinos

Keine andere Säugetierordnung ist stärker vom Aussterben bedroht, da die Hörner auf dem chinesischen und südostasiatischen Pharmamarkt (z.B. Potenzmittel) sowie im Mittleren Osten (dort als Dolchgriffe, v.a. im Jemen) immer noch stark gefragt sind. Die Nashorn-Wilderei wird von Mafia-ähnlichen Banden organisiert.

Spitzmaulnashorn – Hook-lipped Rhino (Diceros bicornis)

- **Körpermerkmale:** Einschließlich des (ca. 60 cm langen) Schwanzes knapp 4 m lang, 1,55 m hoch und 1,5 t schwer, mit zwei Hörnern, vorderes bis über 1 m lang.
- **Fortpflanzung & Entwicklung:** 450 Tage Tragzeit, ein Junges von ca. 50 kg, mit vier (Weibchen) bis acht Jahren geschlechtsreif, Lebenserwartung ca. 40 Jahre.

Zebras im Nyerere National Park

Nahrung: Blätter und Zweige von Sträuchern, auch Kräuter und Gräser, Aufnahme sehr selektiv mit verlängerter Oberlippe.

Lebensraum & Lebensweise: Einzelgänger, nur Mütter mit Jungen längere Zeit zusammen, tag- und nachtaktiv vorwiegend im Busch.

Bestand & Situation: Sehr bedroht durch starke Wilderei.

Beobachtungsmöglichkeiten: Nur noch an wenigen Stellen zu sehen, in der Serengeti bei den Moru Kopjes und im Bologonja-Gebiet eher selten, im Selous Game Reserve extrem selten und im Ngorongoro-Krater.

Breitmaulnashorn – Square-lipped Rhino (Ceratotherium simum)

Deutlich größer und schwerer (bis 3 t), (früher) oft in kleinen Herden (ein Bulle mit mehreren Kühen), vorwiegend in reiner Grasflur lebend und Gräser weidend. Inzwischen in Ostafrika gänzlich ausgerottet.

Paarhufer

Mit Warzenschweinen, Flusspferden, Giraffen und v.a. zahlreichen Hornträgern (Büffel und Antilopen) ist diese Tiergruppe bei Safaris **am häufigsten zu sehen** und am kennzeichnendsten.

Flusspferde und Schweine

Zwei Gruppen von Säugetieren, die höchstens entfernt miteinander verwandt sind. Zwei Flusspferdarten: **Großflusspferd** über weite Teile Afrikas südlich der Sahara verbreitet, das viel kleinere **Zwergflusspferd** nur in kleinen Restbeständen im Westen des Kontinents. Flusspferde sind mit Abstand für die meisten durch wilde Tiere bedingten Todesfälle in Afrika verantwortlich und sollten daher nie unterschätzt werden.

Flusspferd – Hippo (Hippopotamus amphibius)

Körpermerkmale: Massiger, walzenförmiger Körper bis 450 cm Länge (Schwanz 35 cm) und 165 cm Höhe, bis über 3000 kg schwer. Kopf riesig, Mund tief gespalten und weiter aufzureißen als bei jedem anderen Säugetier. Haut sehr dick, glatt und weitgehend haarlos, Ohren und Nasenlöcher zum Untertauchen verschließbar und mit Augen auf einer Ebene liegend.

tannp078 jg

☐ Tier-Wörterbuch S. 440

Fortpflanzung & Entwicklung: Tragzeit ca. acht Monate, ein Jungtier von 50 kg, Geschlechtsreife mit vier bis sechs Jahren, Lebenserwartung (im Zoo) bis über 50 Jahre.

Nahrung: Vorwiegend Gräser, die bei nächtlichen Landgängen geweidet werden.

Lebensraum & Lebensweise: Tagsüber vorwiegend im Wasser, nachts an Land, kleine bis sehr große Gruppen, starke Bullen mit Paarungsterritorium.

Bestand & Situation: An manchen Stellen (z.B. in Ägypten, wo es früher vorkam) ausgerottet oder selten geworden, in manchen Reservaten sehr zahlreich.

Beobachtungsmöglichkeiten: „Hippo-Pools", an denen oft Hunderte von Flusspferden eng gedrängt die Tage verbringen, gibt es in vielen Nationalparks des südlichen und östlichen Afrika (in Tansania z.B. im Ngorongoro-Gebiet und in der Serengeti und vor allem im Katavi wie auch Nyerere National Park).

Drei von neun Schweine-Arten (ohne die amerikanischen Pekaris) kommen in Afrika vor. Nur das Warzenschwein ist regelmäßig im Grasland zu sehen.

Warzenschwein – Warthog (Phacochoerus aethiopicus)

Körpermerkmale: Einschließlich des (35–50 cm langen) Schwanzes 140–200 cm lang, 65–85 cm hoch und 50–150 kg schwer, verhältnismäßig großer Kopf mit großen Ausbuchtungen („Warzen") über und unter den Augen sowie am Unterkiefer, riesige (bis 60 cm lange) Eckzähne. Haut mit Ausnahme meist heller langer Haare an Rücken, Hals und Unterkiefer fast nackt.

Fortpflanzung & Entwicklung: Tragzeit etwa 5½ Monate, ein bis vier (manchmal bis acht) Jungtiere von 450–900 g. Recht lange Abhängigkeit von der Mutter, Geschlechtsreife mit 17–19 Monaten, Lebenserwartung knapp 20 Jahre.

tannp079 jg

Nahrung: Im Gegensatz zu allen anderen Schweinen keine Allesesser, sondern Gras und Kräuter weidend, kaum nach Wurzeln, Rhizomen und Kleintieren wühlend.

Lebensraum & Lebensweise: Mutterfamilien mit 1–2 Weibchen, manchmal mit den Vätern, in kleinen Gruppen, vorwiegend tagaktiv in Grassavannen.

Bestand & Situation: Relativ häufig, nur Löwe als gefährlicher Feind (erfolgreiche Verteidigung gegen alle anderen Raubtiere).

Beobachtungsmöglichkeiten: In allen Grasgebieten Afrikas regelmäßig anzutreffen.

Das **Buschschwein** (*Potamochoerus porcus,* engl. Bushpig) ist zwar in ganz Afrika weit verbreitet, doch bekommt man die nachtaktive, scheue und im dichten Busch lebende Art kaum zu sehen, am ehesten noch am public campsite am Ngorongoro-Kraterrand oder bei der Miriakamba-Hütte im Arusha National Park.

⌃ Warzenschwein

‹ Spitzmaulnashorn

Giraffen – Giraffes

Zwei Arten dieser langhalsigen typischen „Afrikaner" gibt es: die im Savannengürtel weit verbreitete Giraffe (bis zu acht verschiedene Unterarten) und ihre nur in einem verhältnismäßig kleinen Gebiet des Kongo-Regenwalds lebende Waldgiraffe, das **Okapi** *(Okapia johnstoni).* Die in Tansania lebende Unterart ist die **Maasai-Giraffe** *(Giraffa camelopardalis tippelskirchi),* in Kenia gibt es daneben die **Uganda-** und die **Netzgiraffe.**

Giraffe – Giraffe (Giraffa camelopardalis)

■ **Körpermerkmale:** Bis knapp 5 m hoch (Vorderbeine deutlich länger als Hinterbeine, Hals gut 2 m und trotzdem wie bei fast allen Säugetieren nur aus sieben Wirbeln bestehend), Schwanz ca. 1 m, Gewicht 550 kg (kleine Weibchen) bis annähernd 2000 kg, kennzeichnendes Fleckenmuster (unterschiedlich bei den bis zu acht Unterarten), mit Fell überzogene Knochenzapfen (zwei bis fünf) bei beiden Geschlechtern.

■ **Fortpflanzung & Entwicklung:** In der Regel ein Jungtier von ca. 100 kg nach 450–465 Tagen Tragzeit. Geschlechtsreife mit vier bis fünf Jahren, Lebenserwartung 25 Jahre.

■ **Nahrung:** Blätter und junge Triebe von Bäumen (v.a. Akazien), die mit den sehr beweglichen Lippen und der langen Zunge vorsichtig zwischen Dornen herausgepflückt werden.

■ **Lebensraum & Lebensweise:** Gesellig in Gruppen sehr unterschiedlicher Größe und ständig wechselnder Zusammensetzung (ohne feste Verbände), recht große Streifgebiete in Baumsavannen- und Buschgebieten.

■ **Bestand & Situation:** Relativ häufig, da nur wenig bejagt, Feinde sind höchstens Löwen, die sich aber vor den mächtigen Hufschlägen erwachsener Tiere, mit denen auch Kälber erfolgreich verteidigt werden, hüten müssen.

■ **Beobachtungsmöglichkeiten:** In allen Savannengebieten mit guten Baum-(Akazien-)Beständen zu sehen.

☑ Giraffen

Adobe Srock ©Pascale Gueret

Hornträger

Neben den bekannten Hornträgern Schaf, Ziege und Rind gibt es die nicht genau definierte Gruppe der „Antilopen", die in Afrika mit einem Dutzend Unterfamilien in zahlreichen Arten sehr vielfältig vertreten ist. **Hornträger gehören zu den am häufigsten gesehenen Tieren in Ostafrika.**

Ducker – Duiker

14 Arten, von denen die meisten im tropischen Regenwald oder zumindest in

Die Tierwelt Ostafrikas

sehr dichtbewachsenen Buschgebieten leben, deshalb kaum einmal von Afrikareisenden zu sehen. Ausnahme ist der Kronenducker, der südlich der Sahara weit verbreitet und in der Buschsavanne und in lichten Wäldern gelegentlich zu beobachten ist, in Bergwäldern daneben auch der Rotducker (*Cephalophus natalensis*, engl. *Red Duiker*, gut zu sehen im Arusha National Park).

Kronenducker – Bush Duiker (Sylvicapra grimmia)

Körpermerkmale: Etwa rehgroß (rund 1 m lang, 45–60 cm hoch und 10–20 kg schwer), hellbraun bis -grau. Böcke mit 8–18 cm langen, spitzen Hörnern, Weibchen meist ohne, kennzeichnend der lange Stirnschopf.

Fortpflanzung & Entwicklung: Ein Jungtier von 1,3–2,1 kg, Tragzeit 7–7½ Monate, Geschlechtsreife ca. mit einem Jahr, Lebenserwartung ca. 12 Jahre.

Nahrung: Vor allem Blätter von Büschen, z.T. Früchte und Samen, auch Jungvögel.

Lebensraum & Lebensweise: Paarweise oder einzeln in Buschgebieten (nicht in reiner Grassavanne und im dichten Wald).

Bestand und Beobachtungsmöglichkeiten: Weit verbreitet, nicht bedroht, trotzdem nur selten zu sehen.

Im tansanischen Küstenvorland und auf der Insel Sansibar ist auch der **Blauducker** (*Cephalophus monticola*, engl. Blue Duiker) nur sehr selten zu sehen. Vom Aussterben bedroht ist der auf Sansibar endemische **Adersducker** (*Cephalophus adersi*, engl. Ader's Duiker).

Lange Giraffenhälse …

… **bestehen aus nur sieben Halswirbeln,** wie bei uns Menschen auch! Ein einziger Giraffen-Wirbel kann allerdings bis zu 35 cm lang sein! Aus diesem Grund sind ihre Hälse auch **nicht sehr dehnbar.** Das Putzen am Hals mit Zähnen und Zunge ist nicht möglich. Zecken scheinen dies zu wissen und haften sich vorzugsweise an den Hals. Da hilft dann nur noch Scheuern an Baumstämmen. Und trotzdem scheinen die Hälse zu kurz zu sein, denn beim Wassertrinken müssen Giraffen ihre langen Vorderläufe spagatartig spreizen, um besser an das Wasser heranzukommen!

Böckchen

Häufiger als Ducker sind im Dornbusch die zierlichen Dikdiks und auf Felsen die Klippspringer zu beobachten, stellenweise auch die Stein- und Bleichböckchen.

Kirk-Dikdik – Kirk's Dikdik (Madoqua kirki)

Körpermerkmale: Sehr klein und zierlich (44–75 cm lang, 35–45 cm hoch, 2,5–6,5 kg schwer), pfeffer- und salzfarben, Nase verlängert, nur Männchen mit (bis 12 cm langen) spitzen Hörnern.

Fortpflanzung & Entwicklung: Ein Jungtier von 0,5–0,6 kg Gewicht, Tragzeit 5–6 Monate, erwachsen mit knapp einem Jahr, Lebenserwartung kaum über zehn Jahre.

Nahrung: Vorwiegend Blätter von Sträuchern, Knospen, Kräuter, Gräser, sehr geringer Wasserbedarf.

Lebensraum & Lebensweise: Einzeln oder paarweise (wahrscheinlich in lebenslanger Einehe) in dichtem Busch lebend, streng territorial.

Bestand und Beobachtungsmöglichkeiten: In seinem verhältnismäßig kleinen Verbreitungsgebiet nicht selten und lokal häufig zu beobachten. Ähnliches gilt für die anderen (vier) Arten.

Klippspringer – Klipspringer (Oreotragus oreotragus)

Körpermerkmale: Ähnlich wie Dikdiks, doch etwas größer und im Körperbau kräftiger, extreme Zehenspitzengänger, Voraugendrüsen noch auffallender als bei Dikdiks.

Fortpflanzung & Entwicklung: Tragzeit sieben Monate, Geburtsgewicht ca. 1 kg, Geschlechtsreife mit einem Jahr, Lebenserwartung etwa 15 Jahre.

Nahrung: Gräser, Kräuter, Blätter, auch Flechten, Blüten und Früchte.

Lebensraum & Lebensweise: Paarweise auf und in der Nähe von Felsen (Einzelfelsen ebenso wie Gebirgsblöcke) lebend, Territorien klein, höchstens 10 ha um den „Heimatfelsen".

Bestand und Beobachtungsmöglichkeiten: In passendem Felsgelände nicht selten und leicht zu beobachten, da oft auf den höchsten Felserhebungen stehend. In Tansania besonders gut zu sehen im Norden der Serengeti. Gefährdet durch Leoparden und Adler.

np009 pr

Steinböckchen *(Raphicerus campestris)* und **Bleichböckchen oder Oribis** *(Ourebia ourebi)* sind in Größe und Aussehen ähnlich wie Klippspringer, doch klettern sie nie wie diese auf Felsen. Steinböckchen sind rötlich-ockerfarben und leben als Einzelgänger im Buschland, Bleichböckchen sind fahlgelb, leben als Einzelgänger oder in kleinen Gruppen und bevorzugen große Grasflächen. Oribis sind nur gelegentlich zu beobachten (außer im Mkomazi National Park, dort regelmäßig), Steinböckchen sind im südlichen Afrika regional häufig anzutreffen und lassen sich besonders gut im Mweka-Gebiet des Arusha National Park beobachten.

Moschusböckchen *(Neotragus moschatus):* Gehört zur Familie der Zwergantilopen und hat in Afrika sein größtes Verbreitungsgebiet im Osten Tansanias. Die im Englischen als Suni bezeichnete Antilope erreicht ein Gewicht von 4–6 kg.

Waldböcke

Drehhornantilopen werden diese mittelgroßen bis sehr großen Antilopen der Grassavanne (Elenantilope), Baumsavanne (Kudus, Buschbock, Nyalas) und des Sumpfes (Sitatunga) genannt wegen ihrer korkenzieherartig gedrehten Hörner, die beide Geschlechter oder auch nur die Männchen tragen können. Das schönste Schraubengehörn von annähernd 180 cm Länge haben die Großen Kudus.

Körpermerkmale: Neben dem Korkenzieher-Gehörn gekennzeichnet durch weiße Abzeichen in Gesicht und Streifen oder Fleckenmuster am Körper.

tannp081 jg

Männchen können anders gefärbt sein als die Weibchen (Buschbock: Bulle kastanienbraun, Kuh rotbraun, Elen: Bulle graubraun, Kuh rötlich), aber auch recht verschieden aussehen (beim Nyala haben die Männchen eine sehr lange Bauch- und Halsbehaarung fast ohne Abzeichen, während die Weibchen kurzhaarig und rotbraun mit weißen Streifen sind). Elenantilopen-Bullen können bis zu 1000 kg wiegen, dagegen sind Buschböcke nur 25–60 kg schwer. Schulterhöhe liegt zwischen diesen beiden Extremen bei 180 bzw. nur 100 cm.

■ **Fortpflanzung & Entwicklung:** Tragzeit zwischen 6 und 9½ Monaten, meist nur ein Jungtier, zwischen 3,2 und 35 kg. Geschlechtsreife mit ein bis zwei Jahren, Lebenserwartung 12–25 Jahre.

■ **Nahrung:** V.a. Blätter, Knospen, Triebe von Sträuchern, aber auch Wasser- und Sumpfpflanzen (Sitatunga) bzw. Gräser und Kräuter (Elen).

■ **Lebensraum & Lebensweise:** Von einzelgängerisch (Buschbock) bis zu gemischten Trupps (bis 50 Tiere bei Elen) in mehr oder weniger deckungsreichem Gelände (Busch, Wald, Sumpf), fast alle mit verhältnismäßig großen Verbreitungsgebieten.

■ **Bestand & Situation:** Keine der Arten vom Aussterben bedroht, Bestände stellenweise stark reduziert (häufig noch im Selous Game Reserve und Ruaha National Park). Jede Art ist in dem einen oder anderen Reservat mit einiger Sicherheit zu beobachten.

In Tansania gibt es fünf Arten: **Buschbock** (*Tragelaphus scriptus,* engl. *Bushbuck,* zahlreich im Arusha Nationalpark), **Sitatunga** (*Tragelaphus spekei,* engl. *Sitatunga,* im Rubondo Island National Park), **Kleiner Kudu** (*Tragelaphus imberbis,* engl. *Lesser Kudu,* im Ruaha und Tarangire National Park sowie der Enduimet WMA), **Großer Kudu** (*Tragelaphus strepsiceros,* engl. *Greater Kudu,* im Ruaha und Nyerere National Park) und **Elenantilope** (*Taurotragus oryx,* engl. *Eland,* zu beobachten in der Serengeti, Enduimet WMA und im Ngorongoro-Schutzgebiet).

◬ Kudu-Familie

◁ Kirk-Dikdik

Rinder

Von den rezenten Rinderarten der Erde ist eine Art (mit zwei Unterarten) in Afrika weit verbreitet: der Savannenbüffel. Während der kleine Waldbüffel nur im Kongo, im Kamerun und Gabun zu Hause ist, bekommt man seinen größeren Verwandten, früher auch Kaffernbüffel genannt, häufig in Tansania zu Gesicht.

Afrikanischer Büffel – Cape/African Buffalo (Syncerus caffer)

Körpermerkmale: Gesamtlänge 300–450 cm (Schwanz 70–110 cm), Schulterhöhe 100–170 cm, Gewicht 250–700 kg, Fellfarbe schwarzbraun bis rotbraun oder rot (Rotbüffel des Regenwalds), Hörner unterschiedlich groß, bei Bullen meist an der Stirn zusammengewachsen zu einer Platte, große, zumeist an den Rändern und im Innern stark behaarte Ohren.

Fortpflanzung & Entwicklung: Tragzeit knapp ein Jahr, meist ein, selten zwei Jungtiere von 55–60 kg, Geschlechtsreife mit ca. fünf Jahren, Lebenserwartung bis 25 Jahre.

Nahrung: Gräser und Kräuter, aber auch Blätter von Bäumen und Sträuchern.

Lebensraum & Lebensweise: Kühe und Jungtiere mit einigen Bullen in teils riesigen Herden von bis zu 1000 Tieren, ältere Bullen Einzelgänger, in Savannen und Waldland in ganz Afrika, nie weit von Wasser.

Bestand & Situation: Trotz Bejagung sehr gute Bestände, v.a. in den Nationalparks in Südafrika, Botswana und Simbabwe.

Beobachtungsmöglichkeiten: Fast in allen Reservaten können einzelne Büffel oder auch riesige Herden beobachtet werden. Zu Fuß kann man sich diesen besonders gut im Arusha National Park annähern.

Kuhantilopen

Mit sieben Arten gehört die Gruppe der Kuhantilopen zu den Charaktertieren der afrikanischen Savanne. Besonders häufig sind die im gesamten östlichen und südlichen Afrika verbreiteten **Streifengnus** (*Connochaetes taurinus,* engl. *Blue Wildebeest*) (über eine Million allein in der tansanischen Serengeti). Regelmäßig beobachtet werden im östlichen Afrika auch zwei Unterarten der Kuhantilope *(Alcelaphus buselaphus),* die **Ostafrikanische Kuhantilope** oder **Kongoni** (*A. b. caama,* engl. *Kongoni*) und die **Lichtensteins-Kuhantilope** *(A. b. lichtensteini).* Hinzu kommt die **Leierantilope** oder **Topi** (*Damaliscus lunatus topi,* engl. *Topi*). **Weißschwanzgnus** *(Connochaetes gnou)* und **Blessböcke** *(Damaliscus dorcas)* sind nahezu ausgerottet worden und kommen heute nur noch in wenigen südafrikanischen Reservaten und Farmen vor.

Körpermerkmale: Relativ groß (Länge 170–320 cm incl. Schwanz, Schulterhöhe 85–145 cm, Gewicht 60–290 kg), verhältnismäßig derbe („kuhähnliche“) Gestalt, mehr oder weniger große Köpfe, nicht übermäßig lange (maximal 80 cm), nach innen und hinten gebogene Hörner bei beiden Geschlechtern. Geschlechtsunterschied bei allen sowohl in Größe als auch in Färbung gering.

Fortpflanzung & Entwicklung: Tragzeit 7½–8½ Monate, ein Jungtier von 7–18 kg, Geschlechtsreife mit ca. zwei Jahren, Lebenserwartung etwa 20 Jahre.

Nahrung: Gräser und Kräuter.

Lebensraum & Lebensweise: Meist in Gruppen von 5–30 Tieren (Großverbände bis über 1000 bei Streifengnus) in Grassavanne lebend, Bullen meist territorial (Streifengnus nur kurz in der Fortpflanzungszeit). Jungtiere „Nestflüchter“, die der Mutter vom ersten Tag an folgen können.

Bestand & Situation: Recht große Gesamtbestände aller drei im östlichen Afrika lebenden Arten, nur stellenweise durch Jagd oder Lebensraumverlust selten geworden.

Beobachtungsmöglichkeiten: Die drei Arten **Hartebeest** *(Alcelaphus buselaphus)* – in Ostafrika mit dem sehr langgesichtigen, verhältnismäßig

⊡ Savannenbüffel

tannp082 jg

hellbraunen Kongoni –, **Leierantilope** *(Damaliscus lunatus)* – in Ostafrika das etwas kleinere Topi mit dunklerer Grundfärbung und schwarzen Partien im Gesicht, an Vorderbeinen und Schenkeln – und v.a. das **Streifengnu** *(Connochaetes taurinus)* mit Riesenscharen im Serengeti-Ökosystem (und Ngorongoro) sind überall dort anzutreffen, wo es großflächige Grassavannen (mit oder ohne Baum- und Buschbestand) gibt.

Pferdeböcke

Eine Unterfamilie mit einigen der stattlichsten Antilopen, von denen drei Arten stellenweise auch in Ostafrika vorkommen: **Ostafrikanische Oryxantilope** (*Oryx beisa*, engl. *Oryx*), **Pferdeantilope** (*Hippotragus equinus*, engl. *Roan Antelope*) und **Rappenantilope** (*Hippotragus niger*, engl. *Sable Antelope*).

Körpermerkmale: Stattliche Antilopen von 230–330 cm Gesamtlänge (inkl. Schwanz von 70 cm) und 110–160 cm Schulterhöhe sowie 150–300 kg Gewicht. Hörner bei beiden Geschlechtern, bei Pferdeantilopen relativ kurz (max. 100 cm), nach hinten gebogen, mit Ringen, bei Rappenantilopen bis 165 cm lang und halbkreisförmig nach hinten geschwungen, bei Oryxantilopen bis 120 cm lang, gerade, dünn und sehr spitz. Nur bei Rappenantilopen deutlicher Geschlechtsunterschied (Männchen schwarz mit weißem Bauch, Weibchen kastanienbraun), Pferdeantilopen graubraun mit schwarzer Gesichtsmaske, Oryx eher grau mit schwarzweißen Zeichnungen im Gesicht, am Bauch und an den Beinen sowie einem recht langen Quastenschwanz.

Fortpflanzung & Entwicklung: Tragzeit 8½–10 Monate, ein Jungtier von 9–18 kg Gewicht, Geschlechtsreife mit zwei bis drei Jahren, Lebenserwartung ca. 20 Jahre.

Nahrung: Gräser und Kräuter, kaum Laub. Oryx kann lange ohne Wasser auskommen.

Lebensraum & Lebensweise: Für gewöhnlich Haremsgruppen, manchmal auch größere gemischte Verbände von bis zu 60 Tieren. Baum- und Buschsavanne bei den Pferde- und Rappenantilopen, Kurzgrassavanne und Halbwüste, selten auch Baumsavanne bei Oryxantilopen.

Bestand und Beobachtungsmöglichkeiten: Nirgends häufig, aber keine Art bedroht. Begegnungen eher selten. Beste Chancen für Oryxantilopen in den Salei Plains im Serengeti-Ngorongoro-Grenzgebiet sowie im Süden des Tarangire-Parks und im Westen der Enduimet WMA. Rappenantilopen lassen sich im Südwest-Sektor des Ruaha, im Ugalla River und in den Saadani National Parks beobachten.

Ried- und Wasserböcke

Von den zehn Arten dieser Unterfamilie ist nur der eigentliche Wasserbock weit verbreitet und häufig anzutreffen. Die Riedböcke sind zwar recht weit verbreitet, aber nur gelegentlich zu sehen. Die Gras- und Moorantilope kommt nur an bestimmten Stellen vor, dort aber nicht selten.

■ **Körpermerkmale:** Mittelgroße bis große Antilopen von 130–250 cm Länge (Schwanz 10–45 cm), 70–130 cm Schulterhöhe und einem Gewicht zwischen 20 (Rehbock) und 250 kg (Wasserbock). Hörner (zwischen 30 und 100 cm lang) meist leicht nach vorne gekrümmt. Geschlechtsunterschiede in den meisten Fällen nicht sehr ausgeprägt.
■ **Fortpflanzung & Entwicklung:** Tragzeit 7–9½ Monate, meist ein Jungtier von 4–13 kg, Geschlechtsreife mit ein bis zwei Jahren, Lebenserwartung 10–18 Jahre.
■ **Nahrung:** Vorwiegend Gräser, weniger Kräuter, Riedböcke und Moorantilopen auch Wasserpflanzen und Schilf.
■ **Lebensraum & Lebensweise:** Alle Arten mehr oder weniger an Wasser gebunden, Riedböcke am wenigsten, Moorantilopen sehr ausgeprägt. Meist in kleinen Trupps (Riedböcke) oder gemischten Gruppen (Wasserböcke), Grasantilopen aber auch in Männchengruppen bis 600 und Weibchenverbänden bis 1000 Tieren.
■ **Bestand und Beobachtungsmöglichkeiten:** Sehr häufig und in fast allen Nationalparks des östlichen Afrika anzutreffen ist der **Wasserbock** *(Kobus ellipsiprymnus)* mit seinen beiden Unterarten Defassa- und Ellipsen-Wasserbock. Weit verbreitet, aber selten zu sehen sind der **Riedbock** *(Redunca redunca)*, im Savannengürtel südlich der Sahara von Senegal bis Tansania, sowie der **Große Riedbock** *(Redunca arundinum)*, von Tansania bis Südafrika. An wenigen Stellen sehr zahlreich vertreten ist die **Grasantilope,** auch Kob-Wasserbock genannt *(Kobus kob)*, z.B. in den Nationalparks von Uganda, aber auch in Sambia. Das **Puku** *(Kobus vardoni)* kommt in den Überschwemmungsgebieten im Kilombero Valley in Südtansania häufig vor.

Schwarzfersenantilope

Die im östlichen und südlichen Afrika wohl häufigste Antilope wurde früher zu den Gazellen gestellt. Heute steht die Art in einer eigenen Unterfamilie.

Impala – Impala (Melampus aepyceros)

■ **Körpermerkmale:** Rehgroß (Gesamtlänge 150–200 cm, Schulterhöhe 75–95 cm, Gewicht 40–80 kg), Böcke mit einem prächtig geschwungenen und relativ großen (bis annähernd 100 cm langen) Gehörn, ansonsten beide Geschlechter ähnlich: rotbraune Grundfarbe mit hellem Bauch und schwarzen Abzeichen an Kopf, Hinterteil und Fersen („Schwarzfersenantilope"), Schwanz buschig mit weißer Unterseite.
■ **Fortpflanzung & Entwicklung:** Tragzeit 6½–7 Monate, ein Jungtier von 4–5,5 kg, Geschlechtsreife mit einem Jahr, Lebenserwartung ca. 15 Jahre.
■ **Nahrung:** Gräser, Laub, Blüten, Früchte.
■ **Lebensraum & Lebensweise:** V.a. im Buschland, sehr gesellig in Haremsstruktur: ein Bock mit bis zu 50 (selten sogar 100) Weibchen, Junggesellenverbände bis 30 Tiere.
■ **Bestand und Beobachtungsmöglichkeiten:** Im ganzen Verbreitungsgebiet von Kenia bis Südafrika sehr häufig und überall dort zu beobachten, wo es reichlich Nahrung in offenem Buschland gibt.

np011 pr

Gazellen

Eine recht einheitliche Unterfamilie der Antilopen, von der es neben einem Dutzend Arten in Afrika und Arabien auch vier in Asien gibt.

Körpermerkmale: Verhältnismäßig klein (Gesamtlänge 110–200 cm, Schulterhöhe 60–100 cm, Gewicht 15–75 kg), Hörner nur bei Männchen oder auch bei beiden Geschlechtern (dann aber die der Weibchen deutlich kleiner), der Geschlechtsunterschied ist meist nicht sehr ausgeprägt. Farbe vorwiegend hellbraun mit hellerem Bauch und mehr oder weniger stark ausgeprägten schwarzen Abzeichen an der Seite und/oder am Hinterteil.

Fortpflanzung & Entwicklung: Tragzeit fünf bis sieben Monate, ein (bei einigen Arten auch zwei oder drei) Jungtiere von 2–5 kg Gewicht, Geschlechtsreife mit ein bis zwei Jahren, Lebenserwartung ca. 15 Jahre.

Nahrung: Vorwiegend Gräser und Kräuter, doch einige auch auf Laub, Knospen und Blüten von Sträuchern spezialisiert.

Lebensraum & Lebensweise: Von Halbwüste und offener Grassavanne bis Buschland, jede Art mit anderen Ansprüchen, meist in kleinen Gruppen, doch auch in gemischten Herden bis zu 700 Tieren.

Bestand und Beobachtungsmöglichkeiten: Alle Gazellen haben verhältnismäßig begrenzte Verbreitungsgebiete. Die drei vorwiegend in Ostafrika lebenden Arten sind stellenweise häufig zu sehen: die **Thomson-Gazelle** (*Gazella thomsoni*, engl. *Thomson's Gazelle*) nur östlich des Victoria-Sees in Kenia und Tansania (im Serengeti-Ökosystem sehr zahlreich), die **Grant-Gazelle** (*Gazella granti*, engl. *Grant's Gazelle*) ebenfalls in diesen beiden Ländern, mit insgesamt größerem Verbreitungsgebiet, aber nie ganz so zahlreich, die **Giraffen-Gazelle** (*Litocranius walleri*, engl. *Gerenuk*) nur noch in der Enduimet Wildlife Management Area.

Impala-Böcke (Schwarzfersenantilopen)

tannp083 jg

Vögel (Binnenland)

Von weit über 1000 Vogelarten im östlichen Afrika sollen nur die auffallenden und für „normale" Safari-Touristen interessanten vorgestellt werden.

Strauß

Von diesen Laufvögeln gibt es in Afrika nur eine Art.

Afrikanischer Strauß – Ostrich (Struthio camelus)

Bis 2,50 m hoch (größter lebender Vogel), Männchen schwarz und weiß mit auffallender Hals- und Beinfarbe (blaugrau oder rot), Weibchen und Jungvögel graubraun. Weit verbreitet in offenem Grasland wie im Busch. Regelmäßig in fast allen Reservaten des östlichen Afrika anzutreffen. Männchen an Brut und Aufzucht der Jungen sehr aktiv beteiligt. Nahrung: Viele Teile von Pflanzen (Blätter, Früchte), aber auch Insekten, Reptilien und andere Kleintiere. Für gewöhnlich monogam, aber auch ein Hahn mit zwei oder drei Hennen. 15–20 Eier (etwa 15 cm lang, 12 cm dick) in einem Gelege, Brutdauer ungefähr 40 Tage.

Pelikane und Kormorane

Zu dieser Gruppe gehören **drei am Wasser lebende Vogelfamilien,** die sich von Fischen ernähren, beim Fischfang aber ganz unterschiedliche Methoden anwenden: „Netzfang" (Herausschöpfen mit großem Schnabel) beim Pelikan, Ergreifen einzelner Fische mit dem Hakenschnabel beim Kormoran, „Speeren" der Beute mit dem spitzen Schnabel beim Schlangenhalsvogel.

Rosa- und Rötelpelikan (Pelecanus onocrotalus u. Pelecanus rufescens)

Sehr große weiße Wasservögel (Länge 130–180 cm, Flügelspannweite annähernd 3 m) mit kurzen Beinen und Schwimmflossen, ziemlich langen Hälsen und sehr großen Schnäbeln. Weiß, in der Brutzeit schwach lachsfarbig (Rosapelikan) bzw. blassgrau (Rötelpelikan) in der Grundfärbung, recht gesellig vor allem in der Brutzeit, fangen Fische mit Hilfe ihres riesigen Schnabels und eines stark dehnbaren „Kehlsacks" als Wasser- und Fischbehälter. In ganz Afrika an Küsten und Seen anzutreffen.

⌃ Pelikane

› Seidenreiher

Zwei Kormoran-Arten sind im östlichen Afrika regelmäßig an fischreichen Seen und Flüssen anzutreffen: der **Weißbrustkormoran** *(Phalacrocorax carbo)* (Länge knapp 1 m) und die **Riedscharbe** *(Phalacrocorax africanus)* (bis 60 cm). Farbe schwarzbraun mit weißen Partien oder dunkelbraun. Schwanz der Riedscharbe sehr lang.

Schlangenhalsvogel (Anhinga rufa)

Sehr langgestreckt (91 cm), dünner, langer Hals mit 24 Wirbeln. Mit dem spitzen, dünnen Schnabel werden Fische aufgespießt. Erwachsene Vögel mit kastanienbraunem Hals, Jungvögel wesentlich blasser.

Pelikane, Kormorane und Schlangenhalsvögel brüten oft in mehr oder weniger großen Kolonien auf dem Boden oder auf trockenen Bäumen.

Reiher

Verhältnismäßig große, **schlanke Stelzvögel** mit langem, spitzem Schnabel, meist an flachen Gewässern, in Sümpfen, gelegentlich auch auf Grasflächen auf der Suche nach Fischen, anderen Wassertieren, Insekten und auch Mäusen und anderen Nagern. Brut meist in großen Kolonien auf Bäumen.

Grau- und Schwarzkopfreiher (Ardea cinerea und Ardea melanocephala)

90–100 cm lang, graues, stellenweise weißes Gefieder, beim etwas kleineren Schwarzkopfreiher schwarzer Kopf und Hals. Graureiher meist am Wasser, Schwarzkopfreiher häufiger auch in Grasland anzutreffen.

Goliathreiher (Ardea goliath)

Mit 140–155 cm der größte Reiher, Kopf, Hals und Unterseite kastanienbraun. Der ähnliche **Purpurreiher** ist viel kleiner und hat eine schwarze Kappe.

Neben dem rund 90 cm hohen **Silberreiher** *(Egretta alba)* (erkennbar an der Größe, dem gelben Schnabel und schwarzen Füßen) gibt es noch drei andere, deutlich kleinere weiße Reiherarten: **Mittelreiher** *(Egretta intermedia)* (rund 65 cm hoch, schwarze Beine, gelber Schnabel), **Seidenreiher** *(Egretta garzetta)* (55–60 cm, schwarzer Schnabel, schwarze Beine, gelbe Zehen) und **Kuhreiher** *(Ardeola ibis)* (50–55 cm, in der Brutzeit Krone, Brust und Rücken leicht beige, sonst ganz weiß, Schnabel und Beine gelblich oder fleischfarben). Kuhreiher begleiten gerne große Weidetiere (Elefanten, Büffel) und fangen von deren Füßen aufgescheuchte Heuschrecken, sitzen aber auch zum Insektenfang gerne auf den Huftieren (auch Hausrindern). Die etwa gleich großen **Rallenreiher** *(Ardeola ralloides)* sind beige-braun, zeigen im Flug aber ihre völlig weißen Flügel.

Nachtreiher (Nycticorax nycticorax)

Etwa 60 cm hoch, verhältnismäßig gedrungen, schwarzweiß, Jungvögel braun. Hauptsächlich

022 proma

nachtaktiv, tagsüber ruhig am Rande der Gewässer stehend.

Glockenreiher (Egretta ardesiaca)

Bis 66 cm hoch, gedrungen, dunkelgrau mit gelben Zehen. Tagsüber am Rand von Gewässern auf Nahrungssuche, lokal verbreitet (z.B. Chobe National Park in Botswana).

Mangrovenreiher (Butorides striatus)

Mit ca. 40 cm deutlich kleiner, grünschwarzer Kopf und Rücken, Unterseite grau.

Gewöhnlich in eine eigene Vogelfamilie wird der **Hammerkopf** *(Scopus umbretta)* gestellt, der Ähnlichkeiten mit Reihern und Störchen zeigt. 55–65 cm hoch, dunkelbraun, mit auffallender Haube und relativ klobigem Schnabel. Lebt an kleinen Flüssen und Bächen und baut in großen Bäumen ein riesiges (bis über 1 m Durchmesser) Kugelnest aus Zweigen, Schilf und anderem Pflanzenmaterial. Drei bis sechs Eier, die etwa drei Wochen bebrütet werden, Jungvögel bleiben ca. sieben Wochen in ihrer Bruthöhle. Nahrung: Wasserinsekten, Krebse, Würmer, Fische, Amphibien.

[>] Flamingos

[v] Sattelstorch

np013 pr

Störche und Ibisse

Neben dem europäischen **Weißstorch,** der im europäischen Winter in Süd- und Ostafrika als Zugvogel (= lokaler Sommergast) anzutreffen ist, gibt es Storchenarten, die häufig **(Marabu),** regelmäßig **(Nimmersatt, Sattelstorch)** oder selten **(Klaffschnabel)** zu sehen sind.

Sattelstorch (Ephippiorhynchus senegalensis)

Mit rund 170 cm Höhe der größte und wegen seiner auffälligen Färbung (schwarzweiß mit rot-schwarz-gelbem Schnabel und roten Fersengelenken) auch der schönste und prächtigste aller Störche. Gewöhnlich paarweise in der Nähe von Gewässern anzutreffen, auf der Suche nach Reptilien, Amphibien, Mäusen und anderen Kleintieren.

Neben dem europäischen **Schwarzstorch** *(Ciconia nigra)*, der nur selten als Sommergast im östlichen Afrika zu sehen ist, gibt es drei andere vorwiegend schwarze oder dunkelbraune Störche, die alle etwa 80–90 cm hoch sind: **Wollhalsstorch** *(Ciconia episcopus)* („wolliger" weißer Hals, Schnabel dunkel mit rötlicher Spitze, Beine dunkelgrau bis fleischfarben), **Abdimstorch** *(Ciconia abdimii)* (auffallender weißer Bauch, Bronzeschimmer auf dem Rücken, blaues Gesicht, ähnlich dem Schwarzstorch, aber kleiner und ohne dessen rote Beine und Schnabel) und den **Klaffschnabel** *(Anastomus lamelligerus)* (braunschwarz, Schnabel klafft hinter der Spitze auseinander).

Marabu (Leptoptilos crumeniferus)

Bekanntester und am häufigsten (am Aas, wo er den Geiern Konkurrenz macht, und an Müllhalden) anzutreffender Storch in Afrika, 150–160 cm hoch, schiefergrau mit weißem Bauch, weiße, flaumige Halskrause an der Basis des nackten, fleischfarbenen Halses, Erwachsene mit großem (bis 50 cm lan-

025 stef

gem), luftgefüllten Kehlsack und einer rötlichen Blase im Nacken, Schnabel kräftig. Große Nester auf Bäumen (allein oder in kleinen Kolonien). Nahrung: Aas, Insekten, Reptilien, aber auch Vögel und kleine Säugetiere.

Afrikanischer Nimmersatt (Ibis ibis)
Mittelgroß (95–105 cm) mit vorwiegend weißem Gefieder, Flügel und Schwanz schwarz, Gesicht nackt und rot, kräftiger Schnabel leicht gebogen und gelb, vorwiegend an Gewässern anzutreffen.

Schuhschnabel (Balaeniceps rex)
Einer der scheuesten und seltensten afrikanischen Störche, mit 150 cm relativ groß, aber v.a. durch den klobigen Schnabel mit Hakenspitze auffallend. Gefiederfarbe grau-blau, Schnabel grün-grau marmoriert, lebt nur an wenigen Stellen Afrikas tief in Papyrussümpfen vom Sudan über Uganda, Kongo, Ruanda, Tansania bis Sambia. In Tansania nur westlich des Ugalla River National Park zu beobachten.

Afrikanischer Löffler (Platalea alba)
Ca. 90 cm, ganz weiß, nacktes Gesicht und vorne löffelartig verbreiterter Schnabel, Beine rot (der Europäische Löffler, der als Wintergast in Ostafrika vorkommen kann, hat ein gefiedertes Gesicht und schwarze Beine).

Heiliger Ibis (Threskiornis aethiopicus)
Ca. 75 cm, weißes Körpergefieder, Kopf und nackter Hals sowie Schwanz schwarz, Füße dunkel, nicht nur an Gewässern, sondern auch auf Feldern und in Parks auf Nahrungssuche (Insekten, kleine Wirbeltiere) zu beobachten, lokal häufig.

Hagedasch (Hagedashia hagedash)
Ca. 75 cm, Gefieder graubraun mit metallisch-grünem Schimmer auf Flügeln, lauter, sehr auffallender quäkender Ruf. Relativ häufig an Sümpfen und flachen Gewässern.

Flamingos

Zwei Flamingoarten kommen zum Teil in riesigen Scharen (Nakuru-See Kenias mit bis zu 1,5 Millionen Vögeln, Zigtausende auch am Bogoria-See, vielleicht 30.000 im Ngorongoro-Krater) an Seen in Ostafrika vor. Dabei ist der **Zwergflamingo** immer wesentlich zahlreicher als der etwas größere **Rosaflamingo,** der auch in Südeuropa (Spanien, Südfrankreich, Griechenland) zu sehen ist.

Rosaflamingo (Phoenicopterus ruber)
140–150 cm, weißes Gefieder mit leichtem Hauch von Rosa, Schnabel rot mit schwarzer Spitze. An den Seen des ostafrikanischen Grabens einigermaßen häufig, weiter südlich seltener. Nahrung: vorwiegend kleine Krebstiere und Würmer, die mit dem Sieb am Schnabelrand aus dem Bodengrund geseiht werden.

Zwergflamingo (Phoeniconaias minor)
Rund 100 cm hoch, Gefiederfarbe viel dunkler, Schnabel karminrot mit schwarzer Spitze. Sehr häufig an ostafrikanischen Seen, zwischen denen er aber über Hunderte von Kilometern hin und her fliegt. Brut nur an wenigen Stellen, z.B. am Lake Natron im Norden Tansanias. Nahrung: Vorwiegend Algen und viel kleinere Nahrungspartikel, die dank des sehr feinen Schnabelsiebs auch von der Wasseroberfläche aufgenommen werden können. Riesige Zahlen im Arusha National Park am Big Momella Lake, auch im Ngorongoro-Krater und Manyara National Park vorkommend.

Enten und Gänse

An den Gewässern des östlichen Afrika ist nur eine Art der Entenvögel regelmäßig anzutreffen und auffallend: die Nilgans. Andere Arten sind seltener und schwerer zu identifizieren.

Nilgans (Alopochen aegyptiaca)
60–70 cm, Gefieder braun bis graubraun mit weißen Schultern, fast immer paarweise an vielen Gewässern (Seen, Tümpeln, Bächen, Flüssen), sehr häufig im gesamten östlichen und südlichen Afrika.

Sporengans (Plectropterus gambensis)
Bis 102 cm, Gefieder schwärzlichbraun mit weißer Bauchpartie, rosaroter Schnabel mit angrenzend rot gefärbtem Kopf, männliche Tiere mit rotem Sporn am Kopf-Schnabel-Übergang. Deutlich größer als die Nilgans. An Wasser gebunden, v.a. in Überschwemmungsgebieten sehr verbreitet (Okavango-Delta in Botswana, Kafue-Sümpfe in Sambia).

Kapente (Anas capensis)
35 cm groß, graubraun marmoriert, mit auffallend rotem Schnabel und hellem Kopf, relativ häufig.

Gelbschnabelente (Anas undulata)
Verhältnismäßig groß (50 cm), graubraun, auffallend gelber Schnabel, recht häufig an Seen und in Sümpfen.

Rotschnabelente (Anas erythrorhyncha)
Etwa gleich groß wie vorige Art (48 cm), grau, auffallend roter Schnabel, streckenweise häufig an Seen und in Sümpfen.

Witwenpfeifente (Dendrocygna viduata)
46 cm hoch, aufrechter stehend als andere Enten und Gänse, Gesicht weiß, Flanken schwarzweiß gemustert, Rücken rötlichbraun, außerhalb der Brutzeit in Scharen von 30 und mehr. Zu erkennen auch an den hellen pfeifenden Rufen.

Glanzgans (Sarkidiornis melanotos)
Ca. 50 cm, auffallend schwarzweiß, Männchen mit schwarzem Höcker auf dem Schnabel, stellenweise häufig.

[>] Gaukler mit seiner Beute

Greifvögel

Die Fülle der Greifvögel – angefangen von acht Arten von Geiern über eine große Zahl von Adlern, Bussarden, Habichten bis hin zu kleinen Falken – ist überwältigend.

Sekretär (Sagittarius serpentarius)

Etwa 100 cm hoch, ein ans Bodenleben angepasster Greifvogel mit langen Stelzenbeinen, blassgrau, sehr langer Schwanz und auffallende Federhaube, im offenen Grasland Reptilien (insbesondere Schlangen), Nagetiere und große Insekten jagend, einzeln oder paarweise.

Geier

Die häufigsten Geier am Riss von Löwen und anderen sind der **Weißrückengeier** *(Gyps africanus)* (einheitlich braun, weiße Halskrause auf dem Rücken, 80–85 cm) und der **Sperbergeier** *(Gyps ruppelli)* (ebenfalls braun, leicht gestreift, etwas größer). Vereinzelt in Geieransammlungen zu sehen ist der **Wollkopfgeier** *(Trigonoceps occipitalis)* (80–85 cm, mit weißem Hals, sehr dunklem Körper und weißen Flügelspitzen, Schnabel blau und rot). Etwas häufiger, aber meist etwas abseits von den größeren Geiern ist der kleine **Kappengeier** *(Necrosyrtes monachus)* (70 cm, einheitlich dunkelbraun, beigebraune „Haube“ aus Flaum, nacktes Gesicht fleischrot) anzutreffen. Sehr selten einzeln zu sehen ist der **Schmutzgeier** *(Neophron percnopterus)* (ca. 70 cm, schmutzig weiß mit gelbem Gesicht und schwarzen Flügel- und Schwanzspitzen). Selten ist die größte Art: der **Ohrengeier** *(Torgos tracheliotos)* (über 100 cm, mit massigem Schnabel, nackter, faltiger Hals und Kopf dunkelrot). Nahrung der Geier: fast ausschließlich Aas großer Tiere, Schmutzgeier auch Straußeneier (die sie mit Steinen knacken) und in der Nähe menschlicher Ansiedlungen auch Müll. Rein vegetarisch ernährt sich der seeadlerartige **Palmengeier** *(Gypohierax angolensis)*, der sehr sporadisch auftritt und zu beobachten ist.

Adler

Häufigster und auffallendster Adler des östlichen Afrika (Wassernähe vorausgesetzt) ist der **Schreiseeadler** *(Haliaeetus vocifer)* (75 cm, Kopf, Brust, Rücken und

tannp084 jg

029 barantza

Schwanz weiß, Bauch und Schultern rotbraun, Flügel schwarz, Gesicht und Beine gelb, stets am Wasser, Nahrung: Fische und Wasservögel). Relativ häufig sind **Raubadler** *(Aquila rapax)* (65–75 cm, einheitlich hell- bis dunkelbraun) und **Gaukler** *(Therathopius ecaudatus)* (60–65 cm, sehr kurzer Schwanz, Gesicht und Beine rot, Körpergefieder schwarz und grau, Rücken rotbraun, häufig am Himmel kreisend zu sehen). Gelegentlich zu sehen sind **Schopfadler** *(Lophaetus occipitalis)* (50–55 cm, schwarzbraun, mit langen Schopffedern, oft auf Warte sitzend), **Kampfadler** *(Polemaetus bellicosus)* (75–85 cm, dunkel mit heller, gesprenkelter Brust, leichte Haube), **Kaffernadler** *(Aquila verreauxii)* (75–85 cm, schwarz mit weißen Abzeichen auf dem Rücken, selten in felsigem Gelände, z.B. im Matopos National Park Simbabwes), **Steppenadler** *(Aquila nipalensis)* (75 cm, schwarzdunkel mit orange-gelber Schnabelpartie, in der Kalahari lokal häufig) und verschiedene **Schlangenadlerarten.**

Sonstige Greifvögel

Andere relativ häufige und auffällige Greifvögel: **Schwarzer Milan** *(Milvus migrans)* (fahlbraun mit auffallend gegabeltem Schwanz, Schnabel gelb, wohl der häufigste Greifvogel in Afrika, oft auch in Städten zu sehen), **Gleitaar** *(Elanus caeruleus)* (30–35 cm, hellgrau oben, weiß unten, weißer, leicht gegabelter Schwanz und schwarze Schultern, in recht niedriger Höhe über das Grasland fliegend auf der Suche nach Nagetieren), **Schakalbussard** *(Buteo rufofuscus)* (50–60 cm, Oberseite schiefergrau bis fast schwarz, Schwanz rotbraun, Brust fast weiß, Bauch hell, leicht gesprenkelt, häufig auf Telegrafenmasten oder ähnlichen Warten sitzend), **Heller** und **Dunkler Singhabicht** (*Melierax canorus* und *M. metabates*) (50–63 cm, hell- bzw. dunkelgrauer Habicht mit gesperberter Brust und orangeroten Zehen bzw. Schnabelansatz) und die **Afrikanische Rohrweihe** *(Circus ranivorus)* (45–50 cm, dunkel- bis rötlichbraun, niedrig über Sümpfen oder Grasflächen fliegend).

Sonstige Vögel

Hühnervögel

Die meisten Hühnervögel (Frankoline, Perlhühner, Wachteln) sind nur kurz zu sehen und kaum zu bestimmen. Zwei Arten fallen auf und sind leicht von den anderen zu unterscheiden: das **Swainsonfrankolin** *(Francolinus swainsonii)* (knapp 39 cm, mit nackter, auffallend roter Kehle, die häufigste und auffälligste Art, vorwiegend in offenem Buschland) und das **Helmperlhuhn** *(Numida melea-*

gris) (45–55 cm, schiefergrau mit weißen Flecken, auffallender „Helm" auf dem Kopf, Gesicht blau, oft in kleinen Gruppen in Buschland anzutreffen). Regelmäßig ist auch die **Wachtel** *(Coturnix coturnix)* (18 cm, braun-tarnfarben mit kleinen hellen Streifen) zu beobachten.

Kraniche

Von den weltweit 14 Kranicharten ist nur eine überhaupt nicht gefährdet und als beliebter Parkvogel jedem Kind bekannt: der **Kronenkranich** *(Balearica pavonina)* (gut 100 cm hoch, unverkennbar durch die „Krone" aus goldgelben, borstenähnlichen Federn, die samtartig schwarze Stirn sowie weiße und rote Hautlappen im Gesicht, graues bis schwarzes Grundgefieder mit rotbraunen und weißen Partien an den Flügeln, meist paarweise auf offenen Ebenen, Feldern oder in Sümpfen). Seltener und nur lokal verbreitet ist der **Klunkerkranich** *(Bugeranus carunculatus)* (gut 125 cm, blassgrau mit weißem Hals, langem Schwanz und zwei weißen, gefiederten Anhängseln – „Klunkern" – am Kopf, zwei getrennte Populationen in Äthiopien und vom Süden Tansanias nach Sambia, Nord-Botswana, Simbabwe und Natal in Südafrika).

Rallen

Von den vielen Rallen sind zwei Arten besonders auffallend: das **Kammblässhuhn** *(Fulica cristata)* (40–45 cm, sehr ähnlich dem europäischen Blässhuhn, weißer Gesichtsschild sowie in der Brutzeit zwei auffallende rote „Knöpfe" darüber) und das **Purpurhuhn** *(Porphyrio porphyrio)* (46 cm, blauschwarz mit rotem Schnabel und roter Stirn sowie rosa Beinen).

Trappen

Typische Bewohner des offenen Graslandes sind die Trappen. Besonders groß und auffallend ist die **Riesentrappe** *(Ardeotis kori)* (75–105 cm, vorwiegend grau, Rücken und Körper dunkler, kleiner Schopf, bei der Balz durch „Umdrehen"

030 pale

[<] Riesentrappe

[>] Kronenkranich

tannp085 jg

des Gefieders wie ein großer weißer Ball wirkend). Seltener sind drei 55–65 cm große Arten: **Rotschopftrappe** *(Eupodotis ruficrista)* (schwarze Unterseite, rötlich-beiger Schopf), **Gackeltrappe** *(Eupodotis afra)* (schwarzer Bauch und Hals, schwarzer Kopf mit weißem Wangenfleck, braune Flügelpartie, charakteristisch-schimpfender Ruf) und **Schwarzbauchtrappe** *(Eupodotis melanogaster)* (Bauch des Männchens schwarz, des Weibchens blass mit schwarzen Streifen an der Brust). Nahrung aller Trappen: Sämereien, andere pflanzliche Stoffe, Insekten und Reptilien.

Watvögel

Von der großen Zahl an Watvögeln sind drei 25–30 cm große Arten besonders häufig: am Ufer von seichten Gewässern **Spornkiebitz** *(Vanellus spinosus)* (schwarz-weiß, Rücken braun, Kappe schwarz) und **Waffenkiebitz** *(Vanellus armatus)* (schwarz, weiß und hellgrau mit weißer Kappe), an trockenen, vegetationsarmen Standorten in der Savanne Paare vom **Kronenkiebitz** *(Vanellus coronatus)* (Hals und Rücken hellbraun, Bauch weiß, Kopf schwarz mit auffallendem weißen Ring). In den Gewässern sind **Stelzenläufer** *(Himantopus himantopus)*, **Säbelschnäbler** *(Recurvirostra avosetta)* sowie etliche Arten der kleineren **Regenpfeifer** zu sehen. Auf Blättern von Seerosen laufen **Blaustirn-Blatthühnchen** oder **Jacanas** *(Actophilornis africanus)* (25–28 cm, rotbraun, Hals vorne weiß, hinten schwarz, Schnabel und Kopfschild hellblau, extrem lange Zehen, Charaktervogel des Okavango-Deltas, Botswana).

Tauben

Sehr häufig und ständig zu hören sind verschiedene Taubenarten. Die beiden auffallendsten sind **Gurrtaube** *(Streptopelia capicola)* (25 cm, graubraun, schwarzer Ring am Nacken) und **Kaptäubchen** *(Oena capensis)* (ca. 20 cm, dunkelgrau mit weißem Bauch, Männchen mit schwarzem Gesicht, sehr langer, dunkler Schwanz). Besonders attraktiv gefärbt ist die **Grüne Fruchttaube** *(Treron calva)* (30 cm, grün mit gelber Flügelpartie, roter Schnabelansatz und knallrote Zehen, selten).

⌃ Sokoke-Zwergohreule

› Gabelracke

Papageien

Selten, aber wegen ihrer Popularität zu erwähnen sind die Papageien. Zwei Arten sind noch am ehesten zu sehen: **Goldbugpapagei** *(Poicephalus meyeri)* (25 cm, graubraun, mit grünem Bauch, gelb an Kopf und Flügelbug, weit verbreitet, aber immer nur stellenweise vorhanden) und **Rosenpapagei** *(Agapornis roseicollis)* (17–18 cm, orange-roter Kopf, sonst grünlich gefärbt, selten und nur lokal in der Baumsavanne und in Galeriewäldern vorkommend).

Eulen und Nachtschwalben

Von drei Uhu-Arten ist am ehesten der **Milchuhu** *(Bubo lacteus)* (60–70 cm, braun-grau, mit heller Brust, Gesichtsfeld weißlich mit schwarzen Seitenstreifen) zu beobachten. Lokal verbreitet ist die ausschließlich nachtaktive, auf Fische spezialisierte, sehr große **Fischeule** *(Scotopelia peli)* (63–65 cm, dunkelbraun mit heller Brust, keine Federohren). Auch tagsüber aktiv ist der **Perlkauz** *(Glaucidium perlatum)* (15–18 cm, dunkelbraun mit hellen Punkten, Brust weiß mit braunen Punkten).

Häufig bei Nachtfahrten zu sehen, aber schwer zu bestimmen sind die verschiedenen Arten von **Nachtschwalben,** die sich vorwiegend von Insekten ernähren, die sie im Flug fangen.

Rackenvögel

Zu den attraktivsten Vögeln Afrikas gehören verschiedene Gruppen der Rackenvögel: neben den eigentlichen Racken die vielen schönen Fischer (Eisvögel) sowie etliche Bienenfresser, Nashornvögel und Hopfe. Am häufigsten zu beobachten ist die **Gabelracke** *(Coracias caudata)* (40–45 cm, Oberseite braun, Rumpf und Kopf ultramarin, Kehle und Brust lila, lange Schwanzspitzen an beiden Seiten). Fast ausschließlich an Gewässern gehen der **Malachiteisvogel**

tannp086 jg

027 kasal

(Alcedo cristata) (14 cm, Kopf und Oberseite dunkelblau, Bauch rotbraun, Kehle weiß, Schnabel rot; sehr ähnlich ist der **Zwergfischer,** überwiegend blau gefärbt der **Kobalteisvogel**) und der **Graufischer** *(Ceryle rudis)* (25 cm, schwarzweiß, Schwanz verhältnismäßig lang, sehr häufig an Gewässern) auf die Jagd, dagegen jagt der **Braunkopfliest** *(Halcyon albiventris)* (24 cm, Kopf braun, Rücken schwarz, Oberseite hellblau, Bauch orangebraun, Kehle hell, Schnabel rot) auch in der Savanne Insekten. Darin ähnelt er den diversen Bienenfressern wie **Schwalbenschwanzspint** *(Merops hirundineus)* (22–24 cm, sehr lange, schwalbenartig gegabelte Schwanzfedern, Oberseite grün, Schwanz blau, Kehle gelb mit blauem Streifen, Bauch grünblau), **Karminspint** *(Merops nubicoides)* (33–38 cm, sehr großer, karminfarbener, auffälliger Bienenfresser, Kehle karmin- bis pinkfarben, Kopf türkisblau), **Weißstirnspint** *(Merops bullockoides)* (22–24 cm, Stirn und obere Kehle weiß, untere Kehle rot, Oberseite grün, Schwanz grün) und **Zwergspint** *(Merops pusillus)* (15 cm, Schwanz gerade, Oberseite grün, Bauch braun, Kehle goldgelb – die kleinste Art der Bienenfresser, recht häufig). Häufigste Arten der Hornvögel sind **Rotschnabeltoko** *(Tockus erythrorhynchus)* (42–50 cm, Oberseite schwarzbraun, weiß gesprenkelt, Bauch weiß, Schnabel rot – häufig im trockenen Busch) und **Gelbschnabeltoko** *(Tockus flavirostris)* (45–55 cm, ähnlich wie Rotschnabeltoko, aber stärker gekrümmter, gelber Schnabel), seltener und nur im Wald anzutreffen ist der **Trompeterhornvogel** *(Bycanistes bucinator)* (60–70 cm, Rücken schwarz, Bauch weiß, Schnabel mit einfachem Aufsatz silbergrau – einer von mehreren großen Nashornvögeln, der vorwiegend in Wäldern vorkommt). Sehr auffallend ist der **Hornrabe** *(Bucorvus abyssinicus)* (105–110 cm, schwarz mit weißen Flügelseiten, Gesicht und Kehle unbefiedert, mit roten und blauen Blasen, auf dem Boden Nahrung suchend). Der **Baumhopf** *(Phoeniculus purpureus)* (38–45 cm, schwarz mit grün-metallischem Schimmer, Schwanz lang und abgestuft, Schnabel rot) streift meist in Familiengruppen umher, der **Wiedehopf** *(Upupa epops)* (25–30 cm, Grundfarbe rötlich, Oberseite schwarzweiß, aufstellbare, schwarz geränderte Federhaube) ist eher ein Einzelgänger.

⌃ Dreifarbenglanzstar

Spechte und Bartvögel

Spechte sind nur selten zu sehen und genau zu bestimmen, die mit ihnen verwandten Bartvögel schon eher. Lokal häufig und sehr auffallend ist der **Haubenbartvogel** *(Trachyphonus vaillantii)* (22–24 cm, rötlich-gelber Vogel mit dunkler, weiß gefleckter Oberseite und kleiner Haube).

Sperlingsvögel

Die größten und auffallendsten aus der riesigen Schar der Singvögel sind die Raben, von denen es im östlichen Afrika verschiedene Arten gibt. Stellvertretend sei der **Schildrabe** *(Corvus albus)* (45–50 cm, schwarz mit weißer Brust und Rückenpartie, ähnliche Arten mit anderen Mustern von weiß) genannt.

Sonstige

Sehr attraktiv und auch an Besuchereinrichtungen häufig zu sehen sind diverse Arten von Glanzstaren. Am häufigsten sind der **Dreifarbenglanzstar** (*Spreo superbus,* 16–19 cm, Oberseite metallisch blaugrün, Unterseite rotbraun mit weißem Brustband), der **Rotschulterglanzstar** *(Lamprotornis nitens)* (23–25 cm, ganzer Vogel metallisch blaugrün mit rotem Schulterpunkt) und der ähnliche **Grünschwanzglanzstar** *(Lamprotornis chalybaeus)* (21–23 cm), hinzu kommen einige andere blaugrüne Arten mit metallischem Schimmer, von denen der **Riesenglanzstar** *(Lamprotornis australis)* die auffälligste ist.

Auch die **Madenhacker** (häufigste Art Rotschnabel-Madenhacker, *Buphagus erythrorhynchus*) ca. 18 cm, Farbe braungrau mit hellem Bauch, Auge gelb gerandet, Bauch hell – stets auf großen Huftieren nach Insekten suchend) gehören in diese Gruppe.

Auffallend im Aussehen (meist gelbschwarz, aber auch rotschwarz) sind die Webervögel, z.B. **Textor** *(Ploceus cucullatus)* (ca. 18 cm, gelb mit schwarzem Kopf, Nacken braun), **Maskenweber** *(Ploceus vellatus)* (ca. 15 cm, dem Textor sehr ähnlich) oder der eher unscheinbare **Siedelweber** *(Philetairus socius)* (ca. 14 cm, grau, sperlingsartig, markanter schwarzer Kehlfleck, sehr lebhaftes Gezwitscher innerhalb der großen Nester), dessen riesige, in großen Bäumen befestigten Kolonienester unzählige Weberpaare beherbergen (in Trockengebieten charakteristisch). Auffallend grell gefärbt ist der orangeschwarze **Oryxweber** *(Euplectes orix)* (ca. 14 cm, neon-orange mit schwarzem Kopf und schwarzem Bauch).

Überaus attraktiv, aber wegen ihrer schnellen Bewegungen bei Blütenbesuchen sehr schwer zu bestimmen sind die verschiedenen Nektarvögel, z.B. **Bindennektarvogel** *(Nectarinia mariquensis),* ca. 14 cm, Kopfbereich grün schimmernd, Rumpf und Schwanz schwarz, rötlichblaues Bauchband.

016 eric

Reptilien

Krokodil

Nur eine Art ist in Tansania an Flüssen und Seen weit verbreitet: das **Nilkrokodil** *(Crocodylus niloticus)* (3–5 m, 500–800 kg). In tansanischen Parks ist es in der westlichen Serengeti, im Katavi National Park sowie auf Bootstouren in den Nyerere und Saadani National Parks besonders gut zu sehen.

tannp087 jg

Schlangen

Überall reichlich vorhanden, doch nur selten zu sehen. Der **Felsenpython** *(Python sebae)* (4–6 m, z.T. bis 7,50 m) ist in Tansania bei den Salei Swamps im Tarangire-Park und am kleinen Lake Momella im Arusha National Park (bei Kanu-Touren) oft zu sehen. Zu den gefährlichsten Giftschlangen Afrikas gehören die **Schwarze Mamba** *(Dendroaspis polylepis)* (bis 4 m, olivbraun, gilt als aggressiv, Biss endet in der Regel tödlich), **Speikobra** *(Naja melanoleuca)* (1,20–1,50 m, Grundfarbe graubraun, richtet sich hoch auf, um ihr Gift gegen potenzielle Feinde zu spritzen), **Puffotter** *(Bitis arietans)* (0,60–1,20 m, dick und gedrungen, Grundfarbe grau bis braun mit Streifenmuster, sonnt sich gern auf We-

⌃ Boomslang

‹ Lappen-Chamäleon

gen und Pfaden, daher kommt es besonders leicht beim Darauftreten zu Bissen, zeichnet für ca. 60% der afrikanischen Schlangenbisse verantwortlich) und **Boomslang** *(Dispholidus typus)* (1,50–2 m, Grundfarbe sehr variabel, in der Regel grünlich, männliche Tiere bisweilen schwarzbraun mit goldfarbenem Bauch, eine Baumschlange, die in Wäldern und Baumsavanne weit verbreitet ist, sehr giftig, aber Bisse selten).

Echsen

Angehörige verschiedener **Echsen-Familien** sind gelegentlich zu sehen: in Häusern die lokale Form des tropischen **Hausgecko** *(Hemidactylus mabouia)* (15–20 cm, hell), an Felsen die **Siedleragame** *(Agama agama)* (20–30 cm, gelblichgrün bis blau mit rotem Kopf), in der Nähe von Flüssen der **Nilwaran** *(Varanus niloticus)* (bis 2 m, grünlich-grau), in Büschen das **Jackson-Chamäleon** *(Chamaeleo jacksoni)* (20–25 cm, Grundfarbe grünlich, aber sehr variabel) und das **Lappen-Chamäleon** *(Chamaeleo dilepis)* (bis zu ca. 20 cm).

Schildkröte

Von den Schildkröten ist nur eine Art häufig zu sehen: die **Panther-Schildkröte** *(Geochelone pardalis)* (max. 70 cm, graubraun mit „Panther-Flecken“).

Panther-Schildkröte

014 lizard

Klima | 141

Naturraum | 130

Wild- und Naturschutz | 144

Abholzung und Wilderei | 150

Conservation Area | 146

Forest Reserve | 149

Game Reserve (Jagd) | 147

Nationalparks | 145

Nature Reserve | 149

Wildlife Management Area | 149

tannp003 jg

4 Tansanias Natur und Klima

Game Drive in der Serengeti

Naturraum

Tansania ist das **Land der Seen, Berge und Savannen** und einer **vielseitigen Tier- und Pflanzenwelt.** Weltbekannte Nationalparks wie die Serengeti und das Schutzgebiet um das Ngorongoro-Kraterhochland weisen die größte zusammenhängende Population an Wildtieren in Afrika auf. Insbesondere der Bestand an Löwen, Geparden, Leoparden und Gnus ist einzigartig und lockt jährlich Hunderttausende von Besuchern in die endlosen Weiten dieser nordtansanischen Savannen.

In Tansanias Grenzen liegen zwei der vier höchsten Berge des Kontinents: der 4565 m hohe Mt. Meru und der **5895 m** hohe, schneebedeckte **Mt. Kilimanjaro,** das **„Dach Afrikas".** An der Westgrenze des Landes bildet die tiefste Stelle des längsten und zweitgrößten Sees Afrikas, des **Tanganyika-Sees,** mit fast 700 m unter dem Meeresspiegel den **„Boden Afrikas".**

Zwischen diesen beiden Superlativen liegen weitere spektakuläre Naturlandschaften: Im Nordwesten reicht über die Hälfte des größten afrikanischen Sees, des **Lake Victoria,** in das tansanische Staatsgebiet hinein. Im Süden grenzt das Land über eine weite Strecke an den drittgrößten See des Kontinents, den Lake Nyasa, besser bekannt als Malawi-See. Diese Lage führt dazu, dass Tansania über die **größte Wasseroberfläche Afrikas** verfügt, zu der neben den zahlreichen anderen kleinen Seen im Innern auch die großflächigen Küstengewässer zwischen den Inseln Sansibars und dem Festland gezählt werden. Die **Inseln Sansibar, Pemba und Mafia** sind die drei größten an der ostafrikanischen Küste und gehören allesamt zu Tansania. Sie sind Teil einer langen Riffbarriere zwischen der Küste und den Tiefen des Indischen Ozeans. Die azurblauen Gewässer mit ihren traumhaften Korallengärten rund um die Inseln bieten eine der artenreichsten Unterwassertier- und -pflanzenwelten überhaupt (mehr dazu im Kapitel zu Sansibar).

Im Innern des Landes ragen gewaltige Vulkanberge aus den Ebenen, die alle ein Produkt der afrikanischen Grabenbruchaktivitäten sind. Die **Bergregionen** stehen in unmittelbarer Verbindung zu den regionalen Klimaverhältnissen. Als „Wolkenfänger" verzeichnen sie höhere Niederschlagswerte, der höheren Lage wegen herrschen mildere Temperaturen, und die vulkanischen, mineralhaltigen Böden bieten beste Voraussetzungen für eine ganzjährige Landwirtschaft. Diese vorteilhaften Bedingungen äußern sich auch in der Bevölkerungsverteilung. Hohe Populationsdichten verzeichnen die regenreichen und fruchtbaren Hügel- und Berglandschaften, etwa die immergrüne Kagera-Region im äußersten Nordwesten des Landes, die Hänge des Kilimanjaro-Massivs, die Usambara- und Uluguru-Berge, die südlichen Highlands und das Makonde-Plateau an der Grenze zu Mosambik. Aber auch die **flachen Gebiete entlang der Seen,** v.a. rund um den Lake Victoria und an einigen Stellen des Tanganyika- und Nyasa-Sees, sowie an der Meeresküste weisen hohe Bevölkerungszahlen auf. Diese ungleiche Verteilung war bisher zum Vorteil der afrikanischen Tierwelt. Viele Gebiete lassen eine dichte Besiedlung auch gar nicht zu, etwa auf-

tannp088 jg

grund zu geringer Niederschlagswerte und der wenig mineralhaltigen Böden, wie z.B. in den Ebenen des östlichen Rift Valley und der großen Maasai-Trockensavanne (Maasai-Steppe). Auch der **Miombo-Wald** (→ Vegetationsformen, S. 137), der über 30 % des Landes im Westen und Süden bedeckt, ist wegen der von der Tsetse-Fliege übertragenen Schlafkrankheit für Mensch und Vieh nicht nutzbar. Wildtiere sind dieser Krankheit nicht ausgesetzt und besitzen dadurch große Rückzugsareale vor den Menschen. Auch an die klimatischen Bedingungen des Rift Valley und der Maasai-Trockensavanne ist ein Teil der afrikanischen Tierwelt angepasst, die sich nicht nur auf die dortigen Nationalparks Manyara, Tarangire und Ruaha beschränkt. Saisonal finden **Migrationsbewegungen** zu außerhalb liegenden Weideflächen statt, die den Tieren von der Bevölkerung, in diesem Fall den Maasai, kaum streitig gemacht werden. In anderen Regionen sind jedoch in den letzten Jahren wegen des rapiden Bevölkerungsanstiegs Problemzonen speziell entlang der Nationalparks und Game Reserves entstanden (→ Abholzung und Wilderei, S. 150).

Geografie

Tansania liegt südlich des Äquators zwischen dem 1° und 12° südlicher Breite, womit die Nord-Süd-Ausdehnung rund 1200 km beträgt, was in etwa auch der West-Ost-Ausdehnung entspricht.

Acht Staaten grenzen an Tansania: im Norden Kenia und Uganda, im Wes-

⬆ Blick auf den Kilimanjaro

ten Ruanda, Burundi und der Kongo und im Süden Sambia, Malawi und Mosambik. Nur der Kongo und Sudan haben in Afrika mehr Staaten als Nachbarn.

Seen und Flüsse markieren viele der natürlichen Grenzlinien Tansanias; die Grenzziehung ist kolonialen Ursprungs. Der Victoria-See trennt auf breiter Fläche Uganda von Tansania, der große Kagera River – als der „Schwarze Nil" der Hauptzufluss des Victoria-Sees – bildet die Grenze zu Ruanda. Burundi trennen die Flussoberläufe des Ruvubu und Malagarasi von Tansania. Die Westgrenze zum Kongo verläuft durch den Tanganyika-See, der zusammen mit dem Kalambo River auch einen Abschnitt der Sambia-Grenze bildet. Einer der Zuflüsse des Lake Nyasa (Malawi-See), der Songwe River, sowie der See selbst trennen Malawi von Tansania, und schließlich stellt der Ruvuma-Strom fast die komplette Grenze zu Mosambik dar. Lediglich die Grenze zu Kenia ist eine typische Kolonialgrenze, wie sie von den damaligen Mächten in vielen Regionen Afrikas ohne Rücksicht auf ethnische Zusammengehörigkeiten am Zeichenbrett ausgehandelt wurden. Eine Grenze, welche besonders das Volk der Maasai in zwei Hälften teilt.

Tansania ist, wie auch der gesamte Großraum Ostafrika, durch **großflächige Plateaus** gekennzeichnet, die in unterschiedlichen Höhenlagen das Landschaftsbild, aber auch das Klima bestimmen. Verantwortlich dafür ist eine Landmasse, die vornehmlich aus Gneis und Granit besteht und im Zeitalter des Tertiär vor 35–40 Millionen Jahren ungleichmäßig angehoben wurde und daraufhin in Schollen zerbrach, die heute eben jene Plateaus bilden. Die endgültige Herausbildung der berühmten und markanten Landschaftsformen,

tannp089 jg

darunter das gewaltige Massiv des Kilimanjaro, das imposante Ngorongoro-Kraterhochland und der Tanganyika-See, ist den Aktivitäten des afrikanischen Grabenbruchsystems zuzuschreiben.

Geomorphologisch lässt sich Tansania in etwa folgende Landschaftsformen einteilen:

Inseln und Küstenvorland

Das Küstenvorland am Indischen Ozean ist eine schmale Zone von etwa 50–200 km Breite. Das **Flachland** ist durch nur leicht zerschnittene Terrassen gekennzeichnet und besteht aus **Korallenkalken,** die lehmig und auch sandig beschaffen sind. Das Gebiet lag in der Jurazeit unter Meeresspiegelniveau und hat sich über eine Lagunenlandschaft, von der heute noch die sichtbaren korallenhaltigen Flussmündungsbuchten *(creeks)* zeugen, in Jahrmillionen von Jahren zu einem zusammenhängenden Küstenvorland entwickelt. Im Verlauf dieses **Hebeprozesses** formten sich auch Korallenriffschollen, und aus dem Ozean tauchten als Inselarchipele Sansibar, Pemba und Mafia auf. Wie viel tiefer das Land einmal lag bzw. wie viel höher der Meeresspiegel einmal war, lässt sich an den terrassenartigen Erhebungen in einigen Kilometern Entfernung landeinwärts gut erkennen. Hier deuten die korallenhaltigen Hänge auf frühere Korallenriffe hin, die vom Ozean umspült waren.

Die Brandung an der Küste ist aufgrund der vorgelagerten Riffe verhältnismäßig schwach, der Gezeitenhub beträgt rund 3 m. Dennoch gräbt sich der Ozean an einigen Stellen ins Landesinnere und ganze Strandabschnitte verschwinden. Grund hierfür ist die Abholzung der Mangrovenwälder, die zuvor mit ihrem dichten Wurzelwerk das Watt und den vorgelagerten Strand „festhielten“.

☐ Die Hochplateaus beeinflussen das Klima

Das östliche Plateau

Dem ca. 800 km langen Streifen des Küstenvorlandes folgt landeinwärts ein leichter Höhenanstieg in ein **flaches Hügelland.** Dieses anschließende Plateau teilt sich in eine nordöstliche Rumpffläche und in ein **südöstliches Tiefland** mit durchschnittlichen Höhen zwischen 200 und 600 m, welches sich bis nach Mosambik erstreckt. Hier ragen einzelne Inselberge und die knapp 1000 m hohe Bruchscholle des Makonde-Plateaus aus der Ebene. Das südliche Tiefland wird westlich, nach der Senkungsebene des nur 250 m hohen und sumpfigen Kilombero Valley, von der kristallinen Bergkette der über 2000 m hoch aufsteigenden **Southern Highlands** begrenzt. Diese Barriere schiebt sich wie ein Keil zwischen das südöstliche Tiefland, das zentraltansanische Plateau und die nordöstliche Rumpffläche. Diese besondere Reliefgestaltung Südtansanias behinderte lange Zeit die wirtschaftliche und verkehrstechnische Entwicklung. Zwar ließen die guten Naturhäfen, wie Kilwa, Lindi und Mikindani, das heutige Südosttansania an den frühen Handelskontakten mit Arabern und Persern teilhaben, doch stellte die Hochland-Randstufe der Southern Highlands mit ihren steil aufragenden Escarpment-Wänden ein nicht zu überwindendes Hindernis zum

Plateaulandschaften

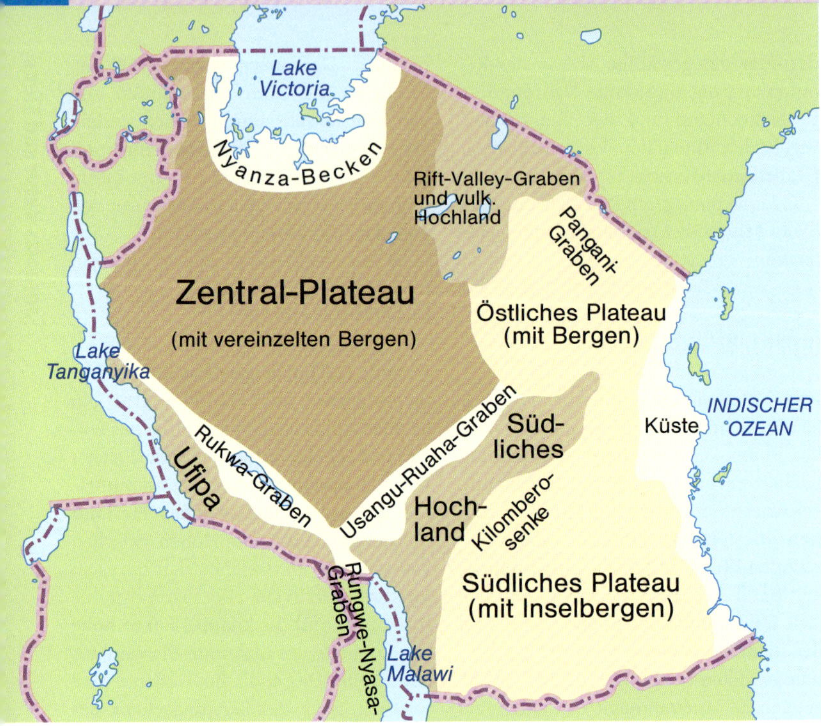

südlichen Zentral-Tansania dar. Sie wurde daher im Norden und Süden umgangen, und erst mit dem Bau der Ta-Za-Ra-Eisenbahn in den 1970er-Jahren gelang es, mit Hilfe zahlreicher Brücken und Tunnels das Iringa-Hochland frontal anzugehen.

Der nördliche Teil des östlichen Plateaus, die **nordöstliche Rumpffläche,** geht westlich in die große, knapp 1000 m hoch gelegene Maasai-Trockensavanne (Maasai-Steppe) über und weist hohe Gebirgszüge wie die Nguru Mountains, Usambara Mountains, Pare Mountains und Lossogonoi Mountains auf, allesamt Ergebnisse der afrikanischen Grabenbruchaktivitäten.

Das afrikanische Grabenbruchsystem

Das afrikanische Grabenbruchsystem erstreckt sich vom Roten Meer durch Äthiopien bis zum Sambesi-Fluss in Mosambik. Der ca. **4500 km** lange „Riss in der Erdkruste" legt die Vermutung nahe, dass sich der östliche Teil Afrikas in ferner Zukunft vom großen Kontinent abtrennen wird, ähnlich wie dies vor Millionen von Jahren mit Madagaskar geschehen ist.

Entstanden ist der Grabenbruch durch gewaltige unterirdische Kräfte, die vor rund 18 Millionen Jahren begannen und die Erdkruste aufspalteten, wobei die aufgerissenen Erdteile mit in den

Riss sanken und geschmolzenes Gestein in vulkanischen Eruptionen an die Oberfläche drang. Noch heute ist dieser Prozess nicht abgeschlossen, wie zahlreiche tätige und halbtätige Vulkane sowie heiße Quellen beweisen, die große Mengen Natriumcarbonat ausspeien und viele Seen im Grabenbruch in alkalische Gewässer oder ätzende Soda-Seen verwandeln.

Betrachtet man eine Karte von Tansania, lässt sich diese Naturgewalt an der langen Kette der nicht-alkalischen Seen Albert, Edward, Kivu, Tanganyika und Malawi eindrucksvoll nachvollziehen, ein Abschnitt, der gemeinhin als **zentralafrikanischer Grabenbruch** (Central oder auch Western Rift Valley) bezeichnet wird und die kulturelle und sprachliche Barriere zwischen Ost- und Zentralafrika markiert. Beim Prozess des Auseinanderdriftens sind hier gigantische Gräben entstanden, an deren Rändern sich große Bergketten erhoben. Am Malawi-See sind die fast senkrecht vom Seeufer über 2000 m aufragenden **Livingstone Mountains** ein eindrucksvolles Beispiel für diese gewaltigen Erdkräfte, die einst im östlichen Afrika wüteten. Die tiefste Stelle des Grabenbruchs liegt jedoch im Norden des über 1400 m tiefen **Tanganyika-Sees.** Hier ragen auf kongolesischer Seite die Monts Mitumba 2500 m in die Höhe, was einen fast 4000 m tiefen Graben ergibt und damit die größte Schlucht aller kontinentalen Schluchten – die Vorstellung, dieser Graben wäre nicht durch den Tanganyika-See aufgefüllt, ist schwindelerregend. Im Norden Kenias gabelt sich ein weiterer Riss vom großen Grabenbruch ab: das **Ostafrikanische Rift Valley.** Dieser östlichere Zweig, der das kenianische Hochland eindrucksvoll durchschneidet, zieht sich, von kleinen Unterbrechungen abgesehen, durch das zentrale Tansania und trifft im Bereich der Southern Highlands bei den Bergen Mbeyas wieder auf den zentralafrikanischen Ast, wo er sich mit diesem über den **Nyasa-Graben (Malawi-See)** nach Süden fortsetzt. Damit ist Tansania das einzige afrikanische Land, welches sowohl vom zentral- als auch vom ostafrikanischen Grabenbruch gezeichnet ist.

Hinzu kommt, dass das östliche Rift Valley in Tansania nicht nur aus einem Graben besteht, sondern mehrere Verästelungen unterschiedlicher Ausprägung aufweist. Auch hier deuten Seen auf den Verlauf des Rift Valley hin, alkalische Seen, die jedoch im Gegensatz zu denen im zentralafrikanischen Grabenbruch sehr flache und saisonal in ihrer Größe variierende Gewässer sind. Von der kenianischen Seenkette (Nakuru, Elementaita, Naivasha und Magadi) setzt sich im Norden Tansanias der **Hauptzweig des Rift Valley** über **Natron-, Manyara-See** und die zwei **Balangida-Seen** bis zu den Bahi Swamps zwischen Manyoni und Dodoma fort. Versetzt beginnt dann südöstlich der Hauptstadt die Bruchstufe des Fufu Escarpment, die südwestwärts entlang der knapp 100 m hohen Bruchstufe des **Ruaha-Grabens** bis zu den Bergen der Mbeya Range verläuft und auf den **Rukwa-Nyasagraben** stößt.

Die deutlichste Ausprägung verzeichnet das ostafrikanische Rift Valley jedoch im Norden, wo einige Grabenwände bis zu 1000 m steil abfallen. Hinzu kommt, dass hier mächtige Vulkanberge aus dem „Grabenboden" ragen, wie der Mt. Hanang, Mt. Gelai oder der „Gottesberg der Maasai", der **Ol Doinyo Len-**

gai – der **letzte noch aktive Vulkan des Rift Valley.**

Im Bereich der heutigen Ngorongoro Conservation Area haben die vulkanischen Aktivitäten an der Bruchstelle des Rift Valley ein riesiges Kraterhochland entstehen lassen (der berühmte Ngorongoro-Krater befindet sich hier!), von dem in südwestlicher Richtung der **Eyasi-Graben** durch den gleichnamigen See entlang der Irembe-Bruchstufe bis zum Wembere Swamp zwischen Tabora und Singida reicht (→ auch bei der Ngorongoro Conservation Area: „Entstehung des Kraterhochlandes").

Ein dritter, kaum sichtbarer Zweig ist der sogenannte **Pangani-Graben,** der vom **Kilimanjaro** (zur Geologie → Kap. 6, S. 269) über die kristalline Bergkette der Pare Mountains und Usambara Mountains reicht. Hier haben sich durch stärkere Heraushebung einzelner Schollen an den Grabenflanken Rumpfberg- und Hügelländer entwickelt, **Gebirgsformationen,** die bereits zum östlichen Plateau gezählt werden und allesamt höher als 2000 m liegen: Nguru, Uluguru, Kibriani, Rubeho, Udzungwa und Mahenge Mountains.

Das zentraltansanische Plateau

Das zentraltansanische Plateau ist eine **mächtige Granitplatte,** welche sich vom östlichen Grabenbruchzweig bis zum Rukwa- und Tanganyikagraben erstreckt. Die Hochebene liegt durchschnittlich auf knapp 1200 m Höhe und reicht vom Norden Ugandas bis zu den Bergen Mbeyas im Süden. In der Mitte dieses Plateaus erstreckt sich eine riesige, aber nicht sehr tiefe Senke, die das Auffangbecken einer Vielzahl von Flüssen und Bächen der innerostafrikanischen Region bildet: der 1134 m hoch gelegene **Victoria-See.** Im Osten des „afrikanischen Mittelmeeres" umfasst diese geologische Einheit auch die Savannen und Flussläufe der **Serengeti.** Westlich des Victoria-Sees ragen Schollenbergländer wie das Kamachumu-Plateau aus der Hochebene, die über die Western Rift Valley Highlands der Staaten Burundi und Ruanda zum zentralafrikanischen Grabenbruch übergehen.

Südlich des Victoria-Sees beginnt schließlich eine weite trockene Ebene, im Swahili **Nyika** genannt, die kaum Erhebungen aufweist und auf der sich endlose Buschsavannen und flächendeckende Trockenwälder erstrecken. Diese Ebene umfasst im Westen die großen Sumpf- und Seengebiete entlang des Moyowosi- und Malagarasi-Flusses und reicht im Südosten bis zu der Ruaha-Bruchstufe und im Südwesten bis zu dem großen Rukwa-Graben, der knapp 300 m tiefer verläuft und sich von den Sumpfebenen des Katavi National Park bis zu den Poroto Mountains südlich von Mbeya erstreckt. Auf der anderen Seite des Grabens erhebt sich die durchschnittlich 1800 m hohe Rumpfscholle des **Ufipa-Plateaus,** die an der Westgrenze Tansanias am Lake Tanganyika 1000 m abfällt.

Südlich der Ruaha-Bruchstufe beginnt das Iringa-Hochland als Teil der Southern Highlands, eine an ihrem östlichen Rand stark zerschnittene Rumpffläche. Diese neigt sich leicht westwärts und fällt über eine kleinere Bruchstufe in die Usangu Flats im Südteil des Ostafrikanischen Grabens ab. Daran schließen sich die mächtigsten Erhebungen im Süden Tansanias an, wie die fast 3000 m hoch aufgewölbten Schollen der **Kipengere Range (Kitulo National Park),** und Vulkanberge wie der 2960 m hohe Mt. Rungwe im Nyasagraben.

Vegetationsformen

Das Spektrum der tansanischen Vegetationsformen reicht von den Extremen der **Wüste bis zum ewigen Eis** der Kilimanjaro-Gletscher. Unter dem Begriff Wüste ist jedoch keine riesige Sandfläche zu verstehen, sondern die tansanische Wüste beschränkt sich auf die alpine Wüste aus Lavageröll, die sich auf dem Kilimanjaro in über 4000 m Höhe zwischen den Gipfeln Kibo und Mawensi erstreckt. Hier wachsen nur noch vereinzelt Flechten. Die besonderen afroalpinen Vegetationsformen des Kilimanjaro, die von tropischem Nebel- und Regenwald über Riesenlobelien bis zu Heiden und Hochmooren reichen und an schottische Landschaften erinnern, werden im Kapitel zum Mt. Kilimanjaro National Park eingehend beschrieben.

Den Charakter einer **Halbwüste** hat in Tansania höchstens das nördliche Rift Valley im Bereich des Lake Natron, doch können auch hier die seltenen Regenfälle die Landschaft in eine grüne Savanne verwandeln.

Fast die Hälfte des Landes wird von riesigen **Trockenwäldern und Savannen** überzogen. Dabei bilden die Trockenwälder die Übergangszone zwi-

Auf einer Walking Safari im Urwald

tannp090 jg

schen den Savannen und den dichten, geschlossenen **tropischen Bergregenwäldern** in den Nationalparks Gombe und Mahale am Lake Tanganyika sowie im Udzungwa Mountains National Park. Höhere Niederschläge als in der Savanne und kürzere Dürrezeiten bewirken den verstärkten Wuchs der Baumarten des Trockenwaldes, wovon insbesondere die *Isoberlinia* und die *Brachystegia* das Landschaftsbild bestimmen. Die Brachystegia heißt auf Swahili *miombo,* woraus sich der charakteristische Name **„Miombo-Wald"** für diese Art von Waldflächen ableitet. Der Baumbestand erreicht Höhen von bis zu 25 m in der Mpanda Region und ist teilweise sehr licht, der Boden ist mit flächendeckenden Gräsern und Buschwerk überzogen – eine Landschaftsform, die oft auch als Baumsavanne bezeichnet wird, wobei diese eher andere Baumarten meint. Der Miombo-Wald erstreckt sich hauptsächlich über den Westen und Süden des Landes.

tannp091 jg

Die **Savannenlandschaften** haben im Wesentlichen **zwei Erscheinungsformen:** Die wirklich offenen und oft schier endlosen Graslandschaften bilden die **Kurzgras- und Langgrassavannen,** wobei es auch eine Übergangsform von mittelhohen Gräsern gibt, deutlich erkennbar in der Serengeti (vgl. dort); die zweite Form sind die **Baumsavannen.**

Der wohl typischste Savannenbaum ist die Akazie. Besonders die **Schirmakazie** *(Acacia drepanolobium),* mit ihrer brettflachen Baumkrone, den weit ausladenden und schattenspendenden Ästen mit geringem Laubwerk und spitzen weißen Dornen, gilt als Wahrzeichen der ostafrikanischen Savannenlandschaften. Ein anderer oft zu sehender Vertreter dieser Baumart ist die **Fieberakazie** mit ihrer gelblichen Rinde, benannt nach dem Umstand, dass Forscher in früheren Zeiten beim Schlaf unter diesem Baum kurze Zeit später Malaria-Fieberschübe bekamen – die Männer hatten schlichtweg nicht realisiert, dass die Bäume von Moskitos als Habitat bevorzugt wurden … In den regenärmeren Savannen wächst hauptsächlich die **Flötenakazie** mit ihren sehr dornigen Ästen. An den spitzen Dornenzweigen wachsen kugelförmige Hohlräume, die wie aufgeplatzte Tischtennisbälle ausse-

[<] Baobab mit Baumhöhle

hen und ein beliebtes Zuhause der afrikanischen Schwarzen Ameise sind, die extrem flink sein kann und deren Bisse ordentlich weh tun. Seinen Namen – im Englischen auch „Whistling Thorntree" genannt – verdankt der Baum dem pfeifenden Geräusch, das verursacht wird, wenn der Wind durch die hohlen Astkugeln weht.

Während der großen Trockenzeit (Juni bis Oktober) brennt die Sonne die Savannen aus, und die Gräser und Bäume liegen nur noch in einem staubigen, gelbbraunen Kleid. Das Wild konzentriert sich auf wenige übrig gebliebene Wasserlöcher, da es in den verdorrten Weiten der Savannen nur geringe Überlebenschancen hat. Die Akazienbäume meistern solche Trockenperioden mit Hilfe sehr langer Wurzeln, die bis ins Grundwasser reichen. Andere Bäume wie der berühmte **Affenbrotbaum** – auch als **Baobab** bekannt (→ Exkurs, S. 202) – speichern das wertvolle Wasser in ihrem dicken Stamm. Mit dem Einsetzen der ersten Regenzeit wird die zuvor trostlos wirkende staubige Landschaft nach nur wenigen Tagen von jungen gelbgrünen Gräsern überzogen. Allmählich schmücken sich dann auch die Sträucher und Bäume wieder mit einem farbigen Blätterkleid, und die Savanne beginnt schließlich in einem satten Grün zu leuchten.

Savannen, die hohe Niederschlagswerte verzeichnen oder in einer großen Senke liegen, die ganzjährig von Flüssen gespeist wird, wie im Westen der Serengeti, werden auch als **Feuchtsavannen** bezeichnet. Mehrere Baumarten bestimmen hier das Landschaftsbild. Neben einem großen Bestand an Akazien wachsen in den Feuchtsavannen **Borassus-Palmen,** deren kerzengerader Stamm sich nach obenhin verdickt und dessen Palmblätter eine buschige Baumkrone bilden. Auch der sogenannte **Leberwurstbaum** *(Kigelia Africana)* ist ein häufiger Vertreter der Feuchtsavanne. Der lustige Name, im Englischen „Sausage Tree", kommt von den wurstartigen Schotenfrüchten, die wie beim Metzger von der Stange (Ast) hängen. Bis zu einem halben Meter lang können die pelzigen „Leberwürste" werden. Gegessen werden sie nicht, doch die Rinde findet in der traditionellen Medizin Verwendung. Besonders dicht treten all diese Baumarten entlang der Flussläufe auf, die die Savannen durchschneiden – eine Erscheinungsform, die **Galeriewald** genannt wird und ein Habitat für zahlreiche Antilopenarten ist, aber auch das Jagdgebiet der Leoparden.

Bei den Savannen, die im Allgemeinen keine sehr hohen Niederschlagswerte verzeichnen, spricht man von **Trockensavannen** oder **Dornenbuschsavannen.** Die Region im nördlichen Rift Valley und die gesamte „Maasai-Steppe" entsprechen diesem Typ. Der Begriff der Steppe hat sich hier seit den ersten Forschungsreisenden etabliert, trifft jedoch nur für die trockenen Graslandschaften in den Außentropen zu. In den Innentropen spricht man von Trockensavannen. Die Dornenbuschsavanne beschreibt die vegetationsreichere Form der Trockensavanne und ist meist von trockenresistenten **Euphorbienbäumen** bewachsen, einer 6–10 m hohen Baumart der Wolfsmilchgewächse, die an große Kakteen erinnert und auch *Candelaberbaum* genannt wird.

Eine Erinnerung an die Zeit des Sklavenhandels, als jährlich Zehntausende von Afrikanern von arabischen Sklavenhändlern an die Küste „getrieben" wurden, sind die zahlreichen **Mangobäume** im Land. Viele von ihnen stammen von Fruchtkernen, die die Araber weggeworfen hatten. Besonders an den alten Handelsstützpunkten an der Küste, im Innern sowie am Tanganyika-See und überall dort, wo einst die Karawanen entlangzogen bzw. lange lagerten, prägen Mangobäume das Bild. Während der deutschen Kolonialzeit wurden dann regelrecht Mangoalleen gepflanzt (z.B. Tabora), die heute noch auszumachen sind, angelegt als Schattenspender für das damals entstehende Straßennetz. Neben den wohlschmeckenden und Energie spendenden Früchten liefert der Mangobaum auch gutes Bau- und Brennholz.

Zwei farblich wunderschöne Bäume und in Tansania in vielen Gebieten zu bewundern sind der lila blühende **Palisanderbaum,** *Jacaranda Tree (Jacaranda mimosifolia)* genannt, und der leuchtend rote **Flammenbaum,** *Flamboyant Tree (Delonix regia),* deren Blüten an einigen Stadt- und Ortsstraßen ein leuchtendes Dach bilden und gerade dann mit ihren auffallenden Farben der Natur Schönheit schenken, wenn diese während der Trockenzeit triste und staubig wirkt. Beide Baumarten sind nicht endemisch in Tansania, sie wurden während der Kolonialzeit ins Land gebracht.

In den Hochlandregionen des Südens und in den Usambara-Bergen dominieren **Kiefern** und **Eukalyptusbäume.** Ganze Landschaften ähneln hier eher dem Thüringer Wald oder dem Allgäu. Besonders das Gebiet von Sao Hill im Südlichen Hochland wird mit Kiefern aufgeforstet, um Holz zur Papierherstellung zu gewinnen. Die Eukalyptusbäume, mit hellgrauer Rinde und langen Blättern, wurden während der englischen Zeit zu Aufforstungszwecken in höher gelegenen Gebieten eingeführt, doch nimmt diese Baumart anderen Bäumen und Pflanzen im Umfeld sämtliche Mineralstoffe weg. Das hat dazu geführt, dass ganze Landstriche, wie im Distrikt von Njombe, von Eukalyptusbäumen übersät sind.

Mit zunehmender Küstennähe und auf den tansanischen Inseln bestimmt meist nur noch eine Baumart die Szenerie: die **Kokospalme.** Andere Bäume der Küste sind **Tamarinde.**

Die bei Meereswind angenehm rauschenden **Palmen** säumen nicht nur weiße Sandstrände und spenden Schatten für Badetouristen. Die tansanische Bevölkerung zieht vor allem wirtschaftlichen Nutzen aus den hoch wachsenden tropischen Palmen. Das Fruchtfleisch der Kokosnuss wird roh gegessen, die Milch getrunken (in Sansibar als „Dafu" bekannt und ein beliebter Durstlöscher). Oder aus dem weichen Inneren wird Kopra zur Verarbeitung von Fetten, Ölen und Seife gewonnen. Mit den Blättern der Pflanze werden Dächer gedeckt und vielfältige Flechtwerke (Körbe, Hüte, Matten) hergestellt. Und aus dem von abgeschnittenen Fruchtstielen tropfenden Saft wird Palmwein gewonnen. Dieser kann je nach Alter unterschiedlich stark sein und ist besonders im Westen Tansanias, wo entlang des nördlichen Abschnitts des Tanganyika-Sees ebenfalls viele Palmen wachsen, bei Feierlichkeiten ein sehr beliebtes Getränk.

Die Inseln Sansibar und Pemba sind noch mit großen Plantagenflächen von **Nelkenbäumen** überzogen, aber auch Vanille und andere **Gewürz- und**

Fruchtbäume, die von Übersee eingeführt wurden, prägen das Bild der Inseln (vgl. im Kapitel zu Sansibar).

Zu den charakteristischsten Bäumen am Meeresufer zählen in Tansania die bis zu 5 m hoch wachsenden **Mangroven.** Diese festigen mit ihren langen und üppigen Wurzeln den Küstenrand und verhindern so, dass Schlammbänke und Stranddünen von den Wogen des Ozeans weggespült werden. Es gibt insgesamt an die dreißig verschiedenen Mangrovenarten, die vor allem bei der einheimischen Bevölkerung wegen ihres harten Holzes als Bau- und Brennmaterial sehr beliebt sind. Aus der Rinde wird eine Gerbsäure gewonnen, die zum Färben von Leder verwendet wird. Der Bestand an Mangrovenwäldern ist besonders groß in Buchten und in landeinwärts verlaufenden Meeresarmen *(creeks)* und an Küstenabschnitten, wo sie vor starker Brandung geschützt sind. Eine Pflanze, die nicht gerade beliebt ist und deren Bestand am Victoria-See lange Zeit katastrophale Ausmaße angenommen hatte, ist die **Wasser-Hyazinthe.** Das Ausmaß des Wucherungspotenzials verdeutlicht die Tatsache, dass die Ausläufer einer Pflanze im Laufe weniger Monate eine Wasseroberfläche von mehreren 100 m² bedecken können.

Klima

Tansania unterliegt insgesamt **äquatorialen Klimabedingungen,** die jedoch wegen der topografisch stark variierenden Landschaftsformen sehr unterschiedliche Ausprägungen haben können. Insbesondere die Regionen an den Bruchstufen des afrikanischen Grabenbruchsystems, wo sich auf nur wenigen Kilometern Entfernung Höhenunterschiede von mehr als 2000 m auftun, weisen unterschiedlichste Klimaverhältnisse auf. Dies macht sich nicht nur durch **mildere Temperaturen bei zunehmend steigender Höhe** bemerkbar, sondern auch durch unterschiedliche Niederschlagswerte. An den steilen Hängen der Gebirgszüge und der Grabenbruchwände entstehen Steigungsregen; Wolken bilden sich, nehmen Feuchtigkeit auf und entladen sich, während sie die natürlichen Barrieren überwinden. Alle Bergregionen Tansanias unterliegen diesem Phänomen, wobei sich die Regen und Wind zugewandten Hanglagen (Luv-Seite) gegenüber den im Regenschatten liegenden Hängen (Lee-Seite) und den anschließend folgenden Trockenwäldern und Trockensavannen deutlich unterscheiden. Bis auf die Bergregionen des Gombe und Mahale Mountains National Park am Lake Tanganyika erhalten alle Gebirgszüge und tektonischen Bruchstufen Tansanias an ihren westexponierten Seiten („Wetterseite") mehr Regen. Für diesen Effekt sind die vorwiegend in westlicher Richtung wehenden Ostwinde verantwortlich, die aus den Monsunwinden über dem Indischen Ozean resultieren und das Klima besonders entlang des ostafrikanischen Küstenvorlands bestimmen. Von Oktober bis Februar herrscht der **Nordost-Monsun Kaskazi,** der die kleine Regenzeit (November, Dezember) mit sich bringt. Danach bestimmt der **Südost-Monsun Kusi** das Klima und ist verantwortlich für Tansanias große Regenzeit (Mitte März bis Juni). Diese fällt stärker

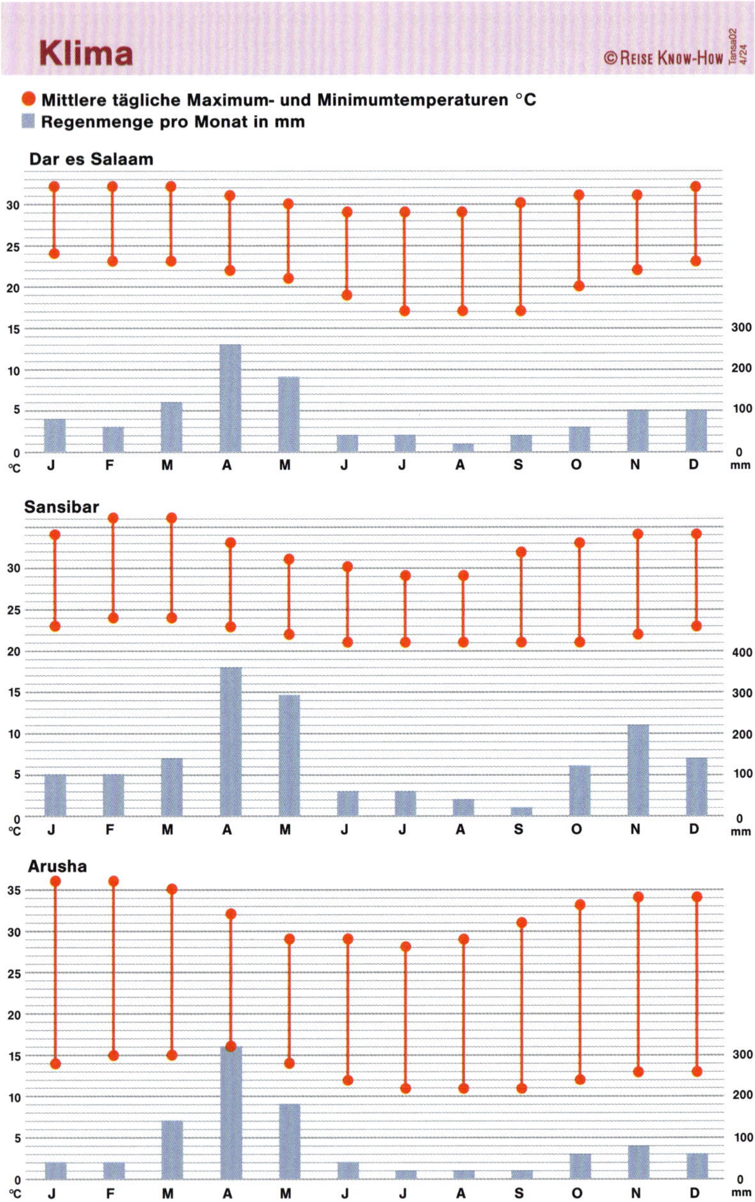
Klima
© Reise Know-How
Tansa02 4/24
Mittlere tägliche Maximum- und Minimumtemperaturen °C
Regenmenge pro Monat in mm
Dar es Salaam
Sansibar
Arusha
J F M A M J J A S O N D
°C
mm

aus, da die Winde große Wassermassen über dem südlichen Indischen Ozean aufnehmen. Die Unterteilung in zwei Regenzeiten verwischt jedoch im Südwesten Tansanias. Hier sind die Niederschlagswerte von November bis April insgesamt hoch.

Typisches **schwül-heißes, tropisches Klima** herrscht hauptsächlich im **Küstenvorland** und auf den Inseln sowie in Regionen wie dem Kilombero Valley und dem Rungwe Tal am Nordende des Nyasasees. Hier betragen die mittleren Lufttemperaturen zwischen 24 und 31 °C, und die relative Luftfeuchtigkeit liegt zwischen 70 und 85 %. Ähnliche Verhältnisse herrschen im Innern Tansanias nur an den Ufern des Tanganyika-Sees und im nördlichen Rift Valley. Ansonsten gehört das nördliche Tansania, trotz seiner größeren Nähe zum Äquator, eher zu den kühleren Regionen des Landes. Die höheren Lagen der Städte Arusha und Moshi und selbst die Savanne der Serengeti können während der **kühlsten Monate des Jahres (Juli/ August)** sehr milde Temperaturen aufweisen. In dieser Zeit steht die Sonne über dem nördlichen Wendekreis, der Einfallswinkel der Sonnenstrahlen und damit auch die Intensität ist dann am geringsten. Richtig kalt und teils auch frostig wird es in diesen Sommermonaten im Ngorongoro-Kraterhochland, wo man sich in den Nächten nach wärmendem Kaminfeuer sehnt. Das Klima lässt sich mit dem mitteleuropäischen Herbst vergleichen und gilt insbesondere auch für die Usambara-Berge und die Southern Highlands. Im Süden auf den Hochebenen der Kipengere Range kann es in dieser Zeit sogar zu Schneeverwehungen kommen. Ansonsten fällt nur auf dem Kilimanjaro ab 5000 m Höhe regelmäßig Schnee.

Das Klima auf dem großflächigen zentraltansanischen Plateau ist trotz der durchschnittlichen Höhe von 1200 m eher warm, jedoch wesentlich trockener als an der Küste. Auch die Regenzeiten fallen hier wesentlich schwächer aus, die trockenste Region Tansanias liegt westlich der Hauptstadt Dodoma mit nicht einmal 500 mm Regen pro Jahr.

Demgegenüber sorgt nur wenige 100 km nördlich der große **Victoria-See** für **ganzjährige Niederschlagswerte,** auch außerhalb der eigentlichen Regenzeiten. Neben der westlichen Serengeti (Western Corridor) ist besonders die Westseite des Sees von viel Regen betroffen. Über der Wasserfläche, fast so groß wie Österreich, bewirkt die intensive Sonneneinstrahlung die Verdunstung großer Wassermengen, die sich zu Wolken formen und östlich, vor allem aber westlich des Sees wieder abregnen.

Was hat das Wetter mit einer Safari in Tansania zu tun?

Die Regen- und Trockenzeiten bestimmen den Rhythmus in der Pflanzen- und Tierwelt zwischen Gedeihen und Eingehen, zwischen Zu- und Abwanderung. Kippt das **empfindliche Klimasystem,** fällt Regen aus und kommt es zu Trockenperioden. Dann herrscht ein zäher Existenzkampf um Leben und Tod. Das ökologische Gleichgewicht von Angebot und Nachfrage in der Ernährungskette der Tierwelt reagiert sehr sensibel auf klimatische Veränderungen. Wasser bedeutet nicht nur Leben, vielmehr steht es für große Tierpopulationen und Artenreichtum der Flora und Fauna – die besten Voraussetzungen für eine großartige, tierreiche Safari in Tansania!

Aufgrund der regional unterschiedlichen Klimabedingungen kann für Tansania nicht von einer **„besten Reisezeit“** gesprochen werden. Die regenfreien und etwas kühleren Sommermonate sind entlang der Küste sicherlich die angenehmsten, der Großteil der Serengeti ist jedoch dann recht tierarm. Auch das Ngorongoro-Kraterhochland und die Besteigung des Kilimanjaro können extrem frostig werden! Für den Norden sind die Monate Januar bis Mitte März klimatisch, aber auch hinsichtlich der blühenden Vegetation und dem damit verbundenen Tierreichtum ideal.

Tansanias Nationalparks

Der Größe nach aufsteigend sortiert (Informationen unter der angegebenen Seite):

- Nyerere National Park | 308
- Ruaha National Park | 335
- Serengeti National Park | 240
- Burigi Chato National Park | 351
- Mikumi National Park | 325
- Tarangire National Park | 197
- Katavi National Park | 346
- Mkomazi National Park | 294
- Ugalla River National Park | 350
- Mahale Mountains National Park | 353
- Saadani National Park | 301
- Mt. Kilimanjaro National Park | 267
- Udzungwa Mountains National Park | 331
- Lake Manyara National Park | 206
- Rubondo Island National Park | 367
- Rumanyika Karagwe National Park | 351
- Arusha National Park | 180
- Kitulo Nationalpark | 341
- Ibanda Kyerwa National Park | 351
- Gombe Stream National Park | 360

Wild- und Naturschutz

„The Survival of our wildlife is a matter of grave concern to all of us in Africa. These wild creatures, amid the wild places they inhabit, are not only important as a source of wonder and inspiration, but are an integral part of our natural resources and of our future livelihood and well-being“, sprach der weitsichtige Präsident *Julius Nyerere* kurz nach der Unabhängigkeit 1961 in seinem in Arusha vorgestellten „Manifest des afrikanischen Sozialismus“. *Nyerere* war in seiner Amtszeit einer der großen Fürsprecher und Initiatoren für die Errichtung der vielen Wild- und Naturschutzgebiete Tansanias.

Insgesamt sind über **300.000 km² der Staatsfläche** (entspricht ca. der Größe Italiens) dem Natur- und Wildschutz gewidmet. Allein die **Nationalparks** und **Game Reserves** (Wildreservate) sowie die in den letzten Jahren in vielen Regionen hinzugekommenen **Wildlife Management Areas** (WMA) nehmen etwa 25% der Landesfläche ein. Mit diesem Prozentsatz hat Tansania die Führungsrolle auf dem afrikanischen Kontinent inne. 2019 sind **vier neue Nationalparks dazugekommen**. Von dem einst größten Wildschutzgebiet Afrikas (der Selous Game Reserve mit einer Größe wie der gesamten Schweiz) wurden 30.000 km² abgetrennt und dem neuen **Nyerere Nationalpark**, damit **der größte Nationalpark Tansanias,** hinzugefügt.

[>] In Nationalparks gelten viele Vorschriften

Der Naturschutz untersteht dem *Ministry of Natural Resources and Tourism*, auch MNRT genannt. Die Behörde **TAWA (Tanzania Wildlife Authority)** verwaltet alle *Game Reserves* und *Game Controlled Areas* des Landes. Sie unterstützt mit ihrem Regelwerk auch die mit dem Naturschutz beauftragte Administration der *Wildlife Management Areas* (WMAs, → S. 149).

Nationalparks

Die Nationalparks stehen **unter absolutem Natur- und Wildschutz** und dienen ausschließlich touristischen Belangen und der zoologischen/biologischen Forschung und sollen für künftige Generationen als ein Stück unangetasteter Natur erhalten bleiben.

Die Verwaltung der Nationalparks obliegt der Organisation **TANAPA (Tansania National Parks Authority),** die ihren Sitz in Arusha hat und in großem Maße von Entwicklungshilfe und Geldspenden aus der westlichen Welt abhängig ist, denn die Einnahmen aus dem Tourismus decken die Verwaltungskosten nicht annähernd, und auch aus der Staatskasse in Dar es Salaam fließen kaum Gelder. Vor allem Nationalparks in der Größenordnung des Serengeti-Parks hätten ohne ausländische Unterstützung nie erhalten werden können. Sehr aktiv, nicht zuletzt wegen des Gründungsvaters der Serengeti, *Bernhard Grzimek*, ist die Zoologische Gesellschaft Frankfurt, die in vielen Nationalparks und *Game Reserves* mit technischer Hilfe rund um die Uhr im Einsatz ist. Seither, vor allem aber wegen der

tan101 pr

wachsenden Besucherzahlen, können die nördlichen Parks zunehmend auf eigenen Füßen stehen, wobei mögliche Überschüsse sofort in die Verwaltungskassen der noch unterentwickelten Parks im Süden und Westen fließen.

Während die Besucherzahlen für die nördlichen Parks seit der Jahrtausendwende stark angestiegen sind, werden die südlichen und westlichen Schutzgebiete aufgrund ihrer Abgeschiedenheit und den damit verbundenen höheren Anreisekosten noch nicht in gleichem Maße aufgesucht.

Die **Eintrittsgebühren** für die Serengeti, den Nyerere und den Kilimanjaro National Park liegen bei 83 $ pro Tag und Person, für die Ngorongoro Conservation Area bei 71 $ pro Tag und Person zzgl. einer Kratergebühr von 300 $ pro Fahrzeug, während für alle übrigen Parks im Norden die Gebühren bei 59 $ liegen und für die östlichen, südlichen und westlichen Parks bei 35,50 $. 118 bzw. 95 $ Eintritt werden für die „Schimpansen"-Nationalparks Gombe und Mahale Mountains verlangt.

Alle übrigen Details zu Tierwelt, Preisen, Anreise, Besuchszeit, Unterkünften und Camping, Pistenverhältnissen, Fotografier- und Wandermöglichkeiten sind den Kapiteln zu den einzelnen Nationalparks zu entnehmen. **Informationen** sind auch erhältlich bei:

TANAPA
P.O. Box 3134, Dodoma Road, Arusha
Tel. (027) 2503471, 2504082
www.tanzaniaparks.co.tz

⊡ Strand im Rubondo National Park

Marine Park & Reserves

Seit 1995 zählt Tansania mit dem **Mafia Island Marine Park** seinen ersten maritimen Nationalpark. Pläne für weitere Meeresparks liegen vor. Bereits als Schutzgebiet deklariert ist der **Mnazi Bay Marine Park** an der Grenze zu Mosambik.

Informationen über die weitere Entwicklung von maritimen Schutzgebieten erhält man bei Marine Parks und Reserves in Dar es Salaam, welche dem Ministry of Natural Resources und Tourism untersteht:

Marine Parks & Reserves
P.O. Box 7565, Olympic Street, Plot 950
Upanga West, Dar es Salaam
Tel. (022) 2150621, 2150420
www.marineparks.go.tz

Conservation Area

In Tansania gibt es seit 1959 diese Sonderform eines Nationalparks. Das Modell hat inzwischen in der ganzen Welt Schule gemacht. Es handelt sich um den Versuch, die Interessen von Menschen, im Falle der **Ngorongoro Conservation Area** die der Maasai, mit den Erfordernissen eines Nationalparks unter einen Hut zu bringen. So dürfen im Ngorongoro-Kraterhochland die Maasai (und nur diese) mit ihrem Vieh leben – inmitten der unter striktem Schutz stehenden afrikanischen Tierwelt. Die Ngorongoro Conservation Area wird wie ein Nationalpark behandelt (Gebühren und Verhaltensregeln entsprechen den Parks des „Northern Tourist Circuit") und kann für viele Parks in Afrika, die an ihren

Grenzen erhöhtem Bevölkerungsdruck ausgesetzt sind, als Beispiel einer sachgerechten Lösung dienen (→ Exkurs „Die Entstehung der Ngorongoro Conservation Area", S. 230).

Game Reserves (Jagd)

Die *Game Reserves* werden von TAWA verwaltet (s.o.) und unterliegen ähnlichen Schutzbestimmungen wie die Nationalparks, stehen aber nur in sehr beschränktem Maße der Nutzung durch Menschen zur Verfügung, wobei eine Besiedlung nicht gestattet ist. Häufig dienen die Game Reserves als **Puffergebiete** zwischen Nationalparks und den Siedlungsflächen der ländlichen Bevölkerung – eine Schutzfunktion, die in den letzten Jahren besonders für das Ökosystem der Serengeti enorm wichtig geworden ist.

Die *Game Reserves* werden mit Ausnahme der Gebiete Kijereshi, Maswa und Grumeti nicht für fototouristische Zwecke genutzt. Der Großteil der Wildreservate dient dem professionellen Jagd-Tourismus mit Devisen bringenden ausländischen Kunden, hauptsächlich von der arabischen Halbinsel, aus Nordamerika und aus einigen Staaten Nordeuropas. Viele ausländisch geführte Jagdunternehmen operieren hier abseits der Öffentlichkeit. Seitdem die nationale Jagdbehörde *Tanzania Wildlife Cooperation* (TAWICO) privatisiert wurde, bekommen die Jagdunternehmen ihre Konzessionsgebiete, die Abschussquoten und die Festlegung der Trophäenpreise über das *Wildlife Division* (WD), welches dem *Ministry of Natural Resources and Tourism* (http://mnrt.go.tz) untersteht. 50% der Jagdeinnahmen bleiben bei der *Wildlife Division.* Je nach Größe der *Game Reserves* können dort mehrere

tan091 jg

Jagdfirmen in Zonen aufgeteilte Jagdcamps betreiben.

Über die Möglichkeit, auch als nichtjagender Tourist diese *Game Reserves* besuchen zu können, werden Sie jeweils im Reiseteil informiert.

Derzeit hat Tansania **22 Game Reserves:**

- **Selous**
- **Rungwa**
- **Maswa**
- **Ugalla South**
- **Rukwa**
- **Moyowosi**
- **Kigosi**
- **Grumeti**
- **Ikorongo**
- **Muhesi**
- **Pande Forest**
- **Kijereshi**
- **Kipengere-Mpanga**
- **Msanjesi**
- **Kizigo**
- **Luafi**
- **Usangu**
- **Lukwila Lumesule**
- **Swagaswaga**
- **Mkungonero**
- **Lukwati-Piti**

tan092 jg

Buschbock-Weibchen

Wildlife Management Area und Forest bzw. Nature Reserve

Als vierte Form der Natur- und Wildschutzgebiete sind die **Wildlife Management Areas (WMA)** – in vielen Karten heißen sie noch *Game Controlled Areas* (GCA) – und die *Forest* bzw. *Nature Reserves* zu nennen. In einigen WMAs werden Jagdunternehmen feste Abschussquoten zugestanden und Jagdreviere als Konzessionsgebiete zugeschrieben. Gegen eine entsprechende Gebühr, zu zahlen bei der *Wildlife Division,* darf jeder diese Jagdkontrollgebiete frei durchfahren. Derzeit gibt es 33 *Wildlife Management Areas,* von welchen nur fünf im Norden Tansanias auch für fototouristische Zwecke genutzt werden.

Bei den *Wildlife Management Areas* wird versucht – ähnlich wie im Falle der *Ngorongoro Conservation Area* –, das **Schutzkonzept eines Nationalparks mit den Interessen der vor Ort lebenden Menschen** zu **vereinen.** Ziel ist ein System, das ein Gebiet unter strengen Naturschutz stellt, ohne dabei die im Verhältnis zur Gebietsgröße geringe Population umzusiedeln, sondern die ansässigen Menschen zu Naturschützern und Verwaltern des eigenen Gebietes zu machen. Die bisherige Praxis jedoch zeigt, dass die meisten Bewohner vor Ort mit den teils sehr reglementierten Aufgaben überfordert sind. Auch fehlen in fast allen Gebieten – die meisten grenzen an Nationalparks – die nötigen Einnahmen, um das Konzept tragfähig zu machen. Bisher haben sich nur wenige Safari Lodges oder Camps in *Wildlife Management Areas* entwickelt. Lediglich entlang der westlichen und östlichen Grenzen der Serengeti, im Tarangire sowie in der Enduimet WMA am Fuße des Kilimanjaro haben Safariunternehmen Camps errichtet.

Im Falle der **Forest oder Nature Reserves** handelt es sich hauptsächlich um letzte Bergregenwälder, die klimatisch und als Wasserspeicher bedeutsam sind. Fast jedes größere Gebirge in Tansania über 2000 m Höhe besitzt solche montanen Waldgürtel in den Gipfelregionen, die vor allem als „Wolkenfänger" höhere Niederschlagsmengen verzeichnen. Die fruchtbaren Berghänge werden von der wachsenden Bevölkerung immer intensiver genutzt, die Waldgrenze wird dabei überschritten, und ein unkontrolliertes Abholzen bleibt nicht aus. Nur in manchen Bergregionen ist es gelungen, ein Stück weit solche ökologisch empfindlichen Wälder mit ihrer inselartigen und zum Teil endemischen Flora und Fauna vor weiteren Eingriffen zu schützen. Seit Längerem sind hier die ganz im Westen befindlichen Regenwälder im Gombe und Mahale Nationalpark, die naturräumlich zum großen Kongobecken gehören, unter Schutz gestellt. Doch außer den *protected forest zones* in den nördlichen Nationalparks Arusha, Manyara (Marang Forest) und Kilimanjaro sowie in der *Ngorongoro Conservation Area* erhielt im übrigen Tansania erst ein Bergregenwald den Schutzstatus eines Nationalparks, nämlich der Udzungwa Mountains National Park. Darüber hinaus bieten das **Amani Nature Reserve** in den östlichen Usambaras und das **Magamba Forest Reserve** bei Lushoto mit ihren ausgeschilderten Wanderwegen Besuchern die Möglichkeit, einen Eindruck von diesen dschungelartigen Bergwäldern außerhalb der Nationalparks zu bekommen.

Weitere geschützte *Forest Reserves* mit Wanderwegen, die nicht in Bergen liegen, sind die letzten tropischen Wälder von **Jozani** und **Ngozi** auf Sansibar und Pemba sowie die Urwälder **Pugu** und **Pande** nahe Dar es Salaam, der **Zaraninge Forest** bei Saadani, das Forest Reserve Uzungwa Scarp bei Iringa sowie das Rungwe Nature Reserve noch weiter südlich in der Nähe von Mbeya.

Für den Erhalt und das Management der Wälder ist die TFS **(Tanzania Forest Services)** zuständig. Ein **Tageseintritt** zu den sogenannten *Nature Reserves* liegt bei **10 US$** (weitere Auskunft über www.tfs.go.tz).

Abholzung und Wilderei

Wegen ausgelaugter Böden und aufgrund des Populationsanstiegs reichen vielerorts die bisherigen Ackerflächen nicht mehr zur Versorgung mit Grundnahrungsmitteln aus. Der Feldbau rückt daher immer näher an die Wälder heran, die diesem schließlich zum Opfer fallen. Es wird geschätzt, dass Tansania auf diese Weise **etwa 4000 km² Waldfläche pro Jahr verliert,** von denen trotz zahlreicher Projekte nur ein Bruchteil wieder aufgeforstet wird. Das Abholzen wird weitergehen, denn 96 % des landesweiten Energiebedarfs werden mit Holz gedeckt. Auch in Städten mit Stromversorgung schätzt man, dass etwa 85 % der Einwohner ihre Küchen mit Holzkohle betreiben. Elektrische Kochplatten können sich die wenigsten leisten. Allein in den letzten 30 Jahren hat sich der Holzbedarf auf über 90 Millionen m³ verdoppelt. Speziell Gebiete wie die Mwanza- und Shinyanga-Region leiden an flächenweiser Abholzung. Zum Problem der Oberflächen-Erosion gesellen sich aufgrund der immer länger werdenden Transportwege explodierende Holzpreise. Ein Sack Holzkohle kostet mittlerweile 70.000 TSh (von einst 35.000 TSh), für manche Familien ein ganzer Wochenlohn.

In den letzten Jahrzehnten sind gerade die bis dahin verschonten **Miombo-Wälder** bevorzugte Gebiete für den Feldanbau geworden. Die wirtschaftliche Nutzung dieser Wälder, die noch knapp 30 % der Landesfläche bedecken, gestaltet sich jedoch als schwierig. Die Tsetse-Fliege (Überträgerin der Schlafkrankheit!) macht den Wald für Mensch und Vieh zu einem extrem lebensfeindlichen Umfeld und wäre nur durch großflächige, ökologisch desaströse Rodungen wirksam zu vertreiben. Daher gehen nur Honigsammler in den Wald und hängen in den Bäumen ihre Bienenkörbe auf, und Frauen schlagen das Unterholz als Brennmaterial aus den Wäldern. Hinzu kommt, dass der „Miomboboden" nicht sehr ertragreich ist und mineralienarm. Für die meisten Anbauprodukte fallen zudem die Niederschläge im Allgemeinen zu niedrig aus. Dennoch sind viele Menschen auf neue Böden angewiesen, und so entstehen immer mehr Rodungsinseln: Dabei schlagen die Bauern die Bäume in Kniehöhe ab, verbrennen das Holz, und die Asche wird als Dünger über die Beete gestreut. Erste Ernten sind meist Kassava, Hirse und Mais, doch nach drei bis vier Jahren lässt die Fruchtbarkeit des Bodens nach, und die Felder müssen aufgegeben und neue

Waldstücke gerodet werden. Die brachliegenden Flächen überzieht im Laufe der Jahre ein schützendes Dickicht, und nach zehn bis fünfzehn Jahren sind wieder größere Bäume herangewachsen. Doch eine komplette Regeneration der ursprünglichen Waldvegetation dauert sechzig bis einhundert Jahre. So ist an dieser Stelle festzuhalten, dass die Tsetse-Fliege – Feind der Tiere und Menschen – gleichzeitig letzter Garant für den Erhalt des Waldes ist.

Das Vorrücken der Menschen engt natürlich auch die Rückzugsgebiete der Wildtiere ein. Die Wilderei ist dabei ebenso schwer kontrollierbar wie das flächenhafte Abholzen und das Anlegen neuer Felder.

Zu Problemgebieten im Interessenkonflikt von Natur- und Wildschutz einerseits und dem wachsenden Bedarf der Menschen nach Acker- und Weideflächen andererseits sind in letzter Zeit verstärkt die **Randbereiche der Nationalparks und Game Reserves** geworden. Hiervon sind weniger die trockeneren Schutzgebiete des Rift Valley betroffen, etwa die Nationalparks Tarangire, Ruaha und Katavi. Im Grabenbruch sind im Manyara-Nationalpark die natürlichen Migrationspfade der Tiere im Norden und Süden durch verstärkte Ansiedlungen bedroht.

Die weitaus größeren Problemzonen befinden sich an den Westgrenzen der Serengeti und auch im Süden des Selous Game Reserve. Hier kommt es verstärkt zur Wilderei: Die wachsende Bevölkerung ist auf Fleisch als Grundnahrungsmittel angewiesen, speziell im Westen der Serengeti, wo nicht zuletzt aufgrund des immer fischärmer werdenden Victoria-Sees die Menschen Wildbret als Alternative benötigen. Die zunehmende Nähe der menschlichen Ansiedlungen zu den Wildtieren hat vermehrt **Schäden auf den Feldern** zur Folge, etwa wenn Gnuherden auf ihrem Migrationszyklus an Dörfern vorbeiziehen oder Elefanten sich im Süden des Selous auf Maisfeldern bedienen. Zudem wächst auch die Gefahr, dass sich **Krankheiten** vom Vieh der Bauern auf die Wildtiere übertragen.

Einige hundert Menschen fallen pro Jahr Tieren zum Opfer. Ursächlich hierfür sind weniger Löwen und Giftschlangen, sondern Krokodile, Flusspferde, wütende Elefanten, Leoparden etc. Tansania wird in den nächsten Jahrzehnten verstärkt mit der Problematik der **Koexistenz von Mensch und Tier** konfrontiert werden: Einerseits muss der Bevölkerung Sinn und Zweck der Einrichtung von Nationalparks vermittelt werden, andererseits gilt es, die Lebensgrundlagen der Menschen zu garantieren. Hier kann westliche Entwicklungshilfe einen wesentlichen Beitrag leisten.

Arusha | 154

Arusha National Park | 180

Enduimet WMA/
West-Kilimanjaro | 196

Lake Manyara National Park | 206

Ngorongoro Conservation Area | 213

Serengeti National Park | 240

Tarangire National Park | 197

tannp092 jg

5
Northern Safari Circuit

Gnus im Mara River

Arusha

Die **Tourismus-Hauptstadt Tansanias** liegt in 1450 m Höhe am grünen Fuße des prachtvoll anzusehenden Vulkanbergs **Mt. Meru** (4565 m). Das Klima ist angenehm mild. In der Stadt lassen sich Safaris jeglicher Art in alle Teile des Landes organisieren. Aber vor allem durch die **zentrale Lage inmitten der nördlichen Nationalparks** („Northern Safari/ Tourist Circuit") stellt Arusha mit weit über 200 Safariveranstaltern den optimalen Ausgangsort für Besuche in die nahe gelegenen Parks und Trekking-Touren dar. Auch für die Besteigung des Kilimanjaro bietet die Stadt professionelle Bergsteiger-Unternehmen (genau wie Moshi). Übrigens bezeichnet „Arusha" nicht nur die Stadt selbst, auch die umliegenden Orte Ngaramtoni, Mbouda, Tengeru und Usa River gehören zum Einzugsgebiet der Stadt. Speziell in der ruhigeren Umgebung von Tengeru und Usa River befinden sich Hotels und Lodges für internationale Safari-Gäste.

Von 1998 an machte Arusha von sich reden als das **„Genf von Afrika"**, da hier das internationale UN-Tribunal tagt, um über die Verantwortlichen des Ruanda-Genozids von 1994 zu richten.

Auch regional-politisch gewinnt die Stadt an Bedeutung: als **Verwaltungs-Hauptstadt der East African Community (EAC)**, der ostafrikanischen Wirtschaftsgemeinschaft. Die Staatschefs aus Uganda, Kenia, Tansania, Ruanda und neuerdings Burundi treffen sich regelmäßig in der quirligen Stadt am Mt. Meru, um nach dem Vorbild der EU die wirtschaftliche und politische Zusammenarbeit in Ostafrika voranzutreiben.

Das Haupt-Safarigebiet Tansanias – Northern Circuit

Nahezu alle Erstreisenden nach Tansania begeben sich auf eine Safari durch die namhaften **Nationalparks und Wildschutzgebiete zwischen Kilimanjaro und Viktoria-See,** eben auf den Northern Safari Circuit.

Fast alle deutschsprachigen Veranstalter konzentrieren ihre Standard-Safari-Programme auf die **Naturschutzgebiete Tarangire, Manyara, Ngorongoro und Serengeti.** Dementsprechend kann es in der Hochsaison auch ziemlich voll werden mit Besuchern aus aller Welt.

Um nicht permanent im Konvoi mit Dutzenden von anderen Veranstaltern zu fahren, lohnt es sich, auch auf andere Ziele im Umfeld des Northern Circuit zu blicken bzw. andere Routen zu wählen, was leichter geworden ist, da sich vielerorts die Straßen verbessert haben. Ein Abweichen von den „klassischen" nördlichen Safari-Pfaden lässt auch mehr Raum für individuelle, persönliche Erlebnisse, beispielsweise bei einem Abstecher zum **Mkomazi National Park,** zum **West-Kilimanjaro-Gebiet der Enduimet WMA** oder zum **Lake Natron.** Der Lake Natron bietet zudem weniger befahrene Straßen in Richtung Nord-Serengeti oder ostwärts über Longido zum Fuße des Kilimanjaro und weiter zum Kilimanjaro International Airport. Auch der **Arusha National Park** wird oftmals unterschätzt, ist jedoch gerade am Anfang oder Ende einer Safari eine von Wildnis geprägte Alternative zur Übernachtung in Arusha-Stadt oder ihrem Umfeld.

Arusha ist nach Dar es Salaam die am schnellsten wachsende Stadt Ostafrikas und mit mittlerweile über **400.000 Einwohnern** Hauptstadt der gleichnamigen großen Verwaltungsregion. Zudem ist es das Landwirtschaftszentrum des sehr fruchtbaren Umlandes. Hauptanbauprodukte im Norden der Stadt, an den Hängen des Meru, sind vor allem Kaffee, Bananen, Mais und vereinzelt auch Tee. Im Westen der Stadt liegen große Weizen-, Mais- und auch Kaffeefelder, die z.T. noch aus der Ujamaa-Zeit stammen und heute Privatunternehmen mit westlichen Investoren unterstehen. Der Markt der Stadt bietet daher ein sehr reichhaltiges Angebot.

Einen Namen hat sich die Großregion Arusha auch mit dem **Export von Blumen** (in erster Linie Rosen) und Saatgut gemacht. Diese Landwirtschaftsindustrie, vorwiegend in europäischer Hand (hauptsächlich Holländer), bietet viele Arbeitsplätze und breitet sich im Osten der Stadt in Richtung Tengeru, Usa River und bis zu den nahe gelegenen Hängen des Kilimanjaro aus. Allabendlich wird der große Bauch einer Fracht-Boeing 747 von KLM mit Rosen und Samen für den europäischen Verteiler in Amsterdam vollgeladen.

Die südwestlichen Flanken des Meru werden aufgrund der mineralisch sehr fruchtbaren Vulkanböden extensiv zur Landwirtschaft von den hier lebenden **Arusha-Maasai** und vom Volk der Meru genutzt. Bei den Arusha handelt es sich um eine Maasai-Splittergruppe, die Mitte des 19. Jahrhunderts aus den trockeneren Regionen des Rift Valley hierher zog und als Ackerbauern tätig wurde. Nach anfänglichen Kämpfen mit den Meru um Ländereien übernahmen sie deren Techniken der Feldwirtschaft. Sie fühlen sich jedoch weiterhin als Maasai, was in Kleidung und Lebensstil außerhalb von Arusha noch zum Ausdruck kommt. Die Arusha-Maasai, die in der Stadt selbst wohnen, sind nahezu alle christlich und teils auch sehr stolz auf den Ursprung ihrer Glaubensbekehrung – die vor über 100 Jahren hier aktiv gewordene Leipziger Missionsgesellschaft. Die evangelische Diözese der Stadt wird angeführt von einem Maasai, den man „Bishop“ nennt!

Industrie und Ausbildungsstätten Arushas hinken dem touristischen Stellenwert der Stadt hinterher. Viele der Betriebe und Fabriken leiden unter altmodischen oder reparaturbedürftigen Anlagen. Joint Ventures mit ausländischen Unternehmen sind für viele die letzte Rettung, eine Möglichkeit, die in den letzten Jahren vor allem von südafrikanischen Investoren wahrgenommen wurde. Die einst verrottete Brauerei produziert heute mit moderner südafrikanischer Technik, bei den Lebensmittelbetrieben hat sich die Lage auch gebessert. In der großen KILTEX-Textilfabrik, die viele Jahre lang den Stadtfluss Themi mit ungeklärten Abwassern verpestete, wurde die Arbeit eingestellt. Eines der größeren Unternehmen ist die Reifenfabrik Sameer Tyre, die knapp 1000 Arbeitsplätze sichert. Außerdem werden seit dem Besuch des früheren US-Präsidenten *George W. Bush* im Westen der Stadt im großen Stil Moskitonetze zur Malaria-Bekämpfung im Land gefertigt.

Von den **Handwerksbetrieben** richten sich viele nach touristischen Bedürfnissen: Die Produktion von Souvenirartikeln und Kfz-Betriebe, die die Unmengen von Safariwagen in der Stadt warten,

Der Norden Tansanias – ein Bilderbuch-Afrika

Der Norden Tansanias ist das „Bilderbuch-Afrika" schlechthin. Nirgendwo sonst auf dem afrikanischen Kontinent liegen derart spektakuläre „Natur-Highlights" so dicht beieinander. Das Paradies erstreckt sich von den schier endlosen Savannen der **Serengeti,** dem „Garten Eden" eines jeden Afrika-Zoologen, über die raue **Oldupai-Schlucht,** eine Wiege der Menschheit, bis hin zu dem über 3500 m hohen Ngorongoro-Hochland und seinem weltberühmten, 600 m tiefen und bis zu 20 km breiten Hauptkrater, in dem eine vielfältige Tierwelt lebt – der **Ngorongoro-Krater** im Land der Maasai wurde von Prof. *Grzimek* als „achtes Weltwunder" betitelt.

Um das Ngorongoro-Gebiet und die sich nahtlos anschließende Serengeti in ihrer ganzen Schönheit zu erhalten, bedarf es eines intensiven Wild- und Naturschutzprogramms auch mit substantieller Unterstützung aus dem Ausland (EU, Weltbank sowie diverse zoologische Gesellschaften und große Naturschutzorgansiationen wie der WWF). *Grzimeks* Beitrag zur Schaffung des großen Serengeti-Ngorongoro-Ökosystems ermöglicht heute Menschen aus aller Welt, jenen Teil des ursprünglichen Afrika zu erleben, der zum Synonym für endlose Weiten, Bilderbuchsavannen und eine grenzenlose, faszinierende Tierwelt geworden ist. **„Die Serengeti darf nicht sterben"** – das ist nicht nur *Grzimeks* Leitsatz im gleichnamigen Buch und Film gewesen, sondern steht auch heute als Hauptmotiv hinter der Arbeit der *Tanzania National Parks Authority* (TANAPA). Deshalb wird diese auch immer noch von der Zoologischen Gesellschaft Frankfurt, deren Präsedent *Grzimek* lange war, unterstützt .

Östlich des Ngorongoro-Kraterhochlandes mit seinen märchenhaften Urwäldern und milden Temperaturen schließt sich etwa 1500 m tiefer das in Nord-Süd-Richtung verlaufende, trocken-heiße **East African Rift Valley** an, wo sich Grabenbruchseen und imposante Vulkanberge, wie Mt. Hanang, Mt. Kerimasi, Mt. Gelai finden. In der Trockenzeit einer Oase gleich sticht am Fuß der Grabenbruchkante der grüne **Lake Manyara National Park** hervor, der durch seine pinkfarbenen Flamingos und die auf Bäume kletternden Löwen in ganz Ostafrika bekannt wurde. Südöstlich des flachen alkalischen und meist wasserarmen Manyara-Sees erstreckt sich bis weit in die Maasai-Trockensavanne hinein der große **Tarangire National Park** mit seinen gewaltigen Baobab-Bäumen.

Im Norden des Rift Valley, am Südende des ebenfalls flachen und salzhaltigen **Natron-Sees,** thront einsam der mächtige, 2878 m hohe und noch aktive Vulkankegel des **Ol Doinyo Lengai,** der „Berg Gottes" der Maasai.

Dieser nördliche Teil Tansanias ist auch die **Heimat der Maasai,** eines der wohl faszinierendsten Völker Afrikas, die bis heute ihre althergebrachte Tradition des Nomadenlebens größtenteils bewahrt haben. Seit ein paar Jahrhunderten leben sie im Einklang mit jener grandiosen Wildnis, in der ihre Viehherden Seite an Seite mit Zebras, Gnus, Büffeln und anderen stolzen Tieren der Savanne grasen.

Doch auch bei den Maasai haben Naturschutzmaßnahmen und wachsende Touristenzahlen ihre Spuren hinterlassen. Aus den Nationalparks Serengeti, Manyara und Tarangire ausgewiesen und im Ngorongoro-Schutzgebiet auf Areale beschränkt, die ihnen zugewiesen wurden, sind mittlerweile auch viele Maasai Mitverdiener am Tourismus. Für Safariunternehmen sind die stolzen Krieger mit ihren Speeren ein willkommenes, attraktives „Show-Element" im Rahmen ihrer Tour-Programme in den nördlichen Parks; die Rundfahrt wird als **Northern Safari Circuit** vermarktet.

Das „afrikanische Paradies auf Erden" lockt **alljährlich fast eine Millionen Menschen** aus aller Welt an – und alle sind aufgerufen, ihren Beitrag zu leisten, um die (scheinbare) Idylle zu erhalten! Viele kommen für eine „Park-zu-Park-Safari", um die **Big Five** der afrikanischen Tierwelt (Löwe, Leopard, Nashorn, Büffel, Elefant) in freier Wildbahn zu erleben. Doch die Zeiten sind vorbei, als noch Hunderte Nashörner und Tausende Elefanten das Serengeti-Ngorongoro-Ökosystem bevölkerten. **Wilderei** ist weiterhin ein täglicher Kampf, dem sich gestellt werden muss: Nashörner haben es gerade geschafft, zumindest im Ngorongoro-Krater und in einem kleinen Teil der Serengeti präsent zu sein, Wildhunde sind sehr selten zu sehen, der Husarenaffe (*Patas Monkey*) zeigt sich in der westlichen Serengeti gar nicht mehr.

Doch dieser spektakuläre Teil des nördlichen Tansania ist noch lange nicht alles, was die Natur dort zu bieten hat. Östlich der Stadt **Arusha,** der **Safari-Metropole Tansanias,** erhebt sich fast 5000 m aus der Ebene das sagenumwobene, schneebedeckte Bergmassiv des **Mt. Kilimanjaro.** Der **mit 5895 m höchste Berg Afrikas** stellt seinen Nachbarn, den **Mt. Meru** mit seinen immerhin **4565 m** und damit vierthöchster Berg des Kontinents, gänzlich in den Schatten. Der Kilimanjaro, der „Gipfel der Freiheit" genau auf halber Strecke zwischen Kairo und Kapstadt, zieht Jahr für Jahr Tausende von Bergsteigern in seinen Bann, die die Kibo-Bergspitze des Fast-Sechstausenders erklimmen und dann auf dem höchsten Punkt Afrikas, dem Uhuru Peak, stehen.

Im Nordwesten des gigantischen Bergs erstrecken sich die geschichtsträchtigen Hemingway-Landschaften des Amboseli-Ökosystems. Kaum ein Afrika-Bild ist bekannter als jenes, das große Elefanten eingerahmt von Schirmakazien und einem schneebedeckten Kilimanjaro am Horizont zeigt. Eine Oscar-nominierte Kulisse, die auch dem Hollywood-Klassiker „Hatari" mit *Hardy Krüger* sowie der ZDF-Traumschiff-Episode „Tansania" mit *Hardy Krüger Jr.* Erfolg brachte und heute als **Enduimet Wildlife Area** Tansania-Urlaubern eine schöne Safari bereitet.

Blick auf den Krater des Ol Doinyo Lengai

tan010 jg

geben vielen Stadtbewohnern Arbeit. Auch bei den unzähligen Safariunternehmen finden die Menschen als Fahrer, Schreibkraft, Koch, Führer, Camp-Organisator, Vermittler und in anderen Funktionen eine Anstellung.

Geschichte

Für die **deutschen Kolonialherren** war es schwierig, diesen Teil des Landes unter Kontrolle zu bringen. Die verfeindeten Völker der Arusha und Meru verbündeten sich im Kampf gegen die weißen Eindringlinge. Mit der Ermordung lutherischer Missionare 1896 begann die deutsche Schutztruppe einen mehrere Jahre dauernden Kampf. Dieser wurde vor allem in zwei großen Schlachten ausgetragen, denen einige Hunderte Meru und Arusha zum Opfer fielen. Um ihre neue Vormachtstellung eindrucksvoll zu untermauern, wurde 1899 ein Fort erbaut, welches nach den Arusha benannt wurde.

Die **Meru,** die sich ursprünglich Varwa nannten und nicht mit den Meru in Kenia verwandt sind, wanderten im 18. Jahrhundert von den Usambara-Bergen her ein. *Varwa* bedeutet in ihrer Sprache, damals als Kirwa bekannt, „die Hinaufgestiegenen". Traditionell waren sie in Clans aufgeteilt, und die Clan-Chefs unterstanden einem Mangi (Herrscher). Die siegreichen Deutschen erhängten den Mangi in aller Öffentlichkeit und ernannten einen neuen, treu ergebenen Herrscher, den sie Sultan tauften. Das Fort wurde **Sitz der 1. Schutztruppen-Kompanie Deutsch-Ostafrikas,** das allmählich heranwachsende Örtchen Arusha Bezirksamtssitz. Ab 1902 kamen vermehrt Missionare (die erste und heute noch stehende Kirche im nördlichen Stadtteil Ilboru ist aus dieser Zeit) und deutsche Siedler sowie südafrikanische Buren, die in einem großen Wagentreck ab der Südspitze Afrikas den Kontinent halb durchquerten und sich an den Hängen des Mt. Meru niederließen. Während die Buren direkt im Norden des

tan023 jg

Berges den Ort „Kampfontein“ gründeten (heute Ol Donyo Sambu), besetzten vornehmlich Deutsch-Russen aus dem Kaukasus und Wolga-Deutsche die fruchtbareren Hänge im Süden.

1906 wurde der Militärposten von Arusha zur Bezirksnebenstelle von Moshi erhoben. Die im gleichen Jahr von Hauptmann a.D. **August Leue** am Südhang des Mt. Meru gegründete Siedlung wurde „Leudorf“ bzw. Leganga genannt. Ebenfalls 1906 ließ sich die legendäre deutsche Siedlerin **Margarete Trappe** im Südosten des Berges nieder, ein Gebiet, das heute zum Arusha National Park gehört. Die sagenhafte Geschichte dieser Frau und die Entwicklung von der Kolonialzeit bis nach dem Zweiten Weltkrieg rund um den Mt. Meru wurde 2006 in dem empfehlenswerten Roman „Die weiße Jägerin“ verarbeitet.

Arusha entwickelte sich damals nur langsam, das benachbarte Moshi zog mehr Siedler an und hatte durch seine Bahnanbindung mit Tanga einen höheren kolonialen Stellenwert. Erst 1913 erreichte Arusha den Status eines selbstständigen Bezirksamtes.

Im Ersten Weltkrieg musste Arusha bereits 1916 gegen die aus Kenia anrückenden Engländer aufgegeben werden, und der Bau einer geplanten Bahnlinie von Moshi über Arusha durch die Serengeti nach Musoma am Victoria-See konnte nicht realisiert werden.

☒ Das ehemalige deutsche Fort in Arusha

Während der englischen Mandatszeit gab man dem Meru-Mangi einen Teil seiner politischen Befugnisse zurück. Arusha entwickelte sich ab 1930, als die Briten die Anbindung an die Moshi-Tanga-Eisenbahn fertiggestellt hatten, zu einem bedeutenden Handelszentrum für den Kaffee-Export der weißen Farmer und lokalen Kleinbauern. 1951 bewirkte ein Beschluss des britenfreundlichen Mangi die mit Waffengewalt durchgesetzte Vertreibung von über 3000 Meru-Bauern von den nordöstlichen Hängen des großen Berges – burische Farmer benötigten zusätzliche Anbauflächen. Besonders im Gebiet des Ortes Ngare Nanyuki ließen sich viele südafrikanische Farmer nieder. Heute sind hier nur noch Reste alter Häuser zu sehen. Am Ortsrand von Ol Donyo Sambu an der Nairobi-Straße erinnert ein großes Burendenkmal an alte Zeiten (→ Karte, S. 182).

Die Bedeutung Arushas wuchs Ende der 1960er-Jahre durch die Ernennung zur **Verwaltungshauptstadt der East African Community** (s.o.). Aus dieser Zeit stammt das größte **Kongresszentrum** (AICC) des Landes, in dem auch das UN-Ruanda-Tribunal tagt.

Stadteinwärts befinden sich auf der Insel im Kreisverkehr Uhuru Roundabout der Straßen Kaloleni und Makongoro das **Mwenge Monument** und das **Arusha Declaration Monument.** Beide erinnern an die 1967 von Präsident *Nyerere* verabschiedete Arusha-Deklaration, die als „Manifest des afrikanischen Sozialismus“ gilt.

Die heutige Stadtbevölkerung ist ein bunter **Völkermix** aus Maasai, Arusha, Meru, Chagga und vielen anderen, die vom aufstrebenden Arusha angezogen werden.

Arusha

Übernachtung
1 Villa Viva
2 Golden Rose Hotel
3 Briston Hotel
10 Ilboru Safari Lodge
11 Mount Meru Hotel
12 Gran Melia Arusha
18 The African Tulip
19 The Outpost Lodge

Essen und Trinken
6 Shoppers Supermarket
7 AIM Mall
8 Sable Square
13 Spices & Herbs

14 George's Tavern
15 Fig and Olive
16 Picasso
17 Chinese Whispers

Einkaufen/Sonstiges
4 Einkaufsviertel
4a Denso
5 Hakimia Pharmacy
6 Shoppers Supermarket, Noble Idea
7 AIM Mall
8 Sable Square
9 Autowerkstätten
20 Simba Safaris

0 100 m
©Reise Know-How Tansa06 4/24
Arusha International Conference Centre
Mt Meru Krankenhaus
Immigration
Simon Boulevard
A.I.C.C.
BOMA
Museum - Geschichte/Kolonialzeit
Museum - Anthropologischer Raum
Amphitheater
Themi River
Regionalverwaltung
Distrikt-Büros
Masani Roundabout
Mokongoro Rd
Bürgermeisteramt
Tanzania Wildlife Corporation (TaWiCo)
India St.
Ngorongoro C.A. Büro
Tanzania Tourist Board
Boma Road
Goliondoi Rd
Hauptpost
Joel Maeda
Clock Tower
Old Moshi Road
Christ Church Mission
Kanisa Road
NSSF Building
Office Complex
Swimmingpool
Luther. Kirche
Goliondoi River
School Road
Arusha School
Sokoine
Fire Road
Einkaufen/Sonstiges
1 UPS
3 Precision Air
4 Bobby Safaris
6 Meat King (Metzger)
8 Kase Book Shop
9 Air Tanzania
10 Coastal Travel
11 Michelin-/BF-Reifen
12 Juweliere
14 Clock Tower Supermarket
16 Emslies/Air Excel
17 VODACOM
19 DHL
20 Medimart Pharmacy
21 Curio Masai Market
Übernachtung
2 Hotel Equator
12 Four Points by Sheraton Arusha
Essen und Trinken
5 Kitamu Coffee
7 Africafé Coffee House
12 Four Points by Sheraton Arusha
13 Coffee Culture
18 Fifi's Restaurant & Café

Stadtbesichtigung und Sicherheit

Arusha selbst hat keine besonderen Sehenswürdigkeiten aufzuweisen. Die meisten Reisenden nutzen die Stadt nur zur Organisation von Safaris und Bergwanderungen. In der Umgebung von Arusha lassen sich interessante Sehenswürdigkeiten aufsuchen, Spaziergänge und Begegnungen mit der Kultur des Meru-Volkes realisieren usw. (→ „Cultural Tourism Programme", S. 172).

Auch sollte man es nicht versäumen, den großen **Markt** und die **Geschäftsstraßen** im westlichen Stadtteil zu besuchen (der Naura River gilt als Trennlinie zwischen der westlichen und der weitläufigeren und wohlhabenderen Osthälfte Arushas).

Das **ehemalige deutsche Fort** am Ende der Boma Road hatte seinen Baubeginn 1899. Genau hundert Jahre später wurde es mit EU-Geldern komplett restauriert und nahezu in den Originalzustand zurückversetzt Was einst der erste Bau und Mittelpunkt Arushas war, ist jetzt wieder (in kultureller Hinsicht) der Nabel der Stadt. Ein Gebäude beherbergt das eher bescheidene **Naturhistorische Museum.** Der zentrale Bau mit Wachturm veranschaulicht jedoch eindrucksvoll die ersten Kolonialjahre am Mt. Meru, den Baubeginn der Boma und zeigt Bilder aus den Gründerjahren der Stadt.

Durch die Boma hindurch liegt rechter Hand, in Richtung Fluss, das **Via Via Café,** ein ruhiger Ort für einen Imbiss am Nachmittag bzw. für ein kühles Bier bei guter Musik in den Abendstunden sowie Informationszentrum für kulturelle Touren.

Das Spazierengehen in Arusha kann sehr **nervig** werden, wenn an jeder Straßenecke ein Schwarztausch, Souvenirs oder die angeblich preisgünstigste aller Safaris angeboten wird. Versuchen Sie, es gelassen zu nehmen (→ Exkurs über die „Flycatcher", S. 174).

Arusha ist eine turbulente und sehr schnell wachsende Stadt geworden. Der Tourismus, die steigende Bevölkerungszahl und die vielen Tansanier, die ständig auf Arbeitssuche sind, prallen in der Stadt aufeinander. **Kriminalität** bleibt daher nicht aus. Spaziergänge bei Dunkelheit sind eine potenzielle Gefahr, tagsüber sollte man sich im Bereich des Marktes und der Busstation vor Taschendieben in Acht nehmen. Im Innenstadtbereich sind Wertsachen fehl am Platz. Wer sich aber umsichtig verhält, sollte keine Probleme bekommen.

Touristeninformation

- Die Broschüre „Tanzania Official Accommodation Guide" ist beim **Tanzania Tourist Board** an der Boma Road oberhalb des Clock Tower erhältlich und nützlich, um einen Überblick zu bekommen. Auch gute allgemeine Informationen zu Hotels in ganz Tansania. Im Tourism Board bekommen Sie auch alle Infos bzgl. kultureller Ausflüge im Rahmen der Cultural-Tourism-Programme. Siehe auch www.tanzaniatouristboard.com.

Unterkunft

Arusha und Umgebung bieten für jeden Geschmack und Geldbeutel eine Vielzahl von Hotels, Lodges, Guest Houses und auch Campingplätze. Generell sind die Unterkünfte, die im ruhigeren östlichen Teil der Stadt oder außerhalb an den herrlich grünen Hängen des Mt. Meru **nahe des Ortes Usa River** liegen, vorzuziehen.

Hotels/Lodges außerhalb (Karte S. 182)

Die folgenden Hotels/Lodges verfügen nahezu alle über Fahrzeuge für Stadtfahrten und Flughafen-Transfers.

8 Mount Meru Game Lodge④
www.mtmerugamelodge.co.tz, an der Moshi-Straße, 20 km von der Stadt entfernt. Die traditionsreiche Unterkunft strahlt den Charme kolonialer Jagdvergangenheit aus. Die schöne Gartenanlage verfügt über ein Freilaufgehege rund um ein Wasserloch, an dem Antilopen, Zebras, Büffel und Vögel zu beobachten sind. Die Zimmer der Lodge sind in rustikal gestalteten Bungalows im Blockhausstil untergebracht und bieten zum Teil direkten Blick auf die Tiere im Garten. Unterbringung mit Vollpension. Die Lodge liegt hinter dem Ort Usa River an der Hauptstraße (Verkehrslärm!).

3 Moivaro Coffee Lodge③-④
www.moivaro.com. Unterkunft im Stil einer alten Kaffeefarm, 7 km von Arusha entfernt. Schön in die Natur integrierte Anlage mit tollem Blick auf den Mt. Meru. Die Zimmer sind im Bungalow-Stil gehalten und liegen nett verteilt. Die Einrichtung ist geschmackvoll (zum Teil aber etwas pflegebedürftigt), der Service freundlich, das Essen gut, der kleine Pool reicht zur Abkühlung.

5 Arusha Serena Hotel③-④
www.serenahotels.com. Die in afrikanischen Bungalows angelegte ehemalige Kaffeefarm befindet sich wunderschön auf einer Anhöhe am Rand des Duluti-Kratersees und wird von der Hotelkette Serena geführt. Übernachtung mit Frühstück. Die Lodge liegt 1 km rechts der Arusha-Moshi-Hauptstraße (ausgeschildert), der Abzweig erfolgt 9 km hinter dem Novotel.

6 Kili Villa④-⑤
www.kilivilla.com. Vier sehr luxuriöse Villen auf einem privaten Wildlife Estate umgeben von schöner Natur und neben einem großen Golfplatz. Die Kili Villas werden von **Lemala Camps & Lodges** gemanaged. Das Konzept ist private Rundumversorgung, jede Villa hat ihren eigenen Koch. Mit vier Zimmern pro Villa gibt es Platz für die ganze Familie und Freunde noch dazu. Der Luxus hat seinen Preis. Die Lage kompensiert das ein wenig, der Blick auf Mt. Meru und Kilimanjaro ist gewaltig. 50 Min. vom Flughafen entfernt.

9 Ngare Sero Mountain Lodge③-④
www.ngare-sero-lodge.com. Altes deutsches Farmhaus mit neun Zimmern im Kolonialstil. Die Lage mit Sicht auf den Kilimanjaro und an einem kleinen Forellen-See (Angeln erlaubt!) im großen Garten ist umwerfend, der Service allerdings kann da nicht ganz mithalten. Das Essen ist fürstlich und nur für Lodge-Gäste. Unterbringung mit Vollpension.

7 Rivertrees Country Inn③
www.rivertrees.com, Tel. (0713) 339873. Die ehemalige Farm liegt an einem bewaldeten Flusslauf, wo sich Meerkatzen, Buschbabys und eine bunte Vogelwelt heimisch fühlen. Die insgesamt 14 Zimmer sind im alten Stil gestaltet, der Kamin im großen und zum Garten hin offenen Speisesaal spendet an kühleren Abenden Wärme, bei Erzählungen über die bevorstehenden oder abgeschlossenen Safaris. Im weitläufigen Garten lässt sich schön verweilen, ob in der Sonne am Swimmingpool oder mit einem Buch am Fluss. Übernachtung mit Frühstück. Zu erreichen ist Rivertrees über die Moshi Road, direkt gegenüber der Meru Game Lodge erfolgt rechts die Einfahrt, nach 300 m links und am ersten Tor rechts.

4 Lake Duluti Lodge③
www.lakedulutilodge.com, Tel. (0272) 553251. Die Lodge am Kraterrand des Lake Duluti schmiegt sich architektonisch gelungen in die hügelige Landschaft. 18 sehr stilvolle und modern eingerichtete Einzelchalets stehen zur Verfügung, ferner ein Swimmingpool, Internetzugang, Airporttransfer und eine Boutique. Der Name der Lodge suggeriert, sie läge direkt am See; dieser ist zwar sichtbar, aber auch nicht von allen Stellen der Lodge.

11 African View Lodge②-③
www.african-view-lodge.com, Tel. (0784) 419232. Herrlich im Land der Meru zwischen Usa River und Nationalpark gelegen. Die von der Familie *Bach-*

mann geführte Lodge verfügt über 20 Zimmer, die alle sehr individuell und geschmackvoll eingerichtet sind – jedes Zimmer ist einem „afrikanischen Thema" gewidmet. Zwei Zimmer bilden jeweils einen Garten-Bungalow, die wiederum rund um einen einladenden Pool angeordnet sind. Die Lodge ist nur 200 m von der Momella Road entfernt (von Usa River aus kommend 4 km, ausgeschildert). Beliebt bei Gruppenreisenden. Die Lodge ist Teil des Portfolios der African View Lodges and Camps.

10 Kiota Nest②-③
www.kiotanest.com. Das kleine, aber feine Gästehaus – *Kiota* bedeutet übersetzt „Nest" – gleicht einer Villa. Zwar fehlt ein Pool, aber der liebevolle und sehr zuvorkommende Service der Schweizer Betreiberin *Barbara Schachenmann* sowie der äußerst sympathischen und hilfsbereiten Köchin *Flora* lässt keine Wünsche offen. Kiota ist ein ansehnliches Haus mit zwei großen und wirklich schön eingerichteten Zimmern, die in einen großen Wohlfühl-Wohnraum mit Kamin und integrierter „open kitchen" münden (d.h. ideal für Familien oder Kleingruppen; für Kinder gibt es noch 2 Betten auf der Empore). Anfahrt: Von Usa River kommend der Momella Road in Richtung Arusha-Park folgen; nach 3,5 km kommt rechts vor einem Fußballplatz ein Abzweig, dann nach ca. 300 m die erste Straße links nehmen und nach weiteren 100 m gleich wieder links.

■ In Erwägung zu ziehen sind die Lodges am Rande des Arusha National Park. Wer nicht unbedingt in Stadtnähe sein muss/will und lieber die tolle Kulisse des Mt. Meru bzw. den Urwald des Nationalparks vorzieht, dem seien die **Lodges Hatari** oder **Momella** ans Herz gelegt (→ S. 187, 188). Sie sind vom Flughafen Kilimanjaro dank einer neuen, größtenteils asphaltierten Straße schneller und mit weniger Verkehr zu erreichen als die Unterkünfte in der Stadt selbst. Den Arusha-Park können Anreisende auch nachts durchfahren, wenn vorher eine Anmeldung über die Hatari oder Momella Lodge erfolgt ist (nähere Beschreibung der Unterkünfte unten im Abschnitt zum Arusha National Park).

Hotels/Lodges im Nahbereich

10 Ilboru Safari Lodge② (Karte S. 160)
ilborusafarilodge.com. Herrliche Lage am dicht besiedelten Hang des Mt. Meru, nur 3 km vom Stadtzentrum entfernt. Die kleine, tansanisch geführte Unterkunft ist ein wirklich erholsamer Ort mit gutem Service. Übernachtung mit Frühstück.

2 Arusha Coffee Lodge④ (Karte S. 182)
www.elewanacollection.com. Am Westrand von Arusha in einem ehemaligen Kaffee-Estate. Hervorzuhebende Unterkunft unter indischem Management. Weitläufige Anlage zwischen Kaffeesträuchern. Übernachtet wird in Bungalows, ein zentrales Haupthaus bietet schöne Aufenthaltsatmosphäre, die Küche ist sehr gut.

13 Meru View Lodge③ (Karte S. 182)
www.meru-view-lodge.com Zweckmäßige Unterkunft mit gutem Essen nicht weit entfernt vom Eingang des Arusha National Park. Das von dem Deutschen *Helmut Isgen* aufgebaute Hotel ist ein gern aufgesuchter Ort für deutschsprachige Reisende, speziell auch bei Bergsteigern beliebt.

Hotels in der Stadt (Karten S. 160, 162)

11 Mount Meru Hotel③ (Karte S. 160)
www.mountmeruhotel.co.tz/. Das größte Hotel der Stadt (früher Novotel) wurde renoviert und steht seit 2010 unter südafrikanischem Management. Das moderne Hotel in Arusha bietet alle Annehmlichkeiten. Die große Anlage direkt am Rand des Golfplatzes ist trotz zentraler Lage eine Oase der Ruhe. Besonders die Zimmer „hinten raus" in Richtung Golfwiesen sind zu bevorzugen. Verschiedene Zimmerkategorien, allesamt natürlich klimatisiert und mit WiFi. Das Mount Meru hat vier Restaurants, Cafés und Boutiquen. Ein großer Pool und ein Spa bieten viel Erholungswert. Airport-Shuttles möglich.

12 Gran Melia Arusha④ (Karte S. 160)
www.melia.com. Das ebenfalls moderne Hotel liegt herrlich am Eingang der Stadt. Besonders die Aussicht von den oberen Stockwerken oder dem Roof Restaurant auf das große Mt. Meru-Massiv sind sehr beeindruckend. Das Hotel selbst bietet den für die

Hotelkette üblichen globalen Standard. Beliebt auch für Konferenzen und größere Reisegruppen.

18 The African Tulip③ (Karte S. 160)
theafricantulip.com. In diesem sehr zentral gelegenen Boutique-Hotel wird man als Gast aufmerksam empfangen. Die Dekoration ist ein Gemisch aus afrikanisch-festländischen und sansibarischen Elementen, der nette Garten lädt zum Verweilen ein.

12 12 Four Points by Sheraton Arusha ③ (Karte S. 162)
www.marriott.com. Sehr zentral am Uhrturm gelegen, schöne Gartenanlage am Themi River, Pool nur für Hotel-Gäste. Das älteste Hotel der Stadt verbindet den Charme früherer Zeiten mit den modernen Annehmlichkeiten von heute. Im Untergeschoss lädt die Hatari Bar, dekoriert mit Postern und Filmplakaten, zu einem Drink ein. Reichhaltiges und gutes Mittagsbuffet. Übernachtung mit Frühstück.

2 Hotel Equator② (Karte S. 162)
www.equator-hotel.com. Das Hotel ist dank seiner sehr zentralen Lage an der Boma Road eine gute Basis für Reisende. Der Service ist ok, die Preise fair, das Essen durchschnittlich. Leider besitzt das Equator keinen Pool, doch ist der Garten ein schöner Ort, um nachmittags die Füße hochzulegen. Übernachtung mit abwechslungsreichem Frühstück.

2 Golden Rose Hotel① (Karte S. 160)
Zentral in der Stadt unweit der Busstation, typischer Kasten-Bau, doch sehr angenehme Zimmer mit Dusche/WC, Internetzugang. Ideal, wenn man abends mit dem Bus ankommt und schnell eine Bleibe benötigt.

3 Briston Hotel① (Karte S. 160)
bristonhotels.co.tz. Zentrale Lage, 37 Zimmer, sauber, angenehm, guter Service. Übernachtung mit Frühstück.

19 The Outpost Lodge①-② (Karte S. 160)
www.outpost-lodge.com. Beliebte Unterkunft in sehr ruhiger Lage mit familiärer Atmosphäre. Übernachtung mit Frühstück. Denselben Besitzern gehört in Tanga das hübsche Fish Eagle Point, eine durchaus empfehlenswerte Unterkunft direkt am Meer inmitten von Küstenwald.

Preiswerte Unterkünfte in der Stadt

1 Villa Viva① (Karte S. 160)
www.villavivatanzania.com. Sehr beliebte Adresse unter Budgetreisenden im Sakina Stadtgebiet unweit der Nairobi Road (A104). Guter Treff, um Informationen auszutauschen. Einzel- und Doppelzimmer mit ordentlichen Badezimmern (sauber), 24 Std. Internet, Wäscheservice, nette Leute, Restaurant auf der Dachterrasse mit Blick auf Arusha. Über die deutsche Besitzerin lassen sich auch preiswerte Safaris organisieren. Sehr empfehlenswert.

■ **Weitere preiswerte Unterkünfte** bekommt man ab 20.000 TSh für ein Zimmer mit Frühstück, die meisten mit eigener Dusche/WC. Viele der Unterkünfte befinden sich in der Gegend um das **Stadion** von Arusha, nicht weit von der Busstation, die meisten bieten einen Wäscheservice von Hand an.

Camping

Es gibt im Umland von Arusha nur wenige Campingplätze. Im Durchschnitt kostet die Übernachtung ca. 10 $ p.P. Genannt seien folgende Plätze:

■ **Masai Camp**
Guter Zeltplatz etwa 3,5 km vom Clock Tower entfernt, Treffpunkt von Globetrottern und Overlandern. Die große, grüne Anlage besitzt Wasch- und Toilettenanlagen mit heißen Duschen, Kinderspielplatz, Volleyballfeld usw.

■ **Am Meserani Snake Park** kann auch gezeltet werden, allerdings liegt der Platz 20 km westlich der Stadt. Nette Bar mit Burger und Pizza.

■ 5 km außerhalb Richtung Nairobi (ausgeschildert) liegt sehr schön am Hang mit weitem Blick auf die Monduli-Berge die **Kilimeru Campsite.**

Restaurants

In und um Arusha gibt es für jede Geschmacksrichtung etwas. In den oben genannten Unterkünften kann man zum Teil sehr gut essen gehen. Empfehlenswert sind u.a. das Restaurant der Arusha Coffee Lodge, die indische Küche im Impala Hotel und die internationalen Gerichte im Mt. Meru Hotel.

7 Africafé Coffee House (Karte S. 162)
Beliebtes Café/Restaurant zwischen Boma und Clock Tower. Burger, guter Kaffee, guter Service.

18 Fifi's Restaurant & Café (Karte S. 162)
Wie das Africafé bietet Fifi's eine gute Auswahl: Shakes und *healthy juices,* Gebäck, Burger, Steaks etc. Unterhalb des Clocktower Richtung Stanbic Bank.

1 Blue Heron (Karte S. 182)
www.blueheron.co.tz. Sehr beliebtes Restaurant (halb überdacht, halb offen mit tollem Blick auf den Mt. Meru) mit leckeren Gerichten, hervorragenden Salaten, Craft-Bier, eine der besten Pizzeria-/Pastaküchen der Stadt. Nicht stadtzentral, aber dafür in der Nähe vom Flughafen bzw. Arusha Southern Bypass; idealer Stopp auf dem Weg in die Serengeti.

15 Fig and Olive (Karte S. 160)
www.figandolivearusha.com. Restaurant in der Haile Selassie Road mit nettem Garten, ruhig. Gute Küche.

14 George's Tavern (Karte S. 160)
Haile Selassie Road. Sehr gute griechische Speisen, ebenso gute Pizzas. Leckere gesunde Säfte, gute Weine. Empfehlenswert.

13 Spices & Herbs (Karte S. 160)
ethiopianspicesandherbs.com. Zufriedenstellende äthiopische Küche an der Moshi Road, serviert in traditionellen Korbschalen, gegessen wird mit der Hand, auch vegetarische Speisen. Zu dem beliebten Restaurant gehört auch ein kleines Hotel für Leute mit schmalem Geldbeutel.

16 Picasso (Karte S. 160)
Restaurant und Café. Frische Salate, leckere Torten/Kuchen usw. Klein und nett.

17 Chinese Whispers (Karte S. 160)
Hervorragender „Chinese" an der Moshi Road, noch vor dem Kijenge Stream. Der Besitzer *Loui* ist zuvorkommend, es lässt sich schön im Garten sitzen oder im Speisesaal essen. Derzeit wohl die beste chinesische Küche in Tansania, allerdings recht teuer.

Cafés und Snacks

Nette Cafés gibt es im stadtzentralen 6 Shoppers Supermarket **(Msumbi Coffees, Kahawa Coffee House),** in der 7 **AIM Mall** und im 8 **Sable Square** auf dem Weg in Richtung westlicher Nationalparks (Karte S. 160). Weitere empfehlenswerte Cafés befinden sich im Bereich Clocktower (Karte S. 162): 5 **Kitamu Coffee** und 13 **Coffee Culture** (Karte S. 162), beide mit schönem Ambiente und leckeren warmen Speisen.

Krankenhäuser/Ärzte

Arusha Lutheran Medical Centre (Selian)
almc.or.tz/, Tel. (0272) 548030. Modernes Krankenhaus, gut ausgebildete Ärzte. In dringenden Fällen nach *Dr. Mark Jacobson* fragen.

Aga Khan Health Centre
Seth Benjamin Road, Tel. (0757) 231230. Neueren Datums, mit Ambulanz. Sehr gutes Labor, auch Ultraschall und Mammographie ist hier möglich.

NSK Clinic
Liegt zwar in einem weniger schönen und lauten Stadtteil, in der Unga Limited Area, aber gute Referenzen und Arushas beste Diagnostikklinik. Die Ärzte kommen aus Pakistan, Ägypten etc.

Dr. Tanya Dental Clinic
Tel. (0754) 570357, Arusha Richtung Moshi verlassend links nach der Gapco-Tankstelle an der Hauptstraße. Gute Zahnärztin aus Mazedonien.

Apotheken

Gut ausgestattete Apotheken mit kompetenter Beratung gibt es einige in der Stadt; hier seien nur zwei erwähnt:

5 **Hakimia Pharmacy** (Karte S. 160)
Wapare Street, täglich bis 17.30 Uhr, Sa bis 16 Uhr, oder anrufen: Tel. (0754) 301522.
20 **Medimart Pharmacy** (Karte S. 162), Sokoine Road.

Polizei/Notfall

- Die zentrale Polizei-Station hat ihren Sitz an der **Makongoro Road, Tel. 999.**
- Bei Notfällen, etwa dem Abhandenkommen von Reisedokumenten, sollte der deutsche Honorarkonsul benachrichtigt werden. Adresse siehe unter „Sonstiges".

Mietwagen mit Safari-Ausrüstung

Die Anmietung eines Geländewagens ist teuer. Eine Alternative bieten die meisten **Safariveranstalter,** bei denen man **Geländewagen plus Fahrer** mieten kann. Damit tragen Sie keine Verantwortung für evtl. auftretende technische Probleme, Diebstahl, Unfälle etc. Doch auch hier müssen Sie mit mindestens 170 $ pro Tag rechnen und sind für sämtliche Buchungen und Ausrüstungsgegenstände selber zuständig.

- **Safari Masters**
www.safarimasters.com. Unternehmen mit *Toyota Land Cruisern*, welche zu Campingfahrzeugen umgebaut sind, inkl. Dachzelt (auch 2 Doppelversionen), Dachluke, aufklappbarer Kochtheke und Kühlschrank. Die Fahrzeuge haben eine Doppelkabine – der ideale Begleiter für eine selbstorganisierte Safari mit Campingoption. Büro im Njiro Stadtteil.
- **Tanzania Unravelled**
www.tanzaniaunravelled.com. Die derzeit professionellste Vermietung von Campingfahrzeugen. Wenn auch nicht ganz so geländegängig wie z.B. Safari Masters, nutzt Unravelled Neufahrzeuge *(Tata, Toyota Hilux, Nissan)*. Beim Großteil der Park-Safaris kommt man mit den Fahrzeugen gut durch. Bei der Campingausrüstung wurden erprobte Produkte der südafrikanischen Firma Alu-Cab verwendet. Die Ausrüstung ist minimal, reicht aber für ein schönes Zelt-Abenteuer in der Serengeti aus. Die Firma hat ihr Büro bei der Chanya Lodge in Moshi (→ Kap. 6, S. 264) und arbeitet eng mit dem deutschen Reiseveranstalter Akwaba zusammen. Hier werden auch ganze Mietwagen- Safaris organisiert, welche oftmals eine Kombination sind aus Lodge-Aufenthalten und Camping-Einlagen. Routen werden Ihnen mithilfe von Navigations-Apps mit auf den Weg gegeben.
- **Roadtrip Tanzania**
www.roadtripafrica.com. Autovermietung mit Büro in Arusha. Die Firma deckt auch die Gebiete bis zur Küste ab und hat vor allem auch kleinere SUV *(Toyota Rav4)* im Angebot (ab 70 $ pro Tag). Roadtrip bietet toll ausgearbeitete Strecken an, die auch für den nicht so großen Geldbeutel erschwinglich sind. Im Mietpreis enthalten ist das Navigationssystem Tracks4Africa. Gebiete wie der Westen Tansanias oder die Serengeti können mit einem *Rav4* auch bereist werden. Für Selbstfahrer ideal.
- **Safari Drive**
www.safaridrive.com. Bekannte 4x4-Camper-Vermietung aus dem südlichen Afrika. Betreibt eine kleine Nebenstelle in Arusha mit voll ausgestatteten *Toyota Land Cruiser*. Gute Ausrüstung und professionelle Einführung und Betreuung zeichnen diese Firma aus und begründen auch den höheren Preis. Manchmal haben Fahrzeuge südafrikanische Nummernschilder, was ein preislicher Nachteil ist, wenn man in Nationalparks unterwegs ist.
- **Shaw Safaris**
shawsafaris.co.tz. Komplett ausgerüstete *Land Rover 110* vom Overlander-Spezialisten *Paul Shaw.*

Tolle Routen können empfohlen werden, Lodges und Camps lassen sich vorbuchen. Shaw Safaris befindet sich an der Grenze zum Arusha National Park in der 12 **Twiga Lodge** (Karte S. 182)

Kommunikation (Karte S. 162)

Post

■ Die **Hauptpost** befindet sich **am Clock Tower,** 1 **UPS** ist im *Arusha International Conference Centre* und eine 19 **DHL**-Stelle neben der Stanbic Bank an der Sokoine Road.

Mobiltelefon

17 **VODACOM**
Ein zuverlässiges Fachgeschäft für alles rund um Smartphones, SIM-Karten und Co.

Einkaufen

Lebensmittel

6 **Shoppers Supermarket** (Karte S. 160)
An der Sokoine Road stadtauswärts linker Hand. Das Angebot ist mit dem eines großen deutschen Supermarkts nicht zu vergleichen, die Produkte sind nicht sehr hochwertig und trotzdem etwas teurer als in den kleinen Lebensmittelgeschäften.

14 **Clock Tower Supermarket** (Karte S. 162)
Überschaubares und günstiges Angebot direkt am Clock Tower. Empfehlenswert.

6 **Meat King** (Karte S. 162)
Südafrikanischer Metzger an der Goliondoi Road. Auch Käse und lokale Bio-Marmeladen sind erhältlich. Tolle Qualität und empfehlenswert!

■ **Village Supermarket** (Karte S. 160)
In Njiro. Teuer, aber gut, viele Importprodukte, auch glutenfreie Lebensmittel. Der zweite Village Supermarket befindet sich in der 7 **AIM Mall.**

8 **Sable Square Market** (Karte S. 160)
Gut sortierter Supermarkt.

■ Für frisches Gemüse und Obst ist direkt neben dem Sable Square bei der Tankstelle das Geschäft **Glenn's** eine gute Adresse.

Souvenirs und Bücher

■ Bücher (Bildbände, Infohefte zu den Nationalparks, Karten usw.) und Souvenirs bieten Straßenverkäufer **zwischen Boma Road/Clock Tower und Goliondoi Road** an. Die Auswahl ist riesig: Schnitzereien, Batiken, Speere, Messer, Maasai-Schmuck, Keramikwaren usw. Handeln Sie um den Preis!

21 Der **Curio Masai Market** an der Fire Road (Karte S. 162) ist die zentrale Einkaufsadresse für Souvenirs. Hierher hat man all die kleinen Straßen-Curio-Shops versetzt. Das Angebot ist riesig, vor allem Maasai-Souvenirs, Anhänger, Schmuck, Ketten, Schnitzereien, Bilder usw.

8 Der Souvenir- und Buchladen **Kase Book Shop** an der Boma Road (Karte S. 162) verfügt über eine bescheidene Auswahl an Literatur.

■ Auch werden Sie die Möglichkeit haben, **Trophäen** zu ersteigern, für die Sie jedoch ein offizielles Ausfuhrdokument benötigen. Auch sollten Sie abwägen, ob Sie z.B. wirklich ein Straußenei brauchen – ihr Kauf führt nur dazu, dass Maasai weitere Nester plündern und neues Leben verhindern.

6 **Noble Idea** (Karte S. 160)
Gut sortierter Buchladen im Shoppers Supermarket-Komplex: Reiseführer, Landkarten, etc.

■ Auch zu empfehlen ist das **Cultural Heritage,** 4 km Richtung Ngorongoro. Hier gibt es eine sehr große Auswahl an Souvenirs sowie einen separaten Klamottenladen mit tollen T-Shirts, Fleece-Textilien, Kanga-Kleidern etc.; zusätzlich kann man im Garten die verschiedenen traditionellen Hüttenformen einiger tansanischer Volksgruppen bewundern. Eine Besichtigung ist in jedem Fall empfehlenswert, man hat hier wesentlich mehr Ruhe als an den Ständen der Innenstadt (Taxi erforderlich). Das Cultural Heritage bietet ebenfalls gute Qualität im Bereich **Schmuck.** Die Auswahl aus mit Tanzanit-Edelsteinen gefertigten Schmuckgegenständen ist hier gut. Auch Bücher und eine große Auswahl an Bildbänden sind hier zu finden.

12 Auch die **Juweliere** im **Arusha Four Points Hotel** sind empfehlenswert.

4 Kleine Fachgeschäfte und Dienstleister finden sich **im Einkaufsviertel** am alten Friedhof an der Ecke Stadium Road Wachaga Street (Karte S. 160).

Geld

- **Banken** befinden sich am Clock Tower *(NBC)*, entlang der Sokoine Road *(Stanbic)*, an der Boma Road *(CRDB)* sowie am AICC Kreisverkehr die ABSA Bank und in den Shopping Zentren Shoppers-Komplex (allein vier Geldautomaten), AIM Mall und Sable Square. Alle verfügen über **Geldautomaten,** die VISA (am zuverlässigsten) und Mastercard (meist nur bei der ABSA) annehmen. Mit der Maestro-Karte lässt sich einzig bei ABSA am Automaten Geld abheben. Der Kurs in den **Forex-Büros** (Goliondoi Road, Shoppers und Aim Mall) im Zentrum sowie im Bereich des Golden Rose Hotel ist nur geringfügig besser.
- Gewechselt wird auch **in den meisten Hotels,** der Kurs ist jedoch schlecht.
- Eine **Tanzania Postal Bank** (Geldtransfer mit Western Union) befindet sich in der Sokoine Road.

Veranstalter von Safaris

- **Abercrombie & Kent**
www.abercrombiekent.com. Hochwertige Safaris, eines der renommiertesten und preislich attraktiven Unternehmen, das hauptsächlich mit Lodges und noblen Zeltcamps arbeitet. Sehr gute Safariautos, nette Guides. A & K fliegt Kunden auch direkt in die Parks zu den Camps des Tochterunternehmens Sanctuary Lodges. Büro am Njiro Hill, Plot 11/1.
- **Leopard Tours**
www.leopard-tours.com. Sehr große professionelle Firma. Standard-Safaris in den nördlichen Parks, Service und Komfort sind gut. Der Kenntnisstand der Driver-Guides ist durchschnittlich, das Buscherlebnis könnte besser sein. Das Büro befindet sich an der Old Moshi Road.
- **Matembezi Tours**
www.matembezi.co.tz. Von Israelis und Deutschen geführte Agentur. Guter Service, profunde Landeskenntnis. Sehr gut geschulte Guides, Safari-Fahrzeuge mit großzügigen Fenstern. Das Büro befindet sich kurz vor Ngaramtoni an der Old Dodoma Road.

20 **Simba Safaris** (Karte S. 160)
www.simbasafaris.com. Standard-Safaris im Northern Circuit, kleines, effizientes und bewährtes Unternehmen. Führt nur Lodge-Safaris (z.B. Serena-Hotelkette) durch, Drei-Tages-Tour ab ca. 550 $ p.P.,

tannp093 jg

egal ob zwei oder sechs Leute im Auto sitzen. Auch lange Kilimanjaro-Touren sind im Angebot.

Wilderness-Wayo Africa
www.wayoafrica.com. Agentur mit viel Buscherfahrung, gehört zu den Besten im Bereich *bush walking.* Gezeltet wird an von Touristen nicht so frequentierten Plätzen.

Summits Africa
summits-africa.com. Sehr empfehlenswertes Unternehmen auf höchstem Niveau (auch preislich), spezialisiert vor allem auf Bergbesteigungen und Wander-Safaris im Ngorongoro-Hochland. Professionelle Ausrüstung und sehr gut geschulte Bergführer.

Ahsante Tours
www.ahsantetours.com, Tel. (0759) 690257. Aufstrebendes tansanisches Unternehmen, das in den letzten Jahren viel Beständigkeit entwickelt hat und das zu einem guten Preis-Leistungs-Verhältnis.

4 **Bobby Safaris** (Karte S. 162)
www.bobbytours.com. Bewährtes Unternehmen, das schon länger auf deutschsprachige Safari-Touristen eingestellt ist. Angeboten werden kombinierte Camp- und Lodge-Safaris im Northern Circuit. Gute Fahrzeuge und Camping-Ausrüstung. Eine 5-Nächte/6-Tage-Camping-Safari für 2 Personen kostet ab 900 $ p.P.

Gosheni Safaris
www.goshenisafaris.com, Tel. (0767) 828384. Junges, innovatives tansanisches Unternehmen rund um den sehr sympathischen Driver-Guide *Peter Robert.* Sehr hoher qualitativer Anspruch und sehr flexibel in der Gestaltung von Safaris. Sehr gute Fahrzeuge.

Roy Safaris
www.roysafaris.com. Safari-Anbieter mit seriösem Management, gute Wagen mit Funkverbindung und freundlichen, kompetenten Fahrern. Die Semi-Luxury-Camping-Version liegt bei etwa 220 $ p.P. bei zwei Personen.

Hakika Africa
www.hakikaafrica.com, Tel. (0784) 528528. Kleines, aber feines tansanisches Unternehmen mit Schwerpunkt auf Safaris für ambitionierte Fotografen. Der Besitzer und Guide *Cysty Massay* gehört zu den Besten seiner Zunft. Er ist Profifotograf und Experte für Safariwagen, die speziell für Tierfotografen hergerichtet sind. Zudem ist *Cysty* extrem ortskundig auch in entlegenen Ecken der Parks. Aber vor allem ist er ein sehr sympathischer Safariguide, mit dem man gerne ein paar Tage verbringt. Büro in Usa River.

Kilidove Tours and Safaris Ltd.
www.kilidovetours.com, Tel. (0713) 404912. Safaris im mittleren Preissegment, gute Referenzen. Büro in Njiro.

Sunny Safaris
www.sunnysafaris.com. Vielfältiges Angebot aller in Nord-Tansania möglichen Lodge-Safaris. Keine speziellen Programme, aber gut durchgeführte Safaris im unteren bis mittleren Preissegment.

Easy Travel and Tours
www.easytravel.co.tz. 1987 gegründeter Veranstalter mit entsprechender Erfahrung.

AAA Express Adventure
www.aaaexpressadventure.com. Dieses Unternehmen hat sich auf Kunden mit niedrigem Budget spezialisiert. Besteigung des Kilimanjaro, Safaris, Cultural Tours. Das Büro befindet sich in der Indian Street.

Safari Bike Africa
www.safaribikeafrica.com. Junges, aber sehr spezielles Unternehmen mit dem Schwerpunkt auf Mountainbike-Touren in Nationalparks (Arusha, Manyara und Kilimanjaro Shira Plateau). Unter der Führung des Spaniers *Mario Rueda* werden ein- bis mehrtägige reine Fahrrad-Safaris oder auch in Kombination mit Geländewagen angeboten. Man ist in absoluter Wildnis unterwegs, und das mit modernsten High-end-Bikes. Eine absolut empfehlenswerte Sache.

☒ Junge Hyäne

„Cultural Tourism Programme" – die Safari-Alternative

Vermarktet über das TTB *(Tanzania Tourist Board)* gibt es die Reihe Cultural Tourism Programme. Hier werden lokale, englischsprachige Führer auserkoren, die in ihren Heimatdörfern Wanderungen mit verschiedenen Schwerpunkten anbieten. Das Hauptinteresse gilt dabei natur- und kulturbezogenen Themen, Besuchern soll ein **Einblick in den unverfälschten Alltag in Tansania** vermittelt werden. Hier bewegt man sich hinter der Kulisse des üblichen Safari-Geschehens.

In Zusammenarbeit mit lokalen Gemeinden in der Randlage von Nationalparks und abseits der gängigen Touristenrouten werden Programme für Besucher erarbeitet, welche selbst bzw. mit öffentlichen Verkehrsmitteln anreisen. **Gemeinden oder Familien** soll auf diese Weise ein **Nebenverdienst** durch den Tourismus ermöglicht werden (für Bildung, Infrastruktur usw.). Leider stehen dann doch hie und da Einzelinteressen im Vordergrund, und zu geplanten Zukunftsinvestitionen kommt es nicht immer. Auch wurden die Projekte immer mehr, und eine Betreuung und Kontrolle der kulturellen Begegnungen war kaum noch möglich. Dennoch: Fast alle Ausflugsziele sind authentisch und bedenkenlos zu empfehlen (wenn man von der teils chaotischen Organisation und dem manchmal limitierten Wissen über die eigene Kultur und Geschichte absieht), denn egal ob in einem Maasai-Dorf Kultur und Traditionen zu erfahren sind oder ob man durch Wälder am Mt. Meru, Kilimanjaro oder in den Usambara-Bergen stiefelt – ein Erlebnis sind die Touren in jedem Fall. Und nicht zuletzt liegen die Kosten in einem normalen Rahmen, sodass die Programme eine gute Alternative bilden zu den teils sehr kostspieligen Park-Safaris.

Die Angebote im Rahmen des Cultural Tourism Programme werden hauptsächlich von **Rucksackreisenden** wahrgenommen, denn mancherorts wird einfach und lokal übernachtet und zum Teil mit Familien in entlegenen Dörfern gekocht und gegessen – eben so, wie das „authentische" Tansania hinter dem Vorhang seiner Touristen-Attraktionen ist.

Nachfolgend eine **Liste der Ausflugsziele.** Infobroschüren sind im Tourist-Information-Büro an der Boma Road erhältlich.

Das **Tanzania Cultural Tourism Programme** arbeitet stets neue Touren aus. Informationen zu allen unten genannten Programmen sowie Buchung über die sehr informative Homepage **tanzaniaculturaltourism.go.tz.**

Vorsicht! In letzter Zeit haben selbst ernannte „Cultural Tourism Guides" unehrliche Geschäfte mit Touristen gemacht. Bei Interesse für eines der Ausflugsziele wenden Sie sich nur an die genannten Kontaktadressen oder an einen Safari-Veranstalter. Hier eine Auswahl für die verschiedenen Safari-Regionen im Norden Tansanias:

Im Nahbereich Arusha/Mt. Meru

Ilkiding'a

Geführte Wanderungen am Fuße des Mt. Meru mit Einblick in die Kultur der Arusha-Maasai und des Volkes der Meru (Besuch eines traditionellen Heilers). Halber bis ganzer Tag. Sehr empfehlenswerte Ausflugsziele, die einen mit der Kultur von Arusha vertraut machen.

Mulala

Das für einen Arusha-Ausflug wohl am meisten zu empfehlende Programm. Beim Dorf Mulala lassen sich eine lokale Käse-Produktionsstätte und Felder der Meru besichtigen. Wanderungen auf den Lemeka Hill, zu Quellen und zu der Agabe Women Group, einer Bauern-Kooperative der Frauen, wo man Einblick in die Arbeitsweise und den Alltag des Meru-Volkes bekommt. Essen und Getränke können gekauft werden, auch campen lässt sich hier, ein einfacher Toiletten-/Waschraum steht zur Verfügung.

Kioga

9 km außerhalb von Arusha im Dorf Itulelei (Faraja Farm) beginnt diese Tour am Hang des Mt. Meru und gibt Einblick in die Kultur der Arusha-Maasai. Die interessanteste Tour ist eine Wanderung in die

Waldhänge des Meru entlang der Schlucht des Navuru River. Neben dem kulturellen Austausch mit seinem Guide erlebt man auch eine atemberaubende Natur. Am Ende der Schlucht erwartet einen der fast 30 m hohe Sapuk-Wasserfall.

■ **Tengeru**

Tengeru liegt 13 km von Arusha entfernt in Richtung Moshi. Auf einem Ausflug dorthin bekommt man u.a. einen Einblick in die Kultur des Meru-Volkes, besucht das Dorf Patandi und seine Einwohner, sieht Farmen, Viehzucht und den Prozess der Kaffeeherstellung. Auch ein Kirchenbesuch am Sonntag ist möglich sowie eine einheimische Theateraufführung um ein Lagerfeuer herum.

■ **Matunda** (www.peacematunda.org, Tel. (0787) 482966) ist ein kulturelles Programm, in dem u.a. Einblicke in die Meru-Kultur geboten werden, die reiche tropische Vegetation am Fuße des Meru besichtigt wird und auf Wunsch in die traditionelle Heilkräuterkunde eingeführt wird.

Am Kilimanjaro

■ **Marangu** (Karte S. 272) und **Mamba**

Mamba und Marangu liegen im Kilimanjaro-Gebiet und haben eine außergewöhnlich schöne Natur und vielseitige Kultur zu bieten. Auf einem Ausflug hierher kann man Wasserfälle, eine einzigartige Flora und die Hänge des Kilimanjaro bewundern sowie wertvolle Einblicke in die Lebensweise des am Kilimanjaro heimischen Chagga-Volkes gewinnen.

■ **Machame** (Karte S. 272)

Machame, ein Ort in den Hängen des Kilimanjaro, ist Ausgangsbasis für die Machame-Route zur Besteigung des Berges. Im Ort und im Nahbereich werden geführte Spaziergänge unternommen. Interessante Begegnungen mit der Kultur und Geschichte der Chagga stehen dabei im Mittelpunkt.

■ **Kilimanjaro Coffee Tour**

Diese interessante eintägige Tour bietet Einblick in die lokale Kaffeeproduktion, aber auch in das kulturelle Leben des Chagga-Volkes. Auf dem Weg erlebt man auch die einmalig schöne Landschaft an den Hängen des Kilimanjaro.

Weitere Ausflüge

Ferner sind im Nahbereich folgende Ausflugsziele lohnenswert. Diese werden nicht über Tanzania Cultural Tourism Programme koordiniert.

Meserani Snake Park (Umschlagkarte hinten)

meseranisnakepark.com. Wer an **Schlangen und Reptilien in professioneller Haltung** Interesse hat und einen schönen Nachmittag in freundlicher Atmosphäre verbringen möchte, ist hier genau richtig. Der Eintritt beträgt 10 $, das Essen und die Drinks sind gut, die große rustikale Bar ist ein **beliebter Treffpunkt von Globetrottern** und in der Region Arusha lebenden Experten/Farmern/Jägern usw. Die Besitzer organisieren **Kamel-Safaris in die nahen Monduli-Berge.** Der Park liegt hinter dem kleinen Ort Kisongo an der Straße nach Dodoma, 25 km von Arusha entfernt, und hat täglich geöffnet.

Reiten (Karte S. 272)

9 Makoa Farm – Adventure Horseback Holidays

www.makoa-farm.com. Herrlich gelegene Reitfarm am Fuße des Kilimanjaro, auf halbem Weg zwischen Arusha und Moshi. Das ehemalige Landhaus aus der Kolonialzeit liegt erhaben schön mit toller Aussicht auf die südlichen Maasai-Ebenen sowie auf den Gipfel des Kilimanjaro. Mit schönen Zeltbungalows dient die Farm als Basis für Tages-Reitsafaris oder auch für Ausflüge anderer Art wie Besuche bei den Chagga-Bauern oder Fahrten zu heißen Quellen (zu denen auch geritten werden kann). Eine Besonderheit von Makoa sind die mehrtägigen Reit-Safaris mit Begleitteam und Zelten. Diese Touren werden vor allem im Maasai-Land zwischen Kilimanjaro, Mt. Meru und der Grenze zu Kenia angeboten.

Arusha National Park

Lohnenswerter Tagesausflug (s.u.).

Flycatcher – Tricks und Machenschaften der Safarivermittler

Ein Problem, mit dem viele unabhängig Reisende in Arusha konfrontiert werden, sind die sogenannten Flycatcher: **Jugendliche und junge Männer,** die sich Touristen als Vermittler/Organisator von Hotels/Safaris anbieten und dafür von vielen Reiseunternehmen/Unterkünften Provisionsgelder bekommen. Flycatcher arbeiten mit allen Mitteln und Tricks und das **oft mit äußerster Penetranz.** Wer am Busbahnhof von Arusha oder am Kilimanjaro Airport ankommt, wird mit sogenannten Safari-Vermittlern *(agents)* Bekanntschaft machen. Von allen Seiten wird probiert, Ihnen eine Visitenkarte zuzustecken, sofort sollen Sie für ein Hotel/Safariunternehmen gewonnen werden. Wenn Sie noch keine konkrete Planung getroffen haben und Ihnen die Belagerung nicht auf die Nerven geht, kann dieser „Service" auch nützlich sein, speziell wenn man abends ankommt, sich nicht auskennt und nicht lange nach einer Unterkunft suchen will. Oft einigen sich die Flycatcher untereinander, wer Sie zum Hotel „abschleppen" darf (→ Infokasten: „Wissenswertes zur Organisation einer Safari vor Ort", S. 176).

Wenn Sie aber schon genau wissen, wo Sie unterkommen, bzw. sich selber die Lokalitäten aussuchen möchten, rate ich Ihnen, dies nicht groß preiszugeben, und auch nicht, den Weg zu erfragen, da man Ihnen sonst die abenteuerlichsten Geschichten aufbinden wird: „Das ist belegt/restlos ausgebucht", „das existiert nicht mehr", „das heißt jetzt so und so, ich werde es Ihnen zeigen", „zufällig arbeite ich da", „ich weiß was viel Besseres/Billigeres" usw. – das Repertoire ist wirklich fast unbegrenzt, und das meiste entspricht nicht der Wahrheit!

Für viele Reisende, die aus Freundlichkeit und/oder Unerfahrenheit nachgeben, kann die Sache **zum Albtraum werden!** Sind die vermittelten Unterkünfte oft noch einigermaßen akzeptabel, so entpuppen sich die Safari-*Operators* sehr oft als eine einzige Katastrophe, denn gerade die reichlich amateurhaften „Low-Budget-Unternehmen" sind in ihrem Existenzkampf auf Flycatcher und deren Kundenfang angewiesen.

Das Phänomen der Flycatcher ist **genauso einfach zu verurteilen wie zu erklären:** Die landesweite Arbeitslosenrate in der Altersgruppe, aus der sich die Flycatcher rekrutieren, liegt über 40 %. Die Tourismusindustrie in der Stadt verheißt einen Job. Viele aber gehen leer aus und versuchen als Flycatcher ihr Glück auf der Straße. Die Bezahlung und damit die Lebensgrundlage ergibt sich aus der Zahl der geköderten Touristen, und so ist der Kampf um den fremden Besucher ein Teil des Straßenbildes von Arusha geworden. Man muss die Situation der Flycatcher verstehen, darf sich aber auch nicht ausnutzen lassen! Geben Sie also deutlich zu erkennen – sachlich und mit dem gebotenen Nachdruck, nicht aber wutentbrannt und mit Gewaltandrohung –, wenn Ihnen die Sache zu sehr auf den Wecker geht!

Verkehrsverbindungen

Innerhalb der Stadt/Flughafen-Transfer

Taxi-Stände befinden sich **im Zentrum** beim Clock Tower (Four Points Arusha Hotel), beim Impala Hotel sowie in vielen anderen Stadtgebieten (Golden Rose Hotel, Cultural Heritage, Joel Maeda Street). Taxis im Stadtbereich kosten bis zu 20.000 TSh. Taxis sind ebenfalls **am Kilimanjaro International Airport** bei der Ankunft internationaler Flüge vorzufinden; ein Taxi in die Stadt kostet bis zu 80 $, je nach Fahrtziel.

Mit dem Flugzeug

International ist Arusha über den 50 km entfernten **Kilimanjaro International Airport (JRO)** erreichbar. Von Europa fliegen *Discover Airlines* und *Edelweiss* (jeweils einmal wöchentlich), *KLM* (täglich), *Qatar Airways* und *Ethiopian Airlines* (über Addis Abeba). Die Büros der Airlines liegen an der Boma Road. Die **privaten Fluggesellschaften** (außer *Precision Air*) nutzen fast ausschließlich den kleinen Arusha-Flugplatz im Westen der Stadt an der Dodoma Road.

3 Precision Air (Karte S. 162)
www.precisionairtz.com. Angeflogen werden Dar es Salaam, Seronera (Serengeti), Nairobi, Mwanza, Mombasa, Bukoba, Sansibar, Kigoma und Mbeya (die letzten nur saisonal ab Dar es Salaam).

■ **Regional Air**
Büro am Arusha Airport, www.regionaltanzania.com. Fliegt hauptsächlich von Arusha Airport/Kilimanjaro Airport in Richtung Serengeti (Manyara, Seronera, Grumeti), Klein's Airstrip), feste Flüge an allen Wochentagen. Im Verbund mit Air Kenya besteht Verbindung von Kilimanjaro nach Nairobi. Charterflüge möglich!

9 Air Tanzania (Karte S. 162)

10 Coastal Travel (Karte S. 162)
Büro am Flughafen, www.coastal.co.tz. Die in Dar es Salaam ansässige Fluggesellschaft bietet ein weitreichendes Netz von Flugverbindungen. Tägliche Flüge zwischen Arusha und Dar es Salaam bzw Sansibar. Ebenfalls täglich Aursha – Ruaha und Arusha – Seronera – Mwanza – Kigali. Arbeitet im Verbund mit Regional Air, was folgende Verbindungen an einem Tag zulässt: Serengeti – Arusha, dann weiter nach Dar es Salaam und schließlich noch Transfer in den Selous oder nach Mafia.

16 Emslies/Air Excel (Karte S. 162)
Büro in der Goliondoi Road über der Exim Bank, airexcelonline.com. Kleines, aber effizientes Unternehmen, das den nahezu täglichen Pendel zwischen Arusha, Tarangire, Manyara, Kusini (Süd-Serengeti) und wieder zurück nach Arusha macht. Charterflüge möglich.

Busse/Shuttles

■ Arusha ist mit den wichtigsten Städten Tansanias und mit Nairobi durch tägliche **Shuttle-Busse** verbunden. Ein Plan mit den Abfahrtszeiten ist im Tanzania Tourism Board beim Clock Tower erhältlich.

■ **Vom Kilombero-Busterminal** fahren Busse zu fast allen Zielen. Den besten Service und die besten Busse bieten Dar Express, Mtei Coach und Ngorika. Dar Express und Mtei Coach haben ihre eigene Abfahrtsstation ganz in der Nähe der zentralen Busstation, während alle übrigen Gesellschaften von der zentralen Busstation abfahren. Fahrkarten sind direkt an der Abfahrtsstelle erhältlich. Ins nahe gelegene Moshi verkehren fast stündlich Mini- und mehrmals am Tag Großbusse *(Coaster)* ab 2000 TSh.

■ **Nach Dar es Salaam** verkehrt täglich morgens ab 6 Uhr (letzter Bus um 11 Uhr) der Dar Express oder Buffalo Bus Service. Fahrkarten kosten 38.000 TSh. Ab 22.000 Tsh kann man auch die ebenfalls guten Busse von Mtei Coach und Ngorika benutzen. Die Abfahrtsstellen von Dar Express und Mtei Coach sind alle in der Umgebung der meisten Budget-Hotels und daher für deren Gäste besonders leicht zu erreichen. Die Strecke nach Dar es Salaam ist lang, und obwohl es Passagiere hie und da schaffen, nach Ankunft in Dar es Salaam noch die letzte Fähre nach Sansibar zu erreichen, besteht dafür keinerlei Garantie.

Wissenswertes zur Organisation einer Safari vor Ort

Wer vor Ort eine seriöse Safari buchen möchte, sollte sich hierfür mindestens zwei bis drei Tage Zeit nehmen und die einem interessant erscheinenden Anbieter persönlich aufsuchen. Die Gestaltungsmöglichkeiten bzgl. Art, Dauer und Kostenaufwand sind sehr vielseitig, ein Vergleich der unterschiedlichen Safari-Veranstalter ist nur empfehlenswert.

Die meisten Unternehmen bieten sogenannte **Package-Tours im Northern Safari Circuit** an. Hierzu gehören die **National Parks Arusha, Manyara, Tarangire, Serengeti sowie das Ngorongoro-Gebiet.** Viele der Safaris dauern zwischen drei und sieben Tagen; eine typische Drei- bis Vier-Tages-Tour ist z.B. Tarangire/Manyara/Ngorongoro. Wer die Serengeti mit im Paket haben möchte, sollte allein hierfür mindestens zwei Tage veranschlagen, da der Anfahrtsweg länger und der Park natürlich wesentlich größer ist. Wer in die Serengeti will und aus Kostengründen nur drei Tage unterwegs sein möchte, sollte nur einen der anderen Parks mit dazunehmen, da sonst sehr viel Zeit mit Herumfahren verbracht wird und man nur selten längere Zeit an einem Ort bleiben kann, um Landschaft und Tierwelt zu genießen. Gängige Ein-Tages-Touren sind der Tarangire National Park oder der Arusha National Park, doch dadurch verpasst man die wertvolle Zeit direkt nach Sonnenaufgang und kurz vor Sonnenuntergang, die magische Stunden einer Safari in einem Nationalpark bereithält.

Setzen Sie sich Präferenzen! Wer möglichst viele Tierarten auf einmal sehen möchte, wird im Ngorongoro-Krater fündig. Doch die Ökologie des Kraters ist aufgrund des hohen Besucherandrangs sehr belastet. Wem daher der grandiose Blick vom Kraterrand in die riesige „Schüssel" ausreicht, und wer mehr auf unberührte Wildnis setzt, mit einer ebenso artenreichen, wenn auch nicht immer ganz so nah erfahrbaren Tierwelt, wird **je nach Jahreszeit** in der Serengeti oder im Tarangire auf seine Kosten kommen. Während in der Serengeti, die durch ihre endlosen Weiten und malerischen „Kopjes" (Granit-Felshügel) besticht, von Mitte Juni bis Mitte November der Großteil der Tiere sich weit im Norden des Parks sammelt, lockt der Tarangire ab Juli mit einer reichhaltigen Tierwelt. Von November bis April weisen in der Regel alle Parks gute Tierbestände auf.

Sehenswürdigkeiten außerhalb der Parks, wie der Vulkanberg Ol Doinyo Lengai, die Seen Eyasi und Natron sowie die Enduimet Wildlife Management Area, können ebenso Bestandteil einer Safari sein.

Schließlich bieten einige Unternehmen auch **kombinierte Wander- und Fahrzeugtouren** an, bei denen man z.B. ein paar Tage durch die Monduli Mountains oder das Ngorongoro-Hochland wandert und dann noch den ein oder anderen Park mit dem Fahrzeug besucht.

Welche Art von Safari?/Kosten

Eine Safari kann entweder als **Lodge-, Tented Camps- oder** als **Camping-Safari** durchgeführt werden. Das hängt zum einen vom Geldbeutel ab (Lodges und Tented Camps sind wesentlich teurer) und andererseits vom Anspruch an Komfort und Qualität der Übernachtung.

Die Lodges bieten natürlich jeglichen wünschenswerten Hotel-Komfort, ihre Lage in den Parks verspricht grandiose Aussichten. Am oberen Ende der Preisskala steht andBeyond, eine Luxus-Lodge- und Campkette mit südafrikanischem Management, die Vollpension-Preise ab 600 $ verlangt. Die zwei anderen Hotelfirmen, die preislich etwa bei der Hälfte liegen, sind „Serena" und „Sopa" mit ihren eindrucksvollen Baustilen. Besonders die

Sopa Lodge am Ngorongoro-Krater liegt einsam schön, die Sonnenuntergänge über dem Kraterrand sind ein Genuss.

Zelten spart nicht nur Geld, es ist vor allem auch eine einmalige Erfahrung: „allein" in der afrikanischen Wildnis, den Blick auf das Lagerfeuer gerichtet, die Ohren weit offen für die grandiose Geräuschkulisse der afrikanischen Nacht!

Ausrüstung benötigt man nicht, bei einer Zelt-Safari wird alles einschließlich Schlafsack gestellt, sogar ein Koch ist mit von der Partie. Bei den Budget-Unternehmen kann es schon mal vorkommen, dass das Zelt nicht gerade neu ist (Moskitonetz und/oder Reißverschluss kaputt) und das Essen aus Plastiktellern auch nicht immer das Gelbe vom Ei.

Beim Camping bieten sich aber auch Alternativen. Die **Public Campsites** in den Parks liegen im Schnitt bei 34,50 $ p.P.; wer auch hier Kosten sparen möchte, findet unmittelbar außerhalb der jeweiligen Parks Zeltplätze, die rund 10 bis 15 $ pro Nacht kosten. Von der Ausstattung her sind diese meist recht gut, doch der nächtliche Nervenkitzel eines brüllenden Löwen oder einer kichernden Hyäne bleibt aus. Die außerhalb liegenden Zeltplätze werden hauptsächlich von den Budget-Safariveranstaltern genutzt.

Am anderen Ende der Camping-Preisskala liegen die an einsameren Orten ausgewiesenen **Special Campsites,** die fast alle von Safari-Veranstaltern für ein ganze Saison oder darüber hinaus besetzt werden, und sogenannte „seasonal" **Tented Camps,** ein Kompromiss aus Lodge-Komfort und „authentischen" Zelten. Diese Campsites werden hauptsächlich von Unternehmen im mittleren und gehobeneren Preissegment genutzt. Bei den Special Campsites in den Parks (59 $ p.P.) wird Ihnen auch ein Zelt aufgestellt, das in der Regel größer ist und mit richtigen Matratzen/Liegen einen besseren Komfort bietet.

Die insgesamt anfallenden Kosten richten sich jedoch nicht nur nach Art der Unterkunft, sondern auch nach der **Größe der Gruppe.** Allein oder zu zweit muss man mehr zahlen, als wenn man sich einer Gruppe anschließt. In einigen Backpacker-Unterkünften oder Cafés in Arusha oder Karatu gibt es regelmäßig Aushänge unter Reisenden, die noch jemanden suchen, meist erfahren Sie aber bei den Safariveranstaltern, wo man sich welcher Gruppe anschließen kann. Bei Geländewagen ist eine Vierer-Gruppe ein guter Kompromiss zwischen Kostenreduzierung und Sitzkomfort. Etwas günstiger wird es bei verlängerten *Land Cruisern*, die Platz für bis zu sieben Fahrgäste haben. Eine größere Gruppe bedeutet aber auch mehr Stress: Nicht jeder kann gleichzeitig zur Dachluke herausschauen.

Die günstigsten **Tagespreise** liegen bei Camping-Safaris inklusive aller Mahlzeiten und Parkgebühren, Fahrzeug und Guide mit Parkaufenthalten ab 180 $ p.P. bei einer Gruppe von ca. vier Leuten mit Campen außerhalb der Parks und ab 220 $ mit Campen innerhalb eines Parks; wer mehr Professionalität und Komfort wünscht, zahlt bis zu 500 $ am Tag. Die Preise enthalten Fahrzeugkosten, Benzinkosten, Verpflegung, Parkgebühren usw. Am Ende der Reise sind je nach Zufriedenheit Trinkgelder für Fahrer und Koch selbstverständlich. Die Zahlung erfolgt vor Antritt der Reise, Kreditkarten werden nur bei den renommierten und teuren Unternehmen akzeptiert, doch sind die Zahlungsbedingungen wesentlich schlechter, Kommissionen von 7–15 % sind die Regel.

Welches Unternehmen?/ Worauf man achten muss

Bei der Vielzahl von Safariveranstaltern in Arusha ist die Auswahl groß, und die Chance, dass man in ein bis zwei Tagen in einem Geländewagen in Richtung Parks unterwegs ist, ist sehr hoch. Doch **Vorsicht!** Wer möglichst preiswert und ohne großen Aufwand eine Safari organisiert, läuft Gefahr, in einer Rostlaube von Auto zu enden, mit einem Fahrer, der ein Nashorn nicht von einem Flusspferd unterscheiden kann. Viele der Billig-Safariveranstalter sind zudem aus den Parks verbannt; welche dies aktuell sind, erfahren Sie im TTB-Büro (*Tanzania Tourist Board*) an der Boma Road. Hier sind in einer „Black List" die zu meidenden Unternehmen aufgeführt, wobei diese Liste längst nicht alle enthält bzw. aufgrund irgendwelcher Machenschaften Unternehmen aufführt, die eigentlich eine gute Arbeit machen. Zudem ändern einige Veranstalter mit schlechtem Ruf ständig ihren Namen und geben sich als völlig neues, innovatives Unternehmen aus. Auch sind die Empfehlungen, die man im TTB-Büro erfährt, selbst mit Vorsicht zu genießen, denn auch hier bekommt der ein oder andere Mitarbeiter Vermittlungsprovision ...

Von den „Flycatchern" auf den Straßen (→ Exkurs, S. 174) werden Sie mit Billigangeboten und allerlei Versprechen zugeschüttet. Trauen Sie nicht nur der Visitenkarte, suchen Sie das jeweilige Büro auf, um sich einen Eindruck von der Professionalität und Seriosität zu verschaffen. Eine Reihe von täuschend solide auftretenden Anbietern sind nämlich nur Briefkastenfirmen, die Sie zu einer Anzahlung überreden mit dem (falschen) Versprechen, dass am nächsten Morgen die Safari beginnt. Haben Sie eine gesunde Portion Misstrauen: Das Ihnen gezeigte (schöne) Büro hat manchmal mit dem Unternehmen gar nichts zu tun, oder im Falle einer eher schäbigen Adresse bekommt man gesagt, dass gerade renoviert werde oder dass es im Büro einen fürchterlichen Brand gegeben habe – vielleicht stimmt der Tourist ja aus Mitleid dem Angebot zu!

Stellen Sie in den Büros möglichst viele Fragen zur Organisation, der geplanten Route, Kilometerbegrenzung, evtl. Extrakosten, und machen Sie sich ein Bild über die „Outdoor-Kenntnis" des Unternehmens. Viele unseriöse Büros sind nämlich aufgrund mangelnder Safari-Erfahrung gar nicht auf beratende Kundengespräche eingestellt! Erkundigen Sie sich vorher, welche Besuchszeiten in den jeweiligen

tan104 jg

Parks die besten sind: So können Sie die Versprechungen vieler Tour-Operators beurteilen, dass Sie garantiert Tiere sehen werden, „da gerade in dieser Saison und weil … und im Übrigen …" usw. Lassen Sie sich auch Bilder, Karten, Prospekte zeigen, kurz: **Nehmen Sie sich Zeit, bevor Sie einen Entschluss fassen!**

Wie auch immer Sie sich entscheiden, leisten Sie keine Vorauszahlung, bevor Sie nicht am Morgen der Abfahrt das Auto gesehen, sich vom Zustand überzeugt haben und die festgelegte Anzahl der Mitfahrenden Ihnen auch sympathisch erscheint. Achten Sie darauf, dass nicht kurz vor Abfahrt noch Personen dazugesteckt werden, die die Safari zu einem Konserventrip der beengten Art machen!

Um möglichen Unannehmlichkeiten und dem Verlust von Reisezeit vor Ort aus dem Weg zu gehen (insbesondere bei Regressansprüchen), empfiehlt es sich, eine Safari eher in Europa über einen Veranstalter zu buchen. Dieser unterscheidet sich preislich kaum von Veranstaltern in Tansania (aufgrund von Veranstalter-Netto-Preisen). Zudem sind Sie über das heimische Reiserecht abgesichert.

Ich wünsche Ihnen viel Erfolg und „Safari Njema" („Gute Reise")!

◁ Unterwegs auf Safari

Für die Frühbusse sollten Sie am Vortag die Fahrkarten besorgen, die Verkaufsbüros an der Busstation schließen zwischen 19 und 20 Uhr.

Sonstiges

Deutscher Honorarkonsul

- Msumbi Estate Ltd., Sable Square Complex, Arusha, Tel. (255) 787 981797; (255) 787 789603, arusha@hk-diplo.de, im Notfall unter Tel. (255) 787 981797 kontaktieren. Das Büro des deutschen Honorarkonsuls *Ulf Kusserow* befindet sich außerhalb von Arusha in Richtung Tarangire. Auf der großen Asphaltstraße in Richtung Westen, nach dem Arusha-Flugfeld erscheint nach etwa 1 km rechts die International School of Moshi-Arusha Campus. Ab da noch 0,5 km weiter bis zum Sable Square Complex.

Behörden

- Die **Einwanderungsbehörde** *(Immigration Office)* zur Verlängerung von Visa befindet sich in einem Hinterhof am Simon Boulevard.

Rund ums Auto

- Gute 9 **KFZ-Werkstätten** befinden sich im Industriegebiet nahe am Bahnhof (Karte S. 160). Eine Bosch-Vertretung für Diesel & Autoelectric Services befindet sich an der Nairobi Road neben dem Eland Motel. *Toyota Land Cruiser*-Ersatzteile sind bei 4A **Denso** am Stadion erhältlich (Karte S. 160), *Land Rover* bei CMC und Sameer, *Mercedes* bei TFSC oder Adson Motors in Njiro. **Reifen** gibt es bei Manjis BP Service Station in der Stadt, an der Agip-Tankstelle am Clock Tower sowie bei der 11 **Michelin**-Vertretung an der Old Moshi Road schräg hinter der Oryx-Tankstelle (Karte S. 162).
- Seriöse **Kfz-Versicherungen** sind bei Jubilee Insurance im AICC-Gebäude oder bei Alliance Insurance gegenüber der Exim Bank erhältlich.

tannp094 jg

Arusha National Park

Der Park

Der Nationalpark liegt einmalig schön **zwischen den Gipfeln des Mt. Meru und Kilimanjaro.** Mit ca. 552 km² Fläche bietet dieser verkannte Park eine sehr große Vielseitigkeit. Wie ein **Nordtansania en miniature** lockt der Park mit spektakulären Landschaftsformen und einer artenreichen Flora. Das im Vergleich zum Umland nahezu ganzjährig grüne Gebiet bietet trotz seiner geringen Ausmaße drei voneinander unterscheidbare markante Naturräume:

Den **Ngurdoto-Krater,** auch als **„kleiner Ngorongoro"** betitelt, die riesige und permanent wildreiche Waldlichtung **„Little Serengeti"**, eine Seenplatte, wie sie für den bekannten ostafrikanischen Graben typisch ist und auch der gigantisch in den Himmel ragende Mt. Meru, der seinem großen Gegenüber Kilimanjaro fast ebenbürtig ist, wenn jahreszeitlich Schnee sein Haupt bedeckt. Unbekannt und doch spektakulär wächst an der Westflanke des Ngurdoto Krater **Afrikas größte Baumart.** Einige Exemplare dieser Mahagoni-Riesen *(Entandrophragma Excelsum)* messen **über 70 Meter.**

So ist der erloschene Vulkan **Mt. Meru** die allgegenwärtige Haupterscheinung des Parks und mit **4565 m** der **zweithöchste Berg des Landes** und vierthöchste des Kontinents. Von Süden aus gesehen hat der Meru die typische Erscheinungsform eines Vulkankegels. Vom Osten bietet sich jedoch ein völlig anderer Anblick. Die hier eingestürzte Bergflanke und der im Inneren des Kraters aufragende Eruptionskegel (*Ash Cone* genannt) bezeugen die intensive Vulkantätigkeit, die dem Bergmassiv seine gegenwärtige Form verliehen hat. Wanderungen im Nebelwald bis in den Meru Krater hinein oder gar die drei- bis viertägige Besteigung des Meru sind besonders lohnenswert. Für viele ist der Meru eine gute Vorbereitung auf den Kilimanjaro.

Die zweite Region bildet der bewaldetere Südost-Teil vom Lokie Swamp und seinem Gegenüber dem Frischwassersee Longil über die Waldlichtung Ngongongare Springs bis zum eindrucksvollen Ngurdoto-Krater mit seiner tierreichen, sumpfigen Caldera und seinen steilen Kraterwänden. Heimat von Waldelefanten, bunten Turaco-Vögeln und besonders den schwarzweißen Guereza-Affen (Engl. *colobus*) mit ihrem langen, weißen Schwanz in den Baumwipfeln des feuchten, immergrünen Nebelwaldes.

Östlich der Hauptstraße, die den Park vom Ngongongare Gate bis zum Momella Gate durchläuft, erstreckt sich die zunächst hügelige und von meist niedrigem Baumbestand gekennzeichnete Landschaft mit vereinzelten Freiflächen, auf denen sich ständig zahlreiche Tiere aufhalten. Daran anschließend und in großen Tälern und Mulden gelegen beginnt das sumpfige, vogelreiche Gebiet der sieben **Momella-Seen.** Die meiste Zeit des Jahres hält sich hier eine Heerschar von Flamingos und Zugvögeln auf. Ein besonderes Erlebnis ist es, die Seen mit dem Kanu zu erkunden (→ Hatari-Lodge, S. 187).

Doch haben die Momella-Seen auch eine historische Anziehungskraft. Momella war, bevor es 1967 in den Arusha National Park integriert wurde, bekannt als **Momella Farm,** welche sich bis zum Ngare Nanyuki River erstreckte und **Heimat der legendären Margarete Trappe** (1885–1957) und ihrer Familie war – eine resolute und von den Einheimischen sehr verehrte Frau, deren Leben und heldenhafte Geschichte 50 Jahre nach ihrem Tod in Form von Romanen, Fernsehbeiträgen und auch als Spielfilm-Doku gewürdigt wurde *(Momella – Meine Farm in Afrika).*

1959 drehten in Momella **Hardy Krüger** und **John Wayne** den Hollywood-Klassiker „Hatari". *Hardy Krüger* verliebte sich schließlich in Momella und kaufte von den *Trappes* die Farm, die er dann über zehn Jahre besaß (→ Exkurs S. 194).

Landschaftsentstehung und Geschichte

Die Landschaftsformen im Bereich des Parks sind ein **Ergebnis der Grabenbruchaktivitäten** im östlichen Zweig des Rift Valley. In der Hauptentstehungsphase des großen Erdrisses vor 20 Millionen Jahren verschafften sich im Bereich des heutigen Mt. Meru und Ngurdoto-Kraters die inneren Erdenergien „Luft" und stießen heiße Magma an die Erdoberfläche. Während der Ngurdoto-Vulkan bei seiner Entstehung nur wenig Festmaterial ausstieß und schließlich in sich zusammenfiel (er war wahrscheinlich einst 3000 m hoch), formte sich der Meru zu einem imposanten Vulkankegel, der in seiner größten Form über 5000 m hoch war. Durch eine natürlich entstandene Blockade im Mittelschlot (vermutlich

☒ Der immergrüne Nebelwald des Arusha National Parks

Arusha National Park

Übernachtung
2 Arusha Coffee Lodge
3 Moivaro Coffee Lodge
4 Lake Duluti Lodge
5 Arusha Serena Hotel
6 Kili Villa
7 Rivertrees Country Inn
8 Mount Meru Game Lodge
9 Ngare Sero Mountain Lodge
10 Kiota Nest
11 African View Lodge
12 Twiga Lodge
13 Meru View Lodge
14 Meru Simba Lodge
15 Meru Mbega Lodge
16 Kiboko Lodge
Essen und Trinken
1 Blue Heron Restaurant
Ngabobo
Sanya Juu
Uwiro
1500
Kisimiri Chini
Ngarenanyuki
Lendoyia
Momella "B"
Nasula Gate
Lake Lekanoiro
Lake Tulusia
Lake Small Momella
Lake Big Momella
Hippo Pool
Lake Kusare
Kusare RP
Lake Rishateni
Miririni
Miriakamba Hut
Momella Gate
Tululusia Wasserfall
Lake El Kekhotoito
Kinanda RP
El nino Loop
Fig Tree
Maio-Wasserfall
Mbega Loop
Nkoasenga
Leguruki
Nagy Dam
Seneto RP
Leitong View Point
Ngurdoto Forest
Old Trappe Ruins
Glades
Ngurdoto Crater
Kingori
Seneto Pools, Longil, Ngongongare Springs, Lokie Swamps
Kilinga Forest Loop
Ngurdoto
Mountain View
Rhino
Buffalo Point
The Rock
Raidon Loop
Mikindu Viewpoint
Ngongongare Gate
Mulala
Songoro
Kilinga
Nkoenekoti
Nkoaranga
Sakila
Polizei
Maji ya Chai
Makumira
Usa River
Usa
Kili Flora
Flughafen,
260
Moshi, Kia, Kisangara

war der Krater mit Wasser gefüllt) **explodierte vor etwa 250.000 Jahren** die gesamte Ostflanke des Vulkanberges – eine Eruption, die zur heutigen Gestalt des Mt. Meru führte. Das weggesprengte Material und die auslaufende Lava formten den Ostteil des Parks bis zu den Momella-Seen, die in den abgekühlten Mulden der neuen vulkanischen Bodenschicht entstanden. Weitere, schwächere Ausbrüche folgten und ließen den aus der Mitte des großen Vulkanschlots wachsenden Aschekegel, den sogenannten **Ash Cone** (3667 m), entstehen. Die letzte Eruption fand etwa 1879 statt, der kleine Lava-Strom an der Nordost-Flanke des inneren Kegels zeugt noch von dieser letzten Aktivität. Heute ist der Meru – von ein paar Dampflöchern abgesehen – ein toter Vulkanberg mit einer einmaligen Szenerie für Natur- und Bergsteigerfreunde.

Hervorgegangen ist der Park aus einer Rinderfarm, die 1907 von der Siedlerfamilie *Trappe* (s.u.) als Ngongongare gegründet worden war. 1960 entstand auf *Bernhard Grzimeks* Initiative hin der Ngurdoto Crater National Park, der sieben Jahre später, um der unkontrollierten Abholzung entgegenzuwirken, mit der Einbeziehung des Mt. Meru, der Momella-Seen und damit auch einen Teil der zweiten *Trappe*-Farm, Momella, zum Arusha National Park umgetauft wurde.

Als Besucher des Parks lässt sich heute auf diesen **historischen Spuren wandeln.** Tief im Ngongongare Urwald sind noch vom Waldboden größtenteils verschluckte Fundamente des ersten *Trappe*-Farmhauses zu sehen, das zweite *Trappe*-Haus aus den 1920er-Jahren ist gut erhalten und heute eines von zwei Resthouses der Nationalparkverwaltung. Hier sind auch **Margarete Trappes Grab** sowie die Gräber ihrer Kinder *Rolf* und *Ursula.* In der Momella Lodge, von *Hardy Krüger* erbaut, befindet sich das Original des Kamins, an dem *John Wayne* in „Hatari" einen doppelten Whisky trank. Ein Kinoplakat von 1960 zeugt noch heute davon. Von *Hardy Krügers* Ausbau seiner Momella Farm sind heute noch der alte, halb zusammengefallene Schlachthof mitsamt Fleischverarbeitungsanlagen zu sehen (jetzt ein Rangerposten). Seine ehemaligen Wohnhäuser bilden heute die Hatari Lodge.

2006 sind die **Forest Reserves von Ngaramtoni, North Meru, Mweka und Ngurdoto** dem Nationalpark zugeteilt worden. Seither sind die gesamte Westflanke des Mt. Meru, Teile der Süd- und Nordflanke sowie der Waldgürtel am Außenrand des Ngurdoto-Kraters Nationalpark-Gebiet. Eine längst überfällige Maßnahme, da die örtlichen Verwaltungen der Forstreservate nicht die Stärke hatten, gegen die illegale Abholzung anzukämpfen.

Die letzte Parkerweiterung fand 2018 statt, als dem Land im Norden Schutzgebiet zugeteilt wurde, wodurch sich die Lodges Hatari und Momella seitdem im Arusha National Park befinden.

Durch Park und Tierwelt

Ein **Eintritts-Gate** befindet sich **bei Ngongongare,** 7 km vom Momella-Abzweig entfernt, an der Straße zwischen Arusha und Moshi. Hier sind Eintrittsgebühren für den Nationalpark zu ent-

[>] Im dichten Geäst: eine Gruppe Schwarz-Weiß Guerezas

richten. Diese Maßnahme wurde getroffen, um die entlang der ehemals öffentlichen Durchfahrtsstraße liegende winzige Savanne **Serengeti Ndogo** („Kleine Serengeti"), in der sich regelmäßig Büffel, Warzenschweine, Giraffen und Zebras sowie in letzter Zeit vermehrt Elefanten aufhalten, vor zu großem inoffiziellen Besucherandrang zu bewahren.

Nach dem Parkeintritt in Richtung Osten fahrend, am ehemaligen Museum rechts, erreichen Sie nach 1,5 km Fahrt durch dichten Wald – Heimat der akrobatischen Colobusaffen und Diadem Meerkatzen (*Blue Monkey*) – den Rand des **Ngurdoto-Kraters.** Die Straße, die nicht mehr ganz herumführt, bietet eine Reihe schöner Aussichtspunkte, bei denen man das Fahrzeug verlassen darf, um von kleinen Lichtungen herrliche Blicke in den Krater zu bekommen. Empfehlenswerte **Aussichtspunkte** sind **Mikindu, Mountain View** und **Buffalo Point,** von denen bei klarer Sicht auch der Kilimanjaro in der Ferne zu bewundern ist, und der **Leitong Viewpoint** an der mit 1853 m höchsten Erhebung des Kraterrandes. Hier fällt die steile Wand knapp 400 m tief bis zum Kraterboden ab. Das letzte Stück (etwa 50 m den Berg hinauf) muss jedoch gelaufen werden. Das Wasserloch und die große Sumpffläche im Innern sind die Heimat von Büffeln und gelegentlich auch Elefanten und Giraffen. Die Zahl der Elefanten hat in den letzten zehn Jahren wieder zugenommen, besonders im Gebiet zwischen Ngurdoto-Krater und Ngongongare Gate sind sie oft zu Gesicht zu bekommen.

Deutlich zu erkennen sind die zahlreichen Wildpfade an den Kraterwänden, die selbst von den eleganten Giraffen genutzt werden können. Ein Abstieg zum Kraterboden mit einer Wanderung zum Sumpf wird zur Zeit nur für Gäste der Hatari Lodge durchgeführt. Offiziell wird diese Aktivität von der Parkverwaltung nicht beworben. Eine Umrundung mit dem Geländewagen ist nicht möglich.

Zu den typischen **Baumarten** des Ngurdoto-Gebietes gehören der Würge-Feigenbaum (Swahili: *mfumu*) mit seinen wild wachsenden Luftwurzeln, der Wilde Mango *(mwowosa)*, Dattelpalmen *(mikindu)* und der Ostafrikanische Olivenbaum. Letzterer *(Olea hochstetteri)* wird bis zu 20 m groß, seine ovale, etwa 1 cm lange Frucht ist im Wachstum grün und reif lila. Ihr Geschmack ist dann süß-säuerlich. Aus der Frucht lässt sich kein Olivenöl pressen.

Nordwestlich schließen sich die **Seneto Pools,** die **Sümpfe Longil** und **Ngongongare Springs** und die **Lokie Swamps** an. Dieses Gebiet lockt bei genügend Wasser zahlreiche Tiere zur Tränke. Wasserböcke, Büffel und Warzenschweine sind häufig zu beobachten.

Die offenere Ebene von **Kambi ya fisi** („Ort der Hyänen") ist nur selten ein Gebiet, in dem sich auch tatsächlich Hyänen beobachten lassen. Anders als in den übrigen Nationalparks müssen die Hyänen im Arusha selber jagen, Löwen gibt es keine im Park, und die selten zu sehenden Leoparden bringen ihre Beute auf Bäume in Sicherheit, unerreichbar für Hyänen. Löwen bevorzugen offenere Savannen-Areale, die Landschaft des Parks entspricht nicht ihrem natürlichen Habitat. Früher wanderten noch ab und zu Löwen in der Trockenzeit von Norden her ein, doch blieben sie in der Regel nur für kurze Zeit. Ungewöhnlich ist ein einziger Gepard, welcher seit 2022 in den Park eingewandert ist und sich hauptsächlich im Gebiet zwischen Momella Hat und Lake Kekhotoito aufhält.

Die Landschaft rund um die **Momella-Seen** lässt sich besonders gut vom erhöhten **Aussichtspunkt Boma la megi** bewundern. Die typischen Schirm-Akazien und die hier häufig weilenden Giraffen geben ein schönes Bild. Bei wolkenlosem Himmel ragt hinter den Seen der majestätische Kilimanjaro aus der flimmernden Ebene.

Die nicht besonders tiefen **Momella-Seen** (Big Momella, Small Momella, Rishateni, Tulusia, Lekanoiro, Kusare und Kekhotoito) sind sehr salzhaltig und daher als Tränke für die Tiere ungeeignet. Fische kommen in den Gewässern kaum vor. Die Seen werden von unterirdischen Quellen gespeist, deren Mineralgehalt von See zu See variiert, weswegen jede Wasseroberfläche in einem anderen Farbton schimmert. Der unterschiedliche Mineraliengehalt wird auch von den **zahlreichen** hier vorkommenden **Vogelarten** registriert. So bevorzugen die Zwergflamingos mit ihren gänzlich dunkelroten Schnäbeln eher die algenreicheren Gewässer, während in unmittelbarer Nachbarschaft die Rosa-Flamingos Gewässer mit reichlich Krustentieren aufsuchen. Die Momella-Seen sind besonders **zwischen Oktober und April,** wenn **Zugvögel** aus den europäischen Breiten sich zu den heimischen Artgenossen gesellen, ein sehr lebhafter und farbenfroher Ort. Insgesamt verzeichnet der Arusha Park **über 400 Vogelarten.** Weitere Wasservögel im Bereich Momella sind Pelikane, Reiher, Störche, Nilgänse, Schreiseeadler, Kronenkraniche, Hammerköpfe, Hornvögel u.v.m. Einige Viewpoints ermöglichen auch hier das Aussteigen.

In den **Westteil des Parks** führt vom Momella Gate eine Geröll bedeckte Bergstraße (Southern Route) südlich um den Tululusia Hill (2002 m) herum und hinauf auf 2600 m in die offene, hufeisenförmige Kraterschüssel des **Mt. Meru** hinein. Für die Strecke ist ein 4WD-Auto erforderlich, besonders das letzte Drittel der Strecke ist extrem steinig, teils matschig und sehr steil. Der Abschnitt vom Kitoto Viewpoint bis zur Miriakamba Hut ist nur mit Sondergenehmigung der Parkverwaltung befahrbar. Die meisten Tour Operator fahren daher auch nur bis zum **Fig Tree** (s.u.).

Vom Gate beginnend erfolgt nach 500 m der Abzweig zu den kleinen **Tululusia Waterfalls,** die Piste führt jedoch nicht ganz heran, ein paar hundert Meter muss man zu Fuß in Begleitung eines Rangers zurücklegen. Büffel halten sich auch in diesem Teil des Parks auf, ein Ranger kann Ihnen am Gate zur Verfügung gestellt werden (23,60 $ p.P.).

Ein beeindruckendes Wunder der Natur ist der **Fig Tree Arch,** ein großer Würge-Feigenbaum, der in seinem Stamm einen „Torbogen" aufweist, durch das man mit dem Auto hindurchfahren kann. Nach ca. 5 km, kurz vor der Wasserfurte durch den Jekukumia-Bach, gelangt man zu zwei Picnic-Points in der Nähe der eindrucksvollen **Maio Waterfalls.** Die Weiterfahrt ist sehr beschwerlich und verlangt fahrerisches Können. Besser und umweltfreundlicher ist es, diesen Teil des Parks zu Fuß zu erkunden, die artenreiche Bergvegetation mit Feigen, afrikanischen Olivenbäumen und der wacholderverwandten Zeder African Pencil lässt sich so auch intensiver genießen.

Lodges und Berghütten

Alle folgenden Unterkünfte liegen **außerhalb des Parks** im Süden oder im Norden entlang der Parkgrenze. Bei vorheriger Anmeldung bei der Parkverwaltung über eine der Lodges lässt sich der Park auch nachts durchfahren (wenn man z.B. vom Flughafen kommt).

3 Hatari Lodge④ (Karte S. 192)
www.hatari.travel. Die einst privaten Wohnhäuser von *Hardy Krüger* und dessen Farmverwalter bilden das Herz einer liebevollen Lodge im nördlichen Teil des Arusha National Park vor der Kulisse des Kilimanjaro. Unter dem Namen „Hatari" begrüßt das saisonal auch deutschsprachige Team unter der Leitung der Familie *Gabriel* (*Jörg Gabriel* ist Autor des vorliegenden Reiseführers) seine Gäste. Hatari verfügt über neun Zimmer, die meisten mit eigenem Kamin und großem Bad, sowie über drei Villen mit jeweils zwei Zimmern. Das älteste Farmhaus bildet den zentralen Aufenthaltsbereich. Hier befinden

tannp096 jg

⊡ Baumriese am Ngurdoto-Krater

sich der große Wohn- und Essraum, wo die Gäste mit organischen und von lokalen Kleinbauern im Umland geernteten Produkten verwöhnt werden. Einen ergreifenden Ausblick auf den Kilimanjaro hat man von der Frühstücksterrasse, eingerahmt von wohl duftenden Akazienbäumen. Direkt an die Terrasse anschließend breitet sich die Momella-Lichtung aus, eine Feuchtsavanne mit Wasserloch. Hier weiden fast täglich Büffel und Wasserböcke, wühlen Warzenschweine nach Knollen, promenieren zahlreiche Giraffen bis vor die Türschwellen der Lodge. Jahreszeitlich lassen sich Elefanten blicken, bei nächtlichen Flughafentransfers nach der Ankunft mit KLM werden oft Leoparden und Hyänen gesehen. Hatari bietet Tierbeobachtungsfahrten mit gut geschulten Guides an. Mit offenen Geländewagen werden halbtägige und ganztägige Pirschfahrten zum Ngurdoto-Krater, zum Meru-Krater auf über 2500 m Höhe – jeweils mit kombinierter Wanderung – sowie Touren zu den Momella-Seen angeboten. Kanutouren und geführte Wanderungen stehen ebenfalls auf dem Programm. Hatari ist eine ideale Basis für Kilimanjaro- und Meru-Bergsteiger. und betreibt auch das exklusive Shu'mata Camp in der Enduimet Wildlife Area (→ S. 197).

4 **Momella Wildlife Lodge**②-③ (Karte S. 192)
www.momellawildlifelodge.com. Drehort des Kinoklassikers „Hatari" (Gefahr), später die bekannte Lodge von *Hardy Krüger.* Die herrliche Lage am grünen Nordrand des Parks und der traumhafte Blick auf den Mount Meru zeichnen die allerdings sehr in die Jahre gekommene Lodge aus. Unterbringung in einfachen Bungalows, doch die meiste Zeit steht das Anwesen leer.

14 **Meru Simba Lodge**② (Karte S. 182)
meru-simba-lodge.com. Meru Simba verfügt über acht einzeln stehende Doppelbungalows und liegt direkt an der Südgrenze des Arusha National Park. Als Gast schaut man direkt in den Busch des hügeligen Bergvorlandes. Oft kommen Giraffen und sogar Elefanten vorbei. Der Blick auf den Meru besonders am frühen Morgen ist eine Augenweide. Im Service klappt (noch) nicht alles.

15 **Meru Mbega Lodge**② (Karte S. 182)
mt-meru.com. Die Lodge liegt direkt an der Grenze des Arusha National Park. Der Eigentümer betreibt auch die oben erwähnte und direkt nebenan gelegene Meru Simba Lodge.

16 **Kiboko Lodge**② (Karte S. 182)
www.kibokolodge.nl. Ein Vorzeigeprojekt der in Makumira ansässigen Watoto Foundation. Straßenkinder haben mit Hilfe ihrer holländischen Patenorganisation eine einfache Lodge aufgebaut. Die nun erwachsenen Straßenkinder wirkten am Bau der Lodge mit. Inzwischen werden sie in die Führung der Lodge mit eingebunden und lernen, Verantwortung für den Betrieb zu übernehmen. Die Küche ist in Ordnung.

2 **Park Resthouse**① (Karte S. 192)
Das ehemalige *Trappe*-Wohnhaus ist heute eine einfache Unterkunft der Parkverwaltung, nur für Selbstversorger (Kochstelle vorhanden). Die Übernachtung kostet 35 $ p.P. + 53 $ Parkgebühr (Anmeldung am Main Parkgate).

■ **Mt. Meru Mountain Huts,** Miriakamba und Saddle Hut für Bergsteiger.

Camping/Campsites

Im Park befinden sich 1 **drei Campsites** beim Momella Park Gate (Karte S. 192), wo man auf Anfrage Feuerholz bekommt. Wasserversorgung und einfache Toiletten sind nur auf den drei Plätzen vorhanden; Kosten **pro Person 35 $.** Die Nächte im Arusha National Park können während der europäischen Sommermonate recht kühl werden, ein Thermo-Schlafsack ist daher ratsam.

Anreise und Besuchszeit

Der Park ist mit einem Fahrzeug **von Arusha und Moshi** denkbar einfach zu erreichen. Die Straße entlang der Nordseite des Mt. Meru zum Park ist in einem sehr guten Zustand, der Abschnitt Momella bis zur Namanga-Arusha-Straße lässt sich in 45 Min. Fahrzeit bewältigen.

Der Park ist zu jeder Jahreszeit einen Besuch wert, selbst während der Regenzeit im April und Mai ist die Landschaft und der dann sehr gesättigte Wald des Arusha National Park sehr schön. Die Pisten im Park sind bis auf die Bergstraße am Mt. Meru das ganze Jahr über passierbar.

Besteigung des Mt. Meru

Der Aufstieg **zum Gipfel Meru Summit** (4565 m) ist wegen Wildtieren in der unteren und mittleren Waldzone **nur mit bewaffneten Park Rangern** möglich. Eine Wanderung zum Gipfel und wieder zurück zum Momella Gate dauert bis zu vier Tage (drei Nächte am Berg). Wer zusätzlich den Wasserfall beim Njeku Viewpoint besichtigen möchte, sollte vier Tage einkalkulieren. Erfahrene Bergsteiger, denen es nur um die Bezwingung des höchsten Gipfels geht, schaffen die gesamte Tour auch in drei Tagen. Doch sollte man den Meru nicht unterschätzen, bei zu schnellem Aufstieg besteht auch hier die Gefahr einer Höhenkrankheit (vgl. beim Kilimanjaro), und in der Zeit von April bis August

Blick von der Hatari Lodge in die Momella-Ebene

tan103 jg

tannp097 jg

kann der Abschnitt zwischen Saddle Hut und Meru Summit aufgrund von Eis und Schnee relativ gefährlich werden. Eine gute Zeit ist daher von Ende September bis März, wobei im November und Dezember mit Regen und Schnee zu rechnen ist. In der großen Regenzeit von April bis Mitte Juni ist von einem Aufstieg abzuraten.

Der Weg bis zum Gipfel verlangt eine gute körperliche Verfassung und Kondition, die letzten 1000 m sind recht steil, und durch die dünnere Luft sind Lungen und Beinmuskeln sehr beansprucht. Kletterkünste sind jedoch nicht erforderlich.

Organisation, Ausrüstung und Kosten

So wie am Kilimanjaro ist die Besteigung des Meru nicht selbst organisierbar. Ein Aufstieg zum Meru Peak beginnt und endet am **Momella Gate.** Hier wird auch ein bewaffneter Park-Ranger zugeteilt sowie Träger *(porters),* die aus den an den Park angrenzenden Dörfern kommen, sodass auch die lokale Bevölkerung profitiert. Das Gepäckgewicht pro Träger, einschließlich eigener Kleidung und Verpflegung, liegt bei maximal 15 kg.

Die gesamte Organisation läuft über einen Bergsteiger- bzw. Safari-Veranstalter in Arusha, Moshi oder Europa: Man verliert so weniger Zeit und muss sich um nichts kümmern. Führer und Träger, gutes Essen auf den Hütten, Schlafsäcke und warme Kleidung sowie Hin- und Rücktransport sind in einem „Meru-Paket" enthalten. Preislich müssen zwei Personen für eine Drei-Tages-Tour mit rund 1000 $ rechnen, vier Tage kosten mind. 1200 $.

Weitere **Kosten,** die direkt und noch vor Aufstieg am Gate von Ihrem Veranstalter pro Person gezahlt werden müssen, sind:

⌃ Blick auf den Mt. Meru

- **59 $ pro Tag Parkgebühren** (18 $ bei 5- bis 16-Jährigen)
- 24 $ Rescue Fee
- 35,40 $ pro Nacht Hüttengebühr
- 24 $ pro Tag und Person Ranger-/Führerkosten
- Am Ende der Tour sind Trinkgelder von etwa 15 $ pro Tag und Person für den Ranger üblich, für die Träger 10 $.

An **Ausrüstung** benötigen Sie einen Rucksack, Wanderschuhe, warme Kleidung (wetterfeste Hose, Windjacke, dicke Socken, Handschuhe etc.), Wasserflasche (besser zwei), Sonnenschutz und Taschenlampe.

Trinkwasser ist das ganze Jahr über am Lenganassa-Bachlauf nahe der Miriakamba Hut erhältlich, die Quelle an der Saddle Hut führt in den Trockenmonaten kein Wasser.

Ein Zelt werden Sie nicht brauchen, die **72 Betten in der Miriakamba Hut** und die **48 Betten in der Saddle Hut** sind selten alle belegt. Sehr wichtig ist ein guter Thermo-Schlafsack, speziell in der Saddle Hut.

Der Aufstieg

Vom Momella Gate bis zur 2514 m hohen Miriakamba Hut, dem Ort der ersten Übernachtung, führen **zwei Routen.** Die direkte **Northern Momella Route** parallel zum Lenganassa River ist kürzer und etwas steiler. Diese Route ist für den Abstieg zu empfehlen, da hier die Landschaft offener und beim Heruntergehen eine freie Sicht zum Kilimanjaro möglich ist (vom Wetter abhängig). Die **Southern Route,** die auch mit Geländewagen gefahren werden kann, ist interessanter. Die herrliche Waldvegetation bietet zudem kühlen Schatten.

Momella Gate – Miriakamba Hut (Southern Route)

- **ca. 11 km, 4–5 Std. Fußmarsch, 1000 Höhenmeter**

Der Weg führt zuerst über den und dann parallel zum Ngare Nanyuki River („braunes Wasser" in der Sprache der Maasai). Man passiert die Ausläufer der 2002 m hohen Tulusia Hills, was in der Sprache der Meru „Wachtposten" bedeutet. Nach etwa einer Stunde durch waldreiches Gebiet erreicht man den bizarren **Fig Tree Arch:** Zwei Bäume sind hier von den Luftwurzeln einer Würgefeige umschlungen worden. Eine Viertelstunde später kommt man zur Lichtung Itikoni, wo hin und wieder Büffel oder Buschböcke zu sehen sind. Schließlich taucht man wieder in den Wald ein und nähert sich den kleinen Maio Falls, die auf einem kurzen Seitenweg zu erreichen sind. Den Jekukumia River hinter sich, wandert man weiter bergauf durch den Kitoto Forest, einen Waldgürtel, dessen Bäume Epiphyten, Orchideen, Flechten, Moose und Farne bewachsen.

Am **Kitoto Viewpoint** in über 2500 m Höhe angekommen, offenbart sich ein weiter Blick zurück bis auf die Momella-Seen und den Kilimanjaro. Je nach verfügbarer Zeit kann man von hier zum südlichen Njeku Viewpoint laufen, wo sich ein hervorragender Blick auf die gleichnamigen Wasserfälle und die ca. 1400 m senkrecht abfallende Kraterwand (eine der höchsten Calderawände der Welt!) sowie auf den Aschekegel in der Mitte bietet. Für den Abstecher sind zwei Stunden nötig. Von **Kitoto** geht es noch ein Stück bergauf, und Sie erreichen den Meru-Kraterboden, wo der Wald durch Strauchwerk abgelöst

Mt. Meru Ostseite

wird und die Miriakamba Hut nur noch 45 Minuten erntfernt ist. Noch vor der Überquerung des saisonal fließenden Lenganassa River zweigt links ein Weg zum **Ash Cone** ab. Die Besteigung des Ash Cone (3667 m) muss vorher mit ihrem Veranstalter geplant werden und wird meistens als eine Extra-Aktivität mit einem zusätzlichen Tag verbucht. Viele Unternehmen raten, die Ash-Cone-Besteigung nach dem Gipfel zu machen: also am dritten Tag morgens von der Miriakamba-Hütte aus und anschließend direkt runter bis zum Momella Gate. Der Ash Cone sollte nicht unterschätzt werden. Es sind gut 1000 m Höhenunterschied, die vom Meru-Kraterboden aus überwunden werden müssen.

Bei der Miriakamba Hut, zeigt Ihnen der *Caretaker* die Schlafräume, Kochstelle und Toiletten.

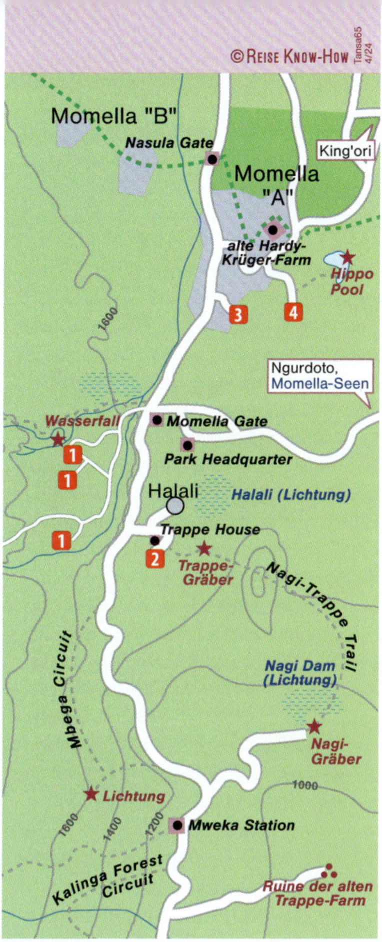

Miriakamba – Saddle Hut – Little Meru

– **ca. 4 km, 3–5 Stunden Aufstieg, 1300 Höhenmeter**

Von Miriakamba führt der Weg durch einen dichten Wald mit Moosen und Bartflechten – ein Gebiet, das Topela Mbogo („Büffelsümpfe") genannt wird – zum 2–3 Stunden entfernten Viewpoint **Mgongo wa Tembo** („Elefantenrücken") auf etwa 3200 m Höhe. Der Aufstieg erfolgt zum Teil über Treppenstufen bzw. Holzsprossen an den steilen und glitschigen Abschnitten. Vom Viewpoint bietet sich ein herrlicher Blick in den großen, aufgesprengten Krater. Mit etwas Glück sind hier auch die flinken Klippspringer-Antilopen zu sehen, die sich gerne in diesem alpinen Vegetationsgürtel aus Riesenheidebüschen aufhalten.

Zur **3570 m hohen Saddle Hut** sind es dann noch 1–2 Stunden, und wer noch Lust, aber vor allem Kraft verspürt, sollte noch den einstündigen Abstecher zum **3820 m hohen Gipfel des Little Meru** machen. Besonders am späten Nachmittag, wenn die Sonne über dem Rift Valley im Westen zu sinken beginnt und die Vulkanberge nur dunkle Silhouetten sind, ist der Ausblick vom Little Meru ein Genuss.

Saddle Hut – Meru Summit – Miriakamba Hut/Momella Gate

– **4–6 Stunden, 1000 Höhenmeter**

Die letzten 1000 m bis zum Gipfel sind die anstrengendsten, aber wer auf dem Gipfel des vierthöchsten Berges Afrikas ankommt, erlebt einen sagenhaften Ausblick. Wichtig ist nur, dass der **Aufstieg schon nachts** begonnen wird, um mit dem Sonnenaufgang den Meru Summit zu erreichen, da diese frühe Morgenzeit meist nebel- und wolkenfrei ist und gute Aussichten garantiert. Besonders wenn die Sonne hinter dem Kilimanjaro-Massiv aufsteigt und die große Ebene dazwischen langsam orange-rot zu leuchten beginnt, sind alle Anstrengungen vergessen. Um dieses Szenario vom Gipfel bewundern zu können, muss man schon

„Hatari" – Hardy Krügers ehemalige Farm in Afrika

1959/60 wurde im damaligen Tanganyika der **Hollywood-Klassiker „Hatari"** gedreht. Neben *John Wayne* in der Hauptrolle spielte der junge deutsche Blondschopf *Hardy Krüger* einen professionellen Tierfänger. Mit Willis-Jeeps und abenteuerlich umgebauten Dodge-LKWs rasten die beiden über die offenen Savannen am Lake Manyara und im Ngorongoro-Krater, um Nashörner, Giraffen und andere Großsäugetiere mit Lassos und Schlingen für die Zoos in aller Welt einzufangen. Der Film steht für eine Zeit, als die heute tabuisierte **Tierfängerei** noch ein großes Geschäft für raubeinige Helden war. Tatsächlich gab es zu jener Zeit in Tanganyika eine **Tierfängerfirma** namens **DeBeer** und der Regisseur des Films, **Howard Hawks,** engagierte die gesamte Truppe, um den Film umzusetzen. Für das Projekt gab es kein Drehbuch, nur grobe Handlungsstränge. Ein Grund, warum es fast ein Jahr brauchte, bis der Film im Kasten war, inklusive Aufnahmen in Hollywood-Studios.

Die sehr europäisch geprägte Liste der Hauptdarsteller aus Frankreich, Italien und Spanien und eben Hardy Krüger verhalfen dem Film zu **großem Erfolg in den europäischen Kinos.** Auch heute vergeht kaum ein Jahr, in dem der Film nicht auf irgendeinem Fernsehkanal ausgestrahlt wird. In den USA konnte der Film den Erwartungen nicht gerecht werden, das amerikanische Publikum wollte seinen Star am liebsten in Western-Filmen sehen. **John Wayne** und das damals noch sehr „entfernte" Afrika passten nicht zusammen.

Für *Hardy Krüger* war der mehrmonatige Aufenthalt für die Dreharbeiten Anlass, seine gerade beginnende Hollywood-Karriere vorübergehend an den Nagel zu hängen und sich eine Existenz in Afrika aufzubauen. Gepackt vom „Afrika-Bazillus", verwendete er jeden freien Tag zwischen den Dreharbeiten für die Suche nach einer Farm. Er klapperte sämtliche zum Verkauf stehende Farmen zwischen Kilimanjaro und Serengeti ab, doch Momella hatte längst sein Herz erobert: „Ich habe den Garten Eden gesehen. (…) Das Bild, das ich sah, wird mich mein Leben lang begleiten. Hellgrüne Seen, von sanften, saftgrünen Hügeln umrahmt. Dahinter die unendlich scheinende gelbe Massai-Steppe, über der sich in majestätischer Breite die waldbedeckten Flanken des Kilimanjaro erheben. Und über allem der ewige Schnee, das Eis des Kibo." (aus: „Eine Farm in Afrika" von *Hardy Krüger,* Lübbe Verlag.) Mit dem Kauf der Momella Farm verwirklichte er sich einen Kindheitstraum – den Besitz eines Bauernhofes, nur eben in Afrika. Fast 10 Jahre lang war Momella sein Zuhause.

Auf Vorschlag des damaligen Premierministers und späteren Präsidenten *Nyerere* wurde zusammen mit seinem irischen Partner *Jim Mallory* auf dem Farmgelände **1960 Hardys „Buschhotel" Momella Lodge gegründet.** Anfangs klein und beschaulich, erwies sich die Investition schon bald als erfolgreich. Mit dem Bau des internationalen Flughafens Kilimanjaro nahmen auch größere Flieger aus Europa Kurs auf Tansania. Besonders aus Deutschland kamen Gäste für einen Besuch in den Arusha National Park. Die deutsche Chartergesellschaft Air Atlantis schickte *Krüger* nicht nur viele Gäste, sondern investierte auch in den Ausbau der Lodge. Momella war zu einer festen Größe in jedem Safari-Programm in Tansania geworden. *Hardy Krüger*

[>] Das ehemalige Wohnhaus von Hardy Krüger, heute die Hatari Lodge und Wohnort des Autors

wurde indes mit weiteren erfolgreichen Hollywood-Filmen zur internationalen Schauspiel-Ikone.

Parallel zur Lodge konzentrierte sich *Hardy Krüger* auf den Ausbau seiner Farm. Er errichtete die bis dato modernste **Fleischverarbeitungsfabrik** in Tansania, importierte sämtliche Anlagen und Geräte zur Herstellung von Wurstwaren aus Deutschland, selbst einen deutschen Schlachtermeister hatte er angestellt.

Frustriert von den sozialistischen Reformen *Nyereres* und dem rapiden Rückgang an Touristen gab *Krüger* 1970 schweren Herzens seinen Traum von einer Farm in Afrika auf und zog sich nach Deutschland und später in die USA zurück. Die Fleischfabrik wurde dem Verfall überlassen, die von *Krüger* eingeführten technischen Geräte aus Deutschland verrotteten mangels Wartung. Heute erinnert die Anlage an einst große Entwicklungsideen, Kinder der in den Räumen und Hallen wohnenden Ranger-Familien des Arusha National Parks spielen mit Hebeln und Schaltern. Von „Mr. Hardy" weiß schon lange keiner mehr was.

Die Momella Lodge mühte sich über Jahrzehnte den Flair und die Erinnerung von einst zu erhalten. Im Jahr 2018 wurde die Nationalparkgrenze verlegt. Seitdem befindet sich die Lodge im Park und hat aufgrund der hohen Übernachtungsgebühren der Nationalparkbehörde TANAPA kaum noch Besucher, weswegen die Anlage zunehmend verfällt.

Aus den ehemaligen Privathäusern von *Hardy Krüger* und der Familie *Mallory* nur wenige hundert Meter weiter hat 2004 die deutsch-namibische Familie *Gabriel* die **Hatari Lodge** gegründet. 2016 wurde Hatari der Hauptdrehort für den Landteil der Fernsehproduktion **„Traumschiff Tansania"**. Als Kind auf der Momella Lodge aufgewachsen, kehrte *Hardy Krüger Junior* nun zurück als einer der Schauspieler in der Episode der bekannten ZDF-Serie.

tan013 jg

gegen 2 Uhr morgens mit Taschenlampe losmarschieren. Wer länger schlafen will und trotzdem einen spektakulären Sonnenaufgang erleben möchte, kann dies auch am 45 Minuten entfernten **Rhino Point.** In jedem Fall ist genug Wasser mitzunehmen.

Vom Meru Summit können Sie entweder direkt bis zum Momella Gate zurücklaufen (6–8 Stunden) oder bei der Miriakamba Hut (4–5 Stunden) noch einmal Station einlegen und den Berg langsam „ausklingen" lassen. Ich empfehle Ihnen Letzteres, schon allein um Ihren stark belasteten Knien eine Pause zu gönnen!

Enduimet WMA/ West-Kilimanjaro

Zwischen den Berggiganten Meru und Kilimanjaro erstreckt sich nördlich bis zum kenianischen Amboseli-Nationalreservat **traditionelles Maasailand,** eine tierreiche Savannenlandschaft, die schon in Hollywood-Filmen wie „Magambo" (mit *Gregory Peck*) und „Hatari" (mit *John Wayne* und *Hardy Krüger*) oder *Iris Berben* in „Afrika, mon amour" als Kulisse diente. Ein Stück Afrika im Schatten des Kilimanjaro, das noch eine authentische Tansania-Erfahrung ermöglicht. Das Gebiet reicht von den Foothills westlich des Kilimanjaro bis zur großen Asphaltstraße zwischen Arusha und Nairobi und ist im Volksmund als West-Kilimanjaro bekannt. Schöner könnte das Landschaftsbild aus dem idealtypischen Afrika-Band auch nicht sein: Kurzgrassavannen mit jagenden Geparden, Pfannenlandschaften mit großen knorrigen Akazien-Bauminseln und am flimmernden Horizont wandernde Maasai-Krieger mit dem endlosen Busch verschmelzend. Bis weit nach Kenia hinein existiert hier eine grenzübergreifende Tierwelt rund um das **Amboseli-Ökosystem,** auf tansanischer Seite auch als Sinya bekannt.

Seit 2010 steht der größte Teil dieser Region als **1800 km² großes Wildverwaltungsgebiet Enduimet Wildlife Management Area** unter Schutz. Ein Zusammenschluss von elf Maasai-Siedlungen und deren Weidegründen bildet den Kern der Schutzzone. Dem Modell der Ngorongoro Conservation Area folgend, üben sich auch hier die örtlichen Village Councils der Maasai in Wildschutzmanagement. Noch sorgen viele Natur- und Wildschutzorganisationen (besonders WWF Deutschland) für Beratung und

003 east

[<] Ein Leopard hat es sich auf einem Ast gemütlich gemacht

Finanzierung von außen, doch hoffen die Maasai vor Ort, dass die Einnahmen aus dem Tourismus bald ausreichen, um die Verwaltungskosten zu decken und aus dem Überschuss die Bildungs- und Gesundheitsinfrastruktur ausbauen zu können. Auch die vor Ort ansässigen Camps bieten Unterstützung in Form von Wildschutzprojekten (z.B. das Shu'mata Camp).

Die **Anbindung** der Enduimet Wildlife Management Area an die anderen Safari-Regionen ist mittlerweile sehr gut. 3 km südlich von Longido zweigt eine neuere Piste Richtung Osten ab. Nach 22 km ist der WMA-Zugang Ngassurai Entrance erreicht.

Unterkunft

2 Shu'mata Camp④ (Karte S. 272)
hatari.travel/shumata. Hier stehen sieben große Safarizelte auf dem kleinen Berg Nessuandet inmitten der großen Savannenlandschaft der Enduimet WMA, alle weit auseinander liegenden Zeltzimmer dem greifbar nahen Kilimanjaro zugewandt. Shu'mata ist ein Camp mit endlosem „Out-of-Africa-Feeling". Das Wort *Shu'mata* bedeutet himmlisch. Hoch oben auf dem Nessuandet kann der Blick in die Ferne schweifen. Der Wohnstil im Camp ist ein Mix aus Maasai- und Hemingway-Elementen verbunden mit künstlerischen Besonderheiten. Original Silberbesteck, Omas Kaffeeservice und viel Harmonie in der Betreuung durch ein exzellent geschultes Team aus Maasai und Angehörigen anderer Völker Tansanias geben dem Camp eine unverwechselbare Note. Große Zelte mit angemauerten Bädern und Open-air-Duschen liegen am Hang und ermöglichen einen Blick auf die Savannenlandschaft. Neben der hervorragenden Küche fehlt es auch nicht an Kleinigkeiten wie dem fast schon obligatorischen Hemingway-Lagerfeuer-Whiskey. Auf Tierbeobachtungsfahrten geht es hier mit offenen Wagen durch die Baumsavanne und endlose Pfannenlandschaften, wird die Kultur und Lebensweise der vor Ort lebenden Maasai erläutert. Auch Fuß-Safaris und Nacht-Pirschfahrten werden angeboten. Die Tierwelt ist gewaltig: riesige Elefantenbullen, Herden von Zebras, Gnus, Kudus und Thomson-Gazellen, die seltenen Gerenuks (Giraffen-Antilopen) sowie Löwen, Geparden und anderes Raubwild. Shu'mata Camp wird oft in Kombination mit der Hatari Lodge angeboten bzw. gehört den gleichen Besitzern (→ Arusha National Park, S. 187).

1 Kambi Ya Tembo (Elerai Tented Camp)③-④ (Karte S. 272)
www.tanganyikawildernesscamps.com. Am Ostrand und am ansteigenden Fuß des Kilimanjaro liegend, gehört dieses Camp mit 14 Zeltzimmern zur großen Lodgekette Tanganyika Wilderness. Von einer Anhöhe genießt der Gast fulminante Ausblicke auf die Enduimet WMA. Das hauptsächlich von Spaniern und Amerikanern besuchte Camp bietet wie Shu'mata geführte Pirschfahrten in offenen Safari-Jeeps. Die Zelte sind groß und gemütlich eingerichtet, zum Teil jedoch etwas nah beinander. Das Essen ist gut und reichlich, der Service zuvorkommend.

Tarangire National Park

Der Park

Der Tarangire National Park, **1970** aus ehemaligen Kolonial-Jagdrevieren hervorgegangen, hat sich zu einem beliebten Besucherziel entwickelt und ist besonders in den Sommermonaten ein Park, der Erlebnisse garantiert. Die Tierwelt in dem rauen und streckenweise einsam wirkenden Park ist sehr artenreich, nicht zuletzt wegen der gewaltigen Größe des Parks, die in etwa der Fläche Luxemburgs entspricht.

Von den nördlichen Parks lassen sich hauptsächlich hier und in der angrenzenden Maasai-Trockensavanne **Lesser-Kudus** und die in Tansania seltenen **Beisa-Oryx-Antilopen** (Spießböcke) beobachten. Zudem ist im Tarangire die **größte Elefantenpopulation des Nordens** zu finden.

Auch die **Landschaft** des Tarangire unterscheidet sich von den anderen Parks durch große, saisonale **Sumpf- und** endlose **Baumsavannen.**

Die durchschnittliche Höhenlage des Parks beträgt 1150 m, die östliche Grenze markieren der Boundary Hill und die Ngahari Hills, im Nordosten bilden der **Burunge-See** und die knapp 1400 m hohen Sangaiwe Hills einen Teil der Parkgrenze. Die Niederschläge sind im Tarangire nicht so ergiebig wie im Ngorongoro-Gebiet, der Park unterliegt mehr den trockeneren, zentraltansanischen Klimabedingungen. In der Dry Season sinkt die Luftfeuchtigkeit auf nur 30% und bringt die weiten Ebenen zum Flimmern. Doch nicht nur klimatisch, sondern auch landschaftlich verschafft der Park einen guten Eindruck von den endlosen Weiten der sich anschließenden Maasai-Trockensavanne.

Ein Baum als Abhilfe gegen Juckreiz

tannp009 xb

Das **Herz des Parks** bildet der **Tarangire River,** dessen Quellen in den Mkonga Hills bei Kondoa liegen und der den Park von Süden nach Norden durchläuft und westlich in den abflusslosen, saisonalen Burunge-See mündet.

Diese Lebensader bestimmt die unterschiedlichen Landschaftsformen des Parks, und die Wassermenge des Gewässers ist ausschlaggebend für die **Migrationsbewegungen** der Tiere innerhalb des **Tarangire-Ökosystems** (hierzu gehören die östlich angrenzende Randilen Wildlife Management Area, die westlich angrenzende Burunge Wildlife Management Area sowie die Mkungonero Game Controlled Area im Süden).

In einem bis zu 5 km breiten Band zieht sich am Tarangire-Fluss eine flache und teils sumpfige Savanne mit Borassus-Palmen und verschiedenen Akazienarten entlang. Schwillt der Fluss in den Regenzeiten an, tritt er an einigen Stellen über seine Ufer und setzt großflächige Graslandschaften unter Wasser. Diese **sumpfigen Flächen** mit ihren klebrigen Black Cotton Soils (schwarztonige Erde) werden **„mbuga"** genannt. Um den Vegetationsgürtel in den Flussniederungen besser zu schützen, hat man die Zeltplätze von den Ufern weg an andere schöne Orte verlegt.

Sehr große Sumpfflächen, die nicht vom Tarangire gespeist werden, liegen im Südwesten des Parks und sind selbst bei Trockenheit nur mit Vorsicht zu überqueren. Die großen Sumpfflächen von **Silale, Larmakau** und **Nguselororobi** werden von Bachläufen aus den angrenzenden Ngahari Hills und von dem **Gosuwa River** aus den Sambu- und Lolkisale-Bergen gespeist. Besucher des Tarangire sind meist in den Trockenmonaten unterwegs, wenn vielerorts das Wasser bereits versickert ist und die Tiere am besten entlang der Wasserstellen zu beobachten sind.

Das übrige Landschaftsbild beherrschen die Baumsavanne und die markanten, inselartigen Erhebungen der Tarangire, Kitibong und Haidadunga Hills. Dominierend sind auch hier Schirm- und Flötenakazien sowie die besonders in den Regionen **Matete** und **Lemiyon** – dem Nordost-Sektor des Parks – dicht beieinander stehenden **Baobabs** (Affenbrotbäume). Dieses Gebiet gehört zu den landschaftlich schönsten, viele Tiere lassen sich hier beobachten.

Auf der Westseite des Tarangire, verbunden durch die Engelhard-Brücke, liegen die als **Burunge** und **Kitibong** bekannten Zonen, wo herrliche Schirmakazien stehen und die beliebte Aufenthaltsgebiete von Büffeln und Spießböcken sind – eine Ecke des Parks, wo auch das schöne Swala Camp eingerichtet ist. Die am Südende des Parks liegende Region **Mkungonero** wird nur selten besucht, die Pisten sind hier teilweise sehr schlecht, und das Wild ist auch noch nicht so sehr an Fahrzeuge gewöhnt.

Tierwelt/Migrationsbewegungen

Zusätzlich zu den oben genannten Tierarten leben im Tarangire-Park auch Elen-Antilopen, Gnus, Zebras, Impalas, Strauße, Giraffen, Grant-Gazellen, Wasserböcke, Dikdiks, Löwen, Leoparden, Geparden, Hyänen, Flusspferde (Lamarkau Swamp), Warzenschweine, Paviane, Mangusten und Klippschliefer. Im Süden des Parks findet sich außerdem eine

Tarangire National Park

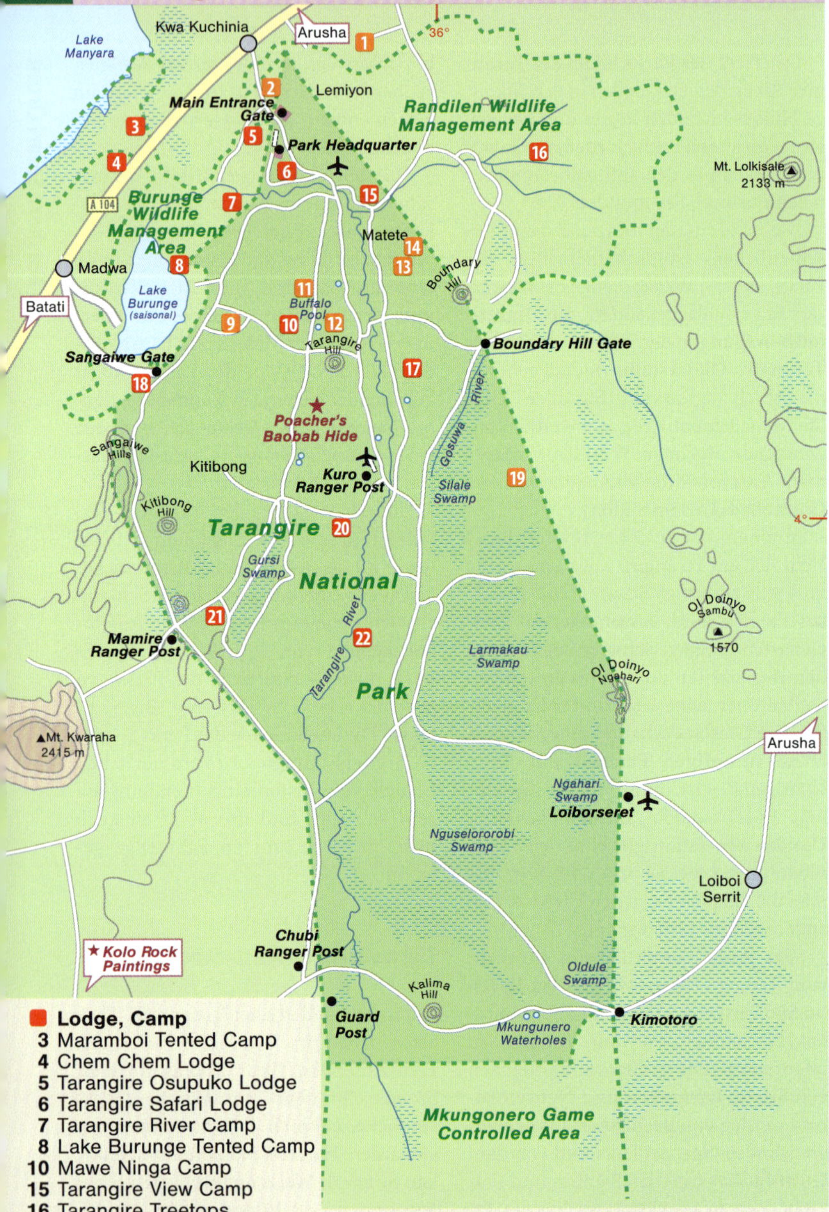

Lodge, Camp

- 3 Maramboi Tented Camp
- 4 Chem Chem Lodge
- 5 Tarangire Osupuko Lodge
- 6 Tarangire Safari Lodge
- 7 Tarangire River Camp
- 8 Lake Burunge Tented Camp
- 10 Mawe Ninga Camp
- 15 Tarangire View Camp
- 16 Tarangire Treetops
- 17 Tarangire Sopa Lodge
- 18 Sangaiwe Camp
- 20 Kuro Camp
- 21 Swala Camp
- 22 Oliver's Camp

Campsites

- 1 Porini Camp
- 2 Zion Campsite
- 9 Kanga
- 11 Jiweni
- 12 Public Campsite
- 13 Terminalia
- 14 Mlegea
- 19 Mbuni Special Campsite

kleine Population der Großen Kudu-Antilopen.

Eine Besonderheit des Parks ist die auf Bäume kletternde **Pythonschlange,** die aufgrund ihrer „Baumrinden-Tarnung" selten zu erkennen ist (schon oft gesehen worden in den Akazien entlang des Silale Swamp).

Nashörner gibt es keine. Dagegen ist der Nashornvogel ein weit verbreiteter Vertreter der **Tarangire-Vogelwelt,** zu der auch Reiherarten, Frankoline, Purpurhühner, Ibisse, Pelikane, Milane, Adler, Geier und Graukopflieste zählen.

Der Tarangire ist jedoch kein klassischer ganzjähriger Tierpark, sondern aufgrund des das ganze Jahr über Wasser führenden Tarangire-Flusses ein Wild-Sammelgebiet in den Trockenmonaten. Wenn die Bachläufe und Wasserlöcher in der Maasai-Trockensavanne versanden und auch im Rift Valley im Bereich des Manyara National Park die Grassavannen austrocknen, zieht der Tarangire die Tierherden an. In der Regel beginnt diese **Migrationsbewegung** im Juli und erreicht im Oktober/November ihren Höhepunkt. Ab Dezember, wenn die kleine Regenzeit einsetzt, bringen Gnus und Zebras ihre Jungen zur Welt, ein Erlebnis, dem man oft beiwohnen kann.

Zu Beginn des Jahres verlassen dann wieder einige Tiere den Park; hauptsächlich gen Osten und Süden, nur noch wenige Tiere wandern auch ins nördliche Rift Valley (Mto Wa Mbu und Lake Natron Game Controlled Areas). Im April/Mai, wenn die große Regenzeit das Gras der Savannen wieder zum Wachsen bringt, verteilt sich das Wild noch weiter im südlichen Maasailand. Die einzigen Tiere, die fast immer zurückbleiben, sind Kudus, Impalas, Oryx, Grantgazellen und Giraffen. Die Tarangire-Migration ist somit – im Gegensatz zur Serengeti-Migration, die größtenteils innerhalb des eigenen Ökosystems bleibt und mehr einem kreisrunden Zyklus gleicht – eine **Zu- und Abwanderungsbewegung.**

Anreise und im Park unterwegs

Der Tarangire National Park hat **drei Zugänge.** Die meisten Besucher betreten und verlassen den Park im **Norden** über das Main Entrance Gate. Hier befindet sich auch das Park Headquarter. Im **Westen,** südlich des Burunge-Sees, verbindet das Sangaiwe Gate den Tarangire-Park mit der Hauptstraße (8 km) nach Dodoma, von der man im Ort Madwa auch Verbindung zum südlichen Gate des Manyara National Park hat (35 km). Auf der **Ostseite** des Parks bietet das Boundary Hill Gate eine gute Anbindung für all diejenigen, die ihre Unterkunft in der angrenzenden Randilen WMA haben. An allen Gates lässt sich problemlos mit VISA oder Mastercard zahlen. Der Park ist auch mit dem **Flugzeug** über diverse Landepisten zu erreichen, meist wird jedoch die Piste beim Kuro Ranger Post angeflogen. Die **Parkgebühren** betragen 59 $ pro Tag und 47 $ pro Fahrzeug (bei nicht-tansanischem Kennzeichen).

Der Tarangire wird mit dem **Auto** erkundet. Nur die exklusiven Camps wie Swala oder Oliver's dürfen in Begleitung eines Rangers **Fuß-Safaris** durchführen (nur für Camp-Gäste). Die Camps außerhalb an der östlichen Parkgrenze bieten ebenfalls die Pirsch zu Fuß an. Das beste Wegenetz weist die nördliche Hälf-

Der Baobab (Affenbrotbaum)

Ein typischer und oft bestaunter Baum der Trockensavanne ist der tonnenförmige, auch als Affenbrotbaum bezeichnete Baobab *(Adansonia digitata)* mit seinen länglichen Schotenfrüchten, die bereits 2500 v. Chr. in Ägypten als „bu hobab" bekannt waren. Im Swahili heißt er „Mbuyu"; viele Ortschaften in Ostafrika nennen sich daher auch „Mbuyuni", d.h. „beim Baobab".

Die getrockneten Blätter sind für Menschen essbar (reich an Provitamin A/Beta-Carotin), die fasrigen Rinden wurden früher von manchen Volksgruppen in langen Streifen herausgeschnitten und zur Web- und Seilherstellung verwendet. Aus den Schalen der Kerne im Innern der länglichen Schotenfrüchte wird vereinzelt auch eine Art Paste gestampft, die zum Kochen dient.

Heutzutage verleiht insbesondere der enorm hohe Vitamin-C-Anteil der weiß gefärbten Schotenkerne dem Affenbrotbaum seinen guten Ruf als gesundes Nahrungsmittel. Vier- bis zehnmal so reich an Vitamin C wie Orangen ist das Innere der Schote und damit einer der größten Vitamin-C-Spender der Natur.

Einige Baobabs haben ausgehöhlte Stämme, die gerne von Fledermäusen bewohnt werden, welche in der Nacht die Blüten der Bäume bestäuben.

np024 pr

Einer alten afrikanischen Geschichte zufolge wird die dickbauchige Form des Baumes folgendermaßen erklärt: Als Gott die Welt erschaffen hatte, glich der Baobab jedem anderen Baum. Doch damit war der Baobab nicht zufrieden und verlangte ständig von seinem Schöpfer Veränderungen, die ihn aus der Menge seiner Artgenossen herausheben würden. Er wollte unbedingt der größte und schönste aller Bäume sein. Zornig über die Unzufriedenheit des Baobabs und dessen ständige Nörgelei riss Gott daraufhin den Stänkerer aus der Erde und steckte ihn umgekehrt wieder hinein, um ihn ruhig zu stellen. Seitdem ragen, wie es scheint, nicht seine Äste, sondern seine Wurzeln in den Himmel.

Baobab-Bäume werden oft als heilig angesehen: „Kila shetani na mbuyu wake" (Swahili für „Jeder Geist hat seinen Baobab").

An der ostafrikanischen Küste stehen einige der ältesten Baobabbäume des Kontinents mit einem Alter von fast 2000 Jahren. Diese alten Exemplare erreichen leicht einen Stammdurchmesser von 7–10 m und über 20 m Höhe. Das sehr weiche, gewebeartige Holz kann wie ein Schwamm Unmengen von Wasser speichern. Bei besonders großen Exemplaren wurden schon Mengen von ca. 20 m³ festgestellt.

[<] Der Baobab sieht aus wie ein umgedrehter Baum, dessen Wurzeln in den Himmel ragen

te auf; es lässt sich auch nach Regen gut befahren, ein Allradwagen ist dennoch empfehlenswert. Die südlichen Tracks (Wege) sind dagegen sehr schlecht und werden hauptsächlich von Rangern genutzt, zudem werden Sie hier nicht viel mehr sehen als im Norden.

Eine andere Art, den Tarangire zu erleben, ist aus der Luft. Die Firmen *Miracle Experience* und *Adventure Aloft* haben **Heißluftballons** im Einsatz, die täglich bei Sonnenaufgang während der Saison entlang der Ostseite des Parks schweben. Ein grandioses Erlebnis, allerdings mit Preisen ab 600 $ p.P. auch ein tiefgreifendes für die Geldbörse! Zu buchen über alle Lodges und Camps im Park.

Beste Besuchszeit

Beste Besuchszeit sind die Monate **Juli bis November,** wenn die meisten Tiere entlang des Tarangire River verteilt und die Pisten zudem trocken und gut befahrbar sind. Zwischen den Regenzeiten (Februar und März) ist die südlichere Hälfte des Parks oft von Tsetse-Fliegen befallen, die einen Game Drive ganz schön vermiesen können.

Lodges und Camps im Park

6 Tarangire Safari Lodge③-④
www.tarangiresafarilodge.com. Herrliche, leicht erhöhte Lage am Tarangire River mit schönem Ausblick auf das Flusstal. Die älteste Lodge im Park liegt inmitten eines von Elefanten viel besuchten Gebiets. Mitunter kommt es vor, dass die Dickhäuter durch das Camp marschieren. Die Unterbringung erfolgt in großen Safarizelten, die leider sehr nah

beieinander stehen, und in Bungalows jeweils mit eigenem Bad/WC (solar beheizte Duschen). Gutes Restaurant mit Bar, Terrasse, kleiner Pool und Generatorstrom. Tagesgäste/Camper für Drinks und Mittag-/Abendessen sind willkommen.

17 Tarangire Sopa Lodge③-④
www.sopalodges.com. Die größte Lodge im Park wirkt aufgrund der Architektur nicht so urig wie die Safari Lodge und bietet nicht gerade den besten Komfort und nur durchschnittliches Buffet-Essen, aber einen sagenhaften Ausblick auf eine saisonale Überschwemmungsebene eines Zulaufs des Tarangire River.

21 Swala Camp④-⑤
www.sanctuaryretreats.com. Ein Camp wie aus einem Hemingway-Roman, allerdings mit viel modernem Pomp. Swala liegt abseits des üblichen Besucherverkehrs und bietet mit neun absolut luxuriösen Safarizelten (auf Holzplattformen errichtet, mit Bad und Toilette stilvoll integriert) wahres Busch-Feeling. Am Rande der saisonalen Gursi Swamps inmitten von Schirmakazien und gewaltigen Baobabs ist die große Attraktion von Swala ein kleines Wasserloch, das von jedem Zelt und dem Restaurant- und Aufenthaltsbereich gut eingesehen werden kann. Regelmäßige Tränke für große Elefantenbullen, aber auch Löwen und Leoparden statten Swala in den Abendstunden ihren Besuch ab. Die Umgebung von Swala ist auch der beste Ort, um die seltenen Beisa-Spießböcke zu beobachten. Swala verfügt über eigene offene Fahrzeuge mit professionellen Guides und ist das einzige Camp im Park, welches Fuß-Safaris unter bewaffneter Leitung durchführen darf. Allabendlich sitzt man unter grandiosem Sternenhimmel um ein Lagerfeuer und lauscht den Klängen der Nacht, bevor im Speisezelt das 3- bis 5-Gänge-Menü serviert wird. Sehr teuer, aber einen Besuch wert.

10 Mawe Ninga Camp③-④
www.maweninga-camp.com. Tented Camp im nordwestlichen Teil des Tarangire-Parks auf einem kleinen Felshügel etwa 9 km vom Haupttor entfernt. Der Stil ist recht natürlich, geboten wird kein überragender Luxus, sondern echtes Buschgefühl in einem Camp mit persönlichem Service.

22 Oliver's Camp④
www.asiliaafrica.com. Schickes, aber dennoch naturnahes Luxus-Zeltcamp mit Platz für nur 16 Personen im Südosten des Parks. In der einsamen Gegend werden Wanderungen mit bewaffneten Rangern angeboten. Abends beim Dinner wird die afrikanische Tierwelt erklärt.

20 Kuro Camp④
www.nomad-tanzania.com. Luxuscamp mit nur sechs Zeltleinen-/Holzverbau-Zimmern. Sehr stilvoll und extrem naturnah. Die etwas einsamere Lage im zentralen südlichen Teil des Tarangire macht diesen Platz zu einem echten Tipp. Guides sowie Fuß-Safaris und Night Game Drives werden hier mit äußerster Sorgfalt und viel Know-how ein- bzw. umgesetzt. Die meisten Gäste nutzen den nahe gelegenen Kuro Airstrip, um das Camp anzusteuern.

15 Tarangire View Camp②-③
www.african-view.com. Ruhig gelegenes Zelt-Camp einer deutsch-simbabwischen Familie, in rustikalem Stil eingerichtet. Die Lage an einem saisonalen Flussarm lockt Wild direkt ins Camp. Die einfachen, aber schmackhaften Mahlzeiten werden in einem großem Speisezelt (*Mess Tent*) mit tollem Blick in die Wildnis serviert. Die Zeltzimmer bieten reichlich Platz, die Badezimmer mit Duschen erfüllen alle Wünsche. Gutes Preis-Leistungs-Verhältnis. Empfehlenswert.

Lodges und Camps außerhalb

16 Tarangire Treetops④
www.elewanacollection.com. Innovative und beeindruckende Lodge in der Tarangire Conservation Area. Insgesamt 20 Zimmer als Baumhäuser, teils in Baobab-Bäume integriert. In luftiger Höhe und mit herrlichem Blick über das Dach der Baumsavanne nächtigt der Gast unter Baumkronen, nach außen hin abgetrennt durch Zeltjalousien und Moskitonetze über den Doppelbetten. Aufgrund der Lage außerhalb des Parks inmitten von Maasailand sind

zahlreiche Aktivitäten wie Pirschfahrten und Fuß-Safaris möglich. Empfehlenswert, allerdings müssen für Pirschfahrten im Park größere Anfahrtswege in Kauf genommen werden.

7 Tarangire River Camp③
www.mbalimbali.com. Das Camp liegt in einer sehr trockenen Region am Nordwestrand des Parks, unmittelbar am Tarangire-Fluss und unweit vom Lake Burunge. Das rustikale Zeltcamp bietet einen schönen Blick über den Tarangire River. Jedes Zelt hat en-suite-Badezimmer mit Toilette. Etwas gehobenere Preise in Relation zum angebotenen Service.

5 Tarangire Osupuko Lodge②-③
www.osupukolodges.com. Die Lodge nahe dem Main Gate zum Park bietet ein faires Preis-Leistungs-Verhältnis und eine angenehme Atmosphäre. Der tansanische Besitzer ist sehr bedacht auf die Einbindung der im Umfeld siedelnden Bevölkerung. Ein Schulungszentrum wird unterstützt. Die Lodge-Zimmer sind mit Erdwänden gebaut und mit Schindelimitat bedeckt, Naturfliesen und schwere, schöne Holzmöbel runden den positiven Eindruck ab. Das Essen ist durchschnittlich. Saisonales Schwestercamp in der Serengeti.

8 Lake Burunge Tented Camp③-④
www.tanganyikawildernesscamps.com. Aus Holz und Ried errichtete Tented Lodge mit 20 komfortablen Zeltzimmern, alle erhöht mit Holzfußboden auf Stelzen gebaut. Herrliche Aussicht auf die Buschsavanne und den Lake Burunge.

18 Sangaiwe Camp③
www.sangaiwe.com. Nur 1 km vom Sangaiwe Gate entfernt, bietet dieses zu Bougainvilla (Karatu) gehörende Camp eine Unterkunftsmöglichkeit im mittleren Preissegment. Die etwas in die Jahre gekommenen Zeltzimmer sind entlang eines Hügels auf Stelzen gebaut. Alles ist zweckmäßig, auf Luxus wurde verzichtet. Herrliche Blicke über die Baumsavanne und bis hin zum Burunge-See. Ein schöner Pool bietet Abkühlung.

4 Chem Chem Lodge④
www.chemchemsafari.com. Sehr schönes, stilvolles Camp mit gehobenem Standard und sehr viel Liebe zum Detail. Sehr luxuriöse Zelte, welche einer Suite gleichen. Die gemütlichen Aufenthaltsbereiche, die lecker zusammengestellten Speisen und die geschützt angelegte Feuerstelle sind sehr einladend. Eine Wohlfühloase, die allerdings auch ihren Preis hat. Chem Chem organisiert mit sehr geschulten Guides eigene Aktivitäten und ist bedacht, immer etwas abseits anderer Touristen unterwegs zu sein.

3 Maramboi Tented Camp③-④
www.tanganyikawildernesscamps.com. Das Camp liegt westlich der Hauptstraße nach Dodoma. Wunderbare Lage mit vielen Borassus-Palmen. Von hier lassen sich wundervolle Sonnenuntergänge über dem Manyara Escarpment beobachten. Die großen Zeltzimmer sind schön eingerichtet, das Essen ist reichlich. Das Camp ist beliebt unter Veranstaltern aufgrund der strategisch guten Lage zwischen den Parks Manyara und Tarangire und daher saisonbedingt auch ausgebucht.

Camping/Campsites

- **Außerhalb** des Parks, zwischen dem Ort Kwa Kuchinia und dem Main Gate, befindet sich die **2 Zion Campsite** (wenig Schatten/eingezäunt/Bar/kleine Zimmer ab 15 $). Das Zelten kostet rund 15 $ p.P. Das **1 Porini Camp** liegt ebenfalls außerhalb des Parks.
- **Im Park** befinden sich – je nach Saison – mehrere Zeltplätze für Selbstversorger, die als **Public Campsites** bezeichnet werden und 35,50 $ p.P. kosten (auf Wunsch auch mit Brennholz). Schön gelegen ist der Platz beim **12 Tarangire Hill**.
- Der Tarangire bietet zudem zahlreiche **Special Campsites:** 9 11 13 14 19. Für 59 $ p.P. Sie liegen wunderschön, meist nah an Wasserläufen und sind exklusiv nur für eine Gruppe. Die Plätze sind oft von Safariveranstaltern belegt, die im Voraus ihre Lieblingsstellen buchen. Fragen Sie jedoch am Gate, oft ist noch ein Platz frei.

Lake Manyara National Park

Der Park

Der 1960 gegründete Park ist der **einzige Rift-Valley-Nationalpark im Norden Tansanias.** Wo in früheren Zeiten die Jeeps von *Hardy Krüger* und *John Wayne* über die Ebenen rund um den See rasten, um für den Dreh des Hollywood-Klassikers „Hatari" Tiere einzufangen, erinnert heute eine Tafel am Eingang des Parks an die raubeinigen Filmhelden aus vergangenen Tagen. Eingekeilt zwischen der ca. 400 m hohen und an einigen Stellen senkrecht abfallenden Grabenwand und dem sodahaltigen Lake Manyara erstreckt sich das Schutzgebiet über etwa 35 km und ist durchschnittlich nur 4 km breit. Mehr als zwei Drittel des Parks werden von dem 940 m hoch gelegenen, abflusslosen See eingenommen, der saisonal für Heerscharen von pink schimmernden **Flamingos** Heimat ist. Nur das Südende vom Lake Manyara liegt außerhalb der Parkgrenze und wird von großen Sumpfflächen bestimmt, an deren Rändern das Volk der Mbugwe Feldbau betreibt. Im Norden trennt ein Elektrozaun die Tiere des Parks von den Bewohnern des Ortes Mto Wa Mbu. In den Monaten August bis November ist der Lake Manyara meist zu zwei Dritteln ausgetrocknet, die Uferlinie ist dann weit zurückgewichen und die Zahl der Flamingos gering. Große Migrationsbewegungen bei den anderen Tierarten des Manyara sind jedoch selten. Die großen Flüße führen ganzjährig genug Wasser an die Trinkstellen, und die Vegetation entlang der Flussläufe (z.T. auch Galeriewälder) spendet reichlich Schatten und Futter. Zudem schränken das Farmland im Süden und der Ort Mto Wa Mbu Wanderbewegungen zunehmend ein.

Der **Name des Parks** bzw. des Sees stammt von dem Maasai-Wort *Emanyara,* das eine Euphorbienart beschreibt, die von dem Nomadenvolk als Zaun oder Schutzwall für ihr Vieh genutzt wird. Der klebrige Saft aus den Zweigen ist giftig und auf keinen Fall mit den Augen in Kontakt zu bringen.

Von den **zahlreichen Flüssen und Bächen,** die vom Mbulu- und Ngorongoro-Hochland das Escarpment in tief eingeschnittenen Schluchten hinunterfließen und -fallen, um sich im See zu vereinen, sind besonders der Mto Wa Mbu River (auch Simba genannt) im Norden und die Flüsse Msasa, Ndala und Endabash im Westen für die äußerst artenreiche Flora und Fauna des Parks verantwortlich. Hinzu kommt, dass Wolken, die sich über dem Rift Valley bilden, sich beim Aufstieg an der Grabenwand abregnen. Diese höheren Niederschlagswerte als die im nur wenige Kilometer entfernten Tarangire-Gebiet und die stark anschwellenden Flüsse tragen besonders in der Regenzeit dazu bei, den Manyara in eine sumpfige und regenwaldmäßige Oase im sonst überwiegend trockenen und staubigen Rift Valley zu verwandeln. Fällt die Regenzeit besonders heftig aus, tritt der See über seine Ufer und überschwemmt stellenweise die zentrale Parkstraße. Auch die Flussdurchfahrten sind dann mit dem Auto nicht mehr möglich, in dieser Zeit kann der Park oft nur bis zum Ndala River ausgekundschaftet werden. In der

Trockenzeit speichert der Grundwasserwald zwischen Parkeingang und Mikundu River das Wasser in seinem dichten Wurzelwerk und verhindert den vollständigen Abfluss in den flachen See und die damit vebundene großflächige Verdunstung. Zudem wird das Waldgebiet von kristallklaren Quellen gespeist, deren Ursprung im Ngorongoro-Hochland liegt. Durch poröse, vulkanische Gesteinsschichten fließt das Wasser unterirdisch über mehrere Kilometer, bis es schließlich am Fuße der Manyara-Grabenwand wieder aufsprudelt.

Während der **Grundwasserwald** mit seinen über 30 verschiedenen Baumarten (z.B. Sykomorenfeigen, Mahagoni, gewaltige Tamarindbäume, Akazien, Leberwurstbäume) und Bodengewächsen wie Zyperngras, Bodenkresse und buschigen Hibiskuspflanzen die Atmosphäre eines feuchtheißen und von betörenden Grillengeräuschen durchdrungenen tropischen Urwaldes hat, bestimmt im übrigen Parkgebiet die **Baumsavanne** das Landschaftsbild. Verstreut wachsen große Baobab-Bäume, und am Lauf des Endabash River mischen sich Feigen und Palmen unter die sonst vorherrschenden Akazien.

Zu Beginn der 1980er-Jahre war jedoch der Bestand vieler Bäume stark gefährdet. Die über der ökologischen Verträglichkeit liegende **Elefantenpopulation** (etwa 500) im Park führte zur Zerstörung vieler Akazien und anderer begehrter Bäume durch die Dickhäuter. Der Manyara wies in dieser Zeit die höchste Elefantendichte Afrikas auf. Als Gegenmaßnahme umzäunte man zahlreiche bedrohte Bäume. Doch das Wüten der Wilderer ließ die Elefantenzahl auf ca. 200 Tiere sinken. Experten sind sich ei-

tannp098 jg

nig, dass sich die Parkverwaltung nicht sonderlich gegen das illegale Abschlachten zur Wehr setzte, doch zumindest hat sich die Vegetation seitdem wieder regenerieren können.

Tierwelt und Sehenswertes

Bekannt ist der Park für seine **Löwen, die auf Baumästen dösen.** Lange Zeit war der Manyara zusammen mit dem Queen Elizabeth National Park in Uganda der einzige Ort Afrikas, wo dieses atypische Verhalten beobachtet werden konnte. Mittlerweile jedoch lässt sich diesem Verhalten ebenso oft in der Serengeti oder im Tarangire National Park beiwohnen.

Wissenschaftler haben für dieses Verhalten verschiedene Theorien. Im Manyara scheint wohl die Flucht vor den bodennahen Tsetse-Fliegen den König der Tiere auf die Bäume zu treiben (v.a. das südliche Parkgebiet ist von Tsetse-Fliegen verseucht). Als Thron bevorzugt er große Akazien mit weit ausladenden und möglichst waagerecht zum Boden verlaufenden Ästen. Ranger und Safariwagen-Fahrer kennen die etwa 20 bis 30 beliebten Bäume des Parks. Mit ein bisschen Geduld lässt sich sehr oft ein Baum mit Löwen finden, vor allem im zentraleren und offeneren Teil des Manyaras.

Die **Elefantenpopulation** des Manyara ist in den vergangenen Jahrzehnten stark zurückgegangen; die verbliebenen Tiere halten sich bevorzugt im dichten Grundwasserwald auf, in dem auch Wasserböcke, Buschböcke, Anubis-Paviane, Grüne Meerkatzen und die schwarzarmigen **Diadem-Meerkatzen** beobachtet werden können. Leoparden und Zibetkatzen sind im dunklen Unterholz seltener auszumachen.

Kurz hinter dem Main Gate im Norden des Parks befindet sich der **Manyara Treetop Walkway** von etwa 500 m Länge. Der „Luft"-Waldweg zieht sich an Baumwipfeln entlang und vermittelt einen herrlichen Eindruck von dem feuchten Biotop, in dem man sich in einer Höhe zwischen 4 und 18 m bewegt. Ein

⌃ › Löwen auf Bäumen gehören zu den Besonderheiten des Lake Manyara National Park, rechts: Flusspferde genießen eine Abkühlung

Abenteuer in luftiger Höhe auf Augenhöhe mit mächtigen Ästen, vielen Vögeln und wunderbarem Lichtspiel, wenn die Sonnenstrahlen durch das Blätterdach den Waldboden mosaikartig beleuchten – lohnenswert!

Zwischen Wald und See führt eine Schleife zu **Mahali pa Nyati,** dem „Platz der Büffel", einer herrlichen Graslichtung, wo jedoch nicht immer Büffel vorzufinden sind.

Weiter in Richtung See erreicht man die **Hippo Pools** am Mto Wa Mbu River. Hier suhlen und kühlen sich große **Flusspferdfamilien,** bevor sie in der Abenddämmerung „Landgang" haben und die Nacht mit Grasen verbringen. Eine Art Fußgängerbrücke erlaubt eine erhöhte Aussicht auf die sumpfige Randlandschaft am See. Viele Wasservögel gesellen sich zu den schnaufenden und prustenden Kolossen. Das Aussteigen aus dem Auto ist hier erlaubt, zu nah sollte man sich jedoch nicht an das Spektakel heranwagen. Um näher an den See zu gelangen, bieten sich weiter südlich bessere Stellen, um die riesigen Schwärme der Groß- und Zwergflamingos, Pelikane, Reiherarten, Kormorane, Störche und Nilgänse im ufernahen Bereich beim Picken von Nahrung und bei der Flügelsäuberung vom klebrigen Soda zu beobachten. Einige Zufahrtswege zum Wasser sind je nach Jahreszeit gesperrt.

Die **reichhaltige Vogelwelt** zählt etwa 400 Arten. Ein kleines Museum beim Eingang vermittelt einen Eindruck von der immensen Vielfalt der Farben, Größen und Formen. Kennzeichnend für den Park sind insbesondere Nashornvögel, die fast überall anzutreffen sind. Doch auch größere Vertreter wie Strauße, Geier und Schreiseeadler lassen sich mitunter sehen.

Zwölf Arten von **Fledermäusen** sollen im Manyara-Park beheimatet sein.

In den offeneren Baumsavannen südlich des Msasa River zeigen sich häufig Impalas, Giraffen, Dik Diks, Zebras, Warzenschweine, Schakale, Klippsprin-

tannp099 jg

ger, Mungos, aber auch alle anderen **Tiere,** die sonst vornehmlich im Grundwasserwald leben. Dem Park fremd sind Geparden, Grant- und Thomsongazellen. Die letzten Nashörner sind Wilderern zum Opfer gefallen.

Südlich des Bagayo River führt die Piste über eine leichte Anhöhe am Fuße des Escarpment entlang, von wo sich ein guter Rundumblick auf die Weiten des Manyaras öffnet.

Sehenswert sind die **heißen Quellen Maji Moto Kubwa.** Diese befinden sich ganz am Südende des Parks und sind je nach thermaler Aktivität im Erdinnern 60 bis 80 °C heiß – ideal, um Eier zu kochen … Der schwefelhaltige Dampf enthält auch das Edelgas Helium. Vom Parkplatz führt ein langer Steg über die mit heißem Wasser getränkte Landschaft am Fuße der Grabenwand. Infotafeln erklären die geothermische Aktiviät. Gerne machen hier die Safari-Guides das Lunch-Picknick.

Die kleinen heißen Quellen **Maji Moto Ndogo** liegen im mittleren Teil des Parks, sie sind aber recht unscheinbar. Ihre Temperatur liegt bei etwa 40 °C.

Der Manyara-Park lässt sich auch **aktiv erkunden.** Neben dem Night Game Drive für 59 $ p.P. lassen sich auch Kanutouren auf dem See organisieren (beides durch Wilderness Wayo Africa, → Arusha, S. 171) sowie Mountainbike-Touren in Begleitung eines Park Rangers (Informationen hierzu am Park Gate).

Anreise und beste Besuchszeit

Der Lake Manyara National Park ist einfach über die Hauptstraße, welche Arusha mit Ngorongoro/Serengeti verbindet, zu erreichen. Am Ausgang des Ortes **Mto wa Mbu** liegt linkerhand das **Main Gate.** Fast alle Besucher des Parks fahren hier herein und wieder heraus. Ganz im Süden des Parks befindet sich das **Gate Iyambi.** Diese südliche Zufahrt ist ideal, wenn man den Manyara-Park mit dem westlichen Zugang zum Tarangire National Park (Sangaiwe Gate) verbinden möchte (44 km).

Am Gate sind für den **Eintritt 59 $** p.P. und Tag zu entrichten plus 47 $ für Fahrzeuge mit nicht-tansanischem Kennzeichen. Alle Parkgebühren werden entweder über den Veranstalter, mit welchem Sie reisen, bezahlt oder mittels Master-/Visa-Card. Bargeld wird nicht angenommen.

Der Manyara kann ganzjährig besucht werden, **ideal ist es zwischen den Regenzeiten** (November bis April) und im Juni/Juli, wenn die Savanne und die Blüten der Bäume in vollem Saft stehen. In den Regenmonaten sind die kleinen Nebenpisten nicht immer befahrbar. Dafür zieht der Park in dieser Zeit viele **Flamingos** an. In der Trockenzeit teilen sich die Schwärme oft und fliegen zu den Seen Natron, Eyasi oder Balangida. Dann ist auch die Uferlinie des Sees um einige hundert Meter zurückgewichen, und die Flamingos weit draußen im teilweise nur knöcheltiefen Wasser sind über der flimmernden Fläche kaum auszumachen.

Lodges und Tented Camps

Aufgrund der manchmal nervenden Tsetse-Fliegen, aber mehr noch wegen der grandiosen Aussicht liegen fast alle der gehobeneren Unterkünfte außerhalb des Parks oben auf der Grabenwand, wo Hangwinde oft Kühlung spenden. Direkt im Park befinden sich:

11 Lake Manyara Tree Lodge④-⑤
www.andbeyond.com. Einzige permanente Unterkunft im Park selbst, liegt herrlich am Südende nahe des Aray River, wo Grabenwand und Seeufer nicht weit auseinander liegen. Die in einem lichten Wald befindlichen Baumhäuser stehen hauptsächlich auf Stelzen und bieten alle eine tolle Aussicht auf den See. Die Einrichtung, das Essen und der Safariservice inkl. Gamedrives und Wanderungen mit professionellen Guides sind äußerst exklusiv.

10 Manyara Wayo Green Camp③-④
www.wayoafrica.com. Direkt am saisonalen Endabash River und dem gleichnamigen Wasserfall, mit 8 Zelten wunderbar in der Wildnis gelegen. Die Zelte verfügen über große Öffnungen zu allen Seiten und ein offenes, von einem Sichtschutz aus Baumstämmen umgebenes Badezimmer mit Kübelduschen. Vom Green Camp werden schöne Natur- und Wildlife Walks durchgeführt: zum Wasserfall oder – für alle, die etwas mehr Aktivität suchen – das Rift Valley Escarpment hinauf. Besonders familienfreundlich, was auch beim Essen hervorzuheben ist.

9 Lake Manyara Tortilis Camp③-④
www.tortiliscamps.com. Größeres Safaricamp mit ebenfalls großen Zelten, etwas erhöht ganz am Westrand des Parks. Die Lage ist sehr schön, das Management und der Service bemüht. Die Küche ist internationaler Durchschnitt, aber alles schmackhaft und stets reichlich.

Außerhalb des Parks sind alle Unterkünfte entweder direkt im oder rund um den Ort Mto wa Mbu gelegen, oder oben, etwa 300 m höher, entlang der Kante der Grabenbruchwand des Rift Valley. Die Vorteile „oben" zu übernachten sind, dass es neben einem grandiosen Blick auf den Lake Manyara National Park auch etwas kühler ist, was besonders in den heißen Monaten den Schlaf angenehmer macht. „Unten" gibt es mehr Budget-Optionen.

3 Lake Manyara Serena Safari Lodge③-④
www.serenahotels.com. Anspruchsvolle Lodge mit einem der besten Ausblicke über das Rift Valley. 67 Zimmer mit Moskitonetzen in verteilt angelegten Bungalows, Service und Essen vom umfangreichen Buffet, die Architektur orientiert sich an afrikanischen Bauformen und gibt der eigentlich großen Lodge einen privaten Charakter. Sehr schöner Pool, insgesamt gut in die Natur integriert. Obwohl es ein größeres Hotel ist, erfährt der Gast viel Ruhe und Privatsphäre.

2 Lake Manyara Hotel③
Das älteste Hotel am Manyara (einst staatlich) ist ein großer Betonbau mit 100 Zimmern und einer schönen Gartenanlage. Die Aussicht auf den Manyara National Park ist hier wirklich am besten, von der Terrasse können Sie mit dem Fernglas im etwa 300 m tiefer gelegenen Park einzelne Tiere ausmachen. Im großen Restaurant werden reichlich Speisen mit zum Teil indischer Note aufgetischt. Die Zimmer sind zweckmäßig eingerichtet.

1 Kirurumu Manyara Lodge③-④
www.kirurumu.net. Entlang der Nordseite des Escarpment liegende Luxus-Zelt-Lodge, die zu Hoopoe Adventure Tours (siehe bei Arusha) gehört. Die rustikale und naturverbundene Atmosphäre, die schön gelegene Bar mit Ausblick in die Weiten des Grabenbruchs und die großen grünen Safarizelte mit dem gewohnten Hotel-Service tragen zum „Jenseits-von-Afrika-Flair" bei. Viel Ruhe und Freundlichkeit erwarten den Besucher, in der Nähe befinden sich Höhlen.

■ Weitere gute und oft genutzte Unterkünfte sind das wegen seiner guten Zusammenarbeit mit der Community zu empfehlende **5 Isoitok Camp** (www.isoitok.com) am Fuße des Mt. Losimingur (etwa 15 km östlich von Mto wa Mbu gelegen), die elegante und ruhig gelegene 8 **Mawemawe Lodge** und die 7 **Escarpment Luxury Lodge** (escarpmentluxurylodge.co.tz) oben auf der Grabenbruchkante. 6 **Nysa Lodge & Camp** (www.nsyalodge.com) bietet einfachere Bungalows und zwei Luxury Tents. Camping auch möglich.

Camping/Campsites

■ **Kurz nach dem Parkeingang** befinden sich linker Hand im schattigen Wald **Bandas** und ein **Campingplatz.** Die Bandas bieten lediglich Betten mit Matratzen, einen Leinenschlafsack und ein Moskitonetz (wichtig!) sollte man dabeihaben. Die Anlage mit WCs, Grillplatz und Wasserversorgung gehört zum Park, die Übernachtung kostet daher in den Hütten und für das **Zelten 34,50 $** + 53 $ Parkgebühren.

■ **Im Park** befinden sich unweit des Bagayo River die **Special Campsites Bagayo A** und **B,** die jeweils 50 $ p.P. kosten. Feuerholz, sanitäre Anlagen und Wasser sind hier nicht vorhanden. Meist sind die Special Campsites von Safari-Veranstaltern belegt. Beim Gate bekommt man Auskunft.

4 Zu einem in der Region sehr belieben Campingplatz hat sich **Migombani Camp** entwickelt. Das Gelände mit **einem der besten Campingplätze im Norden Tansanias** liegt auf einer erhöhten Stufe der Grabenbruchkante nördlich vom Park (schräg gegenüber des Parkeingangs entlang der Hauptstraße führt der Weg bergauf nach Migombani). Ein eigenes Restaurant, ein Pool und die sehr guten sanitären Anlagen tragen ebenso zum Erfolg bei wie die Tatsache, dass hier viele private Camper gerne übernachten und so ein guter Austausch zwischen Reisenden stattfindet. Neben Zelten gibt es auch die Möglichkeit, in sehr stilvollen Zeltzimmern zu schlafen, von denen es allerdings nur zwei gibt. Daher ist vorbuchen angeraten: www.migombanicamp.com.

■ Ansonsten bieten die Campsites im Ort **Mto Wa Mbu** kurz vor dem Parkeingang preiswerte Alternativen.

Am Eingang zur Ngorongoro Conservation Area

np064 jg

Ngorongoro Conservation Area

Die Ngorongoro Conservation Area **(N.C.A.)** ist ein Wild-Schutzgebiet mit Nationalpark-Status, in dem ca. **56.000 Maasai** nahezu im Einklang mit der ostafrikanischen Tierwelt leben. Die Viehherden des Nomadenvolkes wandern in den Savannen durch Tausende von grasenden Gnus, Zebras und Büffeln. Das respektvolle Miteinander von Mensch und Wild ist einmalig auf der Welt, noch dazu in einer grandiosen Landschaft, die von den östlichen Savannen der Serengeti über Wanderdünen, tiefe Schluchten, Sümpfe, Wasserfälle bis hin zu Riesenkratern, Vulkanbergen, montanen Urwäldern und einer grünen Hochsavanne reicht, welche an die frostigen Highlands von Schottland erinnert. Der Eindruck drängt sich auf, diese weltweit unvergleichliche Naturvielfalt habe für das biblische Paradies Modell gestanden. Die über 8200 km² messende Conservation Area, die von der 1050 m hohen Uferlinie des Lake Eyasi bis zum 3648 m hohen Mt. Lolmalasin reicht, ist daher auch bereits seit 1978 ein **Teil des UNESCO-Weltnaturerbes.**

Ngorongoro-Krater

Das unumstrittene Juwel dieser Landschaft ist der 16 x 20 km große **Ngorongoro-Krater, die größte nicht mit Wasser gefüllte Caldera der Welt,** die in etwa halb so groß wie der Bodensee ist. Im Mittelpunkt des Hochlandes gelegen, ist der fast 600 m tiefe Krater (der Kraterrand liegt durchschnittlich auf etwa 2300 m Höhe) Heimat einer großartigen Tierwelt. Alles, was Rang und Namen hat unter den Wildtieren Ostafrikas – außer Maasai-Giraffen, Topis und Impalas (sie können die steilen Kraterwände nicht bezwingen) –, ist im Ngorongoro versammelt, auch die **Big Five** der afrikanischen Tierwelt: **Löwe, Nashorn, Elefant, Büffel und Leopard.** Je nach Jahreszeit zählt man 15.000 bis 25.000 Tiere, davon allein über zwei Drittel Gnus, Zebras, Büffel und Gazellen. Die große Anzahl von Grasfressern auf relativ kleinem Raum bedingt die große Population der Ngorongoro-Löwen. Mehrere Rudel, die zusammen über 100 Simbas (Swahili für Löwen) zählen, machen den Krater zu einem der dichtest besiedelten Löwengebiete Afrikas. Fast jeder Besucher wird den „König der Tiere" zu Gesicht bekommen, oft hat man sogar das Glück, eine ganze Pirschjagd in freier Wildbahn mit zu verfolgen – die absolute Krönung einer Safari!

Durch die kesselartig „eingeschlossene" Tierwelt wirkt der Ngorongoro wie ein **gigantischer Zoo,** jedoch mit dem besonderen Unterschied, dass hier nicht die Tiere, sondern die Besucher (über 200.000 im Jahr) in ihren Fahrzeugen hinter „Gittern" sitzen.

Den ersten europäischen Forschern und Siedlern, die um die vorletzte Jahrhundertwende vom Rand in die gewaltige Schüssel blickten, verschlug es die Sprache, wie auch fünfzig Jahre später Prof. *Grzimek* keine Worte fand; sicher war er sich nur, dem achten Weltwunder gegenüberzustehen. Was für ein überwältigendes Gefühl mussten die deutschen Brüder *Siedentopf* verspürt haben,

wenn sie morgens bei einer Tasse Kaffee von der Terrasse ihrer 1907 erbauten Farm aus das Farmland – den gesamten Ngorongoro-Krater – überblickten. Immer noch zeugen Mauerreste am Kraterboden von jenem kolonialen Privatbesitz. Heute wohnt niemand mehr auf dem Kraterboden, auch die Maasai nicht, die allerdings, je nach Saison, ihre Viehherden die steilen Kraterwände rauf und runter treiben, wenn im Umland das Wasser knapp wird und der Großteil der Ngorongoro-Tiere jenseits der Kraterwände auf Nahrungssuche ist. Dann tummeln sich ihre Kühe zwischen den anderen grasenden Tieren um die Wasserstellen entlang der Quellen der **Seneto Springs.**

Die Landschaft auf dem Boden des Kraters ist ein eigener Mikrokosmos. Das Herz bildet der je nach Regenzeit gefüllte **Lake Magadi** (auch Makat genannt, bedeutet Soda) der mit 1722 m die tiefste Stelle ausmacht. Der flache, nur etwa ein Meter tiefe See schrumpft in der Trockenzeit oft so weit zusammen, dass eine wüstenartige Fläche entsteht, aus der die Winde den Staub mehrere hundert Meter weit aufwirbeln und die Sicht trüben. Ist genügend Wasser da, grünt die umliegende Savanne, in der regelmäßig große Gnu-Herden grasen. Das sodahaltige Wasser des Sees wird dann zur Nahrungsquelle einer Vielzahl von Flamingos. Gespeist wird der kleine Magadi über den im Olmoti-Krater entspringenden **Munge River,** der im Nordosten die Kraterwand hinunter fließt und an seinem Unterlauf die großflächigen **Mandusi Swamps** entstehen lässt. Das immer wasserreiche Sumpfgebiet zieht regelmäßig viele Tierarten an, der große Pool in seiner Mitte wird von Flusspferden eingenommen. Vor allem aber Wasservögel, wie Nilgänse, Kormorane, Rosapelikane, Ibisse und Reiherarten, halten sich in den sumpfigen Gräsern auf; von November an werden sie auch von eurasischen Zugvögeln, insbesondere von Schwalben und Störchen, angeflogen. Insgesamt zählt die Ngorongoro Conservation Area dann knapp 400 Vogelarten. Einen herrlichen Überblick über dieses moorige Gebiet und den gesamten Nordteil des Kraters verschafft der nahe gelegene, etwa 70 m hohe **Engitati Hill,** der in Begleitung eines Rangers bestiegen werden kann.

Im Süden des Kraters erstreckt sich das große Waldgebiet des **Lerai Forest,** der in weitere **Hippo Pools** übergeht. Der Wald mit seinen weit ausladenden Fieberakazien, an dessen Rand oft Marabus, Büffel und Löwen zu beobachten sind, ist der bevorzugte Aufenthaltsort von Elefanten, Elenantilopen und Leoparden. Die **Fieberakazie** (erkenntlich an der gelben Rinde) verdankt ihren Namen der Malaria, da der Baum vor allem in sumpfigen Gebieten wächst, wo die Anopheles-Mücke, Überträgerin der Krankheit, am häufigsten vertreten ist.

Bei einer Waldlichtung befindet sich ein schattiger **Picknick-Platz** (mit WC), ein schöner Ort zum Ausspannen.

Aus dem Wald heraus führt die nur zur Auffahrt vorgesehene Kraterpiste den Hang hinauf und trifft auf die Arusha-Serengeti-Hauptstraße.

Die **Ngoitokitok Springs** im östlichen Kraterteil bieten den zweiten schönen Picknick-Ort, wo das Fahrzeug ebenfalls verlassen werden darf – doch Vorsicht: Achten Sie auf Ihr Butterbrot, pfeilschnelle Milane (Greifvögel) stürzen ohne Ankündigung wie ein Blitz vom Himmel und reißen Ihnen den Bissen aus der Hand! Der kleine See wird von einer unterirdischen Quelle gespeist. Die Vogelwelt ist dieselbe wie an den Mandusi Swamps. Gen Norden erstreckt sich dann eine weite Savanne, in der oft Riesentrappen, Strauße, Nashörner und auch Geparden anzufinden sind. Schließlich gelangt man wieder an den

tannp010 xb

☐ Elefanten auf Wanderschaft in der Ngorongoro Conservation Area

tannp140jg

Munge River, wo die Ruinen der ehemaligen deutschen Farm liegen. Hier schließt sich der Kreis, und in Richtung Osten schlängelt sich die Sopa-Road (in beide Richtungen befahrbar) die Kraterwand empor.

Zum Ausklang des Tages und der Fahrt durch den Ngorongoro bietet es sich an, auf der Terrasse einer der auf dem Kraterrand liegenden Lodges einen „Sundowner" zu schlürfen und nochmals den Blick über den Krater schweifen zu lassen.

Die Northern Highlands – die Krater Olmoti und Empakai

Das nordöstliche Ngorongoro-Gebiet wird von der großen Hochland-Savanne der **Balbal Depression** eingenommen. Im Westen und Norden dieser von Maasai besiedelten Hochebene ragen die **Kratermassive Olmoti** und **Empakai** sowie die **3407 m hohe Erhebung des Jäger Summit** aus der Landschaft, während sich östlich zum Rift Valley hin angrenzend der große Waldgürtel des **Northern Forest Reserve** an der Oberkante des Escarpment erstreckt. Hier ragen der „Uhlig-Gipfel" (3572 m) und der **„Hettner-Gipfel" des Mt. Lolmalasin** in die Höhe, mit 3648 m Tansanias dritthöchster Berg. Am Massiv selbst liegen Maasai-Bomas (permanente Hüttensiedlungen).

Im äußersten Nordosten markieren der **2621 m hohe Vulkanberg Kerimasi** und die Maasai-Siedlungen Kapenjiro und Naiyobi die Grenze des N.C.A. zur Loliondo Game Controlled Area.

Das in den Sommermonaten **in den frühen Morgenstunden kühle Gebiet** (um 5 °C) wird von den Maasai als *o'lhoirobi* bezeichnet („kaltes Hochland"), die deutschen Kolonialherren nannten es „Winter-Hochland der Riesenkrater". Zudem fallen im Ngorongoro-Hochland etwa 1500 mm Nieder-

⌃ Der Lake Magadi im Herzen des Kraters

schlag pro Jahr, doppelt so viel Regen wie in den Salei Plains gerade mal 30 km westlich.

Direkt nördlich vom Ngorongoro steigen die dicht bewaldeten Hänge bis zum über 3000 m hohen Rand des **Olmoti-Kraters** empor. Seine höchste Erhebung liegt im Süden der Caldera und beträgt 3099 m. Sein Durchmesser liegt bei ca. 5 km, der 100–200 m tiefer liegende Kraterboden ist beliebtes Weideland der Maasai, die sich hier harmonisch mit Elenantilopen und Büffeln arrangieren. Der Olmoti ist aber vor allem ein großes Auffangbecken, in dem der **Munge River** entspringt, durch die im Osten aufgerissene Kraterwand als **Munge Waterfall** gut 70 m in ein Tal fällt und schließlich 12 km südlich die Kraterwand des Ngorongoro hinunterfließt. An seinem Oberlauf finden sich die Reste des Maasai-Ortes **Nainokanoka.** Die tansanische Regierung hat dieses Dorf 2022/23 aufgelöst und die dort seit Generationen lebenden Maasai mit Land im 500 km entfernten, trockenheißen Küstenvorland bei Handeni entschädigt. Land, welches für die Kultur und Lebensweise der Masai unbrauchbar ist – ein tragischer Einschnitt für die Maasai Tansanias.

Ein paar Kilometer nördlich liegt linker Hand der Olmoti-Ranger Post, von wo man mit einem Wildhüter (23,60 $) auf den Kraterrand steigen oder zur Schlucht mit den Wasserfällen laufen kann (1–2 Stunden). Auch das Innere des Kraters kann mit einem Ranger erkundet werden. Wildhüter gilt es im Voraus zu buchen bzw. bei Eintritt in den Park zu beantragen.

Wer bis zum westlichen Kraterrand marschiert und den Blick in die trockenheißen **Serengeti Plains** schweifen lässt, bekommt einen guten Eindruck von den völlig konträren Vegetations- und Klimaverhältnissen innerhalb der Ngorongoro Conservation Area. Die kühlen Kraterhänge des Olmoti sind von einem märchenhaften, tiefgrünen Urwald umgeben, während die etwa 1800 m tiefer gelegenen sandigen Sale Plains sich fast völlig im Regenschatten befinden und den größten Teil des Jahres wie eine trostlose Halbwüste wirken.

Der etwas größere **Empakai-Krater,** dessen höchster Punkt bei **3231 m** liegt, unterscheidet sich durch einen dichten Wald auf dem 1000 m tiefer gelegenen Kraterboden. Im Innern liegt ein ganzjährig gefüllter, im Durchmesser etwa 3 km großer See. Dieser ist im Gegensatz zu den flachen Sodaseen im Norden Tansanias 85 m tief. Sein giftgrünes alkalisches Wasser zieht permanent große Scharen von Zwergflamingos an.

Von der Ostseite aus kann man über einen **tunnelförmigen Waldpfad** zum Kratersee hinunterlaufen (vom Kraterrand hin und zurück 5–7 Stunden). Ein bewaffneter Ranger (zu organisieren in Nainokanoka oder beim Lemala Ranger Post neben der Sopa Lodge) ist wegen der Büffel im Wald Pflicht. Für die Umrundung des Kraterrandes (32 km; mit dem Fahrzeug nicht mehr möglich) ist ein voller Tag zu veranschlagen. Vom Nordrand bietet sich ein weiter Blick auf die Vulkanberge Kerimasi und Ol Doinyo Lengai.

Das Gebiet der Northern Highlands liegt abseits der Touristenströme, der Wildbestand ist durch die vielen Maasai-Bomas und ihre Viehherden gering. Dieser Teil der N.C.A. besticht durch klassische afrikanische Hochlandschaft, die dank einer kontrollierten Agrarnutzung

Die Maasai – Afrikas bekanntes Volk zwischen Tradition und Moderne

von **Ahmed Schrör,** Ethnologe, überarbeitet von **Jörg Gabriel**

„From the farm, the tragic fate of these disappearing Masai tribe on the other side of the river could be followed from year to year. They were fighters who had been stopped fighting, a dying lion with his claws clipped, a castrated nation. Their spears had been taken from them, their big dashing shields even, and in the Game Reserves the lions followed their herds of cattle."

Isak Dinesen, „Out of Africa"

Die Maasai (Massai gesprochen) sind weit über die Grenzen Afrikas hinaus bekannt und berühmt für ihre semi-nomadische Lebensweise als Viehhüter in der Savanne und für ihre Krieger mit ihren roten Umhängen, denen Stolz und Selbstverherrlichung oft mit einem Hauch von Romantik zugeschrieben werden. Filme und Bücher transportieren dabei häufig das Bild eines vom Untergang bedrohten Stammes, der vergangenen Zeiten angehört. In der Tat mehren sich in den letzten Dekaden die Stimmen auch von den Maasai selbst, dass ihre Kultur in der jetzigen Form nicht überleben kann. Die Einschränkung ihres Lebensraumes durch Nationalparks und durch Landnahmen von Agrarkonzernen und ackerbauenden Nachbargruppen werden dabei als Hauptursache angeführt. Letzteres ist vor allem der großen Landnot geschuldet, die aufgrund von vielerorts explodierenden Bevölkerungszahlen entsteht, und nicht einer politisch motivierten Fehde gegen das Volk der Maasai. Bis zum heutigen Zeitpunkt haben die Maasai allerdings entgegen allen Prognosen an ihren zentralen kulturellen Werten und Normen festhalten können, auch wenn sich ihre Lebensform in verschiedenen Bereichen veränderte.

Ihre **halbnomadische Lebens- und Wirtschaftsweise** ist geprägt von täglichen Wanderungen mit ihren Viehherden auf der Suche nach Wasser und guten Weidegründen im Umkreis ihrer langjährigen Siedlungen. Das Maasailand weist in seiner naturräumlichen Erscheinung eine bemerkenswerte Vielfalt auf. Von semi-ariden Savannen bis zu tropischen Höhenstufen mit immergrünen Bergwäldern existieren kleinräumlich große ökologische Unterschiede, die das Wanderverhalten bestimmen.

Alle Lebensbereiche sind im Wesentlichen von den Rindern als dem dominierenden Kulturelement geprägt. Es ist nicht übertrieben, dass sich bei vielen Maasai alles ums Vieh dreht. Vieh stellt für sie nicht nur einen ökonomischen Wert dar. Auch im religiösen Bereich, in den sozialen Beziehungen, in der materiellen Kultur, in der mündlichen Überlieferung, in der Medizin und Hygiene sowie allgemein im täglichen Leben manifestiert sich die **enge Beziehung der Maasai zum Vieh.** Milch ist das Hauptnahrungsmittel der Maasai. Gegrilltes Fleisch, früher nur zu bestimmten Anlässen auf dem Speiseplan, wird heute in Dorfzentren und auf Märkten angeboten und ist das beliebteste Essen bei Jung und Alt. Auch andere Änderungen sind zu konstatieren: Ackerbau, Handelsaktivitäten, Migration in die Städte, um beispielsweise Nachtwächter (askari) zu werden, Arbeit in einer christlichen Gemeinde oder in der Verwaltung sind keine Seltenheit mehr für die Maasai.

Die Maasai wanderten von Norden her ein und erreichten Anfang des 18. Jahrhunderts den Raum des heutigen Tansania. Ihr mythisches Ursprungsland „Engirr ee Kerio" scheint mit einer steil abfallenden Hügelkette im Süden des Lake Turkana im heutigen Nordkenia identisch. Ihre größte Verbreitung um 1850 erstreckte sich vom jenem See bis zum Kiteto-Gebiet im heutigen Tansania, 1100 km in Nord-Süd- und 300 km in Ost-West-Richtung.

In Tansania leben gegenwärtig ca. 450.000 pastorale Maasai (in Kenia etwa die doppelte Anzahl), die sich in sieben territoriale Gruppen unterteilen. Die Zuordnung zu einer Gruppe wird durch den Geburtsort festgelegt und mit der Initiation und der Eingliederung in das Altersklassensystem bestätigt. Die verschiedenen Clans verteilen sich auf das gesamte Maasai-Gebiet und besitzen heute nur noch geringe Bedeutung. Jede Gruppe unterteilt sich wiederum in lokale Einheiten. Sie verfügen sowohl über Trocken- als auch Regenzeitweiden, permanente und temporäre Wasserstellen, sodass sie bei ihren saisonalen Wanderungen in normalen Zeiten nicht auf die Ressourcen anderer Lokaleinheiten angewiesen sind. Als kleinste und für die alltäglichen Belange bedeutendste politische Einheit werden sie von einem Ältestenrat, „engigwana", geleitet, der durch die parallel existierende nationale Administration zunehmend an Entscheidungsgewalt verliert.

Das **Altersklassensystem der Männer** ist zentraler Bestandteil des sozialen Lebens der Maasai. Geschlechterbeziehungen werden durch die Zugehörigkeit zu einer Altersklasse geregelt. Kein Maasai kann ohne Mitgliedschaft in einer Altersgruppe ein soziales Leben führen. Von der Jugendzeit bis zum hohen Alter werden aufeinanderfolgende Altersklassen von allen Mitgliedern durchlaufen. Jungen werden durch die Initiation und der damit verbundenen Beschneidung zum Krieger, „moran" (wörtlich: Beschnittener). Die „e-unoto-Zeremonie" markiert den Übergang von der jüngeren zur älteren Kriegerzeit. Endgültig mit der „olngesher-Zeremonie" steigt man auf in die Altersklasse der „junior elders", und ohne weitere Zeremonie geht man einige Jahre später in den Status des „senior elder" über. Die Beschneidung findet nicht für alle an einem bestimmten Tag statt, sondern sie wird in der „offenen" Beschneidungsperiode, die mehrere Jahre dauert, einzeln vollzogen. In der darauf folgenden „geschlossenen" Beschneidungsperiode darf keine Beschneidung durchgeführt werden. In der offenen Beschneidungsperiode vergrößert sich die Zahl der Krieger kontinuierlich. In der geschlossenen Periode warten dagegen die unbeschnittenen Jungen ungeduldig auf den Beginn der Beschneidungsperiode. Sie werden die Krieger herausfordern, Verbote, die für sie als unbeschnittene Jungen bestehen, überschreiten, um so den „elders" klarzumachen, dass sie bereit sind, die Aufgaben der Kriegerklasse, die bis zu Beginn der Kolonialzeit auch die Verteidigung umfassten, in der Maasai-Gesellschaft zu erfüllen.

Als unbeschnittene Knaben wird den Jungen früh die Aufgabe des Viehhütens übertragen. Sie dürfen mit den Mädchen keine gemeinsamen Treffen organisieren und unterstehen dem Vater in all ihren Aktivitäten. Mit der Kriegerzeit verändert sich ihr Leben. Sie dürfen sich mit unbeschnittenen Mädchen treffen und Beziehungen mit ihnen eingehen. Viele Krieger leben zumindest für einige Monate in dem eigens für sie errichteten Kral, der „emanyata", und können sich so der Autorität des Vaters entziehen. Maasai-Krieger haben die Möglichkeit, zu den verschiedenen Festen zu wandern – sie sind ständig unterwegs: „Enkong'u naipang'a eng'en" – „It is the eye which has travelled that is clever". Krieger dürfen kein Fleisch essen, welches von einer Frau oder von Mädchen gesehen wurde. Die relative Autonomie der Krieger und ihre Aktivitäten, die des öfteren Konflikte mit den Behörden provozieren – Auseinandersetzungen mit Nachbargruppen, die verbotene Löwen- oder Büffeljagd – werden hauptsächlich durch die Autorität der „junior elder" in Grenzen gehalten. Die sogenannten „olpiron“, die eine Art Patenschaft mit den neuen Kriegern eingehen, unterweisen die unbeschnittenen Jungen, die zukünftigen Krieger, in ihre Rechte und Pflichten und sind für verschiedene Zeremonien verantwortlich. Sie sind die Übermittler von traditionellem Wissen; sie lehren den Maasai die Werte und Normen ihrer Gesellschaft. Auch die Religion der Maasai mit dem Glauben an einen Gott, „engai“ – mit dem heiligen Berg „Oldoinyo l'Engai“ als Sitz Gottes im Herzen des Maasailandes –, wird ihnen in dieser Zeit nahegebracht.

Die „elders“ haben ein Interesse an dem Erhalt der Kriegerklasse, nicht nur weil sie eine erzieherische Komponente besitzt und die Maasai in allen Bereichen auf das Leben in der Maasai-Gesellschaft vorbereitet. „Elders“ sind es, die die politische Führung innehaben – nur derjenige, der sich über Jahre im Sinne der Maasai-Kultur bewährt, kann eine Machtposition erlangen –, und sie sind es auch, die als einzige heiraten dürfen. Mit der Verkürzung der „moran-Zeit“ wären die Krieger potentielle Konkurrenten in ihren angestammten politischen und sozialen Sphären. In den letzten Jahren heiraten allerdings schon ältere Maasai-Krieger, wenn sie die finanziellen Erwartungen der Brauteltern erfüllen können. Dies ist ein erstes auffälliges Zeichen für die nachlassende Autorität der älteren Maasai und für den schleichenden Verlust einer Kultur bewahrenden sozialen Institution.

tan040 pr

In den letzten Jahren wurden die Krieger mehr und mehr als Viehhüter, insbesondere bei den saisonalen Wanderungen, für die Übermittlung von Nachrichten und andere Dienste eingespannt, ohne dass sich die Attraktivität dieses Lebensabschnittes dadurch verringert hätte. Die meisten Krieger leben gegenwärtig in dem Gehöft ihres Vaters. Der Kriegerkral, „emanyata“, der noch vor hundert Jahren für viele Jahre Bestand hatte und den Kriegern eine gemeinsame Heimat bot, war und ist massivem Druck von der Kolonial- bzw. nationalen Regierung ausgesetzt, die in ihm eine militärische, unkontrollierbare Gefahr sah bzw. sieht. Die Abhängigkeit vom Vater ist groß. Er überträgt seinen Söhnen Vieh zunächst zum Hüten und später für ihre eigene Herde. Ohne Vieh kann keine Heirat geschlossen werden, da ein Brautpreis verlangt wird.

Das Altersklassensystem regelt auch die Geschlechterbeziehungen der Maasai-Gesellschaft. Ein Maasai-Mann kann mehrere Frauen heiraten. Die Männer- und **Frauenwelt** lassen sich – abgesehen von Liebesbeziehungen und Heirat – als zwei voneinander getrennte Welten beschreiben. In frühen Jahren wird das Mädchen auf ihr Leben als Mutter und Ehefrau vorbereitet. Nach ihrer Beschneidung im Alter von 11–15 findet die schon Jahre im voraus geplante Heirat statt. Die Genitalverstümmelung von Mädchen ist in Tansania seit1998 gesetzlich verboten, wird aber auch heute noch praktiziert. Dennoch ist zunehmend auch unter den Maasai ein erhöhtes Bewusstsein für die tiefgreifenden Folgen der Beschneidung und die Bereitschaft, diese grausame Praxis kritisch zu hinterfragen, zu erkennen.

Die Arbeitsbelastung der Frauen hat durch die Aufnahme von Ackerbau und den vermehrten Konsum der Nahrungsmittel Mais und Gemüse enorm zugenommen. Die Suche nach Feuerholz, das Melken der Kühe, die Herstellung von Perlenschmuck und die Verzierung von Kalebassen für den Verkauf an Touristen, Handelsaktivitäten, um Mais und Gemüse einzukaufen und Arbeiten auf dem Feld werden in der Regel von der Frau geleistet. Sie ist traditionell auch für den Bau ihrer Hütte aus Lehm und Kuhdung zuständig. Einige Selbsthilfeorganisationen der Maasai versuchen daher in den letzten Jahren, insbesondere Arbeitserleichterungen für die Maasai-Frauen zu schaffen.

Schätzungsweise 22.000 **Maasai** lebten zur Zeit der vorletzten Jahrhundertwende **in Deutsch-Ostafrika.** Die Kolonialregierung erwartete von ihnen erheblichen Widerstand bei der militärischen und administrativen Formierung der Kolonie. Ihre Vorstellungen schwankten zwischen den Vieh raubenden, gefürchteten Kriegern, dem „Schrecken der ostafrikanischen Steppe", und offener Bewunderung für die stolzen, militärisch organisierten „edlen Wilden". Schon 1885 schrieb der Forschungsreisende *Joseph Thomson:* „Es waren prächtige Vertreter ihrer Rasse, weit über 2 m hoch, und von einer wilden aristokratischen Würde in ihrem Benehmen, die mich mit Bewunderung erfüllte."

Als die Deutschen die nördliche Region ihrer Kolonie in Besitz nahmen, dezimierte eine grassierende Pockenepidemie und Rinderpest Anfang der 1890er-Jahre die Maasai-Bevölkerung und die Zahl ihrer Rinder. Hinzu kam eine lang anhaltende Dürre, sodass ganze Landstriche sich in menschenleere Einöden verwandelten. Nach kleineren Kämpfen 1894 und 1897–99, in denen die Maasai den deutschen und den Chagga-Truppen unterlagen, wurde 1906 ein **Reservat** südlich der Arusha-Moshi-Linie eingerichtet. Die fruchtbareren nördlich gelegenen Regionen Monduli, Loliondo und Ngorongoro sollten für Siedler freigegeben werden. Mit mindestens 4000 km^2 war dies der bedeutendste Weidelandverlust in historischer Zeit. Mit Ausnahme des deutschen Farmers *Siedentopf,* der im Ngorongoro-Krater siedeln durfte, wurden allerdings Siedlungsgenehmigungen nur in stadtnahen Bereichen vergeben. Dass es die Regierung mit der Etablierung eines Reservates ernst meinte, beweisen die Deportationen von Maasai aus dem Moshi-Bezirk in das Reservat und die brieflichen Auseinandersetzungen zwischen der Behörde und Siedentopf, der Maasai für die Arbeit auf seiner Plantage einsetzen wollte. Die Maasai stellten für die deutsche Regierung in erster Linie ein Sicherheitsproblem und kein mögliches Wirtschaftspotenzial dar. So konzentrierte man sich auf die für Plantagen geeigneten, klimatisch verträglicheren Regionen und war einzig darauf bedacht, dass die Maasai nicht die Siedleraktivitäten beeinträchtigten. Eine Politik der Isolation nahm hier ihren Beginn, der von Seiten der Maasai auch nicht entgegengewirkt wurde. Plantagenarbeit, Straßenbau, Kopf- und Hüttensteuer, die in Bargeld beglichen werden mussten, luden nicht dazu ein, an den „Segnungen der Zivilisation" teilhaben zu wollen. Die Missionare, die den Hauptteil der Bildungsarbeit leisteten, bevorzugten dicht besiedelte Regionen wie das Kilimanjaro-Gebiet als Standorte und konnten keine Kontakte zu der Maasai-Bevölkerung aufbauen.

Nach dem Ersten Weltkrieg und der Übertragung der deutschen Kolonie an die Briten wurde 1926 ein – dieses Mal britisches – „Masai-Reservat" eingerichtet, das im Gegensatz zum deutschen Gebiet nahezu den gesamten nördlichen Lebensraum aus der Zeit kurz vor der Kolonisierung einschloss. Damit war aber keineswegs eine Garantie für den Schutz vor Landnahmen verbunden. Weiße Siedler und die Regierung bedienten sich: Die Sanya Plains und das Umland von Monduli gingen den Maasai verloren.

Von einer anderen Seite sahen sich die Maasai einer weitaus größeren Gefahr der Landnahme und damit einer Bedrohung ihrer für die pastorale Wirtschaftsweise lebensnotwendigen Mobilität ausgesetzt: dem **Wild- und Naturschutz.** Das Jahr 1951 markiert den Beginn einer Wildschutzpolitik, die mit ihren Restriktionen für die ansässige Bevölkerung spürbare Konsequenzen hatte. Bis dahin war das Nebeneinander von Wildschutz und menschlichen Aktivitäten akzeptiert worden und funktionierte auch, besonders weil die Maasai kein Wild essen. Das Verbot von 1954, Ackerbau in der Region Serengeti-Ngorongoro zu betreiben, führte zu massiven Protesten.

In der sozialistischen Ära Tansanias wurde von staatlicher Seite versucht, die nationale Einheit, politische Kontrolle und ökonomische Anbindung aller Gruppen an die nationale Wirtschaft herzustellen. Daten über die Maasai zu erhalten, ist seitdem mit großen Schwierigkeiten verbunden. In tansanischen Statistiken dürfen ethnische Unterscheidungen seit 1967 nicht mehr vorgenommen werden. Mit einer offenen Erklärung, dass ihre traditionelle Kleidung eine Schande für den modernen Staat Tansania sei, wurden die Weichen für das Verhältnis zwischen Maasai und Regierung gestellt. Alle sozialen Dienstleistungen, auch die Busbenutzung, wurden bis auf weiteres traditionell Gekleideten verweigert. „Elders" durften während des Tages keine Tücher als Umhang tragen; ocker gefärbte Kleidung war für jedermann verboten. Die 100-Shilling-Note mit der Abbildung eines Maasai-Kriegers wurde abgeschafft. In bezug auf ihr Weideland konnten die Maasai nicht mit Unterstützung durch die Regierung rechnen. Ihre oft nur saisonal genutzten Weiden mit bis dahin gültigen traditionellen Landrechten waren einer Landbesetzung ausgesetzt. Großfarmen drängten die exportorientierten und großflächigen Agrofarmen ins Maasailand. National Agriculture and Food Corporation (NAFCO), Tanzania Breweries Ltd. (TBL) etc. okkupierten riesige Flächen Land, ohne teilweise eine Eintragung ins Grundbuch vorgenommen zu haben: Das Land gehöre ja dem Staat. Das „Villagization-Programme" im Maasailand, „operation imparnati", sollte die Maasai zur Sesshaftwerdung und zum Ackerbau bringen. Mit dem Programm sollten auch soziale Dienstleistungen und Schulen in das Maasailand hineingetragen werden. In zwei Jahren sollten alle Maasai in den sozialistischen Ujamaa-Dörfer untergebracht werden. Gewaltsame Umsiedlungen, verbunden mit dem Abbrennen heimatlicher Krale, konnten auch nach einem Jahr nur 2000 Maasai in ihre neuen Dörfer zwingen. Wirtschaftlich wurde mit dem von den USA mit 23 Millionen Dollar unterstützten „Masai Livestock and Range Management Project" von 1970–1980 der Versuch gestartet, das Maasailand an die nationale Ökonomie anzubinden. Es war das bisher finanziell größte Entwicklungsprojekt im Maasailand. Zu Beginn waren die Erwartungen groß: „Range" wurde zu einem magischen Wort für die Maasai – eine Kriegerklasse nannte sich sogar danach –, und anfangs waren sie durchaus bereit, mit den Entwicklungshelfern zusammenzuarbeiten. Als ein klassisches Beispiel für ein misslungenes Entwicklungsprojekt für Nomaden endete es 1980.

Die **fehlende Akzeptanz** von lokalem Wissen auf Seiten der Regierung und die mangelhafte Kooperation mit den Maasai ist ohne Zweifel auch übertragbar auf andere erfolglose Projekte der Regierung, z.B. in der Bildungspolitik. Das Curriculum passte sich in keinster Weise den lokalen Bedingungen an – der pastoralen Lebensweise sollte ja gerade durch die Schule ein Ende bereitet werden. Die im Vergleich zu anderen Regionen niedrige Zahl an Schulen und das katastrophale Unterrichtsniveau waren für die fehlende Attraktivität der Schulbildung im Maasailand verantwortlich. Gleichzeitig setzte sich Bildung als das Hauptkriterium für sozialen Aufstieg in ganz Tansania durch. Weder in der Einheitspartei bzw. in Verwaltung und Politik noch in der Wirtschaft konnten einflussreiche Stellungen ohne Bildungsqualifikationen erworben werden. Die Schulsituation im Maasailand machte die Maasai somit zu Außenseitern im nationalen Wettbewerb.

Die **Vergabe von privaten Landtiteln** fällt in die Zeit des Strukturanpassungsprogrammes von 1986. 80 bis 1000 Hektar große Farmen wurden hauptsächlich an Privatpersonen und Agarkonzerne vergeben. Eine noch größere Anzahl von Anträgen lag zudem vor. Korrupte Maasai-„elders", die sich durch Landverkäufe bereichern, unterstützen die ohnehin schon dramatische Entwicklung der Verringerung der Landflächen. Nur einer von vielen Skandalen war der „Kauf" eines riesigen Jagdgebietes durch die Königsfamilie Saudi-Arabiens im Norden des Maasailandes. Darauf folgte Anfang der 1990er-Jahre, unter dem damaligen Präsidenten *Mwinyi,* eine finanziell motivierte Konzession mit *open end*, die in allererster Linie bei Naturschutzorganisationen rund um das Serengeti-Ökosystem für Empörung sorgte. Proteste der Maasai blieben zunächst ungehört. Maasai-Führer der Region wurden jedoch schnell über die Vorzüge amerikanischer Banknoten belehrt. Erst etwa zwei Jahrzehnte später untermauert jetzt die tansanische Regierung mit großer Entschlossenheit den Jagdgebietsstatus für die anwesenden Pächter, indem mit der Umsiedlung der Maasai eine *Game Reserve* gegründet werden soll. Ein Thema, das nun auch von der internationalen Presse aufgegriffen wird.

Mit der Strukturanpassung war auch der Versuch einer Steigerung der Agrarexporte verbunden: Cash-crop-orientierte Betriebe, insbesondere mit dem Anbau von Bohnen, drängen neben ackerbauenden Nachbarethnien verstärkt ins Maasailand.

Der **Teufelskreis** von eingeschränkten Weideflächen und wenigen Wasserresourcen nimmt seinen Lauf: Kühe auf kleineren Flächen mit quantitativ und qualitativ sich verringerndem Futterpotenzial produzieren eine bedeutend geringere Menge an Milch und können sich weniger gut regenerieren. Die Folge ist eine höhere Anfälligkeit für Krankheiten. Kühe müssen zusätzlich gekauft werden, um die Familie mit Milch zu versorgen. Zusätzlich wird der Kleinviehbestand aufgestockt, um bei einem Verkauf der Schafe und Ziegen andere Nahrungsmittel auf dem Markt zu erwerben. Die vermehrte Anzahl der Kühe sowie des Kleinviehbestandes verringert wiederum die Weidefläche pro Tier, was wiederum zur flächenhaften Zerstörung der Grasflur führt.

Auch der **Tourismus** wird als eine ökonomische Alternative in Betracht gezogen. Die Herstellung von Souvenirs von Maasai-Frauen in Heimarbeit wird als Erwerbsquelle immer mehr genutzt. Der für sie bekannte bunte Perlenschmuck ersetzte in den letzten Jahrzehnten des 19. Jahrhunderts die traditionellen Metallringe und -spiralen; einzelne Maasai-Sektionen entwickelten jeweils typische Farbkombinationen, die sie voneinander unterschieden. Heute werden die Perlen auch bei der Anfertigung von Gürteln, Handtaschen etc. verwendet. Die Schwierigkeit der Vermarktung durch Zwischenhändler, die zu Niedrigstpreisen einkaufen, wird teilweise durch Direktverkauf an den Touristenrouten oder in den dafür vorgesehenen Maasai-Siedlungen umgangen. Maasai-Krieger stehen an den Touristenstraßen und können gegen Bezahlung abgelichtet werden. Um möglichst exotisch zu wirken, ist es gleichgültig, ob Frauenhalsschmuck als Kopfschmuck von den Kriegern getragen wird. Verkaufsfördernd werden Maasai-Krieger in Souvenirgeschäften engagiert. Mit Körperbemalung und nacktem Oberkörper stehen sie als Lockvögel vor den Eingängen. Maasai-Masken, die es in der Maasai-Kultur nie gegeben hat, werden in allen Größen angeboten. Maasai-Figuren mit Zebra-Musterung, handliche Speere, die für den Transport im Flugzeug geeignet sind („airport art“) und auch die Vorführung traditionellen Lebens mit Tanzveranstaltung in Maasai-Kralen sind kein Garant für den Erhalt der Maasai-Kultur. Sie stehen vielmehr für den Versuch, an den Einnahmen durch den Fremdenverkehr, der ohne die „Vermarktung“ der Maasai in Ostafrika nicht denkbar wäre, zu partizipieren. Die ambivalente Haltung der Regierung gegenüber den Maasai manifestiert sich dabei in dem Druck zur Anpassung an die nationale Entwicklung und gleichzeitig in dem Versuch, die traditionelle Kultur für die Touristen zu konservieren. In den Nationalparkbehörden oder in der Ngorongoro Conservation Area sind nur 10% der Arbeiter Maasai. Ohne adäquate Bildung scheinen sich für die Maasai keine Chancen im Wettbewerb um Arbeitsplätze und Marktvorteile mit anderen Tansaniern zu ergeben. Inwiefern die Maasai-Krieger an den Straßen oder in den Städten entwurzelt werden oder sich ihnen neue Wege für ihre Zukunft eröffnen, muss – allerdings ohne größere Hoffnungen – noch abgewartet werden.

Die Zulassung von Oppositionsparteien, kritischen Medien und lokalen Organisationen sind zwar Merkmale pluralistischer Tendenzen in Tansania, die auch den Maasai neue Möglichkeiten des Engagements eröffnen. In der Praxis wird jedoch viel verschwiegen und die lokale Presse darf über das Thema der Maasai und Landvertreibung nicht berichten. **Nichtstaatliche lokale Initiativen** (NGO), die bis in die 1980er-Jahre von der Regierung verboten waren, wurden als offiziell registrierte Organisationen anerkannt. Ausländische Geldgeber, die bisher hauptsächlich mit dem Staat kooperierten, sahen in den NGOs Partner für basisorientierte Entwicklungsprojekte und unterstützten ihre Aktivitäten. Die Mitglieder der NGOs sind in der Mehrheit akademisch gebildete Maasai und in geringerem Maße Maasai-„elders“. Sie fordern Landrechte, Wasserversorgung, Naturschutz, eine Verbesserung der Situation der Frauen,

tan026 jg

Schulbildung und „politische Selbstbestimmung". Zwei Punkte sind in diesem Zusammenhang von Bedeutung. Erstens waren die Maasai-NGOs bisher nicht in der Lage, aus eigener Kraft – mit der Unterstützung der Bevölkerung – Projekte durchzuführen: Solange kein Kapitalfluss vom Norden stattfindet, konnten keine Aktivitäten erfolgreich sein. Das bedeutet für die NGOs, dass sie Ziele und Ideen mit den Kriterien der Geldgeber abstimmen müssen. Naturschutz und Rechte der Frauen müssen deshalb besonders hervorgehoben werden. Zweitens können sich Allianzen zusammenfinden, die es vor der Zeit der NGOs nicht gegeben hat. Innerhalb der Maasai brachte zum Beispiel die „Maa-Conference" 1991 verschiedene historisch verfeindete Untergruppen der Maasai zusammen. Gerade Ende der 1980er-Jahre waren NGOs, die nur eine ethnische Gruppe repräsentierten, erheblichem politischem Druck ausgesetzt.

Auf internationaler Ebene partizipieren die Maasai-NGOs von Kenia und Tansania an den jährlich stattfindenden Konferenzen der Vereinten Nationen in Genf. Die Teilnahme ist insofern von Bedeutung, als sie dort auf Probleme ihres Volkes aufmerksam machen können und möglicherweise die externen Geldgeber dazu bringen können, Druck auf die tansanische Regierung auszuüben. Ein langgehegtes Ziel war es, einer von den Maasai selbst bestimmten Entwicklung näher zu kommen. Die jüngsten Ereignisse mit Landverlust und Umsiedlungen aus der Ngorongoro Conservation Area haben diese Hoffnung bis auf Weiteres vernichtet. Die Maasai kämpfen dennoch weiter dafür und sagen: „Meitore tung'ani Engai" – Gott bestimmt das Schicksal der Menschen.

bis heute ihre Ursprünglichkeit bewahrt hat. Eine Fahrt hierher muss am Entrance Gate oder beim Park Headquarter angekündigt werden.

Entstehung des Krater-Hochlandes

Die riesigen Krater und die teilweise über 3000 m hohen Vulkanberge des Ngorongoro-Hochlandes gehen in ihrer Entstehungsgeschichte **über 15 Mio. Jahre** zurück. Während der Bildung des heutigen Rift Valley, als der große Riss im Kontinent entstand, türmten sich riesige Vulkane auf, die bei ihren Ausbrüchen das Umland mit mächtigen Lavaschichten bedeckten. Die in dieser Zeit aktiven Feuerspeier waren der **Makarot, Sadiman und Oldeani.** Ihre Kraterkegel sind heute kaum noch erkennbar, Erosion hat sie in den letzten 3 Mio. Jahren zu flach ansteigenden, gerundeten Bergen geformt.

Die ganz großen Eruptionen fanden jedoch wesentlich später statt. Vor 2,5 Mio. Jahren ragte der massive **Ngorongoro-Vulkan** über die Ebene und füllte sie mit Lava. Doch sein großer Kegel, von dem vermutet wird, dass er einst so groß wie der Kilimanjaro war, brach schließlich in sich zusammen und formte die zweitgrößte Caldera der Welt (nur der Mono Lake/USA ist noch größer). An seinem Rand und im Kraterboden stießen schließlich noch kleinere Kegel empor, die stark erodierten Hügel im Innern des Ngorongoro zeugen noch von dieser letzten Aktivität. Die **Calderen Olmoti** und **Empakai** entstanden kurze Zeit später nach dem gleichen Prinzip.

Doch die inneren Erdaktivitäten gingen weiter. Die Bruchstufe vom Lake Na-

Wenn Nashörner Namen haben

Wenn Nashörner Namen wie *Ndugai, Salma, Ole Telele* oder *Fausta* tragen, dann klingt das zunächst drollig, doch steckt dahinter die traurige Bilanz einer in den vergangenen Jahrzehnten hemmungslosen Wilderei, die dazu geführt hat, dass das Nashorn eine **vom Aussterben bedrohte Tierart** ist. Noch vor etwa fünfzig Jahren zählte das Serengeti-Ngorongoro-Ökosystem über 1000 Spitzmaul-Nashörner (*Diceros bicornis michaeli*). Heute leben knapp 30 Tiere dieser auch als Schwarzes Nashorn (*Black Rhino*) bekannten ostafrikanischen Unterart im Ngorongoro-Krater – der Bestand in der Serengeti liegt bei etwa 40 – und Ranger sowie Tierforscher mit geschultem Auge können die verbliebenen Kolosse namentlich unterscheiden.

Von den fünf Nashornarten unserer Erde sind die drei asiatischen und das Schwarze Nashorn fast völlig ausgerottet worden. Nur das in Südafrika lebende **Weiße Nashorn (Breitmaulnashorn)** ist mit einem Bestand von rund 6000 Tieren dem allgemeinen Genozid entgangen.

tannp100 jg

Das **Nasenhorn** steht auf dem Schwarzmarkt (offiziell ist der Handel längst verboten) mit bis zu 20.000 $ pro kg nach wie vor hoch im Kurs. Ob als prestigeträchtige Dolchscheide eines Yemeniten oder als Potenz steigerndes Mittel in Ostasien – das Horn, das aus dem nahezu gleichen Material besteht, das Haare und Fingernägel bildet, bleibt ein begehrter „Rohstoff". Wilderer lassen sich selbst durch hohe Gefängnisstrafen nicht von ihrem schändlichen Tun abhalten.

Ähnlich wie man im kenianischen Nairobi National Park viele der letzten frei lebenden Nashörner Kenias zusammengebracht hat, um Sie intensiv vor der weiteren Ausrottung zu schützen, bildet heute der überschaubare Ngorongoro-Krater eine Art „Arche Noah" der Black Rhinos im Norden Tansanias. Das zweite große Gebiet mit einer ebenso stabilen Population ist im Bereich der Moru Kopjes im zentralen Süden der Serengeti. Speziell eingerichtete Ranger-Stationen und mehrere Aussichtsposten rund um den Ngorongoro-Kraterrand und auf den Felsen der Moru Kopjes sorgen für permanente Überwachung. Die Arbeit des Nashornschutzes im Serengeti-Ngorongoro-Ökosystem wird im kleinen Ausstellungsraum des Michael-Grzimek-Museums in den Moru Kopjes veranschaulicht.

Mittels Sender am Fußgelenk verfolgen Zoologen, Tierärzte und Ranger die Wanderungen der Tiere. Nur so lassen sie sich ständig bewachen, bei Dunkelheit eskortieren sogar häufig Nachtpatrouillen die grauen Kolosse.

So bleibt zu hoffen, dass die Nachkommen von *Ndugai* und *Salma* in eine sichere Zukunft schauen können und dass ihre Nachfolger eines Tages keine Namen mehr benötigen, wenn möglicherweise auch wieder außerhalb des Ngorongoro-Serengeti-Gebietes eine sichere Heimat zu finden ist.

tron über den Lake Manyara bis zum Malbadow Escarpment sank weiter ab und der **Kerimasi** entstand an dieser Grabenbruchkante. Man vermutet, dass sein letzter Ausbruch die ganze Region unter Asche begrub und alles menschliche Leben auslöschte. Der mittlerweile erloschene Kerimasi ist jedoch nicht zu einer Caldera zusammengesackt.

Damals entstand auch der **Ol Doinyo Lengai,** der als einziger noch aktiver Vulkan der Beweis für die fortdauernde Rissbildung in der afrikanischen Kontinentalplatte ist.

Oldupai Gorge/Laetoli Footprints – Wiege der Menschheit

Das **ostafrikanische Rift Valley** ist für Wissenschaftler eine Art **„Katalog" der Menschheitsgeschichte:** In der Afar-Senke im Norden Äthiopiens wurden „Lucy" (3,5 Mio. Jahre) und der 4,4 Mio. Jahre alte *Arditipicus Ramides* ausgegraben; weiter südlich sind das Turkana-Becken in Kenia und eben die Ngorongoro Conservation Area bedeutende prähistorische Fundstätten. Die letzten Fossilfunde aus Afar vom Februar 1998 sollen sogar bis zu 6 Mio. Jahre alt sein.

Die im Westen der N.C.A. gelegene 55 km lange **Schlucht von Oldupai** markiert das südliche Ende dieser prähistorischen Linie und gilt dabei als **„Grand Canyon der Evolution".** In Tausenden von Jahren hat der saisonal fließende Oldupai River (der Name kommt von dem Maasai-Wort für eine hier wild wachsende Sisalpflanze) einen bis zu 100 m tiefen Graben geschaffen, der insgesamt sechs Ablagerungsschichten verschiedener Erdzeitalter freigelegt hat.

Noch während der deutschen Kolonialzeit fand der nach Schmetterlingen suchende *Prof. Kattwinkel* in einer der untersten Ablagerungen ein Skelett, das in Europa für Diskussionen sorgte, wollte man doch nicht glauben, dass unsere Ahnen „dunkle" Afrikaner waren. Kaiser *Wilhelm* ließ daraufhin eine Expedition unter dem Berliner Professor *Reck* entsenden, der jedoch nur Faustkeile und Knochen früherer Tierarten fand und die Frage nach der Herkunft des Menschen nicht klären konnte. Weitere deutsche Suchaktionen verhinderte der Erste Weltkrieg. Erst in den 1930er-Jahren führte das britische Anthropologen-Ehepaar **Mary und Louis Leakey** eine erneute Untersuchung in der Oldupai Gorge durch. Bei einer Safari fanden sie eine Fülle von Steinwerkzeugen, die von der Erosion freigelegt worden waren. Über 25 Jahre forschten sie nach den Spuren der Menschen, die einst diese Faustkeile und steinernen Speerspitzen hergestellt und benutzt hatten. Erst am 17. Juli 1959 fand Mary Leakey einen halben Schädel eines über 2 Mio. Jahre alten „Nussknackermenschen" der Gattung *Australopithecus.* Sie tauften diesen **„Boisei",** nach dem britischen Geschäftsmann *Charles Boisei,* der die Arbeit der *Leakeys* finanziell unterstützt hatte. *A. Boisei* und der zwei Jahre später gemachte Fund eines *Homo Habilis* („geschickter Mensch") mit anderthalbfach größerem Gehirnvolumen entflammten im gesamten ostafrikanischen Grabenbruch einen neuen Run auf der Suche nach der Wiege der Menschheit.

1978 schließlich machte *Mary Leakey* einen weiteren spektakulären Fund, etwa 40 km südlich von Oldupai. Mit der Entdeckung der **Laetoli Footprints**

(→ Karte S. 244) bekam die Wissenschaft eine bis dahin einzigartige Momentaufnahme aus der Evolutionsgeschichte. Die Fußabdrücke dreier Vormenschen der Gattung *Australopithecus afarensis* (wahrscheinlich Vater, Mutter und Kind) wurden auf **3,7 Mio. Jahre** datiert. Die Körpergröße der Erwachsenen wird auf 1,20 bis 1,50 m geschätzt. Dass sich die Fußabdrücke erhalten konnten, ist einer Folge von Zufällen zu verdanken. Nach dem Ausbruch des heute erloschenen Makarot-Vulkans gingen die drei Vormenschen über eine noch nicht ganz abgekühlte Ascheschicht. Die Sonne brannte ihre Abdrücke fest, bevor kurze Zeit später ein weiterer Ausbruch erneut die Landschaft mit vulkanischer Asche bedeckte und die Fußspuren dadurch bis in die heutige Zeit konserviert wurden.

Die 23 m lange Strecke bestätigte die Vermutung der zwar aufrechten, aber leicht gebeugten Haltung unserer Vorfahren. Ähnlich wie beim Fußabdruck des heutigen Menschen ist deutlich ein großer Zeh in einer Linie mit den anderen zu erkennen sowie eine diagonale Spanne zwischen Ferse und Ballen. Auffallend, so Wissenschaftler, ist der etwas tiefere Eindruck entlang der Fuß-Außenkante, ähnlich wie bei Fußspuren von aufrecht, leicht gebeugt und o-beinig laufenden Schimpansen.

Leider ist ein Besuch der Laetoli Footprints derzeit nicht möglich, man musste sie wieder zudecken, da Winde sie zu erodieren begannen. Für ein Museumshaus mit luftdichtem Glaskasten fehlen noch die Mittel.

Gipsabdrücke der Laetoli Footprints sind jedoch **im Museum an der Oldupai Gorge** zu begutachten, zusammen mit Steinwerkzeugen aus den unterschiedlichen Erdzeitaltern und Fossilfunden tierischer Skelette (Riesengiraffe mit Hörnern, Vorläufer der heutigen Fleischfresser mit gewaltigen Reißzähnen, Wildschweine von der Größe eines Nashorns etc.). Die Schädelknochen von *Boisei* sind dagegen im National Museum von Dar es Salaam ausgestellt, im Oldupai Museum befindet sich nur eine Kopie. Der Eintritt kostet mittlerweile stolze 35 $, kundige Mitarbeiter des Museums halten auf Wunsch Vorträge, interessant sind die großen Schautafeln und Ausstellungskästen in den kleinen Museumsräumen.

Der **Besuch der Schlucht** selbst gestaltet sich weniger interessant. Diese kann zu Fuß oder mit dem Fahrzeug erkundet werden, in jedem Fall müssen Sie in Begleitung eines Museumsangestellten sein. In der Schlucht sind die jeweiligen Fundstätten für Besucher nicht markiert. Nur an der Stelle, wo der Schädel des *Australopithecus boisei* gefunden wurde, erinnert ein Sockel mit Messingtafel an die *Leakeys*.

Der Boden besteht aus Lava/Basalt und ist über 2 Mio. Jahre alt. Die darauf liegende unterste Asche/Ton-Schicht (**„Bed I"**) lässt einen See wie den heutigen Manyara vermuten, dessen Wasserspiegel ständig schwankte und die alkalische Tonart formte, die sich ideal für die Konservierung des *Australopithecus* und des *Homo habilis* erwies.

Während **„Bed II"** (1,7 bis 1,1 Mio. Jahre) mehr sandigen Ton beinhaltet, deutet die dritte rote Schicht auf ein extremes Klima vor knapp 1 Mio. Jahre hin. Es sind Ablagerungen von den Ausbrüchen des Makarot-Vulkans, in denen Fossilien des *Homo erectus* und die ersten präzise gearbeiteten Faustkeile gefunden wurden. Die obersten Schichten (**„Bed IV“, „Masek“, „Ndutu Beds“**) sind einige hunderttausend Jahre alt und gaben Knochen und Zähne von über 150 Tierarten frei, selbst Reste von Mahlzeiten, Siedlungsformen und Zeugnisse von Behausungen wurden hier gefunden. In dieser Zeit wurde die Schlucht geformt.

Die Forschung und Suche in der Schlucht gehen weiter. Einer der letzten spektakulären Funde war im Jahr 2003 ein 1,8 Millionen Jahre alter Oberkieferknochen eines Nussknackermenschen am bislang weniger erforschten Westhang der Schlucht. 2020 wurden in unmittelbarer Nähe zur ursprünglichen Fundstätte mehrere ca. 2 Millionen Jahre alte Steinwerkzeuge entdeckt. Die ältesten Steinwerkzeuge, welche bis dato in Ostafrika gefunden wurden.

Shifting Sands

Die etwa 50 m lange und ca. 5 m hohe Düne ist ein **Produkt der Aufhäufung vulkanischen Aschestaubs,** die nach den Ausbrüchen des 60 km entfernten Ol Doinyo Lengai hierher geweht wurde. **Die Sicheldüne wandert** durch konstante Ostwinde durchschnittlich 17 m pro Jahr **gen Westen.** Bei schwachem Wind lässt sich beobachten, wie Sandkorn für Sandkorn von der windzugewandten Seite über den Kamm „hüpft“ und sich am Dünenrücken wieder ablagert. Ein Prozess, der sich millionenfach wiederholt und so die ganze Düne zum „Wandern“ bringt. In der Regenzeit ist sie jedoch „festgepappt“ und steht still. Viel Niederschlag fällt in dieser Region jedoch nicht, sodass eine Vegetationsschicht die Düne noch nicht überwachsen konnte, um sie endgültig zu verankern. Im östlichen Umfeld geben Betonmarkierungen mit Jahreszahlen Aufschluss darüber, wie schnell die Düne wandert.

Unterkunft

Aufgrund der sehr begrenzten Zahl an Unterkünften auf dem Kraterrand selbst gibt es viele Unterkünfte im Umfeld von Karatu, manche umittelbar am Rand der Ngorongoro Conservation Area mit nur kurzen Fahrwegen zum Eingangstor. Besucher können so fast genauso früh in den Krater fahren wie diejenigen, die auf dem Kraterrand selbst unterkommen. Informationen zu Lodges und Hotels außerhalb siehe weiter unten.

Lodges am Ngorongoro-Krater (Karte S. 214)

3 Ngorongoro Crater Lodge⑤
www.andbeyond.com. Die seit den 1930er-Jahren bestehende Lodge präsentiert sich heute in einem Stilmix aus allen Epochen des Abendlandes – „Versailles meets Maasai“. Das Management und damit auch der exklusive Service liegen in südafrikanischer Hand (Safarilodgekette andBeyond). Die Terrassen bieten eine tolle Aussicht auf den Krater. DZ mit VP ab 1500 $ inkl. aller Getränke und Fahrten im Ngorongoro-Gebiet (in der Low Season günstiger). Immerhin gibt es auch noch eine Badewanne mit Rosendekoration und Blick in den Krater. Die Lodge ist in drei Teil-Camps aufgegliedert, sodass sie auch bei voller Belegung nicht überlaufen wirkt.

6 Ngorongoro Sopa Lodge③
www.sopalodges.com. Liegt abseits der Haupttouristenroute an der Nordost-Seite des Kraters, der über eine eigene Piste zu erreichen ist. Die fast 2400 m hoch gelegene Unterkunft bietet angenehmen Komfort und spektakuläre Sonnenuntergänge

Die Entstehung der Ngorongoro Conservation Area – Die ungewisse Zukunft der Maasai

Die Einzigartigkeit des Serengeti-Ngorongoro-Ökosystems wurde schon früh erkannt; bereits von 1921 an war das Gebiet als „Game Preservation Reserve" ausgewiesen. Jahrhundertelang war diese riesige Wildnis unbesiedelt, die Maasai zogen mit ihren Viehherden erst vor gut 200 Jahren in das üppige Weidegebiet, bevor schließlich die Europäer folgten. Das erste Auto durchquerte 1920 die Savanne. Sein Besitzer, ein *Mr. Simpson* aus den USA, erlegte auf seiner ersten Auto-Safari fast 100 Löwen. Sie galten damals als gefährliches Ungeziefer, mehr nicht.

Der Gedanke eines effektiv geschützten Nationalparks kam erst 1940 auf, doch dauerte es noch bis **1951,** bis die **Serengeti als erster Nationalpark Tansanias** eröffnet werden konnte. Den zu jener Zeit noch weit verstreut und in vergleichsweise geringer Anzahl lebenden, semipastoralen Maasai wurde bis 1954 Zeit gegeben, ihr Gebiet, welches von der östlichen Serengeti über das gesamte Ngorongoro-Hochland reichte, zu verlassen. Die stolzen Nomaden reagierten heftig und gewannen zudem die Sympathien lokaler Distriktverwaltungen. Die britische Mandatsregierung bemühte sich, den Konflikt schnell und ohne weiteres Aufsehen zu beenden, um nicht noch die nationale Unabhängigkeitsbewegung unnötig zu stärken. Ein „White Paper" von 1956 schlug die Aufsplitterung in drei kleine Nationalparks vor, den heutigen „Western Corridor" der Serengeti, den Ngorongoro-Krater sowie den Empakai. Der Rest sollte zur Besiedlung und für den Ackerbau freigegeben werden.

Doch diesmal reagierte das Ausland. Europäische und amerikanische Natur- und Wildschützer (u.a. *Grzimek)* protestierten, und ein internationales Team von Experten reiste ein, um sich der Angelegenheit anzunehmen.

1959 wurde der große Park in zwei Gebiete aufgeteilt. Der bis dahin als „Western Serengeti" bekannte Teil blieb als Serengeti National Park erhalten, für die östliche Hälfte sah man das Modell „Conservation Area" vor, eine Art Nationalpark mit beschränkter Landnutzung nebst bedingungslosem Schutz von Tierwelt und Natur. Die Maasai akzeptierten den Beschluss, obwohl viele die Serengeti verlassen mussten.

Die versprochenen Gegenleistungen blieben nur von kurzer Dauer. Man bohrte Wasserlöcher und baute zusätzliche Dämme, doch versandeten diese mangels Wartung nur kurze Zeit später. Auch einige Weideflächen wurden nacheinander für Maasai geschlossen, und schließlich mussten Ende der 1970er-Jahre auch die Bomas (Maasai-Siedlungen) im Ngorongoro-Krater geräumt werden. Selbst die Viehherden durften nicht mehr zum Kraterboden hinunter getrieben werden. Sämtliche ackerbauliche Landnutzung wurde ebenso verboten. Nyereres Ujamaa-Politik machte auch vor dem Ngorongoro nicht Halt: Auf dem westlichen Kraterrand entstand ein großes Dorf – die heutige Touristen-Boma Oloirobo. Diese schlechten Bedingungen für die Massai verbesserten sich erst wieder im Laufe der 1980er-Jahre, als erstmals ein einflussreicher Maasai in der Verwaltung der Conservation Area mitwirkte.

In kontrolliertem Maße dürfen Viehherden in den Ngorongoro und in den Olmoti getrieben werden, und der Ackerbau ist für einige permanent siedelnde Maasai in zugewiesenen Arealen

tannp101 jg

genehmigt worden. Während der 1980er- und 1990er-Jahre, als der Staat durch das Ende des Sozialismus verwaltungstechnisch am Boden lag, sind viele Maasai aus den trockenen Gebieten des Rift Valley und aus Regionen bei Arusha in das immergrüne Ngorongoro-Hochland eingewandert und ließen sich in der NCAA nieder, entgegen der Auflage, dass nur die aus dem ursprünglichen Serengeti-Ngorongoro-Ökosystem Stammenden residierenden Status haben dürfen. Das hat das ökologische Gleichgewicht sehr gefährdet; der zunehmende Viehbestand und die Besiedlung von Arealen und Korridoren, welche den Wildtieren zugedacht waren, hat gebietsweise die Vegetation sehr stark beansprucht. Seit 2020 ist die Regierung mit aller Strenge dabei, Maasai in Gebiete in anderen Landesteilen umzusiedeln. Trotz massiver Proteste sehen viele keine Zukunft mehr in der NCAA. Der Staat versucht zwar, dies zu kompensieren und sorgt für einfachen Landerwerb in Regionen wie Handeni, doch die Situation ist angespannt. Zwischenzeitlich übte auch die UNESCO Druck aus, da der Naturerbe-Status aufgrund der Mengen von Viehbestand und den von weitem schimmernden Wellblechbauten gefährdet war.

Gnus im Ngorongoro-Krater

über dem Ngorongoro. Die etwas betagten DZ bieten Heizung, ein riesiges Bad mit Warmwasserversorgung und ein Panorama-Fenster mit Blick in den Krater. Eine Bar mit Pool liegt am Kraterrand in einem märchenhaften Urwald. Alles sehr weitläufig im Stil einer 1980er-Jahre Hotelanlage. Ein weiterer Vorteil ist, dass Gäste morgens die nahgelegene nördliche Piste hinab in den Krater nehmen können, was vor allem in der Hochsaison angenehm ist.

4 Ngorongoro Melia Lodge③-④
www.melia.com. Lodge in wunderbarer Lage am Kraterrand mit grandioser Aussicht. Der vom sozialistischen „Charme" noch nicht ganz befreite Betonbau bietet 75 sehr geschmackvoll und modern eingerichte Zimmer. Durch den internationalen Hotelstil der Melia-Kette ist die Lounge mit Kamin eine Wohlfühloase geworden. Die Aussichtsplattform erhebt sich unmittelbar über dem Kraterrand. Das Buffet-Essen ist gut und vielseitig, der Service einwandfrei. Umgeben von dichtem Wald und Vogelgezwitscher liegt Melia an einem der schönsten Kraterabschnitte.

2 Ngorongoro Serena Safari Lodge③-④
www.serenahotels.com. Schöner, rustikaler Safaribau aus Naturstein und Holzmaterialien, geräumige DZ im afrikanischen Stil. Beliebte Unterkunft von vielen Safari-Veranstaltern. Das Buffet-Essen im Panorama-Restaurant für 30 $ ist für die Mittagspause bei einer Kraterbesichtigung ideal.

1 Entamanu Camp④-⑤
www.nomad-tanzania.com. Einsam gelegenes Camp auf der Westseite des Ngorongoro-Kraterrandes mit nur sechs exklusiven Safarizelten. Sehr schick und mit viel Liebe zum Detail eingerichtetes Luxus-Camp. Die einsame Lage ist ebenso hervorzuheben wie der Service und die genussvolle Verkostung. Der Blick über die Weiten des Kraters in die aufgehende Sonne ist atemberaubend. Ganz besonders ist hier zudem die Qualität der Safari-Guides mit ihren stilvollen Safari-Jeeps! Wer sich's leisten kann, kommt in den Genuss eines unvergesslichen Erlebnisses.

8 Ngorongoro Lions Paw③
www.karibucamps.com. Rustikal erbaute Lodge etwas versteckt im Norden des Ngorongoro-Kraters mit großen Zimmern und herrlicher Aussicht über den bewaldeten Teil des Hochlandes. Die indisch-tansanischen Besitzer haben eine Vorliebe für gute indische Gerichte. Der Hotelservice ist bemüht und freundlich.

7 Ngorongoro Lemala Camp④
www.lemalacamp.com. Das einzige fast ganzjährig geführte Zeltcamp am ruhigen Nordrand des Kraters. Große Safarizelte mit Gasöfen für kalte Nächte am Rande eines Märchenwaldes. Sehr schöner Platz und exklusives Ngorongoro-Erlebnis, da weit weg von den großen Lodges am Südrand. Hier kann man auch während der Hochsaison den Massen entgehen. Eine große Tafel im Aufenthaltszelt bringt die Gäste und deren Erlebnisse des Tages zusammen. Hoher Preis, aber empfehlenswert!

5 Rhino Lodge②
rhino.co.tz. Günstige Unterkunft, von Lesern gelobt: freundliche Mitarbeiter, einwandfreie Zimmer mit Ofen (!), gutes Essen.

▷ Flamingos im Ngorongoro-Krater

Lodge am Olmoti-Krater (Karte Umschlag hinten)

1 The Highlands④

www.asiliaafrica.com. Moderne Zelt-Lodge-Unterkunft, die den traditionellen Safari-Stil mit Boutique-Hotel-Elementen elegant vermischt und 5-Sterne-Service bietet. Der Name der Lodge bezieht sich auf die Landschaft der Riesenkrater im Norden der Ngorongoro Conservation Area und ist auch für den Gast Programm. Denn auf über 3000 m Höhe kann es hier in der Zeit von Mai bis Oktober empfindlich kalt werden. Die einzige Unterkunft im weiten Norden des Ngorongoro-Gebietes hat es in sich: Gigantisch ist der Blick in die Weiten Afrikas und in den Empakai-Krater – mit Worten kaum zu beschreiben!

Lodges am Lake Ndutu (Karte S. 244)

18 Ndutu Safari Lodge③

www.ndutu.com. Herrliche Lodge inmitten der Serengeti Plains am Lake Ndutu. Zwischen malerischen Schirmakazien bieten große Bungalows mit nsgesamt 80 Betten eine gute Safari-Atmosphäre. Generatoren liefern Strom, das Essen ist gut. DZ mit Frühstück 290 $. Empfehlenswert.

19 Lake Masek Lodge③-④

www.tanganyikawildernesscamps.com. Sehr stilvolle Zeltlodge am Lake Masek. Eine tolle Aufenthaltsterrasse bietet einen guten Blick auf den See. Die Zeltzimmer stehen alle auf einer Holzplattform und haben en-suite-Bad (mit Badewanne!). Schöne Einrichtung im modernen Afric-Chic-Stil. Die Küche ist gut und reichhaltig. Während der Migrationszeit ein guter Standort, um auf Pirsch zu gehen.

17 Lake Ndutu Tented Lodge③-④

www.tnshospitality.co.tz. Diese neuere und sehr weitläufige Zelt-Lodge liegt am Nordwest-Ende des Ndutu-Sees (das Gebiet wird als Sinoni bezeichnet). Großes Camp mit reichlich Komfort. Toller Ausblick in Richtung Sonnenaufgang. Großes Holzdeck mit Pool. Gleicher Besitzer wie Leopard Tours in Arusha.

tan015 jg

Karatu und Umfeld

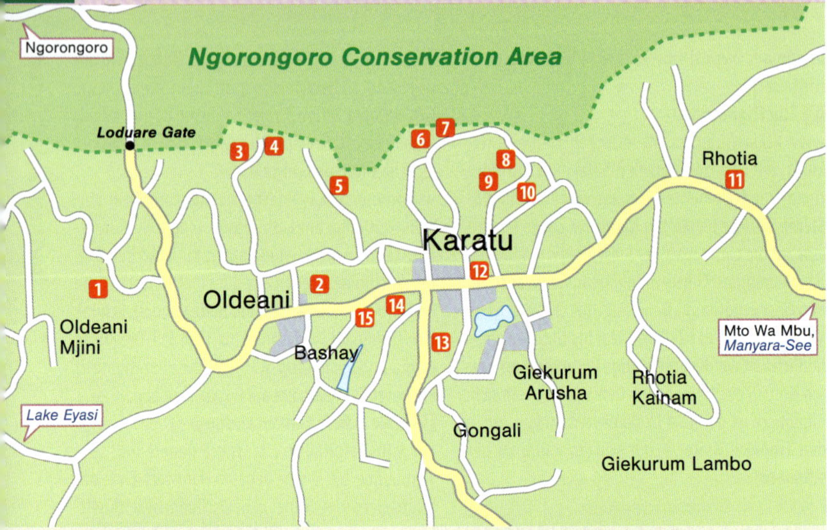

Übernachtung

1 Ngorongoro Farm House
2 Karatu Lutheran Hotel
3 The Manor at Ngorongoro
4 Samaki Tatu Lodge
5 Plantation Lodge
6 Endoro Lodge
7 Gibb's Farm
8 Kitela Lodge
9 Tloma Lodge
10 Highview Hotel
11 Olea Africana Lodge
12 Ngorongoro Camp & Lodge
13 Kudu Lodge & Campsite
14 Bougainvillea Safari Lodge
15 Octagon Safari Lodge

Lodges in Karatu (Karte S. 234)

Eine Reihe von Lodges liegt **außerhalb des Parks** in und um die Ortschaft Karatu auf der Südostseite des Kraterhochlandes, 15 km vom Lodoare Gate entfernt. An der Hauptstraße des Ortes gibt es Banken mit Geldautomaten, Tankstellen, Souvenirläden, Reifenhändler, kleine Supermärkte, Autovermieter u.v.m.

7 Gibb's Farm (Ngorongoro Safari Lodge)⑤
www.gibbsfarm.com. Ehemaliges deutsch-koloniales Farmhaus direkt an der Grenze zum Ngorongoro-Waldgebiet mit herrlichem Blick auf die hügeligen Kaffeefelder von Karatu. Heute unter englischer und amerikanischer Leitung, bietet die kleine Lodge im Stil von *Karen Blixens* „Out-of-Africa-Farm" dem Besucher eine ungewöhnlich herzliche Atmosphäre in kolonialem Ambiente. Ob genießerisch im Garten mit frischem Kaffee aus eigenem Anbau ruhend, auf Elefantenpfaden im Urwald zu einem Wasserfall unterwegs oder abends bei knisterndem Kaminfeuer wilden Abenteuern lauschend – ein Aufenthalt auf der Gibb's Farm bleibt unvergesslich, der Preis leider auch … Die Farm befindet sich 6 km von Karatu entfernt. Nachteil: Wenn man früh am Ngorongoro-Kraterrand sein möchte, ist der Fahrweg länger als z.B. von der Plantation Lodge oder The Manor (beide s.u.).

3 The Manor at Ngorongoro④-⑤
www.elewana.com. Wunderschön restauriertes altes Farmhaus der Kifaru Farm. Hier fühlt man sich in

die Pflanzerzeit der 1930er-Jahre zurückversetzt. In elegantem Ambiente verweilt der Gast direkt am Rand des Ngorongoro-Urwaldes. 20 im Garten verteilte Cottages mit viel Wohnfläche, Kamin und großen Bädern (mit Badewanne!). Herrliche Aussichten garantiert! Prädikat: Luxusklasse! Übrigens ist The Manor der einzige Ort in Karatu, wo man reiten kann (30 $ pro Std.).

5 Plantation Lodge③

www.plantation-lodge.com. Herrlich zwischen Kaffee- und Maisfeldern auf einer Anhöhe gelegen, wird das Anwesen sehr gerne von Veranstaltern aufgesucht. Die Unterbringung erfolgt in getrennten Häusern mit jeweils mehreren Schlafzimmern (ideal für Gruppen) und einem großen Aufenthaltsraum mit Kamin und Terrasse. Die Einrichtung der Zimmer könnte schöner nicht sein, Service und Freundlichkeit werden großgeschrieben, das Essen ist gut. Die Preise variieren je nach Saison. Ein Evergreen unter den Lodges am äußeren Kraterrand, immer noch mit einem sehr guten Standard und Preis-Leistungs-Verhältnis. Empfehlenswert.

1 Ngorongoro Farm House③

www.twctanzania.com. Von allen Lodges dem Ngorongoro-Eingangstor am nächsten gelegen. Schöne Unterkunft von Tanganyika Wilderness Camps mit grandiosem Ausblick, sehr große und äußerst schick eingerichtete Zimmer mit eigener Terrasse. Der Service ist effizient, das Essen durchschnittlich. Beliebt unter Reisenden.

4 Samaki Tatu Lodge③

www.kifarucoffee.de. Die wahrscheinlich schönste Kaffeefarm mit Lodge-Betrieb, direkt am Wald des Ngorongoro-Schutzgebietes gelegen. Allein die Anfahrt durch alte Kaffeeplantagen aus der Gründerzeit ist schon den Aufenthalt auf der Kifaru-Farm wert. Am oberen Ende der Farm steht dann zunächst ein etwas unscheinbar wirkendes Haupthaus. Beim Betreten des großen Speise- und Aufenthaltssaals fühlt man sich jedoch gleich wohl. Sehr guter Service, leckeres Essen und die Zimmer sind sehr stilvoll im alten Farmhaus-Design eingerichtet.

9 Tloma und 8 Kitela Lodge②-③

www.twctanzania.com. Weitere zwei Lodges der großen Lodgekette Tanganyika Wilderness Camps. Große Zimmer, schönes Speiseambiente, toller Garten. Kurz: Alles ist effizient und gut umgesetzt. Bei beiden Lodges (nur 500 m auseinander) stimmt das Preis-Leistungs-Verhältnis.

10 Highview Hotel②

www.highviewhotel.com. Das Hotel liegt auf einer Anhöhe – grandiose Aussichten garantiert! Die Unterkunft gleicht ein wenig einem großen Internatscampus im Grünen. Die Zimmer und die Aufenthaltsbereiche sind sauber und zweckmäßig. In Service und Küche bemüht man sich, das Resultat kann sich sehen lassen. Das Hotel wird von deutschen Reiseveranstaltern gerne gebucht. Es gibt außerdem einen separaten Lodge-Bereich.

6 Endoro Lodge②-③

mberesero.com. Am Rand von Karatu gelegene Unterkunft mit tansanischem Management. Modern gebaut und dennoch gut in die Natur integriert. Sehr schöne Zimmer in Form einzelner Chalets. Alle mit großem Bad mit Badewanne. Die geschmackvolle Einrichtung und der aufmerksame Service machen diesen Ort zu einem Tipp für alle, die Ruhe suchen.

11 Olea Africana Lodge③

Diese neuere Lodge liegt zwischen Rhotia und Karatu im Grünen. Die zehn Cottages verteilen sich um einen Pool, alle haben ein großes Bad mit Badewanne und eine Veranda, auf der sich die Ruhe genießen lässt. Das reichhaltige Büfett kann sich sehen lassen!

14 Bougainvillea Safari Lodge③

www.bougainvilleagroup.com/ Neuere Lodge der Mittelklasse mit viel Charme, aber etwas afrikanisch-modern. Angenehme Zimmer mit kontinental wirkenden, sauberen Bädern. Von Arusha aus kommend am Ortseingang von Karatu in den grünen Kaffeehängen mit toller Aussicht.

15 Octagon Safari Lodge②

www.octagonlodge.com. Am Ende des Ortes linker Hand in einem Garten mit Pool gelegen. Nichts Besonderes, aber das Preis-Leistungs-Verhältnis stimmt.

2 Karatu Lutheran Hostel①
karatulutheranhostel.co.tz. Neueres Hotel zwischen Karatu und Oldeani nördlich der Hauptstraße (ausgeschildert). Sehr saubere Zimmer, freundlicher Service.

12 Ngorongoro Camp & Lodge①
www.ngorongorolodges.com. Das Anwesen direkt im Ort an der Hauptstraße hat sich zu einem beliebten Stop-over entwickelt. Neben einer Tankstelle, einer Bar mit Sat-TV, Mail- und Telefon-Service und einem guten Restaurant steht für die letzten Safari-Einkäufe auch ein sehr gut sortierter Supermarkt zur Verfügung. Camping für 7 $ auf einer schönen Wiese möglich. Die 32 Zimmer machen einen sauberen und komfortablen Eindruck.

13 Kudu Lodge & Campsite②
www.kuducamp.com. Lodge mit Bungalows, schön auf einem Hügel gelegen. Das Zelten kostet 15 $ p.P., die schönen Zimmer beginnen bei 104 $. Gutes und üppiges Essen. Dazu gibt es Picknicks für Tagesbesuche zum Krater, Geländewagen können gemietet werden. Im Haus sind zudem ein Internetcafé sowie ein Billardtisch vorhanden.

- Etwa 1 km außerhalb befindet sich das einfache **Eileen's Trees Inn**① an der Straße nach Mbulu, www.eileenstrees.com.
- Die meisten einfachen landestypischen Guest Houses befinden sich aus Arusha kommend auf der

tan007 pr

linken Seite hinter der Hauptstraße (einfach den vielen Schildern folgen).

Camping/Campsites

Das Campen im Krater ist nicht gestattet, jedes Zelten ist bei den Park Gates anzumelden und auch gleich zu zahlen. Wer exklusiv (= alleine auf einem Platz) campen möchte (sog. *Special Campsites*), sollte dies in Arusha zuvor gebucht haben (Infobüro an der Boma Road), da eine Special Campsite am Lodoare Gate nicht immer garantiert werden kann. Die Public Campsites, für alle und ohne Voranmeldung zugänglich, kosten 47 $, die Special Campsites 71 $ p.P. Wasserversorgung ist meist nicht vorhanden, die Plätze bieten lediglich Plumpsklos.

■ **Am südlichen Kraterrand,** unweit der Ngorongoro Crater Lodge, liegt die Nyati Public Campsite in einem schönen Waldgebiet (allerdings ohne Ausblick in den Krater selbst), die zweite Public ist als Simba A Campsite bekannt (Toiletten und Duschen allerdings nicht immer sehr sauber) und bietet einen herrlichen Blick in den Krater.
■ **Nördlich der Sopa Lodge** liegen drei Special Campsites (Tembo A & B und Lemala) in einem Akazienwald nahe des Munge River. Lemala wird ganzjährig von der gleichnamigen Safarifirma belegt.
■ Alle weiteren Zeltplätze in der N.C.A. sind Special Campsites. Eine liegt im nördlichen Hochland **am Fuß des Olmoti-Kraters** (Nainokanoka genannt), eine bei der Maasai-Boma **Bulati** in der Balbal Depression, eine auf dem **Ostrand des Empakai-Kraters** und eine direkt an der Grenze zu Loliondo bei der Maasai-Boma **Naiyobi.** Weitere 18 Special Campsites befinden sich am **Lake Ndutu,** im Umkreis der Ndutu Lodge. Als Individualreisender ist es sehr schwer, in einer dieser Special Campsites unterzukommen. In der Hochsaison von Dezember bis März sind sie fast alle von Safari-Veranstaltern belegt. Dementsprechend müssen Special Campsites lange im Voraus gebucht werden (www.ngorongorocrater.org). Ein Online-Buchungssystem mit Kreditkartenzahlung wie im südlichen Afrika geläufig ist leider nicht gegeben. Wirklich sicher lässt sich eine Special Campsite als Einzeltourist nur vor Ort im Ngorongoro Headquarter buchen und zahlen.
■ Außerhalb des Ngorongoro-Gebietes sind jeweils die **Flamingo Lodge** oder **Kudu Lodge & Campsite** zu nennen. Die Stellfläche in der Flamingo Lodge liegt am ruhigeren Ende des Grundstücks und ist damit etwas angenehmer.

◁ Begegnung mit einem Elefanten in der Ngorongoro Conservation Area

Anreise und Gebühren

Die nur mit privaten Flugzeugen anzufliegende Landebahn am Südrand des Ngorongoro-Kraters wird selten benutzt und ist auch nur bei klarer Sicht eine Option. Die **Hauptlandepiste Ndutu** im Westen des Ngorongoro-Gebietes liegt nahe dem Ndutu-See und wird in erster Linie für Besucher des südlichen Serengeti/Ngorongoro-Ökosystems genutzt. Besucher des Ngorongoro-Krater, die ihre An- und Abreise per Flugzeug unternehmen, nutzen den **Airstrip oberhalb des Lake Manyara,** eine halbe Autostunde bis Karatu am Fuße des äußeren Ngorongoro-Gebietes oder ca. eine Stunde Fahrzeit zu den Lodges am Kraterrand, welche alle einen Transfer anbieten.

Mit dem Fahrzeug reisend gibt es **vier Entry Gates** zur Ngorongoro Conservation Area. Im Osten und Westen jeweils entlang der Hauptstraße das Loduare bzw. das Nabi Hill Gate. Weniger benutzt wird das Nassere Gate im Norden des Schutzgebietes für Reisen über Loliondo bzw. Lake Natron. Im Südwesten befindet sich das noch seltener verwendete Gate Makao. Die **Eintrittsgebühr** beträgt 71 $ pro Tag. Für Fahrzeuge mit nicht-tansanischem

Wandern im Ngorongoro-Hochland – Von den Riesenkratern zum Natron-See

Durch den besonderen Status als Conservation Area bietet das Ngorongoro-Hochland eine Vielzahl von Wandermöglichkeiten und für Trekking-Ambitionierte Gipfelbesteigungen auf die großen Vulkanberge. Einzige Ausnahme bildet der Ngorongoro-Krater selbst, dieser darf nur mit einem 4WD-Wagen besucht werden. In Begleitung eines Rangers und einiger Maasai bieten die mehrtägigen Wanderungen die Möglichkeit, nicht nur eine der grandiosesten Landschaften Afrikas zu Fuß zu erkunden, sondern auch „Bestandteil" ihrer Tierwelt zu werden. Die gängigste Route beginnt am Nordrand des Ngorongoro-Kraters, führt über die Krater Olmoti und Empakai durch die Akazienlandschaft von Pembe ya Swala bis ins Rift Valley zum Fuße des Ol Donyo Lengai und dauert mindestens drei Tage. Für die Umrundung/Begehung der jeweiligen Krater sind nochmal ein bis drei Tage hinzuzurechnen. Gezeltet wird auf Special Campsites.

Spezialisiert auf kombinierte Wander- und Geländewagen-Safaris im Ngorongoro-Serengeti-Gebiet sind die in Arusha ansässigen Anbieter Summit Africa, Nature Discovery oder Shah Tours.

Die von der Ngorongoro-Verwaltung herausgegebene Broschüre mit Karte und Routen verschafft einen guten Überblick über die vielzähligen Möglichkeiten. Leider ist die kleine Karte ungenau, und einige der eingezeichneten Routen existieren gar nicht. Einzige präzise Karte und GPS-geeignet – allerdings sind keine Routen eingezeichnet – ist derzeit nur die Ngorongoro-Conservation-Area-Karte des Harms-IC-Verlages.

tannp102 jg

Das Ngorongoro-Hochland ist vulkanischen Ursprungs

Nummernschild müssen 47 $ pro Tag gezahlt werden. Jede Fahrt in den Ngorongoro-Krater kostet 295 $ Crater Fee pro Fahrzeug. Alle Parkgebühren werden entweder über den Veranstalter, mit welchem Sie reisen, bezahlt oder mittels Master-/Visa-Card. Bargeld wird nicht angenommen. Es werden **nur noch halbtägige Kraterfahrten** zugelassen, also entweder vormittags oder nachmittags. Ab 16 Uhr werden bei Windy Gap keine Fahrzeuge mehr in den Krater gelassen. Fahrzeuge müssen um 17 Uhr den Kraterboden verlassen und sich auf den Weg nach oben machen. Wer es nicht rechtzeitig schafft, steht vor runtergelassenem Schlagbaum und muss eine deftige Strafe zahlen.

Die **Hauptanfahrtsstraße** verläuft von Arusha über Mto Wa Mbu und Karatu bis zum Lodoare Entrance Gate. Ein Visitor's Center gibt hier einen guten Überblick über die geologische Entstehung der Kraterregion und über Flora und Fauna des gesamten Gebietes. Vorsicht beim Verlassen Ihres Fahrzeuges, Paviane sind hier am Lodoare Gate eine Plage geworden und springen gerne in die Autos, um nach Essen zu suchen (→ Exkurs S. 68).

Beste Besuchszeit

Das Ngorongoro-Schutzgebiet kann das ganze Jahr über besucht werden, in der großen Regenzeit sind jedoch viele Pisten im Hochland sehr schlammig und kaum zu befahren. Ideal ist die Zeit von **Dezember bis Mitte April,** dann hat die kleine Regenzeit der Savanne wieder Leben eingehaucht, und die Migration der Tiere befindet sich im Westen der N.C.A. auf ihrem Höhepunkt. Auch im Ngorongoro-Krater ist der See gefüllt und viele Tiere sind zurückgekehrt.

Die Monate Juni bis Oktober sind ebenfalls eine gute Zeit, am Kraterrand und im Hochland ist es dann jedoch wesentlich kühler, und ein dicker Pullover kann auch tagsüber nötig sein.

Sonstiges

- In allen Lodges und bei den Haupteingangstoren Lodoare und Nabi befinden sich kleine **Souvenirläden** für Postkarten, Lektüre und Andenken. Auch **Geld** lässt sich **tauschen,** jedoch zu einem schlechteren Kurs als in Arusha.
- **Telefonieren** ist von allen Lodges möglich. Mobil-Telefon-Empfang ist nur am Ngorongoro-Krater gegeben, im Westen in Richtung Ndutu besteht ebenfalls Empfang. Internet ist in allen Lodges möglich.

tannp011 xb

☒ Ngorongoro-Löwen

Serengeti National Park

Der Park

Serengeti – unzählige Tierreportagen, nicht zuletzt Vater und Sohn *Grzimek* mit ihrem Film/Buch „Die Serengeti darf nicht sterben", haben dafür gesorgt, dass der Name zum Inbegriff für die endlosen Tiersavannen Afrikas wurde. Außerhalb der Grabenbruchzone im Osten des Victoria-Sees gelegen, ist die Serengeti der **drittgrößte Nationalpark des Kontinents.** Die grenzenlose Schönheit des **14.763 km²** großen Schutzgebietes (entspricht in etwa der Fläche von Schleswig-Holstein) ist kaum in Worte zu fassen. Der 1951 gegründete und damit älteste Nationalpark Tansanias ist das Herz eines gewaltigen Ökosystems, dessen artenreiche Tierwelt nirgends auf der Welt ihresgleichen hat. Die Serengeti bietet z.B. die höchste Konzentration an frei lebenden Raubtieren. Daher zieht der Park der Superlative auch **weit über 150.000 Touristen pro Jahr** an.

Nach der Abtrennung des Ngorongoro-Gebiets zu einer eigenen Schutzzone kam 1959 auf Drängen *Prof. Grzimeks* der Nord-Sektor bis zur kenianischen Grenze hinzu, wodurch eine Verbindung zum Masai Mara National Park geschaffen wurde. Dadurch konnte das charakteristischste Element der Serengeti bewahrt werden – die **jährliche Wanderung** (Migration) **von etwa 1,5 Mio. Tieren** (→ Exkurs, S. 250). Dieser Einzigartigkeit verdankt der Park auch den Status als **UNESCO-Weltnaturerbe.**

Zusammen mit den im Osten angrenzenden Schutzgebieten Loliondo Game Controlled Area und Ngorongoro Conservation Area sowie mit dem Maswa Game Reserve im Südwesten und den Grumeti und Ikorongo Game Reserves im Nordwesten umschließt das **Serengeti-Ökosystem** eine **Fläche von der Größe der Niederlande.** Für das Überleben der Serengeti sind diese Schutzgebiete an den Parkgrenzen besonders wichtig, da die Tiere auf ihren natürlichen Wanderungen das eigentliche Parkgebiet verlassen. Ohne diese Pufferzonen wären die Tierrouten von Siedlungen und Feldern unterbrochen und das ökologische Gleichgewicht gefährdet. Die touristisch nur z.T. zugänglichen Game Reserves sind jedoch bei der angrenzenden Bevölkerung umstritten (→ Wilderei und Bevölkerungsdruck, S. 247).

Eine Zeit lang weltweit thematisiert wurde der von der tansanischen Regierung geplante **Serengeti Highway** als massive Gefährdung des Ökosystems, das Vorhaben wird zunächst nicht realisiert. Ohnehin halten Experten eine Südumfahrung für wesentlich sinnvoller.

Bevor der erste Europäer *Oscar Baumann* 1882 die Serengeti durchwanderte, lebten nur vereinzelte Volksgruppen wie die Ikoma, Dorobo und Maasai in dem riesigen Gebiet. Von dem Maasai-Wort *siringet* = „große Weite, endlose Ebene" leitet sich übrigens der Name der Serengeti ab.

[>] Bernhard Grzimek und Sohn Michael Ende der 1950er-Jahre

Die Landschaften des Parks

Die Serengeti erstreckt sich von etwa **1150 m** Höhe nahe der **Ufer des Victoria-Sees** bis zu den **2155 m hohen Lobo Hills** im Nordosten des Parks. Viele kleine Hügel und Bergketten durchziehen die Serengeti, die bekannten endlosen Savannen beschränken sich auf einige Gebiete, die dem Lake Victoria zugewandt sind, und auf den weiten Südosten, die **Serengeti Plains.** In dieser fast baumlosen Savanne, die mit der westlichen Ngorongoro Conservation Area einen zusammenhängenden Naturraum bildet, herrschen weite Kurzgrasflächen vor. Für Geparden ist diese Ebene mit den flachen Gräsern ein ideales Jagdterritorium.

Aus der brettflachen Ebene ragen bizarre **Kopjes** heraus. Diese gigantischen Granitfelsen sind Urgesteine, die einst unter der Erdoberfläche lagen. Die sie umgebenden Böden sind im Verlauf von Jahrmillionen durch Wind und Regen abgetragen worden, sodass die großen Felsen allmählich zum Vorschein kamen. Viele dieser Findlinge werden durch Temperaturschwankungen zwischen Mittagshitze und nächtlicher Kälte gespalten und vom Wind zusätzlich blank und rund geschliffen. In den Kopjes und um sie herum wachsen meist Büsche und Bäume, ein idealer Platz für Klein- und Kriechtiere wie Klippschliefer, Dikdiks, Mangusten und Giftschlangen (Speikobra, Puffotter). Aber auch Löwen dösen mit Vorliebe auf den Felsen oder liegen an ihren schattigen Seiten. Der Name „Kopjes“ wurde von burischen Siedlern eingeführt und ist das Afrikaans-Wort für „kleine Köpfe“. Zu den landschaftlich schönsten Felsinseln in den Serengeti Plains gehören die **Simba, Barafu, Gol** und **Moru Kopjes.** Bei Letzteren befinden sich etwa 100 Jahre alte **Felsmalereien von Maasai.** Die Zeichnungen zeigen die typischen Maasai-Schutzschilde und jagende Figuren. Die Moru Kopjes sind zudem ein belieb-

tannp015 xb

ter Nistplatz der großen Klippenadler *(Verreaux's Eagle)*.

In den Serengeti Plains liegen auch die einzigen Seen des Parks. Der größte, der **Lake Ndutu,** liegt im Oberlauf der Oldupai Gorge an der Grenze zur Ngorongoro Conservation Area (s.o.). Etwa 20 km weiter nordwestlich, auf der anderen Seite der Wasserscheide, lässt die Savanne den **Mbalageti River** entstehen. In seinem Oberlauf bilden sich während der Regenzeit die drei kleinen **Seen Ngorono, Kaslya** (beide auch als „Hidden Valley" bekannt) und **Magadi.** Dann tummeln sich zahlreiche Wasservögel an ihren baum- und buschreichen Ufern. In den Trockenmonaten versickert jedoch oft das gesamte Wasser, und auch der Mbalageti River schrumpft zu einem Rinnsal. In dieser Zeit wirken dann die Serengeti Plains wie eine trostlose Steppenlandschaft.

Das **Herz der Serengeti** ist das etwa 1500 m hoch gelegene **Seronera Valley.** Hier herrschen hauptsächlich mittellange Gräser und Langgrassavannen vor, in denen viele Akazienbäume die Vegetation prägen. Zahlreiche Hügelketten wie die **Banagi, Nyaraswiga** und **Ngare Nanyuki Hills** und auch bizarre Kopjes ragen zudem aus der nach Regenfällen saftig tiefgrünen Landschaft heraus. Durch die im Norden dieses Gebietes zusammenfließenden **Flüsse Orangi, Nyabogati, Ngare Nanyuki** (diese entspringen östlich der Serengeti) und **Seronera** entsteht ein dichtes Netz von herrlichen Galeriewäldern. Mächtige Feigen, Akazien, Palmen und *Sausage Trees* (Leberwurstbäume) säumen die Flussufer. Regelmäßig sind hier Wasser- und Riedböcke, Impalas, Paviane und oft auch Leoparden zu beobachten. Grunzende und planschende Flusspfer-

Retima Hippo Pools

de kommen dagegen weiter nördlich in den **Retima Hippo Pools** am Zusammenfluss des Seronera River mit dem Orangi River besonders häufig vor. Zudem ist das Seronera Valley für seine **großen Löwenbestände** berühmt. Auch auf Bäumen dösend (wie im Manyara National Park), sind die Tiere hier fast immer zu Gesicht zu bekommen.

Der **Norden** der Serengeti besticht durch **hügelige Baumsavanne** mit einer Vielzahl von saisonalen Bach- und Flussläufen. Hier sind besonders der **Grumeti,** der **Bologonja** und der **Mara River** Lebensadern, die Landschaft und Tierzahl bestimmen. Alle drei Flüsse führen das ganze Jahr über Wasser und sind von dichten Galeriewäldern gesäumt, die zahlreiche Tiere anlocken. An der Nordostgrenze erstrecken sich die großen Hügelketten Mogogwa, Lobo und Longossa, die höchsten Erhebungen des Parks. Zwischen ihnen liegen die Ngare Naronja Springs, die das Quellgebiet des tierreichen Gaboti River sind.

Das Flusssystem der gesamten Serengeti gehört bereits zum großen Auffangbecken des Victoria-Sees. Der Park erstreckt sich daher auch bis zum großen Binnenmeer Afrikas in dem als **Western Corridor** bezeichneten Gebiet. Hier fließen durch großflächige und ebene Langgras-Savannen die Flüsse Grumeti und Mbalageti in den Speke Gulf des Victoria-Sees. Zwischen diesen galeriebewaldeten Lebensadern der westlichen Serengeti erheben sich markant die Nyamuma, Varicho und Simiti Hills sowie mehrere kleine Inselberge. Das Gebiet liegt in der klimatischen Einflusszone des Victoria-Sees und verzeichnet daher auch außerhalb der Regenzeiten regelmäßig Gewittereinbrüche. Die jährlichen Niederschlagsmengen sind hier doppelt so hoch wie im Osten des Parks. Auch der Boden ist im Western Corridor anderer Natur. Die hier vorkommende schwarztonige Erde, die sich bei Regen in ein sumpfiges Moor verwandelt, ist allgemein als **Black Cotton Soil** bekannt; ein Vorwärtskommen mit dem Auto ist oft unmöglich. Aus diesem Grund sind im Western Corridor auch nur wenige Pisten angelegt, und die Besucherzahl ist eher gering. Der Grumeti River ist vor allem wegen seiner großen Nilkrokodile bekannt, die sich hier auf den Sandbänken sonnen. Entlang seiner Galeriewälder sind oft Elenantilopen anzutreffen. Besonders lohnend ist der Besuch des Western Corridor in den Monaten Juni/Juli, wenn der Boden trocken und befahrbar ist und die Migration über den Grumeti River übersetzt.

Tierwelt

Mit ungefähr 3 Mio. größeren Säugetieren ist die Serengeti der wildreichste Nationalpark der Welt. Davon sind allein etwa zwei Drittel Gnus, Zebras und Thomson-Gazellen, die an der jährlichen Großwanderung teilnehmen (→ Exkurs S. 250). Doch auch die Populationen der über 50 weiteren Tierarten sind umfangreich.

Die große Attraktion aber sind die Raubkatzen. Für etwa **3000 Löwen,** ca. **500–600 Geparden** und schätzungsweise **1000 Leoparden** ist die Serengeti ein Jagd-Dorado. Ebenfalls zahlreich vertreten sind Grantgazellen, Impalas, Leierantilopen, Kuhantilopen, Büffel, Warzenschweine, Hyänen, Elen-Antilopen, Giraffen, Nilkrokodile, Strauße und –

Seronera Valley

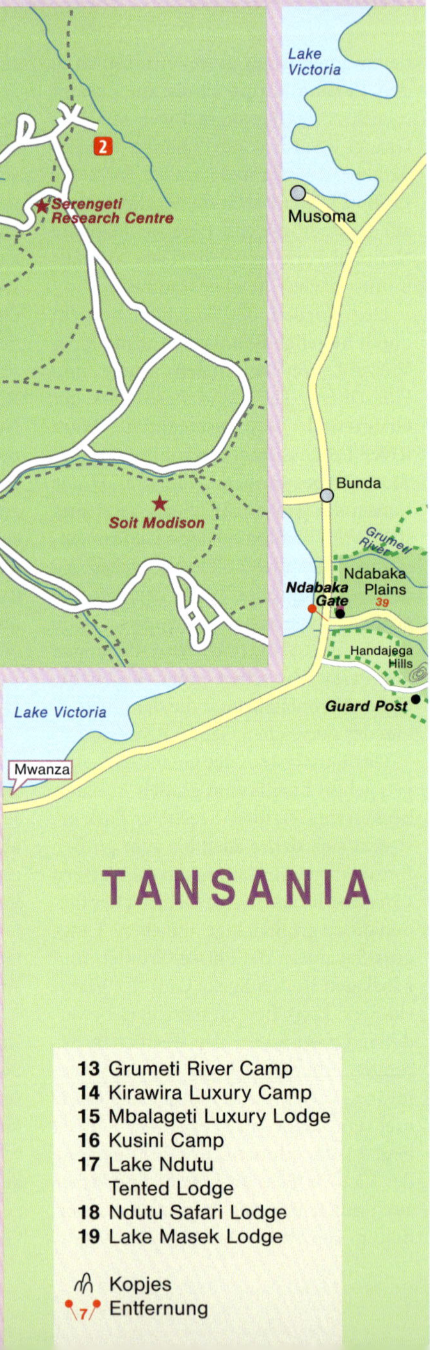

Serengeti-Ökosystem Gnu-Migration

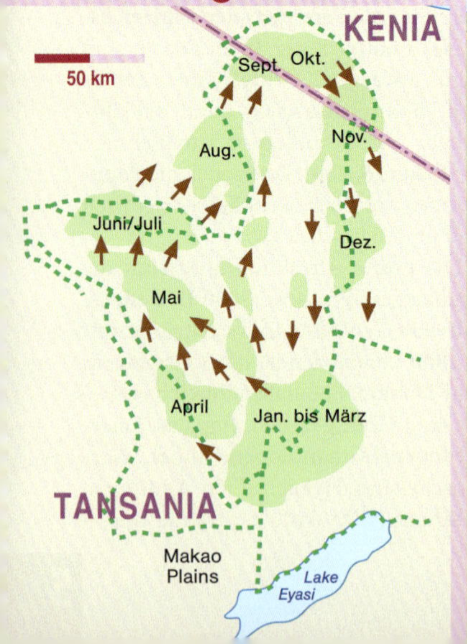

Serengeti National Park

0 5 km
©REISE KNOW-HOW
Tansa69 4/24
Grumeti Game Controlled Area
Ikorongo Game Reserve
Ikoma Gate
Pombofu Kopjes
Arobete
Pombofu
Robanda
Seronera River
Orangi River
Kilimafeza
KEMARISHE HILLS
Retima Hippo Pools
Banagi
Kagasha
Nyabogati
Nyabogati River
Bingae
Ngare Nanyuki River
244
Kerr's Dam
Seronera Valley
Wandamu River
Lohondo Kopjes
Mkoma Hill
Soit Modison
Songole River
Nyameja River
Boma Kopjes
Wandamu River
Mbalageti River
Ol Doinyo Rongai
Endonyo Emakab
Lake Magadi
Soit Nado Murt
Simba East Kopjes
Simba West Kopjes
Übernachtung
1 Mbuzi Mawe Camp
2 Four Seasons
3 Ikoma Wild Camp
4 Serengeti Serena Safari Lodge
5 Serengeti Sopa Lodge
6 Serengeti View Camps (South)
7 Dunia Camp
8 Pioneer Camp

vor allem im Norden des Parks – Elefanten. Die Dickhäuter waren nie so richtig heimisch in der Serengeti, die angrenzende Bevölkerung drückte sie jedoch in den Park. Ihr Bestand schrumpfte aufgrund der Wilderei in den 1980er-Jahren auf ein Fünftel, heute sind es wieder über 7000 Tiere. Fast ausgerottet sind das Schwarze Nashorn (→ Exkurs: „Wenn Nashörner Namen haben", S. 226) und der Afrikanische Wildhund. Ein rund um die Uhr bewachtes Gebiet mit derzeit über 30 **Nashörnern** sind die Moru Kopjes bzw. ihre Umgebung. Hier sind zahlreiche Ranger im Einsatz, um die mit Sendern versehenen Tiere zu überwachen. Verlässt ein Nashorn das über GPS-Koordinaten festgelegte Gebiet, wird es wieder in die Felslandschaft getrieben. Auf Pirschfahrten in den Moru Kopjes können Besucher die seltenen Tiere zu Gesicht bekommen. Das kleine **Michael Grzimek Museum** gibt Einblick in die Arbeit des Projekts.

Zudem sind in der Serengeti zu sehen: Oryx (Spießbock, wenn auch selten), Oribis (Bleichböckchen), Buschböcke, Wasser- und Riedböcke, Topis, Kongonis, Erdwölfe, Kudus, Klippspringer, Dikdiks, Flusspferde, Gerenuk, Ducker, Serval- und Ginsterkatzen, Schakale, Karakale, Wildhunde, Paviane, Honigdachse, Mungos etc.

Mit rund **500 Vogelarten** bietet die Serengeti auch für Ornithologen viel Sehenswertes. Besonders Greif- und Aßvögel sind an den Standorten der Gnus und Gazellen zu beobachten: Raubadler, Kurzschwanzadler, Kampfadler, Schreiseeadler, Lämmergeier, Kappengeier, Ohrengeier usw. Auch viele Flamingos (saisonal am Lake Magadi) bekommt man zu Gesicht sowie Trappen, Falken, Bussarde, Reiherarten u.v.m. Wer für die Vogelwelt größeres Interesse verspürt, sollte auf jeden Fall ein passendes Handbuch dabeihaben.

Wilderei und Bevölkerungsdruck

Trotz der verbesserten Schutzmaßnahmen (etwa Verdoppelung des Ranger-Personals, paramilitärische Ausrüstung und moderne Waffensysteme) bleibt die Wilderei ein großes Problem im Serengeti-Ökosystem. Immerhin ist die schonungslose Trophäenwilderei seit Ende der 1980er-Jahre durch das Verbot des Elfenbein- und Nasenhornhandels und den Verkaufsstopp von gefleckten Katzenfellen stark zurückgegangen. Der **Anstieg der Bevölkerung** im Umkreis des Parks hat jedoch die **Fleischwilderei** zunehmen lassen.

Im Westen der Serengeti wohnen etwa 6 Millionen Menschen. Unzureichende Grenzmarkierungen in den Game Reserves Ikorongo, Grumeti und Maswa haben zur Folge, dass die Bevölkerung zum Fallenstellen und Jagen, zum Sammeln von Honig und Holz in die Reserves eindringt und auch ihre Viehherden in den Trockenmonaten zu den Wasser führenden Flüssen treibt. Sogar neue Dörfer und Felder entstehen. Aus diesem Grund musste das Maswa Game Reserve bereits viermal verkleinert werden. Um den Bedürfnissen der Bevölkerung entgegenzukommen, wurde das „Pufferzonen-Konzept" erarbeitet, das den Dörfern offizielle Jagdquoten genehmigt, zudem wird ein Teil der **Einnahmen aus dem Tourismus** den Dörfern zugeführt. Damit werden Projekte unterstützt, etwa der Bau von Schulen,

Kliniken, Wasserdämmen, Brunnen, Straßen etc.

Man verspricht sich von den Maßnahmen ein besseres Verständnis für die Notwendigkeit der Erhaltung der Wildtierbestände und eine Einbindung der Bevölkerung in den Naturschutz. Wie lang das Modell Bestand haben wird, ist ungewiss. Der demografische Druck lässt nicht nach, der Bedarf an Acker- und Weideflächen steigt weiter.

Unterwegs in der Serengeti

Die Serengeti ist **kein Park für einen schnellen Tagesausflug.** Wer denkt, direkt hinter dem Park Gate einen jagenden Geparden beobachten zu können, wird enttäuscht sein. Nur wer sich mehrere Tage Zeit lässt, kann die Vielfalt und Schönheit der Serengeti aufnehmen und mit etwas Glück einer Wildkatze beim Reißen ihrer Beute beiwohnen.

Der Park besitzt im Seronera Valley, in den Moru Kopjes, im Lake Magadi Gebiet, entlang des Mara Flusses und in der Lobo Area ein umfangreiches **Wegesystem,** welches nicht verlassen werden darf. Einige Granitfels-Formationen dürfen nur in Begleitung eines Rangers aufgesucht werden, z.B. Gol Kopjes oder Barafu Kopjes. Off-road-Fahren quer durch die Savannen ist strikt verboten.

Im Seronera- und Lobo-Gebiet darf man sich mit dem Fahrzeug bis 22 Uhr zwischen Lodges und Campingplätzen bewegen, ansonsten aber gilt strengstes **Nachtfahrverbot!**

[>] Löwin auf Streifzug

Touristeninformation

- Ein **Tourist Center** bei Seronera ist in Zusammenarbeit mit der Zoologischen Gesellschaft Frankfurt und Unterstützung der EU entstanden. Ausstellungsräume, Schautafeln und Tierfilme geben Einblick in die Flora und Fauna und informieren über das Serengeti-Ökosystem. Ein **Shop** führt kühle Getränke und Chips, aber auch Souvenirs, T-Shirts etc. Der Besuch des Centers lohnt sich!
- **Michael Grzimek Memorial Museum** Bescheidenes Museum (ein Raum!) versteckt in den Moru Kopjes gelegen. Es gibt Einblick in das Nashorn-Schutzprojekt (s.o.). Wer in der Region unterwegs ist, sollte hier einen Stopp einlegen.
- Informative Schautafeln und kleine Shops befinden sich auch bei den **Park Gates Naabi Hill und Ndabaka.**
- Detaillierte **Parkkarten** zur Orientierung gibt es nur bedingt. Einen guten Überblick verschafft die gemalte Serengeti-Karte von *Giovanni Tombazzo.* Die Eintragungen sind jedoch nicht exakt, auch wird die Karte schon seit vielen Jahren nicht mehr aktualisiert. Genau und GPS-geeignet sind nur die Karte zur Ngorongoro Conservation Area und der Karten-Atlas zur Serengeti, beide aus dem Harms-IC-Verlag und in Tansania zu beziehen in Arusha (Cultural Heritage) oder über den Buchhandel.

Lodges und Exclusive Camps

Südliche Serengeti (Karte S. 245)

16 Kusini Camp④

www.sanctuaryretreats.com. Kusini liegt abseits des Besucherverkehrs im Süden der Serengeti, eingebettet in die Mambi ya Miwa kinyeba Kopjes und ist mit neun absolut luxuriösen Safarizelten (auf Holzplattformen errichtet, mit Bad und Toilette stilvoll integriert) eine herausragende Unterkunft. In Kusini verschmelzen Komfort und echtes Busch-Camping-Gefühl miteinander. Durch die Abgeschiedenheit ist man als Gast hier viel allein im Park unterwegs, fern von den Hauptbesucherströmen in der zentralen Serengeti. Auf einem großen Kopje hinter dem Restaurant- und Aufenthaltszelt lassen sich romantische Sundowner in Kissen genießen, während die oftmals im nahen Umfeld des Camps befindlichen Löwen mit ihrem Brüllen den Beginn der Nacht ankündigen. Vom 1. Juni bis 15. Dezember wesentlich günstigere Preise.

6 Olakira Camp③-④
www.asiliaafrica.com. Ein semi-permanentes Camp der Luxusklasse, welches seinen Standort je nach Saison zwischen Ndutu (Dezember bis März) und dem Norden der Serengeti (Juni bis November) verlagert. Gut geführte Touren und erstklassiger Service sind in diesem nur acht Zelte großen Camp zu erwarten. Empfehlenswert, wenn auch teuer!

■ Zu den Lodges **Ndutu Safari** und **Lake Masek** siehe bei der Ngorongoro Conservation Area.

■ Zwischen Dezember und März werden besonders **am Lake Ndutu** viele mobile Camps aufgebaut, u.a. von Serengeti under Canvas (andBeyond), Lemala, Matembezi, Leopard Tours, Kibo, Duma und Zara Tours.

Zentrale Serengeti

1 Seronera Wildlife Lodge③-④ (Karte S. 244)
www.hotelsandlodges-tanzania.com. Die schöne Parklodge liegt etwas erhöht und ist mitten in eine Gruppe von Felsen gebaut (Kopjes). Dem israelischen Architekten ist mit Hilfe vieler Holzmaterialien eine bemerkenswerte Einbindung in die Natur geglückt. Die Felsen sind das Zuhause der bizarren Agama-Eidechsen und vieler Klippschliefer (engl. *Hyrax*). Die Bar zwischen Felswänden mit dekorativen Malereien vermittelt pures Safari-Feeling, der Ausblick von der Terrasse ist phänomenal – ein idealer Ort, um bei einem kühlen Getränk der vorbeiziehenden Gnu-Migration beizuwohnen. Service und Essen sind gut, die 75 Zimmer mit Bad/WC haben große Fenster mit Blick in die Ebene. Die

tannp018 xb

Die Migration – der große Trek der Gnus

Jedes Jahr findet in der Serengeti ein gigantischer **Wanderzyklus von etwa 2 Mio. Tieren** statt, der als „Migration" bezeichnet wird (→ Karte S. 244). Während den nordamerikanischen Bison-Wanderungen im 19. Jahrhundert der Garaus gemacht wurde, ist die Serengeti-Migration die letzte intakte und vor allem natürliche Massenwanderung von Wildtieren auf der Erde.

Über 1,4 Mio. Gnus, fast 300.000 Thomson-Gazellen, über 200.000 Zebras sowie einige zehntausend Topis nehmen an dem in Phasen verlaufenden, weit über 1000 km langen Trek teil. Riesige Herden bewegen sich langsam grasend in mehreren Kilometer langen, schlangenförmigen Reihen. Eine Wanderung, die in wechselseitiger Beziehung zur Natur und in Abhängigkeit zu den Regenzeiten steht – ein in sich harmonierendes Ökosystem.

Am Anfang des Jahres, nach der kleinen Regenzeit, versammeln sich zunächst die großen Gnu- und Zebraherden in den Serengeti Plains. Das Gras der großen Savanne steht dann in saftigem Grün, und der Lake Ndutu und die Oldupai Gorge bieten reichlich Wasser. Tausende Gnukälber und Zebrafohlen werden jetzt geboren, und die Savanne wird zu einem flimmernden Meer von über 1 Mio. Grasfressern – ein

tannp103 jg

tannp104 jg

phänomenales Naturschauspiel, begleitet von ohrenbetäubendem Geblöke. Die Jungtiere stehen bereits drei bis fünf Minuten nach der Geburt auf eigenen Beinen, dann sind sie bevorzugte Beute von Hyänen, Raubadlern und Schakalen. Die etwa 100 km/h schnellen Geparden bevorzugen die kleinen Thomson-Gazellen oder Gnu- bzw. Zebrafohlen.

Bis in den April hinein bewegen sich die Herden nur langsam und grasen systematisch die südöstliche Savanne ab.

Der **Beginn des großen Marsches** setzt dann meist im **Mai** nach den langen Regenfällen ein, wenn die Serengeti Plains sich nicht mehr schnell genug regenerieren können und der Nachwuchs zur Wanderung kräftig genug ist. Allen voran trotten die Gnus in Richtung Western Corridor zu neuen, grünen Grasflächen und frischen Wasserstellen. In nur 4–6 Tagen findet ein Massenexodus statt, der eine leere Ebene hinterlässt. Nur alte und kranke Tiere können bei der „Main-Migration" nicht mithalten und werden zur leichten Beute von Raubkatzen und Hyänen.

Der Trek erreicht oftmals eine Länge von über 40 km und verläuft zweigeteilt südlich und nördlich entlang des Mbalageti River und durch die Seronera Area.

Während der Wanderung entstehen Gruppierungen, es ist die Zeit, in der sich die ersten Gnu-Böcke ihren Harem zusammensuchen. Zusätzlich wird Staub aufgewirbelt, wenn die Männchen mit ihren Hörnern beim Abstecken ihrer Territiorien zusammenknallen.

Im **Mai/Juni** sammeln sich dann einige Hunderttausend Gnus südlich des Grumeti River, bevor das erste große Spektakel des „River-Crossing" stattfindet. In dieser Zeit setzen die Topis ihren Nachwuchs in die Welt und trennen sich etwas von der Migration ab. Im Juni/Juli, wenn die nahrhaften Gräser für die Gnus im Western Corridor knapp werden, ist das Wasser des Grumeti River zur Überquerung flach genug, um die Wanderung gen Norden fortzusetzen. Dies ist die Stunde der Nilkrokodile. Im seichten Wasser lauernd, schnappen sich die gewaltigen, teils über 5 m langen Reptilien ein Gnu nach dem an-

Ein paar Zebras mischen sich unter den Gnu-Trek beim Kreuzen des Mara River, links: Gnu-Herde beim Verweilen

deren. Für die „Drachen der Serengeti" ist es das alljährliche, so ein Wissenschaftler, „Thanksgiving-Dinner" ...

Bis September ziehen nun die Herden langsam Richtung Norden durch die Grumeti und Ikorongo Game Reserves sowie durch die Seronera und westliche Lobo Area und überqueren den Mara River. Auch hier stehen wieder einige Gnus und Zebras auf dem Speiseplan der bereits wartenden Krokodile. Schließlich sammeln sich Hunderttausende von Gnus im kenianischen Masai Mara National Park, wo sie sich bis zum Einsetzen der kleinen Regenzeit Anfang November aufhalten.

Innerhalb von einem Monat wandern dann die Herden in zügigem Tempo über zahlreiche, durch die ersten Regenfälle angeschwollene Flüsse etwa 300 km zurück nach Süden. Diesmal werden ihnen die Oberläufe des Mara River und des Grumeti River zum Verhängnis. Nicht nur die Krokodile bringen den Tod, sondern auch das tiefere Wasser lässt einige panisch reagierende Tiere ertrinken und flussabwärts treiben. Manche verstauchen oder brechen sich auch die Beine an den steilen Uferböschungen, schleppen sich dann noch über eine kurze Distanz hin und werden schnell zur einfachen Beute für Raubkatzen und Aasfresser.

Verlaufen die Regenzeiten wie gewohnt, endet die im Uhrzeigersinn stattfindende Migration zur Jahreswende wieder in den südöstlichen Serengeti Plains.

Eine Herde Impalas

036 one

Zimmerpreise variieren je nach Haupt- und Nebensaison. Nach einem Großbrand erfolgte im Jahr 2017 der komplette Wiederaufbau der Lodge.

2 Four Seasons④ (Karte S. 246)
www.fourseasons.com. Luxuslodge im Herzen der Serengeti. Die Zimmer sind modern und haben nur wenig Safari-Charakter, die Terrasse mit Restaurant sorgt für Urlaubsstimmung. Das sehr gute Essen kennt viele internationale Kochrichtungen. Auch der Weinkeller und die Bar lassen keine Wünsche offen, ebenso das Fitness Center, das Spa und die Business-Räumlichkeiten. Für einen Moment könnte man vergessen, das man mitten in der Serengeti ist, wäre da nicht der tolle Ausblick auf das Wasserloch (Zebras, Elefanten, Impalas usw. zum Greifen nah!). Empfehlenswert, aber nicht ganz billig!

5 Serengeti Sopa Lodge③ (Karte S. 246)
www.sopalodges.com. Lodge im Betonburg-Baustil. Die großen DZ wirken etwas betagt, jedes verfügt über ein riesiges Panoramafenster und eigenen Balkon. Die Aussichten speziell während der vorbeiziehenden Migration sind spektakulär, Service und Essen gut. Ein Swimmingpool ist ebenfalls vorhanden. Die Lodge ist ein guter Ausgangsort zur Erkundung der Galeriewälder des Mbalegeti River, zum Besuch der Moru Kopjes und des Magadi-Sees.

6 Serengeti View Camps②-③ (Karte S. 246)
www.african-view.com. Effiziente Zeltcamps mit guter Privatsphäre. Das südliche Camp liegt unweit des Magadi Sees mit Blick auf die Rongai-Hügelkette. Das nördliche Camp befindet sich im Lobo-Gebiet. Große Safarizelte und ein sehr geräumiges Aufenthalts- bzw. Speisezelt. Überzeugendes Preis-Leistungs-Verhältnis.

4 Serengeti Serena Safari Lodge③-④ (Karte S. 246)
www.serenahotels.com. Schöne Lodge, allerdings erinnert der angeblich afrikanische Bungalow-Stil eher Bauten der Maja-Kultur in Südamerika. Von der hervorragenden, leicht erhöhten Lage in der zentralen Serengeti bieten sich schöne Ausblicke auf Savannen und Berge. Service und Komfort sind besser als in der Seronera Lodge.

1 Mbuzi Mawe Camp③-④ (Karte S. 246)
www.serenahotels.com. Wunderschön in den Tagora Plains gelegen. Für Wildbeobachtungsfahrten sind alle Regionen des Parks gut zu erreichen. Von Mbuzi lassen sich das Seronera- und das Lobo-Gebiet gut im Rahmen von Game Drives erkunden. Das Camp bietet 25 Luxuszelte auf Holzplattformen mit großartigem Blick über die Weiten der Serengeti.

2 Serengeti Wild Camp/Serengeti Safari Lodge③ (Karte S. 244)
www.tanzaniawildcamps.com. Beide Unterkünfte werden von Zara International betrieben und sind vor allem in Bezug auf Distanzen innerhalb des Parks sehr gut gelegen. Viele Tiere ziehen unmittelbar an den Unterkünften entlang. Kulinarisch stimmt die Mischung aus Menge und Angebot. Zimmer/Zelträume haben alle ein eigenes Bad und sind sehr schön gestaltet.

8 Pioneer Camp (Karte S. 246)
www.elewanacollection.com. Besticht vor allem mit seiner tollen, erhöhten Lage direkt unterhalb der Klippen der Rongai Hügelkette mit einem fulminanten Ausblick in Richtung Osten.

7 Dunia Camp (Karte S. 246)
www.asiliaafrica.com. Luxoriöses Zeltcamp, welches von einem sehr engagierten Team, das ausschließlich aus Frauen besteht, geführt wird.

Nördliche Serengeti

9 Lobo Wildlife Lodge③ (Karte S. 245)
www.hotelsandlodges-tanzania.com. Die zweite Traditionslodge in der Serengeti liegt wunderschön zwischen großen Felsbergen und ist wie die Seronera mit viel Beton und Holz gebaut. Die über vier Stockwerke elegant in die Natur integrierte Lodge dürfte bezüglich ihrer thronenden Lage eine der schönsten des Landes sein. Durch die Lage im Norden der Serengeti sind herrliche Ausblicke auf vorbeiziehende Elefanten- und Büffelherden möglich, zudem ist das in den Fels am Hang gebaute Schwimmbad ein herrlicher Ort zum Faulenzen. Wer sich weniger Touristenrummel wünscht, ist hier genau richtig.

tannp105 jg

10 Serengeti Migration Camp③-④ (Karte S. 245)
www.elewanacollection.com. Idyllische Lage an den Ndasiata Hills am Oberlauf des Grumeti River. Die riesigen Luxuszelte mit großen seitlichen Öffnungen sind stilvoll in die raue Umgebung integriert. Vom Pool hat man einen weiten Ausblick in die Ebene, der kulinarische Service ist hervorragend. Eine Bücherei beantwortet jede Frage zu Flora und Fauna Ostafrikas. *Game Drives* mit erfahrenen Guides.

5 Sayari Camp③-④ (Karte S. 245)
www.asiliaafrica.com. Dieses Camp liegt im Norden und sollte besucht werden, wenn die Gnu-Migration am Mara-Fluss stattfindet. Eleganter Luxus mit dem Charme der frühen Safarizeit und hervorragender Küche in einem der landschaftlich schönsten Gebiete. Das Camp hat auch seine eigene Craftbeer-Brauerei und bietet mit Blick auf die kleinen Kessel im Lounge-Zelt ein einzigartiges, wohltuendes Safari-Bier-Erlebnis. Exklusivität, die ihren Preis hat. Als Gast erreicht man das Camp meist mit dem Flugzeug.

3 Serengeti Bushtops④ (Karte S. 245)
bushtopscamps.com. Luxuriöses Camp auf Stelzen in einsamer Lage mit weitem Ausblick auf das Mara-Tal. Das Camp wird perfekt gemanaged, bietet internationalen Standard mit einer Küche auf hohem Niveau. Die Zeltzimmer sind großzügig mit riesiger Terrasse und Mini-Privatpool. Stilvoller und zuvorkommender Service. Gut geschulte Guides führen Gäste im Park. Empfehlenswert!

■ **Jahreszeitliche Camps** in der Mara-Fluss-Region werden von Nomad Tanzania, **4 Lemala Camps** (Karte S. 245) und Serengeti under Canvas (andBeyond) betrieben.

Westliche Serengeti

13 Grumeti River Camp③-④ (Karte S. 245)
www.andbeyond.com. Sehr schöne Lage an einem Seitenarm des Grumeti River im Western Corridor. Unterbringung in zehn Safarizelten, jedes ausgestattet wie König Salomons Schlafzimmer. Fürstlich ist auch die Bedienung. Die großflächige Anlage mit Schatten spendenden Akazien und Feigenbäumen mitsamt Pool bietet viel Ruhe und ist ein idealer

Ort, um dem River-Crossing der Tiere bei der Migration beizuwohnen. Dank der direkten Lage am Fluss lassen sich hier zahlreiche Flusspferde und viele andere Tiere beobachten.

14 **Kirawira Luxury Camp**③-④ (Karte S. 245) www.serenahotels.com. Luxus-Camp im Holzstil an einem Hügel unweit des Grumeti River im Western Corridor. 25 „Out of Africa"-Zelte mit privatem, angemauertem Bad/WC. Essen und Service sind geradezu majestätisch. Hervorragender Ort, um die Juni/Juli-Migration zu beobachten. Das Camp zählt zu den „The Small Luxury Hotels of the World".

15 **Mbalageti Luxury Lodge**③ (Karte S. 245) www.mbalageti.com. Mbalageti befindet sich in den gleichnamigen Plains ganz im Westen der Serengeti und ist besonders während der Sommermonate empfehlenswert, wenn sich die Gnu-Migration im Western Corridor aufhält und die Flussüberquerung angeht. Lage auf einer Anhöhe, Unterbringung in angenehmen Chalets.

12 **Soroi Serengeti Lodge**③ (Karte S. 245) www.mbalimbali.com. Lodge auf einer Anhöhe im Western Grumeti. 13 DZ und fünf Luxuschalets versprechen eine erholsame Unterbringung. Besonders die Chalets mit ihren Terrassen in luftiger Höhe erlauben eine faszinierende Fernsicht über die Weiten der Serengeti. Der Pool ist gelungen in die Landschaft integriert, gute Küche!

Unterkünfte außerhalb

7 **Klein's Camp**④ (Karte S. 245) www.andbeyond.com. Acht luxuriös ausgestattete Rundhütten in wunderschöner Lage an den Kuka Hills im Nordosten außerhalb des Parks. Die Zimmer wirken einladend. Das private Ambiente mit halb offener Bar und eine echte Safari-Feuerstelle machen diesen Ort zu einem Tipp. Eleganz und „money doesn't matter" werden großgeschrieben und zelebriert. Zur Abkühlung steht ein kleiner Pool bereit, zudem sind Fuß-Safaris und Nachtfahrten mit professioneller Begleitung möglich. Das Camp ist am besten mit dem Flugzeug zu erreichen.

◁ Campen im Schatten der Schirmakazie

11 **Sasakwa Hill Lodge, Sabora Tented Camp, Faru Faru Lodge**⑤-⑥ (Karte S. 245) Drei Luxus-Unterkünfte im Grumeti Reserve angrenzend an die Serengeti betrieben von der erfahrenen und bekannten Safari-Luxusfirma Singita aus Südafrika. In Sachen Unterkunft hat Singita mit diesen drei Exklusivangeboten die Messlatte in Tansania noch einmal ein ganzes Stück höher gelegt. Wer sich eine Unterbringung mit allen Aktivitäten und Vollpension für über 1500 $ p.P. leisten kann, sollte sich diese Erfahrung nicht entgehen lassen. Ein Erlebnis!

8 **Buffalo Luxury Camp**③ (Karte S. 245) Camp eines in Arusha ansässigen Safariunternehmens. Es liegt am Berg 4 km außerhalb des Klein's Gate. Die 15 großen Chalets sind am Berg verteilt und bieten eine gewaltige Aussicht auf die ewigen Weiten der Serengeti.

3 **Ikoma Wild Camp**②-③ (Karte S. 246) www.tanzaniawildcamps.com/ikoma-wild-camp. Schön gelegenes, einfaches Safarizelt-Camp in der Koma Wildlife Management Area. Die Bedienung ist freundlich, das Essen zufriedenstellend. Über das Camp können zahlreiche Ausflüge organisiert werden, auch Tierbeobachtungsfahrten bei Nacht und interessante Fuß-Safaris.

Camping/Campsites

In der Serengeti gibt es reichlich Plätze zum Campen. Dabei wird zwischen Public und Special Campsites unterschieden.

■ Die **Special Campsites** kosten 59 $ p.P., sind exklusiv nur für eine Personengruppe nutzbar und bieten weder Wasser noch sanitäre Anlagen. Zudem muss man sich für diese Art der Zeltplätze vorher bei der Parkverwaltung in Arusha anmelden. Special Campsites finden Sie bei Seronera, Naabi Hill, Rongai, Lobo und Kirawira. Beim Lake Ndutu und am Orangi River sind weitere exklusive Plätze vorhanden. In der Hochsaison von Dezember bis März sind diese jedoch alle von Safari-Veranstaltern belegt. Daher müssen Special Campsites lange im Voraus gebucht werden (www.tanzaniaparks.co.tz). Eine Online-Buchung mit Kreditkartenzahlung wie im südlichen Afrika geläufig ist leider nicht möglich. Wirklich sicher lässt sich eine Special Campsite als Einzeltourist nur an einem der Gates buchen bzw. bezahlen.

■ Die **Public Campsites,** von denen es sechs bei Seronera, zwei bei Kirawira, eine zwischen Ndabaka Gate und Lake Victoria und eine bei Lobo gibt, kosten 34,50 $ p.P. In Seronera wird als erstes die Dikdik Campsite angefahren, was dazu führt, dass hier entsprechend viele Camper sind. Die Campsites weiter östlich sind oftmals ruhiger, bieten aber auch schlechtere sanitäre Anlagen.

Essen und Trinken

■ Beim Naabi Hill Gate und in Seronera gibt es zwei **kleine Läden,** wo jedoch nicht sonderlich viel an Lebensmitteln erstanden werden kann (zudem teuer). Wer also mehrere Tage in der Serengeti campen möchte, sollte sich in Arusha oder in Mwanza Vorräte anschaffen.

■ Für **Camper** besteht die Möglichkeit, in den Lodges (nicht in den Camps) für etwa 25 $ p.P. an Mittagsbuffets teilzunehmen (Serena, Sopa, Four Seasons u.a.).

[>] Gnu-Migration in der Serengeti – ein unvergessliches Erlebnis

Sonstiges

■ **Tankstellen** befinden sich bei der Werkstatt der Nationalparkverwaltung in Seronera, bei der Lobo Lodge (beide hohe Preise) und in Bunda (21 km nördlich vom Ndabaka Gate). Zudem befinden sich in Seronera eine **Post,** eine **Kfz-Werkstatt** und eine **Notfallklinik** *(Dispensary).*

■ In nahezu allen Lodges führen kleine **Souvenirläden** Postkarten, Lektüre und Andenken. Auch Geld lässt sich tauschen, jedoch zu einem schlechteren Kurs als in Arusha.

■ **Mobiltelefonempfang** besteht in der Serengeti in vielen Gebieten.

Anreise und Gebühren

■ Die Serengeti kann mit dem **Flugzeug** über Landepisten bei Seronera, Kusini, Lobo, Grumeti und Kogatende erreicht werden (Fluggesellschaften siehe bei Arusha). Es bestehen Flugverbindungen von Arusha und Mwanza. Die Verbindungen sind so aufgebaut, dass Anschlussflüge nach Dar es Salaam oder Sansibar möglich sind.

■ Die Einreise über den kenianischen Masai Mara National Park ist nur für Residents mit tansanischem Nummernschild am **Auto** möglich. Die Einfahrt vom Lake-Natron- bzw. Loliondo-Gebiet über das Klein's Gate ist ohne Weiteres möglich, denn mittlerweile ist die Piste vom Gate bis zum Ort Wasso gut zu befahren; von dort führt eine sehr gute Straße (teilweise auch schon asphaltiert) zum Natron-See und weiter über Kitumbeine nach Longido und weiter über die Enduimet Wildlife Management Area am Fuße des Kilimanjaro in Richtung Kilimanjaro Airport bzw. Moshi. So lässt sich eine schöne Rundreise durch den Norden Tansanias gestalten. Bisher fahren (fuhren) Reisende von der Serengeti auf der gleichen Anreisestrecke wieder zurück nach Arusha.

■ Die **Hauptanreiseroute** erfolgt über die Ngorongoro Conservation Area und über den Western Corridor/Lake Victoria. Wer vom Krater herkommt, fährt zunächst über die grüne Grenze in die Serengeti. Erst beim Naabi Hill (der schon ein gutes Stück in der Serengeti liegt) folgt das Exit Gate der Ngorongoro Conservation Area als Entrance Gate zur Serengeti (bzw. vice versa). Als Anreisender von Arusha aus kommend, müssen für die Ngorongoro Conservation Area **Entrance Fees** bezahlt werden, auch wenn man nur im Transit durchfährt.

Der Aufenthalt in der Serengeti kostet **83 $ pro Tag,** ein **Geländewagen 47 $,** ein Unimog/Lkw 200–300 $ (jeweils bei nicht-tansanischem Kennzeichen). Für Fahrzeuge mit tansanischem Kennzeichen sind 20.000 TSh zu entrichten.

Beste Besuchszeit

Die Serengeti lässt sich **ganzjährig** besuchen. Stattliche Mengen an Wildtieren lassen sich eigentlich das ganze Jahr über im Seronera Valley beobachten, in weiten Teilen der westlichen und südlichen Serengeti am wenigsten in der Zeit von August bis November. Am besten für einen Aufenthalt eignen sich dann der Norden und Westen des Parks sowie die zentrale Serengeti.

Richten Sie Ihre **Safariplanung nach der großen Wanderung!** Die Serengeti Plains im Osten und Süden sind von November/Dezember bis März/April am interessantesten, der Western Corridor/Grumeti River erst ab Mai/Juni. Der Norden am Mara River ist vor allem von August bis Ende November einen Besuch wert, wenn das „crossing" der Gnus stattfindet. Das sind die spektakulären Flussüberquerungen tausender und zehntausender Gnus von Nord nach Süd oder auch andersherum, je nach Regenfällen und frischem Gras. Während der großen Regenzeit (April bis Ende Mai) sind die Ebenen zum Teil völlig durchnässt, nur die Hauptrouten des Parks sind dann einigermaßen befahrbar, die Black Cotton Soil im Western Corridor bekommt „Camel-Trophy"-Charakter. Dort helfen dann nur noch starke Nerven und eine taugliche Off-Road-Ausrüstung.

tan-011 jg

Moshi | 260
Mt. Kilimanjaro National Park | 267

tannp106 jg

6
Moshi und Mt. Kilimanjaro National Park

< Hinauf durch die Bergwälder des Kilimanjaro

Moshi

Moshi, eine Stadt mit ungefähr **200.000 Einwohnern,** ist ein Kleingewerbe- und Dienstleistungszentrum am Fuße des höchsten Berges Afrikas und Hauptstadt der Verwaltungsregion Kilimanjaro. Doch trotz der unmittelbaren Nähe zum Kilimanjaro ist die Stadt weniger vom Tourismus berührt als Arusha.

Moshi ist ein **attraktiver und freundlicher Ort,** viel Bausubstanz stammt aus den 1950er-/1960er-Jahren und trägt dadurch zum Charme dieser typischen ostafrikanischen Kleinstadt bei.

Bei klarem Himmel bilden die weit in denselben ragenden Gipfel Kibo und Mawensi eine gigantische Kulisse, an der man sich stundenlang von einer der Hotel-/Restaurantterrassen aus ergötzen kann. Leider ist der Kilimanjaro viele Tage im Jahr von Wolken verhangen. Mit einer Höhe von durchschnittlich **900 m ü.NN** ist Moshi keine kühle Bergstadt, im Gegenteil: Tagsüber kann es sehr **heiß und schwül** werden.

Moshi ist zusammen mit den Bergorten Marangu (39 km) und Machame (17 km) Ausgangsbasis für die Besteigung des Kilimanjaro. Alle Orte bieten gute Unterkünfte in verschiedenen Preisklassen, die meisten Hotels liegen jedoch in Moshi und Umgebung. Zur besseren Akklimatisierung ist allerdings Marangu oder Machame wegen der Höhenlage von durchschnittlich 1700 m vorzuziehen. Die Auswahl an Ausflügen im Rahmen des *Cultural Tourism Programme* (→ Kap. 5, „Arusha") ist in Moshi größer.

Die Kleinstadt **Moshi** ist für viele Ausgangsbasis, um den 5895 m hohen Mt. Kilimanjaro zu besteigen. Der wohl bekannteste Berg Afrikas liegt gänzlich auf tansanischem Staatsgebiet und gehört nicht – wie oftmals angenommen – zu Kenia. Das **Kilimanjaro-Gebiet** bildet einen kontrastreichen Gegensatz zu den westlich gelegenen Nationalparks. Die sehr bevölkerungsreiche Region bietet neben einer faszinierenden Berglandschaft mitsamt ihrer üppigen Flora viele Einblicke in das Leben des Chagga-Volkes und deren Alltag. Ortschaften und Waldgebiete am Fuße des großen Bergmassivs geben viel Gelegenheit, mehr über Tradition und Kultur der Chagga zu erfahren, Wasserfälle (Materuni) und Seen (Lake Chala und Kikuletwa Hot Springs) zu besuchen oder eintägige Wanderungen im Nationalpark zu unternehmen.

Geschichte und Sehenswertes

Moshi ist eine der jüngsten Städte Tansanias. Ihren Aufstieg verdankt die Stadt dem Bau der **Usambara-Eisenbahn,** die 1912 das damalige Dorf erreichte, das als Marktort des Umlandes für die Chagga und deutschen Siedler von Bedeutung war. Sitz der Bezirksverwaltung und der Schutztruppe war allerdings in jenen Tagen das am Berg gelegene Moshi im Reich eines Chagga-Herrschers. Da jedoch die Bahn aus technischen Gründen nicht den Berg hinauf gebaut werden konnte, beließ man den Endpunkt der Gleise in der Ebene und baute einen großen Bahnhof. Der entstehende Ort hieß zunächst „Neu-Moshi", in britischer Zeit aber wurde die schnell heranwachsende Kleinstadt zu einem bedeutenden Um-

tan122 jg

schlagplatz für den Kaffeeexport, und so wurde aus dem ursprünglichen Moshi „Old Moshi“ (heute als Kidia bekannt).

Moshi trägt die Handschrift britisch-kolonialer Stadtplanung. Die typische Dreiteilung in das Villenviertel der Weißen, ein Handelszentrum der indischen Minderheit und die angrenzenden Townships der afrikanischen Bevölkerung ist in Moshi deutlich zu erkennen.

An die **deutsche Zeit** erinnern nur ein kleines Bankgebäude (heute Kilimanjaro Bank) und das große, leider heruntergekommene Bahnhofsgebäude im maurisch-wilhelminischen Stil im Osten der Stadt.

Außer religiösen Bauwerken (Tempel, Moscheen, Kathedralen) bietet Moshi kaum Sehenswertes. Die **lebhafte Innenstadt** rund um den Markt und in den Händlergassen ist jedoch einen Spaziergang wert.

⌃ Der Clock Tower in der Innenstadt von Moshi

Moshi

0
200 m
1 KCMC Hospital (2 km),
Mweka Wildlife College (12 km)
2 3 4 5
6 7 8 9
Shanty Town
10
11 12 (3 km)
Marangu (39 km),
Tanga
Kilimanjaro Road
Uru Road
Askari Monument
Taifa Avenue
Christ the
King Church
Kibo Road
Moshi Rd
13
Lane
KNCU
Building
Arusha
Road
Rengua
Kibo
House
Apotheke
Riverside Shuttle Haltestelle
18
Rindi
Friedhof
District
Commissioner
14
Apotheke
17
Boma Road
Old
19
Kaunda St.
15
Clock Tower
Station
20
NSSF Building
Agha Khan Road
16
DHL-Büro
Kahawa
House
21
Rd
Arusha Road
Uhuru Park
Kino
Lutheran
Center
Mawenzi
Hospital
Busstand
Regional-
verwaltung
Kilima
22
Weiße
Moschee
Road
Bahnhof
23
St.
Polizei
Agha-Khan-
Moschee
Kilima
Hindu-
Tempel
Ghalla
24
Street
Street
Chagga Street
Market Street
Mtaa
25
26
wa
Shule
27
Ben Bella
Kenyatta
Kiusa Road
28
New Street
Liwali
Markt
29
Street
Road
31
Mission
30
Street
Mazenzi
Street
Mafuta
Masjid-Riad-
Moschee
Swahili
Street
Shah
Industries
Industrial
Area 7
Mvule
Street
Moshi
Airport
Samanga
32 33

Übernachtung
1 Kilemakyaro Mountain Lodge
2 Lutheran Uhuru Hotel & Conference Centre
3 AMEG Lodge
4 Panama Garden Resort
5 Sal-Salinero Hotel
10 Key's Hotel Uru Road
12 Chanya Lodge
16 Bristol Cottages Kilimanjaro
25 Buffalo Hotel
28 Kindoroko Hotel
29 Panama Inn Hotel
31 Kilimanjaro Backpacker's Hotel
33 Springlands Hotel

Einkaufen/Sonstiges
9 Summit Expeditions Nomadic Experience
11 Afromaxx
13 Forex-Büro
14 Bäckerei Abbas Ali
15 Aleem's Supermarket
18 Forex-Büro
19 MEM Tours
21 Mauly Tours & Safaris
22 Shops
23 Kilimani Pharmacy
24 Our Heritage (Souvenirladen)
32 ZARA International

Essen und Trinken
6 El Rancho
7 Courage Cafe
8 Jackfruit
17 Kili Kahawa Lounge
20 The Dawn
26 Indo-Italiano Restaurant
27 Hockey Club
30 Ubuntu Restaurant

Unterkunft

Hotels

10 Key's Hotel Uru Road②
www.keyshotelstz.com. Hotel in ruhiger Lage in einem alten Kolonialgebäude mit Blick auf den Mawenzi-Gipfel des Kilimanjaro. Freundliche Atmosphäre, Zimmer in Bungalow-Form mit Bad/WC und heißem Wasser, Garten mit Pool, rustikale Bar. Über das Management können Kilimanjaro-Besteigungen gebucht werden. Übernachtung mit Frühstück.

29 Panama Inn Hotel①-②
www.panamainn.co.tz. Sauberes Hotel mit angenehmer Atmosphäre im etwas turbulenten Herzen Moshis. Dafür alles gut zu Fuß zu erreichen.

4 Panama Garden Resort②
www.panamagardenresort.co.tz. Das etwas ruhigere Schwester-Hotel an der Lema/Kilimanjaro Road im Stadtteil Shanty Town.

5 Sal-Salinero Hotel①-②
Lema Road/Shanty Town, salsalinerohotel.com. 30-Zimmer-Hotel mit Garten und Pool.

33 Springlands Hotel①-②
www.springlandshotel.com. Am südlichen Stadtrand gelegen. Großer Innenhof mit netten Sitzgelegenheiten. Die Zimmer sind auf zwei Etagen aufgeteilt und alle gut und effizient eingerichtet. Springlands steht nicht für Luxus, dennoch bietet es eine faire Preis-Leistungs-Erfahrung. Deutsche Gäste sind hier öfters untergebracht.

1 Kilemakyaro Mountain Lodge①-②
kilimanjarosafari.com. Lodge im Norden von Moshi an der Mweka Road auf einer ehemaligen Teeplantage. Das Hauptgebäude stammt noch aus der Kolonialzeit, die Zimmer in den Bungalows sind zweckmäßig eingerichtet und bieten genügend Platz. Das Essen ist international, aber einfach, der Service bemüht sich. Übernachtung mit Frühstück. Das beste am Hotel ist die Lage oberhalb von Moshi zwischen Kaffeefeldern und mit einem grandiosen Ausblick auf den Kilimanjaro. Die weitläufige Anlage lädt zu Spaziergängen ein.

3 AMEG Lodge②-③
www.ameglodge.com. 21 Zimmer, darunter Standard Rooms und eine Junior Suite. Die Lodge hat einen in Moshi beliebten Pool, WLAN, Fitness-Gym mit modernen Geräten. Weitläufige gepflegte Anlage im Shanty-Town-Stadtteil (ruhig!). Die indischstämmigen Besitzer sind vor Ort, dementsprechend ist auch die Küche hervorzuheben. Zu Fuß in die Stadt ist es allerdings zu weit. Dennoch ein zu empfehlendes Hotel.

12 Chanya Lodge②-③
www.chanyalodge.co.tz. Etwa 4 km östlich von Moshi an der Hauptstraße gelegen. Mit Herz geführtes Hotel mit einem gepflegten Garten und einem Pool. Die Zimmer sind sehr einladend, sauber und angenehm. Die Sitzplätze des Restaurants unter einer offenen Überdachung bieten einen schönen Blick in den Garten und kulinarisch wird hier auf Qualität geachtet. Gehört zu den zwei besten Adressen in Moshi für indisches Essen, aber auch internationale Gerichte werden gereicht. Beliebt auch bei deutschen Reisenden.

2 Lutheran Uhuru Hotel & Conference Centre①
www.uhuruhotel.org. Etwas außerhalb ruhig in einem schönen Park gelegen, sauber, freundlich, empfehlenswert! Knapp 60 Zimmer und Suiten in diversen Preisgruppen, Übernachtung mit Frühstück, Restaurant, Ausflugsangebote.

16 Bristol Cottages Kilimanjaro①-②
Rindi Lane, www.bristolcottages.com. Der Slogan „Country comfort in the Middle of the Town" passt zu dem Anwesen. Angenehme Cottages mit Klimagerät und heißen Duschen in Gartenlage, freundlicher Service und gutes Essen (international und indisch). Zentrale Lage nur wenige Meter von der Busstation. Übernachtung mit Frühstück, faires Preis-Leistungs-Verhältnis.

Preiswerte Unterkünfte

Die folgenden Unterkünfte kosten max. 50 $ pro DZ mit Frühstück und Dusche/WC im Zimmer.

25 Buffalo Hotel①
Sauber und relativ freundlich, Zimmer (alle mit Moskitonetz) mit Gemeinschaftsbalkonen rundum und gutem Kilimanjaro-Ausblick. Übernachtung mit Frühstück. Für Moshi gutes und preiswertes Essen, Bar mit Sat-TV.

31 Kilimanjaro Backpacker's Hotel①
Mwanzi Road. Alle Zimmer ohne Dusche/WC, aber trotzdem gute Budget-Unterkunft.

28 Kindoroko Hotel①
kindoroko.com. Hotel mit gutem Service. Nicht alle Zimmer verfügen über Bad/WC, sie sind jedoch sehr sauber, zudem ist der Service freundlich. Das Essen gehört zu den besten der Stadt, die Aussicht von der abends geöffneten Roof-Bar auf den Kilimanjaro ist wunderschön. Übernachtung mit Frühstück, Halb- und Vollpension möglich. Bergsteigerunternehmen im Haus. Das Hotel bietet (teuren) Internet-Zugang.

- Die **Guest Houses im südlichen Stadtteil** sind nicht zu empfehlen.
- **Camping** ist in Moshi nicht mehr möglich.

Restaurants, Cafés und Bars

6 El Rancho
Gutes indisches Restaurant mit Garten außerhalb vom Stadtkern. Folgen Sie der Kilimanjaro Road in Richtung International School Moshi, vorher rechts (Schild!). Abends ist ein Taxi ratsam.

8 Jackfruit
Mexikanisches Restaurant im Stadtteil Shanty Town. Neben typisch mexikanischen Gerichten auch Pizza und frische Salate. Man sitzt schön im Garten. Etwas versteckt in der Peter's Road, aber der Weg lohnt sich. Beliebt bei Europäern.

27 Hockey Club
Derzeit das beste indische Restaurant in Moshi. Es befindet sich an der Ghala Road im Sikh Hockey Club.

26 Indo-Italiano Restaurant
An der Ecke New Street/Shule Street. Beliebt und bekannt sowohl bei Residents als auch Travellers.

Der Name ist Programm: Von Indisch bis Italienisch gibt es ein umfangreiches Angebot an Speisen. Das Sitzen draußen auf einer Terrasse ist sehr gemütlich. Definitiv einen Besuch wert.

30 Ubuntu Restaurant

An der Liwali Street gegenüber vom Markt, im 1. Stock, geöffnet Di bis So. Das Lokal hat sich auf „Health Food" spezialisiert und probiert ständig neue Sachen aus. Gerne wird auf persönliche Wünsche eingegangen.

20 The Dawn

Gemütliches Café und einladende Bar für den großen und kleinen Hunger zwischendurch. Auch abends geöffnet. Das neuere Lokal hat bisher vor allem mit leckeren, frischen Pizzen auf sich aufmerksam gemacht.

7 Courage Cafe

Schön im Villengebiet von Moshi am Anfang der Lema Road gelegen. Altes Hauptgebäude aus kolonialen Tagen mit einem netten Café und schöner Sitzgelegenheit im Garten. Beliebter Treffpunkt.

17 Kili Kahawa Lounge

Etwas älterer Laden, welcher einst im Kaffee-Boom die erste Adresse für eine frisch gebrühte Kilimanjaro-Tasse war. Ältere Chagga erzählen sich hier gerne Geschichten von jener Zeit.

Krankenhäuser

■ Das **Kilimanjaro Christian Medical Center (KCMC)** im Nordwesten von Moshi an der Mweka Road bietet gute Fachkompetenz, wenngleich kompliziertere oder weiterführende Untersuchungen hier teilweise nicht durchgeführt werden können. Beim KCMC sind immer wieder deutsche Ärzte beschäftigt. Als Tourist bzw. Non-Resident besteht jedoch eine administrative Hürde für eine Untersuchung: Zunächst müssen 50 $ für die Eröffnung einer *file* (Akte) bezahlt werden, dann kann es vorkommen, dass man lange auf eine Sprechstunde/Behandlung warten muss – speziell, wenn man nach einem der deutschen Ärzte verlangt.

■ Alternativen sind das **Mawenzi Hospital** im Zentrum, das jedoch keinen guten Ruf genießt. Das **Hospital von Kibosho** (etwa eine halbe Stunde Fahrt) ist eher zu empfehlen. Auch hier sind immer wieder deutsche Ärzte befristet tätig.

Apotheken

■ Apotheken **(duka la madawa)** finden sich mehrere in der Stadt, u.a. gegenüber vom KNCU-Gebäude und in der 23 Kilima Street.

Polizei

■ Die zentrale Polizeistation liegt **hinter dem Busstand.**

tannp020 xb

⊡ In der Umgebung von Moshi finden sich einige schöne Wasserfälle wie die Materuni Falls

Verkehrsverbindungen

Innerhalb der Stadt

Für die Innenstadt werden Sie kaum ein Taxi bzw. ein dreirädriges Bajaj benötigen. Für Ausflüge zu den Bergorten des Kilimanjaro stehen gern Taxi-Fahrer zur Verfügung – handeln Sie jedoch vorher einen Preis aus. Der **Flughafen-Transfer** kostet je nach Tageszeit bis zu 50 $ (TSh). Taxis befinden sich ständig im Bereich des Clock Tower.

Mit dem Flugzeug

■ International wie national kann Moshi über den 35 km entfernten **Kilimanjaro International Airport** erreicht werden (→ Kapitel 5: „Arusha"). Die Verbindungen ab dem kleinen **Moshi Airport** sind spärlich.

Sonstiges

■ Einen informativen Einstieg in die Region und die Stadt Moshi bietet **www.kiliweb.com.**
■ Der **zentrale Markt** von Moshi bietet ein sehr reichhaltiges Angebot an Obst und Gemüse.
■ **Banken:** Am Clock Tower befinden sich die *National Bank of Commerce* und die *CRDB Bank*, an der Boma Road eine *Exit Bank* und eine *Stanbic Bank*, alle mit Geldautomaten (VISA). Auch einige 13 18 **Forex-Büros** gibt es im Zentrum der Stadt.
■ Am Clock Tower ist zudem die **Post** angesiedelt.

Geschäfte und Souvenirs

15 Der **Aleem's Supermarket** an der Boma Road hat eine sehr gute Auswahl an Lebensmitteln. Hier können Sie sich bestens für Ihre Safari eindecken (Konserven, Käse, Nudeln, Soßen, Rotweine etc.).
14 Für Brot und Backwaren sei die **Bäckerei Abbas Ali** an der Boma Road genannt.
24 Ein guter **Souvenirladen** ist **Our Heritage** neben The Coffee Shop. Das Geschäft gehört *Shah Industries*, die zu den professionellsten Souvenirherstellern des Landes gehören. Wunderschön verarbeitete Lederartikel, Korbwaren, Makonde-Schnitzereien, Möbel, Schmuck usw. werden hauptsächlich von Körper- und Sehbehinderten hergestellt. Eine Besichtigung der Werkstatt ist möglich (fragen Sie im Laden nach einem Termin).
22 Weitere gute Einkaufsmöglichkeiten finden sich beim zentralen **Busstand an der Mazenzi Road.**

Safari- und Bergsteigerunternehmen

Die **Auswahl** an guten Bergsteigerunternehmen ist in Moshi **klein.** Eine sechstägige Kilimanjaro-Tour kann zum Erlebnis, aber auch ein einziges Fiasko werden. Meiden sie daher die kleinen Büros hinter der Kilimanjaro Bank, denn sie haben nicht den allerbesten Ruf.

Vorsicht vor den vielen Flycatchern auf der Straße! Viele haben keine Lizenz und vom professionellen Bergsteigen keine Ahnung. Wer auf Nummer Sicher gehen will, sollte sich für ein paar Dollar mehr in die Hände eines erfahrenen Unternehmens begeben, die auch in Arusha oder in Marangu am Fuße des Kilimanjaro sitzen. Insgesamt wird man in Moshi weniger belästigt (noch!) als in Arusha, sodass Reisende hier mehr Ruhe zur Organisation einer Safari bzw. Bergbesteigung finden.

Folgende Unternehmen sind für Safaris in die Nationalparks, Ausflüge in die Berghänge oder für die Besteigung des Kilimanjaro nennenswert:

11 Afromaxx

www.afromaxx.com. Deutsch-tansanisches Bergsteiger-Unternehmen direkt vor Ort am Fuße des Kilimanjaro. Es werden individuell und in kleinen Gruppen Bergtouren auf den Kilimanjaro angeboten. Ein trainierter Bergführer und ein eigens für Bergküche ausgebildeter Koch sind ebenso selbstverständlich wie die gute Vorbereitung im Vorfeld. Afromaxx besitzt im Herzen von Moshi ein Basecamp. Hier übernachtet man vor und nach der Besteigung auf einem privaten Wohngelände in Bungalows im Garten. Zur Erholung der müden Beine steht ein Pool zur Verfügung.

9 Summit Expeditions and Nomadic Experience

www.nomadicexperience.com. Vielseitiges und bewährtes Unternehmen, welches Bergbesteigungen und Park-Safaris organisiert. Die Kilimanjaro-Besteigung und deren Organisation über alle Routen mit langjährig erfahrenen Kilimanjaro Guides ist das, wofür die Firma steht. Positives Feedback von vielen Kunden.

21 Mauly Tours & Safaris

Mawenzi Road, mauly-tours.com. Omanisch-tansanisch geführtes Unternehmen, gute Standard-Safaris (Camping oder Lodge) in die Nationalparks ab ca. 100 $ p.P. sowie Kilimanjaro-Besteigungen (Marangu- und Machame-Route).

19 MEM Tours (Moshi Expedition and Mountaineering)

Station Road, memafrica.com/web. Gute Agentur mit Kili-Besteigungen, Park-Safaris und Trekking-Touren mit Lasteseln („Maasai-Steppe").

32 ZARA International

www.zaratours.com. Einer der größten Veranstalter für Kilimanjaro-Besteigungen in allen Preis- und Ausstattungssegmenten.

Mt. Kilimanjaro National Park

Seit 1973 steht der Mount Kilimanjaro unter nationalem Schutz. Der **höchste Berg Afrikas** präsentiert sich als die Krone der imposanten Naturlandschaften Tansanias. Das sagenumwobene, an seiner Basis 60 km mächtige Massiv ragt fast 6000 m aus der Ebene und ist bei gutem Wetter sogar vom 250 km entfernten Nairobi sichtbar. Der Riese mit drei Gipfeln, **seit 1989 UNESCO-Weltnaturerbe,** ist der größte freistehende Berg der Erde. An seiner westlichen Flanke erhebt sich spitz die Shira Ridge, mit dem 3962 m hohen Johnsell Point. Fast 30 km entfernt ragt im Osten der zerklüftete Felsberg Mawenzi (5149 m) in die Höhe. Zwischen ihnen thront der mächtige, von unendlich vielen Bildern bekannte **schneebedeckte Kibo,** ein breiter und flacher Kratergipfel mit dem kreisrunden Reusch-Krater in der Mitte. Die höchste Spitze des Kibo markiert der **Uhuru Peak** („Freiheitsspitze", 5895 m) auf dem Südwest-Grat des äußeren Kraterrandes, so benannt seit der Nacht zur Unabhängigkeit Tansanias. Noch bis 1961 hieß dieser höchste Punkt im Himmel Afrikas, genau auf halber Distanz zwischen Kairo und Kapstadt, „Kaiser-Wilhelm-Spitze".

Die **Herkunft des Namens „Kilimanjaro"** ist nicht geklärt. *Milima* bedeutet im Swahili Berg, *Njaro* könnte vom Chagga-Wort *jyaro* (Karawane) stammen, da auch während der arabischen Sklaven- und Elfenbeinzeit das Massiv als „Berg der Karawanen" bekannt war.

Die Chagga – das Volk am Kilimanjaro

Die Chagga bewohnen schon seit einigen Jahrhunderten die grünen Hänge des Kilimanjaro und gehören mit etwa einer halben Million Menschen zu den **größten Volksgruppen des Landes.** Wann sie sich hier niederließen, ist nicht genau geklärt, sie verdrängten jedenfalls das einst hier jagende Pygmäenvolk der Wakonyingo. Auch die im Westen des Kilimanjaro gefundenen 2000 Jahre alten Fragmente von Steinschalen und Tongeschirr können nicht einer bestimmten Gruppe zugeordnet werden. Die Chagga-Bauern haben sich die Fruchtbarkeit der Vulkanböden und das feuchte Klima zunutze gemacht und eine Agrarwirtschaft entwickelt, die Viehzucht und Bodenkulturen vereinigt. Auf dem großen Berg werden Rinder und Ziegen gezüchtet. Früher weidete das Vieh sogar im Innern der Strohhütten, um vor den Raubzügen der Maasai in Sicherheit zu sein. Kriege bei Sanya Juu mit dem Nomadenvolk aus der Ebene waren an der Tagesordnung, erst die deutschen Kolonialherren setzten den Streitigkeiten mit scharfen Gesetzen ein Ende.

Die Bananenpflanzungen und Kaffeefelder an den Berghängen werden durch ein sehr **komplexes Kanalsystem** bewässert. Sämtliche Gebirgsbäche werden angezapft, stellenweise wird das Wasser durch ausgehöhlte Baumstämme über Täler geleitet, kreuzt Fußpfade und Straßen. Die **Bananenstauden** stammen ursprünglich aus dem Südosten, wobei zwischen zwei Kultursorten unterschieden wird: den aromatischen Obstbananen, die reif gegessen werden, und den unreif geernteten, großen Mehl- oder Kochbananen, die zur Essenszubereitung verwendet oder zu dem regionalen Bier „mbege" vergoren werden, dass vor allem anlässlich von Festen getrunken wird. Bananen sind das Grundnahrungsmittel der ländlichen Chagga und können das ganze Jahr über geerntet werden. Als Ragout mit Fleisch zubereitet werden sie zu „ntori", einem sehr beliebten Gericht.

Auch **Getreide** wird von den Chagga angepflanzt, wie die zu Beginn des 20. Jahrhunderts eingeführte Maispflanze und Eleusine, eine aus Äthiopien stammende Kamingrasart. Maniok, Süßkartoffeln und rote Bohnen vervollständigen die Palette an Agrarprodukten.

Die fruchtbaren Süd- und Ostflanken des Kilimanjaro haben viele Menschen angezogen und zu einem **enormen Anstieg der Bevölkerung** geführt. Einzelne, deutlich voneinander getrennte Dörfer und ungenutzte Freiflächen gibt es schon seit langem nicht mehr. Zwischen den Bananenstauden und den Kaffeesträuchern stehen dicht an dicht Tausende kleiner Wohnhäuser – *shambas* genannt, die meisten inzwischen gemauert oder aus Brettern zusammengenagelt – und reihen sich bis an die Grenze zum Nationalpark. Die Wohndichte mit stellenweise über 1000 Menschen pro Quadratkilometer hat urbanen Charakter.

Die Chagga genießen **gemischtes Ansehen.** Bei den einen als gewiefte „Businessmen" verschrien, sind sie bei anderen Volksgruppen für ihren hohen Bildungsstand und ihren Beitrag zur nationalen Wirtschaft hoch angesehen. Die Chagga sind sich ihrer Position bewusst. Sie führen ihren wachen (Lebens-)Geist auf die Aura des Kilimanjaro zurück; diese lasse sie auch sehr alt werden. Tatsache ist, dass viele Chagga, vornehmlich Männer, ein Alter von über 100 Jahren erreichen. Mir selber sind 107 und 104 Jahre alte *wazees* (Swahili für ältere/ weise Männer) begegnet – sie hatten sogar noch Taufscheine deutscher Missionare aus der vorletzten Jahrhundertwende!

Auch das frühere Maasai-Wort „Wasserberg“ hat seine Erklärung: *Njoro* ist die Maasai-Bezeichnung für Quelle bzw. Wasser, was auf die zahllosen Wildbäche anspielt, die ganzjährig vom Berg herunterfließen.

Geologische Entstehung

Der Ursprung des Kilimanjaro hängt mit der Entstehung des Rift Valley zusammen. Auf der Schnittstelle wichtiger tektonischer Linien nordwestlich des Pare-Gebirges und östlich der Vulkane des Rift Valley – Ngorongoro, Ol Doinyo Lengai, Kitumbeine, Monduli-Berge, Mt. Meru – formte sich vor 1,5 Millionen Jahren ein mächtiges, vulkanisch aktives Gebirge, das im Laufe der Zeit drei Kegel entstehen ließ: Shira, Kibo und Mawenzi. Als erster erlosch der **Shira** vor etwa 500.000 Jahren. Er fiel bei seinem letzten Ausbruch in sich zusammen und hinterließ zunächst eine große Caldera („Krater“), ähnlich dem heutigen Ngurdoto-Krater im Arusha National Park. Der weiterhin ausbrechende Kibo füllte den Shira mit Lava aus, zerstörte seinen Nordrand und überdeckte ihn bei seinem letzten großen Ausbruch vor rund 350.000 Jahren fast gänzlich. Von der einstigen Kraterschüssel mit einem Durchmesser von wahrscheinlich 6 km zeugt heute nur noch die Shira Ridge als ehemalige Kraterwand. Von der Wand breitet sich das große **Shira Plateau** bis zum Kibo aus, aus dem noch der letzte Eruptionskegel **Cone Place (3840 m)** herausragt und wo Bachläufe den Engare Nairobi River bilden.

Der **Mawenzi** erlosch etwa zur gleichen Zeit wie der Shira. Erosion hat die Erscheinung des Gipfels seitdem stark verändert. Sein klassischer Vulkankegel ist längst abgetragen, nur noch der stark zerklüftete Lavaschlot ist zu erkennen. Mit dem Kibo verbindet ihn heute die als **The Saddle** bezeichnete **4300 m hohe Hochebene,** eine alpine Wüste mit wahllos herumliegenden Lavabrocken – eine „Mondlandschaft“, die in Afrika einzigartig ist.

Vor 100.000 Jahren erreichte der **Kibo-Gipfel** eine Höhe von fast 6000 m. Mehrere heftige Eruptionen, gefolgt von Eiszeiten, gaben ihm seine heutige Form. Der Kibo ist ein **schlummernder Vulkan,** über dessen 2,3 km breiten und stellenweise fast 200 m tiefen Krater sich bisweilen ein starker Schwefelgeruch ausbreitet. Noch 1889 berichtete der **Erstbesteiger Hans Meyer,** dass riesige Schollen Gletschereis den Krater bedeckten, heute ist er nur noch eine große Lavawüste mit kleinen, übrig gebliebenen Eisschichten. In der Mitte der Caldera liegt der flach ansteigende, 150 m hohe **Eruptionskegel Reusch-Krater,** dessen Durchmesser 800 m beträgt. Aus seinem Inneren entweichen noch Fumarole („Gasaushauchung“), und wie von einem Zirkel gezogen, öffnet sich in seiner Mitte das kreisrunde, über **100 m tiefe Kraterloch Ash Pit,** in das jedoch nicht abgestiegen werden kann.

Auf dem Kibo-Gipfel übernachtet nur, wer über große Bergsteigererfahrung verfügt.

Geschichte und Parkmaßnahmen

Dass der wuchtige Berg einen **festen Platz in der Geschichte Afrikas** einnimmt, ist angesichts der Mythen, die ihn umgeben, und der Erzählungen von Forschungsreisenden nicht verwunderlich. Die erste schriftliche Erwähnung stammt von dem Spanier *de Encisco,* der 1519 vom portugiesisch besetzten Mombasa berichtete: „Westlich dieser Hafenstadt befindet sich der äthiopische Berg „Olympus“, der außergewöhnlich hoch ist und hinter dem sich die Mondberge, die Quellen des Nils, befinden.“

Als der deutsche Missionar **Johannes Rebmann am 11. Mai 1848 als erster Europäer** das schneebedeckte Haupt Afrikas erblickte, sorgte dies in Europa für endlosen Diskussionsstoff. Renommierte Geografen protestierten vehement gegen die Behauptung, dass es unter der sengenden Sonne des Äquators einen Berg mit Schneekuppe geben könne. Sie verspotteten die Berichte der Reisenden, die wohl unter „Halluzinationen“ leiden müssten, zudem, ausgeplündert und von Malaria befallen, nicht einmal den Hauch eines Beweises erbringen konnten. Auch die Karte, die der Reisende *von der Decken* (der immerhin eine Höhe von 4200 m erreichte) 1862 der Fachwelt präsentierte, vermochte nicht zu überzeugen.

Mit über siebzig Trägern setzte der Leipziger Geograf **Hans Meyer** nach mehreren Fehlversuchen in Begleitung des österreichischen Alpinisten **Ludwig von Purtscheller** schließlich von Sansibar aus zum entscheidenden Vorstoß an. Am 6. Oktober 1889 war es soweit: Sie standen auf dem höchsten Punkt Afrikas, dem „Dach“ des Kontinents, den Meyer „Kaiser-Wilhelm-Spitze“ nannte. „Kein König hat je Königsgewänder königlicher getragen als dieser König der afrikanischen Berge“, schilderte Meyer seinen Eindruck einige Jahre später.

Der Berg blieb weiterhin ein Magnet für europäische Reisende, die mit Erzählungen und Bildern den **Mythos Kilimanjaro** erst richtig schufen. *Ernest Hemingways* Erzählung „Schnee am Kilimanjaro“, Filme, Volkslieder und Geschichten der Chagga und Maasai haben den Berg weltberühmt gemacht. Der Gipfel lockte viele Abenteurer an; 1979 beging *Reinhold Messner* die bisher schwierigste Route an der Breach Wall über das Eis des Diamond-Gletschers.

Viele denken übrigens, der „Kili“ liege in Kenia. Vielleicht auch deswegen, weil eine Geschichte, ausgelöst durch *Karen Blixens* Out-of-Africa-Roman, viele Artikel- und Reiseführerschreiber annehmen ließ, dass der große Riese ursprünglich in Kenia lag und dass ihn Königin *Victoria* Kaiser *Wilhelm* zum Geburtstag schenkte, da auch er einen schneebedeckten Gipfel in seiner Kolonie haben wollte – eine romantische Geschichte, die jedoch falsch ist. Bei der deutsch-britischen Grenzziehung in Ostafrika ging es um handfeste **Gebietsansprüche:** Beide Nationen wollten Mombasa als wichtigen Handelshafen gewinnen. Der britische Grenzvorschlag sah Mombasa in ihrem Territorium und eine „Halbierung“ des Kilimanjaro vor und beinhaltete einen großen Teil des Viktoria-Sees bis zum Speke Gulf. Beim endgültigen Grenzbeschluss verzichtete Deutschland auf Mombasa, gewann dafür jedoch den größeren Teil des großen Sees bis zu 1° südlicher Breite und bekam schließlich den Kilimanjaro in seiner vollen Größe zugesprochen. Die Grenzziehung ist bis auf den heutigen Tag gültig.

Die ersten Bemühungen, die obere Bergregion vor dem bedingungslosen Abholzen der Chagga zu schützen und die verbleibende Tierwelt vor dem Aussterben zu bewahren, begannen unter den Briten, die **bereits 1921 ein Forest Game Reserve** ausriefen. 1993 musste jedoch das mittlerweile in einen Nationalpark umbenannte Schutzgebiet von 2700 Höhenmetern auf die 1820-m-Linie erweitert werden, um dem massiven Bevölkerungsdruck der Chagga entgegenzuwirken.

Zudem ist der Berg **in Aktivitätszonen untergliedert** worden. Eine „Verwaltungszone" umfasst die Hauptquartiere und Wachposten des Parks. Die Hauptaufstiegsroute Marangu gilt bis zum Gipfel als „Obere Wanderzone", und der Zugang zu dieser Route wird auf 10.500 Bergsteiger pro Jahr begrenzt. Die Bergsteigerrouten Machame, Shira, Lemosho, Umbwe, Mweka und Rongai sind die „Untere Wanderzone" und für eine Höchstzahl von 3000 Bergsteigern pro Jahr ausgebaut. So zumindest die Vorgaben, halten tut sich daran keiner.

Zudem gibt es „eintägige Wanderzonen" auf dem Shira Plateau und im Bereich Marangu. Alle Gebiete des Kibo und des Mawenzi, die über 4500 m Höhe liegen, sind als „Bergsportzone" ausgewiesen. Neben einer „Kulturschutzzone" für die Chagga sind alle anderen Teile des Parks als „Wildniszone" eingestuft und für Wanderer gedacht, die die Nähe zur Natur und nicht so sehr den Erfolg einer Gipfelbesteigung suchen.

Abenteuersportler (Mountainbiker, Paraglider usw.) sind seit der Parkvergrößerung auch nicht mehr zugelassen.

Klima und Besteigungszeit

Das Klima des Kilimanjaro unterliegt einem ganz eigenen Rhythmus. Das **extreme Tageszeitenklima** lässt Tage zu Sommer und Nächte zu frostigen Wintern werden. Wie der gesamte Norden Tansanias profitiert auch der Kilimanjaro von zwei Regenzeiten.

Die Temperaturen am Berg umfassen **tropische** (am Fuß) **bis arktische Dimensionen** (in Gipfelhöhe). Generell gilt, dass pro 200 m die Durchschnittstemperatur um 1°C abnimmt.

Im unteren Waldgürtel herrscht äquatoriales, feuchtes Klima mit hohen Niederschlagswerten von über 2000 mm im Jahr. Dieser Wert nimmt mit zunehmender Höhe rapide ab, und Regen wird von Schneefall abgelöst.

Januar bis März gelten als die wärmsten Monate, im April, Mai regnet es sehr heftig, und die Sicht ist nicht allzu gut. Erst ab Juni wird es in der unteren Zone etwas kühler, und die Zeit bis September ist vor allem beim Marsch durch den feuchten Regenwald sehr angenehm. Zudem ist dann der Himmel ab 3000 m absolut klar, und man bekommt schöne Blicke auf den Kibo. Ab Ende September wird es zunehmend wärmer, und leichte Wolken ziehen in den oberen Regionen auf. Die November-Dezember-Regen haben den Vorteil, dass sie meist nur kurz und heftig auftreten und somit die staubige Luft reinigen und immer wieder glasklare Aussichten auf den oft mit viel Schnee bedeckten Kibo freigeben.

Bestiegen werden kann der Kibo das ganze Jahr über, wobei die heißen und regenreichen Monate von Mitte März bis Mai sich nicht empfehlen.

Kilimanjaro National Park

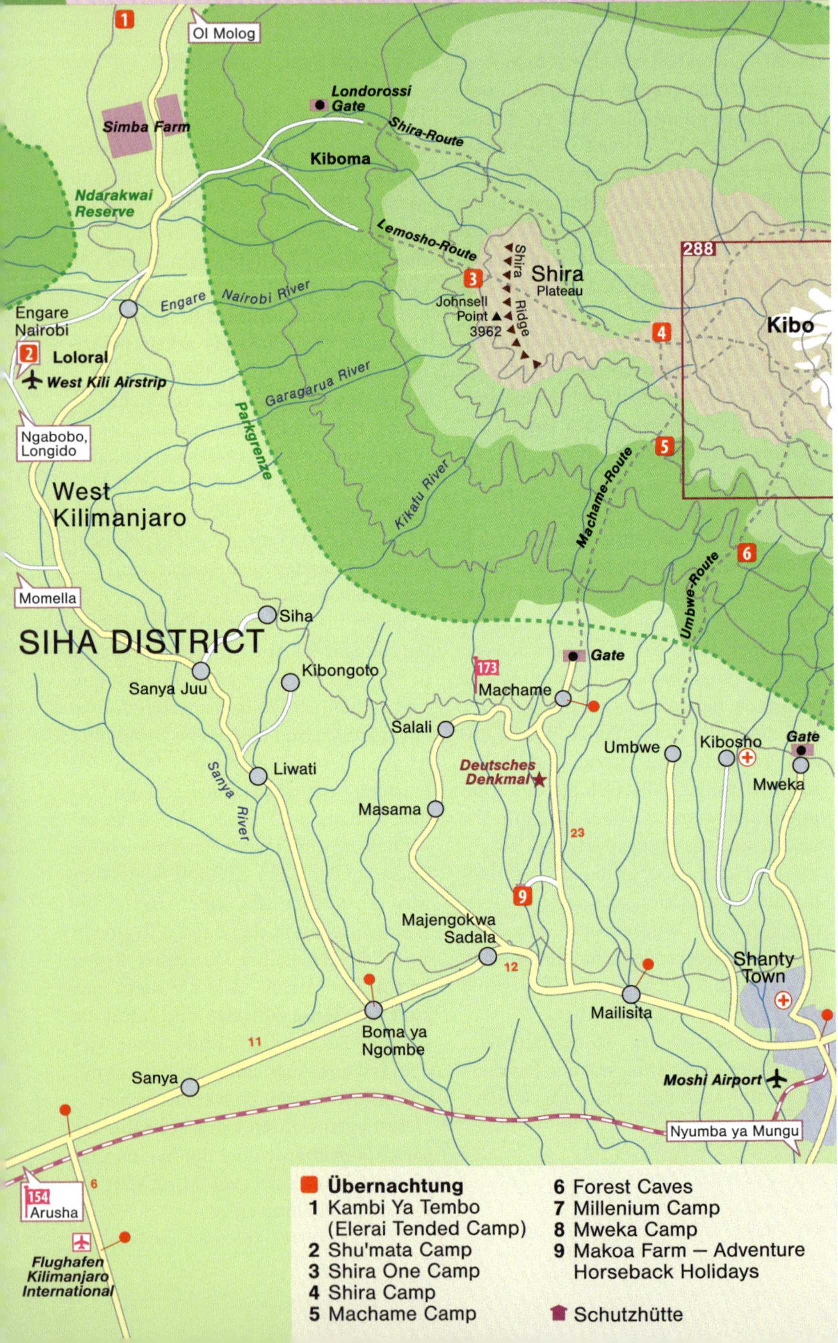

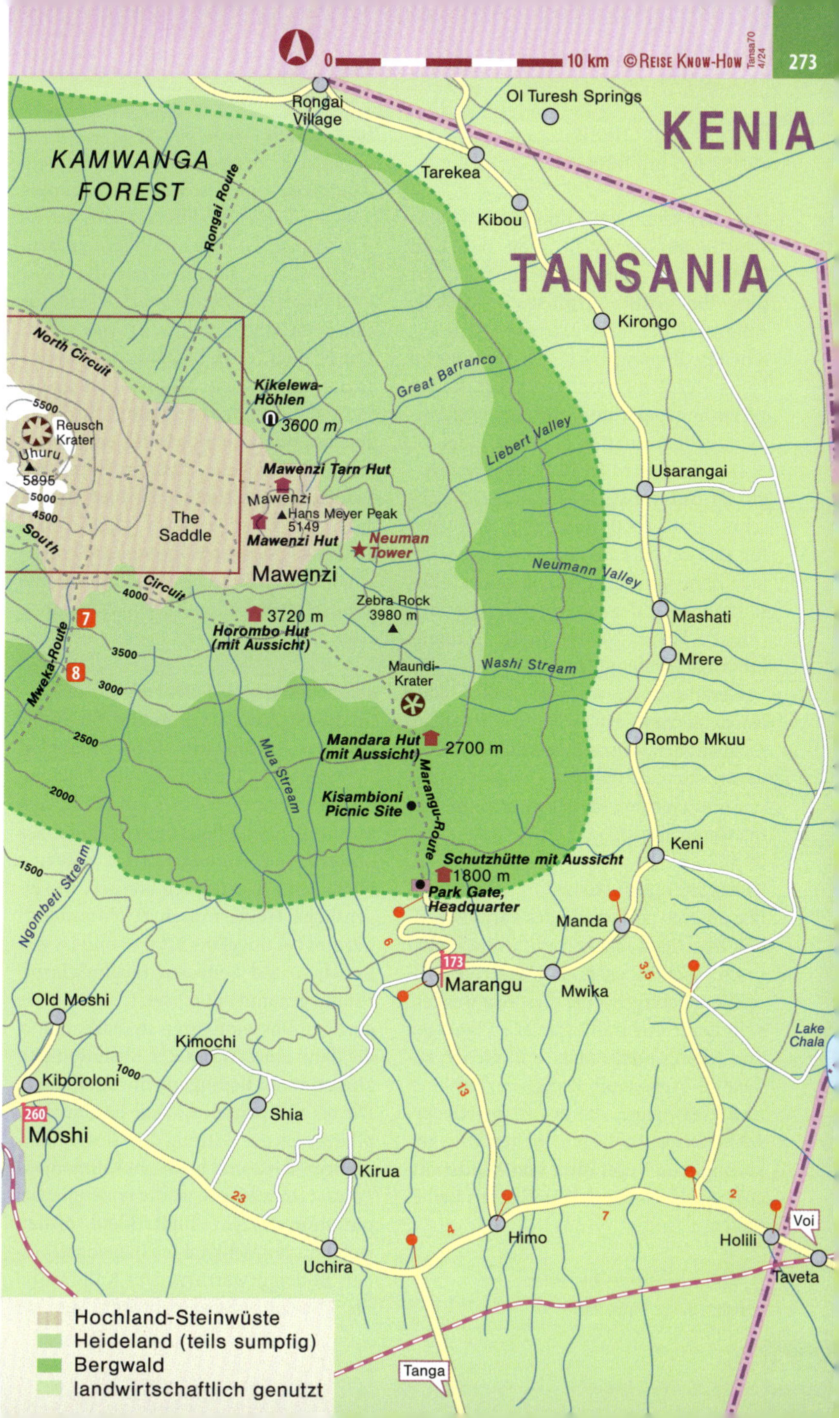
0
10 km
©Reise Know-How
Tansa70 4/24
KENIA
TANSANIA
Rongai Village
Ol Turesh Springs
Tarekea
Kibou
KAMWANGA FOREST
Rongai Route
Kirongo
North Circuit
Great Barranco
Kikelewa-Höhlen
3600 m
5500
Reusch Krater
Uhuru
5895
5000
4500
South
Liebert Valley
Usarangai
Mawenzi Tarn Hut
Mawenzi
Hans Meyer Peak
5149
Mawenzi Hut
Neuman Tower
The Saddle
Mawenzi
Neumann Valley
Circuit
4000
Zebra Rock
3980 m
Mashati
3720 m
Horombo Hut (mit Aussicht)
7
3500
Mweka-Route
8
3000
Maundi-Krater
Washi Stream
Mrere
2500
Mandara Hut (mit Aussicht)
2700 m
Rombo Mkuu
Mua Stream
Marangu-Route
2000
Kisambioni Picnic Site
Keni
Schutzhütte mit Aussicht
1800 m
1500
Park Gate, Headquarter
Ngombeti Stream
Manda
6
173
3,5
Marangu
Mwika
Old Moshi
Lake Chala
Kimochi
1000
Kiboroloni
260
Moshi
Shia
13
Kirua
23
2
4
7
Himo
Holili
Voi
Uchira
Taveta
Tanga
Hochland-Steinwüste
Heideland (teils sumpfig)
Bergwald
landwirtschaftlich genutzt

Die fünf Vegetationsstufen des Kilimanjaro

Das Ökosystem des Kilimanjaro ist einzigartig auf der Welt. Von den drei 5000ern des Kontinents umfasst der Berg die **größte Alpinstufe Afrikas.** Aufgrund der sehr extremen klimatischen Bedingungen hat sich die Flora im Laufe der Evolution auf spektakuläre Weise angepasst und nur hier vorkommende Pflanzenarten herausgebildet.

Der Berg wird **in fünf Vegetationsgürtel unterteilt:** Jeder ist im Durchschnitt etwa 1000 m mächtig, und jeder für sich bildet eine eigene kleine Welt. Jede Zone unterliegt dem jeweiligen Zusammenspiel der Faktoren Temperatur (Frost), Höhe, Niederschlag, Sonnenintensität, Bodengüte.

Gerade dort, wo der Boden jede Nacht gefriert, ist es für die Pflanzen nicht einfach, Wurzeln auszubilden. Nur den widerstandsfähigen Gräsern, Moosen und Flechten kann das extreme Klima wenig anhaben.

Kolline Stufe (800–1800 m)

Die unteren, außerhalb des Parks liegenden hügeligen Flanken mit ihren vulkanisch fruchtbaren Böden, die von zahlreichen Gebirgsbächen gespeist werden, sind heute Anbauflächen für Plantagen und Kleingrundbesitzer und dienen zudem als Weideland. Lediglich die Nord- und Westhänge, die etwas im Niederschlagsschatten liegen, haben ihre ursprüngliche Vegetation von Wildsträuchern und Tiefland-Waldflächen beibehalten.

[>] An den Hängen des Kilimanjaro gedeihen dichte Bergwälder

Montane Stufe (1800–2800 m)

Die auch als **Bergwaldstufe** bezeichnete Vegetationszone besteht aus einer üppigen und dichten Waldformation, die einem tropischen Regenwald (Steineiben, Feigenbäume) gleicht. Viele der über 2000 Pflanzen- und Baumarten sind nur hier heimisch (endemisch), was schon ihre Namen (etwa *Macaranga kilimandscharica*) verraten. Moose, metergroße Farne und lang herunterhängende Bartflechten vermitteln das Bild eines typischen, stellenweise dunklen Märchenwaldes. Weit verbreitet ist hier zudem das Springkraut, genannt *Impatiens kilimanjari.* Ab einer Höhe von 2500 m erscheint auch die *Scenecio johnstonii,* eine der drei heimischen Riesenkreuzkrautarten des Kilimanjaro.

Heidelandstufe (2800–4000 m)

In dieser Zone beginnt die **Steppenheidevegetation mit Riesensenecien** (Kreuzkraute), die zum Teil mit Flechten umwickelt sind. Die hier am häufigsten anzutreffenden Pflanzenarten sind *Erica arborea* und *Philipia excelsa,* die eine Höhe von 3 m erreichen können. Die eigentliche Heidelandschaft (Moorland) beginnt bei ungefähr 3200 m und ist von Lobelien und Senecien (auch Schopfbäume genannt) durchsetzt. Sie sind die einzigen Blütenpflanzen in dieser Höhe, die dank eines Tricks der Evolution den klimatischen Bedingungen standhalten. Die bis zu 3 m hohe Lobelie ist eine Fettpflanze aus der Gattung der Glockenblumengewächse und heißt am Kilimanjaro *Lobelia deckenii.* Sie ist die erste Pflanze, die morgens ihr Blätterkleid öffnet, wenn die Sonnenstrahlen den angefrorenen Boden erwärmen. Der Kälte trotzt die Pflanze durch einen Stoff, den sie produziert und der wie ein Frostschutzmittel wirkt. Da es in dieser Höhe keine Insekten zur Bestäubung gibt, erledigen die kleinen metallic-grünen, langschnäbligen Nektarvögel diese Aufgabe. Neben den sehr kleinen Kreuzkrautarten dieser Höhe beginnen um die 4000-m-Marke die Riesenkreuzkraute die Heide zu dominieren, von denen sich zwei Arten unterscheiden lassen: die bis zu 5 m hohe *Scenecio kilimanjari* mit ihren grellgelben Blättern und die etwas dunklere *Scenecio cottonii.* Mit ihren schalenförmigen Blättern können die Pflanzen Regen- und Tauwasser lange halten, was für ihr Gedeihen wichtig ist, denn ab 3500 m Höhe fällt bereits deutlich weniger Niederschlag.

Alpine Stufe (4000–5000 m)

Die klimatischen Bedingungen in der als Hochland-Steinwüste bezeichneten Zone – das Knappwerden von Wasser und fruchtbarem Boden, eine hohe Verdunstungsrate durch intensive Bestrahlung, vor allem aber die hohen Temperaturschwankungen von tagsüber bis zu 40°C und nachts unter 0°C – stehen einer vielfältigen Flora im Wege. Hauptsächlich **Moose, Flechten und Grasbüschel** sind anzutreffen. Vereinzelt wachsen auch kleine Kreuzkrautpflanzen und Strohblumen. Eine Besonderheit ist die *Arabis alpina,* eine Art afrikanisches Edelweiß, die unserer geschützten Bergblume ähnlich sieht.

Ab der Höhe des Saddle kommt pflanzliches Leben nur noch selten vor. Obwohl diese alpine Wüstenlandschaft viele Tage im Jahr in dichtem Wolkennebel liegt, fällt hier mit ca. 250 mm der geringste Niederschlag Tansanias.

Nivale Stufe (über 5000 m)

In der **Gipfelzone** sind die Kälte so intensiv (um die -10°C) und der Sauerstoffgehalt so gering, dass nur noch die **Flechten** und die widerstandsfähigste **Strohblumenart** *Helichrysym newii* überleben können. Zudem fällt hier fast nur noch Schnee und kein Regen mehr. Der Gipfel des Mawenzi hat schon lange keinen Gletscher mehr, sondern ist nur von gelegentlichen Schneeverwehungen

tanp107 jg

Wie Kibo und Mawenzi voneinander getrennt wurden

Einer alten Chagga-Geschichte zufolge lebte einst ein Mann namens „Mlai" am Fuße des Berges. Mlai gab eines Tages sein Land auf und beschloss über den Berg zu wandern und sich auf der anderen Seite niederzulassen.

Auf dem Weg entdeckte er am Hang eine Kuhherde, doch gelang es ihm nicht, das Vieh einzutreiben, um es mit auf den Weg zu nehmen. Er suchte Rat bei einer alten Frau, die ihm einen Stab gab, mit dem er eine der Kühe führen sollte, die anderen würden dann ohne Weiteres folgen.

Das funktionierte tatsächlich, und so wanderte er samt Vieh bis zu den zusammenliegenden Gipfeln des Kibo und Mawenzi. Doch die wollten ihn nicht durchlassen! Mlai ging mit seiner Herde zurück zu der Frau und klagte: „Der Kibo lässt mich nicht durch!" Das alte Weib wickelte Zauberpulver in große Bananenblätter ein und sagte ihm: „Wenn Du bei dem Kibo angelangt bist,

tannp021 xb

dann werfe dieses Pulver an seine Felsen, und er wird sich in zwei Teile spalten und Dich und Deine Herde durchlassen. Blick' Dich nicht nach dem Kibo um, sonst wird der Felsen wieder zusammengehen".

Mlai nahm das Zauberpulver und führte die Viehherde mit seinem Stab zum Kibo, der ihn abermals nicht durchließ. Er nahm das Bananenblatt und blies das Zauberpulver auf den Felsen. Der Kibo und der Mawenzi begannen zu zittern und wurden getrennt! Mlai überquerte den Berg, drehte sich nicht um und stieg mit seiner Herde hinab. So wurden Kibo und Mawenzi zu den beiden Gipfeln, die wir heute sehen.

Einem anderen Chagga-Märchen zufolge begab sich eines Tages Mawenzi, als diesem die Feuerstelle ausgegangen war, zu Kibo und bat ihn um Feuer. Kibo gab ihm Feuer und auch von seinem leckeren Essen. Mawenzi genoss die Gastfreundschaft und warf auf seinem Heimweg das Feuer weg und kehrte zu Kibo und dessen Delikatessen zurück. Das Feuer wäre ihm ausgegangen, berichtete er. Der gutmütige Kibo bewirtete ihn wieder und schickte ihn erneut mit Feuer auf den Weg. Mawenzi, immer noch gierig, warf erneut die Fackel weg und kehrte abermals zu Kibo zurück, um Feuer zu erbitten. Doch diesmal wurde Kibo zornig, nahm seinen Knüppel und schlug Mawenzi mit aller Wucht auf den Kopf. Seit diesem Tag – so die Legende – hat der Mawenzi-Gipfel seine zerbeulte und zerklüftete Form.

bedeckt, und auch die großen Eisflächen am Kibo schrumpfen unaufhaltsam. Vor allem die kleinen **Gletscher,** wie der Ratzel, Rebmann und Decken, verlieren zunehmend an Größe. Auch die letzten großen Gletscher, wie die Eastern, Northern und Southern Icefields, sind stark bedroht. Klimatologen befürchten, dass die zunehmende Brandrodung in den Baum-Savannen Ostafrikas sowie die Belastung durch hohe Kohlendioxid-Emissionen die ohnehin schon belastete Atmosphäre weiter aufheizen. Zudem bewirkt der immer stärker aufgewirbelte Staub der Ebenen – Folge großflächiger Erosionen –, dass die Luft nachts nicht mehr so schnell abkühlt und die Froststunden weniger werden. Schließlich wirken Millionen von Staubpartikeln wie Vergrößerungsgläser und reflektieren brennende Sonnenstrahlen auf die Gletscheroberflächen und das schwarze, sich aufheizende Lavagestein. Man geht davon aus, dass das arktische Eis am Äquator spätestens Mitte des 21. Jahrhunderts verschwunden sein wird.

Tierwelt

Der Kilimanjaro birgt, fast vollkommen abgeschnitten von der Außenwelt, eine inselartige Tierwelt. Es finden kaum Ab- und Zuwanderungen statt, lediglich die Giraffen, Löwen und die kleine Population von **Elefanten** (etwa 150) verlassen hin und wieder die westlichen und nördlichen Waldhänge in Richtung Enduimet WMA und Amboseli. Der Großteil der Tierwelt des Kilimanjaro lebt im Waldgürtel, doch wurden auch schon Löwen und sogar Büffel auf dem Shira Plateau gesichtet, wo sich fast das ganze Jahr über **Elenantilopen** aufhalten. Aber auch in noch höhere Lagen haben sich schon größere Säugetiere gewagt. *Reusch* fand 1926 bei seiner Besteigung des Kibo einen am Gletscher erfrorenen Leoparden (heute Leopard Point genannt), am Gipfel des Mawenzi wurde sogar einmal ein Büffelskelett entdeckt. 1962 begleiteten fünf **Hyänen** über mehrere Stunden eine Gruppe von Bergsteigern bis zu den Gletschern auf über 5000 m Höhe.

Leoparden sind heute rar und werden nur noch äußerst selten gesehen. Die Chance, Affenarten wie Meerkatzen und Paviane zu Gesicht zu bekommen, ist dagegen größer. Am Kilimanjaro lebt eine eigene **Unterart der Weißkehl-Meerkatze.** Ihr fehlt der sonst so typische weiße Kehlfleck. Der Kilimanjaro-Guereza ist eine Unterart der Schwarzweißen **Stummelaffen,** deren Bestand sich nach hemmungsloser Fellwilderei wieder erholt hat.

Weitere Säugetiere sind das Waldschwein, Nagetierarten wie Mäuse und Hochland-Ratten und die folgenden **Antilopenarten:** Buschbock, Klippspringer, Busch-, Abbot's- und Roter Ducker und Suni-Zwergböcke. Da der Wald aber meist sehr dicht ist, bekommt man kaum eines der Tiere zu Gesicht.

Unter den **Vögeln** sind vor allem Hartlaub's Turakos, Bussarde, Adler und Raben gelegentliche Begleiter beim Wandern durch die unteren Zonen.

Die Besteigung des Kilimanjaro

Die Besteigung kann **nur in Begleitung eines ausgewiesenen Führers** eines lizensierten Bergsteiger-Unternehmens und mit offiziellen Trägern erfolgen. Seit den Bestimmungen aus dem Jahr 1993 sind selbst organisierte Touren nicht mehr möglich.

tannp108 jg

tannp023 xb

Der Kilimanjaro ist einer der wenigen Berge dieser Größenordnung, der auch von Nicht-Bergsteigern erklommen werden kann. Fast keine Route erfordert Seil-Kletterei, sondern nur eine gute Fitness/Vorbereitung und eine gesunde Portion Optimismus. Im Vorfeld kaum zu trainieren bzw. auszutesten ist die Höhenverträglichkeit. Hier sind schon Marathon-Läufer daran gescheitert, den Gipfel zu erreichen. Ob jung (Kinder unter 10 dürfen nur bis zur Mandara Hut) oder alt, der Fast-Sechstausender kann von allen in Angriff genommen werden, die keine gesundheitlichen Probleme haben (→ Höhenkrankheit und Notfall, S. 284). Ausnahmen sind der Mawenzi, dessen Felswände nur für erfahrene Alpinisten zugänglich sind, und die Gletscherrouten am Kibo.

Der Erfolg versprechendste Faktor ist Zeit – Zeit, die jeder benötigt, um sich in Höhen zwischen 3000 und 4000 m zu akklimatisieren. Meine persönliche Einschätzung und die vieler anderer Kilimanjaro-erfahrener Bergsteiger ist, dass man mindestens eine 7-Tage-Tour buchen sollte (6 Übernachtungen am Berg) oder sogar noch länger. Eine 5-Tage-Tour ist zwar kostengünstiger, aber eine Qual für den Körper, den Kopf und das Gemüt – auch Todesfälle kommen vor… Gehen Sie kein Risiko ein, vor allem wenn Sie keine Erfahrung mit Bergsteigen im Hochgebirge haben.

Egal, welche Route man nimmt, eine **Urkunde** für das Erreichen des Uhuru-Gipfels oder des Gillman's Point bekommt man nach dem Abstieg am Mweka oder Marangu Gate.

Gipfelpanorama

Erster Wandertag im Regenwald des Kilimanjaro

Bergführer und Träger

Lizensierte Bergsteiger-Unternehmen stellen Ihnen professionelle Bergführer (*mountain guides*) mit lizensierten Trägern (*porters*) zur Verfügung (→ „Moshi" oder auch Kapitel 5 in den Abschnitten zu Arusha und zum Meru-Gebiet).

Neben der Wegweisung hat ein **Führer** die Aufgabe (in Verbindung mit seinem Unternehmen), die je nach Ausrüs-

Adobe Stock ©camera work

tung benötigte Anzahl von Trägern zu organisieren und die Verteilung und Verpackung der Ausrüstung zu überwachen; das Kochen übernimmt ein eigens engagierter Koch (meist mit einem Assistenten). Auch wenn ein Führer auf der Marangu-Route nicht unbedingt nötig ist (aufgrund des starken „Gegenverkehrs" auf dem 2- bis 4-spurigen Pfad kann man sich gar nicht verlaufen!), so werden Sie auf ihn angewiesen sein, was die Organisation/Koordinierung des gesamten Teams betrifft. Sind Sie in einer größeren Gruppe, sollten zusätzlich ein oder auch zwei **„Assistance Guides"** (Zweitführer) mit von der Partie sein, damit im Falle einer Höhenkrankheit nicht die gesamte Gruppe umkehren muss, sondern nur der/die Betroffene(n) mit einem der Führer.

Ein Führer ist nicht gleichzeitig Träger, er trägt nur seine eigenen Sachen.

Oft kann ein Führer nicht frei ausgewählt werden, es sei denn, man besteht darauf, was aber Zeit kostet, will man in Marangu, Moshi oder auch anderswo die vom Tour-Operator „angebotenen" Führer kennen lernen. Meist muss man dem Veranstalter vertrauen, dass man einen sympathischen Begleiter bekommt. Doch auch hier gilt die Regel, dass ein Führer dem Ruf des Veranstalters alle Ehre macht – vermeiden Sie also die Organisation über eines der oftmals schlechten Low-Budget-Unternehmen in Moshi oder Arusha (→ Kapitel 5: „Wissenswertes zur Organisation einer Safari vor Ort"). Sollten Sie auf der einfachen Marangu-Route unterwegs sein, wird dies weniger ins Gewicht fallen, da hier in Berghütten übernachtet wird und damit wesentlich weniger Ausrüstung geschleppt werden muss, somit auch die Anzahl der Träger kleiner und überschaubarer ist. Doch bei allen anderen Routen, wo gezeltet wird, kann ein wenig erfahrener Begleiter die Tour vermiesen. Die ausgefalleneren Routen sollten daher auch nur über ein erfahrenes Unternehmen gebucht werden.

Die **Kosten** für einen Führer werden über das Unternehmen, mit dem man bucht, abgewickelt. Sehr gute und renommierte Führer, wie z.B. die vom DAV Summit Club, African Environment, Summits Africa oder Afromaxx (alle in Arusha oder Moshi), kosten ihr Geld, was die Gesamtkosten der Tour entsprechend steigen lässt. Zusätzlich sind **Trinkgelder** nach gelungenem Aufstieg von mindestens 25 $ pro Tag und Person für den Führer, von mindestens

Träger begleiten den Aufstieg

15 $ pro Tag und Person für den Koch und von mindestens 10 $ pro Tag und Person für die Träger selbstverständlich. Diese Trinkgelder sollten vor dem Abschied am Mweka oder Marangu Gate gegeben werden, wenn Sie Ihr Zertifikat erhalten, das bestätigt, dass Sie auf dem Kilimanjaro waren.

Es gibt Unternehmen, die behaupten, die Trinkgelder seien im Preis inbegriffen. Dieser Aussage ist kein Glauben zu schenken, denn sie ist unseriös: Die Bergführer, Köche und Träger bekommen von diesen Unternehmen nur einen Bruchteil des Verdienten bzw. Bezahlten und oftmals überhaupt kein Trinkgeld!

Träger benötigen eine Arbeitslizenz und einen jährlichen Fitnesstest. Die hauptsächlich aus dem Chagga-Volk rekrutierten jungen Männer haben sich mittlerweile zu einer Art Genossenschaft (*Kilimanjaro Porters Society*) zusammengeschlossen. Die Höchstlast pro Träger beschränkt sich seitdem auf 15 kg zusätzlich seiner eigenen Verpflegung/ Kleidung. Je nach Ausrüstung werden ein bis zwei Träger pro Person benötigt. Wer abseits zeltet, muss wegen des zusätzlichen Schleppens von Verpflegung, Zelten, Kochgas und Wasser mit mindestens zwei Trägern rechnen. Einige Unternehmen sparen hier Kosten und führen ihre Billigtouren mit wenigen *Porters* durch. Zudem wird beim Marsch zum Gipfel oft auf die Trennung zwischen Kunden und Trägerkolonne verzichtet. Sie sollten darauf achten, nicht gemeinsam marschieren zu müssen. Gute Unternehmen teilen eine „Expedition" in Kunden, Führer sowie die jeweils persönlich zugeteilten Träger einerseits und die vorausgehenden Lastenträger und Köche andererseits. So wird gewährleistet, dass Sie am Ende Ihrer Tagesetappe in ein fertiges Camp mit vorbereitetem Essen kommen, dass Sie in einer kleinen Gruppe gehen, um mehr vom Berg zu haben, und dass Sie nicht ständig von den Trägern hinsichtlich irgendwelcher Trinkgeldvereinbarungen, Geschenkvorbestellungen usw. belästigt werden – alles Voraussetzungen für das Gelingen einer Kilimanjaro-Besteigung, welche, wie in letzter Zeit von einigen Bergsteigern bemängelt, nicht in jedem Fall erfüllt werden.

Kosten und Organisation

Die Kosten hängen ab von der Dauer, der Route und vor allem vom gewählten Tour-Unternehmen. Eine 5-Tagestour über die **Marangu-Route** mit einem durchschnittlichen Safariveranstalter in Arusha oder Moshi beginnt inkl. aller Nebenkosten ab 1500 $ – eine stolze Summe, die nicht unbedingt für Reibungslosigkeit und perfekte Organisation steht. Mittelmäßiges Essen, Verzöge-

Tages-Wanderung am Kilimanjaro

Wer sich den Kilimanjaro nicht zutraut, aber dennoch einmal Kili-Luft atmen möchte, kann in sogenannten *One Day Walking Zones* **Tageswanderungen** unternehmen. Diese sind am **Marangu** und **Londorossi Gate** (West-Kilimanjaro) möglich und kosten pro Person 83 $ plus etwa 20 $ für einen autorisierten Mountain Guide (Pflicht!). Man wandert in den unteren Berghängen und begeht die ersten Teilstücke der Routen auf den Berg. Vor 17 Uhr sollte man wieder zurück am Gate sein. Wer fit ist, kommt leicht bis zur **Mandara-Hütte** und zum **Maundi-Krater.**

rung der Träger und, damit verbunden, langes Warten auf Ausrüstungsgegenstände und/oder Essen und/oder trockene Kleidung und/oder Schlafsäcke kommen nicht selten vor. Wer ca. 300 $ mehr drauflegt und sich den Adressen in Marangu oder den empfohlenen Veranstaltern in Moshi anvertraut, geht ein geringeres Risiko ein. Zudem ist darauf zu achten, dass bei den Hütten und Camps am Berg das Wasser abgekocht bzw. desinfiziert wird oder sogar Trinkwasserflaschen im Gepäck der Träger sind. Die Gebirgsbäche sind aufgrund des großen Besucherandrangs mittlerweile alle nicht mehr ganz sauber, Ausnahmen sind die oberen und letzten Wasserstellen.

Sechs Tage über die **Machame-Route** kosten ungefähr 1800 $, je nach Unternehmen. Die Preise gelten auch für andere Routen wie beispielsweise Rongai oder Shira.

Zu empfehlende Adressen in Marangu sind das Kibo Hotel, das Marangu Hotel und die Babylon Lodge. Von den bei Moshi und Arusha erwähnten Veranstaltern sind u.a. Summits Africa, Active Tanzania Adventures, Afromaxx, Zara Tours und High Peaks zu nennen. Diese gehen auch über die weniger benutzten Routen.

Schutzhütten und Camps

Die **Schutzhütten** am Kilimanjaro sind entlang der Marangu-Route **sehr modern und entsprechen internationalem Bergsteiger-Standard.** Sie sind allesamt bewacht, und die wichtigen, wie Kibo und Horombo, stehen mit dem Tal in Funkverbindung (Mobiltelefon funktioniert auch). Stromversorgung, sogar auf den Toiletten, ist durch Solarenergie gewährleistet. Touristen werden getrennt von Führern und Trägern untergebracht

tannp026 xb

und verfügen auch über eigene sanitäre Anlagen. Die stationären Hüttenaufseher verkaufen Sodas, Bier, Kekse, Schokolade usw. Ein Restaurant jedoch gibt es nicht.

Auf einer Höhe von 2700 m befindet sich die **Mandara-Hütte,** eine Gruppe von Holzhäusern in einem Waldgebiet direkt an der Parkgrenze. Der Komplex mit Wasserstelle, von Norwegern erbaut, hat eine Kapazität von 60 Betten, je vier Personen teilen sich ein Zimmer.

Die **Horombo-Hütte** befindet sich auf 3720 m Höhe und weist die gleiche Ausstattung wie die Mandara auf, jedoch mit Platz für 120 Personen.

Die **Kibo-Hütte,** in 4700 m Höhe gelegen, ist eine Steinkonstruktion mit Schlafsälen für 60 Personen und einem großen Speiseraum. Bei diesem Ausgangspunkt zum Gipfel gibt es kein Wasser mehr.

Die **anderen als Hütten (Huts) bezeichneten Plätze,** wie 5 Machame, Katanga, Barafu, Baranco, Arrow Glacier, Lava Tower, 7 Millenium, Mawenzi und Mawenzi Tarn, sind nur Camping-Stationen, die meist von den Trägern und Köchen genutzt werden. Bei diesen Hütten wird daher im Zelt geschlafen. Wasser- und Feuerholzvorrat muss mit dem Bergsteigerunternehmen abgesprochen werden. Das **gesamte Brennholz muss von außerhalb des Parks mitgebracht werden.**

Die als **Camps** ausgewiesenen Stellen verfügen fast alle über einen Wasserzugang in der Nähe. Es sind Zeltplätze, die an ausgewählten Stellen errichtet worden sind, von denen die meisten nur einfache Plumpsklos und Waschstellen haben. Zusätzlich wird auch auf einigen Routen bei **Caves** (Höhlen) bzw. geschützten Felsvorspüngen übernachtet,

☒ Camp auf der Machame-Route

Ausrüstungs-Checkliste

- bequeme Wanderhose
- wasser- und winddichte Überhose (Sympatex o.Ä.)
- evtl. lange Unterhose, langärmliges Unterhemd (Thermo!)
- Fleece-Pullover
- wasser- und winddichte Jacke mit Kapuze (mit Innenfutter)
- Handschuhe
- mehrere Paare dicke Socken
- Thermoschlafsack (Komfortbereich mind. bis -5°C)
- Wasserflasche
- evtl. eine Thermoskanne
- Bergsteigergamaschen für die Unterbeine
- zwei Wasserflaschen
- guter Rucksack für persönlichen Bedarf
- Thermotasche für Kamera und Zubehör
- evtl. Zelt und Isomatte
- Stirnlampe
- Sturmstreichhölzer
- Taschentücher
- Erste-Hilfe-Kit (→ „Höhenkrankheit und Notfall")
- Hut, Kopftuch
- Sonnencreme (Blocker für Nase und Lippen)
- Sonnenbrille
- Stirnband zum Ohrenschutz
- Toilettenpapier
- Wanderstock (oft bekommt man einen guten Bambusstock)

von denen die meisten nicht weit von einer Wasserquelle entfernt liegen. Das Schlafen in den Höhlen selber ist nicht mehr gestattet.

Camps und Caves werden hauptsächlich auf den weniger begangenen Routen genutzt (s.u.).

Vorbereitung und Ausrüstung

Auch wenn der Berg ohne Kletterei bestiegen werden kann, sollte man dennoch eine **gute Kondition** haben. Einige Wochen vorher sollten Sie sich mit Laufen, Joggen oder Fahrradfahren für den Aufstieg vorbereiten. Das langsame Auf- und Absteigen von Treppen ist die perfekte Simulierung von dem, was sie erwartet und baut im Vorfeld Muskulatur auf. Eine gute Übung besteht auch darin, sich an das Wandern mit Rucksack zu gewöhnen. Die „dünne" Höhenluft setzt trainierte Lungen voraus, die mit dem geringeren Anteil von Sauerstoff in der Luft klarkommen.

Wer Asthma-, Herz- oder Lungenprobleme hat, sollte von einer Gipfelbesteigung absehen und sich auf die schönen unteren Bergbereiche beschränken. In jedem Fall sollte der Gipfel nicht „mit Gewalt" bezwungen werden, die **Grenzen der eigenen körperlichen Belastbarkeit** sind zu **respektieren.**

Bei der **Ausrüstung** muss man nicht unbedingt in kompletter alpiner Bekleidung erscheinen, was vor allem dann, wenn man nur mit Rucksack im Land unterwegs ist, auch gar nicht möglich ist. Die Safari-Unternehmen stellen die gesamte Ausrüstung (Kochgeschirr mitsamt Essen, gewaschene Thermoschlafsäcke, Zelte, Wanderstöcke usw.).

In jedem Fall anzuraten ist die Mitnahme der **eigenen, eingelaufenen Trekkingstiefel,** denn nichts ist schlimmer, als sich in einem geliehenen Schuh die Füße wund zu laufen. Nützlich ist auch ein **zweites Paar Schuhe** (z.B. Turnschuhe, leichte Wanderschuhe o.Ä.) für den ersten Tag der Besteigung. Gerade wer die Machame-Route angeht, wird auf dem ersten Teil durch den Urwald – je nach vorherigen Regenverhältnissen – mit viel Wasser und Matsch zu kämpfen haben, sodass selbst gute Trekking-Stiefel nicht nur völlig eingesaut werden, sondern womöglich auch voll Wasser laufen – und dann am kühlen Abend in 3000 m Höhe nur schwer trocken zu kriegen sind! Nassklamme Schuhe können einem dann am nächsten Tag die Tour gründlich vermiesen!

Höhenkrankheit und Notfall

Eine Besteigung setzt die Untersuchung bzw. **korrekte (ärztliche) Einschätzung der gesundheitlichen Verfassung** voraus, v.a. bezüglich Diabetes, Lungenproblemen, Asthma und Herzproblemen/Kreislauf/hohem Blutdruck.

Behinderte können die Tour in Angriff nehmen, sofern ihre Behinderung dies erlaubt (z.B. Blinde, Gehörlose, im Gehen leicht Behinderte), müssen aber natürlich berücksichtigen, dass der Aufstieg länger dauern kann.

Bei Bergtouren muss der abnehmende Luftdruck bedacht werden, da mit diesem auch das **Sauerstoffangebot** für den Organismus **sinkt.** Näherungsweise verringert sich der Luftdruck pro 1000 Höhenmeter um 10%. Gedankenlosigkeit und Selbstüberschätzung können hierbei große Gefahren heraufbeschwören, auch körperliche Fitness und Klettererfahrung schützen nicht vor der Höhenkrankheit. Daher sollte man sich **lang-**

sam an die atmosphärischen Verhältnisse gewöhnen: für den Aufstieg von Meereshöhe auf 2500 m zwei Tage einplanen, danach für jeweils 500 m Höhenunterschied einen Tag.

Zeichen der Höhenkrankheit können bereits ab 3000 m auftreten, ab 4000 m sind sie häufig: Kopfschmerz, Müdigkeit, Übelkeit, Atemnot, Schlafstörung, schneller Puls. Diese Warnzeichen können fälschlich auf Anstrengung und Erschöpfung beim Aufstieg zurückgeführt und deshalb nicht beachtet werden. Dann drohen eine schwere Lungenstörung, die mit Husten und Atemnot bis zum Ersticken führen kann, sowie eine Hirnschwellung, die sich anfangs in Bewegungsstörungen (z.B. unsicheres Gangbild) und Verwirrtheit äußert, dann bis zur Bewusstlosigkeit führt. Grundsätzlich gilt: Jedes Symptom, das vorher nicht bestand, ist als Anzeichen der Höhenkrankheit zu werten.

Vorbeugende Maßnahmen

- **Behutsame Anpassung an die Höhe:** keine schnelle Gangart. Gruppen müssen sich nach ihrem schwächsten Glied richten. Ausreichender Schlaf, Ruhephasen einlegen.
- **Schlafplatz** 200 bis 500 m unterhalb der größten erreichten Höhe wählen.
- **Ausgleich des Flüssigkeitsverlustes** (hervorgerufen durch trockene Luft und vermehrte Abatmung): ausreichend trinken, d.h. pro 1000 m Höhe mind. 1,5 Liter zusätzlich.
- **Alkohol unbedingt meiden!**
- **Kleine, häufige Mahlzeiten aus leicht verwertbaren Kohlenhydraten** wie Obst, Marmelade, Haferflocken.
- Vor der Einnahme von Medikamenten zur Vorbeugung sei gewarnt, da sie die Anfangssymptome verdecken und so zu einem weiteren Anstieg mit größeren Risiken verleiten.

Behandlung: Bei den ersten Anzeichen: ausruhen, evtl. hinlegen, zusätzlich trinken, leichtes Schmerzmittel (z.B. *Aspirin®*). Wenn nach einer Stunde keine Besserung eintritt, ist Abstieg um einige hundert Meter erforderlich. Wer das aus eigener Kraft nicht mehr schafft, wird entweder getragen oder mit einer einrädrigen Bahre ins Tal geschafft. Für diesen Notfall muss jeder Bergsteiger vor Beginn einer Tour die obligatorischen **20 $ Rescue Fee** für ein eigens vorgesehenes **Bergrettungs-Team** zahlen (die Kosten hierfür sind bei den Bergsteiger-Agenturen schon mit einberechnet). Liegt ein ernsthafter Notfall vor, wird man in das KCMC-Krankenhaus nach Moshi eingeliefert, mit dem über Funk/Mobiltelefon Verbindung besteht.

Die professionelleren Bergsteiger-Unternehmen investieren mehr in die Schulung ihrer Mountain Guides hinsichtlich des Umgangs mit **Sauerstoff-Test-Kits** und verfügen zusätzlich über **Sauerstoffzelte.** Hier wird man – wie in einen riesigen Schlafsack – hineingelegt und mittels kontrollierter Sauerstoffzufuhr wird eine niedrigere, sauerstoffreichere Höhe simuliert, die den Organismus möglichst schnell von der „zu dünnen Luft“ befreit.

Flugrettungsdienst

Hier ist vor allem *Kili-Med-Air* in Moshi zu nennen (www.kilimedair.co.tz), welche eine sehr schnelle und professionelle Erste-Hilfe-Leistung anbieten. Hubschrauber werden eingesetzt und können selbst in großen Höhen am Kilimanjaro und in entlegensten Gebieten ohne Landepisten fliegen bzw. landen. Diese Zusatzversicherung lässt sich direkt oder über örtliche Veranstalter buchen und ist eigentlich Pflicht für alle, die auf den Kilimanjaro klettern.

Die Routen zum Gipfel

Von den insgesamt **acht Auf- und Abstiegsrouten** sind derzeit sieben zugänglich. Auf den Kibo selbst führen drei Routen, jedoch ist die Arrow-Glacier-Route seit einem Steinschlag 2006 geschlossen. Zudem gibt es eine **Summit-Route,** die um den Kibo herumläuft und in einen Northern Circuit und Southern Circuit unterteilt ist. Weitere Kletterrouten für Profis, die sich über Gletscher oder über die Wände des Mawenzi zu den Gipfeln wagen wollen, müssen schriftlich beim Headquarter beantragt und genehmigt werden.

Marangu-, Tourist- oder „Coca-Cola"-Route

Diese Route gilt als die **einfachste und am besten ausgestattete,** daher auch die Beinamen (in den Hütten gibt es tatsächlich Cola!). Pro Tag sind höchstens 60 Personen zugelassen, daher sollte früh im Voraus reserviert werden! Mehr als zwei Drittel aller Besucher besteigen den Kibo über diesen Weg.

Erster Tag

Vom **Marangu Gate (1800 m)**, wo oft schon die erste Nacht in modernen Hütten oder in Zelten verbracht werden kann, geht es früh am Morgen langsam hoch, ohne allzu große Schwierigkeiten. Der breite Trampelpfad durch den herrlichen Wald mit seinen uralten Bäumen, gurgelnden Bächen und zwitschernden Vögeln führt in 3–5 Stunden zur **Mandara-Hütte auf 2700 m Höhe.** Wenn Sie gut zu Fuß sind und noch Lust verspüren, können Sie am Nachmittag zum nahe liegenden, dicht bewachsenen **Maundi-Krater** wandern oder ihn sogar umrunden (15 Minuten). Von seinem Rand werden in der Ferne der Lake Jipe und die Pare Mountains sichtbar.

Vegetation am Kilimanjaro

Zweiter Tag

Von Mandara bis **zur Horombo-Hütte (3720 m)** sind es 5–7 Stunden Fußmarsch durch den Waldausläufer und in die erste Zone der Moor- und Heidelandschaft. Ideal ist eine **Tagespause** in Horombo, um sich langsam an die Höhe zu gewöhnen. Ausflüge zum 1 Stunde entfernten **Zebra Rock** (3980 m hohe Klippen) oder zum East Lava Hill am Fuße des Mawenzi können von hier unternommen werden.

Dritter/Vierter Tag

Von Horombo **bis zur Schutzhütte des Kibo** (4703 m) hat man die Auswahl zwischen **zwei Routen:** der oberen Route, die am Fuße des Mawenzi vorbeiführt, und der unteren Route, die direkt über den Saddle und durch kleine Lavakegel führt.

Bei der gängigeren unteren Route wird empfohlen, an der letzten Wasserstelle, auf einer Höhe von 4300 m, die Wasserflaschen aufzufüllen. Das Wasser gilt hier als noch trinkbar, geben Sie sicherheitshalber dennoch Wasserentkeimungsmittel dazu! Bis Kibo ist mit **5–7 Stunden Fußmarsch** zu rechnen, wer oben entlanggeht, braucht etwas länger.

Vierter/Fünfter Tag

Die **letzte Etappe** der Bergbesteigung erfolgt nachts. Der Abmarsch von der Kibo-Hütte **beginnt ab Mitternacht,** da man so den Sonnenaufgang über dem Mawenzi erleben kann. Vor allem aber sind in der Nacht die sonst lose Asche und der Lava-Schotter noch gefroren und lassen sich besser begehen. Der Hang verläuft steil, aber der Pfad ist fest und mit Stirn- oder Taschenlampe gut zu sehen.

Vorbei an der **Hans Meyer Cave,** einem Ort für eine kurze Rast, sind nach etwa 5 Stunden Fußmarsch der Kraterrand des Kibo und der erste Gipfel, der 5685 m hohe **Gillman's Point,** erreicht. Viele begnügen sich mit dem herrlichen Blick in das Innere der Caldera und auf die letzten großen Eisschollen am Rand. Wer noch Kraft verspürt, müht sich noch weitere 1½ Stunden den Grat des äußeren Kraters entlang, vorbei am mittlerweile winzigen Ratzel-Gletscher und den Bismarck Towers bis zum **Uhuru Peak.**

Der **Abstieg** zur Kibo-Hütte dauert etwa 1 Stunde, weitere 4–5 Stunden benötigt man **bis Horombo.**

Letzter Tag

Am fünften bzw. sechsten Tag werden die letzten 28 km bis Marangu in etwa 6–7 Stunden zurückgelegt. Sie können aber auch über eine der Südrouten den Berg verlassen.

Machame-Route

Diese Route führt durch wilde, unberührte Natur und bietet mehr Ruhe als die Marangu-Route. Viele sehen diesen Weg als den schönsten an, was jedoch mittlerweile auch dazu geführt hat, dass mehr und mehr Unternehmen ihre Kunden über diese Route schicken. Machame weist keinen besonderen Schwierigkeitsgrad auf, vorausgesetzt Sie nehmen sich sechs Tage Zeit und der letzte Teil des Aufstieges erfolgt über Barafu Hut und nicht über den **Arrow Glacier.** Einige Unternehmen/Führer bevorzugen nämlich letztere Variante, die es jedoch in sich hat. Sofern Sie nicht über gute bergsteigerische Kenntnisse und Praxis verfügen, rate ich von der Route aus folgenden Gründen ab: Die Arrow Glacier Hut auf 4850 m wird relativ schnell erreicht, sodass wenig Zeit auf der für die Höhenanpassung extrem wichtigen Höhe zwischen 3500 und 4500 m verbracht wird. Schließlich ist der finale Anstieg nahe der fast 1000 m hohen Felswand **Western Breach** steinig und sehr steil, teils auch vereist und glatt. Wer oben auf

tannp109 jg

tannp110 jg

Kibo

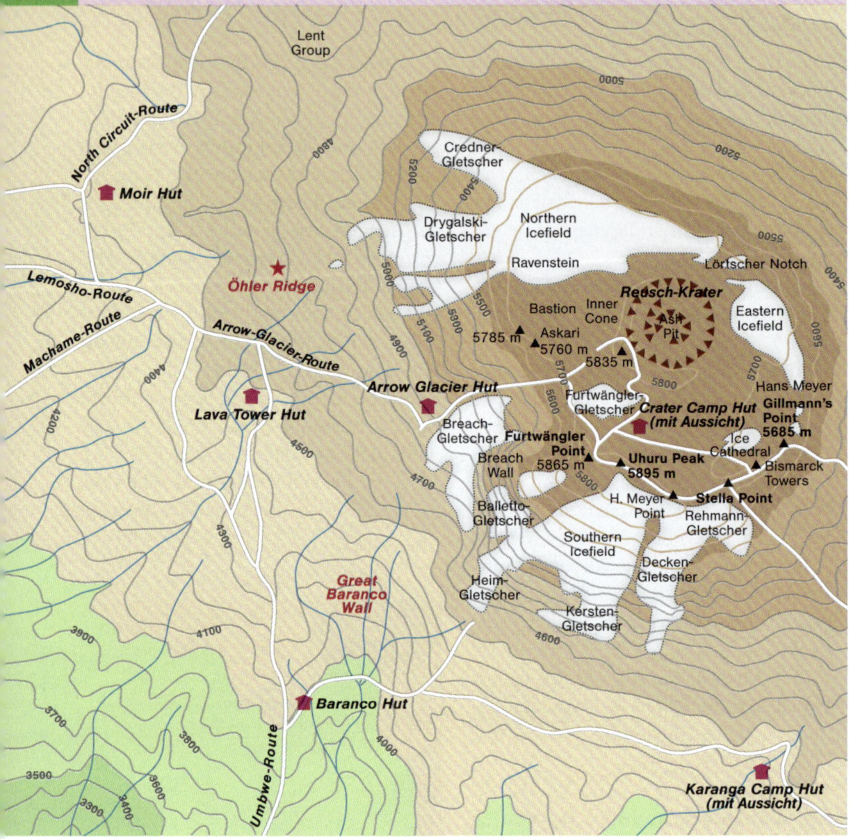

dem Kraterrand ankommt, darf nicht über den gleichen Weg zurück, sondern muss nach dem Uhuru Peak (wer das nicht schafft, läuft über den Kraterboden zur Ostseite) über die Barafu Hut absteigen. Falls man nun zu zweit oder in einer Gruppe unterwegs ist und jemand den Aufstieg bei Arrows nicht schafft (was durchaus vorkommt), die andere(n) Person(en) aber schon oben ist/sind, wird die Gruppe geteilt, und man sieht sich frühestens nach einem Tag am **8 Mweka Camp** wieder. Zu empfehlen, besonders wegen der wichtigen Höhenanpassung, aber auch aufgrund der einmaligen Vegetation im Baranco Valley (Senecien, Lobelien), ist daher die **Route über die Barafu Hut,** die wie folgt aussieht:

Die **erste Etappe** beginnt am Park Gate, 3 km nördlich vom Ort Machame, führt durch einen sagenhaften Waldabschnitt und endet nach einem fünf- bis sechsstündigen Fußmarsch im **5 Machame Camp (2990 m).** Vom Camp hat man den optimalen Blick auf die Shiraspitzen und den Kibo.

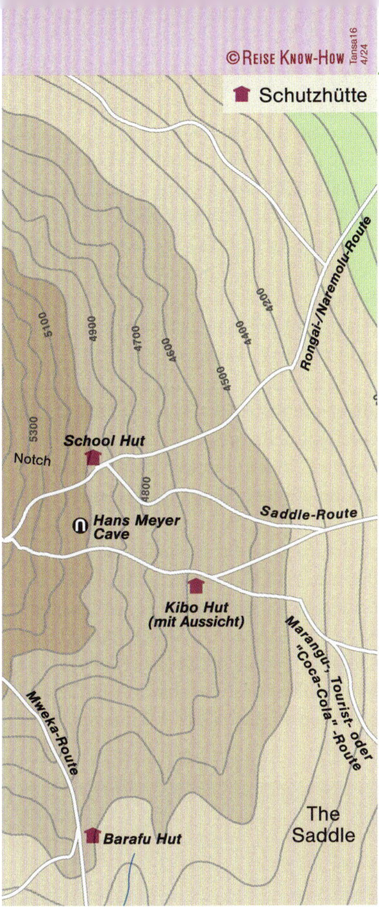

Die **zweite,** 7 Stunden lange **Etappe zum 4 Shira Camp (3840 m)** ist besonders schön. Das dichte Unterholz des Regenwaldes weicht Heide- und Moorlandschaften, und der rechter Hand aufragende Kibo wirkt gewaltig groß. Zudem hat man eine wunderschöne Sicht nach Westen, zu den spitzen Zacken der Shira Ridge und zum weit entfernten Mt. Meru. Am Camp ist ein Tag Akklimatisierungspause ratsam.

Die **dritte Etappe** verläuft durch Geröllwüste und steigt in Richtung der alten **Lava Tower Hut** auf etwa 4000 m an, bevor man dann unterhalb des großen „Lavahügels“ (dort ist auch eine kleine Höhle, Abstecher von etwa 45 Minuten) wieder leicht absteigt und nach etwa 2 Stunden die Baranco Hut im gleichnamigen Tal erreicht.

Am vierten Tag wird der große Kibo-Gipfel auf seiner Südseite umgangen (Southern Circuit), man bewegt sich zwischen 3800 und 4100 m. An der Kreuzung mit der Umbwe-Route beginnt dann der leichte Anstieg über einen Höhenrücken, bis nach etwa einer weiteren Stunde die Barafu Hut in ca. 4600 m Höhe erreicht ist. Hier wird ein paar Stunden geschlafen, bevor es nachts (ca. 2 Uhr) mit Lampen auf sandigem Untergrund dem Stella Point am Kraterrand oder dem Gipfel selbst entgegengeht.

Der anderthalbtägige Abstieg erfolgt wieder zurück über die Barafu Hut und dann die Mweka-Route hinunter.

Umbwe-Route

Diese sehr steil angehende Route beginnt entweder im Dorf Umbwe auf 1450 m Höhe oder am Ende einer Parallelroute, die bis 1850 m mit dem Auto befahren werden kann. Entlang des Umbwe Stream geht der Weg mehrere Kilometer durch den sehr eindrucksvollen Regenwald. Da hier nur selten Gruppen entlanggehen, ist der Pfad an manchen Stellen eng und von Vegetation und Wurzeln überwuchert. Das erste Lager wird bei den **6 Forest Caves (2850 m)** aufgeschlagen, wo das Wasser sehr trüb ist. Von den Höhlen geht es weiter den „Großen Baranco“, einen lang gezogenen Bergrücken, entlang, durch Heidelandschaft hindurch und vorbei an zwei weiteren Höhlen, bis man auf die **Baranco Hut (3950 m)** trifft. Die Hütte gilt als Basis für Alpinisten, die über die Gletscher des Southern Icefields zum Gipfel klettern. Normal-Wanderer sollten hier jedoch einen Tag Pause einlegen, bevor sie über die Barafu Hut den Aufstieg machen. Der Aufstieg über Arrow Glacier ist nur für erfahrene und physisch fitte Bergsteiger ratsam.

Für die Normal-Wanderer geht es weiter über die **Lava Tower Hut** der Shira- und Lemosho-Route und schließlich entlang dem Arrow-Gletscher zum Uhuru Peak. Der Abstieg erfolgt über die Mweka Route, die auch nur zu diesem Zweck geeignet ist.

Shira- und Lemosho-Route

Beide Routen beginnen beim **Londorossi Gate (2250 m)** an der Westflanke des Berges und vereinen sich auf dem 3600 m hohen Shira Plateau. Die Ausblicke in die weite Ebene in Richtung der Enduimet WMA und zu den schroff aufragenden Bergen des Meru und des Longido sind überwältigend.

Während die ursprünglich für Autos angelegte Piste entlang der Shira-Route einen schnellen Aufstieg zum Plateau ermöglicht, führt die zu bevorzugende Lemosho-Route anfangs noch durch dichten Wald und dann geradewegs auf die steil aufragende Shira Ridge zu, die man dann nördlich umgeht. Kurz zuvor befindet sich am Fuß der ehemaligen Kraterwand das **3 Shira One Camp (3610 m)**, von dem aus für Kletterer die Möglichkeit besteht, den Johnsell Point oder den Klute Peak zu erklimmen.

Die Gletscher am Kilimanjaro sind durch die Erderwärmung stark bedroht

tannp024 xb

tannp027 xb

Weiter geht ein ganzer Tagesmarsch nur über das weitläufige Plateau bis zum 4 **Shira Camp.** Von hier geht man durch ein riesiges Feld großer schwarzer Lavablöcke über den Shark's Tooth bis zur 4600 m hoch gelegenen Lava Tower Hut. Ab hier verläuft die Route wie die Machame (siehe Beschreibung oben).

Rongai-/Naremoru-Route

Vom Ort Rongai (auch Naremoru genannt) an der kenianischen Grenze im Nordosten des Berges beginnt eine der interessantesten Routen, wobei die Eingangsformalitäten in Marangu erledigt werden sollten. Der Nordhang ist spärlicher bewachsen als die Südhänge, dafür hat man stets freie Sicht in die Weiten der kenianischen Ebene bis hin zur Chyulu Range, einer Kette von Vulkanhügeln am Rande des Tsavo National Park. Auch den langsam näherkommenden Kibo hat man ständig vor Augen. Übernachtet wird auch hier in Zelten in der Nähe der ehemaligen Schlafhöhlen am Climbing und Bread Rock. Auf dem Saddle angekommen, kann man erst eine Schleife entlang den Ausläufern des Mawenzi einbauen, bevor man entweder über das Biwak Camp der **Outward-Bound-Hütte (4750 m)** bzw. School Hut oder über die Kibo-Hütte den Aufstieg zum Gipfel beginnt. Der Abstieg erfolgt über Marangu.

Diese Aussicht entschädigt für die Mühen des Aufstiegs

Mkomazi National Park | 294
Saadani National Park | 301

tannp111 jg

7 Eastern Safari Circuit

< Am Strand des Saadani National Park

Mkomazi National Park

Kaum bekannt „versteckt" sich auf der Ostseite der langen Bergkette Pare und Usambara Mountains der mit 3245 km² große, 2008 gegründete Mkomazi National Park. Hervorgegangen aus dem bereits 1951 gegründeten Game Reserve, ist der Park die **tansanische Fortsetzung für den kenianischen Nationalpark Tsavo West.** Die ursprünglich getrennt voneinander verwalteten Mkomazi und Umba Game Reserves haben nun eine gemeinsame Verwaltung mit Headquarter in der Nähe vom Zange Gate, nahe des Ortes Same.

Mkomazi ist der **Name** des Flusses, der in den nördlichen Sumpfebenen (saisonal) entspringt und weiter südlich in den Pangani fließt. Mkomazi bedeutet in der Sprache der Pare „Wasserquelle". Einer Sage nach setzt sich der Name aus den zwei Wörtern *Mko* und *Mazi* aus der Pare-Sprache zusammen. Mko bezeichnet einen kleinen Löffel, Mazi ist das Wort für Wasser. Es heißt, dass die Menschen vom Volk der Pare in den fruchtbaren und kühlen sowie ganzjährig grü-

Der unbekannte Safari Circuit

Der kaum bekannte Eastern Circuit umschließt die **Nationalparks Mkomazi und Saadani.** Veranstalter vor Ort ergänzen den Besuch dieser Parks gerne mit einer Tageswanderung am Kilimanjaro (von Moshi bzw. Marangu aus beginnend), bauen Abstecher in die West- oder Ost-Usambara-Berge (Amani Nature Reserve) ein, und – in Verbindung mit Dar es Salaam bzw. Sansibar als Start- oder Endpunkt – auch Bagamoyo, die historisch interessante erste Hauptstadt Deutsch-Ostafrikas. Flugverbindungen zu den Inseln bestehen von Saadani, mit dem Schnellboot lässt sich zur Nordspitze Sansibars übersetzen.

Der Eastern Circuit wird wenig besucht. Die meisten Touristen, die das erste Mal nach Tansania reisen, wählen den Norden oder den Süden, auch weil nahezu alle Veranstalter in Europa und in Tansania dem östlichen Teil Tansanias wenig Aufmerksamkeit schenken. Das liegt in erster Linie daran, dass sich in den Parks Mkomazi und Saadani **nicht auf Anhieb alle Tierarten** finden lassen. Besonders Großkatzen sind seltener zu Gesicht zu bekommen. Das liegt auch daran, dass man in den betreffenden Gebieten **oft nahezu allein unterwegs** ist, kaum anderen Autos begegnet und daher sehr auf sich selbst und einen guten Guide angewiesen ist, um Tiere in freier Wildbahn zu entdecken.

Beide Parks bestechen durch eine **beeindruckende und abwechslungsreiche Landschaft.** Mkomazi begeistert mit unendlichen Weiten und malerischen Bergen, Saadani zeigt sich grün mit Palmen und Akazien-Savannen und im Süden mit dem Highlight Wami River, auf dem eine Bootsfahrt einer Reise in den Dschungel des Kongo ähnelt …

nen Pare-Bergen der Meinung sind, dass die trockene und flimmernde Ebene keinem Menschen von Nutzen sei, da die Menge Wasser, die es da unten gibt, gerade einmal einen kleinen Löffel füllen würde.

Das Reservat erstreckt sich im Norden von den Pare Mountains bis zur „Umba-Steppe" im Küstenvorland. Der saisonale **Umba River** entspringt in den Usambara-Bergen, bildet einen Teil der Südostgrenze des Parks und mündet in Kenia in den Indischen Ozean. Die höchste Erhebung ist mit 1600 m der Kinondo Peak im Nordwesten von Mkomazi, im Südosten dagegen geht es bis auf etwa 200 m ü.N.N. hinunter. Das wenig besuchte Gebiet bietet eine faszinierende, raue Landschaft, die einen Teil der riesigen **Buschsavannen** des Tsavo-Ökosystems umfasst. Daher weist das Reservat eine artenreiche, grenzüberschreitende **Tierwelt** auf, u.a. Löwen, Geparden, Elefanten, Büffel, Giraffen, Zebras, Grant's-, Elen-, Orxy- und Gerenuk-Antilopen.

Die Schönheit dieser Wildnis resultiert aber auch aus den wechselnden Vegetationsformen mit einem deutlichen Übergang von Akazien- und Feigenbäumen der nördlichen Savannen zu den niederen und feuchten Buschwerken des Küstenvorlandes. Diese vielseitige Flora zieht viele **Vögel** an, etwa 400 Arten sind bisher registriert worden.

Bis in die 1990er-Jahre war Mkomazi nur die vernachlässigte Pufferzone des Tsavo West Park, in der Wilderer und ambitionierte Jäger die wandernden Tiere ins Visier nahmen. Die Maasai nutzten in Trockenzeiten die künstlich angelegten Wasserstellen für ihre Viehherden. Die nationale Parkverwaltung hat in den letzten fünfzehn Jahren gute Arbeit geleistet, Wildhüter (Ranger) sind im ganzen Park im Einsatz, die Jagd ist schon lange verboten und die Maasai dürfen trotz großer Proteste „ihre" Weideflächen nicht mehr nutzen.

Die Besucherzahlen waren bisher kaum der Rede wert, seit wenigen Jahren gibt es nun aber Unterkunftsmöglichkeiten in Form von schönen Safari-Camps sowie auch gut gelegene und angenehm eingerichtete Campingplätze. Ein regelmäßig gewartetes Wegenetz und das am westlichen Rande des Parks bilderbuchmäßig aufsteigende Gebirgsmassiv der Pare Mountains machen den Mkomazi zu **einem der schönsten Parks Tansanias** in der Rubrik **Landschaftskulisse.**

Landesweit genießt Mkomazi einen positiven Ruf. Während manche Parks in Afrika immer wieder wegen Wilderei in negativen Schlagzeilen landen, gibt es

034 ping

☒ Schlangenadler

Mkomazi National Park

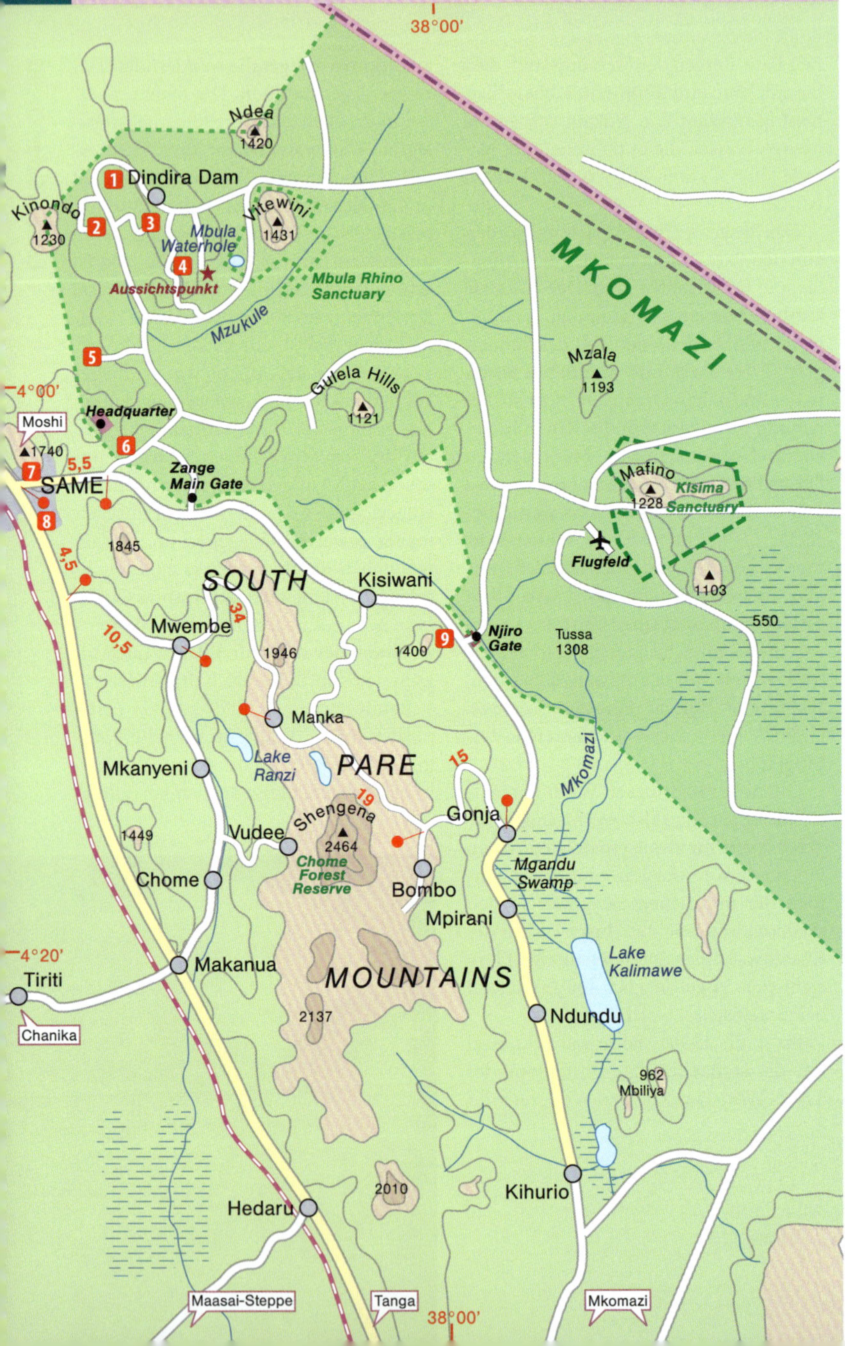

0 100 km
© Reise Know-How
Tansa17 4/24
38°30'
Campingplatz
1 Mkomazi Wilderness Retreat
2 Dindira Special Campsite
3 Vitewini Camping
4 Babu's Camp
5 Mkomazi View Camp
6 Zange Campsite
7 Amani Hostel
8 Elephant Motel
9 Mkomazi Hotel & Campsite
10 Maore Camping
11 Kamakota Camping
6 Entfernung in km
TSAVO WEST (SOUTH) NATIONAL PARK
4°00'
10
Maore Waterhole
NATIONAL PARK
886
Milimangombe
11
Kamakota
KENIA
TANSANIA
Karambatu
4°20'
Kamakota Posten
Kamba
Ngomei Post
Mbalamu
Mnazi
Kivingo
Mabata Waterhole
USAMBARA MOUNTAINS
Lelwa
Umba Post
Mtae
2219
Umba River
Lushoto
Tanga
38°30'

tan012 jg

innerhalb des Mkomazi nochmals zwei große, eingezäunte Areale mit hohen Sicherheitsvorkehrungen.

Im größeren **Kisima Sanctuary** werden **Nashörner und Wildhunde gezüchtet,** um damit einen Grundstock für die Wiederauswilderung in andere tansanische Nationalparks zu bilden. Begonnen hat dieses Tierschutzprojekt mit den zwei vom Aussterben bedrohten Tierarten. Sie steht unter der Schirmherrschaft des britisch-kenianischen *George Adamson Wildlife Preservation Trust* sowie der Organisation *Wildlife NOW.* Die Parkverwaltung TANAPA hat in den letzten Jahren noch weitere Nashörner (auch aus europäischen Zoos) zu Zuchtzwecken dazugeholt.

Interessierte, die den Rhinos einen Besuch abstatten wollen, haben die Wahl zwischen dem kleineren, eigens für Besucher errichteten **Mbula Rhino Sanctuary,** in dem man für 35 $ pro Person eine **einstündige Tour im offenen Wagen** vornehmen kann, oder dem **Hauptgehege von Kisima** für 200 $ pro Person. Der Aufenthalt in Kisima ist nicht zeitbegrenzt, es kann aber schon mal vorkommen, dass man nicht nah an die Rhinos herankommt bzw. diese überhaupt sieht. Das viel besuchte *Mbula Rhino Sanctuary* behergt vor allem Nashorn-Weibchen mit ihrem Nachwuchs und teilweise von ihnen getrennte, ältere Zuchtbullen. Zu Fuß in Begleitung eines Trackers, aber auch von Wachtürmen aus kann garantiert werden, dass Sie ein oder mehrere Rhinos zu Gesicht kriegen. Beide Gehege können nur im Beisein eines Wildhüters bzw. in den Fahrzeugen der Parkverwaltung besucht werden.

Kaffern- bzw. Afrikanischer Büffel

Beste Besuchszeit/ Im Reserve unterwegs

Der Mkomazi National Park lässt sich das ganze Jahr über besuchen, mit Einschränkung während der großen Regenzeit von März bis Mai.

Der **Eintritt** erfolgt über das neue **Zange Main Gate** und über das **Njiro Gate.** Bei den Ranger-Posten *Kamakota* und *Umba* im Südosten des Schutzgebietes darf der Park lediglich verlassen werden, jedoch nur nach vorheriger Anmeldung am Zange Gate.

Die Pisten setzen **Vierradantrieb** voraus, Treibstoff ist nur in den Orten Same, Kisiwani und Gonja erhältlich.

Von den Unterkünften und den Campsites lässt sich das Gebiet auch **zu Fuß erkunden.** Dies darf nur in Begleitung eines bewaffneten Rangers erfolgen und setzt ein eigenes Fahrzeug voraus, um einen Ranger vom Headquarter oder Zange Gate abzuholen und diesen nach der Wanderung dorthin zurückzubringen. Die Verwaltung am Main Gate vermietet keine Wagen. Im Nordwest-Sektor (Ibaya genannt) befinden sich einige hoch aufsteigende Hügelketten, von denen sich sagenhafte Ausblicke bieten. Bisher bieten nur wenige Safari-Unternehmen eine mehrtägige Tour im Mkomazi an.

Der **Tierbestand** von Mkomazi hat sich über die letzten Jahre merklich vermehrt. Wenn auch früher noch sehr selten, lassen sich heute schon fast regelmäßig Elefanten und Löwen sehen. Der Safaritourist wird mit exklusiven Tierbegegnungen belohnt – meist allein, fast schon als „Entdecker“ in der schönen Wildnis des Mkomazi. Gute Wildbeobachtungsgebiete finden sich im Nordwesten des Parks bei Ibaya und im Osten beim Maore-Gebiet (auch *Super Bowl* genannt) an der kenianischen Grenze. Für Erstbesucher ist die Erkundung des Nordteils rund um den Dindira Dam zu empfehlen sowie die tolle Fahrt das Tal hinauf in Richtung Viewpoint Vitewini.

In Moshi bieten u.a. Shah Tours, Zara, Mauly Tours und Summit Expeditions Camping- oder Lodge-Safaris im Mkomazi National Park an.

Anreise und Gebühren

- Mkomazi kann **von Moshi/Same** relativ schnell erreicht werden, auch die teilweise asphaltierte Straße vom südlich gelegenen Ort **Mkomazi** in Richtung Njiro Gate ist gut zu befahren. Im Reserve gibt es auch eine **Landepiste** für Motorflugzeuge.
- Die **Eintrittsgebühren** betragen **35,50 $ pro Person und Tag** (12 $ für 5- bis 16-Jährige).
- Die **Rangerbegleitung** bei Fußmärschen wird mit **23 $** berechnet.

Camping/Unterkunft

2 Mit der Hügelkette im Rücken ist die **Dindira Special Campsite** in unmittelbarer Nähe zum tierreichen Dindira Dam 14 km nördlich vom Zange Gate sehr zu empfehlen. Die Special Campsite kostet 59 $ p.P. und Nacht und bietet lediglich eine freie Fläche zum Campen; Duschen und WC-Häuschen fehlen. Für den höheren Preis genießt man hier Exklusivität (niemand sonst teilt mit Ihnen den Zeltplatz!).

6 Die **Zange Campsite** (35,50 $ p.P.) befindet sich nach dem Parkzugang 4 km hinter dem Zange Gate. Sie ist mittlerweile gut ausgestattet und liegt schön an einem Hang mit tollem Blick auf die Pare-Berge. Die Parkverwaltung hat ein WC und Duschhäuschen errichten lassen.

3 Die wahrscheinlich schönste Campingmöglichkeit bietet die (sehr windige) Höhe bei **Vitewini** (59 $ p.P.). Allerdings erlaubt die Parkverwaltung hier nicht immer das Special Campen. Wegen der extremen Höhe sind hier kaum Tiere anzutreffen, dafür ist die Aussicht über die unendliche Weite der afrikanischen Landschaft phänomenal!

10 Eine weitere Special Campsite heißt **Maore** und liegt weit im Osten des Parks direkt an der Grenze zu Kenia bei dem gleichnamigen saisonalen Wasserloch. Hier ziehen oft Elefanten durch. Auch hier kostet das Camping 59 $ p.P.

11 Eine schöne Campsite, aber sehr selten besucht, ist **Kamakota** im zentralen südöstlichen Teil des Parks (35,50 $ p.P.).

Einfache **Hotels und Guesthouses** stehen im Distriktort Same und Gonja Kisiwani zur Verfügung. In Same sind insbesondere das 8 **Elephant Motel** zu erwähnen sowie das von der *Lutheran Mission* geführte Gästehaus 7 **Amani Hostel** mit sehr angenehmen Zimmern. Nur ein Kilometer außerhalb vom Njiro Gate befindet sich das 9 **Mkomazi Hotel & Campsite.** Die **Campingmöglichkeit** unweit des Parkeingangs bietet eine Alternative zu den höheren Kosten der parkinternen Campsites.

1 **Mkomazi Wilderness Retreat**②-③

www.mkomaziwilderness.com. Das neueste Camp des Mkomazi liegt zugleich am besten Platz im Nordwesten des Parks an einem Hügel mit herrlichem Blick über die von Bergen malerisch eingerahmte Savanne, an deren Ende sich bei gutem Wetter der Kilimanjaro zeigt. Der Blick hinunter zum Indira Dam eignet sich hervorragend zur **Tierbeobachtung,** insbesondere vom sehr schön platzierten Sundowner und Feuerplatz des Camps. Die deutschen Eigentümer und Betreiber haben sich hier einen Traum erfüllt und bieten neben einer guten Küche mitsamt zuvorkommendem Service sieben sehr schön gebaute Zeltzimmer auf Stelzenbau. Alle mit eindrucksvollem Blick in die Savannenlandschaft.

5 **Mkomazi View Camp**②

www.african-view.com. Zweckmäßig, aber sehr gut angelegtes und von deutschen Inhabern geführtes kleines Safari-Camp in einem Tal unweit des Zange Gates. Durch die Lage am Ende des Stichweges bietet das Camp eine sehr große Exklusivität. Hier ist man wirklich alleine in der tollen Kulisse eines auch in der Trockenzeit noch Wasser speisenden Tals, in welchem immer wieder Elefanten und andere Tiere unmittelbar am Camp vorbeiziehen. Die sechs etwas kleineren Zelte sind bestens angeordnet und eingerichtet. Mkomazi View bietet ein sehr faires Preis-Leistungs-Verhältnis.

4 **Babu's Camp**③-④

www.babuscamp.co.tz. Das Camp verfügt über sechs Zelte, die wunderschön in Hanglage liegen und einen herrlichen Ausblick auf den Nord-Mkomazi bieten. Alle Wohn-Zelte verfügen über ein mit dem jeweiligen Zelt verbundenes Badezimmer mit einer Außendusche und Toilette. Die Betten sind groß und bequem, das Team eher klein, aber bemüht. Das Camp ist leider etwas in die Jahre gekommen.

⊡ Der Saadani National Park grenzt an den Indischen Ozean

Saadani National Park

Der Park

Das im Jahr 2000 zum Nationalpark ausgerufene Saadani-Wildschutzgebiet (zuvor *Game Reserve*) ist eine **Besonderheit an der Ostküste des afrikanischen Kontinents.** Nur hier kann man beobachten (allerdings selten), wie Elefanten, Büffel und auch Löwen bis ans Ufer des Indischen Ozeans treten. Zudem ist hier die nördlichste Population der seltenen **Roosevelt-Rappen-Antilope** in Tansania beheimatet (ca. 200 Tiere). Außerdem besitzt Saadani große Bestände an Giraffen, Büffeln, Gnus, Kuhantilopen (Topi), Elenantilopen, Duckern, Riedböcken, Wasserböcken, Warzenschweinen und Zebras; Leoparden sind hier ebenfalls heimisch, wenn auch seltener zu sehen. Die Galeriewälder entlang der Flüsse bilden den Lebensraum einer Unterart von Angola-Stummelaffen, der **Palliatus-Schwarzweiß-Guerezas.**

Das Potenzial von Saadani ist groß. Es handelt sich um den einzigen Tierpark, in dem sich eine Tierbeobachtungsfahrt bzw. eine Fuß-Safari mit einem **Bad im Indischen Ozean** und einem Seafood-Barbeque an einem der vielen herrlichen Sandstrände abschließen lässt. Die ganz besondere Attraktion aber ist die Fahrt mit einem Motorboot auf dem **Wami River,** ein Erlebnis, das man in dieser Form in den nördlichen Parks nicht hat. Der stark mäandernde Fluss erinnert an den Dschungel des Kongo. Die Tierwelt des Parks ist hier sehr gut zu beobachten.

tan115 jg

Saadani National Park

Übernachtung

1 A Tent with a View Safari Camp
2 Tourist Cottage Units
3 Saadani Safari Lodge
4 Miseni Retreat
5 Kisampa Bush Retreat

Neben unzähligen Flusspferd-Gruppen, Krokodilen, Affen und einer verblüffenden Vogelwelt lassen sich am Flussufer auch regelmäßig Elefanten in den frühen Morgenstunden blicken, und wer Glück hat, erlebt auch die Flussdurchquerung der großen Dickhäuter im Schnorchel-Schwimmgang!

Der 1148 km² große Nationalpark reicht im Norden von der **Msangazi-Flusslandschaft** (auch Mkwaja North genannt) bis zum Mittellauf des **Wami River** im gleichnamigen, von Mangroven bestandenen Flussdelta; die Nord-Süd-Ausdehnung beträgt etwa 70 km und ist damit mehr als viermal so groß wie im Fall des früheren Game Reserve. Ein mittlerweile umfangreiches Wegenetz, von Wildtieren regelmäßig aufgesuchte Wasserlöcher sowie zahlreiche Sumpf- und Savannengebiete bieten gute Bedingungen für Tierbeobachtungen. Im letzten intakten **Urwald Zaraninge Forest** können ausgedehnte Spaziergänge unternommen werden.

Der Großteil der **Küstenlinie** liegt nicht innerhalb des Parks; die hier verstreut und einsam gelegenen, kleinen Dörfer leben vom Fischfang und bescheidenem Ackerbau (Reis, Maniok, Bananen usw.). Ausgenommen sind das Wami-Flussdelta – hier reicht die Parkgrenze bis an den Indischen Ozean –, und bei Madete stehen noch 30 km² Küstengewässer unter Sonderschutz. Hier befindet sich eines der letzten Fortpflanzungsgebiete der vom Aussterben bedrohten Grünen Seeschildkröte. An vielen Stellen die Küste entlang breiten sich traumhafte, nahezu menschenleere Strände aus, biegen sich Palmen gen Horizont, da wo die Sonne frühmorgens aus dem Meer taucht. Die vorgelagerten Riffe und bei Ebbe auftauchende Sandbänke laden zu Schnorchel- und Tauchgängen ein. In den Gewässern tummeln sich hin und wieder auch Delphine.

Der Saadani National Park steht in deutlichem **Kontrast zu den Parks im Norden.** Mit der Fülle an Tieren, wie man Sie im Ngorongoro oder in der Serengeti vorfindet, kann der Park nicht konkurrieren. Landschaftlich hat Saadani jedoch seine Reize. Küstentypische Akazien *(Acacia zanzibarica),* Doum- und Borassuspalmen, Mangroven und Sumpfsavannen stehen für echtes Buscherlebnis. Das Küstenvorland präsentiert sich hauptsächlich flach, mit einigen bis zu 300 m hohen Erhebungen im Westen des Parks.

tannp112 jg

Schwarzweiß-Guereza

Obwohl unweit von Dar es Salaam und direkt gegenüber von Sansibar gelegen, kommen bisher nur wenige Besucher nach Saadani.

Als Enklave im Park liegt das **Küstendorf Saadani** direkt gegenüber von Zanzibar Town. Der Ort war vom Beginn des 19. Jahrhunderts an, zusammen mit Bagamoyo, Anfang der zentralen Karawanenroute nach Tabora. *Burton* besuchte den Ort, bevor er mit *Speke* seine Entdeckungsreise zum Tanganyika-See startete. Die wenigen hier stationierten Araber lagen jedoch in ständigem Kampf mit dem einheimischen Volk der Doe und konnten daher Saadani nicht so beherrschen, wie dies für Pangani und Bagamoyo der Fall war. Saadani wurde schließlich ganz aufgegeben, und auch während der deutschen Kolonialzeit gab es hier zunächst nur einen Wachtposten. Nach dem Araber-Aufstand errichtete die kaiserliche Schutztruppe auch hier ein Fort, das heute als Ruine im Norden des Dorfes zu besichtigen ist. In Richtung Parkverwaltung erinnern Grabtafeln an die einstige deutsche Präsenz. Saadani ist heute ein kleines Dorf, das jahrzehntelang von der Teilhabe am Fortschritt ausgeklammert war.

Anreise und Gebühren

Im Saadani-Park befinden sich mehrere Landepisten für **Flugzeuge.** Besonders über die Landebahn bei der Saadani Safari Lodge fliegen Zan Air, Coastal Aviation und Tropical Air (siehe bei Sansibar) den Park regelmäßig an.

Über die **Brücke über den Wami River** ist der Saadani National Park von Dar es Salaam auf dem Straßenweg schnell zu erreichen (3 Std., Wami Entrance Gate). Die Piste, die vom Norden (Pangani/Mkwaja) nach Saadani (Made-te Gate) führt, ist mittlerweile ganzjährig zu befahren, setzt aber einen guten Geländewagen voraus.

Die **Anfahrt** erfolgt am besten über Mandera (Mvave Gate) und Bagamoyo. Die Anreise mit der Eisenbahn ist nicht möglich. Die Parkgebühren betragen **35,50 $ p.P. und Tag.**

Beste Besuchszeit

Der Saadani lässt sich **außer in den Regenmonaten April bis Mitte Juni das ganze Jahr über** besuchen. Gut ist die etwas kühlere Zeit zwischen Juni und Oktober, aber auch die anderen Monate eignen sich; nachts lässt es sich gut ohne Klimagerät auskommen, da die Meeresbrise leichte Kühlung gewährt.

Im Park unterwegs

Ein **ausreichendes Wegenetz** macht mit dem Geländewagen die Erkundung fast des gesamten Gebietes möglich (Allrad-Antrieb ist ein Muss!). Bei den Park gates und dem Headquarter gibt es einen Prospekt des Parks mit sehr guter Karte zum Gebiet. Neben den erwähnten **Bootstouren** im Wami-Flussdelta (zu buchen über Saadani Safari Lodge oder direkt über die Parkverwaltung) können auch **Fuß-Safaris mit Rangern** unternommen werden (23 $ pro zwei bis dreistündiger Tour).

Unterkunft

Tented Camps

3 Saadani Safari Lodge③
Buchung über www.saadanisafarilodges.com. Gemütliches Tented Camp unter lokaler Leitung 1 km nördlich vom Fischerort Saadani. 15 Zeltbandas und ein im Makuti-Stil errichtetes Restaurant (frische Garnelen direkt aus dem Meer) liegen am Strand. Der Sand ist allerdings aufgrund der Nähe zur Mündung des Wami River nicht besonders hell, das Meerwasser ist trüb. Im Angebot sind Wildbeobachtungsfahrten, Bootsafaris, Fat-Bike-Fahrradtouren und Fuß-Safaris. Das Camp liegt sehr zentral im Saadani, sodass alle Parkgebiete gut erreicht werden können (mit Ausnahme Zaraninge Forest).

1 A Tent with a View Safari Camp②
www.tentwithaview.com. Acht auf etwa 2 m hohen Stelzen gebaute Zeltbungalows liegen verteilt unter großen Palmen. Alle haben eine Terrasse mit Hängematte. Ein offener zentraler Aufenthaltsbereich komplett aus Holz in 3 m Höhe verschafft nicht nur einen tollen Ausblick über das Meer, es bläst auch die Brise vom Ozean durch das ansonsten sehr dichte Buschwerk auf dem Gelände des Camps. A Tent with a View bietet eigene Pirschfahrten und Walking-Safaris im Saadani an und holt Gäste direkt am Mkwaja Airstrip ab. Das Camp liegt 4 km südlich des Ortes Mkwaja.

5 Kisampa Bush Retreat②
www.kisampa.com. Kisampa ist ein einfaches Buschcamp im Süden außerhalb des Saadani-Parks zwischen Zaraninge Forest und Wami River, also etwa 10 km Luftlinie vom Ozean entfernt. Kisampa kann mit dem Fahrzeug oder über einen privaten Airstrip erreicht werden.

4 Miseni Retreat①-②
www.kijanicollection.com. Ein Urwaldcamp für Forscher, aber auch für Reisende, die gerne einen tieferen Einblick in Flora und Fauna gewinnen wollen. Betreiber ist *Costa,* ein Burundi-Grieche, dessen Liebe und Engagement für den Busch, für Naturschutz und Kooperation mit den umliegenden Dörfern ansteckend sind. Die Unterbringung erfolgt in einfachen, kleinen und sauberen Holz-Chalets, das Essen ist, wie in Forschercamps üblich, Gemeinschaftssache. Botaniker, Zoologen und im Naturschutz Engagierte verweilen hier regelmäßig. Miseni ist ein Erlebnis, von dem man persönlich profitieren kann. Das Gebiet, um das es geht, ist der Gongo Forest mit Umland, besonders dem Elefanten-Korridor zwischen Wami River und Saadani-Park wird viel Aufmerksamkeit geschenkt. Um nach Miseni zu kommen, ist ein eigenes Fahrzeug unumgänglich. Es gibt auch eine Dalla-Dalla-Verbindung über Saadani Village. Sehr empfehlenswert.

Camping und Park-Unterkünfte

■ **Zelten** kostet **30 $** p.P. und Nacht. Campingplätze sind über die Parkverwaltung ausgewiesen. Zu empfehlen ist der **Campingplatz am Strand** (ausgeschildert) unweit des Flugfeldes im zentralen Bereich des Parks. Nebenan und ebenfalls in Strandnähe befindet sich auch das **Park Resthouse** sowie die **2 Tourist Cottage Units** (Bandas). Es sind einfache Zimmer mit geringer Belüftung, die je nach Zimmer 47 bis 59 $ *(room only)* kosten. Die angeschlossene Kantine ist einfach und zweckmäßig und es lässt sich dort gut essen.

Kitulo National Park | 341
Mikumi National Park | 325
Nyerere National Park | 308
Ruaha National Park | 335
Udzungwa Mountains National Park | 331

8
Southern Safari Circuit

Sanje-Wasserfall im Udzugwa National Park

Nyerere National Park

Der Park

Der 2019 gegründete **Nyerere National Park** (*Njärere* ausgesprochen) ist mit über **31.000 km^2** aus der Selous Game Reserve, die schon 1982 von der **UNESCO** zum **Weltnaturerbe** erklärt wurde, hervorgegangen und damit **der größte Nationalpark Tansanias.** Von den ursprünglichen **52.000 km^2** (einst das **größte Wildschutzgebiet Afrikas!**) behalten die östlichen Sektoren des Reservates weiterhin die Bezeichnung **Selous Game Reserve.** Zusammen mit dem nördlich der Ta-Za-Ra-Eisenbahn angrenzenden Mikumi National Park, dem westlichen Udzungwa National Park sowie dem **Kilombero Nature Reserve** bildet der Nyerere Nationalpark ein gigantisches Ökosystem, das eine Fläche so groß wie Österreich einnimmt.

Dass ein so riesiges Gebiet vom Menschen größtenteils verschont geblieben ist und sich hier eine Insel natürlichen Afrikas bewahrt hat, ist u.a. der **Tsetse-Fliege** zu „verdanken". Die insbesondere im südlichen Selous vorkommende Fliegenart überträgt auf den Menschen die Schlafkrankheit und auf Rinder die tödliche Nagana-Seuche. Die Wahrscheinlichkeit im nördlichen Teil des Parks eine **Schlafkrankheit** zu bekommen, ist äußerst gering; für Besucher besteht **kein Grund zur Besorgnis.**

Southern Circuit – Die unterschätzte südliche Safari-Region

Der Southern Safari Circuit umfasst im Wesentlichen die **Nationalparks Ruaha, Udzungwa und Mikumi sowie den Nyerere National Park.** Auch wenn sich diese Gebiete im zentralen und südöstlichen Teil des Landes befinden, hat sich dennoch der Begriff Southern Circuit etabliert, wenn von den genannten Parks die Rede ist. Ausgangspunkt für eine Reise in die Region ist die Hauptstadt Dar es Salaam.

Der Southern Circuit ist im Vergleich zum Norden des Landes weniger besucht. Das liegt nicht an der fehlenden Schönheit der Region oder an einer geringeren Tiervielfalt, denn dafür könnten die **Landschaften** der südlichen Parks nicht unterschiedlicher sein. Das Wild-Erlebnis ist ebenso facettenreich wie im Norden des Landes, wenngleich die Serengeti und der Ngorongoro-Krater eine höhere Dichte an Tierarten aufweisen können. Für viele Spezialisten der Safari-Szene gelten gerade der Nyerere und der Ruaha als echte Tipps im östlichen Afrika. Dazwischen platzieren sich die Serengeti-ähnlichen Savannenlandschaften des Mikumi National Park sowie die steile Berg-Urwaldkulisse mitsamt dem Sanje Wasserfall und seinen seltenen, endemischen Affenarten des Udzungwa National Park als weitere Highlights. Nicht zuletzt sind die Parkgebühren niedriger als im bekannten Norden des Landes. Allerdings sind die Anfahrtsstrecken zu und zwischen den jeweiligen Parks (und zurück bis Dar es Salaam) länger als bei einer Safari im Norden des Landes, wo die Stadt Arusha den Start und Endpunkt bildet.

Lange Zeit war der Selous nur ein Ziel für Besucher mit gut gefülltem Geldbeutel. Einfache Unterkünfte außerhalb der Reservatsgrenzen machen nun auch kostengünstigere Aufenthalte im Nyerere National Park möglich. Der Erlebniswert steigt aber, wenn man in einem der Safari-Camps im Herzen des Parks entlang der Seen und Flussarme gastiert.

Ausgangsort für einen Besuch des Nyerere ist Dar es Salaam oder Morogoro. Eine Anreise direkt vom Mikumi National Park ist nicht möglich. Der Park kann **mit dem Geländewagen,** auf Fußmärschen **in Begleitung bewaffneter Ranger (Walking-Safaris)** oder mit dem **Motorboot** erkundet werden. Besonders die Möglichkeit, den Park auf **Wanderungen** zu erkunden, lässt einen „eins werden" mit der heißen, rauen afrikanischen Natur und deren Tierwelt. Die **Bootsfahrten in dem Labyrinth von Flussarmen und Seen** garantieren abenteuerliche Erlebnisse zwischen Flusspferden und Krokodilen. Der Selous bietet diesbezüglich **keine vorgegaukelte Safari-Atmosphäre:** Keine künstlichen Wasserlöcher an Lodgeterrassen und auch keine Flut von Minibussen, wie etwa in kenianischen Nationalparks, verfälschen hier den Eindruck einer wahrhaft unberührten afrikanischen Natur. Nichts hat sich verändert, seit *Burton* und *Speke* 1857 den Norden des heutigen Selous durchwanderten, auf der Suche nach den mysteriösen Nilquellen im Herzen Ostafrikas – zeit- und endlos präsentiert sich der Selous, Afrikas größte geschützte Wildnis als Teil des Weltnaturerbes.

Der nördliche Teil

Für Besucher des Nyerere National Park ist das **Gebiet nördlich des Great Ruaha und Rufiji River** zugänglich. Dieser Teil wird meist **Northern** oder **Photographic Sector** genannt. Geplant ist, auch einen Teil, der südlich an den Great Ruaha angrenzt, für Besucher zugänglich zu machen.

Seit 2018 wird an einem für Naturschützer fragwürdigen **Mega-Staudamm** im Herzen des Nyerere/Selous-Schutzgebietes gebaut. Das als **Julius Nyerere Hydrodam** bezeichnete Bauwerk soll das Wasser in einer 8 km langen Schlucht, die nach dem deutschen Ingenieur und Forscher *Franz Stiegler* benannt wurde, gestaut. Ursprünglich hat sich hier der mächtige Rufiji-Strom in Tausenden von Jahren einen 100 m breiten und tiefen Weg durch das Granit-Gestein gefräst. Mit dem Bau des Staudamms wird die Einmündung des Great Ruaha River aus dem gleichnamigen Nationalpark geflutet werden und viele schöne Flusstallandschaften (Naturwunder des einstigen Selous-Ökosystems) werden in den Wassermassen verschwinden. Östlich der Staumauer wird der Rufiji zwar weiterhin die flachen Ebenen des Küstenvorlandes durchfließen. Es bleibt jedoch fragwürdig, ob hier in der Regenzeit weiterhin großflächig überschwemmte Gebiete entstehen werden. Auch in Bezug auf den dortigen Tourismus gibt es noch einige offene Fragen. Je nachdem wie viel Wasser in den Flusslandschaften übrig bleibt, ist es möglich, dass einige Safari Camps dann entlang ausgetrockneter Flussarme liegen. Zudem könnte sich der Wildbestand weiter verringern und zu den dann

Frederick Courteny Selous

Vor über 100 Jahren war *Frederick C. Selous* ein unter Europäern gut bekannter und beliebter Engländer, der zwischen Ostafrika und Kapstadt Großwildjagden veranstaltete. 1908 hatte er sogar die Ehre, eine Trophäenjagd für den amerikanischen Präsidenten *Roosevelt* zu organisieren, da keiner den afrikanischen Busch und seine Gefahren besser kannte als der schon zu Lebzeiten Legendenstatus genießende *Selous* – **ein britischer Buffalo Bill in Afrika.** *Selous* diente dem Schriftsteller *Rider Haggard* als Vorbild für seinen Helden „Allan Quatermain" und dessen Abenteuer im Land König *Salomons*. Im rhodesischen Unabhängigkeitskampf wurde die Anti-Terroristen-Spezialeinheit der kolonialen Regierung „Selous Scouts" genannt.

Nach Ausbruch des Ersten Weltkriegs meldete sich *Selous* im Alter von 63 Jahren bei den „British East African Forces" und kämpfte gegen die deutschen Truppen, bis er am 4. Januar 1917 am Beho Beho River in einem Gefecht mit *Lettow-Vorbeck* und seinen Truppen von einer Gewehrkugel tödlich getroffen wurde. So starb er in der rauen Wildnis, die immer sein Zuhause gewesen war. Sein Grab, zu dem auch eine Piste führt, liegt nahe des Beho Beho. Mit der Errichtung des großen Wildschutzgebietes nach dem Krieg lag nichts näher, als das *Game Reserve* nach dem beliebten Gentleman und Großwildjäger *Frederick C. Selous* zu benennen. Ein Name, den auch die junge tansanische Regierung nach der Unabhängigkeit zunächst nicht geändert hat . Auch nach der Umbenennung des touristischen Hauptteils des großen Schutzgebietes in Nyerere National Park behält der kleinere östliche Teil den Namen Selous bei.

noch vorhandenen Wasserstellen abwandern. Trotz dieser Unwägbarkeiten wird das Projekt voraussichtlich 2025 in Betrieb genommen.

Während das Parkgebiet entlang des Rufiji zwischen der Stiegler's Gorge bzw. der Nyerere Staudammmauer und dem östlichen Mtemere Entrance Gate auf ungefähr 70 m Höhe liegt, ragen im nördlicheren Teil des Parks ein paar **Berge** aus der sonst nur leicht hügeligen Landschaft auf, etwa der 670 m hohe Mt. Beho Beho und der 754 m messende Mt. Nyamambi. Im fernen Süden des Nyerere National Park erreichen kleinere Bergketten Höhen bis 1000 m.

Auf dem Fluss selber verkehren keine Schiffe, da der Rufiji in den letzten Jahrzehnten stellenweise sehr versandet ist und daher nur wenig Tiefgang aufweist. Die letzten Dampfschiffe, mit Längen bis zu 50 m, fuhren in den 1930er-Jahren die Strecke zwischen Utete und dem Indischen Ozean.

Das Binnendelta der Rufiji-Seen

Der ab der Nyerere Staumauer/Stiegler's Gorge östliche Teil des Rufiji ist die **zentrale Attraktion des Nyerere National Park,** hier befinden sich auch die Safari-Camps. Nach der Schlucht verbreitert sich der Fluss zu einem **großen Binnendelta,** das aus zahlreichen Inseln, Sandbänken, Seen und Nebenflüssen besteht. Der Grund für diese scheinbar uferlose Ausdehnung ist eine Aufstauung der abfließenden Wassermassen aufgrund sehr geringem Fließgefälle und reichlich Akkumulation und Sedimentation von Erdmaterial, welches der Strom Jahr für Jahr tonnenweise anschwemmt. Bei einem Landeanflug lassen sich zahlreiche Sandflächen und Sandbänke aus der Luft be-

☐ Spitzmaulnashorn im Profil

043 otte

Nyerere/Selous/ Mikumi/Udzungwa

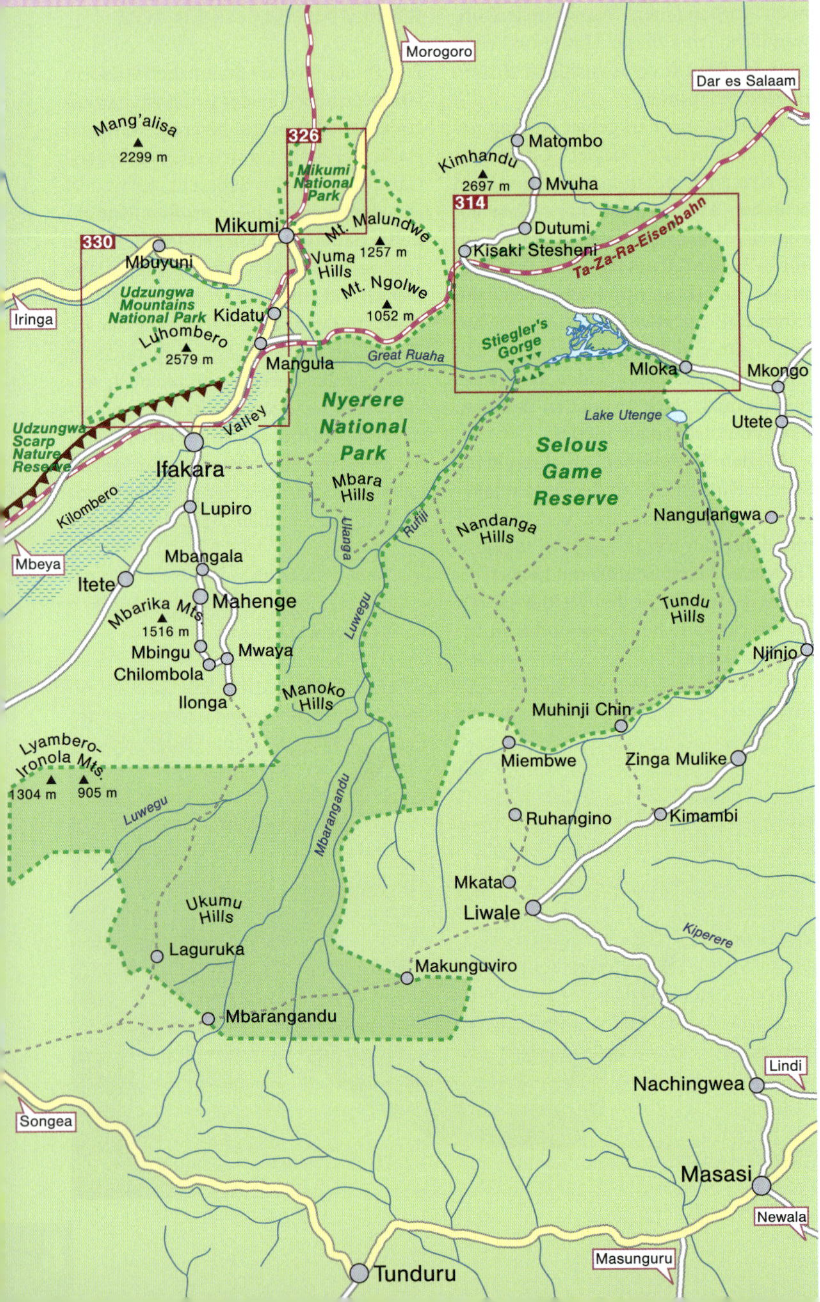

trachten. Hinzu kommt, dass der Rufiji-Strom im El-Niño-Jahr seinen Verlauf geändert hat. Diese Verlaufsänderung hat dem Binnendelta des Nyerere Parks sein vorerst endgültiges Aussehen verliehen. Denn der nun in einem Bogen fließende **Rufiji verbindet die Seen Tagalala, Manze, Nzelakela, Siwandu und Mzizimia.** Verstärkt durch die dichte Ufervegetation und die Borassus-Palmen stellt dieses riesige Wasserlabyrinth eine undurchdringliche, ungezähmte und geheimnisvolle Wildnis dar. Landschaftlich ist dieser Teil des Selous ein in Ostafrika einzigartiges Gebiet, **vergleichbar mit dem Okavango-Delta in Botswana,** aber mit wesentlich geringeren Besucherzahlen und einem viel spärlicheren Wegenetz, sodass die Atmosphäre des Gebiets noch ursprünglicher ist – für mich persönlich ein letztes Stück „ursprüngliches Afrika".

Geschichte und Wildschutz

Das immer noch als Selous Game Reserve bekannte Gebiet, eines der ältesten Wildschutzgebiete Afrikas, ging hervor aus mehreren von der deutschen Kolonialverwaltung 1905 gegründeten Tierreservaten; 1922 wurde das Reservat von der britischen Mandatsverwaltung errichtet. Bis zu dem Zeitpunkt (und unter älteren Menschen auch noch lange danach) war das Gebiet bei der einheimischen Bevölkerung als **Shamba la bibi** („Grundstück der Frau") bekannt: Es heißt, Kaiser *Wilhelm* habe die hier entstandenen Tierreservate seiner Frau 1910 zum Hochzeitstag geschenkt.

Während des Ersten Weltkriegs war der nördliche Selous **Schauplatz von Gefechten** zwischen englischen Truppen und dem letzten Rest der kaiserlichen Schutztruppe unter dem Kommando von General *von Lettow-Vorbeck.* Unterhalb der Beho Beho Lodge fand eines der tagelangen Stellungsscharmützel statt. Noch heute sind die Schützengräben der Schutztruppe zu sehen, mit etwas Glück lässt sich sogar noch eine Patronenhülse finden. Am unteren Ende des sog. Beho Beho Battlefield befindet sich das Grabmal von *Frederick C. Selous* (→ Exkurs, S. 310).

Anfang der **1980er-Jahre** baute man Pisten in den Selous, denn es ging die Hoffnung um, im Park Ölfunde zu machen. Eingeleitet wurde damit auch das **Jahrzehnt der hemmungslosen Wilderei.** Rohöl wurde keines gefunden, doch das Wegenetz sorgte dafür, dass über 75.000 Elefanten und über 2500 Nashörner abgeschlachtet und abtransportiert werden konnten. 30.000 Elefanten und wahrscheinlich nur 40 Nashörner überlebten die langjährigen Massaker. Der Großteil des Elfenbein- und Nashorn-Schmuggels ging über den Norden Mosambiks, aber auch über tansanische Kanäle. Die Regierung reagierte erst spät und startete Ende der 1980er-Jahre die **Offensive Uhai,** in deren Rahmen ganze Militäreinheiten im Süden des Selous stationiert wurden. Auf Initiative der GTZ (Gesellschaft für Technische Zusammenarbeit, seit 2011 Teil der GIZ/ Gesellschaft für Internationale Zusammenarbeit), bezuschusst mit Millionenbeträgen aus Deutschland, wurde das langfristige Projekt der **Wildbewirtschaftung im Selous** ins Leben gerufen. Ziel war es, 41 Dorfgemeinden, die entlang der Reservatsgrenze liegen, mit in den Natur- bzw. Wildschutz einzubin-

Selous Game Reserve (Beho-Beho)

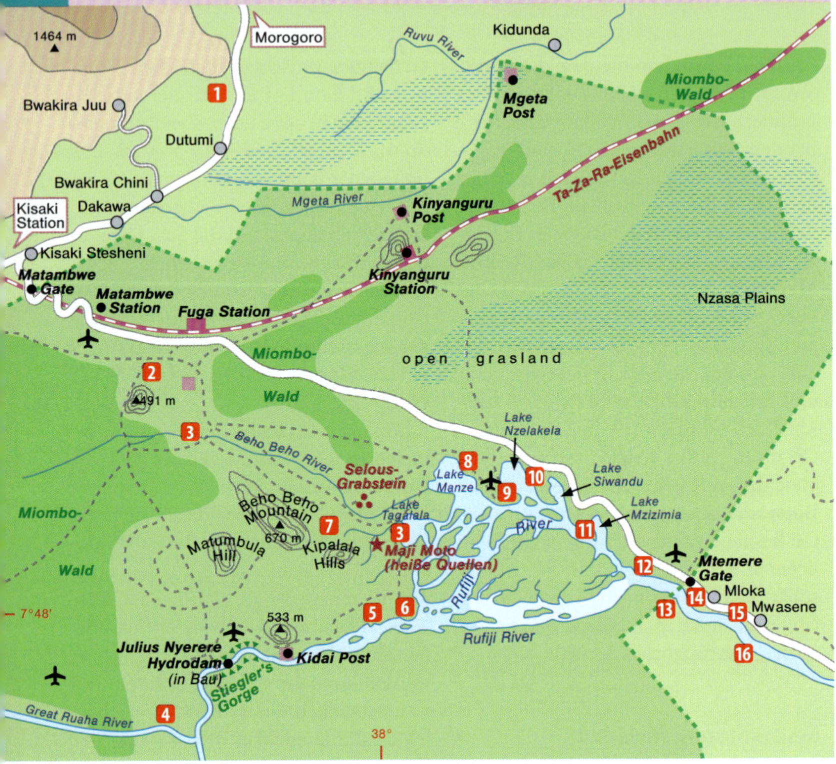

den – eine unabdingbare Notwendigkeit, denn die überwiegend am Existenzminimum lebenden Bewohner waren und sind auf Fleisch als Nahrungsmittel angewiesen. Man gestand ihnen pro Jahr und je nach Tier feste Abschussquoten zu, mit der Auflage, das erlegte Wild – dessen Fleisch in Afrika mit Vorliebe verzehrt wird – nicht zu verkaufen. So soll der Fleisch- und Fellhandel unterbunden und (Groß-)Händlern von außerhalb die Geschäftsbasis genommen werden. Die Vermittlung der handwerklichen und technischen Fähigkeiten zum Gerben der Felle soll gefördert werden und allen Beteiligten in und um den Selous beruflichen und ökonomischen Nutzen bringen. Die Wilderei konnte mit diesem Programm zwar verringert, aber nicht vollständig beseitigt werden – dafür ist das Gebiet auch viel zu groß und unüberschaubar. Antreiber und federführend bei der Umsetzung war der deutsche Entwicklungsexperte *Rolf D. Baldus*. Ohne dessen große Liebe und Wertschätzung für das Selous-Ökosystem und seinen unermüdlichen Dialog mit Regierungsvertretern sowie die Unterstützung aus Deutschland wäre vieles, was das Gebiet heute ausmacht, nicht

realisiert worden. Das von *Baldus* verfasste Buch „Wildes Herz von Afrika" ist daher eine sehr interessante Lektüre bei einem Besuch dieses Nationalparks.

Nach der 2019 beschlossenen Ausgliederung des größeren Teils vom einst 52.000 km² messenden Wildschutzgebiet zum Nyerere National Park bleibt der südöstliche Teil als Selous Game Reserve bestehen und ist in **hunting blocks (Jagdblöcke)** aufgeteilt, in denen Jagdunternehmen mit ausländischer Kundschaft auf Trophäensuche gehen.

Pflanzenwelt

Etwa **drei Viertel des Nyerere-/Selous-Ökosystems** und weite Teile bis zu den südlichen Orten Songea, Tunduru und Liwale sind von dichten **Miombo-Trockenwäldern** bedeckt. Der Laub abwerfende Miombo-Baum wird durchschnittlich nur 15 m hoch, das Unterholz in den Wäldern besteht aus Gräsern und Buschwerk, in den wasserreichen Gebieten entlang des Rufiji River wächst auch vereinzelt Papyrus. Der Miombo-Wald ist an lange Trockenzeiten und nährstoffarme Böden angepasst.

Zu den vorherrschenden **Miombo-Baumarten** gehören der *Brachystegia* und der *Isoberlinia*. Nach der Regenzeit, von Juni bis September, zeigen sich die Miombobäume in ihrer ganzen Pracht. Während die Blätter wachsen, durchlaufen sie die unterschiedlichsten Farbstadien: Braun-, Rot-, Violett- und Gelbtöne folgen aufeinander, bis am Ende ein saftiges Grün erreicht ist.

Im nördlichen Foto-Tourismus-Sektor des Parks erstrecken sich gebietsweise Sumpf- und Graslandschaften, in denen Baumarten wie Affenbrotbäume (Baobab → Exkurs Kap. 5) Schirm- und Flötenakazien, Ebenholzbäume und die für den Nyerere charakteristischen **Doum- und Borassus-Palmen** gedeihen. Letztere erreichen eine Höhe von knapp 30 m, der Stamm wird nach obenhin umfangreicher und die Baumkrone sieht aus wie ein buschiger Wedel. Die Borassus-Palme benötigt sehr viel Wasser. Hin und wieder sieht man auch noch Mango-Bäume, die aus der Zeit der Araber Mitte des 19. Jahrhunderts stammen, als von Kilwa Kivinje an der Küste eine Karawanenroute über Kisaki ins Landesinnere führte und die Mangofrucht auf den langen Fußmärschen beliebtes Stärkungsmittel war. Aus den damals übrig gebliebenen Fruchtkernen haben sich riesige Schatten spendende Bäume entwickelt.

Tierwelt

Entlang und nördlich des Rufiji ist **eine sehr artenreiche Tierwelt** zu beobachten. Während der nahrungsreichen Regenzeit von November bis Mai leben im Selous schätzungsweise eine Million Tiere, darunter heute wieder etwa **20.000 Elefanten** – die neben dem Ruaha National Park größte zusammenhängende Population des Dickhäuters in Ostafrika. Die **Gnu- und Büffelbestände** werden auf etwa **160.000 Tiere** geschätzt, **Zebras und Impala-Antilopen** soll es jeweils etwa **50.000** geben.

Der einst große Bestand an **Spitzmaulnashörnern** (hier die im östlichen Afrika noch einzige intakte Population der Unterart des *Diceros bicornis minor)* wird heute nur noch auf knapp 30 Tiere geschätzt, die größtenteils zurückgezogen im Busch leben und daher mit den Leoparden, die hauptsächlich nachtaktiv sind, zu den am seltensten gesehenen Tieren des Nyerere gehören. Im Norden, wo sich größere Areale offener Savannenlandschaft ausbreiten, sind Tiere seltener zu erblicken. Rappen und Lichtenstein-Kuhantilopen halten sich hauptsächlich in den (nord-)westlichen Miombo-Wäldern auf. Entlang des Rufiji River sind Elefanten, Große Kudus, Wasser- und Buschböcke, Elenantilopen, Büffel, Warzenschweine, Hyänen, Löwen (ca. 300), Wildhunde und natürlich auch **Flusspferde** (ca. 40.000) und unzählige **Krokodile** zu beobachten. Bei Bootsausflügen tauchen letztere panisch unter die Wasseroberfläche, kommt ihnen das Boot zu nahe.

Das stundenlange Beobachten der Tiere aus allernächster Nähe, wie man es aus den übrigen Nationalparks Ostafrikas kennt, ist im Nyerere National Park aufgrund der dichten Vegetation und des eingeschränkten Straßennetzes nur bedingt möglich. Die Guides der ansässigen Lodges und Safari-Camps kennen sich jedoch bestens aus, welche Tiere man zu welcher Jahreszeit wo am wahrscheinlichsten zu Gesicht bekommt.

Die **Vogelwelt** ist im Nationalpark besonders **reich vertreten** (über 400 Arten, darunter sehr seltene). Imposant ist der Afrikanische Schlangenadler, der stundenlang ohne einen einzigen Flügelschlag in gleichbleibender Höhe segeln kann. In Flussnähe sind vor allem die bunten Orixweber, Kuhreiher, Goliathreiher, Pelikane (saisonal), Malachit- und Riesen-Eisvögel zu sehen, während auf den abgestorbenen Stümpfen der Borassus-Palmen Schreiseeadler nach Fischbeute Ausschau halten.

Reisezeit und Klima

Obwohl nicht sehr hoch gelegen und auch relativ nah zur Küste, kann es im Nyerere National Park sehr heiß werden, besonders in der Zeit von November bis März. Das Klima wird durch die Regenfälle reguliert, die auch das Farbkleid der Natur und die Aufenthaltsorte der Tiere beeinflussen. Während der großen **Regenzeit von März bis Mai** ist der Nyerere für Fahrzeuge nur bedingt zugänglich.

Viele Wege werden unpassierbar, speziell in Ufernähe zu den Seen und entlang der Flussarme.

In der **trockenen Saison, von Juni bis Oktober,** zieht es die Tiere an die Seen und Flussufer. Der Himmel ist tiefblau, das Gras trocken, und Gelb ist die Farbe der Jahreszeit. Tagsüber ist es heiß und trocken, nachts kühlt es ab, und man muss zuweilen unter Wolldecken nächtigen – eine empfehlenswerte Besuchszeit.

Von **November bis Februar** ist die Landschaft mit einem satten Grün überzogen, der Himmel hin und wieder bedeckt und manchmal regnet es ein wenig. Die Sonnenuntergänge sind malerisch. Dies ist die beste Zeit für ausgiebige Boot-Safaris, der Wasserstand ist dann höher, es lassen sich Kanäle und Überflutungsebenen erkunden, zu denen während der Trockenmonate kein Zugang besteht. Das alles kann sich jedoch mit Inbetriebnahme des Staudamms ändern (→ S.309).

Im Reserve unterwegs

In der **Hauptregenzeit von März bis Ende Mai ist der Park** für Selbstfahrer **kaum zugänglich,** auch die Camps nehmen nur selten Buchungen an, da fast alle wegen des großen Regens schließen.

Mit dem Fahrzeug

Das eher kleine Wegesystem entlang der Seen und des Rufiji River lässt sich bei einem zwei- bis dreitägigen Aufenthalt

042 gongo

☑ Nimmersatt

größtenteils abfahren. In jedem Fall müssen Sie ein Auto mit Allradantrieb haben, denn der Regen verschlechtert immer wieder den Zustand der Pisten, zumal es im Nyerere viele Stellen mit **Black Cotton Soil** gibt, ein schwarzer lehmartiger Boden, der allen noch so guten Autoreifen das Leben schwer macht.

Die **Hauptroute** zwischen dem östlichen Mtemere und dem westlichen Matambwe Gate (85 km) ist in recht gutem Zustand. Nördlich des Lake Nzelakela, etwa 25 km von Mtemere entfernt, zweigt in östlicher Richtung eine Piste bis zur Kinyanguru Station an der Ta-Za-Ra-Eisenbahn ab, wodurch sich die Alternative einer nördlichen Rundtour über Matambwe ergibt (hierfür ist ein ganzer Tag einzurechnen). Die Kinyanguru-Piste sollte nur in der Trockenzeit gefahren werden.

Die Beschilderung ist für die Hauptstrecken gegeben, sofern nicht gerade wieder Elefanten die Schilder herausgerissen haben. Landschaftlich sehr schön ist die Schleife zwischen den Seen Nzelakela und Manze sowie weiter in Richtung Beho Beho/Grabmal von Selous. In Richtung Matambwe bzw. Kisaki können vereinzelt Tsetse-Fliegen zur Plage werden.

Von Beho Beho gen Süden werden die Ufer des **Lake Tagalala** erreicht, von wo man zu den **Hot Springs,** auch *Maji Moto* (Wasser, heißes) genannt, am Fuße der Kipalala Hills gelangt. Geothermale Aktivitäten lassen hier fast kochend heißes, schwefelhaltiges Wasser an die Erdoberfläche gelangen und über mehrere kleine, von Palmen gesäumte Pools bis zum Lake Tagalala abfließen. Im untersten Becken kühlt das trübe, aber dennoch saubere Wasser ab und lädt zum Baden ein.

Weiter südwärts zum Rufiji River wird Kudu-Land durchquert, bis man die sehr steinige und steile Piste entlang des Kidai Hill erreicht. Sie führt zu den Camps Sand Rivers Selous und Kiba Point, aber nach diesem nicht mehr weiter bis zur Stiegler's Gorge.

Bei der **Stiegler's Gorge** wurden bereits 1977 mit der Hilfe Norwegens erste Pläne für den Bau eines Staudamms er-

tannp114jg

arbeitet, welche nun ein halbes Jahrhundert später in die Realität umgesetzt werden – namhafte Naturschutzorganisationen befürchten gravierende Folgen für das gesamte Ökosystem (→ S. 309). Die während „norwegischer Zeit“ gebaute **Seilbahn** *(cable car)*, die sich über die Schlucht spannte und Geländewagen mit einem Gewicht von bis zu zwei Tonnen auf die Südseite des Rufiji River transportieren konnte, ist mit dem Bau des Staudamms verschwunden. Eine Weiterfahrt in den Süden des Selous ist daher nicht möglich.

Zu Fuß und mit Booten

Das Besondere am Selous ist das hautnahe Erleben der heißen und rauen Natur auf Fußmärschen in Begleitung von bewaffneten Rangern.

Halbtägige **Wanderungen** werden professionell über die Safari-Camps angeboten. Mehrtägige **Wander-Safaris** sollten nur in den kühlen Monaten Juli und August unternommen werden und lassen sich ebenfalls nur über die Safari Camps buchen, wobei hier auch Streckenabschnitte mit Booten und Fahrzeugen zurückgelegt werden.

Bootsfahrten werden von allen Safari-Camps innerhalb des Selous angeboten. Die Lodges und Camps außerhalb dürfen mit ihren Booten (sofern vorhanden) nicht im Selous selbst unterwegs sein. Eine halbtägige Tour für ca. 40 $ pro Person ist ein atemberaubendes Erlebnis und für jeden Individual-Besucher des Selous ein absolutes Muss.

☐ Im Binnendelta der Rufiji-Seen

Die früher angebotenen River-Rafting-Touren werden im Selous nicht mehr durchgeführt. Auch Kanu-Safaris sind nicht gestattet.

Anreise

Mit dem Flugzeug

Am schnellsten erfolgt die Anreise – „garniert“ mit einer spektakulären Aussicht auf die riesigen Weiten des Nyerere – mit **regelmäßigen Flugverbindungen ab Dar es Salaam und Sansibar.** Mit Ausnahme der Regenmonate März bis Mai fliegen täglich Turboprop-Maschinen von Dar es Salaam zu den unterschiedlichen Landepisten in der Nähe der jeweiligen Camps. Vom Selous Game Reserve fliegen täglich Maschinen zum Ruaha National Park. Infos über Coastal Aviation (www.coastal.co.tz) und Safari Air Link (www.safariaviation.info).

Mit der Eisenbahn

Die **preiswertere Art,** den Nyerere zu erreichen, ist die Anfahrt mit der **Ta-Za-Ra-Eisenbahn** von Dar es Salaam bis zu den kleinen Bahnhofsstationen Kinyanguru, Fuga oder Matambwe, welche alle bereits im Selous liegen. Auf dem letzten Drittel der Strecke durchfährt der Zug das Reserve, und man sieht vom Zugfenster aus bereits einige Tiere. Bei den Bahnstationen wird man – nach vorheriger Buchung – von einem der Safari-Camps abgeholt. Sie müssen allerdings mit dem **„Ordinary Train“** reisen, da der „Express Train“ an den erwähnten Stationen nicht hält. Der Ordinary Train bedient diese Strecke aber nur einmal wöchentlich. Mehr Infos unter tazarasite.com.

Mit dem Bus

Für Besucher des Nyerere mit kleinem Geldbeutel und Bereitschaft zum Abenteuer besteht eine **tägliche Busverbindung zwischen Dar es Salaam und dem Dorf Mloka,** 7 km vom Eingangstor Mtemere entfernt. Busse fahren in Dar von Temeke/Kilwa Road morgens ab 7 Uhr los. Die Fahrt kostet 32.000 TSh und dauert bis zu 5 Stunden. Diese Alternative der Anreise gilt im Wesentlichen für Besucher (Budget-Reisende) der **Safari-Camps** entlang des Rufiji River außerhalb des Parks (Karte S. 314).

Mit dem eigenen Fahrzeug

Zum Selous führen zwei Strecken, die beide bei Regen auf dem letzten Teilstück schlecht zu befahren sind: **Route 1** geht von Dar es Salaam über Kibiti (asphaltiert) und ist die kürzeste Anfahrt; **Route 2** geht über die Stadt Morogoro, von Dar es Salaam über eine viel befahrene Asphaltstraße in 4 Std. zu erreichen. Von Morogoro bis zum Matambwe Gate (GPS N -7.53472, E 37.76694) benötigt man etwa 3½ Std. und von dort weiter bis zu den Camps nochmals 2–3 Std. Fahrzeit.

Safari-Camps/Lodges (Karte S. 314)

Innerhalb des Selous Game Reserve

12 Rufiji River Camp③

www.rufijirivercamp.com. Das Safari-Camp liegt auf einer Anhöhe am Rufiji River mit schöner Aussicht. Die Unterbringung erfolgt in auf Beton errichteten Safari-Zelten mit Moskitonetzen und eigenem Bad/WC. Die Zeltzimmer sind groß und bieten genügend Platz für zwei bis drei Personen. Die Zelte liegen dicht beieinander, bieten aber eine schöne Aussicht auf die Flusslandschaft, das Management ist bemüht. Aufgrund der östlichen Lage im Reserve sind die Anfahrtswege zu den zentralen Wildgebieten und interessanten Seen-Landschaften etwas weit. Dennoch, Service und Verpflegung sind in Ordnung, auch wenn das eine oder andere schon in die Jahre gekommen ist.

10 Siwandu Camp④

www.selous.com. Das herrlich gelegene Luxus-Camp am Ostufer des Nzelakela-Sees verfügt über 12 sehr stilvolle Safarizelte, die auf Holzplattformen errichtet sind und alle über eine eigene Terrasse verfügen mit Aussicht auf den See in Richtung Sonnenuntergang. Das Interieur der großräumigen Zelte ist sehr chic, ein Bad mit Spültoilette ist jeweils integriert. Auf zwei zentral gelegenen Stelzenbauten sind jeweils Restaurant und Bar/Aufenthaltsbereich untergebracht, offen zu allen Seiten mit gutem Blick über die Seenlandschaft. Etwas getrennt von den Zeltzimmern liegt ein Swimmingpool, der in den heißen Mittagsstunden angenehme Abkühlung verschafft. Die Guides und Bootsfahrer kennen sich bestens aus.

11 Selous Impala Camp③-④

www.selousimpala.net. Luxus-Zeltcamp mit nur acht komfortabel eingerichteten Zelten am Ufer des Rufiji-Flusses, mit schöner Aussicht auf den Fluss und das Tierleben. Deutsch-dänische Inhaber und ein sehr angenehmes Management mit sehr viel Stil und toll durchgeführten Touren mit erfahrenen Guides! Eingeflogene Gäste nutzen den Airstrip beim Mtemere Gate. Mit kleinem Pool.

9 Roho ya Selous④

www.asiliaafrica.com. Acht Wohnzelte, welche sehr einfach, aber äußerst elegant und aus hochwertigem Material gemacht sind, so etwa große Mückenzelte, die zu vielen Seiten offen sind (je nach Zelt). Das Camp befindet sich im Herzen des Selous, dort wo ein kleiner Arm des Manze-Sees in den Rufiji mündet. Der Fokus liegt hier auf dem direkten Erlebnis der Natur und das Team besteht aus sehr engagierten und belesenen Guides. Roho ist eine gute Adresse für professionelle Fuß- und Jeep-Safaris sowie Boot-Trips zu den schönsten Ecken des Nyerere. Mit Pool.

8 Lake Manze Adventure Camp③

www.ed.co.tz. Im wild- und wasserreichen Herzen des Selous liegt dieses einfache, aber sehr naturverbundene Camp, von allen im Park das erschwinglichste. Besonders Bootsafaris auf dem Manze-See (viele Krokodile und Flusspferde) gehören neben

[>] Lake Nzelakela im Nyerere National Park

Bush Walks und Game Drives (Pirschfahrten) zu den Highlights. Die Unterbringung erfolgt in zwölf großen Zelten mit Open-Air-Nasszelle. Das Essen ist gut und oft italienisch angehaucht.

7 Beho Beho Camp④

www.behobeho.co.tz. Das Camp, das eigentlich eine Lodge ist und nicht am Rufiji liegt, befindet sich unweit der heißen Quellen und des Grabs von *Frederick Selous* und bietet von einer Anhöhe eine gute Sicht über die Baumsavanne des Parks. Die noble Unterbringung erfolgt in zehn aus Naturstein gemauerten großen Bungalows plus einem großen Familien-Bungalow (Balis room) und beginnt preislich gerade noch im dreistelligen Bereich (all inclusive) zzgl. Parkgebühren. Im Preis enthalten sind alle Safaris (auch mit dem Boot auf dem Lake Tagalala). Zur Abkühlung steht ein kleiner Swimmingpool bereit, von dem sich das Tal gut überschauen lässt. Das Camp verfügt über eine eigene Landepiste.

5 Sand Rivers Selous Lodge④

www.nomad-tanzania.com. Luxus-Unterkunft aus rustikalem Naturstein gebaut. Fünf Bungalows mit Holzdach und Moskitonetzen sowie drei etwas höher gelegene Suiten im halb-offenen Stil. Sand Rivers ist eines der ältesten Camps am Rufiji River und liegt in einem sehr schönen Gebiet. Die Aussicht von den Unterkünften und dem Pool ist grandios. Ausgedehnte Fußmärsche unter Führung sehr erfahrener Guides finden statt, dem Besucher wird auf professionelle Weise die Wildnis des Selous näher gebracht. Sand Rivers ist in der Safari-Szene ein klingender Name.

6 Kiba Point④

www.nomad-tanzania.com. Die private Fortsetzung von Sand Rivers mit nur vier Suiten, ebenfalls mit kühlem Naturstein, Holz und Palmendach gebaut und jedes mit einem eigenen Pool. Essen und Aktivitäten sind hervozuheben.

tan045 jg

Der Afrikanische Wildhund

Eine der absoluten Besonderheiten der Nationalparks Nyerere und Ruaha ist der Afrikanische Wildhund (engl. *African Wilddog* oder „Painted Wolf", lat. *Lycaon pictus*). In vielen Regionen Afrikas ist der weitläufige Verwandte des Wolfes bereits ausgerottet. Er zählt mittlerweile zu den **seltensten Säugetieren des Kontinents,** mit einem schwierig zu erfassenden Bestand von nur noch etwa 6000 Tieren. Davon leben allein im Selous etwa 800, einer der bedeutendsten Bestände im östlichen Afrika (im Ruaha National Park ist die zweite große Population des östlichen Afrika zu verzeichnen). Die Chancen zum dauerhaften Überleben der Art stehen im Nyerere/Selous gut, da hier Löwen und Hyänen keine so große Konkurrenz für die Tiere sind wie z.B. in der Serengeti, wo man seit einigen Jahren kein einziges Exemplar sichten konnte. Im Süden des Ngorogongo Schutzgebietes hat sich in den letzten Jahren eine kleine Population gebildet sowie in den nördlich von der Ngorongoro Schutzzone liegenden Gebieten von Piaya und entlang der Ostflanke der Serengeti. Hin und wieder werden im Süden des Tarangire National Park einzelne umherziehende Wildhunde gesehen, doch gibt es dort keine Hoffnung auf einen dauerhaften Bestand. Im Mkomazi National Park an der Grenze zu Kenia werden Wildhunde in einem großen Schutzgehege gehalten und gezüchtet. Viele sind in den letzen Jahren ausgewildert worden und konnten anfangs mittels Peilsender noch bis nach Kenia geortet werden.

Der Wildhund ist ein ausgesprochenes **Rudeltier,** geführt von Leithunden, ähnlich wie bei Wölfen. Rudel in der Größe von 30 bis 50 Tieren wurden im Nyerere/Selous schon gesichtet. Mit einer bemerkenswerten Umzingelungs- und Zickzack-Strategie jagen sie ihre Beute, bis diese vor Erschöpfung kaum noch stehen kann, dann erst setzen die tödlichen Bisse ein. Die Zähne des Wildhundes sind leicht nach hinten gekrümmt und wirken wie Widerhaken. In erster Linie werden mittelgroße Antilopen, wie Gnus, Thomson Gazellen, Impalas usw., gejagt, doch

tannp115 jg

wagen sich Wildhunde auch an Elen-Antilopen und sogar ausgewachsene Büffel. Sie fressen selten Aas; was gejagt wird, wird an Ort und Stelle verzehrt. Wildhunde sind auch nachtaktiv, sofern Mondlicht vorhanden ist. Ihr **Jagdverhalten** ist anders als bei Raubkatzen. Eine bestimmte Tageszeit zur Jagd gibt es nicht, so wie sie auch keine geräuschlose Pirsch aus der Deckung benötigen. Ihr schmaler Körperbau und ihre langen Beine machen sie zu sehr ausdauernden Läufern und bis zu 60 km/h schnell. Haben sich Wildhunde einmal ein Opfer ausgeguckt, wird es mit etwa 60%iger Wahrscheinlichkeit auch zur Strecke gebracht. Die Hetzjagd kann manchmal Stunden dauern – wie bei einem Staffelrennen wechseln sich müde werdende Anführer des Rudels mit anderen ab, die im Hintergrund warten. Ist die Beute erlegt, wird oft der Bauch zuerst aufgerissen und das Tier von innen her verspeist. Alle Hunde eines Rudels versuchen dann gleichzeitig, ihren Teil abzubekommen, ohne sich gegenseitig den Platz streitig zu machen – ein bemerkenswertes soziales Verhalten. Ein mittelgroßes Rudel von etwa 15 Wildhunden kann auf diese Weise eine Thomson Gazelle innerhalb von 10 Minuten vertilgen – übrig bleiben Schädel, Haut und Rückgrat.

◁ ▷ Afrikanische Wildhunde im Doppelpack und ein gelber Babuin (rechts)

4 Serena Mivumo River Lodge③-④
www.serenahotels.com. Die große und bewährte Lodgekette im Norden Tansanias hat 2010 ihr erstes Camp im Süden des Landes eröffnet, nämlich zwölf Luxuszelte am Rufiji River. Alles ist sehr stilvoll, der bewährte First-Class-Service Serenas kommt auch hier zur vollen Entfaltung. Nicht gerade billig, aber dafür befindet man sich in einem einsamen Teil des Selous westlich der Stiegler's Gorge. Pirschfahrten in guten Geländewagen mit geschulten Guides gehören genauso zum Programm wie Bootsfahrten auf dem Rufiji.

2 Sable Mountain Lodge②
Buchbar über booking.com. Lodge im Nordwesten nahe des Mgeta River. Neun rustikale und auch schon etwas in die Jahre gekommene Bungalows mit herrlichem Blick auf die Uluguru-Berge, nett gemachtes Restaurant mit Bar, Pool. Selous-Safaris oder andere Exkursionen werden je nach Interesse organisiert. Die Anreise kann bequem mit dem Zug erfolgen, Sable befindet sich unweit der Gleise der Ta-Za-Ra-Eisenbahn.

Östlich des Selous Game Reserve

14 Selous Mbega Camp②-③
selous-mbega-camp.com. „Mbega" ist im Swahili die Bezeichnung für die Affenart Schwarzweiß-Guereza (auch Stummelaffe oder Colobus genannt), die regelmäßige Besucher in dem von der deut-

039 gongo

044 trav

schen Familie *Heep* geleiteten Buschcamp am Rufiji River sind, nur 1,5 km vom Mtemere Gate entfernt. Die gemütliche, rustikale, einfache Unterkunft ist schön in das üppige Grün der Ufervegetation eingebettet. Die von Doumpalmblättern überdachten Zeltbauten auf Pfählen bieten Standard-Komfort in Einzelbetten; jeweils angegliedert ist ein kleines Bad mit Spültoilette. Das Essen ist gut und reichhaltig. Kinder im Alter zwischen 4 und 12 Jahren zahlen den halben Zimmerpreis. Mbega organisiert alle Safaris in den Nyerere selbst. Bootsfahrten werden in Zusammenarbeit mit dem Rufiji River Camp durchgeführt. Wer mit dem Bus anreist, wird im 4 km entfernten Mloka abgeholt.

15 Selous Kulinda Camp②

www.selouskulindacamp.com. Große Zelte auf Holzstelzbauten etwa 6 km vom Mtemere Gate entfernt. Großflächige und offene Ausblicke auf die Flussbiegung.

13 Selous Wilderness Camp②-③

www.selouswilderness.com. Das nun Belgiern gehörende Camp ist insofern erwähnenswert, als es auf der ruhigeren Südseite des Rufiji River direkt am Eingang zum Nationalpark liegt. Wer mit dem Fahrzeug oder dem Flugzeug anreist, muss mit dem Boot übersetzen (vom Camp organisiert, auch sichere Stellplätze für Fahrzeuge).

16 Jimbiza Lodge Selous③

Rustikale Lodge für Budget-Reisende, ebenfalls auf der Südseite des Flusses. Indische Leitung. Jimbiza bietet Pirschfahrten in offenen Wagen in den Selous an. Die Unterbringung erfolgt in großräumigen und bequemen Safarizelten. In und an einem von Sonnensegeln überspannten Pool lassen sich die heißen Mittagsstunden zwischen den Pirschfahrten genießen. Einfaches, aber gutes Essen, frischer Fisch aus dem Fluss. Camping ab 15 $ p.P., Aktivitäten kosten extra.

Camping

Das Zelten kostet **40 $ p.P.** und Nacht. Die Möglichkeit dazu besteht am Lake Tagalala oder nach Absprache auch an anderen Stellen entlang der Seen und Flussarme wie etwa die **3 Zeltplätze** am Beho Beho River. Ein Ranger muss als Wachperson mit von der Partie sein. Dies kostet dann noch einmal die Kleinigkeit von 20 $. Keiner der ausgewiesenen Zeltplätze verfügt über Duschen, Toiletten oder Trinkwasser.

1 Die günstige **Jukumu Campsite** gibt es eine 2-Stunden-Fahrt entfernt Richtung Morogoro in Kilengezi, dem Scout-Hauptquartier der an das Selous Game Reserve im Norden angrenzenden Wildlife Management Area. Aufgrund der Nähe zu den Angestellten der Station nur bedingt zu empfehlen. Dafür gibt es hier fließendes Wasser und Duschmöglichkeiten.
16 Ansonsten lässt sich auch bei der **Jimbiza Lodge** campen (s.o.).

Sonstiges

- Die **Eintrittsgebühren** liegen derzeit bei **85 $ p.P. und Tag,** Kinder bis 16 zahlen 20 $. Fahrzeuge mit ausländischem Nummernschild werden mit 40 $ pro Tag berechnet, größere Wagen zwischen 2 und 7 t mit 150–200 $. Ein Ranger für eine mehrstündige Fußsafari kostet pro Gruppe 20 $. Die Tagesöffnungszeiten sind von 6–18 Uhr.
- Bei **Notfällen** stehen die Safari Camps mit Dar es Salaam in Funkverbindung. Für Camper sind **Lebensmittel** im Reserve nicht zu kaufen. Mahlzeiten bekommt man bei Vorbestellung ab 25 $ im Rufiji River Camp. Ausreichende **Wasservorräte** sind wichtig, denn sauberes Wasser ist im Selous rar. Flusswasser muss auf jeden Fall gefiltert und abgekocht werden.
- **Treibstoff** ist im Selous nicht erhältlich, die Camps geben nur ungern etwas von ihren Reserven ab. Dorftankstellen in Mloka und Kisaki.
- Für **Wanderungen** ist gutes, knöchelbedeckendes Schuhwerk empfehlenswert.

☐ Pelikane am Ufer

Mikumi National Park

Der Park

Der Mikumi National Park, auch **„Little Serengeti of the South"** genannt, ist seit seiner südlichen Erweiterung **einer der größten Nationalparks Tansanias.** Seine südliche Grenze bildet die Ta-Za-Ra-Eisenbahnlinie, auf deren anderer Seite der riesige Nyerere National Park beginnt. Dadurch bilden diese beiden Wildschutzgebiete ein zusammenhängendes Ökosystem, in dem auch leichte Migrationsbewegungen stattfinden. Ein gemeinsames Wegenetz besteht jedoch nicht, überhaupt ist der gesamte südliche Teil des Mikumi-Parks aufgrund seiner sehr hügeligen, dicht bewaldeten und mit Tsetse-Fliegen bewohnten Miombo-Landschaft noch kaum durch Straßen erschlossen. Lediglich der Hill Drive führt vom Tan-Zam-Highway nahe der Mikumi Wildlife Lodge ein Stück südlich in die Vuma Hills. Die Strecke wird zurzeit weiter ausgebaut und soll auch bis zum Matambwe Entrance Gate im Nyerere National Park reichen.

Das **Herzstück des Mikumi** sind die großen Savannen in den **Mkata Plains** im Nordwesten des Parks. Diese große Überschwemmungsebene liegt auf einer Höhe von etwa 520 m und wird südöstlich von den miombobewaldeten Ausläufern der Uluguru Mountains, wo gelegentlich Kudus, Rappenantilopen und Guerezas (Schwarz-Weiße Stummelaffen) anzufinden sind, und westlich von den steil aufragenden Rubeho Moun-

Mikumi National Park (Nördlicher Teil)

■ **Übernachtung**
1 Stanley's Kopje
2 Angalia Tented Camp
3 Mikumi Bush Camp
4 Tan-Swiss Hotel
5 Camping
6 Mikumi Wildlife Camp
7 Vuma Hill Tented Camp

tains eingerahmt. In diesem Teil des Parks sind viele Pisten angelegt, auf denen man zu den tierreichen Gebieten an Wasserlöchern, Flussläufen und in den Savannen der Mkata Flood Plains gelangt.

Der Name „Mikumi" wurde dem Park nach der westlich gelegenen Ortschaft am Tan-Zam-Highway gegeben. Mikumi ist das Swahili-Wort für die **Borassus-Palme,** welche an vielen Orten der Ebene wächst. Die Palmenart ist durch ihre bauchige Verdickung im Stamm und durch die buschig runde Baumkrone leicht auszumachen. Weitere typische Baumarten sind Baobabs, Schirmakazien und Tamarindbäume. Zu den pflanzlichen Besonderheiten zählt die Hibiscus-Blume, die vor allem in der Regenzeit mit schönen lilafarbenen und gelben Blüten die Savanne bei Kikoboga zum Leuchten bringt.

Der Park wurde **1964 gegründet,** nachdem die Fertigstellung des ersten Teilabschnitts des Tan-Zam-Highways dazu geführt hatte, dass Tiere im Vorbeifahren aus dem Auto erschossen wurden. Um dem einen Riegel vorzuschieben, reagierte man mit der Einrichtung des Schutzgebietes.

Schon *Burton, Stanley* und *Livingstone* war im 19. Jahrhundert, als sie entlang der Karawanenroute die Mkata-Ebene durchquerten, der große Tierreichtum in dieser Region aufgefallen. Doch im nördlicheren Teil der Ebene verirren sich heute nur noch ein paar Gazellen, ansonsten erstreckt sich hier ein landwirtschaftlich intensiv genutztes Gebiet. Auch um der Ausweitung der agrarischen Nutzung nach Süden entgegenzuwirken, war die Errichtung des Parks die einzige effektive Maßnahme. Selbst die Wilderei hat man heute weitgehend unter Kontrolle.

Das derzeit **größte Problem** stellt der **Tan-Zam-Highway** dar, die große Verkehrsachse zwischen Dar es Salaam und dem Süden des Landes. Die Asphaltstraße halbiert den Park und zerschneidet damit viele natürliche Wildpfade. Durchschnittlich werden drei Tiere pro Tag von Fahrzeugen angefahren oder überfahren. Dabei kommt es zu traurigen Verstümmelungen, auch bei Großtieren wie Elefanten oder Giraffen. Oftmals – sofern Ranger zur Stelle sind – hilft nur noch der Todesschuss. Doch dazu kommt es selten, da viele Fahrer aus Angst vor Strafe die Unfälle nicht melden – die angefahrenen Tiere verenden meist elendig im Straßengraben. Beim Kikoboga Entrance Gate hängen in einem kleinen Ausstellungsraum u.a. Fotos von derartigen Unfällen aus, die einem die Sprache verschlagen.

Große Schilder, die links und rechts der Straße an beiden Enden des Parks auf die **Höchstgeschwindigkeit von 70 km/h** auf den nächsten 50 km hinweisen, werden nicht zur Kenntnis genommen. Große Überlandbusse, die sich untereinander mit den schnellsten Fahrzeiten ständig unterbieten wollen, rasen mit Geschwindigkeiten von über 100 km/h durch den Mikumi. Gelegentlich lauert zwar die Polizei mit Radargeräten hinter einem Baum und verlangt hohe Geldstrafen, doch wie in so vielen Regionen Afrikas sind korrupte Beamte nicht gerade dazu geeignet, die Überwachung effektiv zu gestalten. Schon seit 1999 sind einige Wildwechsel-Bereiche entlang der Strecke mit Speedbumbs versehen – garantiert unbestechlich und überzeugend in der Abschreckung: Ein

Achsbruch steht nun mal jeder Geschwindigkeit im Wege!

Die Tierwelt

Der Park ist bekannt für seine großen **Büffelherden** und seine **Elefanten** (etwa 350). Von den über 3000 Büffeln im Park wurden schon bis zu 600 in einer einzigen Gruppe gezählt. Oft zu sehen sind ferner Gnus, Zebras, Elen-Antilopen, Giraffen, Paviane, Impalas, Wasser-, Busch- und Riedböcke, Hyänen, Warzenschweine, Schakale, Meerkatzen, Mangusten, Schwarzbauchtrappen und Löwen. Seltener dagegen sind Geparden, Leoparden, Afrikanische Wildhunde, Große Kudus, Rappenantilopen und Servalkatzen, da diese vornehmlich in den waldreicheren Regionen im Süden des Mikumi leben und daher schwer auszumachen sind. **Flusspferde** lassen sich jahreszeitlich bei den Hippo Pools am Mkata River beobachten, meist aber sind die Tiere beim Mwanambogo Dam im Nordosten des Parks heimisch. Entlang des kleinen Flusses sind gelegentlich **Nilwarane** (*Monitor Lizard* genannt) zu sehen. Die Echsenart erreicht Körperlängen von bis zu 1,50 m. Das letzte Nashorn wurde 1986 gesichtet, Wilderer haben den Bestand komplett ausgerottet!

tan127 jg

Im Park unterwegs

Die Erkundung des Parks im eigenen Fahrzeug ist durch die vielen Wegweiser denkbar einfach. Fragen Sie jedoch am Gate, welche Passagen aufgrund möglicher Überflutungen/Schlammlöcher unpassierbar sind. Gerade der nordöstliche Teil bei Chamgore (bedeutet „Platz der Python") ist oft sehr matschig, Vierradantrieb ist hier in jedem Fall ratsam. Gelegentlich erfahren Sie beim Gate auch, wo sich im Augenblick welche Tiere besonders gut beobachten lassen.

Eine interessante Gegend ist der Bereich entlang der **Hippo Pools am Mkata River.** Hier kann man auf einem dichten Wegenetz in nur kurzer Zeit verschiedenste Tierarten beobachten. Die nördliche Tour zum Chamgore Waterhole und nach Choga Wale lohnt sich vor allem in der Trockenzeit, wenn viele Tiere in den Morgen- und Abendstunden den Fluss als Tränke nutzen. Auf der anderen Seite des Wassers schließt sich die große Überflutungsebene nördlich

< Mächtiger Elefantenbulle

des Morogoro River an, auf der häufig Gnu- und Büffelherden zu sehen sind.

Herrliche Aussichten genießt man vom **Hill Drive** in den südlichen Vuma Hills, deren höchster Gipfel der 1257 m hohe Mt. Malundwe im Osten ist. Die ganze Ebene kann überblickt werden, die sich besonders in der späten Nachmittagssonne in leuchtenden goldbraunen Farben präsentiert.

Lodges, Camps und Campingplätze

Unterkünfte können an Wochenenden und Feiertagen gut belegt sein, da der Park ein beliebtes Ausflugsziel ab Dar es Salaam ist. Buchungen können über Reiseveranstalter in Dar es Salaam getätigt werden. Wer hier nur auf der Durchfahrt ist und übernachten will, muss trotzdem Parkgebühren zahlen! Gute Unterkünfte bzw. Campingmöglichkeiten gibt es daher auch außerhalb des Parks, so beispielsweise im nahen Ort Mikumi.

6 Mikumi Wildlife Camp③
www.mikumiwildlife.com. Etwa 300 m vom Main Entrance Gate entfernt liegt dieses Camp mit zwölf gemütlichen Bungalows, in denen jeweils zwei bis vier Personen untergebracht werden können. Die Lage in der Savanne vermittelt einem das Gefühl, mitten unter den Wildtieren zu leben, wenn nicht das Brummen der Lkws und Überlandbusse die Idylle stören würde. Das Restaurant und die Bar bieten internationalen Standard.

1 Stanley's Kopje③
www.stanleyskopje.com. Das Camp von Fox Safaris liegt etwas abseits der Hauptstraße im Nordosten des Parks. Es ist kreisförmig um einen Hügel herum gebaut und die derzeit beste Adresse, um das Erlebnis Mikumi in vollen Zügen zu genießen. Die Zeltzimmer auf Stelzen stehen in guter Distanz zueinander und bieten alle eine grandiose Aussicht auf die Weiten des Mikumi. Auf dem Hügel selbst sind das Restaurant und die Bar mitsamt Aufenthaltsbereich untergebracht. Von hier geht der Blick bis zum Horizont. Essen und Bewirtung sind gut. Das Camp verfügt über Fahrzeuge, um geführte Tierbeobachtungsfahrten zu unternehmen. Eine Voranmeldung ist sinnvoll.

7 Vuma Hill Tented Camp③
www.vumahills.com. Camp in herrlicher, erhöhter Lage am Rande der südlichen Miombo-Laubwälder und mit einem weiten Blick auf die Mkata-Ebene. Die sehr stilvolle Unterbringung erfolgt in auf Stelzen gebauten Holzplattformen mit Grasbedeckung. Innen sind voll möblierte Zelte gespannt, die viel Komfort und Platz bieten. Ein kleiner Pool, integriert in die Weiten der Buschsavanne, krönt die Anlage. Die Einfahrt zur Lodge befindet sich gegenüber dem Main Entrance zum Park. Vuma Hill ist wie Stanley's Kopje ein Produkt von Fox Safaris.

5 Camping: Im Park befinden sich **drei Zeltplätze für Selbstversorger.** Die lediglich **mit Toiletten und Brennholz** ausgestatteten Camp Sites liegen alle nahe am Kikoboga Entrance Gate und unterscheiden sich kaum voneinander. Nur selten werden Fässer mit Wasser aufgestellt. Bringen sie daher ihr eigenes Wasser mit. Weiter im Innern des Parks gibt es auch noch Special Campsites, die allerdings teuer sind (50 $) und keine Toiletten/Wasserversorgung besitzen.

Ansonsten kann das Zelten im **4 Tan-Swiss Hotel** empfohlen werden oder im **3 Mikumi Bush Camp** (teurer, dafür mit mehr Buschfeeling, s.u.). Das Zelten beim Genesis Motel in Mikumi ist nicht zu empfehlen.

Unterkünfte außerhalb des Parks

3 Mikumi Bush Camp②
Einfaches, sehr rustikales Camp mit großen Igluzelten unter einem aus Holz und Palmwedeln errichteten Sonnendach. 2 km von der Hauptstraße entfernt, zwischen Kikoboga Entrance Gate und Mikumi.

Udzungwa Mountains National Park

2 Angalia Tented Camp②-③
www.angaliatentedcamp.com/. Das relativ neue Camp liegt nahe der Hauptstraße (1 km) direkt am westlichen Parkrand; von der Hauptstraße ausgeschildert. Spanisch-tansanisches Management.

Anreise und Safariveranstalter

Der Mikumi National Park lässt sich über die asphaltierte Tan-Zam-Highway erreichen (von Dar es Salaam etwa 5 bis 6 Stunden Fahrzeit). Eine Landebahn für Kleinflugzeuge ist in der Nähe des Headquarters (zu Chartergesellschaften siehe bei Arusha und Dar es Salaam).

Fast alle **Safariveranstalter in Dar es Salaam** haben den Park in ihrem Programm und gestalten die Anreise entweder mit dem Auto oder mit kleinen Flugzeugen. Der beste Vor-Ort-Veranstalter ist Foxes African Safaris (www.tanzaniasafaris.info).

Gebühren und Reisezeit

Der Mikumi National Park kann das ganze Jahr über besucht werden. In den Regenmonaten und kurz danach sind jedoch viele Pisten in der sumpfigen Mkata-Ebene unbefahrbar (auch für allradgetriebene Fahrzeuge). Knietiefe „Black Cotton Soil" macht das Durchkommen entlang der anschwellenden Flussläufe unmöglich und schränkt das Erkunden des Parks auf die wenigen Ganzjahrespisten ein. Es empfehlen sich daher die Monate von **Juni bis November als beste Besuchszeit.**

Die **Parkgebühren pro Tag und Person betragen 34,50 $,** für das eigene **Fahrzeug** bis 2 t müssen **40 $** gezahlt werden, bei höherem Gewicht bis zu 300 $ (im Falle eines nicht-tansanischen Kennzeichens). Wer im Park zeltet, muss weitere 34,50 $ drauflegen.

☒ Sanje-Wasserfall

tanp113 jg

Udzungwa Mountains National Park

Der Park

Der Nationalpark wurde 1992 vom niederländischen Prinzen *Bernhard* eröffnet. Mit Unterstützung des World Wide Fund for Nature, dessen Mitbegründer der Prinz ist, wurden die **östlichen Udzungwa Mountains** zum Natur- und Wildschutzgebiet erklärt (mit 1990 km² Fläche), um einen der letzten großen Bergregenwälder in diesem Teil Afrikas zu schützen.

Im **dichten Bergregenwald,** der im Süden von 250 m ü.N.N. bis auf über 2000 m an steilen, oft nebelverhangenen Hängen aufsteigt, zeigt sich eine sehr beeindruckende, vielfältige Urwaldvegetation. Niederschlagsmengen von bis zu 2500 mm im Jahr wurden hier schon gemessen. **Viele Pflanzen** hier, darunter auch 30 m hohe Baumarten, **sind endemisch,** d.h. wachsen nirgendwo sonst auf der Welt. Aus botanischer Sicht ist der Park daher ein Paradies, in dem es noch sehr viel zu entdecken gibt.

Ab 2000 m Höhe lässt der dichte Waldbestand langsam nach, und eine montane **Baumsavannenlandschaft** bedeckt die hügelige Hochebene, von der sich bei klarem Wetter spektakuläre Aussichten bis zu den eindrucksvollen Uluguru Mountains und weit über die Ebenen des Kilombero Valley bieten.

Zahlreiche Bäche und Flüße, die von den hohen Ebenen und Gipfeln die **üp-**

pig grünen Täler hinunterfließen, bilden an vielen Stellen Wasserkaskaden und große Wasserfälle. Die höchsten Fälle sind die **Sanje Waterfalls,** die stufenweise über Kaskaden insgesamt **310 m** ins Tal stürzen. Der oberste Wasserfall misst 70 m, der mittlere 40 m, die untersten Kaskaden 200 m.

Die **höchsten Gipfel** der Udzungwa Mountains im Park sind der **Luhombero** mit **2579 m** in der zentralen Hochebene, der Karenga mit 2244 m Höhe im Nordosten und der Mwanihana, der sich 2150 m hoch erhebt und nur wenige Stunden Fußmarsch vom Mang'ula Gate entfernt liegt.

Der **Park kann nur unter Führung eines Rangers zu Fuß erkundet werden,** es gibt **keine Straßen.** Derzeit sind nur die östlichen Hänge und der Mwanihana Peak mit Fußwegen erschlossen. Auch die anderen Regionen, insbesondere die Hochebenen, sind über mehrtägige Wanderungen zu erreichen.

Die **Parkgebühren** liegen bei **34,50 $ p.P.** und Tag.

Tierwelt

Die große Attraktion der Udzungwa Mountains sind die zwei Affenarten, die nur hier heimisch sind: der **Uhehe Rotkopf Guereza** (auch Colobus genannt), der sich nur durch eine leicht andere Zeichnung von anderen Rotkopf Guerezas unterscheidet, und der **Sanje-Haubenmangabe** mit seinem punkerartigen Haarkamm auf dem Haupt und dem goldgelben Bauchhaar. Von beiden Primatenarten werden regelmäßig Gruppen beobachtet; die Ranger wissen in der Regel, wo sich welche aufhalten und können den Besucher dort hinführen. Weitere kleine Affenarten sind Schwarzweiße Stummelaffen und Meerkatzen. Auch die **sehr seltene Tigerginsterkatze** *(Forest Genet Cat)* ist im Udzungwa heimisch.

Die Udzungwa Mountains gelten als **einer der artenreichsten Lebensräume für Waldvögel in Ostafrika.** Studien über deren Vielfalt und mögliche endemische Arten sind noch nicht abgeschlossen. Eventuell hängt mittlerweile am Main Entrance Gate eine Liste der bisher wissenschaftlich untersuchten Tier- und Vogelarten.

Auf den baumsavannigen Hochebenen lassen sich gelegentlich **Büffel** und **Waldelefanten** beobachten. Weitere Tiere, die bisher in den oberen Regionen gesichtet wurden, sind Wasserböcke, Buschböcke, Elen-Antilopen, Löwen und auch Leoparden. Generell ist das Erspähen eines dieser Tiere aufgrund des sehr dichten Waldbestandes äußerst schwierig, und sieht man einmal eins, ist es auch schon wieder im Unterholz verschwunden. Der Großteil der Tiere hält sich im Park nur saisonal auf und kommt in der Regel während lang anhaltender Trockenzeiten aus dem nahen Selous Game Reserve oder vom Mikumi National Park.

Zu Fuß unterwegs

Für das Erkunden der Berghänge ist ein **Ranger als Führer Pflicht.** Dieser kostet, egal wie groß die Gruppe ist, 20 $ pro Tag. Offizielle Campingplätze gibt es in den höheren Lagen noch nicht, hier sind die Ranger jedoch flexibel und richten sich nach Ihren Vorstellungen. Auch die

☐ Karte S. 330

Dienste von Trägern können in Anspruch genommen werden. Sollten Sie mehrere Tage in den Bergen verbringen wollen, ist mindestens ein halber Tag für die Organisation einzukalkulieren; die meisten Besucher führen nur ein- bis zweitägige Wanderungen durch. Die gesamte Ausrüstung und Verpflegung sind mitzubringen.

Zum sicheren Gehen empfiehlt sich Wasser abweisendes und gut profiliertes Schuhwerk. Die Wege sind zwar weitgehend befestigt, aber dennoch rutschig bei feuchter Wetterlage.

Denken Sie daran, ihre Kamera auf eine hohe ISO-Zahl einzustellen, da die Lichtverhältnisse, vor allem am Nachmittag, wenn die Osthänge im Schatten liegen, im dichten Waldgebiet nicht immer optimal sind.

Übrigens besteht zwischen den Dorfgemeinschaften an der Hauptstraße und dem Nationalpark ein **Abkommen hinsichtlich begrenzter Waldnutzung.** Das heißt, neben Touristen und Wildhütern bzw. Forschern dürfen im Udzungwa – anders als in den anderen Nationalparks – auch Angehörige aus den angrenzenden Dörfern in die Waldhänge gehen, um Kräuter und Brennholz zu sammeln (nicht hacken oder sägen!). Mit der Gründung des Nationalparks wurde dieses System mit den Gemeinden regelrecht ausgehandelt, da diese um einen Teil ihrer Existenzgrundlage fürchteten. Für Besucher des Parks hat dies zur Konsequenz, dass z.B. auf dem Sanje Trail bereits seit den frühen Morgenstunden Leute unterwegs sind und damit viele Tiere und Vögel aufschrecken, sodass man nicht viel zu sehen bekommt. Dafür sind die Rufe der Holzsammler zu hören, und man muss den Gruppen, die voll beladen den Berghang hinunterkommen, Platz machen. Das alles wäre nicht der Rede wert, müsste man nicht Park- und Rangergebühren zahlen – Fazit: die **Holzsammlertage meiden!**

tannp117 jg

⌃ Sanje-Haubenmangabe

Nature Trails (Wanderrundwege)

Sanje/Sanje Circuit

Man fährt vom Mang'ula Gate zum Dorf Sanje an der Hauptstraße in Richtung Mikumi (entweder mit einem der vorbeifahrenden Busse oder in einem Park-Fahrzeug für 10.000 TSh). Die Wanderung dauert etwa 3 Stunden (bis zu den zwei unteren **Sanje-Wasserfällen**). Der Sanje Circuit, der beim Mang'ula Gate beginnt, führt weiter bis zur höchsten Sanje-Kaskade. Der Rundweg dauert ca. 4 Stunden, Essen und genügend Trinkwasser sollten mitgeführt werden.

Campsite Three Trail Circuit

Ganztagestrip für Wanderfreunde. Start beim Mang'ula Gate, Distanz ca. 13 km, Dauer etwa 10 Stunden. Die Sanje-Wasserfälle werden auf diesem Trek nicht passiert, dafür lassen sich mehr Wild und Vögel beobachten.

Prince Bernhard Trail

Schnuppertour am Mang'ula Gate; etwa 1 km, 40 Minuten Gehzeit. Ein **kleiner Wasserfall** wird besucht, gelegentlich lassen sich Paviane und mit etwas Glück auch Nilvarane sehen.

Mwanihana Trail

Trekking-Tour für Abenteurer. Der Gipfel des 2150 m hohen **Mwanihana Peak** wird bestiegen, mit Glück lassen sich im oberen Berg-Buschland Elefanten, Büffel und Elenantilopen sehen. Der Mwanihana Trail ist mit 38 km angegeben und dauert zwei Nächte/drei Tage. Komplette Selbstversorgung ist Voraussetzung!

Anreise/Unterkunft

■ Das Main Entrance Gate des Parks bei Mang'ula ist über eine asphaltierte Straße von Mikumi am Tan-Zam-Highway leicht zu erreichen. **Busse und Dala Dalas** fahren regelmäßig die Strecke bis Kidatu und Ifakara. Sagen Sie einfach dem Fahrer Bescheid, dass er Sie beim Abzweig zum Parkeingang herauslässt; dann sind es noch 500 m zu Fuß.

■ Eine andere, sehr erlebnisreiche Anreise erfolgt mit dem **„Ordinary Train" der Ta-Za-Ra-Eisenbahn** ab der Hauptstadt Dar es Salaam. Der Zug hält an der **Station Mang'ula,** die etwa 15 Minuten Gehzeit vom Park entfernt liegt. Reist man von Dar es Salaam an, kommt man hier am Abend an und ist auf die Hilfe einer ortskundigen Person angewiesen. Das ergibt sich aber in der Regel schnell.

1 Zwischen dem Mang'ula Park Gate und der Bahnstation liegt das **Twiga Hotel.** Die einfache Unterkunft hat zwar kein Lodge-Niveau, müht sich aber, einen guten Service zu bieten. Zimmer mit Dusche und Frühstück liegen bei 40.000 TSh die Nacht. Für Wanderungen im 1 km entfernten Park kann man Lunchpakete bekommen.

2 400 m hinter dem Gate bietet das **Udzungwa Mountain View Hotel** saubere Zimmer mit Deckenventilator, Moskitonetz, WC/Dusche; Frühstück, freundliche Bedienung, ab 20.000 TSh p.P.

■ Die nächsten Unterkünfte finden sich im 20 km entfernten **Kidatu** (landestypische Guest Houses) oder in **Mikumi** am Tan-Zam-Highway.

■ Die einzigen Übernachtungsmöglichkeiten im Park sind zwei wunderschön an Bächen gelegene **Campingplätze** in der Nähe des Main Entrance. Mit Wasserversorgung und Toiletten, Verpflegung gibt es jedoch nicht zu kaufen. Die eher kleinen Plätze liegen im Wald und können mit dem eigenen Fahrzeug angefahren werden. 34,50 $ p.P.

Reisezeit

Die **beste Besuchszeit** für den Park ist **Juni bis Oktober und Januar bis März.** In den Regenmonaten ist auf vielen Pfaden entlang der Berghänge kein Durchkommen möglich, und der Besuch ist eher eine Tortur, als dass er Vergnügen bereiten würde. Zum Ende der Trockenzeit kann das eine oder andere Großtier gesehen werden.

[>] Bizarre Erhebungen prägen das Ruaha Rift Valley

Ruaha National Park

Der Park

Der seit 2007 durch die Angliederung des Usangu Game Reserve **größte Nationalpark Tansanias** hat sich zu einem der beliebtesten Parks Tansanias entwickelt. Zuvor spielte das aus dem südlichen Teil des Rungwa Game Reserve ausgegliederte riesige Wildschutzgebiet im Süden für den Tourismus des Landes nur eine unbedeutende Rolle. Trotzdem: Weitaus weniger Besucher als in die nördlichen Parks zieht es zu der rauen und wilden Schönheit am **Great Ruaha River.**

Landschaftlich bietet dieses sehr vielseitige Gebiet einen deutlichen Kontrast zu den nördlichen Nationalparks, wenn auch der Fluss und die vielen Baobabs sehr mit dem Tarangire National Park zu vergleichen sind. Der südlichere und kleinere Teil des Parks liegt in einem durchschnittlich 900 m hohen Zweig des **Ruaha Rift Valley.** Oberhalb der bis zu 200 m aufragenden Grabenwand erstreckt sich das größere und waldreichere Gebiet, in dem auch knapp 1800 m hohe Berge, wie der **Mt. Ndanyanya** und der **Mt. Kibirit,** aus der Ebene aufragen.

Die Grabenbruchstufe hinunter fallen große Bachläufe – vor allem in den Regenmonaten –, die sich in Tausenden von Jahren ihre Bahnen in das Gestein geschliffen haben. Besonders die so entstandene Schlucht **Mdonya Gorge** ist eine Attraktion des Parks.

tannp118 jg

Ruaha National Park

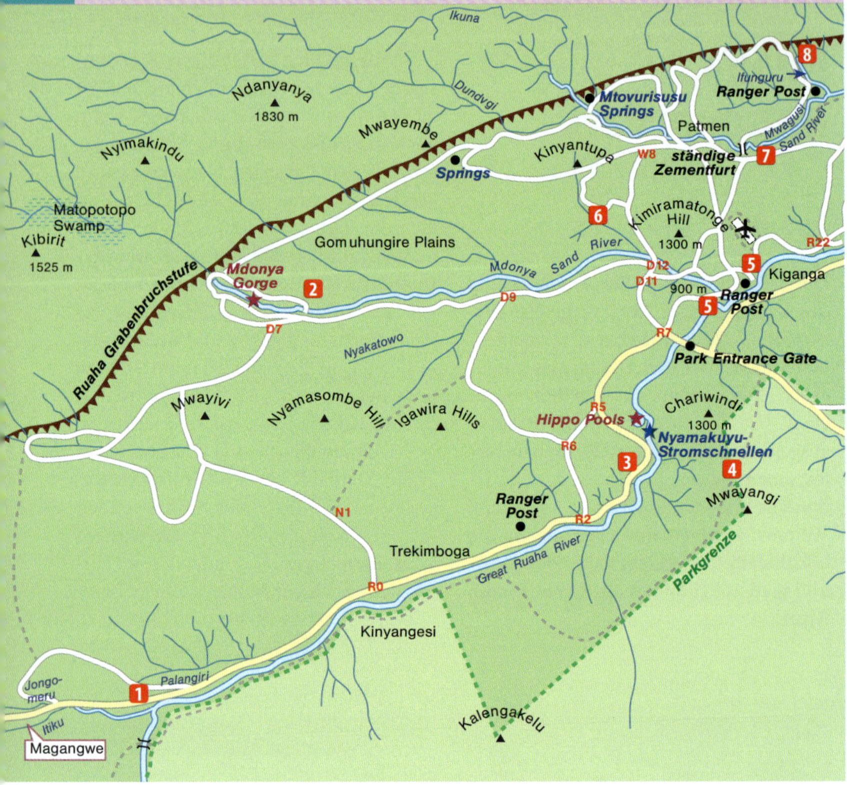

Den gesamten Ostteil des Ruaha überzieht eine große **Miombo-Baumsavanne,** in der sich majestätisch Baobabs erheben, Akazien Schatten spenden und vereinzelt Jacaranda-Bäume stehen, die einmal im Jahr mit ihrem lilanen Blütenkleid der ansonsten trockenbraunen Natur deutliche Farbtupfer verleihen. Im Westen ist die Baumvegetation nicht ganz so dicht, doch auch hier erstrecken sich einzelne Baumsavannen. Der felsige und an vielen Stellen sandige **Ruaha-Fluss,** der in der Hehe-Sprache *Lyambangari* heißt, und seine Zuläufe **Mdonya** und **Mwagusi** bilden für die bemerkenswert vielfältige Tierwelt die Lebensadern in diesem sehr trockenen Gebiet, in dem selten mehr als 500 mm Niederschlag im Jahr fallen.

Die wachsende Anziehungskraft verdankt der Park der mittlerweile sehr **guten Straßenanbindung,** einem erweiterten **befestigten Wegenetz** und dem guten Angebot an Lodges und Camps. Dennoch halten sich die Besucherzahlen in einem ökologisch vertretbaren Rahmen. Es bleibt zu hoffen, dass der Ruaha in den nächsten Jahren nicht von unzähligen Safariunternehmen und ihren Fahrzeugkolonnen vereinnahmt wird.

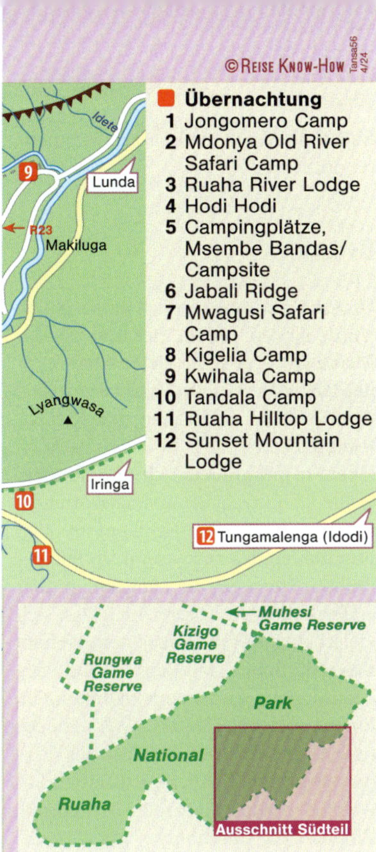

Dann hätte der Park sein eigentliches Herz, die Einsamkeit der rauen afrikanischen Wildnis, verloren.

Zusammen mit den nördlich angrenzenden **Game Reserves Rungwa, Kizigo** und **Muhesi** bildet der Park das **Ruaha-Ökosystem.** Die Reserves sind reine Wild- und Naturschutzgebiete, die vor allem bekannt sind für ihre großen Elefantenbestände. Mehrere Rangerposten sind hier mit Unterstützung der Zoologischen Gesellschaft Frankfurt errichtet worden. Insbesondere bereitete der illegale Holzeinschlag große Sorgen. Die **Mninga-Bäume** *(Pterocarpus angolensis),* die mit den Miombo-Bäumen verwandt sind und hier vermehrt vorkommen, waren aufgrund ihres wertvollen Holzes sehr begehrt. Da die Game Reserves Rungwa und Kizigo keine Zäune haben, hat man die Grenzen mit breiten Schneisen durch den Wald markiert. Die sollen die Bevölkerung der umliegenden Dörfer davon abhalten, in die Reservate einzudringen. Der Einsatz hat sich gelohnt, durch die bessere Markierung und Überwachung ist in den letzten Jahren auch die Wilderei stark zurückgegangen.

Rungwa und Kizigo sind derzeit für Besucher **nicht zugänglich,** und auch der nördlich vom Escarpment liegende Teil des Ruaha, der etwa zwei Drittel des gesamten Parks ausmacht, bleibt Tier- und Naturfreunden größtenteils vorenthalten. Doch ändert das nichts daran, dass das für Besucher uneingeschränkt zugängliche Gebiet entlang des Great Ruaha River eines der schönsten und interessantesten im gesamten Ökosystem ist. Um dieses dauerhaft und in seinem ganzen Ausmaß zu schützen, wurde im Jahr 2000 ein weiteres Gebiet am Oberlauf des Ruaha zum **Usangu Flats Game Reserve** erklärt: eine weite Schwemmebene, die seit 2007 den Ruaha-Park an seiner Westseite erweitert hat und besonders aus ornithologischer Sicht (knapp 300 Vogelarten) von Bedeutung ist. Das Gebiet war von Überweidung, Abholzung und Brandstiftung bedroht.

Entlang des großen Flusses, der sein Quellgebiet bei den Bergen Mbeyas hat und mit 160 km Länge den größten Teil der südlichen Parkgrenze bildet, bieten sich mehrere Möglichkeiten zur Beobachtung von Wildtieren. Regelmäßig sind hier Elefanten, Kudus und Wasserböcke zu sehen. Gerade in den Trockenmonaten, wenn die kleineren Flüsse kaum noch Wasser führen, zieht der Great Ruaha viele Tiere an. Zu den eindrucksvollsten Stellen des Flusses gehören die **Hippo** und **Crocodile Pools** und die **Nyamakuyu-Stromschnellen** zwischen Brücke und Ruaha River Lodge.

In den vergangenen Jahren trocknete aber auch der Ruaha – bis auf wenige Wasserlöcher – immer wieder aus. Dann drängen sich Krokodile und Flusspferde um die letzten Unterwasserstellen und wühlen dabei viel Schlamm auf. Sobald jedoch die Niederschläge in den Southern Highlands einsetzen, entsteht ein reißender Strom, der meist im April seinen Höchststand erreicht.

Trotz der rauen Bedingungen gedeihen hier an die **1650 verschiedene Pflanzenarten,** die gerade in der Regenzeit den Park mit ihrer Farbenpracht zum Leuchten bringen. Daher ist die Trockenzeit (ab Juni), wenn noch viele Blumen und Bäume ihr Blütenkleid tragen, aber gleichzeitig auch schon alle Wege trocken genug sind, um sie mit Fahrzeugen befahren zu können, eine ideale **Besuchszeit.** Je trockener es im Umland wird (in den Monaten Juli bis Oktober), desto mehr Wild lässt sich entlang des Ruaha sehen. Ab Mitte November setzen dann die ersten Regen wieder ein, doch kann man den Park oft bis Anfang Februar problemlos besuchen. In der Zeit danach braucht man dann in jedem Fall einen Vierradantrieb. Ein Großteil der Wege wurde befestigt und kann in der Trockenzeit **auch mit normalen zweiradgetriebenen Autos** befahren werden.

Vom Klima her kann der Ruaha das ganze Jahr über besucht werden, kühlster Monat ist in der Regel Juli, dann betragen die Temperaturen nachts durchschnittlich 14 °C.

Tierwelt

Hier die gesamte Tierwelt aufzuzählen, würde Seiten füllen. Bekannt ist der Ruaha-Park für seine **vielen Elefantenherden** und seinen in Ostafrika einzigartigen Bestand an Großen und Kleinen **Kudus.** Diese sehr eindrucksvolle Antilopenart mit grauem Fell und dünnen, weißen, senkrecht verlaufenden Streifen, mit einer Mähne am Kehlkopf und den imposanten, bis zu zweieinhalb mal gedrehten Hörnern, die Längen von über anderthalb Metern erreichen, lässt sich vielerorts im Park beobachten. Weitere **Besonderheiten** sind Rappen- und Pferdeantilopen, Rudel von Wildhunden, Elen-Antilopen, Defassa-Wasserböcke und Grant-Gazellen (südlichstes Verbreitungsgebiet). Aber auch Büffel, Löwen, Leoparden, Geparden, Mangusten, Zibetkatzen, Buschböcke, Impalas, Giraffen, Zebras, Hyänen, Warzenschweine und Schakale leben in diesem Gebiet. Am Great Ruaha River lassen sich zahlreiche Krokodile und Flusspferde beobachten, und die mit über 450 Arten vertretene **Vogelwelt** (einige Geier- und Adlerarten, Turakos, Reiher, Lerchen, Sekretäre, Gelbschnabeltockos) ist ebenfalls beachtlich. Die Nashörner sind von Wilderern ausgerottet worden.

Anreise und Eintrittsgebühren

Mit dem eigenen Fahrzeug beansprucht die Anfahrt von Dar es Salaam (620 km) über den Tan-Zam-Highway einen vollen Tag. Von Arusha aus ist die Straße über Babati, Kondoa und Dodoma vorzuziehen.

Coastal Aviation bietet regelmäßig **Flüge zum Park** an; Informationen unter www.coastal.co.tz. Ebenfalls fast täglich verbindet die Airline Safari Air Link (www.safariaviation.info) den Ruaha mit Selous und Dar es Salaam sowie mit Katavi und Mahale zweimal die Woche.

Die **Parkgebühren** betragen **34,50 $,** für nicht in Tansania zugelassene **Fahrzeuge** werden **49 $** fällig, **Camping** kostet **34,50 $ p.P.** Beim Park Gate ist ein Faltblatt mit Karte zum Park erhältlich. Die Pisten und Kreuzungen sind gut markiert. Safaris können über Unternehmen in Iringa, Mbeya und v.a. Dar es Salaam organisiert werden.

Lodges im Park

1 Jongomero Camp④
www.selous.com. Das herrlich gelegene Luxus-Camp der Selous Safari Company liegt weitab im Südwestteil des Parks und verfügt über zwölf sehr stilvolle Safari-Zelte auf Holzplattformen, alle mit eigener Terrasse und Aussicht auf den saisonal versandeten Jongomeru River. Das Interieur der großräumigen Zelte ist sehr chic und im alten Safari-Stil gehalten, ein Bad mit Spültoilette ist jeweils mit integriert. Die Küche von Jongomeru ist vorzüglich, die Guides und sehr sympathischen Manager kennen sich bestens aus. Empfehlenswert!

7 Mwagusi Safari Camp③-④
www.mwagusicamp.com. Sehr schöne Lage mit Borassus-Palmen am Mwagusi Sand River unweit der Grabenbruch-Wand. Das luxuriöse Camp gehört zu den feinsten Safari-Adressen im Süden Tansanias. Das ursprüngliche Safarizelt-Konzept wurde beibehalten, jedoch stehen die Zelte in einem aus Stroh und viel Holz und Naturstein erbauten Überdach mit einer weit vorgezogenen Terrasse mit Blick auf den Mwagusi Sand River. Die Bäder sind alle individuell gestaltet und bieten reichlich Platz. Der zentrale Aufenthaltsraum bietet einen schönen Überblick auf die Wildnis, und die ist hier sehr wildreich! Die Betreuung rund um Manager *Chris Fox* lässt kaum Wünsche offen.

3 Ruaha River Lodge②-③
www.ruahariverlodge.com. Vom Entrance Gate 12 km flussaufwärts entfernt liegt diese sehr schön in die Natur integrierte Lodge. Entlang und in der saisonal nur wenig Wasser führenden Flussschleife stehen 24 aus Natursteinen und Holz gebaute Bungalows. Da sich die Anlage über ein großes Gebiet erstreckt, ist die Lodge in drei Einheiten unterteilt. Das Original Camp mit einer überdachten und auf einer Anhöhe gelegenen Terrasse mit Restaurant und Bar bietet eine herrliche Sicht auf den Ruaha River und die sich dahinter erstreckende Landschaft. Das River Camp liegt weiter flussaufwärts und bietet große Doppelbungalows mit einem Restaurant/Aufenthaltsbereich direkt am Fluss, wo sich gerne Elefanten aufhalten. Der dritte Abschnitt der Lodge liegt auf dem zentralen Hügel hinter den beiden erstgenannten Camps und verfügt über große Familien-Bungalows mit grandiosen Aussichten auf die Ruaha-Landschaft. Es werden Parkfahrten mit eigenem Wagen und Fußsafaris arrangiert.

6 Jabali Ridge ④
www.asiliaafrica.com. Die Upper Market Safari Firma hat im zentralen Bereich des Ruaha auf einer Anhöhe zwischen Granitfelsen diese Luxuslodge erbaut. Acht im Halbkreis errichtete Bungalows mit jedem erdenklichen Komfort und einem Blick soweit Afrika reicht. Internationale Küche mit Mahlzeiten aus mehreren Gängen.

9 Kwihala Camp③-④
www.asiliaafrica.com. Das Schwesterprodukt zu Jabali liegt mitten im Geschehen an einem trockenen Flussbett, sodass es passieren kann, dass plötzlich Elefanten neben dem Zelt-Zimmer stehen. Mein Favorit der Asilia-Lodge-Kette. Der traditionelle Canvas-Campstil verbunden mit modernem Interieur

gibt dem Camp eine ganz individuelle Safari-Note. Kwihala umfasst nur sechs Zelte, allesamt geräumig sowie elegant und praktisch eingerichtet. Die Lage im östlichen Teil des Parks ist ebenfalls etwas Besonderes, was auch seinen Preis hat.

2 Mdonya Old River Safari Camp②-③
www.ed.co.tz. Rustikales Camp mit gutem Preis-Leistungs-Verhältnis unterhalb der Ruaha Grabenbruchstufe am Ausgang der Mdonya Gorge. Die Betreuung ist sehr zuvorkommend. Tolle Lage, viele Wildwechsel direkt beim Camp.

8 Kigelia Camp④
www.nomad-tanzania.com. Camp mit viel Liebe zu Busch und Natur. Hier ist alles einfach gehalten und mit einem rustikalen Safari-Chic kombiniert. Kigelia ist eine grandiose Art, hohen Hotel- und Service-Standard in der Natur zu genießen. Empfehlenswert. Stolzer Preis.

Lodges außerhalb des Parks

10 Tandala Camp②-③
www.tandalacamp.com. Privat geführtes Safari Camp knapp außerhalb des Parks unweit der Straßen nach Tungamalenga und Iringa (10 km vom Main Park Gate entfernt). Geführt von dem sympathischen Pärchen *Yanni* und *Dionysia Fliakos*. Elefanten kommen regelmäßig ins Camp, um aus dem Pool zu trinken – ein unvergessliches Erlebnis!

4 Hodi Hodi②-③
www.hodi-hodi.com. Ein Camp am Rande des Ruaha National Park in einer privaten Conservancy (Schutzbehörde). Sehr zu empfehlen, Naturschutz und Zusammenarbeit mit der örtlichen Community steht bei Hodi Hodi ganz weit vorne. Das Camp hat eigene Guides und Fahrzeuge und unternimmt Ausflüge auch zu Fuß, außer- und innerhalb des Parks.

12 Sunset Mountain Lodge②
Nette Lodge mit einfachen Bungalows ca. 15 km außerhalb des Parks an einem Hang mit toller Aussicht von der Lodge-Terrasse – was für das einfache Essen entschädigt!

11 Ruaha Hilltop Lodge②
ruahahilltoplodge.com. Sehr sympathische Lodge ebenfalls in Hanglage mit toller Aussicht auf die Baumsavannen-Landschaft des Ruaha. Unterbringung in geräumigen Bungalows, Service und Betreuung sind zuvorkommend. Es werden Spaziergänge und Ausflüge zu benachbarten Dörfern unternommen, und man bekommt auf sehr natürliche Art und Weise Einblick in die Kultur des Hehe-Volkes. Von Budget-Reisenden empfohlen.

Camping/Campsite

5 Msembe Bandas/Campsite
Acht einfache Doppelbandas (Bungalows) sowie zwei Familienbandas nahe des Headquarter am Ruaha. Bettzeug, Feuerholz und Wasser sind vorhanden. Etwa 500 m flussabwärts befindet sich ein Campingplatz. Beide Übernachtungsmöglichkeiten sind sehr einfach und kosten 20 $ p.P. die Nacht. Ein weiterer sehr schöner Zeltplatz liegt 2 km flussaufwärts. Bandas können über den Park Warden, Ruaha National Park, Iringa, gebucht werden.

- 10 km vor dem Park in dem kleinen Dorf **Tungamalenga** (Idodi) besteht die Möglichkeit, für ca. 10.000 TSh p.P. in einer einfachen Herberge (mit Moskitonetzen) zu übernachten, auch Camping ist möglich und damit preiswerter als im Park.

Versorgung

- Beim **Park Headquarter** befindet sich ein kleiner Shop, in dem man kühle Sodas und Bier, Tee, Zucker, Weißbrot und gelegentlich Marmelade bekommt.
- **Diesel** ist ebenfalls beim Headquarter zu erwerben, jedoch etwas teurer als in Iringa.

› Nhumbe-Wasserfall

Karte S. 336, Umschlag vorn

Kitulo National Park

tannp119 jg

Die früher als Elton-Plateau bekannte **Hochsavannenlandschaft** in den Southern Highlands von Tansania ist seit 2005 Tansanias 14. Nationalpark. *Fredrick Elton* war als erster Europäer während seiner Forschungsreise 1870 hier unterwegs. Das in der Sprache der Bena als Kitulo bezeichnete Gebiet zeichnet sich zwar nicht durch Wildreichtum, dafür jedoch durch eine Landschaft und ein Klima aus, wie man es in Schottland im Spätsommer vorfinden würde. Der 456 km^2 große Park in 2500 bis 3000 m Höhe ist besonders für **Botanik-Liebhaber** ein Augenschmaus.

Der Park besteht grob aus drei Gebieten: Zunächst das **Tal des Ndumbi River** ganz im Nordosten des Schutzgebietes. Kleine Bachläufe fließen aus den zugleich sanften und zerklüfteten Hügellandschaften herab und vereinen sich im breiten Tal zum Ndumbi River, einem der Hauptzuflüsse des Great Ruaha River. Entlang des Ndumbi wächst der über 40 m hohe ostafrikanische *Juniperus procera* (Wacholderbaum), eine Gattung aus der Familie der Zypressen.

Das Ndumbi Tal kann mit dem Fahrzeug erreicht werden. Von einem mit Picknick-Tischen versehenen, malerischen Platz am oberen Ende des Tals führt ein Weg gut 100 m hinunter zum **Nhumbe Waterfall.** Zwei große Kaskaden bilden hier **einen der größten Wasserfälle Ostafrikas.**

Den gesamten nördlichen Teil des Parks bildet das großflächige **Kitulo Plateau,** eine Landschaft für die Sinne. Gerade in den Monaten November bis April kleidet sich das Kitulo Plateau mit einem **Meer aus Blumen:** über 350 Blumenarten, um die 45 verschiedene Orchideen, davon 16 endemische Arten, welche nur hier und in den Poroto Bergen nördlich von Mbeya vorkommen. Die Erkundung von Wiesen bis zum Horizont, mit sanften Hügeln und offenen Tälern, viele mit Leben spendenden Wasserfällen, ist herrlich. Besonders schön sind die **Mwakipembo** und **Usalama Wasserfälle.** In den grünen Monaten ist das Plateau ein **Eldorado für Vögel,** auch aus Europa und Nordafrika.

tannp120 jg

Der dritte und noch wenig zugängliche Teil des Parks wird von dichten Wäldern, tiefen Schluchten und Tälern dominiert. Er reicht von der steil abfallenden Grabenbruchkante des Nyasa Rift Valley in über 1000 m tiefe Nebelwälder des **Livingstone Forests,** ein noch wenig besuchtes Gebiet. Hier wurde 2003 zunächst eine vermeintlich **neue Affenart** identifiziert, man vermutete der Gattung **Hochland-Mangabe.** Amerikanische Forscher wurden von den örtlichen Waldbewohnern auf diesen, als *Kipunji* bezeichneten Affen aufmerksam gemacht. Was zunächst als eine neue, interessante Mangabenart erschien, entpuppte sich anhand von DNA-Proben und weiteren Untersuchungen als die bis dato **größte Entdeckung des 21. Jahrhunderts in der Tierwelt Afrikas**. Denn: Mit der Entdeckung des *Kipunji* war man auf eine neue Gattung gestoßen – den **Rungwecebus Kipunji.** Obwohl sie fast nur in Baumkronen leben, ist das *Kipunji*-Verhaltensmuster dem von Pavianen ähnlich, der Nachwuchs wird oftmals auch auf dem Rücken getragen.

Die Population scheint nur wenige Gruppen zu zählen und ist, obwohl seit ihrer Entdeckung noch nicht so viele Jahre vergangen sind, schon wieder vom Aussterben bedroht. Die ursprüngliche Grenzziehung des Kitulo-Parks war anders gedacht, mit der Entdeckung des *Kipunji* konnte jedoch ein Teil ihres natürlichen Habitats im westlich angrenzend gelegenen **Kiwira Forest** mit unter Schutz gestellt werden. Das Verbreitungsgebiet der Affen reicht bis in die Bergregenwälder des Rungwe-Vulkans westlich des Nationalparks. Hier ist auch die bisher einzige Population, welche Besucher mit etwas Glück zu Gesicht bekommen. Die Kitulo-Parkverwaltung arbeitet noch an einem Habituierungsprogramm.

In den vergangenen Jahren hat die Regierung Impalas und Zebras im Park ausgewildert.

Unterkunft

Der Park verfügt über **wenig Infrastruktur.** Eine Lodge oder ein Camp gibt es hier noch nicht. **Nur Campingplätze** werden von der Parkverwaltung bereitgehalten, besonders schön gelegen ist die Maua Campsite. Neben den einfachen landestypischen **Guest Houses in Matamba** (z.B. The JM Ngogo's Resort) gibt es im Park in herrlicher Lage die **Park Resthouses** für 35,50 $ pro Person. Diese Häuser mit jeweils zwei Zimmern sind noch neueren Datums. Hier muss man Selbstversorger sein.

Im Park unterwegs

Kitulo wird mit dem Auto bereist und natürlich zu Fuß. Das Wegenetz ist noch nicht final ausgebaut. Um das **Plateau mit den herrlichen Blumenwiesen** zu erkunden, reicht es jedoch. Für das Begehen der Landschaft bezahlt man sowohl *walking fees* als auch *ranger fees* in Höhe von jeweils 23 $. Der Zutritt zum Park ist zusätzlich zeitlich begrenzt.

Das gilt auch für den noch nicht mit einem Wegenetz versehenen, südwestlichen Teil des Parks, der von den dichten Nebelwäldern des Livingston Forest geprägt ist. Sollte auch dieser in naher Zukunft erschlossen werden (auch mit der Aussicht *Kipunji*-Affen zu sehen), wird Kitulo in jedem Fall eine Reise wert sein.

Sonstiges

- Die **Eintrittsgebühren** pro Tag liegen bei 35,50 $ p.P., die Campinggebühren ebenfalls. Wer zeltet, muss komplett auf Selbstversorgung eingestellt sein. Im Park kann nichts erworben werden, auch Treibstoff ist nicht erhältlich. Ein Ranger für Fuß-Safaris kostet 23 $.
- Angedacht für die Erkundung des Nationalparks sind Reit-Safaris; noch fehlt es an Veranstaltern.
- Das Head Quarter des Nationalparks befindet sich außerhalb des Ortes Matamba, zu erreichen entweder über die Mbeya-Malawi-Straße (Abzweig nach Osten in Njiapanda, südlich von Uyole) oder über den Tan-Zam-Highway zwischen Makambako und Mbeya. Hier zweigt im Ort Mfumbi eine Serpentinenpiste die Kipengere Range hinauf nach Matamba bzw. zum Kitulo National Park.

☐ Die ausgedehnte Hügellandschaft birgt einen großen Reichtum an verschiedenen Pflanzen

Gombe Stream National Park | 360

Katavi National Park | 346

Mahale Mountains National Park | 353

Rubondo Island National Park | 367

Ugalla River National Park | 350

9
Western Safari Circuit

Gombe National Park – das Ufer des Lake Tanganyika

Katavi National Park

Der Park

Der seit 1974 bestehende und kaum besuchte Nationalpark liegt **im nördlichen Ausläufer des Rukwa Rift Valley** und wurde auf Initiative der örtlichen Bevölkerung und mit finanzieller und technischer Hilfe der Zoologischen Gesellschaft Frankfurt errichtet. Auch heute unterstützen die Bewohner der Region um Mpanda den Schutz des Wildtierbestandes und waren mit der Vergrößerung des Parks auf 4500 km² im Jahr 1997 einverstanden. Im selben Jahr wurden auch die angrenzenden Game-Reserve-Grenzen neu gesteckt und neue Game Reserves geschaffen, womit jetzt ein geschütztes Ökosystem von über 10.000 km² besteht.

Der Katavi National Park ist hinsichtlich Verständnis und Verhalten der einheimischen Bevölkerung in den Randbereichen von Nationalparks eine von vielen Naturschützern gelobte Ausnahme. Doch gilt in diesem Fall, dass Zahl und Dichte der Anwohner des Parks bei Weitem nicht so groß sind wie beispielsweise in den Randgebieten des großen Serengeti-Schutzraumes. Zudem ist das Gebiet innerhalb des Katavi National Park von der die Schlafkrankheit übertragenden **Tsetse-Fliege** bewohnt, die eine Ansiedlung von Mensch und Vieh gar nicht erlauben würde. Für Besucher des Katavi hat dies aber kaum Auswirkungen! Die vor Ort ansässigen Safari-Camps variieren ihre Aufenthalte saisonal, sodass man kaum von Tsetse-Fliegen belästigt wird.

Bereits während der deutschen Kolonialzeit war die große Sumpfebene des Lake Katavi ein Wildschutzgebiet. Bei der Errichtung des Parks kam zu der großen Feuchtsavanne um den Katavi-

Der Western Safari Circuit

Der in diesem Buch als Western Safari Circuit zusammengefasste Teil Tansanias erstreckt sich über ein sehr weites Gebiet. Die Entfernungen zwischen den Parks erlauben es fast nicht, von einem Circuit zu sprechen, sondern eher von einer **Rundreise** von Park zu Park. Entsprechend sind die bekannteren Nationalparks Katavi, Mahale, Gombe und Rubondo Island oftmals nur als **Einzeldestinationen** im Programm der Reiseveranstalter zu finden, als Zusatz zu einer Safari im Norden oder Süden Tansanias. Was auch am Preis liegt, denn die Anreise mit dem Flugzeug ab Arusha oder Dar es Salaam ist allein schon eine teure Angelegenheit. Hinzu kommen die Parkgebühren, die bei den Schimpansen-Parks Gombe und Mahale höher sind. Der Rubondo Island National Park im Victoria See wird zumeist über die Serengeti angeflogen.

Die einzige übliche **Verknüpfung von Parks** findet zwischen Katavi und Mahale bzw. zwischen Katavi und Gombe statt. Das liegt daran, dass es exklusive Lodges/Camps von Veranstaltern gibt, die mindestens in zwei Parks betrieben werden und so auch logistisch verbunden sind.

See auch die östlichere Sumpfebene der Katisunga Plains rund um den Lake Chada hinzu. Das nun seit 1997 neu angrenzende Areal dehnt sich im Süden bis zum Rungwa River und dem neuen **Rukwa Game Reserve** aus und wird im Osten durch die Grabenwand des Mulele Escarpment begrenzt.

Die vor allem während der Regenzeit morastigen Savannen (Black Cotton Soil) des Parks liegen auf einer Höhe von etwa 900 m ü.N.N. und sind von **dichten Miombo-Trockenwäldern** und einzelnen Akazienbäumen umgeben.

Tierwelt

Im Katavi National Park kommen viele der afrikanischen Großtierarten vor. Das Gebiet ist bekannt für seine sehr **großen Büffelherden** und die **über 4000 Elefanten,** die hier leben. Nashörner gibt es keine. Zu den regelmäßig zu beobachtenden Tieren gehören Hyänen, Giraffen, Zebras, Elen-Antilopen, Flusspferde, Krokodile und **Defassa-Wasserböcke,** welche sich vom Ellipsen-Wasserbock durch ein weißes Hinterteil unterscheiden. Seltenere Tierarten, die sonst mehr im südlichen Afrika vorkommen, sind das Puku (eine Moorantilope) sowie Rappen- und Pferdeantilopen. Zudem sind im Park bis jetzt **über 400 Vogelarten** festgestellt worden. Oft lassen sich beim **Lake Chada** Scharen von **Rosapelikanen** beobachten, die zwischen hier und dem Lake Rukwa ihr **größtes Fortpflanzungsgebiet in ganz Afrika** haben.

Das **Beobachten der Tiere** ist allerdings wegen des Baumbestandes, vor allem aber infolge der hohen Sumpfgräser und des mancherorts dichten Papyrus ausgesprochen schwierig. Hinzu kommt, dass die Tiere hier noch nicht so an Fahrzeuge gewöhnt sind wie ihre Verwandten in den nördlicheren Parks und deswegen oftmals die Flucht ergreifen, wenn sich Autos und Menschen nähern – pure Wildnis eben!

☒ Flusspferde

tan061 jg

Katavi National Park

Erkundung des Parks

Es besteht die Möglichkeit, den Katavi National Park mit einem **Geländewagen** zu erkunden. Die Katisunga Plains und der krokodilreiche Katuma River Channel können vom Headquarter über Kapimbye angefahren werden. Kurz vor dem Katuma River erreichen Sie den Abzweig zu einem Ranger-Posten und die **Flugzeuglandebahn,** von wo Sie über zwei Pisten zum Lake Chada gelangen. Einen herrlichen Ausblick, mit der Gewähr, eine gute Anzahl von Tieren zu sehen, hat man auch vom Lake Katavi Resthouse (s.u.) an der Ostseite des Sees.

Der Ausbau der Wege im neuen östlichen Parkteil wird erst in den nächsten Jahren in Angriff genommen.

Gebühren und Anreise

Der Park ist definitiv einen Besuch wert, denn er ist ein Wildnis-Juwel. Allerdings bringen Anreise und Unterbringung im Park hohe Ausgaben mit sich. Die **Parkgebühren** betragen **34,50 $ pro Tag;** für Fahrzeuge, die nicht in Tansania zugelassen sind, sind 48 $ pro Tag zu entrichten. Kostenfrei sind die zwei Durchgangsstraßen, die mitten durch den Park

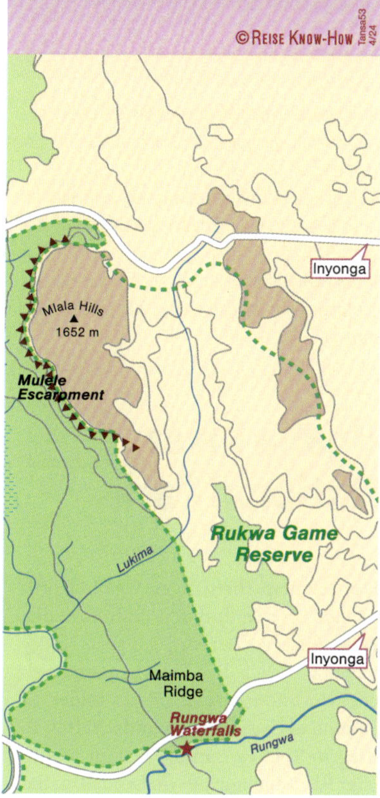

verlaufen und Mpanda mit Sumbawanga verbinden.

Die **Anreise** zum Park mit einem Fahrzeug ist über den Tan-Zam-Highway von Mbeya über Sumbawanga aus möglich oder über Tabora/Mpanda. Beide Anfahrtsrouten sind bis zum Park asphaltiert. Über den Airstrip bei Sitalike im Norden des Parks oder über die Landepiste am Katuma River werden die Gäste der Camps von Arusha aus eingeflogen, oftmals in Verbindung mit dem Mahale National Park. Vom Ruaha National Park fliegt Safari Air Link über Katavi nach Mahale (www.safariaviation.info), ebenfalls zweimal pro Woche. Ansonsten bietet sich das Einfliegen mit einer Charter-Airline an.

Unterkunft

Ein einfaches Hotel außerhalb am Nordrand des Parks ist das 2 **Riverside Camp und Campsite,** Tel. 00255 767754740, DZ ab 30 $ p.P. mit Frühstück. Die Anlage ist sehr einfach, die Zimmer aber sauber und die Lage direkt am Fluss mit großer Hippo Community weiß zu begeistern. Das Camp ist mit einer kleinen Mauer gegen nächtliche Flusspferdbesucher geschützt.

Die Camps im Park holen Gäste am Flugfeld ab. Bei zu viel Regen dauert die Anfahrt länger, da dann der Airstrip beim Park Headquarter von Sitalike genutzt wird.

6 **Chada Camp**④
www.nomad-tanzania.com. Exklusives Camp im östlichen Teil der Chada-Feuchtsavannen. Einmalige Lage auf einer Art Halbinsel, die in die saisonale Feuchtsavanne hineinragt. Knorrige Bäume spenden viel Schatten, das Wild spaziert direkt durchs Camp. Sieben Zelte garantieren einen intimen Rahmen. Gäste werden eingeflogen und im Park von sehr erfahrenen Wildlife Guides auf Pirschfahrten begleitet sowie fürstlich betreut. Das kulinarische Angebot hat hohes Niveau. Die Unterbringung erfolgt in großen Safarizelten mit kolonialem Ambiente. Hochpreisig, aber sehr empfehlenswert.

4 **Katavi Wildlife Camp**③
www.kataviwildlifecamp.com. Rustikales Camp mit großen Safarizelten auf einer Holzplattform und angemauerten Bädern. Die Lage direkt an der Katisunga Plain und am Chada Channel verspricht sehr viel Wildlife. Der mit Ried bedeckte Hauptbau ist rundum offen und hat eine Empore für mehr Fernsicht. Schon etwas älter, aber Service und Essen sorgen für einen zufriedenstellenden Aufenthalt.

3 Katavi Lodge③
www.mbalimbali.com. Das Camp am Rande der Katisunga Plains liegt versteckt zwischen Bäumen und Sträuchern. Die Umsetzung der Zeltbauweise auf Holzplattformen kommt auch hier zum Tragen. Das Camp und die Verpflegung bieten einfachen, aber guten Standard.

5 Flycatcher Katavi Camp②-③
www.flycatcher.ch. Einfaches, saisonales Zeltcamp in wunderschöner Lage direkt am Katuma River, geöffnet von Juni bis Oktober. Zweckmäßige Einrichtung, gutes Essen.

7 Lake Katavi Resthouse①
Einfachste Behausung mit zwei Schlafräumen für Selbstversorger. Optimaler Ort, um den kleinen See mit seiner großen Flusspferde-Population und die großen Büffelherden auf den sich dahinter erstreckenden Sikitiko Plains zu beobachten. Wollen Sie hier übernachten, müssen Sie sich den Schlüssel beim Park Headquarter beschaffen.

Camping

Im Park sind einige **1 Campingplätze** ausgewiesen, gut sind die **Plätze beim 7 Lake Katavi Resthouse** und beim **Lake Chada Swamp.** Alle Zeltplätze sind lediglich eine freigeschlagene Wiese. Es gibt keine Waschhäuser/WCs, Feuerholz wird nur auf Anfrage von den Rangern zur Verfügung gestellt. Die Campinggebühren betragen 34,50 $ p.P. und Nacht. Preiswert campen lässt es sich auf dem Grundstück des Hotels **2 Riverside Camp (s.o.)** direkt am Nordrand des Parks am Kruma River unmittelbar beim Ort Sitalike. Die einfache Campsite (mit WC und Duschen) kostet 15 $ p.P. Pommes und einfache Reisgerichte werden zubereitet.

Sonstiges

- **Im Park** lassen sich **keine Lebensmittel** kaufen, und im nahe gelegenen Dorf Sitalike ist auch nicht viel zu erwerben. Bringen Sie daher Ihre gesamte Verpflegung mit. Der Markt in Mpanda hat das Nötigste.
- Auch eine **Treibstoffversorgung** fehlt noch im Park, die nächsten Tankstellen sind in Namanyere und in Sitalike.
- Das **Park Headquarter** ist am Katuma-Fluss an der Nordgrenze des Parks, etwa 1 km von Sitalike entfernt.

Ugalla River National Park

Der aus dem ehemaligen Ugalla North *Games Reserve* und den angrenzenden *Forest Reserves* hervorgegangene Nationalpark ist nach dem Fluss benannt, welcher die Südgrenze des Parks bildet. Es ist **eine der schönsten Landschaften in diesem Teil Tansanias.** Der in westlicher Richtung nur zäh fließende **Ugalla-Fluss mäandriert mit vielen Flussschleifen** und Nebenarmen. Bauminseln und **Borassuspalmen** säumen den Flusslauf, Schreiseeadler rufen den Klang der afrikanischen Wildnis. Die Tierwelt ist hier besonders artenreich. Pferde- und Rappenantilopen (mehr im Südosten des Parks), Kudus und Wasserböcke, viele Giraffen und Elefanten leben in dem Gebiet. Auch Wildhunde werden gesichtet. Der Flusslauf ist reich an Hippos und Krokodilen. Die Vogelwelt ist besonders attraktiv und selbst

[>] Borassuspalmen säumen im Ugalla River National Park den Weg

der prähistorisch anmutende Schuhschnabel ist manchmal im Südwesten des Parks zu sehen.

Als Jagdreservat war Ugalla in den Jahren zuvor immer eines der beliebtesten Trophäengebiete Tansanias. Auf der Südseite des Flusses besteht daher auch noch weiterhin das **Ugalla South Game Reserve** mit Jagdkonzessionen. Im Südosten angrenzend ist die **Ipole WMA** (Wildlife Management Area), wo teilweise auch noch gejagt wird.

Durch die abgelegene Lage und die noch sehr rudimentäre Infrastruktur des 2019 gegründeten 3865 km² großen Nationalparks wird es noch eine Weile dauern, bis Veranstalter den Ugalla National Park in ihre Programme aufnehmen.

Im und außerhalb des Parks gibt es **noch keine Lodges oder Camps.** Besucher müssen also als **Selbstversorger**

Neue Nationalparks

Seit 2019 hat der Westen Tansanias nun auch **vier weitere Parks** dazubekommen. Erstmals im nordwestlichen Zipfel Tansanias, nahe der Länder Uganda und Ruanda gibt es nun die Nationalparks Ibanda Kyerwa, Rumanyika Karagwe sowie Burigi Chato. Die befinden sich **noch im Aufbau** hinsichtlich touristischen Zugangs und Infrastruktur und werden daher in diesem Buch noch nicht beschrieben.

Über den mehr im zentralen Westen gelegenen, ebenfalls neuen Nationalpark **Ugalla River** lesen Sie in diesem Kapitel (auch mit ersten praktischen Informationen). Schließlich liegt noch ganz im Südwesten des Landes auf über 2500 Meter Höhe der sehr wenig besuchte **Kitulo Nationalpark**, welcher meistens als Verlängerung einer Südtansania-Reise besucht wird (→ Kap. 8, Southern Safari Circuit)

tannp121 jg

tannp122 jg

unterwegs sein. **Camping** ist derzeit am Ugalla **bei Muhuba** möglich, vorausgesetzt Sie haben eine komplette Campingausrüstung inklusive Wasser mit an Bord Ihres Fahrzeuges. Ein anderer Wermutstropfen dieses wunderschönen Parks sind leider die vielen Tsetse-Fliegen.

Die **Eintrittsgebühren** (Conservation Fees) betragen nur **23,60 $** pro Person, 35,50 $ für das Zelten.

Anreise

Die Parkverwaltung hat sich entschlossen, den **Haupteingang** im Norden des Parks zu platzieren. Das **Iluma Gate** und das weiter südliche **Lumbe Gate** werden über den Ort Kaliua erreicht, welcher wiederum an der Asphaltstraße zwischen Tabora und Kigoma liegt. Wer über den Norden anreist, wird durch viel Miombowald fahren (Achtung: Tsetse-Fliegen!) bis die Flusslandschaft des Ugalla erreicht ist. Die weitaus sinnvollere und auch attraktivere Anfahrt oder Verbindung verläuft entlang des Oberlauf des Ugalla, dem saisonalen Nkululu River, über **Mpanda/Inyonga.** Hier befindet sich kein offizielles Eingangstor, lediglich ein Game Ranger Posten aus der ehemaligen Ugalla Game Reserve markiert hier den Eingang zum Park. Sie können hier in den Park reinfahren, sollten dann jedoch – möglichst noch am gleichen Tag – zu einem der nördlichen Gates fahren, um die Eintritts- und Campinggebühren zu bezahlen. Wer online über einen Veranstalter-Account bezahlt, kann sich den Weg zu einem der Gates sparen.

⌃ Elefanten durchqueren einen Fluss

〉 Buschbock

Mahale Mountains National Park

Der Park

Der Mahale Mountains National Park ist mit über 1500 km² ungefähr dreißig Mal so groß wie der Gombe National Park. Das Schutzgebiet liegt ca. **150 km südlich von Kigoma** und ragt wie eine Halbinsel in den Lake Tanganyika. Die Abgeschiedenheit dieses paradiesisch wirkenden Gebietes und seine völlig unberührte Natur geben einem das Gefühl, in einer vergessenen Welt oder gar in einer anderen Zeit zu sein.

Über die gesamte Länge des Parks zieht sich das große **Gebirge der Mahale Mountains.** Die Berge sind ein Produkt des afrikanischen Grabenbruchs. Während die Erdoberfläche im Bereich des heutigen Tanganyika-Sees aufriss und sich spaltete, stießen aus dem Erdinneren am Rande des entstehenden Grabens heiße Magmamassen auf und formten Erhebungen, die sich schnell abkühlten. Eine solche klassische Erhebung sind heute die Mahale Mountains. Der tiefe Graben füllte sich mit Wasser und wurde zu einem See, dem Lake Tanganyika. In den über 20 Millionen Jahren seit der Entstehung der Berge haben klimatische Einflüsse wie Regen und Winde durch Erosion ihren Teil zur heutigen Erscheinung der Berge beigetragen. Die dem See zugewandten Berghänge werden von einem dichten immergrünen Regenwald überzogen, der mit reichlich Niederschlägen (2000 mm im Jahr) und Frühnebeln vom See her versorgt wird. An den mittleren Hängen gedeihen hier auch, anders als im Gombe National Park, feucht-tropischer Bergwald sowie dichter Bambusbestand. Im Park soll es über 300 Baumarten geben. Ab 2200 m bedecken dann wieder montane Savannengraslandschaften den Bereich bis zu den Gipfeln. Die im Regenschatten liegende Ostseite der Mahale Mountains wird von einer trockenen Baumsavanne, den Miombo-Wäldern, bedeckt. Die höchsten Gipfel des Gebirgszuges liegen nahe des Ufers im Nordwesten des Parks: Es sind der Mt. Muhensabantu, der Mt. Humo, der Mt. Sisaga und der **Mt. Nkungwe, mit 2516 m höchster Gipfel der Mahale Mountains.**

Einer **Legende** zufolge gab es einmal Streit zwischen dem Berg Nkungwe und seinem Sohn, einem niedrigeren Gipfel. Dieser machte seinem Vater das ruhige Leben am See zur Hölle. In einem Kampf setzte sich Nkungwe gegen seinen Sohn durch und schleuderte diesen auf die andere Seite des Sees, wo er heute lädiert liegt und die kongolesischen Ber-

049 edel

Mahale Mountains National Park

ge südlich von Kalemie formt. Nkungwe fiel nach dem anstrengenden Kampf ebenfalls nieder und stellt heute seitlich liegend die Mahale Mountains dar. Im Nordwesten beginnend liegt sein Kopf, der Mt. Nkungwe; der längere Bergrücken des Mt. Sisaga stellt den Teil von Schulter bis Becken dar. Der flachere Südosten des Bergzuges symbolisiert Nkungwes angewinkelte Beine, so als würde ein Mensch zusammengekauert schlafen. Für die Bewohner war eine Besteigung des Mt. Nkungwe lange Zeit undenkbar. Jeder, der den Gipfel bezwingen würde und damit auf Nkungwes Kopf stünde, würde, so die Legende, kurze Zeit danach durch einen Unfall sterben.

Der 1980 durch Präsident *Nyerere* gegründete Nationalpark schützt im Gegensatz zum Gombe-Park auch einen etwa 2 km breiten und 63 km langen **Wasserstreifen** am Ufer des Tanganyika-Sees. Hier ist es Fischern verboten, ihre Fangnetze auszubreiten, Boote und Schiffe müssen das geschützte Gewässer umfahren.

Das Hauptbesuchergebiet erstreckt sich in einem etwa 10 km großen Radius um das Park Headquarter.

048 damke

047 berg

Tierwelt

Die Errichtung des Parks galt hauptsächlich dem **Schutz der Schimpansen.** In den Hängen der Mahale-Berge werden fast 1000 dieser Affen vermutet. Ihre Zahl ist mit der Parkerrichtung und der Umsiedlung von Fischerdörfern aus dem Park stark angestiegen. Zuvor wurden die Affen aufgrund ihres bei der Bevölkerung beliebten Fleisches gewildert. Seit 1961 sind in dieser Region japanische Primaten-Forscher tätig. Mit ihren Studien in dieser isolierten Gegend hatten Sie großen Anteil an der Gründung des Nationalparks. Die von der Universität in Kyoto unterstützten Forscher haben ihre Research Station Kansyana am Fuße des Mt. Nkungwe, unweit vom ufernahen Park Headquarter bei Kasiha.

Neben Schimpansen lebt im Park auch reichlich Großwild. Östlich des Bergmassivs sind **Elefanten, Büffel, Giraffen, Zebras, Kudus, Elen**- und **Pferdeantilopen, Busch- oder Flussschweine** und auch **Löwen** zu finden. Doch bisher haben sich kaum Forscher und Besucher diesem Teil des Parks gewidmet. Es ist ein sehr verbuschtes Gelände, und da man zu Fuß unterwegs ist, auch nicht ganz ungefährlich. Erkundi-

[<] Pferdeantilope (oben), Elenantilope

Schimpansen – unsere nächsten Verwandten

Schimpansen sind die menschenähnlichsten Menschenaffen: Wir teilen über 95 % unserer Erbsubstanz mit ihnen. Sie leben in Familiengruppen in Wäldern und Baumsavannen im tropischen Afrika. Aufrecht stehend erreichen die männlichen Tiere eine Größe bis zu 1,70 m, weibliche Artgenossen werden bis zu 1,30 m groß; die Arme sind länger als die Beine. Die als Savannentyp bezeichneten Gombe- und Mahale-Schimpansen sind jedoch kleiner; sie werden 30 bis 40 Jahre alt. In Tansania leben etwa 2500 Schimpansen.

Die lang währende Vermutung, diese Affenart lebe wie ihre asiatischen Verwandten, die Orang Utans, nur kletternd und hangelnd in den Baumwipfeln tropischer Regenwälder, wurde spätestens durch die Forschung von *Jane Goodall* korrigiert. Zwar leben Schimpansen in überwiegend waldreichen Gebieten, doch haben sie hier ein **festgetretenes Wegesystem** und klettern eigentlich nur zum Früchtepflücken, Nestbau und Schlafen auf die Bäume.

Auf dem Boden oder auf dicken Ästen gehen oder laufen die Schimpansen gewöhnlich auf allen vieren, wobei sie das Gewicht ihres Oberkörpers auf die Handknöchel stützen. Am menschlichsten wirken Schimpansen, wenn sie aufrecht gehen, was sie jedoch nicht sehr oft tun. Die wichtigsten Gründe zum Aufrechtlaufen sind das Tragen von Nahrung, aber insbesondere Gefahrensituationen, da die Tiere in dieser Haltung vor dem Feind größer wirken.

Schimpansen sind vorwiegend Pflanzenfresser, verzehren aber auch Insekten wie Termiten. Als Hauptnahrung gelten Früchte, Knospen, Blüten und Blätter. Doch gelegentlich stehen auch Kleintiere wie Rote Kolobusaffen und diverse Jungtiere auf der Speisekarte. Diese werden jedoch nur gejagt, wenn Aussicht auf Erfolg besteht. In den meisten Fällen wird dann das Fleisch zusammen mit Blättern als Beilage verzehrt.

Beim Fressen von Insekten, vor allem von Termiten, benutzen Schimpansen Stöckchen oder Zweige, mit denen sie in Termitenbauten „angeln". Durch die vielen Gänge der großen Erdhügel stecken die Schimpansen geduldig ihr „Werkzeug" ins Innere der Termitenkolonie, an dem sich die Termiten festbeißen oder auch nur dranhängen. Nach kurzem Warten werden dann die Stöckchen herausgezogen und genüßlich abgelutscht.

Bis zu 100 Schimpansen können in einer Gruppe leben, wobei diese in mehrere **Familienbünde** aufgeteilt ist und ein größeres Areal einnimmt (10–30 km²). Durch laute Schreie stehen die kleineren Gruppen, die in der Regel vier bis zehn Mitglieder stark sind, in Kontakt. Während die männlichen Schimpansen ihrer Gruppe treu bleiben, wechseln die Weibchen schon einmal die Gruppe und sorgen woanders für Nachwuchs. Generell jedoch bleiben die Familien auf längere Zeit zusammen.

Die Schwangerschaftsdauer beträgt acht Monate, nur äußerst selten werden Zwillinge geboren. Die **Nachkommen** sind etwa nach ihrem neunten Lebensjahr ausgewachsen, hängen aber in der Regel noch ein paar Jahre am Rockzipfel ihrer Mutter.

Die **Gesichter** der Schimpansen können sehr unterschiedlicher Prägung sein. Wissenschaftler, die sich mit einer Gruppe in einem Gebiet länger auseinandersetzen, können problemlos die einzelnen Affen auseinanderhalten: Es kommen sehr helle und sehr dunkle Gesichter vor, es gibt Tiere mit ausgeprägtem Bartwuchs, einige bekommen mit dem Alter auch graue Haare auf dem Kopf oder neigen zur Halbglatzenbildung. Die meiste Zeit des Tages verbringen Schimpansen schlafend und bei der Körperpflege. Gerade das gegenseitige Entlausen oder Kraulen kann oft stundenlang dauern.

Am Ende des Tages richten die Affen ihre **Schlafnester** her; aus Zweigen und großen Blättern wird die Schlafstätte auf bequemen Ästen eingerichtet. Im Normalfall wird ein Schlafplatz nur einmal benutzt, doch wenn sich eine Stelle als besonders bequem erwies, wird das Nest auch öfters benutzt.

Schimpansen ähneln uns Menschen mehr als wir denken. Nicht nur, dass sie Werkzeug benutzen und damit jagen, Schimpansen zeigen auch Ansätze lingualer Kommunikation. Ihre Verhaltensarten, etwa das Bestreben, gesellschaftliche Anerkennung zu erringen oder in bestimmten Momenten Freund oder Feind zu sein, ähneln menschlichen Verhaltensmustern. Schimpansen können aber nicht als unsere Vorfahren angesehen werden. Ihre Evolutionsgeschichte ist zwar in etwa so alt wie die unsere, doch entwickelten sie sich in einem völlig anderen Lebensraum wie unsere Vorfahren.

Die größten natürlichen Feinde des Schimpansen sind Leoparden und Löwen, doch wirklich gefährlich ist der Mensch: Die stark anwachsende Bevölkerung Afrikas hat den Lebensraum der Tiere weitgehend eingeengt, hinzu kommt, dass sie in einigen Regionen des Kontinents als kulinarische Delikatesse gehandelt werden und ihr dauerhafter Schutz nur durch Nationalparks gewährleistet werden kann. Ihre ursprüngliche Verbreitung von Westafrika bis in den Süden des Kongo ist im letzten Jahrhundert stark zurückgegangen. Heute gilt der tansanische Mahale Mountains National Park als der südlichste Lebensraum von Schimpansen in Afrika.

tiere_38 fj

050 lexan

gen Sie sich bei den Rangern über die Möglichkeiten einer mehrtägigen Wanderung in den Ostteil des Parks.

Schimpansen, Paviane, Schwarzweiße und **Rote Stummelaffen, Buschböcke, Mungos** und gelegentlich **Otter** können Sie – mit Glück – im ufernahen Gebiet der Kasoge Area sehen. Auch Buschböcke und **Afrikanische Wildhunde** nähern sich oftmals dem See. Gelegentlich treiben auch Löwen an den Westhängen ihr Unwesen und jagen Schimpansen.

Die Wahrscheinlichkeit, Schimpansen in freier Natur zu beobachten, ist nicht so hoch wie im Gombe National Park. Doch in der Regel tummeln diese sich auch in der Nähe der Research Station Kansyana, wo die Forscher sich seit längerer Zeit mit zwei großen Schimpansengruppen intensiv auseinandersetzen. Insgesamt werden im Park zwanzig solcher Gruppen vermutet mit durchschnittlich fünfzig Schimpansen pro Gruppe. Die Mahale Mountains gelten als das **südlichste Verbreitungsgebiet von Schimpansen in Afrika.**

Grant-Gazelle

Anreise und Eintrittskosten

Es führt nur eine Straße bis Katumbi an der Nordseite des Parks, im Park existieren keine Pisten für Fahrzeuge; die **Erkundung des Naturschutzgebietes erfolgt auf Fußwegen** entlang der Westhänge der Mahale Mountains.

Neben dem Einfliegen mit einem privat gecharterten Flugzeug oder im Rahmen einer Flugsafari ist die **Anreise nur mit dem Schiff von Kigoma aus oder mit einem von dort gemieteten Boot** möglich. Chimpanzee Safaris verfügt über große Motorboote, die von Kigoma bis Kasiha etwa 5 Std. benötigen. Durch die lange Anfahrtszeit werden Sie für eine komplette Rundtour mindestens drei Tage benötigen, da nachts ungern gefahren wird. Die momentan günstigste, jedoch anstrengendere **Anfahrt** kann **mit dem Passagierschiff „M.V. Liemba"** unternommen werden. Dieses verlässt mittwochs um 16 Uhr den Hafen von Kigoma und erreicht – sofern der Fahrplan zeitlich eingehalten wird – zwischen 1 und 2 Uhr in der Nacht das nördlich von den Mahale Mountains gelegene Fischerdorf **Mugambo** (in manchen Karten auch als „Lagosa" eingetragen). Das Schiff kann hier nicht anlegen, Sie müssen sich daher mit einem der Holzboote an Land bringen lassen – Sie brauchen keine Bedenken zu haben, nicht an Land zu kommen, es warten hier ständig Boote auf Passagiere! Die „Liemba" legt auf ihrem Rückweg von Sambia in der Nacht von Samstag auf Sonntag wieder einen Stopp vor Mugambo ein, bevor sie zurück nach Kigoma fährt.

Von Mugambo sind es noch 30 km am Ufer entlang bis **Bilenge,** der **Hauptstation des Parks.** Die meisten Reisenden lassen sich von einem der Fischerboote bei Sonnenaufgang zu der Station bringen (knapp 2 Std. Fahrzeit). Die andere Möglichkeit besteht darin, einem Pfad entlang des Ufers zu folgen. Sie kommen hier an weiteren kleinen Dörfern vorbei, bis Sie nach etwa 15 km hinter dem Ort Katumbi die Parkgrenze erreichen und nun in regelmäßigen Abständen Camps der Parkverwaltung und von Safariveranstaltern passieren. Sie müssen in jedem Fall bis **Kasiha,** um sich dort registrieren zu lassen und die **Parkgebühren** zu zahlen (94,50 $, 24 $ für Jugendliche von 5–16 Jahren, jeweils pro Tag/24 Std.). Spaziergänge und längere Wanderungen müssen stets in Begleitung eines Rangers erfolgen, der 20 $ pro Tag kostet.

Über den **Airstrip** im Norden des Parks werden die Gäste der Camps zweimal wöchentlich von Arusha aus eingeflogen, in Verbindung mit dem Katavi National Park. Vom Ruaha National Park fliegt Safari Air Link über Katavi nach Mahale (www.safariaviation.info), ebenfalls zweimal die Woche.

Reisezeit

Bei den hohen Niederschlagsmengen in der Regenzeit von November bis in den Mai hinein empfehlen sich die übrigen **Trockenmonate als beste Besuchszeit** – vor allem auch, weil sich die Schimpansen oft zwischen Januar und März in die obere Bergregion zurückziehen und man sie nur schlecht auffinden bzw. nahe an sie herankommen kann. Zudem sind die steilen Pfade sehr matschig, weshalb ein Fußmarsch zu einer regelrechten Tortur werden kann. Auch für die **Besteigung des Mt. Nkungwe** sollten die Trockenmonate vorgezogen werden. Führer und Träger von Verpflegung und Ausrüstung (die Sie mitbringen müssen) kann die Parkverwaltung stellen. Für eine Wanderung zu den höchsten Gipfeln und wieder zurück sollten Sie mindestens drei Tage einplanen.

Unterkunft und Verpflegung

4 Greystoke Camp④

www.nomad-tanzania.com. Herrlich an einer Bucht gelegen, exklusiv und teuer. Gäste werden eingeflogen und im Park fürstlich betreut. Die Unterbringung erfolgt in großen offenen Bungalows mit Strohüberdachung. Exklusive und privat geführte Wanderungen zu Schimpansen werden unternommen. Mit einem traditionellen Fischerboot geht es zu romantischen Sonnenuntergang-Törns vor der Bergkulisse der Mahale Mountains. Für Safari-Urlauber mit gehobenen Ansprüchen und gut gefüllter Brieftasche sehr empfehlenswert!

3 Mahale Lodge③
mbalimbali.com. Permanente, komfortable Zelt-Lodge im Nationalpark, die südlich von Kasiha liegt. Jedes Zelt-Zimmer ist geräumig und mit dekorativer Inneneinrichtung und angegliedertem Badezimmer ausgestattet. Die Zelte sind auf Holzplattformen gebaut und haben alle Seeblick und eine eigene Terrasse. Das Camp gehört zum Unternehmen Mbalimbali, das auch in den Parks Gombe und Katavi ganzjährige Tented Lodges betreibt.

Ansonsten erfolgt die Übernachtung in einem **1 Guest House** bei Bilenge oder auf einem der **Camping-Plätze** in der Nähe des Park Headquarter **2** oder beim Kangwera Beach **5**. Alle kosten **20 $ p.P. und Nacht.** Für Ihren Aufenthalt im Park als Camper müssen Sie alles, was Sie an **Verpflegung** benötigen, **von Kigoma mitbringen,** da das Guest House lediglich Betten und eine Kochstelle beinhaltet. Wasser zum Waschen und Kochen wird direkt dem glasklaren See entnommen.

Sonstiges

- Bringen Sie eine **Taucherbrille** mit, denn Sie können im Park im ufernahen Bereich unter Wasser Buntbarsche beobachten, die sie bisher nur aus Aquarien kannten.
- **Zum Fotografieren** sind lichtstarke Digitalkameras empfehlenswert, besonders bei der Verwendung von Standardzoom mit nicht sehr hoher Lichtstärke, da die Schimpansen mit ihrem fast schwarzen Fell und der vielerorts dunkle Hintergrund des Waldes nur wenig Kontrast bieten. Blitzlicht ist nicht erlaubt.

Gombe Stream National Park

Der Park

Der **kleinste und teuerste Nationalpark Tansanias, ca. 20 km nördlich von Kigoma,** erstreckt sich an den Hängen eines Bergzuges am Tanganyika-See. Vom Ufer breitet sich der Park etwa 3–4 km landeinwärts aus und erreicht bei den bis zu 1000 m über dem Wasserspiegel thronenden Gipfeln der feuchtsavannigen Msekela Hills seine westliche Parkgrenze. Die Nord-Süd-Ausdehnung des Parks beträgt ungefähr 15 km. Bereits 1943 wurde Gombe als ein Game Reserve **errichtet, um den tropischen Regenwald und die Schimpansen zu schützen.** Ein paar kleine Fischersiedlungen vom Volk der Jiji mussten aus dem neu gegründeten Naturschutzgebiet in eine andere Region umgesiedelt werden. Doch heute erlaubt die Parkverwaltung den Fischern, die Strände für kurze Zeiträume zu nutzen. Gelegentlich können Sie daher den Fischern bei der Arbeit zuschauen. Diese suchen sich breite, grobsandige Stellen entlang der Ufer, um ihre nächtlichen Fänge (Mgebuka- oder Dagaafische, letztere eine Süßwassersardine) hier tagsüber zu trocknen.

Die unteren Hänge des steil aufragenden Parks sind dicht bewaldet. Grundwasser ist reichlich vorhanden, und die überall an den Hängen herunterlaufenden kleinen Bergbäche sorgen für ein urwaldmäßiges Gedeihen des tropischen Pflanzen- und Baumbestandes. In den oberen Regionen dominiert der Miombo-Wald, ein lichter Trockenwald, selten höher als 15 m, wie er typisch für den südostafrikanischen Raum ist. Die Gipfelregionen bestehen aus montaner Feuchtsavanne.

Gombe kann ganzjährig besucht werden, ideal ist jedoch die **regenarme Zeit von Juni bis Mitte November.**

Bekannt wurde das **Schimpansen-Reservat,** nachdem die Britin **Jane Goodall** (www.janegoodall.org.uk) ab 1960 über ihre Eindrücke von den so menschenähnlichen Affen berichtete. Es gelang der jungen Hobbyforscherin – motiviert und finanziert durch den großen Ostafrika-Paläoanthropologen *Louis Leakey* (vgl. Ngorongoro Conservation Area) –, das Verhalten der Schimpansen aus nächster Nähe zu erforschen. Durch Zufall entdeckte sie die **Vorliebe der Schimpansen für Bananen.** Durch regelmäßige Fütterungen mit dieser Frucht nahe ihres Basislagers gelang es *Goodall,* den Schimpansen ihre Furcht vor Menschen zu nehmen; so konnte sie systematisch über einen längeren Zeitraum eine sehr enge Beziehung zu der Affenart aufbauen. Im Rahmen langwieriger Studien bekam sie einen intensiven Einblick in das Sozialverhalten der Schimpansen. Fasziniert war sie vor allem von deren Gebrauch von Werkzeugen, meist Zweigen und Stöcken, die ihnen hauptsächlich zur Nahrungsmittelsuche und zu Verteidigungszwecken dienten. Die Ergebnisse ihrer Studien publizierte *Goodall* in ihren Büchern „In the Shadow of Man" („Wilde Schimpansen") von 1971 und „Through a window" von 1990. Schließlich wurde im Jahr 1968 aus dem Gombe Reserve ein Nationalpark. Ein zu Beginn der 1990er-Jahre stark anwachsender und aus wissenschaftlicher Sicht nicht verträglicher Touristenstrom führte 1994 zu einer drastischen Erhöhung der Parkgebühren auf 100 $ pro Tag. Die Maßnahme war insofern wichtig, weil der Park in erster Linie der Forschung dienen soll und nur für einen begrenzten Tourismus ausgelegt ist.

Tierwelt

Neben den Schimpansen bilden die **Paviane** einen weiteren großen Teil der Tierpopulation im Gombe National Park. Auch diese grau-braune Affenart ist seit vielen Jahren ein Objekt der Forschung. Der Anubis-Pavian unterscheidet sich vom Gelben Pavian (Mahale Mountains) durch seinen kräftigeren Körper und sein dunkleres und dichteres Fell. Da die Tiere zum Teil alles fressen, was so an Nahrung rumliegt, sollten Sie zu jeder Zeit die Tür vom Gästehaus und/oder Ihr Zelt gut verschließen. Eine leichte Unachtsamkeit kann schnell dazu führen, dass Ihre nächtliche Unterkunft aussieht wie ein … Affenstall. Angelockt vom Geruch der Nahrungsmittel stöbern die Paviane alles durch. Hilfreich sind luftdicht verschließende Essensbehälter. Die völlig unscheuen, aber nicht aggressiven Paviane werden mit ihrer ansteigenden Population im Gombe National Park immer mehr zu einer Art **Plage.** Füttern Sie die Tiere unter keinen Umständen, und engen Sie auch nie ihren Fluchtraum ein! Vor allem starren Sie nie einem männlichen Pavian länger in die Augen, denn er kann dies als Herausforderung zum Kampf betrachten – bedenken Sie: Das Gebiss eines Pavians hat die Beißkraft eines Löwen! Folgen

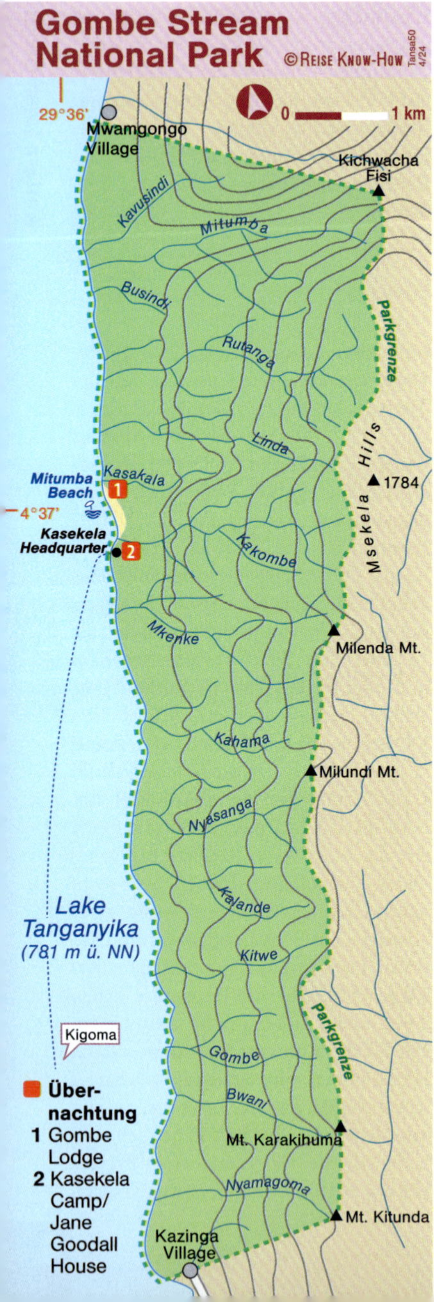

Sie den Anweisungen der Park Rangers, und Sie werden kaum Probleme mit diesen Tieren haben.

Nur selten werden sich andere Tiere im Park erblicken lassen. Gelegentlich bekommt man ein **Buschschwein** oder einen **Buschbock** zu Gesicht, kleine Raubtiere wie **Zivet- und Ginsterkatzen** nur selten, und die früher noch häufiger vertretenen Waldbüffel scheinen sich gänzlich in andere Gebiete zurückgezogen zu haben.

Neben den Schimpansen sind vor allem die **über 250 Schmetterlingsarten** eine farbenfrohe Attraktion. Wenn Sie Genaueres über diese sehr interessanten Tierchen erfahren wollen, dann bringen sie ein Schmetterling-Handbuch mit, da Sie hier eine einmalige Gelegenheit haben, die verschiedenen Exemplare aus nächster Nähe zu studieren.

Anreise und Eintrittskosten

Zum Park kommt man nur mit Booten. Es gibt keine Straße hierher, Ihr Fahrzeug müssen Sie in Kigoma stehen lassen. Öffentliche Verkehrsmittel in Form von **Lake Taxis** fahren von Zeit zu Zeit von Kigoma über mehrere Stationen bis an die Grenze Burundis. Diese fahren in der Regel gegen 10 Uhr morgens vom kleinen Anlegeplatz bei Kalalangabo 2 km nordwestlich von Kigoma ab und tuckern das Ufer entlang. Nach ein paar Stopps in Fischerdörfern legen die Boote in **Kasekela,** dem **Headquarter des Gombe National Park,** an. Dort werden Sie erst einmal zur Kasse gebeten: **118 $ Eintritt pro Tag** (für Kinder bis 16 Jahre 20 $). Die Bootsfahrt kostet ungefähr 15.000 TSh, sofern mehrere Leute an

Bord sind. Ein Boot für den ganzen Tag organisieren können Sie in Kigoma in den Hotels Jacobson Beach oder Kigoma Hilltop für ca. 250 $ oder am Lake-Taxi-Anlegeplatz für 80–125 $ (je nach Bootsgröße und Verhandlungsgeschick). Finden sich andere Reisende, mit denen man eine Gruppe bilden kann, reduzieren sich die Kosten. Mit dem eigenen Boot kann man bei Sonnenaufgang losfahren und ist schneller im Park als mit den Lake Taxis, die mehrmals halten.

Denken Sie an Sonnenmilch und an einen **Sonnenschutz** für Ihren Kopf.

Die Fahrt ist wunderschön, da Sie nach etwa einer Stunde die südliche Parkgrenze bei dem kleinen Dorf Kazinga passieren und sich nun vor Ihnen die steil aufragenden und tiefgrünen Hänge des Kitunda- und Karakihuma-Berges in ihrer ganzen Schönheit präsentieren.

Zu Fuß unterwegs im Park

Mit Ausnahme von Uferspaziergängen darf man den Park nur in Begleitung eines Rangers (23 $) erkunden.

Etwa 15 Minuten Gehzeit vom Park Headquarter entfernt liegt die **Forschungsstation,** an der sich fast täglich Schimpansen aufhalten (oftmals die sogenannte Kasekela Gruppe). Forscher aus allen Teilen der Welt haben hier in den letzten Jahrzehnten viel Zeit verbracht, um das Verhalten der Affenart zu studieren. Die mit Fütterungen von Obst angelockten Schimpansen sind äußerst zutraulich und nähern sich Besuchern oftmals bis auf wenige Meter. Sollten an der Station keine Schimpansen sein, weiß der Ranger, wo sie sich aufhalten.

Von der Station führt ein Pfad durch den immergrünen Regenwald hoch zum **Kakombe Waterfall** (ca. 20 Minuten). An dem etwa 20 m hohen Wasserfall sind oft Rote Stummelaffen *(Guereza)* und Meerkatzen in den Bäumen zu sehen.

Längere Fußmärsche in andere Teile des Parks oder zu den Gipfeln der Msekela Hills sollten Sie vorher mit dem Ranger absprechen, vor allem dann, wenn Sie den ganzen Tag unterwegs sein wollen und Verpflegung brauchen.

Das **Schwimmen im Lake Tanganyika** ist nach einem anstrengenden Marsch entlang der steilen Hänge des Parks eine willkommene Erfrischung. Es gibt hier keine Bilharziose oder andere im Wasser lauernde Krankheiten. Unterwassersichtweiten um die 20 m lassen die Mitnahme einer Taucherbrille ange-

usnp003 pr

☒ Viele Schmetterlinge leben im Gombe-Park

Lake Victoria – das „Meer" im Herzen Afrikas ist bedroht

Der Lake Victoria oder auch Lake Nyanza, wie er vor der britischen Namensgebung hieß und auch heute noch von vielen Bewohnern am See genannt wird, ist der größte See Afrikas und nach den Great Lakes in Nordamerika der **zweitgrößte Süßwassersee der Welt.** Der Wasserspiegel liegt auf 1134 m Höhe, die tiefste Stelle beträgt lediglich 80 m, und mit einer Fläche von etwa 70.000 km² ist der See fast so groß wie Österreich.

Über die Hälfte des Sees liegt auf tansanischem Territorium, während der nördliche Teil zwischen Uganda und Kenia aufgeteilt ist. Die großen **Flüsse,** die den See von Tansania aus ganzjährig speisen, sind der Mara River, der im Hochland von Kenia entspringt und in seinem Mittellauf durch die Masai Mara und Serengeti fließt, der Grumeti River, welcher ebenfalls seinen Weg durch die Savannen der Serengeti nimmt, und der Kagera River (in früherer Literatur auch der „Schwarze Nil" genannt) als Hauptzufluss im äußersten Nordwesten des Landes. Die ersten Forscher und Missionare vermuteten die Quelle des Nils im Lake Victoria, heute herrscht jedoch die Ansicht, dass der gesamte Raum von Ruanda und Burundi als das eigentliche Hauptquellgebiet zu betrachten ist und der Kagera River den Oberlauf des Nils bildet. Der Abfluss des Victoria-Sees erfolgt auf ugandischer Seite über den Victoria-Nil in den Weißen Nil bis hin zum Mittelmeer.

Im See selbst liegen zahlreiche faszinierende **Inseln,** die zum Teil sehr dicht besiedelt sind (Ukerewe Island, Ukara Island sowie die Insel Kome); es gibt aber auch menschenleere Inseln mit sehr großem Wildbestand (Rubondo Island und Maisome Island).

Einige Buchten des Lake Victoria tragen heute noch Namen bekannter Forscher und Abenteurer des 19. Jahrhunderts. So ist der Speke Gulf im Südosten des Sees nach dem britischen Entdecker **John H. Speke** benannt, welcher 1858 als erster Europäer die Ufer des großen Binnenmeeres im Herzen Afrikas erreichte und dem See den Namen der englischen Königin gab. *Speke* glaubte damals, die Quellen des Nils gefunden zu haben.

Sieht man von den drei großen Städten Musoma, Mwanza und Bukoba ab, steht (noch) das traditionelle Netzfischen für die Bewohner an den Seeufern im Mittelpunkt des Alltags. Doch der einstige Fischreichtum des Sees hat seit den 1980er-Jahren stark abgenommen. Grund hierfür ist allein eine Fischart: 1959 wurde auf ugandischer und kenianischer Seite der Nilbarsch, mittlerweile auch als **Victoria-Barsch** bekannt und von der Bevölkerung „Changu" genannt, im See eingesetzt. Und dessen Appetit kannte keine Grenzen: Zuletzt wurden nur noch acht Fischarten im See gezählt, im Vergleich zu etwa 320 vor dem Einsetzen des Nilbarsches. So mussten sich die Fischer an den immer häufiger in den Netzen zappelnden, bis zu 2 m großen Fisch gewöhnen. Als einzige Konservierungsform hat sich das Räuchern bewährt, wobei sich dies vielerorts aus Mangel an Brennholz nicht längerfristig durchführen lässt.

Die **Fischerei** am Victoria-See hat einen grundlegenden Wandel erfahren: Während sie bis Mitte der 1970er-Jahre nur von Kleinfischern und Selbstversorgern betrieben wurde und vor allem Frauen eine Beschäftigung in Verarbeitung und Verkauf der Fische auf den umliegenden Märkten fanden, dominiert zunehmend eine exportorientierte Fisch-Industrie mit chinesischem Investment. Die rapide Zunahme des Nilbarsch-Bestandes eröffnete ganz neue Perspektiven. Mit der Errichtung von Fischfabriken, die den Nilbarsch exportfertig verarbeiten, wurden viele Arbeitsplätze geschaffen, und Kleinfischer konnten die ungewollt gefischten Nilbarsche an die Fabriken verkaufen. Die Kehrseite der Medaille: Ständig zerreißt der große, schwere und starke Fisch die Netze der Fischer, wodurch die Fangmengen deutlich unter das Existenzminimum gerutscht sind. Dadurch fehlt das Geld für den Kauf neuer, ausländischer Netze aus stärkerem Material. Vielen Fischern bleibt nur die Möglichkeit, sich mit ihrem „Know-how" zu Billigstlöhnen in den neuen Unternehmen anstellen zu lassen, die mit modernen Booten die Fischgründe des Sees ausbeuten und hohe Gewinne erwirtschaften, die sie zu allem Möglichen nutzen, nur nicht zur Reinvestition in die regionale Entwicklung. 70% der gefangenen Viktoria-Barsche werden in EU-Staaten und nach China exportiert, weitere große Abnehmer sind Japan, Israel und die USA.

Nicht genug mit diesen negativen Entwicklungen, wird der Lake Victoria zudem **immer algenhaltiger,** was u.a. ebenfalls mit dem Nilbarsch zusammenhängt, da dieser den Bestand an Algen fressenden Fischen drastisch verringert hat und der dadurch in seinem Bestand selbst bedroht ist – denn zu algenreiches Wasser ist tödlich für den Nilbarsch!

Die nicht unwahrscheinliche Entwicklung hin zu einem fischarmen Gewässer würde für die Bewohner der Region bedeuten, dass sie sich zwangsläufig auf eine (noch) intensivere Agrarwirtschaft einzustellen hätten. Doch schon die bisherige Landwirtschaft (und der Anstieg der Bevölkerung) belasten das Ökosystem des Sees enorm. Der Wald wurde abgeholzt, um Platz für neue Ackerflächen zu schaffen. Die fruchtbare oberste Bodenschicht spült der Regen regelmäßig als Schlamm in das Gewässer. Städte und Ortschaften leiten ihre Abwässer ungeklärt in den See. So ist der Lake Victoria inzwischen extrem algenhaltig geworden, und dadurch ist das Wachstum von **Wasser-Hyazinthen** *(Eihornia crassipes)* explodiert: Die Pflanze war lange Zeit eine echte Bedrohung für die Lebensgrundlagen von über 30 Millionen Menschen, die im Seegebiet leben. Vor allem in Ufernähe wucherte die Pflanze wie eine Wiese die Wasseroberfläche zu. Die Fischer beklagten sich über das ständige Grünzeug in ihren Netzen und den drastischen Rückgang der Fische. Auch verstopften die Pflanzen viele Turbinen der Wasserkraftwerke rund um den See. Die Wasserqualität leidete ebenfalls unter der Plage: Viele Bewohner, für die das große Binnenmeer Trinkwasserquelle ist, litten an Krankheiten, die hier bisher unbekannt waren. Vor allem hatte die Zahl an Malaria-Erkrankten zugenommen, da die „Hyazinthen-Wiesen" perfekte Brutstätten für Millionen von Moskitos bildeten.

Der Ursprung der eigentlich afrikafremden Pflanze geht angeblich auf belgische Siedler aus den 1940er-Jahren in Ruanda zurück. Diese sollen Wasser-Hyazinthen vom Amazonas importiert haben. Das milde Klima führte zu einer schnellen Vermehrung, und die Pflanze erreichte schließlich über den Kagera River den Lake Victoria.

Inzwischen wurden durch Chemikalien und Boote mit großen Abtragungsvorrichtungen über 85% der Pflanzen vernichtet. Allerdings wurde versäumt, die entstehende Biomasse als Dünger, Viehfutter oder auch zur Herstellung von Textilfasern zu verwenden.

Doch die Menschen am Victoria-See leiden weiter, denn der See verträgt auf Dauer nicht die vielen ungeklärten **Abwässer,** die in ihn eingeleitet werden. Die Überpopulation des Victoria-Barsches ist mittlerweile stark zurückgegangen – ein Indiz, dass diesem eigentlich zähen Fisch die schlechte Wasserqualität und das arme Nahrungsangebot zusetzen.

raten erscheinen. Die **Mitumba Beach** nördlich von Kasekela ist ein herrliches Gebiet zum Sonnen und Schwimmen. Nördlich vom Strand schließt sich ein wunderschönes Tauchgebiet an. Entlang der felsigen Stellen unter Wasser findet man eine hohe Konzentration von Buntbarschen, die an den algenüberzogenen Steinen nagen.

Unterkunft, Verpflegung, Sonstiges

1 Gombe Lodge③
www.mbalimbali.com. Tented Lodge (früher als Gombe Forest Lodge bekannt) an der Mitumba Beach im Norden des Parks gelegen. Jedes Zelt ist geräumig und mit dekorativer Inneneinrichtung und angegliedertem Badezimmer ausgestattet. Die Zelte-Zimmer sind auf Holzplattformen gebaut und haben alle Seeblick und eine eigene Terrasse.

2 Kasekela Camp/Jane Goodall House②
Von der Parkverwaltung betriebene, einfache Zelte für 59/73 $ pro Zelt, ganz in der Nähe des Kasekela Park Resthouse (23 $) und des Jane Goodall Memorial House (41 $).

- **Zelten** lässt sich für 30 $ p.P.
- **Lebensmittel** können Sie im Park nicht erwerben.
- Zum **Fotografieren** sollten Sie lichtempfindliche Kameras nutzen, da die üppige Vegetation nicht überall die Sonne durchlässt und die fast schwarzen Schimpansen vor dem dunklen Unterholz kaum Kontrast bieten. Das Verwenden von Blitzgeräten ist bei Aufnahmen von Schimpansen strikt verboten!

tannp123 jg

Schreiseeadler

Rubondo Island National Park

Der Park

Die **Inseln** des Rubondo National Park liegen **im Südwesten des Victoria-Sees.** Die größtenteils bewaldete, hügelige und an einigen Stellen sumpf-savannige Hauptinsel mit einer Länge von ca. 20 km und einer durchschnittlichen Ausdehnung von 5 km kann außer in den großen Regenmonaten das ganze Jahr über besucht werden. Ein Fahrzeug können Sie nicht mit auf die Insel nehmen, im Park wird die Tier- und Pflanzenwelt auf Fußwegen oder von einem Boot aus erkundet. Ein nicht zu verpassender Höhepunkt ist die vom Rubondo Island Camp organisierte **Boot-Safari** mit Elektromotor in der Mlaga Bay.

Für größere Distanzen steht auch ein Geländewagen der Parkverwaltung oder vom Rubondo Island Camp zur Verfügung. Trotzdem sollten Sie knöchelhohes, festes Schuhwerk mit im Gepäck haben.

Bereits in deutscher Kolonialzeit zum Tierschutzgebiet erklärt, bekam Rubondo Island 1965 den Status eines Game Reserve, und seit 1977 ist die Insel ein Nationalpark.

Die Tierwelt

Zu den ursprünglichen Tierarten der Insel gehören Flusspferde, Krokodile, Buschböcke und die äußerst seltene **Sitatunga-Sumpfantilope.** Diese verfügt über ausgeprägte Schwimmhäute zwischen ihren weit spreizbaren Paarzehen und ist daher eine sehr gute Schwimmerin. Sie ist mittelgroß, mit langen, geschwungenen Hörnern und einem rotbraunen Fell mit leichten, hellen Zeichnungen. In Tansania ist sie nur auf Rubondo heimisch. Auf Rubondo öfters zu Gesicht zu bekommen sind **Buschbock-Antilopen.** Seltener im Park zu sehen sind Elefanten und Giraffen. Raubkatzen gibt es nicht, was womöglich das gar nicht scheue Verhalten der Antilopen erklärt. Teilweise können Sie sich den Tieren bis auf 10 m nähern, ohne das diese die Flucht ergreifen.

Kleintierarten sind Dik Diks, Meerkatzen, Mangusten, Klippschliefer *(Hyrax).* Auf Rubondo soll es sehr große **Pythonschlangen** geben, die auch schon mal ausgewachsene Buschböcke verschlingen können. Dies soll Sie jedoch nicht von einem Besuch abhalten, da Sie in ständiger Begleitung eines Wildhüters unterwegs sein und aller Wahrscheinlichkeit nach keiner einzigen Schlange begegnen werden.

Rubondo ist ein absolutes **Paradies für Vogelliebhaber:** Annähernd 400 Arten wurden auf den Inseln registriert. Der prächtige Schreiseeadler erreicht hier seine größte Dichte überhaupt.

Seit einigen Jahren werden **Schimpansen** der Insel erfolgreich durch ein Habituierungsprogramm für Besucher zugänglich gemacht. Die Wahrscheinlichkeit, die Schimpansen zu Gesicht zu bekommen, ist mittlerweile sehr hoch. Gruppen von bis zu 6 Personen können für einen Betrag von 280 $ für alle Teilnehmenden Schimpansen über mehrere Stunden besuchen und beobachten.

Rubondo Island National Park

Anreise

Der einfachste Weg, nach Rubondo zu kommen, ist mit einem kleinen **Flugzeug;** eine Landebahn befindet sich nahe des Headquarters bei Kageye (es fliegen diverse Fluggesellschaften von Mwanza (160 $), Serengeti und Arusha).

Wer auf eigene Faust in den Nationalpark reisen möchte, kann mit den Schiffen „M.V. Serengeti“ oder „M.V. Butiama“ (je nachdem, welches fährt) von Mwanza nach Nyamirembe bzw. Kasenda gelangen.

Die Bootsfahrt nach Rubondo bietet die TANAPA mit einem Motorboot an.

Ab Kasenda/Maganza (Fahrtzeit 25 Minuten; 100 $ pro Boot bei bis zu 6 Personen) sowie ab Nkome. Hier allerdings ab 190 $ und anderthalb Stunden Bootsfahrt.

Übernachtungsmöglichkeiten gibt es in Nyamirembe und auch in Maganza (nur einfache Guest Houses). Seit ein paar Jahren ist es auch möglich, mit dem eigenen Auto die Insel zu erreichen. Die TANAPA betreibt hierfür ein eigenes Fährschiff mit Tragfähigkeit für drei Autos. Ab Kasenda kostet die einfache Strecke 40 $ für das Fahrzeug.

Unterkunft

2 Rubondo Island Camp③-④
www.asiliaafrica.com. Das einzige Tented Camp auf der Insel liegt herrlich zwischen großen Bäumen und umgeben von dichter Vegetation an einem mit Palmen versehenen Strand (Schwimmen möglich!). Ein offener und mit Makuti überdachter Speise- und Aufenthaltsraum bietet den Gästen eine großartige Aussicht auf den See. Die acht Safari-Bungalows unter Holzüberdachung sind liebevoll und farbenfroh eingerichtet. Ein Swimmingpool verschafft Kühlung nach den Spaziergängen mit Rangerbegleitung im Urwald, die Lage an der Strandbucht ist idyllisch. Ein Aussichtspunkt garantiert traumhafte Sonnenaufgänge vor einer Kulisse von Wasservögeln.

1 Ein paar **Bungalows (Bandas)** mit je zwei Betten und einer Kochstelle (35,50 $ p.P.) befinden sich beim Headquarter. Buchungsmöglichkeit über www.tanzaniaparks.go.tz.

Sonstiges

- Die **Parkgebühren** liegen bei 34,50 $ pro Tag, die Führung durch einen Ranger kostet 23 $.
- Das **Zelten** ist an von Rangern ausgewiesenen Stellen möglich (34,50 $ p.P.).
- **Fischen und Angeln** lässt sich auf Rubondo sehr gut. Über 100 kg schwere Victoria-Barsche wurden hier schon aus dem Wasser geholt. Eine Lizenz ist erhältlich, für Gäste des Rubondo Island Camp steht Ausrüstung zur Verfügung. Kostenpunkt: ca. 25 $ pro Tag und Person.

☑ Silberreiher mit Beute

tannp124 jg

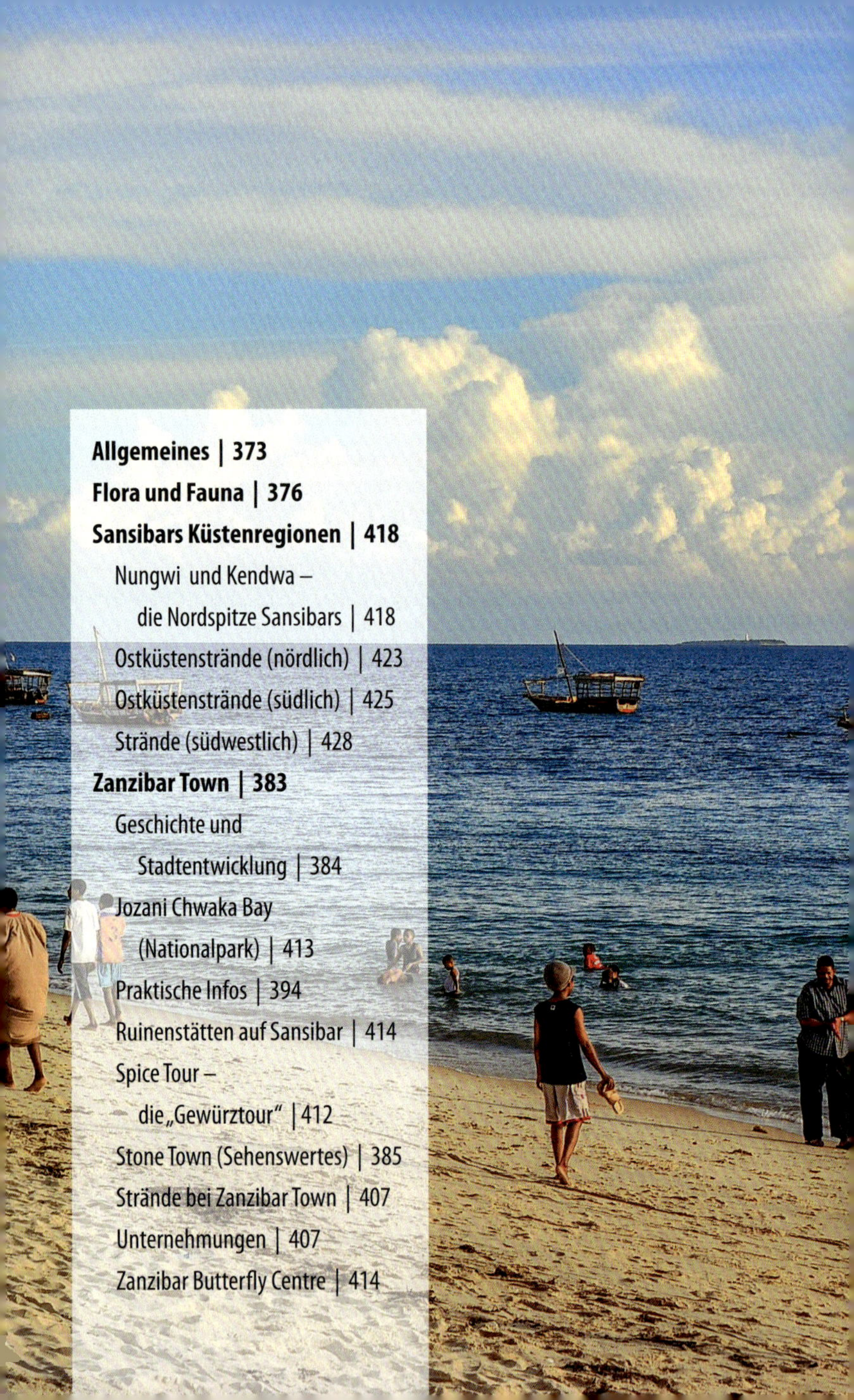

Allgemeines | 373

Flora und Fauna | 376

Sansibars Küstenregionen | 418

Nungwi und Kendwa –
die Nordspitze Sansibars | 418

Ostküstenstrände (nördlich) | 423

Ostküstenstrände (südlich) | 425

Strände (südwestlich) | 428

Zanzibar Town | 383

Geschichte und
Stadtentwicklung | 384

Jozani Chwaka Bay
(Nationalpark) | 413

Praktische Infos | 394

Ruinenstätten auf Sansibar | 414

Spice Tour –
die „Gewürztour" | 412

Stone Town (Sehenswertes) | 385

Strände bei Zanzibar Town | 407

Unternehmungen | 407

Zanzibar Butterfly Centre | 414

tannp125 jg

10 Sansibar

Badespaß am Abend

0 5 km
©Reise Know-How
Tansa72a 4/24
Übernachtung
1 Mnemba Island Lodge
2 Kasha Boutique Hotel
3 Sunshine Marine
4 Che Che Vule
5 Matemwe Bungalows
6 Matemwe Lodge
7 Hodi Hodi
8 Aqua Beach Resort and Spa
9 Ocean Paradise Resort
10 Shooting Star Lodge
11 Blue Bay Beach Resort
12 Santa Maria Coral Park
13 Tulia Zanzibar
14 Pongwe Beach Hotel
15 The Island Pongwe Lodge
16 White Paradise Zanzibar
Ras Nungwi (Korallengärten)
Nungwi
Nungwi Beach
Leuchtturm
420
Migrationsroute der Mantas
Migrationsroute der Wale
Hunga Riff
Leuchtturm
Kendwa Beach
DALONI ISLAND
Schiffswrack
Muyuni Beach
TUMBATU ISLAND
Mnemba Atoll
MNEMBA ISLAND
Gomani
POPO ISLAND
Jongowe
INDISCHER OZEAN
Matemwe
Mkokotoni
Mkwajuni
Matemwe Beach
Korallenbänke
Badestrand
Mangroven
Wald
Pwani Mchangani
Bumbwini
416
Mangapwani-Sklavenhöhlen
Zuckerrohr-
Plantagen
Kinyasini
Mangapwani
Mangapwani Beach
Mahonda
Kiwengwa Beach
Kiwengwa
417
Korallenhöhlen
Pencil Riff
Kichwele Forest
Pongwe
Pongwe Beach
Japanese Gardens
Selem
Mwera Springs
Kasa Riff
408
412
Spice Tour
Kizimbani Farms
Bambi
Uroa Bay Village
Fuji Beach
416
Umbuji
407
CHANGU/CHANGUU ("PRISON") ISLAND
Kidichi Persian Baths
Uroa Beach
409
Masingini Forest
BAT I.
GRAVE ISLAND
123 m
Anschlusskarte S. 374
Dunga Mitini

Allgemeines

Der **Archipel Sansibar** nimmt eine Fläche von **4891 km²** ein. Er umschließt die **Hauptinseln Sansibar** (eigentlich Unguja genannt) **und Pemba** sowie knapp 50 kleine Inseln und Halbinseln. **Unguja** ist mit 3354 km² die größere der beiden Hauptinseln und liegt 37 km vom tansanischen Festland entfernt. Einzige Stadt und wichtigster Hafen ist die administrative Hauptstadt Zanzibar Town.

Der tansanische Teilstaat Sansibar hat etwa 1,3 Millionen Einwohner, davon leben auf der Insel **Unguja (Sansibar)** knapp **1 Million Menschen,** auf Pemba über 300.000.

Die **Bewohner** der Küste und der Inseln vom Süden Somalias bis in den Norden von Mosambik werden als **Swahili** bezeichnet (arab. *sahil* = Küste). Die Swahili stellen ein vielschichtiges Mischvolk dar, sind aber nicht als eine eigene Ethnie zu sehen. Die Wurzeln der Swahili reichen Jahrhunderte zurück. Besonders der wachsende Handel mit Arabien formte letztendlich die Swahili-Kultur in ihrer heutigen Form. Die **Araber** brachten ihre Lebensart mit, ihre Kleidung und errichteten Bauten aus Stein und Muschelkalk. Ihr Einfluss formte auch die **Handelssprache Swahili,** deren Wortschatz sich aus Begriffen zusammensetzt, die zum Großteil aus dem Arabischen stammen oder ein Gemisch sind aus Wörtern mit Bantu-Wurzeln (die meisten), etwas Persisch, Hindi, Gu jarati, Portugiesisch und Englisch.

Im Süden der Insel Sansibar überwiegt die Swahili-Gruppe der **Hadimu,** während sich die Bevölkerung im Norden von Sansibar als **Tumbatu** versteht. Die Gruppen unterscheiden sich heute aus ethnologischer Sicht jedoch kaum noch, und der Großteil der Bevölkerung sieht sich zunehmend einfach als **Sansibari.** Auch sprechen alle nur noch Swahili, allerdings mit sehr **abweichenden Dialekten.**

Ab Mitte des 19. Jahrhunderts kamen vermehrt **Asiaten** nach Sansibar, vornehmlich vom indischen Subkontinent. Indische Geschäftsleute beherrschten ab Ende des 19. Jahrhunderts bis zur Unabhängigkeitsrevolution die Wirtschaft auf Sansibar. Doch eine Anpassung an die Mischkultur der Swahili hat bis heute kaum stattgefunden. Die etwa **5000 Inder in Zanzibar Town** sehen in Sansibar zwar ihre Heimat und besitzen einen tansanischen Pass, halten aber Distanz zu den „afrikanischen" Bewohnern der Inseln und halten nach wie vor an alten Traditionen fest.

In Stone Town, der überschaubaren Altstadt von Zanzibar Town, ist die traditionelle Kleidung der Sansibaris besonders augenfällig. Die moslemischen Frauen tragen die knöchellangen schwarzen **Bui-bui-Gewänder** und oftmals über Kopf und Schultern ein weißes Tuch mit feinen Stickereien. Ein anderes Kleidungsstück der Frauen sind die farbenfroh bedruckten **Kanga-Tücher,** die als Wickelkleider getragen werden. Bei den Männern werden die langen, bis zu den Knien reichenden weißen **Kanzu-Hemden** zunehmend von europäischer Einheitskleidung abgelöst, wobei die kunstvoll verzierte **Kopfbedeckung Kofia** weiterhin das islamische Glaubensbekenntnis zum Ausdruck bringt. Zum traditionellen Schuhwerk der Sansibaris gehören die lokalen, aus

Sansibar Süden

Übernachtung

17 Chumbe Island Lodge
18 Fumba Beach Lodge
19 Konokono
20 Karafuu Beach Resort & Spa
21 Matlai Boutique Hotel
22 Sultan Palace
23 Anna of Zanzibar
24 Baraza Resort & Spa Zanzibar
25 The Palms Zanzibar
26 Breezes Beach Club & Spa
27 Mustapha's Place, Makuti Beach Bungalows
28 Paradise Beach Bungalows, Original Twisted Palm, Twisted Palm Bungalows
29 Kilimani Kwetu Restaurant & Bungalows
30 Paje by Night (Hotel Bizarre)
31 Kisiwa on the Beach, Teddy's Place and Bungalows
32 Hakuna Majiwe Lodge
33 Blue Oyster Hotel, Visitor's Inn, Uzuri Villa – Boutique Hotel
34 Casa Del Mar Hotel
35 The Residence
38 Karamba Resort Kizimkazi

Wassersport

18 Blue World Diving
31 Buccaneer Diving
36 Dive Time Zanzibar
37 Zanzibar Big Game Fishing

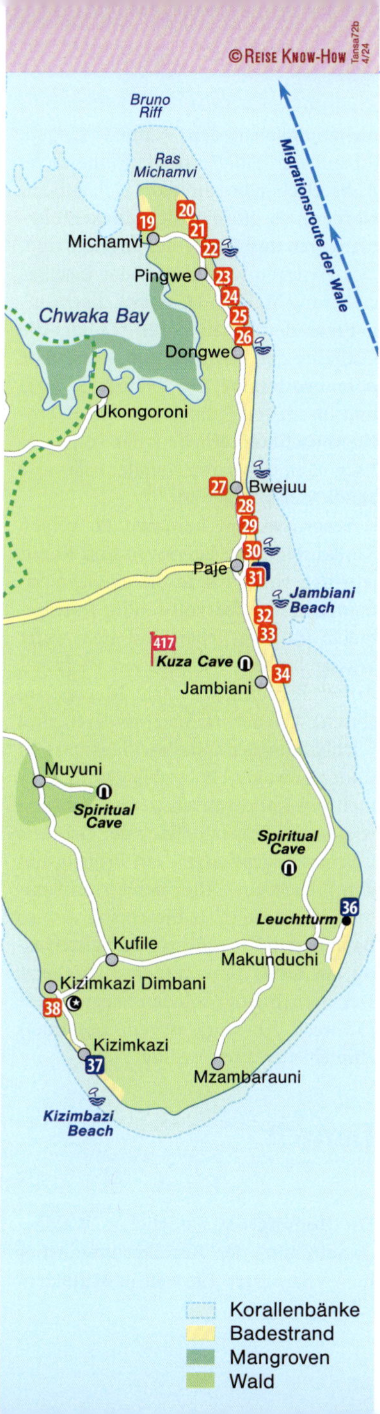

Leder gefertigten **Sandalen Makubadhi.** Diese werden mit einer Paste aus Mangrovenrinde gefärbt und behaupten sich im Alltag gegen moderne Sportschuhe.

Sansibar ist für seine **religiöse Toleranz** bekannt. Allein in Stone Town stehen wie selbstverständlich sunnitische und schiitische Moscheen nebeneinander, hinduistische Tempel, eine katholische und eine anglikanische Kathedrale sowie ein Tempel für Buddhisten. Die weitaus am stärksten vertretene Religion ist der **Islam** (mehr als 90%), hinzu kommen **Hinduismus** und **Christentum.** Auf Sansibar gibt sich der Islam sehr liberal und kosmopolitisch.

Seit den 2000er-Jahren hat sich Sansibar zu einem sehr beliebten Urlaubsziel entwickelt. Kaum ein Quadratmeter Strandabschnitt, an dem nicht eine der rund um die Insel gelegenen Beach-Unterkünfte Besucher empfängt. Viele Direktflüge aus Europa, von bekannten wie auch weniger bekannten Charter-Fluggesellschaften, fliegen die Insel an. Besonders unter Osteuropäern ist das Interesse gestiegen. Viele verbringen auf der Insel den Hauptteil ihres Urlaubes und buchen dann von dort aus Ein- bis Zwei-Tagestouren mit Kleinflugzeugen zu Nationalparks wie Nyerere, Mikumi oder Saadani.

Flora und Fauna

Pflanzenwelt – Genussgewächse im Überfluss

Die Inseln Sansibars waren einst von dichten Urwäldern bedeckt, die jedoch von arabischen Landbesitzern für großflächig angelegte Nelken- und Kokospalmplantagen im 19. Jahrhundert gerodet wurden. Die letzten zusammenhängenden **Urwälder** sind die unter Naturschutz stehenden **Forstreservate Jozani Forest** auf Unguja (heute ein Nationalpark), der **Kichwele Forest,** in dem jedoch viel illegale Abholzung betrieben wird, sowie der **Ngezi Forest** auf Pemba.

Arabische Plantagenbesitzer und einheimische Bauern rodeten und brannten weite Flächen der Wälder nieder, um die Inseln mit den von Mauritius eingeführten Nelkenbäumen und anderen Gewächsen zu bepflanzen. Viele Tiere fielen der extensiven Bewirtschaftung zum Opfer.

Auf Sansibar ist die gesamte westliche Inselhälfte mit **Agro-Baumbestand** bedeckt. Hier stehen – zum Teil bunt gemischt – Mango-, Papaya-, Kakao- und Nelkenbäume nebst Kokosnusspalmen und Bananenstauden. Zudem gedeihen Pfeffer, Chili, Kardamom, Guaven, Orangen und Granatäpfel. Auch Avocados, Litschis, Zitronen, Mandarinen, Ingwer, Zimt u.v.m. versüßen und würzen Alltag und Speisen auf der Insel, die nicht umsonst den Namen Unguja („Land der Fülle") trägt. Einheitliche Anbauflächen beschränken sich auf den Norden, wo großflächige **Zuckerrohrplantagen und Reisfelder** angelegt sind. Des Weiteren werden von der Inselbevölkerung **Mais** und **Cassava** angebaut.

Einen deutlichen Kontrast bildet die Osthälfte der Insel, wo sich vereinzelte **Affenbrotbäume** (→ Exkurs, S. 202) und Inseln von Palmen aus einem **Trockenbuschland** erheben, das von agrarisch nicht nutzbaren Korallenkalk- und Sandböden geprägt ist.

Seegraswiesen kommen an reinen Sandküsten, bei Mangroven und Korallenriffen vor. Sie sind die einzigen Samenpflanzen, die vollständig untergetaucht im Meer leben und auch unter Wasser blühen. Sie sind ein wichtiger Aufwachsgrund für viele Meerestiere (Fische, Garnelen). Seegraswiesen sind reichlich an der Ostküste Sansibars zu finden (Bwejuu bis Jambiani). Im Rahmen von Kooperativen werden Seegraswiesen von Frauen entlang der Ostküste Ungujas angepflanzt – ein Projekt, das den Frauen eine Alternative zum Sammeln von Feuerholz bieten soll, um so Baumbestand zu schützen und gleichzeitig ein festes Einkommen zu sichern. Der Besuch einer solchen Seegraswiese *(Seaweed Farming)* ist ein besonders empfehlenswerter Ausflug.

Tierwelt

Die **Rodung** des natürlichen Waldbestandes und der Bevölkerungsanstieg haben Sansibars Tierwelt in Mitleidenschaft gezogen.

[>] Mahagoni-Bäume prägen den Jozani Forest

tan 166 jg

Großtiere gibt es auf Sansibar nicht. Zahlreich, jedoch schwierig in freier Wildbahn zu beobachten, sind die kleinen Antilopenarten wie das **Moschusböckchen** (lat. *Nesotragus moschatus*, engl. *Suni*) und der **Blauducker** (lat. *Cephalophus monticola*, engl. *Blue Duiker*). Vom Aussterben bedroht sind die endemischen **Sansibar Rotducker** (lat. *Cephalophus adersi*, engl. *Ader's Duiker;* mehr hierzu siehe beim Chumbe Island Coral Park), deren Lebensraum heute stark eingeengt ist.

Der kleinste Vertreter der Affenfamilie ist der **Sansibar Galago,** auch Nachtäffchen genannt (lat. *Galago zanzibaricus,* engl. *Lesser Bushbaby*). Die knapp 20 cm großen Nachtäffchen sind ausschließlich nachtaktiv und leben in Bäumen, wo sie sich u.a. von Insekten und Baumharzen ernähren. Ihren englischen Namen haben sie ihrem lauten, säuglingshaften Schreien zu verdanken. Auch der etwa doppelt so große **Große Galago** (lat. *Otolemur garnetiti garnetiti*) ist auf den Inseln heimisch.

Eine auf Sansibar heimische Unterart der Blue Monkeys sind die **Sansibar Syke's Diademaffen** (lat. *Cercophitecus mitis albogularis*, im Deutschen oft Diadem-Meerkatzen genannt). Die bis zu 8 kg schweren Affen mit ihrem blaugrauen Fell und wulstigen, weißen Augenbrauen sind auf den großen Inseln weit verbreitet und bilden auf Sansibar eine eigene Unterart.

Im Jozani Forest Reserve hat die auf Sansibar geschützte endemische Affenart **Sansibar Rotkopf Guereza** ihren letzten Lebensraum (→ Exkurs, S. 381).

Des Weiteren zählt die Tierwelt Sansibar domestizierte Waldschweine, Mangusten und ein paar wenige **Afrikanische Zibetkatzen** (engl. *African Civet*). Auch die **Javanesische Zibetkatze** (lat. *Viverricula indica rasse*) ist auf Sansibar während der Nächte aktiv. Vermutlich wurden einst Vertreter dieser Art von asiatischen Seefahrern eingeführt.

Riesen-Landschildkröten (lat. *Geochelone gigantia*), die von den Seychellen eingeführt wurden und zum Teil über 200 Jahre alt sind, sind auf Changu („Prison") Island und im Garten des Memorial Museum zu bewundern.

Was die Tierwelt an tropischen Stränden anbelangt, fallen vor allem Krebse auf, deren Gänge unschwer an nahezu jedem Strand bis hoch in die Vegetationszone zu finden sind. Meist sind es **Geisterkrabben.** Sie kommen bevorzugt nachts oder am frühen Morgen aus ihren bis zu 1 m tiefen Höhlen. Mit ihrem Seitwärtsgang gehören sie zu den schnellsten wirbellosen Tieren. Dank ih-

Nelken und andere Gewürze Sansibars

Sansibars Beinamen „Gewürzinsel" oder „Nelkeninsel" sind mehr als berechtigt. Schon vor dem 19. Jahrhundert kam durch den Handel mit Arabien, Indien, Südostasien und den südlichen Inseln des Indischen Ozeans eine bunte Palette an Gewürz- und Fruchtgewächsen auf die Insel. Besonders der Nelkenbaum veränderte das Landschaftsbild Sansibars.

Die Nelke

Der Nelkenbaum gehört zur **Familie der Myrtengewächse** und erreicht eine Wuchshöhe bis zu 15 m und ein Alter von über 150 Jahren. Er gedeiht ausschließlich im feuchtwarmen Klima der Tropen. Die Gewürznelke *(Coryophyllus aromaticus)* – ursprünglich auf den Molukken beheimatet – wurden von der Insel Mauritius um das Jahr 1818 herum auf Sansibar eingeführt.

Die Nelken selbst sind die **ungeöffneten Blütenknospen,** die in der Regel alle fünf Monate in grünem Zustand gepflückt werden, meist in der trockenen Zeit von Januar bis Februar sowie zwischen Juli und Oktober. Mit Seilen und Leitern klettern die Pflücker auf die Bäume, um die dichten Büschel zu kappen. Von den Stengeln mit der Hand getrennt, werden die Blütenknospen zum Trocknen auf Matten und asphaltierten bzw. betonierten Flächen ausgelegt. Selbst Fußballfelder müssen bei ertragreichen Ernten herhalten. Der Trocknungsprozess dauert etwa fünf Tage und ist der Grund für den bitter-süßen Duft, der dann über der Insel liegt. Die Qualität der Nelken hängt übrigens direkt von der Intensität der Sonnenbestrahlung ab: Ist diese stark und geht die Trocknung schnell, ist das Aroma besonders gut. Plötzlicher Dauerregen kann eine ganze Ernte zunichte machen.

Die getrockneten Nelken, die einen tiefbräunlichen Farbton annehmen, finden Verwendung in Speisen – in gewürzten Reisgerichten, in Fleischragouts, Süßspeisen, und selbst im Nürnberger Lebkuchen sind sie, fein zermahlen, von geschmacksentscheidender Bedeutung. Auch die Blätter des Nelkenbaumes kommen in vielen Küchen der Welt zur Verwendung.

Ein Großteil der Nelken wird **zu Öl weiterverarbeitet,** das bei der Herstellung von Medikamenten, Parfüms und Seife zum Einsatz kommt. Die schmerzlindernde Wirkung der Nelke ist seit langem bekannt, seit jeher ein bewährtes Hausrezept ist das Kauen einer Nelke bei Zahnschmerzen.

Der deutsche Name für die Blütenknospe leitet sich vom Wort „negelkin" ab, das im Niederländischen und in der hochdeutschen Sprache des Mittelalters die Bezeichnung für einen handgeschmiedeten Nagel war, der eine sehr ähnliche Form wie die Knospe hatte.

Die finanziellen Gewinnaussichten der Nelkenplantagen und des Exports der Knospe wurden vom Sultan und anderen reichen Arabern schnell erkannt. Große Urwaldflächen mussten auf Sansibar und Pemba im 19. Jahrhundert der neuen Baumart weichen. Die harte Arbeit auf den Plantagen verrichteten Sklaven. Die Inseln entwickelten sich zu einem bedeutenden Nelkenexporteur, nicht zuletzt weil auf Mauritius ein großflächiger Brand die dortigen Bäume fast gänzlich vernichtete. Abnehmer fanden sich auf der ganzen Welt, in Amerika, Europa, im Vorderen und Hinteren Orient, aber vor allem in Indonesien, wo die Nelkenstengel als Geschmacksveredeler für Zigaretten gefragt waren.

Mit dem Verbot der Sklaverei auf Sansibar (und dem Einnahmenausfall) wurde der Anbau von Nelken intensiviert. Insbesondere auf Pemba wurden mit der Pflanze über 70% des gesamten Exportvolumens erwirtschaftet, auf Sansibar hatte ein Orkan im Jahr 1870 nahezu den gesamten Nelkenbaumbestand vernichtet. Das Verhältnis bzgl. der Produktionszahlen auf beiden Inseln hat sich bis heute nicht verändert, doch der ins Bodenlose gefallene Weltmarktpreis und die mittlerweile große Eigenproduktion von Ländern wie Indonesien und Brasilien haben den einstigen Devisenbringer 1. Klasse zu einem Exportgut zweiter Wahl werden lassen.

Die Muskatnuss

Der Muskatbaum ist vor langer Zeit **aus Arabien eingeführt** worden. Wie der Kern eines Pfirsichs wächst die Muskatnuss in einer fleischigen Außenschale heran. Die feurig-rote Nuss wird zunächst zur Trocknung in die Sonne gelegt, später in Stücke zerkleinert oder zu Pulver zerrieben. Neben der Verwendung als Gewürz in Speisen wird aus den Nüssen auch Öl gepresst, das in der pharmazeutischen und kosmetischen Industrie zum Einsatz kommt. In Sansibar verwenden Frauen das Puder bei Festen und Hochzeiten für die Zubereitung eines flüssigen Breis, der anregend wirkt und die Frauen zum Tanzen und Singen verleitet.

Vanille

Wie die Nelke fand auch Vanille im 19. Jahrhundert den Weg nach Sansibar und wurde **in Plantagen angepflanzt.** Das Endprodukt wird aus den kleinen runden Früchten einer Kletterpflanze gewonnen, die an Gestellen oder als Schmarotzer an Bäumen bis zu 10 m hoch wachsen kann. Die grünlich-gelbe Frucht wird vor Ihrer Reife gepflückt, dann gekocht und in Behältern fermentiert. Noch bevor sie den Zustand der Fäulnis erreichen, werden die gegorenen Früchte ein paar Wochen zum Trocknen ausgelegt. Die ausgetrockneten und hart gewordenen Früchte sind schließlich zu den uns bekannten aromatischen braunen Vanillekristallen geschrumpft. Allein die aufgebrochene Hülse (ähnlich der einer Erbse) soll 35 verschiedene Aromastoffe enthalten.

Pfeffer

Auch die Pfefferpflanze wächst als tropische Ranke bis zu einer Höhe von 15 m. Ihre kleinen beerenartigen Früchte durchlaufen die Farben Grün, Rot und Schwarz und werden **je nach Reifegrad gepflückt,** um die entsprechende Pfefferart zu ergeben. Nach der Trocknung in der Sonne ist der Pfeffer fertig zum Mahlen, oder er wird geschält, um Weißen Pfeffer zu erhalten.

Ingwer

Der Ingwer-Busch wächst bis zu einer Höhe von 1,50 m. **Viele Teile des Busches sind aromatisch.** Das Stammharz eignet sich bestens zur Herstellung von Holzglasuren, Fingernagellack, weihrauchartigen Duftstoffen usw. Aus den Wurzelknollen wird das uns bekannte Ingwergewürz gewonnen.

Spice Tour – eine Pflanze als Lotion

tannp141jg

rer gestielten Augen können sie hervorragend sehen.

Sehr interessante Vertreter der Krebse sind die **Kokosnuss-Krabben** (lat. *Birgus latro,* engl. *Coconut crab*). Der Name der bis zu 60 cm großen und 4 kg schweren Landkrabben (die größten der Welt!) ist jedoch etwas irreführend. Lange Zeit ging man davon aus, dass die langsam und vorwärts laufenden Krabben Kokosnusspalmen hinaufklettern, um Kokosnüsse abzuzwacken. Doch dem ist nicht so: Die Tiere sind nachtaktiv und suchen Nahrung in Korallen und Mangrovengebieten. Sie jagen kleinere Krabbenarten und haben eine Vorliebe für umherliegende Kokosnüsse. Ihr Bestand ist durch den Bevölkerungsanstieg an der ostafrikanischen Küste dezimiert worden. Aufgrund ihrer Nahrhaftigkeit und ihrer langsamen Gangart wurden sie lange Zeit von Fischern gefangen. Die Kokosnusskrabben stehen mittlerweile auf der Liste der bedrohten Tierarten und befinden sich unter strengem Schutz im Chumbe Island Coral Park.

Im flachen Wasser leben die meisten Tiere getarnt im Sand. Vor allem **Muscheln, Schnecken, Borstenwürmer, Krebse** und **Seesterne** bevölkern den Meeresgrund. Von den Muscheln erkennt man meist nur die Filteröffnungen, die aus der Sandoberfläche ragen.

tan 168 jg

< Geisterkrabbe

Der Indische Ozean – Sansibars Unterwasser-Paradies

Der westliche Indische Ozean zählt unter Tauchern und Hochseefischern zu den spektakulärsten Gewässern der Welt. Besucher Sansibars können hiervon profitieren, da der Küste ein **mehrere 100 Kilometer langes Riff** vorgelagert ist. Entlang und innerhalb dieses Riffs haben sich die buntesten **Korallengärten** entwickelt, die für **über 2000 faszinierende Fischarten** ein Habitat bilden. Auch Tausende unterschiedlicher Muscheln, Schnecken und Seesterne bevölkern das Meer.

Vergleichbar mit den Migrationsbewegungen der Landtiere, sind – insbesondere im **Zanzibar** und **Pemba Channel,** den Meereskanälen zwischen den Inseln und dem Festland – je nach Jahreszeit nur bestimmte Vertreter der Meeresfauna anwesend. Der Zyklus hängt mit dem Klimasystem der Monsunwinde zusammen. Der von November bis in den März vorherrschende **Nordost-Monsun** bewirkt starke Wasserumwälzungen vor der arabischen Halbinsel. Ein großer Meeresstrom entwickelt sich und zieht mit bis zu 15 km/h an der ostafrikanischen Küste entlang. In dieser Zeit erreicht das Wasser Temperaturen um die 27 °C, gute Bedingungen für Taucher, die große Meeresbewohner, etwa die Plankton grasenden **Walhaie** (Längen bis zu 15 m!), **Delfine,** aber auch **Haie** beobachten wollen.

Der Sansibar Rotkopf Guereza – eine bedrohte Affenart

Eine auf Sansibar seltene Affenart ist der zur Familie der Rotkopf Guerezas gehörende *Procolobus badius kirkii*, im Englischen **Zanzibar Red Colobus Monkey.** Der von dem britischen Gouverneur *John Kirk* als endemische Art identifizierte Guereza ist nur auf der Hauptinsel Sansibar bzw. im Gebiet des Jozani Forest beheimatet – und in seinem Bestand gefährdet: Der zunehmende Bevölkerungsdruck und der Straßenverkehr im Nationalpark fordern Opfer unter den Guerezas. Wenngleich auch die Schutzmaßnahmen im Jozani Park mittlerweile den Bestand stabil halten, leben etwa 30 % aller Sansibar Rotkopf Guereza außerhalb, in kleinen, nicht geschützten Waldresten – oft nur vereinzelte Gruppen oder Familien, welche nicht überleben werden. Im Jozani sollen indes noch knapp 4000 Affen leben.

Das auffälligste Merkmal des Sansibar Rotkopf Guerezas, im Deutschen auch als **Roter Colobusaffe** bezeichnet, ist ein Punk-ähnlicher, silber-weißer Haarschopf auf dem Kopf. Mit einer Körperlänge von etwa 70 cm (ohne Schwanz) ist er etwas kleiner als der bekannte, in vielen Regionen Afrikas beheimatete Schwarz-weiße Guereza.

Seine dickbäuchige Erscheinung lässt ihn behäbig aussehen, dabei ist er äußerst flink und kann große Sprünge von Baumwipfel zu Baumwipfel machen. Sein Daumen ist nur rudimentär ausgebildet, fehlt manchmal auch ganz, weshalb der Guereza auch **Stummelaffe** genannt wird.

Der Lebensraum der Affen sind immerfeuchte Wälder, in Ostafrika Bergregenwälder oder Urwälder im Küstenvorland. Die Guerezas leben in Gruppen bis zu 40 Tieren, das Sagen haben die älteren Männchen, hierarchisch festgelegt. Weibchen und junge Männchen wechseln auch die Gruppen, wobei die Männchen sich meist in blutigen Kämpfen durchsetzen müssen, um in einer neuen Gruppe aufgenommen zu werden.

tannp126 jg

Von April bis in den November hinein bläst der **Südost-Monsun,** der von der südlichen Halbkugel kühlere Meeresströme an die Küsten Ostafrikas lenkt und das Wasser bis auf 23°C abkühlt. Einige Fischarten werden dadurch in den nördlichen Indischen Ozean befördert.

An Sansibars Nordost-Küste ziehen dann in den Monaten August bis Oktober **Buckel- und Pottwale** vorbei. Dicht an der Oberfläche schwimmend, sind ihre gewaltigen Körper und die bis zu 3 m hohen Gischtfontänen, die sie auspusten, gut zu erkennen.

Von Ende November bis April sind insbesondere **Riesenmantas,** die sich langsam nordwärts bewegen, eine große Attraktion. Dann sind Tauchgänge im Nordwesten Pembas eine faszinierende Angelegenheit.

Maritime Vielfalt

In den Gewässern Sansibars tummelt sich eine Vielzahl von bunten **Korallenfischen,** besonders in den Monaten November bis April. Unterschiedlichst gestreifte oder betupfte Schwärme stellen ein **einzigartiges Spektrum an Farben und Formen** dar. Bekannte Vertreter unter ihnen sind der Feuerfisch mit seinen federartigen Flossen und Giftstacheln (nicht berühren!), der faszinierend getarnte Steinfisch, der giftige Strahlen abschießt, sowie die bunte Palette der Riffbarsche, Anemonenfische, Perlmutt- und Zebrafische, Trompeten- und Engelsfische, Papageienfische, Süßlippen u.v.m.

In Sansibars Gewässern leben **zwei Arten von Delfinen,** der „Delfin" (lat. *Delphinus Dolphin*) und der verspielte

tannp127 jg

„Tümmler" (lat. *Tursiops truncatus*). Letzterer springt oft aus dem Wasser, dreht sich und gibt typische Flipperlaute von sich.

Als bedroht gelten **Meeresschildkröten,** von deren acht Arten auf der Erde allein fünf in Sansibars Gewässern vorkommen (lat. *Chelonia mydas, Eretmochelys imbricata, Dermochelys coriacea, Lepidochelys olivacea* und *Caretta* – die ersten beiden sind häufig zu sehen). Sie werden wegen ihres Fleisches, ihrer Panzer, ihrer Eier und des Öls, welches man aus ihnen gewinnt, gnadenlos gejagt. Um einen Teil dieser Tiere und ein Riff vor weiteren Eingriffen des Menschen zu schützen, ist im Südwesten Sansibars der **Chumbe Island Coral Park & Nature Reserve** errichtet worden, der den Erhalt einer der schönsten Koralleninseln Sansibars sichern soll.

Bedrohtes Riff

Das Paradies ist bedroht: Gefahr geht aus von der **hohen Bevölkerungszahl** und den **Touristen,** die immer mehr „Seafood" verspeisen, aber auch das Geschäft mit Muscheln, Schnecken, Korallenstücken ankurbeln und so das ökologische Gleichgewicht am Riff gefährden. Das gilt auch für die Überfischung. So können sich z.B. **Dornenkronen-Seesterne** wegen der zunehmenden Dezimierung ihrer natürlichen Feinde (verschiedene Fischarten) ungestört ausbreiten. Der Seestern frisst jedoch das Riff kahl und zerstört die Lebensgrundlage vieler Rifffische. Die Folgen sind ein Rückgang des Fischbestandes und eine gefährdete Nahrungsmittelversorgung der einfachen Bevölkerung Sansibars.

Großen Schaden hat die **Dynamit-Fischerei** angerichtet, bei der Sprengladungen unter Wasser gezündet werden. Die Druckwelle tötet die meisten Fische im Umkreis von 10 m, von denen aber nur ganze 10 % an die Wasseroberfläche treiben und eingesammelt werden. Wenn es zu tief ist, um nach den verbliebenen Fischen zu tauchen, verfault der Rest am Meeresgrund. Dynamitfischen ist in Tansanias Gewässern mittlerweile verboten, doch eine vollständige Kontrolle ist nicht möglich.

Beim **Besuch von Korallenriffen** gelten folgende Regeln: Keine lebenden Korallen abbrechen, mitnehmen oder auf ihnen herumlaufen; die Korallen nicht mit Booten beschädigen oder diese an ihnen verankern; Gewässer nicht verunreinigen. Tragen auch Sie zum Erhalt der Riffe bei, und verzichten Sie auf den Kauf von Muscheln, Schneckenhäusern und anderem Meeresgetier, der auch Probleme mit dem Zoll bereiten kann. Auch bei Tauchgängen darf nichts angefasst, abgebrochen oder eingesammelt werden.

☒ In den Gassen von Stone Town

Zanzibar Town

Zanzibar Town, zunehmend **auch Zanzibar City** genannt, ist die Hauptstadt des Archipels. Mehr als 30 % der Bevölkerung der Insel Sansibar (Unguja) leben in dem urbanen Zentrum, das mit **über 400.000 Einwohnern** die größte Stadt der Inseln ist. Verglichen mit anderen Großstädten Afrikas ist die Stadt zwar klein, historisch gesehen markierte sie jedoch den Beginn der Urbanität im östlichen Afrika. Auch auf der verhältnismäßig kleinen Insel fliehen die Menschen vor der Armut auf dem Land in die Stadt und versuchen dort ihr Auskommen zu finden. Das **ursprüngliche Stadtgebiet,** die **Altstadt Stone Town,** ist diesem Ansturm schon lange nicht mehr gewachsen, nur etwa ein Zehntel der Stadtbevölkerung lebt in dem alten Stadtteil. Der **östliche Stadtteil Ng'ambo** von Zanzibar Town wird von Touristen nur selten besucht. In dem als **New City** bezeichneten Stadtgebiet schlägt das wirtschaftliche Herz der Stadt. Durchaus einen Besuch wert ist die lange **Darajani Street** mit dem Mlandege Bazaar, wo sich viele Geschäfte befinden.

Die **große Attraktion** ist die Altstadt **Stone Town,** ein **kultureller Schmelztiegel,** in dem sich das bantunoide Afrika mit der Welt des Orients zu einem ethnischen und religiösen „Kaleidoskop" vereint hat. Wer einmal den Fuß in die „steinerne Stadt" gesetzt hat, wird schnell von der magischen Aura ergriffen sein, welche die alten Häusermauern der Stadt ausstrahlen: eine Symbiose aus Schönheit und Verfall, das Mauerwerk bröckelt, die Farbe blättert, die Bewohner renovieren das Wichtigste für die Besucher von morgen. Die **Gassen von Stone Town** strahlen viel Ruhe und Gelassenheit aus, und manchmal, so scheint es, bleibt die Zeit stehen und eine wohl zelebrierte Lethargie diktiert das (Nicht-)Geschehen des Tages. Jegliche Hektik und der Stress von zu Hause geraten für eine Zeit in Vergessenheit.

Doch hat sich die Stadt auch gänzlich aus der einst sozialistischen Isolation befreit und die Moderne findet in großen Schritten Einzug. Viele Sansibaris sind direkt oder als Zuarbeiter im **Fremdenverkehr** beschäftigt. Unzählige alte Bauten wurden und werden zu Hotels, Guest Houses und Restaurants umfunktioniert, die Stadt lockt große und kleine Investoren an sowie natürlich auch ein Reihe von Trittbrettfahrern – alle in der Hoffnung, am Tourismus zu verdienen.

Für Besucher Sansibars ist Zanzibar Town Ausgangspunkt für An- und Abreise mit Fähre und Flugzeug. Von hier lassen sich alle Unternehmungen auf der Insel sowie Tauch- und Segeltouren organisieren, aber natürlich auch Flüge und Beach-Unterkünfte buchen.

Geschichte und Stadtentwicklung

Das heutige Zanzibar Town entwickelte sich insbesondere ab dem 19. Jahrhundert zu einer **kosmopolitischen Metropole** im Indischen Ozean, mit Handelsverbindungen in die gesamte Welt. In seinem Hafen lagen Dhaus aus Arabien und Indien neben großen Drei- und Viermastern aus Boston und englischen Handelsstädten. Amerikanische Geschäftsleute aus Salem führten harte Verhandlungen mit indischen Händlern: Elfenbein im Tausch gegen gute Baumwollstoffe. Die hanseatischen Niederlassungen verschifften Waren nach Westafrika und zurück in ihre Heimat. Britische Schiffe mühten sich um die Seehoheit im Indischen Ozean.

Die arabischen Sultane ließen die neue Handelsstadt ganz im Stil ihrer Väter erbauen. Es entstanden große **Handelshäuser** mit prächtig geschnitzten Galerien, **Residenzen** reicher Kaufleute und Sklavenhändler, mit schweren Holztüren, die mit spitzen Messingdornen gespickt wurden, **Moscheen** wurden errichtet, später auch **Hindu-Tempel** und **Kirchen.** Der Glanz währte jedoch nur ein gutes halbes Jahrhundert, denn mit dem Ende des Sklaven- und Elfenbeinhandels Ende der 1890er-Jahre brach das Geschäft zusammen.

Mit der **Gründung der Kolonien Kenia** (britisch) und **Deutsch-Ostafrika** (heute das tansanische Festland, Burundi und Ruanda) verlor die Stadt im 20. Jahrhundert ihre wirtschaftliche und politische Bedeutung an Mombasa, Dar es Salaam und schließlich Nairobi.

Stone Town hat bis heute sein charakteristisches Stadtbild aus der Sultanatszeit bewahrt, während sich die andere Seite, die heute **New City** genannt wird, großflächig einheitlich, ohne architektonische Feinheiten zeigt. Als skurrile Fremdkörper stehen dort seit der sozialistischen Zeit Wohnblocks im Plattenbaustil, Wohnstätte für 7000 Menschen und errichtet mit DDR-Entwicklungshilfegeldern, weshalb sie auch „German Houses" genannt werden.

Die Bausubstanz von Stone Town leidet seit Jahrzehnten. Immer wieder

Zanzibar Town

kommt es zum **Einsturz von Bauten,** besonders während und kurz nach der großen Regenzeit. Die *Stone Town Conservation & Development Authority* (STCDA) tut sich schwer, dem Verfall Einhalt zu gebieten, da dunkle Machenschaften und Korruption die Arbeit behindern. Stone Town gehört zwar zum Weltkulturerbe der UNESCO, doch weder bei den Behörden noch bei den in den Gemäuern verbleibenden Bewohnern ist ein Bewusstsein für den Schutz der alten Stadt präsent. Noch geht das gut, denn der morbide Charme der teils sehr heruntergekommenen Gebäude hat eine touristische Anziehungskraft und bringt Geld. Trotzdem fehlen der Stadt bzw. dem teilautonomen Staat Sansibar die Mittel, um den Erhalt von Stone Town zu sichern. Viele Bauten werden daher Investoren angeboten, ohne dass Auflagen und Richtlinien für eine stilgerechte Renovierung gelten würden.

Sehenswertes in der Altstadt Stone Town

Der alte arabische Stadtkern Stone Town gleicht einem riesigen **„Freilichtmuseum“,** in dem jeder Quadratmeter Teil eines Mosaiks ist, das die lange und wechselvolle Geschichte Sansibars erzählt. Der „geheimnisvolle Orient“ – in

Übernachtung

2 The Seyyida Hotel & Spa
4 Zanzibar Palace Hotel
7 Zanzibar Coffee House Hotel
8 Emerson Spice
9 Emerson on Hurumzi
25 Tembo House Hotel
27 Park Hyatt Zanzibar
28 Zanzibar Serena Inn
30 Beyt Al Salaam
31 Al Johari
33 Africa House Hotel
34 Dhow Palace Hotel
35 Kisiwa House
37 Garden Lodge
38 Hiliki House

Essen und Trinken

2 The Seyyida Hotel & Spa
5 La Taverna
7 Zanzibar Coffee House
8 Tea House, Secret Garden Restaurant
15 Silk Route Restaurant
16 New Monsoon Restaurant
18 Archipelago
21 The Post Taperia
22 Dolphin Restaurant
32 6 Degrees South
36 Abyssinian Maritim Restaurant

Einkaufen/Sonstiges

1 Zan Air, Zan Tours
3 Kenya Airways, Precision Air
6 Juwelierläden
10 Zanzibar Curio Shop
11 Sama Tours
12 Mrembo Spa
13 Magò East Africa
14 Maki Shop
19 Zanzibar Secrets
20 Zanzibar Gallery
23 Gem Centre, Memories of Zanzibar
24 Essence Salon
26 Cinnamon Spa
29 Coastal Aviation
33 Kanga Kabisa
39 Fernandes Tours & Safaris
40 Air Tanzania

Wassersport

17 One Ocean – Zanzibar Dive Centre

0 100 m
© Reise Know-How Tansa28 4/24
Dar es Salaam
Pemba, Tanga
Customs Immigration
390 Dhau-Hafen
Passagier-hafen
Fischmarkt
Nelkenver-arbeitung
Boote nach Chapwani, Prison etc.
Mizingani Rd.
389 Old Ithnaasheri Dispensary
Malindi
Malindi Mnara Moschee
Funguni Rd.
Malawi Rd.
"Big Tree"
Old Customs
388 People's Palace
394 Forodhani Gardens
Portugiesische Kanonen
Old Bandstand
393 O'Swald House
Orphanage
Forodhani
Zanzibar Tourist Information Center
Forodhani Moschee
Nyumba Ya Moto St.
Kiponda
Ijumaa Moschee
Malindi Police Station
388 Arabisches Fort/ Amphitheater
389 House of Wonders/ Beit el Ajaib
Stone Town Conservation Society
Jamatini St.
Malindi St.
Bharmal Building
Hindu-Tempel
Gizenga St.
Changa Bazaar
Kokoni St.
391 Bohra Moschee
St. Joseph's Cathedral
Agha Khan Moschee
Kokoni
Cathedral St.
Kajificheni St.
391 Hamamni Persian Baths
Kiponda St.
Zentraler Busstand
Benjamin Mkapa Rd.
Mbuyuni
Baghani
Mkunazini
Darajani St.
Darajani
Shamsuddin Pharmacy
Darajani Street
New Mkunazini Rd.
390 Church of Christ Cathedral
390 Darajani Market
Mlandega Bazaar
Mchangani
Soko ya Muhogogo St.
Vuga
Benjamin Mkapa Rd. / Creek Road
Dala-Dala-Stand
Mtendeni St.
STONE TOWN
Sklavenkerker/ Galerie
Mkunazini St.
Mkunazini Police Post
Mtendeni
Kibokoni
Kawawa Rd.
Vikokotoni
Haile Selassi School
Karume Rd.
Karume Monument
Vuga Rd.
Institute for Kiswahili
Creek Rd.
Jamhuri Gardens
Mwembetanga
Gardens
Mnazi Moja Rd.
Kalifa Hall
House of Representatives
Street
Mapinduzi Rd.
Kikwajuni St.
Kisiwandui
NG'AMBO (New City)
Rd.
391 Natural History Museum & Peace Memorial Museum
1 2 3 4 5 6 7 8 9 10 11 12 13 14 15 16 39 40

Stone Town scheint er noch gegenwärtig zu sein!

Eine vorgegebene **Besichtigungsroute** ist angesichts der unzähligen verwinkelten und schmalen Gassen nur wenig sinnvoll. Lassen Sie sich einfach von dem einzigartigen Ambiente betören und leiten, schlendern Sie nach dem Motto **„Der Weg ist das Ziel"** gemütlich durch die Altstadt, vorbei an altehrwürdigen Bauten mit kunstvoll geschnitzten Holztüren und fein ziselierten Balkonen und Fensterrahmen, entlang kleiner Geschäfte und Basare, vorbei an Souvenirläden, die schöne Sansibar-Truhen, Silberschmuck, Kanga-Tücher u.v.m. feilbieten. In den engen Gassen – nur wenige sind mit dem Auto befahrbar – herrscht fast ständig wohltuender Schatten. Vorsicht ist vor Fahrrad- und Mopedfahrern geboten, die in einem Affentempo um die Häuserblocks schießen und sich ihren Weg durch die Menge bahnen. Das obligatorische Verlaufen in dem Labyrinth der Gassen ist halb so wild, irgendwo trifft man immer wieder auf eine der drei großen Straßen, die die Altstadt fast dreieckig einfassen.

Die zahlreichen Moscheen und Tempel sind von einer Besichtigung ausgeschlossen, es sei denn, Sie gehören dem islamischen Glauben an.

Nachts sollten Sie aus Sicherheitsgründen **nur mit einem Guide** unterwegs sein, denn Taschendiebe treiben in Stone Town ihr Unwesen.

People's Palace (Museumspalast)

Der arg renovierungsbedürftige **People's Palace,** der alte **Residenz-Palast der Sultane,** steht direkt **an der Hafenbucht.** Nach dem britischen Kanonenhagel von 1896 musste er neu aufgebaut werden. Schon der erste Sultan von Sansibar residierte von 1834 an in dem zuvor als Beit el Sahel bekannten Palast. Nach der Absetzung des Sultans 1964 wurde das Gebäude für Regierungsbüros genutzt. Seit 1994 ist der Palast ein **Museum,** das mit eindrucksvollen Bildern, alten Möbeln und persönlichen Gebrauchsgegenständen der arabischen Herrscher die gesamte **Geschichte der sansibarischen Sultanatszeit** dokumentiert. Im Garten sind die Gräber von Sultan *Said* und seiner Söhne, die nacheinander die Thronfolge antraten, zu besichtigen. Sehenswert auch das frühere Auto des Sultans nahe dem Eingang.

Öffnungszeiten: Di bis Sa 9–18 Uhr, So und Mo bis 15 Uhr, an Feiertagen geschlossen.

Arabisches Fort

Bei den Forodhani Gardens befindet sich das **„Old Fort"** *(ngome kongwe),* das die omanische Al-Yarubi-Dynastie von 1698–1701 errichten ließ. Zuvor stand hier eine portugiesische Kirche.

Im 19. Jahrhundert diente das Fort als Gefängnis, an der Ostmauer fanden Exekutionen statt. In britischer Zeit wurde das Fort zu zivilen Zwecken genutzt. Vor moslemischen Blicken geschützt, legte man einen Tennisplatz für die Damen der Gesellschaft im Innenhof an. Seit 1994 dient ein Teil des Forts als großes Amphitheater, in dem das Zanzibar Cul-

⊡ Bei einem Spaziergang durch die Straßen Sansibars sollte man sich treiben lassen

tannp128 jg

tural Centre **Tanz- und Musikaufführungen** veranstaltet. Im Fort selbst befinden sich eine Touristeninformation, ein Restaurant mit Bar sowie Souvenirgeschäfte und Kunstgalerien. Mehrmals die Woche finden Abende mit traditioneller und Taarab-Musik statt. Das Fort ist auch Schauplatz der zwei großen internationalen Festivals auf Sansibar: im Juli das **ZIFF-Festival** (Zanzibar International Film Festival, auch Festival of the Dhow Countries genannt) und im Februar das weit über die Landesgrenzen Tansanias bekannte und beliebte **Musikfestival Sauti za Busara** („Voices of Wisdom“).

Beit el Ajaib

Das neben dem Fort aufragende Beit el Ajaib war das **architektonische Wahrzeichen Sansibars.** Während Renovierungsarbeiten ist es 2020 teilweise zusammengestürzt und wird nun mit omanischer Unterstützung wieder aufgebaut. Eine Besichtigung des Beit el Ajaib ist aber noch nicht wieder möglich. Gebaut 1883 als Sultanspalast, vereint das Gebäude arabische und viktorianische Baukultur. Das Gebäude war das erste der Insel mit Strom, fließend Wasser und sogar einem Fahrstuhl (dem ersten in Ostafrika!) – daher auch der Beiname **„House of Wonders“!**

Im Jahr 2000 wurde das Beit el Ajaib zum Weltkulturerbe erhoben und beherbergte das interessante **Museum of History and Culture** zur Geschichte und Lebensweise auf Sansibar.

Old Ithnaasheri Dispensary

Weiter in Richtung Norden, vorbei am alten Zollhaus, in dem heute Personal zur Erhaltung von Stone Town ausgebildet wird, steht gegenüber den Hafenhallen eines der schönsten Gebäude Sansibars. Die restaurierte **„Alte Apotheke“**, auch *Nasur Nur Mohamed Dispensary* genannt, wurde zwischen 1887 und 1894 nach Plänen des indischen Ismailiten *Sir Tharia Topan* erbaut, einem der reichsten Geschäftsmänner der Insel und persönlicher Berater des Sultans. Bis zur Revolution 1964 wurde das Gebäude als Klinik genutzt, danach war es sich selbst überlassen. Mit Unterstützung der Aga-Khan-Stiftung erstrahlte das Gebäude mit seinen dekorativ verzierten Holzbalustraden 1995 wieder in altem Glanz.

Dhau-Hafen

Am Ende der Mizingani Road liegt der Dhau-Hafen. Die Dhaus werden eingesetzt zum kommerziellen Fischfang oder für den Handelsverkehr mit der Schwesterinsel Pemba, dem tansanischen Festland oder Kenia. Viele der Holzkähne sind heute mit Dieselmotoren und großen Fangnetzen ausgestattet, auf einen Mast mit Segel verzichten dennoch die wenigsten.

Andere Boote im Dhau-Hafen und am Strand vor Stone Town sind die kleinen, schmalen, Katamaranen ähnelnden **Ngalawas,** welche für die traditionelle Fischerei eingesetzt werden.

Ein Besuch des Hafens ist vor allem **frühmorgens** ein Erlebnis, wenn der Fang abgeladen und auf dem **Fischmarkt** direkt hinter dem Hafen verkauft wird. Tintenfische, Rochen, Haie, alle möglichen Krustentiere und sonstiges Meeresgetier finden hier ihre Abnehmer. Gehen Sie jedoch in Begleitung eines Ortskundigen, denn auf Kameras reagiert man hier empfindlich – fragen Sie um Erlaubnis, bevor Sie knipsen!

[>] Eine Dhau, das traditionelle Boot der Sansibaris

Darajani Market

Der **zentrale Markt von Zanzibar Town** liegt im Osten von Stone Town **an der Creek Road.** Die alte längliche Markthalle, einst von einem deutschen Architekten entworfen, hat sich seit ihrem Bau im Jahr 1904 kaum verändert – noch immer bedeckt das alte Wellblech das Giebeldach des Zentralturmes. Doch nicht nur das Gebäude, sondern auch die gesamte Marktatmosphäre scheint noch dieselbe wie vor hundert Jahren zu sein. Unzählige Obst-, Gemüse- und Fischstände sind in der Halle auf einfachen Holztischen und Bänken eingerichtet, rund um die Halle haben Kleinhändler ihre Stände aufgebaut, alte einachsige Holzkarren schaffen ständig neue Ware heran. Auf dem Darajani-Markt ist **jeder Tag Markttag,** und auch wer keine Einkaufsabsichten hat, sollte sich das bunte Treiben nicht entgehen lassen!

Anglikanische Kirche

Die **Church of Christ** liegt **unweit vom Darajani-Markt.** Englische Missionare kauften nach dem Sklavenverbot 1873 den Platz, der bis dahin ein **zentraler Sklavenmarkt** auf Sansibar war. Die Kirche war 1880 fertiggestellt, und es heißt, an der Stelle des Altars stand einst der Baum, an dem die Händler die Sklaven zum Auspeitschen anketteten – eine letzte Demütigung vor dem Verkauf! Der **erste Bischof, Edward Steere,** gilt als Initiator der Übertragung des Swahili von den arabischen in die heute verwendeten römischen Schriftzeichen. Er verfasste auch das erste Wörterbuch Englisch/Swahili.

Die große Kirche steht meist offen, eine **Besichtigung** ist möglich. Eventuell darf man auch auf den Turm hinaufsteigen, wo sich ein guter Blick über die Dächer von Stone Town bietet.

In dem Bau direkt neben der Kirche ist das **Youth Hostel St. Monica** untergebracht, eine christliche Unterkunft, welche auf einem Kellerraum erbaut wurde, der einst der Aufbewahrung von Sklaven vor deren Verkauf diente. Der Keller kann besichtigt werden.

Hamamni Persian Baths

Zentral in Stone Town liegen die früheren **„persischen Bäder"** der Stadt. Sultan *Bargash* (1870–1888) ließ sie für die wohlhabenden Araber anlegen. Im Arabischen bedeutet *Hamam* „Haus des Bades". Seit den 1920er-Jahren sind die Bäder nicht mehr in Gebrauch, sie können aber besichtigt werden. Die Anlage ist groß und relativ gut instand gehalten. Die Führung erfolgt durch die gegenüber lebende Aufsichtsperson.

Kathedrale Sankt Joseph's

Inmitten von Stone Town erhebt sich aus dem labyrinthischen Gewirr der Gassen die **katholische Kathedrale.** Erbaut zwischen 1897 und 1900 unter der Leitung französischer Missionare, beruht der historische Entwurf nach romanischem Baustil auf Plänen von *Léon Vaudoyer,* dem Architekten der großen Basilika von Marseille. Dachziegel und die Fensterglasmalereien wurden aus Frankreich geliefert. Für eine kleine katholische Gemeinde (insbesondere Sansibar-Inder goanesischen Ursprungs und heute auch vermehrt für vom Festland eingewanderte Katholiken) findet jeden Sonntag um 9 Uhr eine Messe statt. Die übrige Zeit bleibt die Kathedrale geschlossen, eine Besichtigung ist nur selten möglich; probieren Sie es an der Hintertür, die über das angrenzende Grundstück erreicht werden kann. Die Kirche hat übrigens einen wunderbaren **Chor;** erkundigen Sie sich an der oben genannten Hintertür, ob und wann er probt bzw. auftritt.

Natural History Museum & Peace Memorial Museum

Das **Peace Memorial Museum,** auch **Beit el Amani** („Haus des Friedens") genannt, ist der große Kuppelbau im Südosten von Stone Town, der 1925 erbaut wurde und wie ein Mausoleum aussieht. Das Museum vermittelt einen guten his-

tannp036 xb

tannp129 jg

torischen Überblick vom frühen Dhauverkehr über den Sklavenhandel bis zu den bekannten Forschern und Missionaren des 19. Jahrhunderts; auch Gegenstände aus der britischen Protektoratszeit werden gezeigt. Einträchtig stehen auch große Ölgemälde von Queen *Victoria* und Kaiser *Wilhelm* nebeneinander, liegen seltene Münzen und Briefmarken aus, und Eisenbahngleise erinnern an die Bububu Railway, die von 1905–1928 vom Norden Stone Towns 9 km die Küste entlang nach Bububu fuhr sowie in die andere Richtung nach Chukwani, wo heute der Flughafen liegt. Das ist aber noch lang nicht alles – ein Besuch lohnt sich in jedem Fall (Öffnungszeiten: Mo bis Sa 9–18 Uhr).

In dem Gebäude hinter dem Hauptmuseum befindet sich die Sektion für archäologische Geschichte sowie für Flora und Fauna **(Natural History Museum).**

Kaunda Road

Vom Museum aus kommend, folgt die große Kaunda Road, an der sich das **Mnazi Mmoja Hospital** befindet, 1896 zunächst als sogenanntes „Afrikanerkrankenhaus" erbaut. 1924 wurde die angrenzende Kaserne des Sultans zu einem „Europäerflügel" der Klinik ausgebaut. In der 1907 aufgegebenen Kaserne waren 1400 Soldaten aus Arabien und Baluchistan (heute in Pakistan und Iran) untergebracht. Stadteinwärts folgt das **State House,** Empfangsresidenz des Präsidenten von Sansibar, früher Wohn- und Bürohaus des britischen Gouverneurs. Gegenüber befindet sich der **„Milestone",** eine Marmorsäule aus britischen Protektoratstagen mit der Inschrift diverser Orte der Insel und deren Entfernungen zueinander in Meilen. Natürlich durfte damals auch der Hinweis auf das 8064 Meilen entfernte London nicht fehlen …

Auf der gleichen Straßenseite liegt im Anschluss die **Parkanlage People's Gar-**

In den Bussen der Stadt findet sich immer irgendwo noch ein Platz

den, meist noch als **Victoria Gardens** bekannt, da der Park 1899 am Jubiläumstag der Thronbesteigung von Königin *Victoria* der Öffentlichkeit zugänglich gemacht wurde. Sultan *Hamud* (1896–1902) ließ ihn ursprünglich für seinen Harem anlegen. Unterschiedliche Fruchtbäume und Gewürzgewächse zieren heute noch die kleine Parkanlage. Besondere Pflege kommt dem People's Garden allerdings nicht zu.

Nach Stone Town hin folgen schließlich noch die **alten britischen Verwaltungsbauten,** in denen heute Ministerien und das Hohe Gericht untergebracht sind.

Mathew's House

Als Lieutenant der Royal Navy wurde *Sir Lloyd Mathews* 1878 vom Sultan eingestellt, um dessen Armee auszubilden, die er dann drei Jahre später als General selbst befehligen durfte. Schließlich gab der Sultan ihm 1891 das Amt des ersten „Staatssekretärs“ und das des Schatzmeisters. *Mathews* war damit die verbindende Schlüsselfigur zwischen Sultan und britischem Gouverneur.

Sein Haus ist ein feines Beispiel für die **Verschmelzung viktorianischer und arabischer Baukunst.** Es ist das zweite Gebäude mit dem überhängenden Balkon auf der linken Seite **am Anfang der Kenyatta Road.**

Tippu Tip's House

Am Africa House Hotel vorbei befindet sich in der **Suicide Alley** das alte Wohnhaus des legendären Sklavenhändlers **Tippu Tip.** Bis zur Revolution 1964 bewohnten arabische Geschäftsleute den großen Bau, danach zogen sansibarische Familien ein; seitdem ist das Haus am Verfallen. Die mit dekorativen Schnitzereien verzierte, große alte Holztür zeugt von Reichtum und Macht des ersten Bewohners. Eine Besichtigung ist möglich, jedoch wegen des gefährlichen Bauzustandes nicht empfehlenswert.

Orphanage

Hinter dem ehemaligen Konsulat befindet sich der große Bau des **Waisenhauses** von Sansibar (das Gebäude, das von der Einbahnstraße getunnelt wird!). Einst diente es als Clubhaus für Engländer und bis 1950 als indische Schule. Ein Besuch ist mit dem Zanzibar Tourist Information Center abzuklären.

„O'Swald-Haus“

Einen Gebäudekomplex weiter liegt ebenfalls zum Strand hin das „O'Swald-Haus“ (inoffizielle Bezeichnung), einst Sitz der Handelsfirma O'Swald und von 1859–1885 **hanseatisches Konsulat,** danach Residenz des kaiserlichen Konsuls. Von hier aus brach 1860 der erst 23 Jahre junge Hamburger Forscher *Dr. Albert Roscher* zu einer Expedition zum Nyasa-See auf, von der er nicht wieder zurückkehrte: Sklavenhändler ermordeten ihn.

Es ist das einzige historische Gebäude in Stone Town, das nicht viktorianischen oder arabischen Ursprungs ist. Die Bautechnik der sogenannten **„Preußischen Kappen“** in den Fensterstützen steht für die **wilhelminische Architektur.**

The British Consulate

Am Ende der Kenyatta Road steht zum Strand hin ein alter dreistöckiger Bau mit roten Dachziegeln. Von 1841–1874 war hier das britische Konsulat eingerichtet, das danach ins Mambo-Msiige-Gebäude am Westende der Halbinsel umzog. Das Haus nutzten jedoch weiterhin namhafte Afrika-Reisende und Forscher, wie zuvor schon *Burton, Speke, Livingstone, Grant* und *Kirk*, zur Vorbereitung ihrer wochenlangen Fußmärsche ins Innere Afrikas. *Livingstones* mumifizierte Leiche (er starb im Mai 1873 im Norden des heutigen Sambia) wurde hier einige Zeit aufbewahrt, bis sie nach England gebracht und im Westminster Abbey beigesetzt wurde.

Bis 1964 hatte die englische Handelsfirma *Smith, Mackenzie & Co.* ihre Büros in dem Gebäude, seither wird es von der Regierung genutzt. Eine Besichtigung ist daher nicht möglich, doch ist der große Bau schon von außen beeindruckend. An der Hausmauer erinnert eine rote Tafel an die frühen Forscher.

Africa House

Wenn der Sonnenuntergang naht und sich Durst und Hunger bemerkbar machen, lockt seit Generationen das imposante **Africa House Hotel,** einst der British Club, mit seiner großen Terrasse zum abendlichen Sundowner. Auch wenn der derzeitige Betreiber bei der Verwandlung des Gebäudes in das Africa House Hotel einiges an der Gestaltung verändert hat, ist die schöne Terrasse erhalten geblieben und lädt weiterhin zum entspannten Abendausklang ein.

Forodhani Gardens

Nachdem man dem feuerroten Schauspiel des Sonnenuntergangs im Meer beigewohnt hat, sucht man die zahlreichen **Grillküchen** auf: Mishkakis, Zanzibar-Pizzas, gerösteter Maniok, Langusten, Calamari, Chapatis, Kababus (frittierter Fisch), Chipsi, Kachori (frittierte Kartoffelbällchen), Samosas und viele andere Leckerbissen stehen in den Forodhani Gardens am Meer – auch **Jamituri Gardens** genannt – zur Auswahl. An einigen Ständen zerquetschen die Verkäufer auch Zuckerrohrstangen mit großen, handgekurbelten Pressen, bis der Saft in Eimer voller Eiswürfel läuft (Vorsicht bei eisgekühlten Getränken: Gefahr von Durchfall!). Bis in die späten Stunden treffen sich in der Parkanlage zwischen Fort und Meer Touristen und Sansibaris – der Garten ist die „Nachrichtenbörse“ Stone Towns!

Die Garküchen, Grillstände und Zuckerrohrsaftpressen befinden sich nun alle im Zentrum, wo dem Besucher auch großzügige Steinbänke zur Verfügung stehen, auf denen er unter herrlichen Bäumen und mit Blick auf gepflegte Wiesen seine Mahlzeit verzehren kann. Sehr empfehlenswert!

Praktische Infos

Touristeninformation

Zanzibar Tourist Information Center
Tel. (024) 2238630. Sansibars staatliches Touristen-Informationsbüro hat seinen Sitz in der Mizingani Road. Die Beratung und der Informationsgehalt sowie die angebotenen Touren lassen allerdings ein wenig Engagement vermissen.

■ **Zanzibar Commission for Tourism (ZCT)**
Amaani Zanzibar, Tel. (024) 2233485, www.zanzibartourism.go.tz. Büro zur Förderung des Tourismus mit umfassender Website. Ein Forum, das eher für interessierte Investoren nützlich ist.

■ Internetseiten wie **www.zanzibar.com, www.zanzibarisland.com** und **sansibar.de/zanzibar.de** stellen hilfreiche Informationen bereit, sind aber keine allumfassenden, neutralen Homepages. Bei allen steht ein Veranstalter oder ein Hotel als Urheber im Hintergrund.

Hotels in Stone Town

Das Angebot an Unterkünften in Zanzibar Town ist groß. Wer Wert auf schönen Strand legt, muss ein paar Kilometer südlich und nördlich der Stadt an der Küste Quartier beziehen, die Strandabschnitte von Stone Town sind wegen Abwassereinleitungen und dem regen Schiffs- und Bootsverkehr nicht sehr einladend. Will man aber die ganz besondere nächtliche Stimmung in Stone Town erleben (z.B. das über den Dächern der Altstadt ertönende Fünf-Uhr-Morgengebet des Muezzin), empfiehlt es sich, zuerst ein paar Tage in einem zentral gelegenen Hotel in der Altstadt zu wohnen und dann erst eins der Strandhotels der Insel aufzusuchen.

Viele Hotels/Guest Houses sind in US-Dollar ($) zu bezahlen, allerdings akzeptieren die meisten preisgünstigen Unterkünfte auch den Gegenwert in tansanischen Schillingen und auch Euro.

Nützlich für die Suche nach einer Unterkunft sind die Websites **www.our-zanzibar.com** und **www.zanzibarislandhotels.com.**

27 Park Hyatt Zanzibar④
www.hyatt.com. Die Eröffnung dieses 5-Sterne-Luxushotels erfolgte 2015. Das größtenteils voll klimatisierte Hotel in der Shangani Street bietet alle Annehmlichkeiten, die auch die anderen Häuser der weltweit operierenden Hotelkette auszeichnen. Der Empfangsbereich und die gesamte Verwaltung des Hotels sind einem ehemaligen arabischen Handelshaus untergebracht. Die Renovierung ist sehr stilvoll gelungen, der Pool liegt direkt am Meer, nur durch eine Glasbalustrade von diesem getrennt. Das direkt anschließende Hauptgebäude des Hotels ist ein gänzlich neuer Bau: Viele auf Alt getrimmte Fassaden sind bei genauem Hinsehen aufgemalt oder mittels Holzplatten aufgesetzt. Die Zimmer haben Stil, sind aber eher modern gehalten, ebenso das Restaurant und die Lounge mit Bar, beide im Parterre und mit Blick aufs Meer. Kulinarisch gehört das Park Hyatt zu den besten Adressen in Stone Town.

28 Zanzibar Serena Inn④
www.serenahotels.com. Die sehr stilvolle Anlage, eine Hommage an die alte britisch-sansibarische Vergangenheit, liegt direkt an der Westspitze von Stone Town mit Zugang zum Strand. Die klimatisierten Zimmer sind geschmackvoll im arabischen Stil eingerichtet, mit Fernseher und eigenem Balkon. Der Hotelservice hat 5-Sterne-Niveau, die Küche ist sehr gut (Baharia Restaurant). Zum Meer hin ausgerichtet lädt ein Pool zur Abkühlung nach heißen Stone-Town-Spaziergängen ein, eine Zanzibar-Massage sorgt für Wohlgefühl. Übernachtung inkl. Frühstück. Das Serena Hotel gehört zu den *Small Luxury Hotels of the World* und betreibt auch das exklusive Privat-Restaurant Mangapwani an der gleichnamigen Korallenbucht 15 km nördlich von Stone Town: Sonnenuntergangsromantik und Candlelight-Stimmung an einem einsamen Strand!

25 Tembo House Hotel③
Forodhani Street, www.tembohotel.com. Schmuckes Hotel in sehr zentraler Lage. Der herrliche Swimmingpool in der Mitte der hufeisenförmigen Hotelanlage lädt zu einer Erfrischung ein, auch wenn man hier der Beobachtung durch alle Gäste ausgesetzt ist, von der mit dem Strand verschmelzenden Terrasse sieht man die Hafenbucht und vorbeifahrende Dhaus – ein sehr schöner Platz für einen Kaffee oder auch eine Mahlzeit. Die klimatisierten Zimmer sind einfach und zweckmäßig mit hochbeinigen Himmelsbetten, Sansibar-Truhen, TV

und Kühlschrank eingerichtet, die internationale Küche im Bahari Restaurant ist schmackhaft, Alkohol kommt aber im gesamten Hotel nicht zum Ausschank. Übernachtung mit Frühstück.

9 Emerson on Hurumzi③-④

Hurumzi Street, emersonzanzibar.com. Die stilechte arabische Inneneinrichtung lässt den Orient lebendig werden. Die Zimmer sind unterschiedlich und geschmackvoll eingerichtet, eins davon z.B. mit Badewanne auf dem Balkon. Das Hotel ist sehr beliebt und oft ausgebucht. Im Haus gibt es zwei gute Restaurants. Im Erdgeschoss links findet man das Kidude Café, benannt nach der „Queen of Taarab Music", *Bi Kidude.* Mittag- und Abendmenü sind inspiriert von den alten Sklavenmarkt-Ländern des Indischen Ozeans und bieten arabische, afrikanische und sogar Cajun-Style Cuisine ab 20 $ p.P. Vom hervorragenden Tower Top Restaurant auf dem Dach (Menü ab 30 $) bietet sich ein herrlicher Blick über die Dächer von Stone Town, besonders spektakulär zum Sonnenuntergang ab 17 Uhr. Empfehlenswert, rechtzeitige Zimmer- und Tischreservierungen sind erforderlich. Bei Tischreservierungen ist eine Anzahlung nötig.

8 Emerson Spice④-⑤

emersonzanzibar.com. Das letzte Projekt des Innenarchitekten *Emerson* (inzwischen verstorben) ist derzeit Sansibars Luxus-Boutique-Hotel schlechthin. Die elf Zimmer wurden unterschiedlich restauriert und jeweils mit dem Namen einer bekannten Persönlichkeit versehen. Alles ist so geschmackvoll und elegant eingerichtet, dass jeder Gast sofort vom Zauber des alten Sansibar eingefangen wird. Die Hotelangestellten tragen bezaubernde Gewänder und garantieren einen vorzüglichen Service. Gastronomische Wohlfühloasen sind das **8 Tea House** auf dem Dach und das **8 Secret Garden Restaurant** in einem Hof umgeben von Ruinen.

4 Zanzibar Palace Hotel③

www.zanzibarpalacehotel.com. 9-Zimmer-Hotel in Kiponda, dem touristisch ruhigeren Teil von Stone Town. Hier wird der arabische Traum von 1001 Nacht stilvoll umgesetzt. Der Empfang, die Betreuung durch das niederländische Management, die kleine, aber feine Menükarte sowie die hauseigenen Cocktails verzaubern den Aufenthalt auf Sansibar. Jedes Zimmer ist ein Kunstwerk für sich, es fällt schwer, eine Wahl zu treffen (auf der Homepage sind alle Zimmer zu sehen). Alle Zimmer verfügen über Klimaanlage und Deckenventilator, Fernseher (DVD-Videothek auf Anfrage) und kleinen Zimmer-Safe. Eine Suite mit Open-roof-top-Badezimmer, über eine Treppe zu erreichen, lässt jedes Flitterwochen-Paar in den siebenten Himmel entschweben. Transfers vom Flughafen, Spice-Touren, Auto-Anmietung u.v.m. können organisiert werden. Außerdem Spa und Boutique.

34 Dhow Palace Hotel②-③

Buchbar über booking.com. Renoviertes Wohnhaus einer einst wohlhabenden arabischen Familie. Der große Innenhof mit Swimmingpool, umgeben von innen verlaufenden Terrassen, ist typisch für den omanischen Kulturkreis. Wie einst wohlhabende Händler zur See, werden auch heute Hotelgäste wie veritable Paschas empfangen. 28 luxuriöse Zimmer mit Klimagerät und Mini-Bar. Übernachtung mit Frühstück.

33 Africa House Hotel②

Shangani, buchbar über booking.com. Traditionsreiches Haus mit 15 elegant eingerichteten Räumen mit En-Suite-Badezimmern, der Blick aufs Meer (von der Terrasse) ist gigantisch. Übernachtung mit Frühstück.

2 The Seyyida Hotel & Spa②-③

Kiponda, www.theseyyida-zanzibar.com. Hinter dem alten Sultanspalast, eine gelungene Mischung aus sansibarisch-arabischer und moderner Architektur. Das **2 Restaurant** auf dem Dach bietet eine reiche Auswahl an Weinen sowie leckere Speisen mit sansibarischem und europäischem Touch. Übernachtung mit Frühstück.

31 Al Johari③

116 Shangani, www.al-johari.com. Boutique-Hotel ca. 3 Minuten zu Fuß vom Tippu Tip's House entfernt. Die Zimmer sind eher klein und wirken eng, sind jedoch geschmackvoll mit sansibarischen Bet-

ten und Möbeln ausgestattet, alle mit Klimaanlage. Das Restaurant befindet sich auf dem Dach, ebenfalls eine Bar mit Internet-Zugang. Der Aufstieg auf den engen Treppen in dem alten Gebäude ist sehr anstrengend, an den Wänden hängen z.T. sehr kitschige Gemälde. Übernachtung mit Frühstück.

30 Beyt Al Salaam③

Kelele Square, beytalsalaam.com. Liegt wunderschön gegenüber vom Serena Hotel. Das alte Korallensteinhaus mit den urigen Möbeln ist liebevoll restauriert worden und bietet sechs Zimmer mit Klimagerät und Deckenventilator. Jedes Zimmer hat seinen eigenen Charme und verzaubert den Gast mit der Historie des alten Sansibar. Übernachtung mit Frühstück.

Empfehlung zur Urlaubsplanung

Immer mehr Reisende buchen ihren Sansibar-Aufenthalt als Strandurlaub, d.h. sie werden nach der Ankunft direkt zu ihren Beach-Unterkünften gefahren. Ein Besuch von Stone Town findet nur als Tagesausflug statt, was der Altstadt von Zanzibar Town aber nicht gerecht wird. Zudem ist man dann in der Tageshitze unterwegs, was anstrengend und schweißtreibend sein kann. Meine Empfehlung lautet daher, am Anfang oder Ende eines Aufenthaltes auf Sansibar ein oder zwei Nächte in Stone Town zu verbringen, um den Charme der Altstadt zu erfassen. Frühmorgens und am frühen Abend ist die Stimmung in den Gassen am schönsten, und schon die Übernachtung in einem verwinkelten Altstadtbau mit Treppen, die steiler als Leitern sind, ist ein magisches Erlebnis. Achten Sie bei der Wahl Ihrer Unterkunft entsprechend darauf, dass diese in Architektur, Innengestaltung, Service und Atmosphäre auch den typischen Sansibar-Zauber vermittelt!

7 Zanzibar Coffee House Hotel②

Haus-Nr. 1563/64, Mkunazini Street, www.utengule.com/zanzibar-coffee-house. Das Hotel über dem Zanzibar Coffee House hat sieben im Zanzibari-Stil restaurierte Zimmer. Das Frühstück wird bei einmaligem Blick im kleinen Rooftop Teahouse serviert. Übernachtung mit Frühstück. Das Hotel hat im EG ein kleines Café, in dem sehr guter Kaffee und leckere Lassis serviert werden. Im Hotel wird kein Abendessen angeboten. Nur die Zimmer der höheren Preislage haben das Bad/WC im Zimmer, die niedrigeren Preislagen haben es auf dem Korridor.

35 Kisiwa House②-③

www.kisiwahotelszanzibar.com. Sehr stilvoll renoviertes altes Hotel, alles in Weiß- und Beigetönen gehalten mit dem gewissen „Touch“ von Sansibar, ein gelungener Mix aus Alt und Neu. Als Unterkunft zu empfehlen, essen kann man woanders besser!

37 Garden Lodge①

Buchbar über booking.com. Nettes kleines Hotel am Eingang nach Stone Town in der Kaunda Road kurz vor dem Anfang von Shangani und Kenyatta Road. Sehr sauber, sansibarische Betten, jedes Zimmer mit eigener Dusche/WC, zwei Zimmer auch mit Klimaanlage. Ein einfaches, aber reichliches Frühstück gibt es auf der Dachterrasse. Durchaus empfehlenswert!

38 Hiliki House①

Buchbar über booking.com. Im Vega-Stadtteil. Nahe am Herz von Stone Town. Ruhige Lage, schöne Zimmer, gutes Frühstück. Beliebt unter Reisenden.

tan150 jg

Budget Hotels/Guest Houses

Es gibt eine **Vielzahl** einfacher Hotels bzw. Guest Houses, zu denen immer mehr hinzukommen und die alle zwischen 30 und 60 $ pro DZ liegen (auch saisonabhängig). Viele können auch in TSh bezahlt werden.

Der **Konkurrenzkampf ist groß,** sodass sich alle bemühen, möglichst sauber und freundlich zu wirken. Allgemein ist jedoch zu konstatieren, dass viele Guest Houses nicht reinvestieren: durchgelegene Matratzen, zu kurze Betten (1,80 m), nur sporadisch funktionierende Wasserversorgung usw. Das gilt besonders für ältere *Guest Houses*. Viele dieser Unterkünfte werden auch nur von Aufsichtspersonal betreut. Da, wo die Eigentümer auch selbst das Management bilden, wird der Service auch den Übernachtungskosten gerecht.

Nahezu alle *Guest Houses* in Stone Town bieten **Bed & Breakfast (B&B).** Auch hier gibt es Unterschiede. Bei den einen sind Eiergerichte inklusive, die anderen berechnen das Frühstücksei separat. Manche servieren auch Joghurts, Pancakes, echten Filterkaffee usw.

Preiswerte Unterkünfte mit Bewertung sind über **www.zanzibar-hotels.com** leicht zu finden.

Strandhotels in Stadtnähe

Unterkünfte im Süden

5 Mbweni Ruins Hotel by Marriott③ (Karte S. 408)
www.marriott.com. Moderne Anlage vor der Kulisse der Mbweni Ruins aus dem Jahre 1871, der ersten anglikanischen Mission Ostafrikas und späteren St. Mary's Girlsschool. Ruhige Lage, kleiner Pool in einem Garten, Zimmer im Stil einer Suite, am Strand ist man unter wenigen Gästen relativ ungestört, und die Mangrovenbäume im Wasser beherbergen eine zwitschernde Vogelwelt – eine herrliche Stimmung, v.a. bei Sonnenuntergang. Kulinarisch dominiert Seafood (**5 Sundowner Restaurant).** Ein Shuttle-Bus nach Stone Town verkehrt fünfmal am Tag, Ausflüge zu allen Sehenswürdigkeiten runden das Programm ab. Das Hotel verfügt über Zimmer, Suiten und Familienapartments. Vom Anlegesteg (mit Mangroven-Bar) vor dem Hotel kann man auch Ausflüge auf Chumbe Island machen (direkt im Hotel zu buchen).

18 Fumba Beach Lodge③ (Karte S. 374)
www.fumbabeachlodge.com. Kleine Luxuslodge rund 20 km südlich von Zanzibar Town auf der Fumba Peninsula. 26 Zimmer, großzügig verteilt auf einem wunderschönen Gelände zwischen drei kleinen privaten Buchten und majestätischen Baobabs. Sehr schöner Pool und auch sonst viel Ruhe, da hier keine anderen Hotels sind und am Strand wenig Belästigung durch Beach Boys herrscht. Hervorragende Küche. Das Tauch-Center **18 Blue World Diving** und ein himmlisches Spa, auf Stelzen unter einem Baobab-Baum gebaut, machen Fumba zu einem echten Tipp auf Sansibar.

Unterkünfte auf den Inseln an der Westküste (Karte S. 408)

3 Chapwani Resort Zanzibar Hotel④
www.chapwani-resort-zanzibar-hotel.com. Schönes Inselhotel auf einer 800 m langen und etwa 150 m breiten Insel vor Stone Town mit Barfuß-Luxus, zehn Zimmer, einsamer Strand, Swimmingpool.

Übernachtung mit Vollpension. Die Insel beherbergt zudem einen historischen Seefriedhof. Chapwani ist zwar eine Privatinsel, aber nicht ansässige Gäste sind willkommen (Mittagessen telefonisch vorbuchen!).

2 Changuu Private Island Paradise④
www.privateislandsonline.com. Lodge auf Prison Island, 27 Zimmer in freistehenden Bungalows unterschiedlicher Kategorien, Swimmingpool. Die historischen Gebäude wurden restauriert und in den Hotelbetrieb einbezogen. Viele italienische Urlauber. Tagesgäste sind nur auf dem nicht-privaten Teil der Insel willkommen, wo man Seychellen-Schildkröten bewundern, das Lord Mathew House besichtigen und im Prison-Restaurant eine tolle Pizza aus einem echten alten italienischen Pizzaofen essen kann.

1 Bawe Tropical Island Resort④
www.privateislandsonline.com. Urlaubsresort und Schwester-Hotel auf Bawe Island. 15 mit einheimischen Materialien gebaute Hütten direkt am Strand, großzügige Badezimmer mit Außendusche, Swimmingpool, Robinson-Feeling. Hier ist Nichtstun angesagt. Die Bungalows sind geschmackvoll eingerichtet und das Essen ist vorwiegend europäisch ausgerichtet. Ab 800 $ pro Bungalow mit Vollpension inkl. Boottransfer von/nach Sansibar.

Essen und Trinken in Stone Town

Restaurants

Fast alle Restaurants und Bars befinden sich in Stone Town. **Seafood** dominiert. Der hohe Anteil italienischer Touristen hat zur Folge, dass es reichlich **Pasta-Küche** gibt. Natürlich sind ebenso **sansibarische Gerichte** rund um Kokosnuss-Curry-Marinaden fast überall zu genießen. Einige der Restaurants schenken keinen **Alkohol** aus, also bei Bedarf vorher erkundigen. Außerhalb verfügen nur die Strandhotels über gute Küche und gemütliche Bars.

Viele gute Restaurants sind an ein **Hotel** gekoppelt. Zu empfehlen sind das Tembo, das Serena, das 236 Hurumzi (Kidude Café und Tower Top) und das Chavda Hotel.

32 6 Degrees South
6degreessouth.co.tz/home. Gutes Sea-Food-Restaurant mit großer Terrasse und Blick aufs Meer, Cocktail-Bar. Ein wunderbarer Ort, um abends im Freien ein Dinner am Ozean zu genießen.

15 Silk Route Restaurant
www.silkroutezanzibar.com. Ausgezeichnetes indisches Restaurant mit vegetarischen Speisen, Fleisch und Fisch. Das Restaurant liegt im obersten Stock des Gebäudes, das sich neben der NBC-Bank in der Nähe der Lokale Livingstone und Archipelago befindet. Im mittleren Stock gibt es auch eine gemütliche Bar, in der man Wasserpfeife rauchen kann. Europäische Preise. Der Service ist ausgezeichnet. Sehr empfehlenswert!

36 Abyssinian Maritim Restaurant
Traditionelles äthiopisches Restaurant neben dem High-Court-Gebäude in Vega. Wer sich nach reichlich Seafood und indisch-sansibarischen Gerichten mal anderem afrikanischen Essen zuwenden möchte, kommt hier gut auf seine Kosten. Auch leckere Säfte und vegetarische Gerichte werden gereicht. Tel. (0772) 940556.

21 The Post Taperia
Direkt oberhalb der Post mit Balkon und tollem Blick auf das bunte Treiben in der Kenyatta Street bietet dieses Restaurants ein sehr gutes Ambiente und eine feine Auswahl an Gerichten.

22 Dolphin Restaurant
Preiswertes Restaurant an der Kenyatta Road. Üppige Speisekarte, ideal für Snacks zwischendurch. Tel. (0774) 443322.

16 New Monsoon Restaurant
Forodhani Gardens, Tel. (0777) 410410. Sehr gelungene Art, den Flair von Sansibar in einem Restau-

☒ Juice Bar in der Stone Town

rant umzusetzen. Sehr stilvoll, Schuhe bleiben vor der Tür, diniert wird auf Kissen und an niedrigen Swahili-Tischen, gereicht werden leckere Cocktails und exzellente Swahili-Küche. Im Gebäude des Orphanage. Reservierung nötig! Empfehlenswert!

18 Archipelago

Nahe der Kenyatta Road, zum Meer hin offen und mit tollem Blick auf den Hafen. Gute europäische Küche und auch einige sansibarische Spezialitäten, vor allem vom Grill. Kein Alkoholausschank. Beliebt bei Touristen und Einheimischen.

5 La Taverna

latavernazanzibar.com. Sehr nettes italienisches Restaurant in der Gegend von Darajani (Benjamin Mkapa Road).

■ Auf keinen Fall versäumen sollten Sie die **Forodhani Gardens** mit zahlreichen abendlichen Garküchen vor dem alten omanischen Fort.

Cafés

7 Zanzibar Coffee House

Kleines, aber feines Café in Stone Town/Mchambawima in der Tharia Street. Reiche Auswahl an Kaffee, die vom klassischen Cappuccino bis zum sansibarischen Spice Coffee reicht.

Bars

Fast alles Hotels bieten schöne Bars mit **Sunset-Stimmung,** unter anderem das **Zanzibar Serena Inn** und das **Park Hyatt Zanzibar.**

Südseefeeling pur

tannp130 jg

Musik

Im alten omanischen Fort ist ein **Amphitheater** eingerichtet, in dem Aufführungen und Festivals stattfinden sowie Live-Bands auftreten (→ „Arabisches Fort"). Auch die **Musikakademie** (kurz vor dem Mercury Restaurant, von Shangani kommend, das Gebäude mit den hohen grünen Säulen auf der rechten Straßenseite) bietet oft qualitativ sehr hochstehende Musikveranstaltungen an. In der **Bar des Zanzibar Serena Inn** (s.o.) spielen regelmäßig Taarab-Bands.

Krankenhäuser/Apotheken

■ **Mnazi Mmoja Hospital**
Staatliches Krankenhaus gegenüber dem Memorial Museum. Nur für den absoluten Notfall geeignet!

■ **Tasakhtaa Hospital**
Derzeit das wohl beste Krankenhaus von Zanzibar Town in der Vuga/Victoria Road. 24 Stunden, Notfall-Tel. (0778) 679414.

■ In der Stadt gibt es einige Apotheken. Genannt sei an dieser Stelle die gute **Shamsuddin Pharmacy** beim Darajani Market – statt einen Arzt aufzusuchen, lohnt es sich, zunächst in dieser Apotheke Rat einzuholen, denn der Besitzer weiß oft mehr als so mancher Arzt in Stone Town!

Polizei

Es gibt mehrere Polizeidienststellen in der Stadt, z.B. die **Malindi Police Station** (Malawi Road) und die **Mkunazini Police Post** (New Mkunazini Road).

Taxis

Im gesamten Stadtbereich und vor allem **bei Dunkelheit** empfiehlt sich ein Taxi. Sie stehen meist zahlreich vor den großen Hotels, bei den Forodhani Gardens sowie am Flughafen und Hafen. Innerhalb von Stone Town kosten Transfers bis zu 10.000 TSh, vom Flughafen in die Stadt etwa 30.000 TSh.

Busse

In Zanzibar Town bestehen vom **zentralen Busstand beim Darajani Market** z.T. mehrmals täglich nach Routen festgelegte Verbindungen in alle Regionen der Insel. Busse sind preiswert: Eine Fahrt z.B. nach Nungwi im Norden dauert etwa anderthalb Stunden und kostet ca. 7000 TSh.

Die Inselbusse und Dala Dalas sind nach einem **Nummernsystem** eingeteilt, welches für die verschiedenen Fahrtziele steht. Am besten richtet man sich nach dem an der Frontscheibe angebrachten Fahrziel.

Schiffe, Fähren

Bei der **Einreise nach Sansibar** werden Touristen normalerweise von den zuständigen Immigrationsbehörden am Hafen zum Vorzeigen ihres Reisepasses aufgefordert. Überfahrtspreise *one-way* ab 30 $, je nach Schnelligkeit und Sitzklasse auf der Fähre. Die zuverlässigste und sicherste Verbindung bieten Azam Marine (www.azammarine.com) und Zanzibar Fast Ferries (www.zanfastferries.co.tz) an. Hier lassen sich Fahrpläne einsehen und auch Fahrkarten können online gekauft werden.

Die **Überfahrt nach Dar es Salaam** dauert je nach Schiff 1½–2 Std. Erkundigen Sie sich am Hafen, welches Schiff zu der von Ihnen gewünschten Zeit geht, und kaufen Sie am entsprechenden Schalter Ihr Ticket mindestens 1 Stunde vor Abfahrt. Finden Sie sich spätestens 30 Minuten vor der Abfahrt im Hafen ein!

Nach Tanga und Mombasa bestehen keine Fährverbindungen.

Flüge

Das Angebot an Inlandsflügen ist groß, besonders zwischen den Inseln und dem Festland bestehen tägliche Verbindungen. Die einschlägigen Fluggesellschaften und deren Routen stehen in „Vor der Reise/An- und Einreise". Die Flugkosten nach Dar es Salaam sind nur geringfügig höher als der Preis eines Tickets für eine Fähre.

40 Air Tanzania
www.airtanzania.co.tz. Die staatliche Fluggesellschaft hat mittlerweile moderne Flugzeuge und einen guten Service. Fliegt täglich zwischen Dar es Salaam, Sansibar und Arusha.

3 Kenya Airways, Precision Air
www.precisionairtz.com. Büro hinter dem Big Tree, zusammen mit dem Büro von *Kenya Air.*

29 Coastal Aviation
www.coastal.co.tz. Büro neben dem Serena Inn, fliegt auch täglich nach Pemba und Mafia.

1 Zan Air
www.zan-air.com. Zentrales Büro in Zanzibar Town bzw. Büro am Flughafen.

Mietwagen, Scooter, Motorräder

- Einfache japanische Pkws können ab 50 $ pro Tag gemietet werden. Jedoch gibt es – wie soll es auch anders sein – Unterschiede hinsichtlich der Qualität der Fahrzeuge. Kleine Suzuki-Jeeps und kleine Enduros werden vielerorts vermietet. Nicht alle sind ihr Geld wert. Ein zuverlässiger Anbieter ist **Zanzibar Car Hire,** www.zanzibarcarhire.com.
- Auch bei den meisten **Tour-Unternehmen** können Fahrzeuge zu etwa denselben Konditionen gemietet werden, gegen Aufpreis auch mit Chauffeur.
- Auch **Scooter** bzw. kleine **Enduros** (125/250 ccm) können gemietet werden. Wer es stilvoller mag, kann auf einer **Royal Enfield** durch Palmenhaine fahren (www.eastafricanmotorcycles.com).

Geldwechsel

- **Forex-Büros** bieten meist gute Kurse und sind in Stone Town zahlreich vertreten.
- **Geldautomaten** (ATM) gibt es bei der ABSA Bank im Zanzibar State Trading Building, neben Mazson's Hotel in der Kenyatta Road, zudem in der NBC Bank (Kenyatta Road nahe Livingstone).

Einkaufen

- In Stone Town gibt es zahlreiche **Souvenirläden,** besonders in den Gassen Changa Bazaar, Gizenga und Soko ya Muhogogo, vermehrt auch in der Hurumzi Street, die sich direkt an die Gizenga Street anschließt. Das Angebot ist vielseitig und reicht von Silberschmuck, Messingwaren, Schnitzereien, Sansibar-Truhen und -Türen bis hin zu Kitenge- und Kanga-Tüchern sowie Tinga-Tinga-Malereien und Maasai-Souvenirs aller Art. Ein guter Laden für Tücher ist an der Tharia Street. Auch beim Africa House Hotel bietet das Geschäft **33 Kanga Kabisa** ein gutes Sortiment. Reichlich Auswahl an T-Shirts gibt es zudem im **14 Maki Shop,** Ecke Shangani/Kenyatta. Gegenüber bietet die Boutique **19 Zanzibar Secrets** schöne, stilvolle und orientalisch legere Bekleidung in guter Qualität, allerdings auch zu relativ hohen Preisen.
- Wer Interesse an den **Gewürzen** der Insel hat, sollte sich an einem der Gewürzstände auf dem Darajani-Markt eindecken, denn dort sind die Gewürze am frischesten und auch günstig!

20 Ein Geschäft mit großer Auswahl (auch Postkarten, Bücher usw.) ist die klimatisierte **Zanzibar Gallery** in der Kenyatta Road (www.zanzibargallery.net). Hier werden alle gängigen Kreditkarten akzeptiert.

13 Magò East Africa ist ein sehr beliebter Hersteller modern geschneiderter Textilien mit Geschäften in der Cathedral Street und der Gizenga Street (www.magoeastafrica.com).

tannp131 jg

23 **Memories of Zanzibar** in der Kenyatta Road gegenüber dem Shangani Post Office (memories-zanzibar.com) hat Bücher, Landkarten, Souvenirs, Schuhe und stilvolle Kleidung im Angebot – die Preise sind zwar etwas höher, doch will man sich langes Feilschen ersparen und dennoch zu einem fairen Preis kaufen, ist man hier an der richtigen Adresse.

10 Groß und bekannt ist das Antiquitäten-Geschäft **Zanzibar Curio Shop** an der Ecke Hurumzi Street/Changa. Sansibar-Truhen, koloniales Mobiliar, alter Schmuck und viel Kleinkram verteilen sich auf mehrere Räume und Stockwerke und lassen kaum Wünsche übrig. Handeln und viel Zeit mitbringen!

6 **Juwelierläden** gibt es in der Tharia Street sowie in der Kenyatta Road (**23** **Gem Centre**). Handeln und feilschen Sie grundsätzlich um den Preis, der sonst zu hoch ausfällt!

Street-Art und Souvenirs

Tourveranstalter

In Zanzibar Town haben sich die Tourveranstalter auf **Ausflüge aller Art** spezialisiert. Das Angebot umfasst geführte Spaziergänge durch Stone Town, Bootsausflüge zu den nahen Inseln (mit Schnorcheln) und die Sehenswürdigkeiten im Inselinnern (Spice Tour, Jozani Forest Reserve usw.).

Die **Preise** richten sich nach der Größe der Gruppe. Wer gerne allein oder zu zweit unterwegs sein möchte, zahlt mindestens 50 $ pro Tag, schließt man sich einer Gruppe an, sinkt der Preis oft bis auf 15 $. Ausflüge zu den Inseln sind dann meist noch günstiger.

39 **Fernandes Tours & Safaris**
Vuga Street, www.fernandestourszanz.com. Eines der besseren Unternehmen auf der Insel. Der Direktor *Fabian Fernandes* ist sehr hilfsbereit und bietet einen reibungslosen Service. Zum Standardprogramm gehören u.a. eine Spice Tour sowie Insel- und Stadtbesichtigungen. Empfehlenswert.

11 Sama Tours
www.samatours.com. Bewährte Touren im Inselinneren (Spice Tour), die Führer sprechen z.T. Deutsch, der Besitzer fährt oft selbst mit und kennt sich bestens mit Gewürzen aus. Er verschafft auch Einblick in abgelegene Dörfer. Das Büro ist in der Gizenga Street hinter dem „House of Wonders".

1 Zan Air, Zan Tours
www.zantours.com. Das Unternehmen ist sehr zuverlässig, unterhält ein großes Netzwerk und organisiert so ziemlich alles, was der Kunde wünscht. Empfehlenswert.

■ Weitere gute Veranstalter sind u.a. **Zenith Tours & Travel** (www.zenithtours.com, umfassendes Programm), **Rainbow Tours** (Gizenga Street), **Chemah Brothers** in der Kenyatta Road und **Giant Tours & Travel** in der Forodhani Street.

Sport und andere Aktivitäten

Spa, Massagen und Yoga

Auf Sansibar ist seit einigen Jahren das Thema **„Wellness & Healing"** en vogue. Nahezu in jedem Hotel werden mittlerweile einfache Massagen angeboten, am anderen Ende des Spektrums stehen Beach Resorts mit vollem Spa-Programm. Welche Hotels was wo anbieten, wird bei den jeweiligen Küstenabschnitten weiter unten in diesem Kapitel bei den Hotelbeschreibungen erwähnt.

24 In Stone Town selbst gibt es den **Essence Salon,** ein Spa und Hammam gegenüber dem Tembo Hotel. www.essencesalonzanzibar.com.

12 Sehr authentisch sansibarisch und ganz zentral in der Stone Town gelegen (Cathedral Street) ist das **Mrembo Spa:** enge Räume, die typisch für ein Stone-Town-Gebäude sind, aber nicht üblich für ein Spa – empfehlenswert! www.mrembospa.com.

26 Im **Cinnamon Spa** gibt es ein umfangreiches Angebot. Zentrale Lage schräg gegenüber vom Park Hyatt Hotel.

■ Auch **Yoga** wird in vielen Hotels und Beach Resorts angeboten. Größtenteils darf man nicht allzu große Intensität und Professionalität erwarten. Reine Yoga Retreats gibt es kaum. Zu erwähnen und zu empfehlen ist **Zanzi Yoga,** ein auf Yoga spezialisiertes Retreat an der Nordspitze Sansibars (Nungwi), www.yogazanzibar.com.

■ In der Stone Town bzw. in der Nähe werden Yoga-Stunden **beim Park Hyatt Hotel** und **beim 5 Mbweni Ruins Hotel** (Karte S. 408) angeboten.

Sonnen und Baden

Die Gewürzinseln haben sich zu einem der beliebtesten Badeziele im Indischen Ozean entwickelt. Besonders auf der Hauptinsel Sansibar haben sich kleine Boutique-Hotels wie auch international geführte Hotels etabliert, die dem bisherigen Beach-Paradies von Mombasa/Kenia den Rang abgelaufen haben. Nahezu die Hälfte der gesamten Küste der Insel präsentiert sich als **makelloser Sandstrand,** oft mit Palmen, die postkartengerecht in die Schräge wachsen. Pemba zählt nicht weniger Strandmeilen, das touristische Angebot an Beach Hotels ist jedoch noch begrenzt: Nur unternehmungslustige Rucksack-Reisende suchen hier entlegene Strände auf.

Bei der Wahl des Hotels/Guest Houses kann lediglich überlegt werden, ob **Ost- oder Westküste,** sprich: ob ohne oder mit Sonnenuntergang über dem Meer.

Generell sind die Strände an der **Ostküste Sansibars** als paradiesisch zu bezeichnen: Palmenhaine, weißer, feiner Sand, angenehme Brisen und reichlich Ruhe, sofern man nicht in der Nähe der 400-Betten-Hochburgen der italienischen und spanischen Pauschaltouristen bei Mchangani/Kiwengwa nächtigt. An der Ostküste von Kiwengwa bis Jambiani lässt sich bei Ebbe kaum schwimmen, denn das Meer ist dann bis zum Riff nur noch kniehoch.

Die **Westküste** bietet auf Sansibar (Unguja) weniger Strände, auch ist der Sand hier mancherorts nicht ganz so fein. Weniger Wind erlaubt hier aber beispielsweise ein Volleyballmatch am Strand, die Bedingungen für Windsurfen sind dagegen weniger gut. Im Norden bei Kendwa fehlen die Palmen, dafür lässt sich hier jederzeit, auch bei Ebbe, gut schwimmen und schnorcheln. Leider gibt es bei Kendwa zum Teil Sandflöhe, die manchem das Strandleben schwer machen können.

Strände in Stadtnähe, wie z.B. bei Fuji, sind nicht minder attraktiv und bieten zudem die Möglichkeit, auch mal abends ein paar Stunden nach Stone Town zu fahren.

Nicht überall, wo ein Strand ist, kann man auch bedenkenlos in die Fluten springen. Gerade auf Sansibar mit seiner islamischen Bevölkerung sollten Sitten und Religion des Gastlandes rücksichtsvoll bedacht werden. Anders ist die Situation im Falle der großen Hotels: Hier sind Strände extra fürs Baden ausgewiesen. Für Frauen gilt: „Oben ohne" ist überall auf den Inseln tabu!

Diebstähle und Überfälle an einsamen Strandabschnitten sind schon vorgekommen. Provozieren Sie solche Taten nicht, indem Sie offen Wertsachen tragen, und halten Sie sich im Bereich der Hotels und Lodges an die Anweisungen. Die meisten der Touristen-Einrichtungen haben bewachte Strände, und das Baden ist hier gefahrlos möglich.

Tauchen und Schnorcheln

Korallenbänke und steil abfallende Riffe mit einer einzigartigen, sehr artenreichen tropischen Fischwelt machen den Archipel Sansibar zu einem bemerkenswerten Schnorchel- und Tauch-Paradies im Indischen Ozean.

Vor allem **Schnorcheln** lässt sich praktisch überall. Wer ambitionierter Schnorchler ist, sollte seine eigene Ausrüstung mitbringen. Ansonsten bieten aber auch viele Guest Houses und Beach-Hotels Masken und Schnorchel an. Herrliche **Schnorchelgebiete** finden sich auf den Zanzibar Town vorgelagerten Inseln, wie Bawe und Chumbe. Letztere besitzt grandiose Korallenformationen und steht unter dem Schutz des **Chumbe Island Coral Park.** Hier ist nur Schnorcheln angesagt, Flaschentauchen wird nicht praktiziert.

Ein vermeintlich berauschendes Erlebnis ist das Schwimmen/Schnorcheln **mit Delfinen.** Vor der Buchung einer sogenannten Dolphin Tour sollte man sich jedoch die berechtigten Bedenken zahlreicher internationaler Tierschutzverbände und Zoologen bewusst machen und zugunsten der Tiere darauf verzichten. Auch wenn viele Anbieter solcher Touren einen respektvollen Umgang mit den Delfinen versprechen, ist die Umsetzung des angeblich artgerechten Umgangs mit den Tieren schlussendlich Auslegungssache – das Interesse an zufriedenen Kunden steht in der Regel über dem Tierwohl.

Tauchen ist das ganze Jahr über möglich, mit Einschränkungen während der großen Regenzeit in den Monaten April und Mai. Das gilt speziell für die Ostküsten der Inseln, doch gibt es auch in diesen Monaten immer wieder Tage ohne Regen, die eine verblüffende Sicht unter Wasser erlauben. Gute Monate sind in der Regel Juli bis November, wenn die Winde aus südlicher Richtung wehen. Wenn die Nordwinde in der Zeit von November bis Februar das Klima beherrschen, ist das Meer noch ruhiger und die Sichtweiten unter Wasser gehen bis auf 60 m. Viele der Unternehmen tauchen nicht tiefer als 25 m.

Tauchunternehmen auf Sansibar (Auswahl)

17 One Ocean – Zanzibar Dive Centre (Karte S. 386)
www.zanzibaroneocean.com. Gut organisierte Tauchbasis in Stone Town gegenüber vom alten britischen Konsulat. Im Angebot sind PADI-5-Star-Kurse und Unterricht auch in Deutsch (sofern der Lehrer gerade da ist!). Tauchgänge hauptsächlich an der Westküste. Täglich geöffnet. One Ocean fährt mit einer Diesel-betriebenen Dhau zu den nahe gelegenen Inseln und Riffen (Bawe, Murogo, Nyange), für weitere Strecken kommen schnellere Boote zum Einsatz. Auch Tauchgänge zum Mnemba-Atoll werden organisiert.

16 **Zanzibar Watersports** (Karte S. 420)
www.zanzibarwatersports.com. Sehr umfangreiches Programm, gute Boote, Tauchausrüstung etc. Sitz in Kendwa an der Nordspitze Sansibars. Auch Sunset Cruises, Hochseefischen und Jetski-Touren sind im Angebot.

11 **Dive Point Zanzibar** (Karte S. 420)
www.divepointzanzibar.com. Tauchbasis für Genießer an der Matemwe Beach, einem wahrhaft ruhigen Ort! Hier wird der Tauchurlaub zu einem unvergesslichen Erlebnis.

5 **Spanish Dancer Divers** (Karte S. 420)
www.divinginzanzibar.com. Professionelle Tauchbasis mit gutem Service bei Nungwi im Norden der Insel.

12 **East African Diving** (Karte S. 420)
www.east-africa-diving.com. Tauchbasis mit drei Booten in Nungwi, getaucht wird u.a. beim Hunga Riff und am Mnemba-Atoll. Zusammenarbeit mit verschiedenen Hotels.

31 **Buccaneer Diving** (Karte S. 374)
www.buccaneerdiving.com. Erfahrener Anbieter für die Tauchgebiete Kizimkazi, Jambiani und Paje.

36 **Dive Time Zanzibar** (Karte S. 374)
www.divetimezanzibar.com. Tauchgänge im Südwesten Sansibars bei Kizimkazi, in den Riffs von Ukombe, Kipwajini und Laiuni.

Tauchgründe

Sansibars Tauchgründe haben mittlerweile internationalen Ruf. Die Saum- und Barrierriffe, welche die Inseln fast gänzlich umgeben, bieten eine Reihe von herrlichen Tauchgebieten. Fast wöchentlich gibt es Neuentdeckungen. Die **Korallenbänke** sind vielerorts noch unbeschädigt. **Wracktauchen** ist ebenfalls möglich, sowohl in den Gewässern vor Stone Town als auch am Südende der Insel Pemba. Die obere Wassertemperatur beträgt durchschnittlich 27°C das ganze Jahr über.

Bereits die Gewässer **vor Zanzibar Town** bieten gute Korallenriffe und auslaufende Sandbänke zum Schnorcheln und Tauchen (→ Karte zu Sansibars Westküste, S. 408). Die Pange Sandbank erlaubt keine tiefen Tauchgänge (max. 18 m), hat aber schöne Korallenbänke und ist daher gut zum Schnorcheln. Bawe Island ist ebenfalls ein tolles Ausflugsziel zum Schnorcheln. Nach Nyange zieht es die erfahrenen Taucher, Haie können hier gesehen werden.

Weiter südlich liegt **Pwakuu,** wohl einer der besten Tauchgründe im Westen Sansibars, in der Regel ein Ganztagesausflug mit zwei dives. In der Nähe liegt dann noch **Tambare/Boribu,** wo allerhand Großfische, unter anderem Walhaie, aber auch Barrakudas, Thunfische, Rochen und Muränen keine Seltenheit sind.

Im Norden Sansibars bei **Nungwi** bestechen vor allem die Leven Bank am Beginn des Pemba Channel (tiefe Tauchgänge, Unterwasserströmung), die Nankivell und Hunga-Riffe mit sehr unterschiedlichen Korallenformationen und Tiefen um die 20 m und das Mnemba-Atoll, welches mit teilweise bis zu 60 m steil abfallenden Riffwänden (Leon's Wall, Big Wall und das sehr beliebte Wattabomi-Tauchgebiet) ein absolutes Erlebnis ist.

Die **Ostküste Sansibars** bietet besonders bei Pongwe und im Dongwe Channel erlebnisreiche Tauchgebiete. Bei **Matemwe** liegt gegenüber dem Muyuni Beach der Tauch-Leckerbissen von Sansibar, das Mnemba-Atoll, dessen umgebendes Riff einen der besten Tauchgründe in Ostafrika bietet.

Hochseefischen

Der Archipel Sansibar ist ein Eldorado zum Hochseeangeln, gute Gebiete sind der **Zanzibar Channel** und **Lantham Island.** Noch besser scheinen die Gewässer von Pemba zu sein. Zwischen der Insel und dem Festland erstreckt sich der über 700 m tiefe **Pemba Channel,** unter Hochseefischern eines der beliebtesten Fischfanggebiete vor der gesamten Ostküste Afrikas. Auch Mafia Island gewinnt an Popularität unter den Fischern.

Begehrte Fänge sind Black Marlins, Barrakudas, Schwertfische, Haie (z.B. Hammerhaie) und weitere

Großfische, die alle schon in rekordverdächtigen Abmessungen aus dem Meer gezogen wurden.

Als erfahrene Unternehmen gelten: 37 **Zanzibar Big Game Fishing** (Karte S. 374), www.zanzibarfishing.com.

17 **Fishing Zanzibar** (Karte S. 420), www.fishingzanzibar.com.

Kite Surfen

International wird Sansibar seit ein paar Jahren als **eines der besten Kitesurf-Gebiete in den Tropen** gepriesen. Dementsprechend hat sich auch ein richtiger Hype entwickelt, insbesondere entlang der Ostküste bei Paje und Jambiani, wo sich sehr viele Kitesurfcenter befinden. Gute Windverhältnisse, flaches, warmes Wasser und zwei lange Saisons (Dezember bis März, Juni bis September) haben Kitesurfen auf Sansibar weltweit berühmt gemacht. Die Bedingungen sind ideal, besonders für Anfänger. Hier lassen sich über die Kite Surfing Centers Kurse buchen, dazu in traumhafter Lage mit flachen und enorm langen Stränden. Anbieter sind z.B.:

- **Zanzibar/Jambiani Kite Center**
zanzi-kite.com/
- **Kite Surfing Zanzibar**
www.kiteboardingzanzibar.com
- **Zanzibar Kite Paradise**
www.zanzibarkiteparadise.com

Sonstiges

- Die **Honorarkonsulin der Bundesrepublik Deutschland,** Jenny Bouraima, kann im Notfall kontaktiert werden: Urban Care Healthcenter, Fumba Town, Nyamanzi, Tel. 255 622 820 011, sansibar@hk-diplo.de.

Strände bei Zanzibar Town

Obwohl direkt am Meer gelegen, hat **Stone Town** keine besonders attraktiven Strände vorzuweisen. Es bieten sich aber schöne Tagestouren zu einsamen Inseln an (s.u.).

Die **Westküste** um Zanzibar Town ist arm an Stränden. Im Süden vereinnahmen die Strandhotels 4 **Zanzibar Beach Resort** und 5 **Mbweni Ruins Hotel** (→ Karte S. 408) kleine Strandabschnitte für sich, wobei man im Mbweni Ruins Hotel auch als Besucher den Strand nutzen darf; man sollte nur zumindest ein Getränk bestellen.

Der nächste öffentliche Strand ist die knapp 1 km lange **Fuji Beach** ungefähr 6 km nördlich der Stadt. Ein kurzer Weg führt zum Meer hinunter, wo sich auch ein Café und ein Guesthouse befinden.

Die einsamen **Strandbuchten bei Mangapwani,** 18 km nördlich gelegen, sollten nur im Rahmen eines organisierten Ausfluges aufgesucht werden.

Unternehmungen

Bootsausflüge zu den Inseln, Tauchen und Wassersport, ein Picknick auf einer Sandbank, romantische Fahrten zum Sonnenuntergang – die Palette der möglichen Unternehmungen ist groß.

Changu/Changuu („Prison“) Island

Die Insel Changu ist etwa 1 km lang und 200 m breit und war **einst im Besitz eines reichen Arabers,** der hier Sklaven „zwischenlagerte“. Der britische General

Sansibar Westküste
0 2 km
© Reise Know-How
Tansa29 4/24
Übernachtung
1 Bawe Tropical Island Resort
2 Changuu Private Island Paradise
3 Chapwani Resort Zanzibar Hotel
4 Zanzibar Beach Resort
5 Mbweni Ruins Hotel
Essen und Trinken
5 Sundowner Restaurant
Tauchgründe
1 Bawe North (bis 18 m)
2 Bawe South (bis 18 m)
3 Murogo North (bis 25 m)
4 Murogo South (bis 25 m)
5 In the Wreck (bis 12 m)
6 Nyange West (bis 12/bis 18 m)
7 Fungu Reef (bis 15 m)
8 Nyange East (bis 14 m)
Pemba, Tanga
412 Spice Tour
Fuji Beach
Bububu
Korallenbänke
407 CHANGU/CHANGUU ("PRISON") ISLAND
416 Kibweni Palace
409 BAT ISLAND
409 GRAVE ISLAND
415 Mtoni Palace Ruins
Danzi
English Pass
Schiffswrack "Pegasus"
409 BAWE ISLAND
414 Maruhubi Palace Ruins
Funguni
ZANZIBAR TOWN
Stone Town
386
Bawe Riff
Western Pass
Fungu Riff
Schiffswrack -12 m
409 PANGE ISLAND
409 MUROGO ISLAND
Sandbank
Sandbank
Morogo Riff
Kisigi Riff
Mazizini
409 NYANGE ISLAND
Sandbank
Nyange Riff
Kisauni Airport
Mbweni
Dar es Salaam
410 Chumbe Island

Mathews (→ „Mathew's House", S. 393) kaufte sie ihm 1893 ab und ließ aus den ehemaligen Sklavenbehausungen ein Gefängnis bauen, das jedoch ungenutzt blieb. In den 1920er-Jahren diente die Insel indischen Einwanderern als Quarantänestation, danach blieb sie unbewohnt. Das **alte Gefängnis,** wo knorrige Äste durch verrostete Gitter wachsen, hat die Jahre überdauert und verleiht „Prison Island" eine besondere Note.

Für manchen noch weitaus interessanter als die Ruine sind die (völlig harmlosen) **Riesen-Landschildkröten** auf der Insel. Einige sollen schon über 200 Jahre „auf dem Panzer" haben, und es wird erzählt, dass ein Seefahrer eine Gruppe im 19. Jahrhundert von den Seychellen mitbrachte. Den Tieren geht es allerdings schlecht, hinzu kommt ein mannshoher Zaun, sodass man sich wie im Zoo vorkommt. Man kann sich also den Besuch und die hohe Eintrittsgebühr sparen.

Die **Bootsfahrt zur Insel** dauert knapp 30 Minuten. Dafür lässt sich dort ganz gut schnorcheln (Taucherbrillen und Zubehör werden auf der Insel vermietet) oder einfach am Strand faulenzen. Die historischen Gebäude wurden mittlerweile z.T. restauriert und in eine Lodge einbezogen. Für Tagesbesucher gibt es dort ein kleines Restaurant.

Grave Island

Zanzibar Town am nächsten liegt diese kleine Insel, auch **Chapwani Island** genannt. Ab 1879 von den Briten als Friedhof genutzt, sind die **Gräber** heute noch zu sehen; viele der hier liegenden Marinesoldaten verloren ihr Leben im Kampf gegen arabische Sklaven-Daus oder im Ersten Weltkrieg, als der deutsche Kreuzer „Königsberg" vor Sansibar die britische Fregatte „Pegasus" versenkte. Die Leichen von 24 Matrosen konnten damals geborgen werden und wurden auf Grave Island bestattet.

Die Insel hat einen herrlichen Strand, die Unterkunft **3** **Chapwani Resort Hotel** bietet Barfuß-Luxus (www.chapwani-resort-zanzibar-hotel.com).

Bat Island

Die Insel zwischen Changuu und Chapwani, auch **Snake Island** genannt, ist unbewohnt, dicht bewachsen und wird angeblich von vielen Schlangen bevölkert. Ein Strand fehlt, sodass nur selten jemand dorthin aufbricht.

Bawe Island

Die Insel hat schöne Strandbuchten, darf aber seit der Errichtung eines Hotels dort nur noch von Gästen desselben betreten werden.

Murogo, Pange und Nyange

Die drei großen **Sandbankinseln** im Westen von Zanzibar Town suchen hauptsächlich Schnorchler und Taucher auf. Manche Unternehmen bieten **„Sunset Cruises"** mit restaurierten Dhaus an. Man kann diese als Gruppe, aber auch zu zweit buchen – ideal für frisch Verliebte! Auf Sunset Cruises kann man auch Extras bestellen wie Champagner, Snacks, sogar eine Band!

Chumbe Island Coral Park

Die 13 km südlich von Zanzibar Town gelegene Insel Chumbe Island und die Korallengärten an ihrer Westseite stehen unter dem Schutz des Chumbe Island Coral Park (CHICOP) – hierbei handelt es sich um das **erste private Marine-Reservat der Welt!** Neben der fabelhaften Unterwasserwelt ist auch die etwa 1 km lange Insel zusätzlich als Naturreservat deklariert. In etwa 40-minütiger Bootsfahrt wird das von Frau *Sibylle Riedmiller* ins Leben gerufene Projekt erreicht. Die Deutsche entdeckte Anfang der 1990er-Jahre auf einem Schnorcheltrip die faszinierenden Korallengärten von Chumbe und entschloss sich, ein Projekt zum Schutze dieses einzigartigen Reichtums ins Leben zu rufen.

Umweltfreundlich in die Natur integriert ist die bemerkenswerte 17 **Chumbe Island Lodge**③ (Karte S. 374). Besucher bewegen sich barfuß auf Sandwegen, Strom und Warmwasser werden mit Sonnenenergie gewonnen, die Abwasser- und Fäkalienentsorgung geschieht ohne Belastung des Ökosystems. Die weit ausladenden Dächer der sieben originellen Bungalows können große Mengen Regenwasser sammeln, das dann in unterirdischen Tanks gespeichert wird – die einzige Wasserquelle ist der Himmel! Auf Chumbe gibt es keine Musikberieselung und kein Fernsehen. Handys und WLAN sorgen für den Kontakt zur Außenwelt.

Chumbe unterhält ein **Umweltbildungsprogramm.** Sansibarische Schulkinder und ihre Lehrer haben die Insel

Unterwegs in den Gewässern vor Sansibar

tan-001 jg

bereits kostenlos besucht und Wissenswertes über Korallenriffe, Naturschutz, Ökotechnologien und nachhaltigen Tourismus erfahren.

Was bei Naturschützern und Besuchern aus aller Welt Begeisterung hervorruft, Chumbe viele Auszeichnungen einbrachte und den Traum einer Robinsonade für eine Nacht wahr werden lässt, wird von den **Behörden** Sansibars **argwöhnisch** beobachtet, soll sich Sansibar doch als „fortschrittliches" Urlaubsziel präsentieren: Luxushotels mit dreistelligen Bettenzahlen sind für die Autoritäten das Maß der Dinge. Bei amtlichen Inspektionsbesuchen auf Chumbe muss sich das Management denn auch „Kritik"punkte anhören wie: Es fehle ein Swimmingpool mit Plastikliegen, die luftigen Bungalows mit Palmstrohdach, die sich in die Landschaft einfügen, seien „primitiv", denn sie hätten keine Türen und Fenster und sollten deshalb mit Sichtschutzmauern umstellt werden! Chumbe ist nur eines von vielen Beispielen, wo die Vision eines naturfreundlichen und alternativen Tourismus mit den hochtrabenden Vorstellungen von Funktionären in Entwicklungsländern kollidiert.

Der Besuch von Chumbe Island ist lohnenswert. Die Insel wird über kleine Pfade erkundet, ein **Nature Trail** informiert über Korallenformationen und das Mangrovenwachstum.

Der die Insel komplett bedeckende Urwald ist das Zuhause einer bemerkenswerten **Vogelwelt.** Auf der Insel lebt auch eine kleine Population von **Sansibar Aders-Rotduckern** (lat. *Cephalophus adersi*, engl. *Ader's Duiker*). Die extrem vom Aussterben bedrohte Zwerg-Antilopenart ist auf Sansibar endemisch. Mit Hilfe des Zoos München-Hellabrunn wurde ein fortpflanzungsfähiger Bestand auf Chumbe angesiedelt. Auf Unguja werden die Tiere, obwohl offiziell geschützt, hemmungslos gejagt.

Die große Attraktion für Besucher sind jedoch die seltenen und urtümlichen **Kokoskrebse** oder „Palmendiebe", weltweit die größte Landkrebsart (bis zu 45 cm). Tagsüber sind sie selten zu sehen, abends aber besuchen sie das Restaurant der Lodge, spazieren über Waldlehrpfade und haben den Komposthaufen der Lodge zu ihrem Lieblingsplatz gemacht ...!

Die **Korallengärten** und ihre exotische Fischwelt an der Westseite der Insel sind ein Traum. Mit Maske, Schnorchel und begleitet von geschultem Personal wird auf „Underwater Trails" das empfindliche Ökosystem erkundet.

Zum Sonnenuntergang wird ein **Leuchtturm aus kolonialer Zeit** bestiegen; die Aussicht von dem 1904 errichteten Bauwerk mit der originalen Gaslichtanlage von 1926 ist phänomenal!

- Chumbe sollte direkt **über die Homepage www.chumbeisland.com oder über Reiseagenturen gebucht** werden. Ein Tagesausflug ist nur ausnahmsweise möglich, wenn die Insel nicht ausgebucht ist, da sich die Parkverwaltung und Umweltbildungsprogramme über die Ökolodge finanzieren und sich nach den Naturschutzregeln von Chumbe nie mehr als 16 Besucher gleichzeitig auf der Insel aufhalten sollten. Deshalb haben Übernachtungsgäste Vorrang. Man sollte frühzeitig buchen und mindestens ein bis zwei Nächte auf Chumbe verbringen.
- Transfer von und nach Sansibar (Bootsfahrt um 9 Uhr ab Mbweni Ruins Hotel), alle Schnorcheltrips und Inselführungen sind im Übernachtungspreis inbegriffen.

„Dolphin Tour" – Schwimmen mit Delfinen

Die Begegnung mit den Delfinen im Süden der Insel in Kizimkazi oder im Norden zwischen Kigomani und dem Mnemba-Atoll könnte eine tolle Begegnung sein. Dennoch ist hier **Vorsicht und Rücksichtnahme** geboten und sie sollten davon absehen, solch eine Tour zu buchen.

Die mit Touristen vollgepackten Boote bedrängen und verscheuchen die Delfine oftmals sogar – die Art und Weise, wie die Touren durchgeführt werden, erinnert an eine Hetzjagd von Paparazzi! Von Motorbooten umzingelt, werden die Delfine am Weiter- oder Wegschwimmen gehindert und so gestaltet sich diese Art der Wasser-Safari als **wenig einfühlsam und respektvoll** gegenüber der Natur und Tierwelt.

Ausflug ins Inselinnere: Spice Tour – die „Gewürztour"

Der wahrscheinlich populärste Ausflug ist die sogenannte Spice Tour, eine **Tagesreise zu Ruinenstätten und durch die einzigartige Gewürz- und Früchtekammer Sansibars,** die von allen Hotels und Veranstaltern auf der Insel angeboten wird (ab 20 $ p.P.). Es gibt immer mehr Varianten dieser beliebten Tour, vor allem wenn man diese privat und nicht in der Gruppe bucht. Bei solch individuellen Touren hat man mehr Ruhe, oftmals auch die bessere Gewürzfarm, das bessere Essen und die bessere Betreuung, dafür zahlt man auch etwas mehr. Hier also als Richtlinie die Beschreibung einer **Standard-Tour mit Gruppe:** Unter der Führung von erfahrenen Sansibaris werden Ihnen die verlassenen Paläste Mtoni und Kibweni sowie das ehemalige persische Bad von Kidichi gezeigt. Schließlich erfolgt der Besuch einer der verschiedenen Pflanzungen bei lokalen Bauern im grünen Herzen der Insel. Auf engstem Raum stehen hier die unterschiedlichsten Bäume und Pflanzen; die kulturelle und kulinarische Bedeutung ihrer Früchte, Blätter, Rinden, Blüten und Knospen wird Ihnen erläutert: Erfahren Sie, wie süß die Zitrusfrucht Litschi tatsächlich ist, wenn Sie reif gepflückt wird (August bis Dezember). Staunen Sie über **in Europa nahezu unbekannte Früchte,** wie die zottelig aussehende Rambutan, die nach Erdbeere schmeckende Mangosteen, die große und etwas muffelnde Dorian und viele andere mehr. Beobachten Sie, wie die Blätter der Palmen zum Flechten von Körben oder zur Bedeckung von Hütten genutzt werden, wie die Fasern der Kokosnüsse als Brennstoff dienen können oder zur Herstellung von Seilen verwendet werden. Kosten Sie den auf Sansibar beliebten Saft der jungen Kokosnuss, einen vitamin- und nährstoffreichen Trunk, der Dafu genannt wird. Oder lutschen Sie an den äußerst sauren Kakaobohnen, die erst durch Rösten, Mahlen und den Zusatz von reichlich Zucker zu der süßen Schokolade werden, wie wir sie kennen.

Mittags kommen Sie dann in den Genuss einer **„Speisenprobe":** Im Schneidersitz auf geflochtenen Palmmatten sitzend, dürfen Sie mit bloßen Fingern zugreifen – serviert wird Salat aus rohen Papayafrüchten, Reis und Fladenbrot werden zu gewürzten Curry-Kokosnusssoßen gereicht, verfeinert mit Kardamom und Nelkenblättern – um nur einige Beispiele aus der vielfältigen Küche Sansibars zu nennen. Die Variationen sind indes groß, Anbieter arbeiten mit unterschiedlichen Gewürzfarmen zusammen und so wird es auch saisonal viel Abwechslung geben.

Je nach Veranstalter wird zum Abschluss des Nachmittags an die traurige Seite der Inselgeschichte erinnert: Im Norden bekommen Sie die **Sklavenhöhlen** von Mangapwani gezeigt. Das Korallengestein birgt hier viele Hohlräume, welche während der Sklaverei im 16. und 17. Jahrhundert zu großen Verliesen ausgeschlagen wurden und mit einer Palmenholzdecke und Palmenblättern zugedeckt wurden. Im Inneren harrten Versklavte oft wochenlang aus, bevor sie mit Schiffen in Richtung Persisches Meer und anderswohin deportiert wurden. Viele haben die Mangapwani Höhlen nicht mehr lebend verlassen.

Die Spice Tour entdet mit der Möglichkeit, an der einsamen Strandbucht wenige Meter weiter zu baden. Nicht alle Touren stoppen allerdings in Mangapwani, oft geht es auch direkt wieder zurück nach Stone Town oder zur Unterkunft.

Spice Touren werden über fast alle Hotels/Unterkünfte organisiert oder lassen sich direkt einen Tag vorher beim **Old Fort** an der Rezeption **buchen.**

Nationalpark Jozani Chwaka Bay

Der Jozani-Chwaka Bay National Park hat seit 2016 den Status eines UNESCO-Biosphärenreservats. Das Schutzgebiet bildet mit 25 km² die **letzte zusammenhängende Urwaldfläche Sansibars** und ist das **Herzstück der Jozani-Chwaka Conservation Area,** eines 1948 gegründeten Naturschutzgebietes mit beschränkter Nutzung durch den Menschen, das sich von Pete bis in die Mangrovenbucht von Chwaka erstreckt.

Jozani unterliegt **saisonalen Überflutungen** in der großen Regenzeit von April bis Juni. In dieser Zeit verwandelt sich der Wald in ein großes **Sumpfgebiet** mit bis zu 1 m tiefen Wasserstellen. Unzählige Kröten und andere kleine Wassertiere/-insekten sowie über fünfzig Schmetterlingsarten tummeln sich dann im dichten Unterholz.

Jozani ist letztes **Rückzugsgebiet der sansibarischen Tierwelt** und veranschaulicht, wie Sansibar ausgesehen haben muss, bevor arabische Großgrundbesitzer im 19. Jahrhundert die Wälder roden ließen, um flächendeckend Nelkenplantagen anzulegen.

Die Hauptattraktion des Waldes ist der **Sansibar Rotkopf Guereza** (lat. *Procolobus badius kirkii,* engl. *Red Colobus Monkey*), im Deutschen auch Stummelaffe genannt (→ Exkurs, S. 381). Im Waldgebiet leben ferner die dunklen Sansibar Syke's Diademaffen, Waldschweine und Moschusböckchen, kleine Ducker-Antilopen, Galagos-Affen (die die Nächte mit ihrem Geschrei erfüllen), Baumschliefer, Mangusten und Schlangen (hin und wieder werden Pythonschlangen gesehen!).

Mit Führern kann das Schutzgebiet **auf Naturpfaden** erkundet werden; ein ausführlicher Rundgang dauert einen halben Tag. Die Führer können Sie zu den bevorzugten Büschen der Rotkopf Guerezas bringen, wo die rot-weißen Affen aus wenigen Metern Entfernung zu

Jozani Nature Trail

beobachten sind. Wahren Sie mindestens 3 m Abstand und unterlassen Sie jegliche Art der Fütterung! Das Immunsystem der Guerezas ist menschlichen Krankheiten wie Schnupfen oder einem einfachen Husten kaum gewachsen.

Am **Parkeingang** gibt eine Infobroschüre Einblick in die Flora von Jozani; so können die einzelnen Baumarten identifiziert werden, ihre Nutzung wird erklärt. Der Eintritt liegt bei 10 $, Snacks und kühle Getränke sind erhältlich. Es empfiehlt sich, einen Führer zu engagieren, welcher je nach Größe der Gruppe und Dauer bezahlt wird. Jozani liegt etwa eine halbe Stunde Fahrzeit von Zanzibar Town entfernt (mit dem Taxi ab 80.0000 TSh hin und zurück).

Zanzibar Butterfly Centre

Kurz vor Jozani Forest, **in Pete Village,** wurde 2008 mit Hilfe des WWF das Zanzibar Butterfly Centre eröffnet, das auf geschickte Weise die **Erhaltung der Schmetterlinge** Sansibars verknüpft mit der Einkommenssicherung für die Dorfbewohner. Von jeder einheimischen Schmetterlingsart wurde ein Paar gefangen und in einem Voliere-artig überdachten Garten mit vielen Blumen angesiedelt. Sobald die Schmetterlinge sich zu vermehren begannen, wurden die Puppen in Kästen gesammelt. Von den schlüpfenden Tieren wurden die meisten in die Freiheit entlassen, jedoch einige zur Weiterzucht und Sicherung des Fortbestandes ihrer Art behalten. Heute nehmen viele Dorfbewohner solche Kästen mit Raupen und Puppen mit nach Hause, um die Schmetterlinge dort zu „betreuen" und sich bei ihrer Ablieferung im Butterfly Centre ein kleines Nebeneinkommen zu verdienen. Eintritt 15.000 TSh.

Ruinenstätten auf Sansibar

Maruhubi Palace Ruins

3 km nördlich von Zanzibar Town liegt links neben der Hauptstraße nach Selem der **ehemalige Palastkomplex von Sultan Bargash,** in dem dessen 99 Frauen zählender Harem lebte. Um 1880 erbaut, umgab einmal eine große Mauer das Gelände, von der heute nur noch Fragmente übrig sind. Ein verheerender Brand 1899 zerstörte den Palast, nur das Ge-

tannp132 jg

bäude mit den im persischen Stil angelegten Haremsbädern blieb verschont. Die Bäder der Konkubinen waren vom großen Hauptbad des Sultans getrennt. Das Wasser wurde von der Quelle bei den noch sichtbaren, eingemauerten Teichen über ein Aquädukt zu den Bädern geleitet. Vom Palast selbst sind nur noch die massiven Säulen zu sehen sowie ein Nebengebäude im Nordosten der Anlage, das wahrscheinlich als bewachter Empfangsraum diente.

Die Ruinen, die sich in einem erbärmlichen Zustand befinden, sind über eine alte Mango-Baum-Allee von der Hauptstraße aus zu erreichen.

Mtoni Palace Ruins

Etwa 2 km weiter folgen die Ruinen des Palastes von Mtoni, den zwischen 1828 und 1834 Sultan *Said bin Sultan* erbauen ließ. Die **älteste omanische Palastanlage Sansibars** bestand einst aus dem zweistöckigen Haupthaus und den symmetrisch angereihten Wohn- und Herrschaftshäusern. Auch dieser Palast fiel im Jahr 1914 einem Feuer zum Opfer, das nur die palasteigene Moschee verschonte. Vom Palast sind heute noch die Hauptmauern sowie ein Dach zu erkennen. Im Ersten Weltkrieg diente ein Teil der Anlage als Lagerhalle, heute grenzt ein Öldepot an die Ruinen. Um 1850 sollen rund 1000 Menschen auf dem Gelände gelebt haben, in den Gärten stolzierten Flamingos, Gazellen und Strauße umher.

Die Ruinen können vom Dorf **Bububu** bei der Fuji Beach über einen Weg kurz vor dem Mtoni Oil Depot erreicht werden (Ausschilderung beachten).

Die Mtoni Palace Ruins bieten eine wunderbare Kulisse für Konzerte

Kibweni Palace

Der Palast wurde 1915 für Sultan *Khalifa* als „Wochenendlandsitz" erbaut, den er bis zu seinem Tode 1960 nutzte. Heute ist er im Besitz der Regierung, wird jedoch nur selten für Gäste genutzt. Eine Besichtigung ist nur über die Zanzibar Tourist Corporation möglich, die hierfür eine Genehmigung einholen muss. Der Palast liegt nahe des Küstenufers unweit der Hauptstraße im Ortsteil Kibweni, ca. 8 km nördlich von Zanzibar Town.

Kidichi Persian Baths

3 km landeinwärts vom Fuji Beach liegen auf dem 123 m hohen Höhenrücken von Masingini die alten persischen Bäder von Kidichi, deren Besichtigung Bestandteil jeder Spice Tour ist. Neben dem Bad stand einst Sultan *Said bin Sultans* Wochenendresidenz. Das beeindruckende Bäderhaus ließ der Sultan für seine Frau *Sherazade* bauen, Tochter des persischen Schahs, die er 1847 geheiratet hatte. Den Innenraum des Hauptbades zieren persische Pflanzenornamente, aber auch Verse aus dem Koran sowie ein persisches Gedicht schmücken das weiß getünchte Mauerwerk. Das Gedicht lautet übersetzt etwa folgendermaßen: „Wohlbekommend ist der blumige Wein mit Hammelstücken vom frisch erlegten Tier aus den Händen des Dieners mit dem Gesicht einer Blume am Ufer eines blumenbewachsenen Baches". Empfehlenswert.

Der gleiche Sultan ließ auch die **Bäder von Kizimbani,** 3 km weiter östlich, erbauen, die kleiner und nicht so schön waren. Der heruntergekommene Bau befindet sich rechts der Straße im Bereich der Kizimbani Farms entlang des Mwera River.

Die ebenfalls im Norden von Zanzibar Town liegenden **Palast-Ruinen von Chuini** und die **Ruinen des Chukwani-Palastes** im Süden der Stadt – nahe des Flughafens – sind Privatgelände bzw. militärisches Sperrgebiet und nicht zu besichtigen.

Mangapwani-Sklavenhöhlen

Die Höhlen befinden sich an der Nordwestküste der Insel. In einem unterirdischen Veließ wurden, weit von der Stadt entfernt und damit auch außerhalb des britischen Blickfeldes, Versklavte vom Festland „gebunkert". Nachts wurden sie unten am Strand auf Dhaus verladen und nach Arabien verschifft. Die dunklen Höhlenräume wurden aus dem Korallenboden ausgehoben und mit einem schweren Dach aus Korallenstein, von außen gut getarnt, überdeckt. Nur ein freistehender Treppensockel in der Mitte, der das Verließ in zwei Räume teilt, stellte die Verbindung zur Außenwelt dar. Frauen und Männer wurden so getrennt untergebracht. Wie viele Versklavte in den Räumen Platz fanden, ist nicht sicher, bedenkt man jedoch die skrupellose Vorgehensweise der Araber, dürfte man von ein paar Hundert ausgehen. Denn nicht nur auf dem Höhlenboden mussten die Versklavten darben, sondern auch auf einer etwa 1½ m hohen Plattform aus Mangrovenstämmen, die weiteren „Stauraum" schaffte. Die Löcher in der Seitenwand, in denen die Querbalken steckten, sind noch deutlich zu erkennen. Erzählungen zufolge war auch der große *Tippu Tip* an diesem Versteck beteiligt.

Ein Bus fährt nur unregelmäßig bis zum Dorf **Mangapwani,** Sie benötigen daher ein eigenes Transportmittel. Besser ist es jedoch, die Sklavenhöhlen im Rahmen einer **organisierten Tour** zu besichtigen. Dann werden Sie auch zum Verschiffungsort der Versklavten am Strand, womöglich auch zu den etwa 2 km südlich gelegenen **Korallenhöhlen,** geführt, die von einer unterirdischen Quelle gespeist werden, und zum Abschluss können Sie ein Bad an der traumhaften Bucht von Mangapwani nehmen.

Dunga Palace Ruins

Etwa 15 km östlich von Zanzibar Town befinden sich die **Ruinen des Palasts des Herrscherclans Mwinyi Mkuu,** der vor der arabischen Sultanatszeit die Macht auf der Insel innehatte. Gebaut wurde der Palast mit eigener Moschee in den Jahren 1845–1856 von *Hassan el Alawi.* Nach dem Tod des letzten Mwinyi-Mkuu-Herrschers wurde der Palast 1890 vom Sultan beschlagnahmt und verfiel dann. Die Ruinen stehen malerisch zwischen zahlreichen Bananenstauden und Mango-Bäumen.

Dunga liegt direkt neben der Straße und ist mit dem Bus nach Chwaka zu erreichen.

Bi Khole Ruins

Der zentralen Inselstraße in Richtung Süden folgend, befinden sich bei Bungi die **Ruinen eines Plantagenlandsitzes,** der einer arabischen Frau namens *Bi Khole* gehörte; sie hatte die Nelkenplantagen von ihrem Vater geerbt. Das große Gebäude wurde nach ihrem Tod 1920 aufgegeben und verfällt seitdem. Türen, Fensterrahmen usw. sind schon früh entwendet worden. Die Ruine gibt aber einen guten Eindruck von der Größe und Art eines früheren arabischen Landbesitzes. Beim Ort Bungi ziert eine alte Mango-Baum-Allee die Hauptstraße, die *Bi Khole* anlegen ließ. Ein Schild an der Straße weist auf die Ruinen in der Nähe der Küste hin (600 m).

Kuza Cave

Einer kleinen Tropfsteinhöhle gleich liegt Kuza bei Jambiani an der Ostküste. Durch eine große Öffnung in einem aus Korallenstein geformten Hügel kann man hinabsteigen. Das glasklare Wasser im Inneren lädt zum Baden ein. Ein Besuch wird meist mit einem Mittagessen aus traditioneller Sansibar-Küche gebucht (www.kuzacave.com).

Sansibars Küstenregionen

Wer nach ein paar Tagen das geschäftige Treiben der Stone Town hinter sich lassen will oder hauptsächlich der schönen Strände wegen nach Sansibar gekommen ist, hat schnell die **Qual der Wahl.** Wohin? Welche Küstenabschnitte bieten was? Wo sind die besten Strände, welches Hotel hat die schönste Gartenanlage? Kann ich direkt von meiner Unterkunft aus bzw. dem Strand dort schnorcheln, spazieren gehen, kitesurfen oder einfach nur ungestört faulenzen oder in der Sonne liegen?

Nicht alle Hotelanlagen bzw. Beach Resorts vermitteln das spezielle „Sansibar-Feeling", das sich nur einstellt, wenn Lage, Hotelgestaltung und Service den **typischen Flair** und Stil der Insel wiederspiegeln. Bei der Beschreibung der Unterkünfte im Folgenden wird genau darauf Wert gelegt bzw. besonders hingewiesen.

Es gibt auf der Insel **Küstenabschnitte,** an welchen kaum noch freie, ungenutzte Strände zu finden sind. Große Hotelanlagen liegen direkt neben Privatvillen, daneben Tauchbasen und Wassersportzentren, hinzu kommen Backpackerherbergen nebst Restaurants und Souvenirständen. Grundsätzlich sind die Strände auf Sansibar **„public beaches"**, es hat also keine Unterkunft (oder Unternehmen) ein Exklusivrecht auf „seinen" Strandabschnitt. Jeder darf an den Stränden entlanglaufen bzw. mit dem Fahrrad oder hie und da auch mit dem Motorrad unterwegs sein.

Die sansibarische **Inselbevölkerung** hat die Strandgrundstücke längst an Investoren abgetreten; die Fischerdörfer an der Küste sind sozusagen in die zweite Reihe gerückt. Die Anwohner haben jedoch weiterhin volles Nutzungsrecht über die Strände bzw. die flachen Meerwasser, weshalb auch tagsüber viele Fischer zu Fuß oder mit kleinen Segelbooten in den Gewässern angeln bzw. ihre Netze auswerfen. Beach Boys und selbst ernannte Tour Guides komplettieren das mancherorts rege Strandleben.

Nungwi und Kendwa – die Nordspitze Sansibars

Nungwi, ein altes Fischerdorf, liegt etwa 54 km von Zanzibar Town entfernt und gehört zu den beliebtesten Inselzielen. Es verkehren täglich Dala Dalas auf der Strecke (Abfahrt am Darajani Market), aber auch private Mini-Busse fahren bis an die Nordspitze Sansibars. Ein Transfer von Stone Town bzw. vom Flughafen wird mit bis zu 35 $ berechnet.

Etwas ruhiger und weniger partymäßig ist der etwa 3 km südlich von Nungwi gelegene Strand von **Kendwa.** Kendwa hat den einzigen Strand auf der ganzen Insel, an dem man 24 Stunden lang bei jeder Tide schwimmen kann. Zudem gibt es dort einige gute Strand-Hotels.

Strände

Während der Nordstrand hauptsächlich von Fischern und Dhauarbeitern genutzt wird, sind die **Strandbuchten westlich von Nungwi** aufgrund des tieferen Mee-

tannp133 jg

res und der romantischen Sonnenuntergänge bei Reisenden sehr beliebt. Zwischen der Nordspitze und den westlich angrenzenden Stränden von Kendwa hat sich eine ausgeprägte Backpacker- und Budget-Szene entwickelt. Feiern und Nightlife werden hier großgeschrieben, die „Full Moon Partys" an der Nordküste sind legendär – aber auch die Anzahl der Beach Boys während der Hochsaison … Schatten spendende Palmen gibt es hier nicht so viele wie an der Ostküste. Dafür weht weniger Wind, was beispielsweise einem Volleyballspiel am Strand förderlich ist.

Infrastruktur/Sehenswertes

Nungwi hat sich **rasant entwickelt** und ist fast schon zu einem sansibarischen Klein-Mallorca geworden. Rund um das Dorf, an der östlichen Seite der Nordspitze und an der westlichen Seite bis zum 3 km südlich gelegenen Kendwa befindet sich **eine Unterkunft neben der anderen.** Für jeden Geldbeutel ist hier etwas vorhanden. Es gibt **unzählige Restaurants,** eins hinter und über dem anderen, einen Supermarkt und mehrere Shops mitten im Dorf. Im Osten von Nungwi wird es ruhiger, was ein Argument bei der Wahl der Unterkunft sein kann.

Erwähnenswert ist das **Mnarani Marine Turtles Conservation Pond** (www.merakibay.org) in der Ortsmitte Nungwis unweit vom Leuchtturm. Die Einrichtung ist offizieller Partner der nationalen Schildkröten-Schutzbehörde Tansanias (TTCC, *National Tanzania Turtle Conservation Committee*). Die oftmals in Fischernetze geratenen, jungen verwaisten Meeresschildkröten werden hier in einem großen Aufzuchtbecken gehalten. Vorwiegende Arten sind die vom Aussterben bedrohten Lederschildkröten *(Leatherback Turtle)*, Karettschildkröten (*Hawksbill Turtle* und *Loggerhead Sea Turtle*) sowie weitere Arten von Suppenschildkröten *(Green Turtle, Olive Ridley)*. Täglich geöffnet 9–18 Uhr.

⌃ Kontrastreiche Küste:
schroffe Felsen und feiner Sand

Sansibar Nungwi
nicht maßstabsgetreu
©Reise Know-How
Riff
Riff
Ras Nungwi
Dhau-Werft
Leuchtturm
Nungwi Beach
Mnarani Marine Turtles Conservation Pond
Nungwi
Boot-Shuttle
Polizei
Kendwa Beach
Kendwa
Kilindo
Daloni Island
Übernachtung
1 Kilindi
2 Kendwa Rocks
3 Sunset Kendwa
4 Zuri
6 The Z Hotel
7 Amaan Bungalows Beach Resort
8 Langi Langi Beach Bungalows
9 Baraka Bungalows
10 Paradise Beach Bungalows
13 Jambo Brothers
14 Smiles Beach Hotel
15 Flame Tree Cottages
18 Double Tree by Hilton Hotel
19 The Zanzibari
20 Essque Zulu
21 Ras Nungwi Beach Hotel
Essen und Trinken
6 The Z Hotel
18 Double Tree by Hilton Hotel
19 The Zanzibari
20 Essque Zalu
21 Ras Nungwi Beach Hotel
Wassersport
5 Spanish Dancer Divers
11 Dive Point Zanzibar
12 East African Diving
16 Zanzibar Watersports
17 Fishing Zanzibar
21 Ras Nungwi Dive Centre

Nungwi: Wohnen und Essen

21 Ras Nungwi Beach Hotel③
rasnungwibeach.zanzibar-hotels.net/de/. Unterkunft mit gutem Standard unter kenianisch-südafrikanischem Management. Schöne Anlage mit **21 Wassersport- und Tauchmöglichkeiten**, Spa und **21 Restaurant** (für externe Gäste Abendessen ca. 30 $). Übernachtung mit Halbpension.

20 Essque Zalu④
www.essquehotels.com. Moderne Anlage mit sehr großem Infinity Pool und einem grandiosen Steg ins Meer. Essque ist schick, ohne dabei auf traditionelle Elemente Sansibars zu verzichten. Die zentrale Lounge, das **20 Restaurant** und die Bar Area sind schlicht und modern gehalten. Das Essen ist sehr hervorzuheben, die Bedienung ist diskret, aber immer präsent, wenn nötig. Es gibt Standardzimmer mit Meerblick oder in den hinteren Reihen. Das Highlight aber sind die verschiedenen Villen.

18 Double Tree by Hilton Hotel③-④
www.hilton.com. Die Anlage mit Pool ist sehr gepflegt, der Service gut, das **18 Restaurant** einladend. Die Gebäude passen allerdings äußerlich nur sehr bedingt in die sansibarische Landschaft.

14 Smiles Beach Hotel②
www.smilesbeachhotel.com. Kleines Strandhotel mit 16 Zimmern auf einem großen Gelände, im Angebot sind Wassersport, Tauchen, Schnorcheln und Fischen. Faire Preise.

15 Flame Tree Cottages②-③
www.flametreecottages.com. Saubere, gepflegte und ruhige Bungalow-Anlage mit elf Zimmern direkt am Meer. Der Besitzer *Seif* ist sehr bemüht um seine Gäste. Neben dem üppigen Frühstück auf der eigenen Terrasse werden auf Wunsch auch Mahlzeiten zubereitet. Flame Tree hat sich zu einem namhaften Yoga Retreat entwickelt, organisiert und geleitet von der Südafrikanerin *Marisa van Vuuren* (www.yogazanzibar.com).

8 Langi Langi Beach Bungalows②
www.langilangizanzibar.com. Bungalows sowie Zimmer in einem Hauptgebäude, alle mit Bad und Klimaanlage. Das Hotel besitzt einen Swimmingpool im Innenhof. Im Restaurant genießt man gute Mahlzeiten direkt am Meer. Langi Langi ist von neueren Hotels etwas „überholt" worden, aber immer noch eine gute Adresse.

6 The Z Hotel③
www.thezhotel.com. Boutique-Hotel am Strand von Nungwi ganz in der Nähe von Langi Langi. Die Zimmer sind sehr schön und gepflegt. Pool und elegantes **6 Restaurant** auf einer Terrasse über dem Meer. Mit Tauchzentrum und Yoga.

19 The Zanzibari④
www.thezanzibari.com. Öko-Boutique-Hotel (ein Hauptgebäude mit geräumigen Zimmern, alle mit Bad und Klimaanlage sowie Balkon mit Blick aufs Meer) der gehobenen Mittelklasse an der Nordspitze Sansibars. Das Hotel besitzt eine eigene kleine Entsalzungsanlage; entsalztes Wasser sowie aufgefangenes Regenwasser werden in den Duschen und zum Wässern des Gartens benutzt, die WC-Spülung funktioniert sogar mit Meerwasser! Alle Möbel sind selbst entworfen und hergestellt aus altem Dhau-Holz, wodurch eine warme, typisch sansibarische Atmosphäre entsteht. Die Anlage hat ein gutes **19 Restaurant,** in dem jeweils zwei bis drei Gerichte à la carte zur Auswahl stehen. Der Fisch, den man hier serviert, wird regional eingekauft. Die besondere Attraktion im Spa sind drei kleine in den Felsen eingelassene Pools, in denen man mit Blick aufs Meer herrlich meditieren kann. Insgesamt ein gutes Konzept aus stilvollem Ambiente mit viel Strand-Feeling.

Unterkünfte im unteren Preissegment

7 Amaan Bungalows Beach Resort①
www.hoteloceangroup.com. Nette, geräumige Bungalows im Herzen Nungwis. Alle Zimmer mit Bad, TV, Minibar und Klimaanlage.

13 Jambo Brothers①
Einfach, beliebt, freundlich und günstig.

10 Paradise Beach Bungalows①
Buchbar über booking.com. Einfache Zimmer mit Aussicht aufs Meer. Gutes Frühstück.

9 Baraka Bungalows①
barakabungalows.com. Einfache Zimmer mit eigenem Bad, Deckenventilator und heißem Wasser. Übernachtung mit Frühstück.

Kendwa: Wohnen und Essen

4 Zuri③-④
www.zurizanzibar.com. Zuri liegt am Hang, das macht die Anlage mit 56 Bungalows trotz der Größe zu einem Ort zum Wohlfühlen. Viel Grün liegt zwischen den Bauten. Die fast alle sehr geschmackvoll und einladend eingerichteten Unterkünfte bieten Meeresblick. Dank mehrerer Restaurants verteilt sich die Zahl der Gäste und am sehr großen und breiten Strand ist viel Platz. Beliebt bei Veranstaltern.

1 Kilindi④
www.elewanacollection.com. Kilindi hat es geschafft, den Swahili-sansibarischen Baustil mit den Bedürfnissen eines luxuriösen Hotelstandards zu vereinigen. Hier erlebt der Gast nicht nur ein gutes Sansibar-Hotel, sondern auch den Flair des arabisch geprägten Küstenabschnitts. Während die großen, mit Kuppeldecke orientalisch eingerichteten Rundzimmer etwas zurückgezogen auf einem üppig grünen Korallenplateau verteilt sind, liegt der Strand einen kleinen Spaziergang entfernt sehr ruhig mit Blick auf eine Fischerkommune.

3 Sunset Kendwa①
www.sunsetkendwa.com. Nettes, kleines Hotel mit Restaurant und Tauchschule. Gute Budget-Unterkunft am Strand.

2 Kendwa Rocks①-③
www.kendwarocks.com. Insgesamt 30 Bungalows. Zimmer vom Dormitory über Bandas (Strohhütten) am Strand oder gemauerte Beach-Bungalows bis hin zum Luxus-Chalet. Mit einer in ganz Sansibar sehr beliebten Bar, in der einmal monatlich die inselweit geschätzte „Full Moon Party" stattfindet!

Touristisches Treiben

tannp134 jg

Die nördlichen Ostküstenstrände

Die Ostküste Sansibars unterteilt sich in einen etwas ruhigeren Abschnitt im nördlichen Teil der Insel und die besonders unter Backpackern und „Party Travellers“ beliebten südöstlichen Strände. An den Stränden geht es extrem flach ins Wasser, sodass nur bei Flut gebadet werden kann. Die gesamte Ostküste Sansibars wird bis auf ein paar Korallenklippen und Mangrovenbuchten von **weißen Palmstränden** beherrscht. Sie reichen vom kleinen Muyuni Beach im Norden über Pwani Mchangani/Matemwe, Kiwengwa, Uroa, Dongwe, Bwejuu, Paje bis zur Jambiani Beach im Süden. Hier sind in den letzten Jahren viele moderne Hotels entstanden. Daneben gibt es zahlreiche einfache Guest Houses, die auch den preiswert Reisenden einen Platz an der Sonne ermöglichen. Die Fahrt von Stone Town hierher dauert etwa 1½ Stunden.

Die Sicherheitslage an der Ostküste hat sich deutlich verbessert. Trotzdem, führen Sie bei Strandspaziergängen während der Dunkelheit keinerlei Wertsachen, Taschen, Rucksäcke und Kameras mit sich!

Matemwe, Mnemba und Pwani Mchangani

Wohnen und Essen (Karte S. 372)

1 Mnemba Island Lodge⑤

www.andbeyond.com. Ein Südseeparadies wie aus dem Traum. Das Hotel im afrikanischen Stil liegt auf der kleinen Insel nur wenige Kilometer gegenüber dem Muyuni Beach. In edler Einrichtung bewegt sich der Besucher barfuß über dekorative Matten und kann sich in Kissen ruhend verwöhnen lassen. Ein großes Atoll mit Korallengärten umgibt die private Insel der südafrikanischen Luxuslodge-Kette CCAfrica. Geboten wird alles, was man sich nur vorstellen kann – angesichts der Preise ab 1300 $ p.P. kann man das auch erwarten! Tagesbesucher können das abgeschirmte Anwesen nicht aufsuchen.

2 Kasha Boutique Hotel③-④

www.kasha-zanzibar.com. Tolle Anlage, die auf Intimität, Service und ein großes Angebot an Unternehmungen setzt. Viele italienische und französische Gäste. Leider kein direkter Strandzugang.

8 Aqua Beach Resort and Spa③-④

www.aqua-beach-resort.com. Nördlich von Pwani Mchangani beginnen die letzten, noch etwas einsameren Strände von Sansibar. Dort liegt dieses sehr schöne Juwel eines Hotels – kurz: Aqua! Die vier Suiten liegen direkt in vorderster Reihe am weißen Sandstrand und verfügen über wandgroße Fenster und Glassschiebetüren. Auch die weiteren zwanzig Deluxe-Zimmer teilen sich den Meeresblick mit den Suiten. Klimatisiert und sehr chic eingerichtet, mit viel Platz und nützlicher Ausstattung. Der lange Pool wird von Palmen umrahmt. Lounge, Bar und Restaurant sind offen gestaltet und das sympathische deutsche Management lässt keine Wünsche offen. Nicht zu vergessen, ist das kleine, aber sehr einladende **Arupa Spa** im hinteren Teil des Aqua-Grundstücks.

6 Matemwe Lodge④-⑤

www.matemwe.asiliaafrica.com. Die Bungalow haben Kingsize-Bett, En-Suite-Bad, eigene Veranda und Hängematte, im Restaurant werden gute Seafood-Gerichte serviert – ein wundervoller Ort, um zwischen Kissen liegend die Brise, die vom Ozean her weht, zu genießen. Wassersportaktivitäten werden ausschließlich mit lokalen Fischern und deren *ngalawas* (Holzboote mit Seitenauslegern) unternommen. Zusammen mit der lokalen Bevölkerung werden zudem Maßnahmen ergriffen, um das Riff zu schützen. Empfehlenswert!

5 Matemwe Bungalows②-③
Diese stilvollen und sauberen Bungalows abseits der großen Touristenstrände liegen sehr schön direkt am ruhigen Strand. Die Atmosphäre ist „sehr easy", eine große offene Lounge, Bar und Restaurant laden zum Relaxen ein. Auch ein Swimmingpool steht zur Verfügung. Sehr schöner Ort!

9 Ocean Paradise Resort③
www.oceanparadisezanzibar.com. Bewährte große Anlage mit allen Annehmlichkeiten eines modernen, komfortablen Strandhotels. Wird viel von TUI gebucht. Preise und Leistung stimmen.

3 Sunshine Marine③
www.sunshinegroupzanzibar.com. Sehr schönes und stilvolles Hotel mit 15 Zimmern. Tolle, bunt dekorierte Zimmer mit eleganten Bädern. Eine kleine Wohlfühloase mit endlosem Strand. Das Essen ist international und gut. Langer Infinitypool mit Blick auf den Ozean.

4 Che Che Vule②-③
www.sevihotelzanzibar.com/de/che-che-vule/index.html. Boutique-Unterkunft im Mittelklasse-Segment. Die Zimmer haben normalen Standard, sind aber geschmackvoll eingerichtet, das Essen ist gut. Die Unterkunft besticht mit der Anordnung der Gebäude, der Einrichtung und dem Ambiente. Zudem verfügt die Anlage über einen schönen Strandabschnitt.

7 Hodi Hodi③
www.hodi-hodi.com. Sehr einladende Bungalows für jeden Geschmack und jede Anzahl von Gästen. Drei Familien-Suites am Strand bieten Dinner am Pool unter Kokosnusspalmen. Zusätzlich gibt es vier Doppelzimmer. Klein, fein und persönlich ist hier die Devise rund um die englisch-kenianische Besitzerin *Julia Bishop*. Hodi Hodi arbeitet eng mit der Dorfgemeinschaft zusammen und bezieht viele Produkte direkt von dort.

Kiwengwa, Pongwe und Uroa

Das Dorf Kiwengwa liegt an einem langen Strand an der Nordostküste südlich von Matemwe (15 km) und Pwani Mchangani (8 km). Hier finden sich **einige der schönsten Strände** auf Sansibar. Ein Wermutstropfen für den Individualtouristen sind einige große Clubhotels – hier wird Italienisch gesprochen! – und die damit verbundenen (negativen) Einflüsse auf die Umgebung. Der ruhige Strand von Pongwe hat einige idyllische Buchten und liegt südlich von Kiwengwa und nördlich von Uroa an der Nordostküste von Sansibar.

Wohnen und Essen (Karte S. 372)

11 Blue Bay Beach Resort④
www.bluebayzanzibar.com. 4-/5-Sterne-Strandhotel der ganz besonderen Art. Obwohl hier über 150 Personen Platz finden, herrscht eine angenehme Atmosphäre zwischen dem berauschend grünen Garten und dem azurblauen Ozean. Die Zimmer haben Charme und allen Komfort. Ein guter Koch verwöhnt den Gaumen, das Management ist britisch-französisch, der Strand makellos. Windsurfen, Tauchen, Tennis, Katamaranfahrten usw. werden angeboten, auch eine Wellness-Anlage mit Spa steht zur Verfügung. Übernachtung mit Halbpension.

15 The Island Pongwe Lodge④
www.theislandpongwe.com. Was einst als „The Rock Restaurant" eine kleine Attraktion war, hat sich zu einer schicken kleinen Boutique-Unterkunft gewandelt. *The Island Lodge* nutzt jeden Quadratmeter der winzigen Koralleninsel, auf der sie gebaut ist, und die bei Ebbe wie ein gestrandetes Schiff im Ozean steht. Nur dann kann der Gast von ihr herunter und lange Strandspaziergänge machen bzw. zur Brandung hinauslaufen, um im Meer zu schwimmen. Bei Flut ist *The Island* genau das, was der Name verspricht. Umspült vom Meer gehört diese Unterkunft mit nur fünf exklusiven Bunga-

lows und einer Sultan-Villa zur Luxus-Hotelkette Cocoon Collection. Tolle Erfahrung.

10 Shooting Star Lodge③
www.shootingstarlodge.com. Nette Bungalow-Unterkunft auf einer Klippe mit Blick auf den Ozean und einen langen Sandstrand. Angenehme Atmosphäre. Übernachtung mit Frühstück.

■ In **Kiwengwa** liegen sonst nur noch **große italienische Club-Hotels,** z.B. Venta Club, Vera Club, Bravo Club und Seaclub Kiwengwa. Nördlich von Kiwengwa, am Pwani-Strandabschnitt, liegt das Neptune Pwani Beach Resort, das unter schweizerischer Leitung steht und hauptsächlich auf dem deutschsprachigen Markt vertrieben wird (Infos unter www.neptunehotels.com).

14 Pongwe Beach Hotel③
www.pongwe.com. Die Anlage mit 16 Bungalows liegt auf Felsen über einer kleinen versteckten Bucht am Südende der Nordostküste. Pongwe bietet eine gute familiäre Gastfreundschaft und hat einen Ruf für gutes Essen. Übernachtung mit Vollpension, Tagesmenü ab 20 $.

12 Santa Maria Coral Park②
Pongwe, www.santamaria-zanzibar.com. Einfache Anlage eines deutsch-tansanischen Pärchens. Gemütliche Zimmer mit Dusche/WC, Moskitonetzen und Ventilator, Pool, herrlicher Strand, viele Unternehmungsoptionen. B&B, Halb- oder Vollpension.

16 White Paradise Zanzibar ③-⑤
www.white-paradise.com. Neueres, mittelgroßes Resort mit einem großen und vor allem schön in die Anlage integrierten Pool. Die verschiedenen Zimmerkategorien inklusive privater Suiten erfüllen den Beach-Traum für (fast) jeden Geldbeutel. Die moderne und innovative Küche des Resorts hat sich bereits herumgesprochen. Der Zugang zum eigenen Strand und die wenigen Besucher an der Küste von Uroa versprechen Ruhe und Erholung.

13 Tulia Zanzibar④
tuliazanzibar.com. Kaum ein Gast, der hier nicht schweren Herzens Abschied nimmt. Tulia ist eine wundervolle Anlage, stilvoll am Sandstrand gelegen mit saftig grüner Pflanzenkulisse. Warm und herzlich ist der Empfang, auch die Zimmer sind mit viel Liebe zum Detail eingerichtet. Die Bungalows stehen in verschiedenen Positionen zueinander mit viel Platz dazwischen. Das Management leistet überzeugende Arbeit, auch ein Grund, warum ein Preis nach dem anderen an Tulia geht.

Die südlichen Ostküstenstrände

Zwischen Bwejuu und Jambiani wird seit 1989 im flachen Meerwasser **Seegras** angebaut und nach Europa exportiert. Insbesondere für die Frauen der Ostküste hat sich die Anpflanzung positiv ausgewirkt, viele erwirtschaften dadurch ihr eigenes Geld, was ihnen ein Stück Unabhängigkeit in der traditionellen Männergesellschaft verschafft. Auch ließ sich in den letzten zehn Jahren beobachten, wie sich ein **bescheidener Wohlstand** in den Dörfern entwickelt hat: Viele Häuser besitzen jetzt Wellblechdächer, verstärktes und verputztes Mauerwerk, und auch Antennen, Fernseher und Internet haben in manchem Haushalt Einzug gehalten. Positiv auch, das Kinder eine bessere Schulausbildung bekommen können.

Pingwe, Dongwe und Bwejuu

Wohnen und Essen (Karte S. 374)

26 Breezes Beach Club & Spa③-④
www.breezes-zanzibar.com. Luxushotel mit schönen Zimmern, die Anlage mit Swimmingpool ist sehr einladend, der Strand zieht sich endlos hin. Eigenes Tauch-Center, Disco, Tennisplatz usw.

19 Konokono③-④
www.konokonozanzibar.com. Neuere Anlage mit herrlichen Zimmern, allerdings nur wenige mit

Meerblick. Der große Aufenthaltsbereich mit Bar und Pool Lounge wirkt etwas zu groß und ein bisschen wie eine Halle. Der Strand von Konokono entschädigt für alles. Westwärts ausgerichtet, verspricht das tolle Sonnenuntergänge über dem Meer und Zugang zu Sandbänken wie aus dem Reisekatalog. Etwas abseits gelegen, aber durchaus die Anreise wert.

21 Matlai Boutique Hotel④
www.hotelmatlai.com. Das von einer deutschen Familie geführte kleine, feine Hotel ist etwas Besonderes. Hier kommt echtes Beach-Feeling auf, denn alle Zimmer liegen unmittelbar in Strandnähe, zwei Zimmer im 1. Stock bieten eine grandiose Aussicht. Die Zimmer sind äußerst stilvoll und verkörpern gekonnt den Spirit Sansibars. Die Suiten lassen den Gast wie einen Sultan fühlen. Der Pool hat eine Palme in der Mitte und liegt direkt am Strand. Auch kulinarisch ist das Hotel sehr zu empfehlen.

23 Anna of Zanzibar③
sistersofzanzibar.com. Fünf sehr stilvoll eingerichtete klimatisierte Bungalows mit Vorraum und großen Terrassen. Die von Deutschen geführte Unterkunft bietet viel Ruhe und Privatsphäre, was auf Sansibar selten ist. Das Haupthaus ist dem Stil eines karibischen Plantagenhauses nachempfunden. Eine einladende Bar, Lese- und TV-Raum bieten weitere Rückzugsmöglichkeiten. Anna's Spa, ein Pool und ein Massage-Bungalow am Strand unter Palmen komplettieren das Angebot. Die Speisen werden gerne mit den Gästen vorab abgestimmt.

24 Baraza Resort & Spa Zanzibar④
www.baraza-zanzibar.com. Pompöser, orientalisch angehauchter Luxus. Alles ist fein und edel, trotzdem „fremdelt" man ein bisschen – Baraza ist halt kein gemütliches Stranddomizil mit Barfuß-im-Sand-Feeling. Sehr gut bzgl. Service und Unterbringung. Schöne Zimmer und Bäder!

25 The Palms Zanzibar④
www.palms-zanzibar.com. Direkt neben dem Breezes Beach Club & Spa. Kleine, edle Anlage mit klimatisierten Bungalows, die mit jeweils 140 m² Fläche ordentlich Platz bieten. Alle Annehmlichkeiten: Pool(bar), Sanctuary Spa, Privatstrand, Wassersport, Tauchen usw. Sehr privater Service mit gutem Personal, sehr gute Küche.

22 Sultan Palace④
www.sultanpalacezanzibar.com. 15 Suiten: fünf Imperial Suites, vier Ocean Suites und sechs Garden Suites. Wunderschöne, komfortable Anlage für ruhiges Ausspannen – auch für die Flitterwochen.

20 Karafuu Beach Resort & Spa④
www.karafuuzanzibar.com. Großflächig angelegtes Resort mit schönem Ambiente, Swimmingpool mit Poolbar und Meeresblick, einsamer Strand. Die Unterbringung erfolgt in Bungalows, das Essen ist gut. Zum Hotel gehören ein Tennisplatz, eine Tauchbasis, ein Wassersport-Center und ein Massage-Studio. Hauptsächlich italienische, belgische und deutsche Pauschalurlauber. All inclusive.

27 Mustapha's Place①
www.mustaphasplace.com. In Bwejuu Village, nur ein paar Schritte vom Strand entfernt. Unterkunft in einfachen, individuell gestalteten Bandas mit eigenem oder Gemeinschaftsbad. Wer lokale Laid-back-Atmosphäre mit Reggae und Soul-Musik in der Hängematte genießen möchte, ist hier richtig. Schöne Poolanlage.

27 Makuti Beach Bungalows ②-③
www.makutizanzibar.com. Schräg gegenüber von Mustapha's, einfache Anlage mit zweckmäßigen Zimmern und angenehmer Belüftung. Im Hauptaufenthaltsbereich bewegt man sich in Sand. Gute Budget-Unterkunft.

■ Direkt nebeneinander liegen: **28 Original Twisted Palm**① (ordentliche Zimmer, nett und freundlich), **28 Twisted Palm Bungalows**① (gute Bungalows, empfehlenswert!), www.twistedpalmslodge.com.

29 Kilimani Kwetu Restaurant & Bungalows①
www.kilimani.de. Eigentümer sind u.a. Deutsche. Zwei Doppelhaus-Bungalows (insgesamt für acht Personen), einfach eingerichtet, gutes Essen, Liegestühle für den Strand.

tannp135 jg

Paje und Jambiani

Paje hat sich zum **Kitesurf-Mekka** von Sansibar, vielleicht sogar des ganzen östlichen Afrika entwickelt. Die Kite Center bzw. Kitesurf-Schulen lassen sich kaum noch zählen. Bei gutem Wetter (Wind!) und Tidenhub steigen Hunderte von Kitesurf-Segeln vor dem ca. 20 km langen Küstenabschnitt auf – der Strand ist dann fest in der Hand der Surfer. Coole Strandcafés wie das *Mr. Kahawa* bilden dann die Zuschauertribüne für die täglichen Performances.

Wohnen und Essen

34 Casa Del Mar Hotel②

www.casa-delmar-zanzibar.com. Kleines und mit viel Charme angelegtes Hotel mit zwölf Zimmern im Palmenhain (besonders schön sind die Zimmer mit Schlafgalerie im 1. Stock). Gemütliches Restaurant mit sehr leckerem Essen. Zum Strand hin abgegrenzter Bereich zum Faulenzen auf Liegen.

33 Blue Oyster Hotel②

www.blueoysterhotel.com. Kleines, familiäres Hotel (13 Zimmer) direkt am Strand. Restaurant und Terrasse im 1. Stock mit Blick aufs Wasser. Zimmer im Courtyard mit Gemeinschaftsbad (zwei Du/WC für fünf Zimmer). Das Blue Oyster gehört der deutschen Familie *Beiser*. Die Küche ist gut, von lokalen Gerichten bis zu Pizza und Rotwein wird alles serviert. Die Crew arbeitet zuverlässig und ist freundlich.

33 Visitor's Inn①

visitorsinnzanzibar.com. Gute Mittelklasse-Unterkunft mit 18 angenehmen Bungalows (mit Bad/WC) in einem Palmenhain. Bequeme Betten und sauber.

33 Uzuri Villa – Boutique Hotel ③

www.uzurivilla.com. Klein und herzlich, der Charme eines marokkanischen Riad verbunden mit einem Palmengarten und Pool unweit des Strandes hat Uzuri zu einem kleinen Geheimtipp gemacht. Das Essen ist ausgewogen. Mal klassisch italienisch (die Besitzer kommen aus Italien), mal sansiba-

⌃ Matlai Boutique Hotel

risch-orientalische Küche, alles ist schmackhaft und gibt einem das Gefühl in einer Oase zu verweilen.

31 Kisiwa on the Beach③
www.kisiwaonthebeach.com. Herrlicher Strand, wunderbarer Pool, toll eingerichtete Villas mit Garten- oder Meerblick, gute Küche.

32 Hakuna Majiwe Lodge②
www.hakunamajiwe.com. Die italienisch geführte Bungalowanlage bietet 20 geräumige Zimmer mit Strandblick und einen großen Swimmingpool. Durchschnittliches Essen.

31 Teddy's Place and Bungalows①
Beliebt und bekannt an der gesamten Südostküste. Der deutsche Mitbesitzer garantiert gute Stimmung. Manchmal ist es nicht ganz ersichtlich, ob Teddy's in erster Linie Unterkunft ist oder einfach nur eine endlose Party. Wer es ruhig und idyllisch mag und nachts schlafen möchte, sollte sich was anderes suchen! Wer Leute und das Leben bei Nacht kennenlernen möchte, hat hier seinen Platz gefunden. Die Bungalows sind extrem einfach, aber okay. Backpackers Mekka! Abends wird gegrillt!

28 Paradise Beach Bungalows①
nakama.main.jp/paradisebeachbungalows. Kleine, sehr nette Unterkunft mit acht einfachen, sauberen Beach-Bungalows und herrlichem Strand. Zwar ohne Strom, aber mit viel Lokalkolorit. Die japanische Besitzerin *Saori Miura* tischt ein vorzügliches Essen auf. Schönes Flair, empfehlenswert.

30 Paje by Night (Hotel Bizarre)①-②
www.pajebynight.net. 18 hübsche Bungalows, 36 Zimmer mit Bad, Ventilator und Moskitonetzen. Bar und Restaurant (durchschnittliches Essen, aber reichhaltiges Frühstück), am Abend beliebter Treffpunkt (Lagerfeuer) – Rastas vibrate …

Die südwestlichen Strände

Die Südspitze Sansibars bietet weniger Bademöglichkeiten und ist touristisch (noch) nicht überlaufen. Die Hauptstrände liegen bei **Kizimkazi** im Südwesten und bei **Makunduchi** im Südosten. Zum Teil und saisonal unterschiedlich schwimmen auch reichlich Algen vor der Küste. Bei Makunduchi befindet sich derzeit nur die Unterkunft *La Madrugada,* welche hier nicht weiter beschrieben bzw. empfohlen wird, da es auf der gesamten Insel bessere Strände und Unterkünfte gibt.

Kizimkazi liegt an der **Menai Bay** und ist bekannt für eine hohe Population an **Delfinen.** Tour-Unternehmen organisieren von Zanzibar Town aus Bootsausflüge, die die Möglichkeit eröffnen, mit den verspielten Tieren zu schwimmen. Jeweils ein Dollar pro Tourist muss aus den Einnahmen der Delfin-Tour-Veranstalter an die Verwaltung der MBCA *(Menai Bay Conservation Area)* entrichtet werden. Etwa 10.000 Touristen im Jahr gehen auf Delfin-Tour, eine willkommene Einnahmequelle für die Dorfgemeinschaften entlang der Schutzzone. Bevor Sie eine solche Tour buchen, sollten Sie sich jedoch der problematischen Auswirkungen dieser Touren bewusst sein (→ Infokasten S. 412).

Aus Stone Town kommend passiert man auf dem Weg nach Süden hinter dem Abzweig in Kitogani den kleinen **Zala Park.** Ein enthusiastischer Schlangen- und Reptilienliebhaber hat diesen unmittelbar an der Straße gelegenen Park mit viel Liebe angelegt. Die kleine Anlage vermittelt ein Bild von der Vielfalt der Schlangen, Echsen und Chamäleons, die es auf Sansibar gibt. Zusammen mit dem nahe gelegenen Dorf Muungoni betreut der Zala Park auch das **Muungoni Cultural and Natural Heritage Project** zum Schutz der einheimischen Tierarten.

Die Frauen der Region sind bekannt für ihre **Flechtkünste;** aus Palmenblättern lassen sie Matten und Körbe aller Art entstehen. Auch Seile aus Kokosfasern werden hergestellt. Verkauft werden die Produkte in Zanzibar Town, wo sie in Hotels und auf Daus genutzt werden.

Alljährlicher kultureller Höhepunkt ist im Juli das **Mwaka-Kogwa-Fest** im Dorf Makunduchi, eine sansibarische Version des persischen Neujahrsfestes.

Wohnen und Essen

35 The Residence④-⑤

www.cenizaro.com. 5-Sterne-Luxushotel im Plantagenstil, alles ist sehr hochwertig umgesetzt. Der Gast ist hier König! Die Häuser mit den Zimmern liegen teilweise weit auseinander; es stehen Fahrräder für die Hotelgäste zur Verfügung, um von einem Bereich der Anlage zum anderen zu kommen. Voll klimatisiert. Auf der stilvollen Terrasse und im zentralen Aufenthaltsbereich fühlt man sich wohl. Die Glaswand-Architektur des großen Pools vermittelt echtes Infinity-Erlebnis – es scheint, als schwimme man ins Meer. The Residence hat ferner einen erstklassigen Wellness Spa.

38 Karamba Resort Kizimkazi①

www.karambazanzibar.com. Schön verteilte Bungalows 5–10 m vom Meer. Gutes, preiswertes Essen sowie Yoga für Anfänger und Fortgeschrittene. Die Strandbucht ist gleichzeitig auch Fischerhafen. Von der Terrasse der Lodge lässt sich wundervoll das geschäftige Treiben der Sansibaris beobachten.

☑ Kitesurfen ist vor allem am Strand von Paje angesagt

tan-002 jg

Der Autor | 455
Film | 437
Fotonachweis | 455
Gesundheit | 432
Internetadressen zu Tansania | 438
Karten | 436
Literatur | 434
Register | 445
Tier-Wörterbuch | 438

tannp039 xb

11 Anhang

Baden im Garten Eden – Hot Springs bei Moshi

Gesundheit

Das Risiko, während eines Aufenthalts in den Tropen schwer zu erkranken, ist geringer als das Risiko, Opfer eines Verkehrsunfalls oder von Kriminalität zu werden. **Reisestil, Reisezeit, Aufenthaltsdauer und -orte spielen bei der Beurteilung des Risikos eine wichtige Rolle.** Im Regelfall wird es notwendig sein, sich mit dem Hausarzt oder einer Reise- oder Tropenmedizinischen Ambulanz zu beraten, um die verschreibungspflichtige Malariaprophylaxe und gegebenenfalls notwendige (vorgeschriebene) Impfungen durchführen zu lassen. Bei anhaltenden Beschwerden, z.B. Fieber, vor Ort und nach der Rückkehr sollte man unbedingt einen qualifizierten (Tropen-)Arzt aufsuchen.

Die **Hauptbedrohung** geht in Tansania von **Infektionskrankheiten** aus, die sowohl durch die mangelnde Hygiene als auch klimatisch bedingt sind. Viele parasitäre Tropenerkrankungen brechen erst mit Verzögerung nach Monaten oder sogar Jahren aus. Der Verlauf wird stark vom allgemeinen Gesundheits- und Ernährungszustand beeinflusst. Die folgenden Seiten informieren nur über die wichtigsten Krankheiten und wie man sich vor ihnen schützen kann.

Vor einer Reise empfiehlt sich ein **Zahnarztbesuch,** da vor Ort eine qualifizierte zahnärztliche Versorgung problematisch sein kann, während die medizinische Hilfe in größeren Städten inzwischen (auf niedrigem Niveau) gewährleistet ist.

In den Tropen ist die Sonneneinstrahlung stärker als in Mitteleuropa. Ein guter **Sonnenschutz** ist dringend zu empfehlen, da jeder Sonnenbrand das Hautkrebsrisiko erhöht. Lange Sonneneinstrahlung ohne Schutz kann zu schweren Hautverbrennungen, Sonnenstich oder Hitzschlag durch Überwärmung führen. Durch Benutzen einer Sonnencreme, Tragen eines Sonnenhuts, Aufenthalt im Schatten und regelmäßiges Trinken kann man dem vorbeugen.

Die häufigste Erkrankung in den Tropen ist der sog. **Reisedurchfall.** Meistens wird er durch die relativ harmlosen (enterotoxischen = darmgiftigen) Bakterien *Escherichia coli* (ETEC) oder Viren hervorgerufen. Seltener sind die gefährlichen Erreger des Typhus, der bakteriellen Ruhr, der Cholera, Lambliasis und Amoebenruhr Ursache von Durchfall. Die Ansteckung erfolgt über verschmutztes Wasser und damit verunreinigte Lebensmittel. Auch **Wurminfektionen** (z.B. Spulwürmer, *Ascaris*) und **Hepatitis A** werden über verunreinigte Lebensmittel übertragen.

Eine in Tansania typische Durchfallerkrankung sind **Lamblien** *(Giardia lamblia)*, in Tansania als *giardia* bekannt. Symptome der parasitären Erkrankung sind Blähungen, Übelkeit, Mattigkeit, Bauchkrämpfe und eben Durchfall. Bei starker Erkrankung kommt auch Erbrechen vor. Giardia kann in jeder Klinik im Land, sofern ein Mikroskop zur Verfügung steht, nachgewiesen werden und ist mit entsprechender medikamentöser Behandlung gut zu kurieren.

Um Durchfallerkrankungen vorzubeugen, sollten zum Trinken und Zähneputzen nur abgepackte Getränke oder abgekochtes Wasser verwendet werden. Zum Abkochen muss das Wasser mindestens 10 Minuten sprudelnd kochen.

Tabletten zur chemischen Wasserdesinfektion sollten nur im Notfall das Abkochen ersetzen.

Für das Reisen auf dem Land abseits der Haupttouristengebiete gilt: Tee und Kaffee aus nur kurz erhitztem Wasser sind nicht keimfrei; Eiswürfel sollten gemieden werden (Ausnahme bei Getränken in hochpreisigen Unterkünften, in denen internationale Hygienestandards eingehalten werden); Obst sollte man am besten selbst schälen. Oftmals sind Durchfallerkrankungen ein erstes Zeichen von „Austrocknung"/Dehydration, deshalb gilt als Grundsatz in allen tropischen Ländern – **viel trinken!**

Kommt es trotzdem zu Durchfall, sollte man darauf achten, dass die dadurch entstehenden **Wasser- und Elektrolytverluste ausgeglichen** werden. Dazu gibt es in den Apotheken erhältliche Elektrolytpulver (z.B. *Elotrans®*), die man aber gewöhnlich nicht braucht. Als gute Erstversorgung bei auftretendem Unwohlsein haben sich die guten alten Kohle-Compretten erwiesen. Erst nach der Einnahme von ausreichend Kohletabletten (vor Ort als *Avtivated Charcoal®* erhältlich) kann zur Überbrückung kurzfristig Loperamid (z.B. *Imodium®*) eingesetzt werden. Da der Durchfall durch die Ausscheidung der Erreger auch zur Heilung führt, sollte man der Sache, sobald eine geeignete Toilette zur Verfügung steht, unbedingt freien Lauf lassen. Antibiotika sollten nicht selbstständig eingenommen werden. Ist ein Arzt nicht verfügbar, kann Cotrimoxazol (z.B. *Bactrim®* 960 mg) 2x1 oder Ofloxacin (z.B. *Tarivid®* 400 mg) 2x1, in Abhängigkeit von der Symptomatik, für 3–14 Tage eingenommen werden. Lang anhaltender Durchfall mit Fieber oder Blut im Stuhl sollte sofort zum Arztbesuch führen. Vor einigen Durchfallerregern kann man sich durch Impfung schützen.

Die Infektion mit dem **Medinawurm** (Dranunculose) erfolgt über Wasserflöhe (Krebse) im Trinkwasser, die mit dem bloßen Auge nicht sichtbar sind. Die Larven entwickeln sich in der Haut zum Wurm und können vielfältige Hauterscheinungen hervorrufen. Durch Abkochen des Trinkwassers kann man sich schützen.

Über rohes oder nicht ausreichend gegartes Fleisch kann eine Ansteckung mit **Trichinen** erfolgen. Wenige Würmer im Stuhl sind kein Grund zur Beunruhigung. Schwere Komplikationen wie Darmverschluss oder Verschluss der Gallenwege sind bei Erwachsenen selten. Da es kein Mittel gibt, welches alle Wurmerkrankungen heilt, sollte vor einer Therapie eine Stuhluntersuchung stattfinden.

Medizinische Versorgung im Land

Die medizinische Versorgung im Land changiert zwischen zufriedenstellend und mangelhaft. Nur die Krankenhäuser in der Hauptstadt erreichen annähernd europäisches Niveau, gute Zahnärzte sind rar.

Für den gesamten ostafrikanischen Raum ist **Nairobi die erste Adresse in akuten Notfällen,** das gilt vor allem für Tropenkrankheiten. Empfehlenswert ist die „Section for Tropical Medicines" im Nairobi Hospital:

Section for Tropical Medicines
(Leitung: *Prof. Dr. Chunge*) Nairobi Hospital, Argwings Kodhek Road, Nairobi, Tel. 00254-721163974

In diesem Buch sind bei Arusha, Moshi und Zanzibar Town die Adressen von Krankenhäusern, Ärzten und Apotheken angegeben. **Apotheken** *(duka la madawa)* sind in vielen Orten des Landes zu finden. Die Land- und Straßenkarte zu Tansania vom Reise-Know-How-Verlag gibt einen guten Überblick über die **Krankenhäuser** und Kliniken im Land.

Arztrechnungen müssen sofort und meist **bar oder mit Kreditkarte bezahlt werden.** Die Kosten lassen sich über eine Auslandskrankenversicherung zurückerstatten.

Da es **nur in Großstädten eine Not-Ambulanz** gibt, muss man bei Bedarf auf ein Taxi zurückgreifen.

Bei längeren Aufenthalten ist eine **Mitgliedschaft bei den „Flying Doctors of Africa"** (www.amrefgermany.de) zu empfehlen und evtl. auch eine Rückholversicherung von Europa aus.

tan161 jg

Literatur

Auf dem englischsprachigen Markt erscheinen regelmäßig Romane, Bildbände und wissenschaftliche Abhandlungen zu Völkern, Tieren und Naturlandschaften, welche Tansania zum Teil oder ganz beinhalten. Die meisten Publikationen sind im deutschsprachigen Raum nicht zu bekommen. In den großen Buchgeschäften in Arusha und Zanzibar Town ist dagegen vieles davon erhältlich. Vor allem Bildbände, aber auch Romane, Erzählungen und Geschichten ostafrikanischer Autoren lassen sich gut in Tansania kaufen. Zu den meisten Nationalparks bekommt man in den großen Städten Info-Broschüren.

- Eine interessante Website auch zum Thema Literatur ist **www.kalamu.de.**
- **Eine Farm in Afrika**
Hardy Krüger, Bastei Lübbe Verlag, 2003. Schillernde Erzählung des bekannten deutschen Schauspielers und Autors. Krügers persönliche Geschichte vom Film „Hatari" und seiner Farm zwischen Mt. Meru und Kilimanjaro, wo er, mit vielen Unterbrechungen, zwölf Jahre seines Lebens verbrachte.
- **Ostafrika Natur-Reiseführer**
Rainer Waterkamp/Winfried Wisniewski, Franck-Kosmos Verlag, 1999, (nur antiquarisch erhältlich); Reiseführer und Bestimmungsbuch, jedoch nur als Bestimmungsführer nützlich. Gute Gliederung und Beschreibung der ostafrikanischen Tier- und Pflanzenwelt. Praktische Ergänzung für die Safari.
- In Tansania erhältlich sind kleine **Begleittaschenbücher zu allen Nationalparks** und den jeweils angrenzenden touristischen Sehenswürdigkeiten, geschrieben von *David Martin* (African Publishing House), aber leider schon sehr veraltet und fehlerhaft.

■ **Serengeti – Fenster zur Schöpfung**
Reinhard Radke, Bastei Lübbe Verlag (nur antiquarisch erhältlich); Begleit-Bildbuch zur gleichnamigen ZDF-Serie über die Serengeti. Radke ist Autor und Kameramann zahlreicher weltweit ausgezeichneter Tierfilme. Das Buch zeigt, „dass die Serengeti weder eine isolierte Arche Noah noch ein idyllisches Paradies ist", sondern „vielmehr der Glücksfall eines Fensters zur Schöpfung" mit der „Chance zu verstehen, wie zerbrechlich unsere Welt und wie kostbar und erhaltenswert sie ist".

■ **Eine kulinarische Reise durch Tansania**
Vera Lifa Seiverth, Buch Verlag Leipzig, 2023. Schöne, bebilderte Beschreibung der insbesondere indisch und orientalisch angehauchten Küche Tansanias.

■ Regelmäßig aktualisierte Literatur-Tipps zu und über Tansania finden Sie auf **www.bagamoyo.com.** Hier werden eine Reihe von Sachbüchern oder auch Romane vorgestellt und bewertet.

Film

■ **Die Serengeti darf nicht sterben**
Ein Klassiker im Genre der Tierfilme! Gedreht 1959 von *Bernhard Grzimek* und seinem Sohn *Michael,* der bei den Dreharbeiten ums Leben kam, vereint die Dokumentation Sachverstand und Liebe für Tier und Mensch. Der Film machte erstmals eine breite Öffentlichkeit auf die Bedrohung afrikanischer Lebensräume und Tiere aufmerksam. Ausgezeichnet mit einem Oscar.

■ **Grzimek**
Die Filmbiografie des Tierarztes und Verhaltensforschers *Bernhard Grzimek* ist eine ARD-Produktion aus dem Jahr 2014 mit *Ulrich Tukur* in der Hauptrolle. Sehr interessant umgesetzt. In der Serengeti und im Ngorongoro-Krater selbst wurde allerdings nicht gedreht.

Karten

Wer durch Tansania reist, sollte in jedem Fall – auch wenn nur öffentliche Verkehrsmittel benutzt werden – eine Karte vom Land mit sich führen. Diese sollte noch in Europa gekauft werden, da die tansanischen Übersichtskarten von schlechter Qualität sind und die in Europa hergestellten in Tansania oftmals nicht erhältlich sind.

■ Die beste und praktischste Karte zu Tansania ist die Straßen- und Touristikkarte zu Tansania vom **Reise Know-How Verlag.** An dieser Karte hat der Autor dieses Reiseführers maßgeblich mitgearbeitet. Der Maßstab von 1:1.200.000 gibt viel Raum für Details. Die Karte lässt sich gut falten und verstauen, außerdem ist sie mit einer Schutzschicht (Polyart©) versehen und daher gegen Wasser resistent und reißt an den Falten nicht so schnell ein. Ein weiterer Vorteil: Sie ist beschreibbar wie Papier.

■ Das in Dar es Salaam befindliche **Map Department** verfügt über ein landesdeckendes Sortiment topografischer Karten im Maßstab 1:50.000 mit vollständigen, teilweise aber sehr veralteten Eintragungen von Straßen und sämtlicher Siedlungen bzw. Städte. Die eher einfach und in der Farbgebung mehr als dezent gehaltenen Karten können in einem Verkaufsraum des Departments erworben werden (sofern vorrätig, ansonsten werden Fotokopien erstellt).

■ Karten der Nationalparks im Norden und von den Inseln Sansibars werden in Tansania von dem italienischen Kartografen **Giovanni Tombazzo** entworfen. Die farblich schönen Karten, die wie kunstvolle Gemälde wirken, sind sehr anschaulich, aber für kartografische Navigation unbrauchbar. Erhältlich sind die Karten ab 20.000 TSh in den Buchgeschäften und gehobeneren Hotels von Arusha und Moshi oder bei Straßenverkäufern.

Internetadressen zu Tansania

An dieser Stelle sei nur eine kleine **Auswahl** aus dem schier unendlichen Angebot an (relevanten) Internetseiten zu Sansibar, Tansania und Safaris im Land genannt. Im Buch finden sich viele weitere Internet-Adressen zu Unterkünften, Nationalparks, Reiseveranstaltern, Institutionen usw.

Allgemeine und landeskundliche Infos zu Tansania/Tourismus

- **www.tanzania.go.tz**
Offizielle Homepage der Republik Tansania
- **www.yellow.co.tz/**
Gelbe Seiten Tansania
- **www.tzonline.org**
Generelle Informationen zu Tansania
- **www.tanzaniatourism.go.tz**
Offizielle Homepage des tansanischen Tourist Board
- **www.tatotz.org**
Tanzania Association of Tour Operators (TATO)
- **www.tasota.or.tz/**
Tanzania Society of Travel Agents (TASOTA)
- **www.tanzaniaparks.co.tz**
Offizielle Website der tansanischen Nationalparks (Tanzania National Parks – TANAPA)
- **www.tawa.go.tz**
Informationen zu Game Reserves und Nature Forest Reserves
- **www.atta.co.uk**
African Travel & Tourism Association
- **www.zanzibartourism.go.tz/**
Zanzibar Commission for Tourism
- **www.colorsofzanzibar.com**
Informationen und Bilder zu Sansibar
- **www.tanzaniatourism.com**
Tansania-Suchmaschine
- **www.safari-portal.de**
Internet Travel Guide, Infos (nicht nur) zu Tansania: Unterkünfte, Nationalparks, Aktivitäten etc. (dt.)
- **www.africatravelresource.com**
Internet Travel Guide, Infos (nicht nur) zu Tansania: Unterkünfte, Nationalparks, Aktivitäten etc. (engl.)
- **www.tanzania-network.de**
Koordination von diversen Organisationen, Institutionen, Initiativen, Projekten etc.
- **www.dtpev.de**
Deutsch-Tansanische Partnerschaft e.V. zur Organisation von Freiwilligendiensten und sozialen Projekten
- **www.bagamoyo.com**
Homepage des Freundeskreises Bagamoyo e.V. mit wöchentlichem Newsletter für Mitglieder
- **www.africanews.com**
Nachrichten aus Afrika
- **www.allafrica.com**
News aus Afrika, Basis in Mauritius
- **www.newsfromafrica.org**
Nachrichten aus Afrika, kenianisches Projekt
- **www.dailynews.co.tz**
Nachrichten der größten englischsprachigen Tageszeitung Tansanias
- **www.bbc.co.uk/news**
Nachrichten der BBC, auch aus Afrika
- **www.ippmedia.com**
News aus Tansania in Englisch und Kisuaheli
- **www.mount-kilimanjaro.de**
Deutsches Informationsportal zum höchsten Berg des afrikanischen Kontinents
- **www.serengeti.org**
Homepage des Serengeti National Park
- **kagera.go.tz/**
Homepage der Region Kagera
- **www.mwanza.de**
Homepage der Städtepartnerschaft Mwanza-Würzburg (M.W.A.N.Z.A. e.V.)
- **www.ncaa.go.tz/**
Homepage der Ngorongoro Conservation Area Authority

Natur- und Tierschutz

- **www.africanconservation.org**
African Conservation Foundation (ACF)
- **www.abercrombiekent.com/**
Abercrombie & Kent Global Foundation
- **www.africafoundation.org.za**
Africa Foundation – Projekte der Entwicklungshilfe und des Naturschutzes in ganz Afrika
- **www.blackwoodconservation.org**
African Blackwood Conservation Project (ABCP)
- **www.africanliongroup.org/**
African Lion Working Group (ALWG)
- **www.awf.org**
African Wildlife Foundation (AWF)
- **www.friedkinfund.org**
Friedkin Conservation Fund (FCF)
- **www.friendsofruaha.org**
The Friends of Ruaha Society (FORS)
- **www.savingcranes.org**
International Crane Foundation (ICF)
- **www.iucn.org**
International Union for the Conservation of Nature (IUCN)
- **www.janegoodall.org**
The Jane Goodall Institute (JGI)
- **lioncenter.umn.edu**
Lion Research Center
- **www.maasaierc.org**
Maasai Education, Research and Conservation Institute (MERC)
- **www.peaceparks.org**
Peace Parks Foundation – The Global Solution
- **www.savetherhino.org**
Save the Rhino International
- **www.africanwildlifeconservationfund.org**
Infos und Projekte zum Schutz der afrikanischen Tierwelt
- **www.tawiri.or.tz**
Tanzania Wildlife Research Institute (TAWIRI)
- **www.tarangireconservation.com**
Tarangire Conservation Area
- **www.tusk.org**
Projekte zu Bildung, Gesundheit und Naturschutz
- **www.serengeti.ch**
Verein „Freunde der Serengeti Schweiz" (FSS)
- **www.wcs.org**
Wildlife Conservation Society (WCS)
- **www.zgf.de**
Zoologische Gesellschaft Frankfurt (ZGF)
- **www.ltbp.org**
Lake Tanganyika Biodiversity Project
- **www.wwf.org**
World Wide Fund for Nature
- **www.elephanttrust.org**
Amboseli Trust for Elephants

Affen		
Anubispavian	Olive Baboon	Nyani
Diademmeerkatze	Blue Monkey	Kima
Großohr Riesenbuschbaby	Large-Eared Grater Galago	Komba mkubwa
Grüne Meerkatze	Vervet Monkey	Tumbili
Mantelaffe	Black & White Colobus	Mbega
Schimpanse	Chimpanzee	Sokwe
Senegal Buschbaby	Lesser Bushbaby	Komba kidogo
Steppenpavian	Yellow Baboon	Nyani

Raubtiere		
Afrikanische Wildkatze	African Wild Cat	Paka pori
Afrikanische Zibetkatze	East African Civet	Fungo
Afrikanischer Wildhund	Hunting Dog	Mbwa mwitu
Erdwolf	Aardwolf	Fisi mdogo
Fleckenhyäne	Spotted Hyaena	Fisi madoa
Gepard	Cheeta	Duma
Ginsterkatze	Serval	Mondo
Ginsterkatze	Genet	Kanu
Goldschakal	Golden Jackal	Bweha wa mbugua
Honigdachs	Honey Badger	Nyegere
Karakal	Caracal	Simba mangu
Leopard	Leopard	Chui
Löffelfuchs	Bat-Eared Fox	Bweha masigio
Löwe	Lion	Simba
Mungo	Banded Mangoose	Kicheche
Schabrackenschakal	Black-Backed Jackal	Bweha shaba
Schlankmanguste	Slender Mangoose	Nguchiro
Streifenhyäne	Stripped Hyaena	Fisi miraba
Streifenschakal	Side-Striped Jackal	Bweha miraba
Südliche Zwergmanguste	Dwarf Mangoose	Kitafe

Paar- und Unpaarhufer		
Afrikanischer Elefant	African Elephant	Tembo
Baumschliefer	Tree Hyrax	Perere
Bleichböckchen	Oribi	Taya Wildhund
Bongo	Bongo	Bongo
Breitmaulnashorn	White Rhinoceros	Kifaru
Buschbock	Bushbuck	Pongo
Buschschliefer	Bush Hyrax	Pimbi
Elenantilope	Common Eland	Pofu
Flusspferd	Hippopotamus	Kiboko
Giraffengazelle	Gerenuk	Swala twiga

Grant-Gazelle	Grant's Gazelle	Swala granti
Grevyzebra	Grevy's Zebra	Kangaja
Großer Kudu	Greater Kudu	Tandala mkubwa
Günther-Dikdik	Guenther's Dik-Dik	Dikidiki
Impala	Impala	Swala pala
Kaffernbüffel	Buffalo	Nyati, Mbogo
Kirk-Dikdik	Kirk's Dik-Dik	Dikidiki
Klippspringer	Klipspringer	Mbuzi mawe
Kuhantilope	Coke's Wildebeest	Kongoni
Leierantilope	Topi	Nyamera
Massai-Giraffe	Masai Giraffe	Twiga
Netzgiraffe	Reticulated Giraffe	Twiga
Pferdeantilope	Roan Antelope	Korongo
Riedbock	Bohor Reedbuck	Tohe ndope
Rind (Afrikanisches Buckelrind)	Cow	Nyama
Rothschilds Giraffe	Rothschild's Giraffe	Twiga
Säbelantilope	Sable Antilope	Pala-hala
Spießbock	Oryx	Barabara
Spitzmaulnashorn	Black Rhinoceros	Kifaru
Steinböckchen	Steenbok	Funo
Steppenzebra	Plains Zebra	Punda milia
Streifengnu	Blue Wildebeest	Nyumbu
Thomson-Gazelle	Thomson's Gazelle	Swala tomi
Warzenschwein	Warthog	Ngiri
Wasserbock	Waterbuck	Kuru

Andere Säugetiere		
Afrikanisches Borstenhörnchen	Unstriped Ground Squirrel	Kidiri
Erdferkel	Aardvark	Mhanga
Kaphase	Cape Hare	Sungura
Pinselohrschwein	Bushpig	Nguruwe mwitu
Riesenwaldschwein	Giant Forest Hog	Nguruwe mkubwa
Springhase	Springhare	Kamandegere
Stachelschwein	Crested Porkupine	Nungunungu
Steppenschuppentier	Ground Pangolin	Kakakuona

Reptilien		
Chamäleon	Chameleon	Kigeugeu
Kobra	Kobra	Fira, Swila
Nilkrokodil	Nile Crocodile	Mamba
Nilwaran	Nile Monitor	Buru kenge
Pantherschildkröte	Leopard Tortoise	Mzee kobe
Siedleragame	Rock Agama	Rock Agama

Vögel		
Eisvogel	Kingfisher	Kichi
Ente	Duck	Bata
Eule	owl	Bundi
Falke	Falcon	Kozi
Geier	Vulture	Tumbusi
Goliathreiher	Goliath Heron	Pondagundi mkubwa
Habicht	Hawk	Mwewe
Hammerkopf	Hamerkop	Fundichuma
Honigsauger	Sunbird	Chozi
Ibis	Ibis	Kwarana
Kauz	Owlet	Kitaumande
Kronenkranich	Crowned Crane	Taji
Marabu	Marabou	Marabu
Nashornvogel	Hornbill	Hondohondo
Papagei	Parrot	Kasuku
Pelikan	Pelican	Mwari mweupe
Perlhuhn	Guinea Fowl	Kanga, Kololo
Reiher	Heron	Yangeyange
Riesentrappe	Kori Bustard	Tandawala mkubwa
Rosa Flamingo	Greater Flamingo	Heroe
Schuhschnabel	Shoebill	Korongo nyangumi
Schwalbe	Swallow	Mbayuwayu
Sekretär	Secretary Bird	Karani
Specht	Woodpecker	Kigong
Storch	Stork	Korongo
Strauß	Ostrich	Mbuni
Taube	Pigeon	Nijawe
Unzertrennliche	Love Birds	Kwaru
Wiedehopf	Hooppoe	Hudihudi
Zwergflamingo	Lesser Flamingo	Heroe mdogo

Insekten, Spinnentiere		
Ameise	Ant	Ant
Fliege	Fly	Kuruka
Floh	Flee	Kiroboto
Heuschrecke	Grasshopper	Panzi
Käfer	Beetle	Mende
Schmetterling	Butterfly	Kipepeo
Skorpion	Scorpion	Nge
Spinne	Spider	Buibu
Termite	Termite	Termite

Register

Abdimstorch 116
Abholzung 150
Adapter 25
Adersducker 107
Adler 119
Affen 90
Affenbrotbaum 139
Africa House (Sansibar) 394
Afrikanische Rohrweihe 120
Afrikanische Zibetkatze 377
Afrikanischer Büffel 110
Afrikanischer Elefant 101
Afrikanischer Löffler 117
Afrikanischer Nimmersatt 117
Afrikanischer Strauß 114
Afrikanischer Wildhund 97, 322
Air Excel 19
Air Tanzania 18
Akkus 25
Amboseli-Ökosystem 196
Ang'ata Mamen Plains 217
Angola-Stummelaffen 301
Anreise 14
Antilopen 108, 111
Anubis-Pavian 91
Araber 373
Arusha 154
Arusha National Park 180
Asiaten 373
Auslandskrankenversicherung 35
Ausrüstung 20, 24

Baden 404
Balbal Depression 216
Ballon-Safari 78
Bananen 361
Baobab 139
Bärenstummelaffe 93
Bartvögel 125
Bat Island (Sansibar) 409
Baumhopf 124
Baumsavanne 138
Bawe Island (Sansibar) 409
Beit el Ajaib (Sansibar) 389
Beit el Amani (Sansibar) 391
Bergregenwälder 138
Bi Khole Ruins (Sansibar) 417
Big Five 157, 213
Bilenge 359
Bindennektarvogel 125
Blauducker 107, 377
Blaustirn-Blatthühnchen 122
Bleichböckchen 108
Blessböcke 110
Böckchen 107
Bologonja River 243
Boomslang 127
Boot-Safari 75
Borassus-Palme 139, 327
Botschaften 27
Braunkopfliest 124
Breitmaulnashorn 104
Bridge-Kamera 83
Büffel 110
Buschbock 109
Buschhörnchen (Rotbauch) 94
Buschschwein 105
Bwejuu (Sansibar) 425

Camping 54
Camping-Ausrüstung 23
Camps 52
Campsites 54
Chagga 268, 276
Changu/Changuu („Prison") Island (Sansibar) 407
Chapwani Island (Sansibar) 409
Check-in 15
Chuini (Sansibar) 416
Chukwani (Sansibar) 416
Chumbe Island Coral Park (Sansibar) 410
Chumbe Island Coral Park & Nature Reserve 382
Church of Christ (Sansibar) 390
Circuits 48

Coastal Aviation 19, 402
Cone Place 269
Conservation Area 146
Cultural Tourism Programme 172

Darajani Market (Sansibar) 390
Darajani Street (Sansibar) 383
Defassa-Wasserböcke 347
Delfine 382, 405, 428
Dhau-Hafen (Sansibar) 390
Diadem-Meerkatzen 92, 377
Diplomatische Vertretungen 27
Dongwe (Sansibar) 425
Dornenbuschsavanne 139
Dornenkronen-Seestern 383
Drehhornantilopen 108
Dreifarbenglanzstar 125
Driver-Guide 66
Ducker 106
Dunga Palace Ruins (Sansibar) 417
Dynamit-Fischerei 383

Echsen 127
Einreise 14, 27
Elefant 101
Elektrizität 25
Elenantilope 109
Elton-Plateau 341
Empakai-Krater 217
Enduimet WMA 196
Engitati Hill 215
Englisch 62
Enten 118
Erdferkel 100
Erdhörnchen 94
Erdwolf 99
Essen 76
Eukalyptusbaum 140
Eulen 123
Euphorbienbaum 139
Evolution 227
Eyasi-Graben 136

Fähren (Sansibar) 401
Fauna (Sansibar) 376
Felsenpython 126
Fernglas 78
Feuchtsavanne 139
Fieberakazie 138, 215
Fig Tree Arch 187, 191
Filmen 84
Fischeule 123
Flamingos 117
Flammenbaum 140
Flora (Sansibar) 376
Flötenakazie 138
Fluggesellschaften 18
Flughäfen 14
Flugpreise 14
Flugverbindungen 14, 175
Flusspferd 104
Flycatcher 174
Foot Safari 73
Forest Reserve 149
Forodhani Gardens (Sansibar) 394
Fort (Sansibar) 388
Foto-Safari 60
Fotografieren 82
Fredrick Elton 341
Fremdenverkehrsamt 28
Frühstück 76
Fuji Beach (Sansibar) 407
Fuß-Safari 73

Gabelracke 123
Gaboti River 243
Gackeltrappe 122
Galeriewald 139
Game Drive 71
Game Reserve 147
Game Walk 73
Gänse 118
Gaukler 120
Gazellen 113
Geier 119
Geisterkrabbe 377

Geländewagen (geschlossen) 70
Gelbschnabelente 118
Gelbschnabeltoko 124
Geld 31
Geld-Notfall 33
Geografie 131
Gepäck 15, 20
Gepard 96
Gesundheit 432
Gewürze 378, 412
Gillman's Point 287
Ginsterkatze 100
Giraffe 106
Giraffen-Gazelle 113
Glanzgans 118
Gleitaar 120
Gletscher (Kilimanjaro) 277
Glockenreiher 116
Gnus 250
Goldbugpapagei 123
Goldschakal 98
Goliathreiher 115
Gombe Stream National Park 360
Goodall, Jane 361
Gosuwa River 199
Grabenbruchsystem
(afrikanisches) 134
Grant-Gazelle 113
Grasantilope 112
Graufischer 124
Graureiher 115
Grave Island (Sansibar) 409
Great Ruaha River 335
Greifvögel 119
Großer Galago 377
Großer Kudu 109
Großer Riedbock 112
Großkatzen 95
Grumeti River 243
Grüne Fruchttaube 122
Grüne Meerkatze 92
Grünschwanzglanzstar 125
Gruppenreisen 44, 45
Guerezas 93, 301, 381
Gurrtaube 122

Hadimu 373
Hagedasch 117
Halbaffen 93
Hamamni Persian Baths (Sansibar) 391
Hammerkopf 116
Handy 34
Hasen 93
Hatari (Film) 194
Hatari Lodge 187
Haubenbartvogel 125
Hausgecko 127
Heiliger Ibis 117
Helmperlhuhn 120
Hochland-Mangabe 342
Hochseefischen 406
Höhenkrankheit 284
Honigdachs 100
Hörnchen 93
Hornrabe 124
Hornträger 106
Horombo-Hütte 283
Horseback-Safari 76
House of Wonders (Sansibar) 389
Hühnervögel 120
Hunde 97
Hyänen 98

Ibisse 116
Immigration Card 29
Impala 112
Impfpass 29
Inder 373
Indischer Ozean 301, 380
Individualreisen (organisiert) 46
Infostellen 27
Ingwer 379
Internet 436
Islam 375

Jacanas 122
Jackson-Chamäleon 127
Jäger Summit 216
Jambiani (Sansibar) 427
Jamituri Gardens (Sansibar) 394
Javanesische Zibetkatze 377
Jozani Forest (Sansibar) 413
Jozani-Chwaka Bay National Park 413
Jozani-Chwaka Conservation Area (Sansibar) 413
Julius Nyerere International Airport 17

Kaffernadler 120
Kakombe Waterfall 363
Kambi ya fisi 186
Kamera 82
Kammblässhuhn 121
Kampfadler 120
Kanu 75
Kapente 118
Kaphase 93
Kapotter 100
Kappengeier 119
Kaptäubchen 122
Karatu 234
Karminspint 124
Karten 435
Kasekela 362
Kasiha 359
Kaskazi-Monsun 141
Katavi National Park 346
Kathedrale Sankt Joseph's (Sansibar) 391
Katisunga Plains 348
Katuma River 348
Katzen 95
Kaunda Road (Sansibar) 392
Kendwa (Sansibar) 418
Kendwa Beaches (Sansibar) 422
Kibo 276
Kibo-Gipfel 269
Kibo-Hütte 283
Kibweni Palace (Sansibar) 416
Kichwele Forest (Sansibar) 376
Kidichi Persian Baths (Sansibar) 416
Kiefern 140
Kigoma 358, 360
Kilimanjaro 130, 267, 278
Kilimanjaro International Airport 15, 175
Kinder auf Safari 47
Kirk-Dikdik 107
Kisauni International Airport 18
Kisuaheli 62
Kitulo National Park 341
Kiwengwa (Sansibar) 424
Kizimbani (Sansibar) 416
Kizimkazi (Sansibar) 428
Klaffschnabel 116
Kleidung 20, 373
Kleiner Kudu 109
Kleinkatzen 95
Klima 141
Klippschliefer 102
Klippspringer 108
Klunkerkranich 121
Kobalteisvogel 124
Kokoskrebs 411
Kokosnuss-Krabbe 380
Kokospalme 140
Kompaktkamera 82
Kongoni 110
Kopjes 241
Korallengärten 380
Korallenriffe 383
Kormorane 114
Kraniche 121
Kreditkarte 31
Krokodil 126
Kronenducker 107
Kronenkiebitz 122
Kronenkranich 121
Krüger, Hardy 194, 435
Kuhantilopen 110
Kuhreiher 115
Kurzgrassavanne 138
Kusi-Monsun 141
Kuza Cave 417

Laetoli Footprints 227
Lake Burungi 198
Lake Chada 347
Lake Magadi 214
Lake Ndutu 242
Lake Tagalala 318
Lake Tanganyika 135, 353, 363
Lake Victoria 130, 136, 241, 364
Landkarten 435
Langgrassavanne 138
Lappen-Chamäleon 127
Leakey, Louis 227
Leakey, Mary 227
Leberwurstbaum 139
Leierantilope 110
Lemosho-Route (Kilimanjaro) 290
Leopard 96
Lerai Forest 215
Lichtensteins-Kuhantilope 110
Literatur 434
Livingstone Forests 342
Lobo Hills 241
Lodges 52
Löffelhund 98
Löffler 117
Lokie Swamps 186
Londorossi Gate 290
Löwe 95

Maasai 155, 156, 213, 218
Maasai-Giraffe 106
Machame-Route (Kilimanjaro) 282, 287
Madenhacker 125
Mafia 130
Mafia Island Marine Park 146
Mahale Mountains 353
Mahale Mountains National Park 353
Maio Waterfalls 187
Maji Moto Kubwa 210
Maji Moto Ndogo 210
Makunduchi (Sansibar) 428
Malachiteisvogel 123
Mandara-Hütte 283
Mandusi Swamps 214
Mangapwani (Sansibar) 407, 413
Mangapwani-Sklavenhöhlen (Sansibar) 416
Mangobaum 140
Mangroven 141
Mangrovenreiher 116
Mantelaffe 93
Manyara National Park 206
Manyara Treetop Walkway 208
Mara River 243
Marabu 116
Marangu Gate 286
Marangu-Route (Kilimanjaro) 281, 286
Marder 100
Marine Park & Reserves 146
Maruhubi Palace Ruins (Sansibar) 414
Maskenweber 125
Matemwe (Sansibar) 423
Mathew's House (Sansibar) 393
Maundi-Krater 286
Mawenzi 269, 276
Mbalageti River 242
Mdonya Gorge 335
Meeresschildkröten 382
Meerkatzen 92
Menai Bay (Sansibar) 428
Menschenaffen 90
Meru 158
Meru Summit 189
Meserani Snake Park 173
Meyer, Hans 269, 270
Migration 50, 250
Migrationsbewegung 201
Mikumi National Park 325
Milchuhu 123
Mini-Bus 70
Miombo-Baumsavanne 336
Miombo-Trockenwälder 315
Miombo-Wald 150
MiomboWald 138
Mittelreiher 115
Mitumba Beach 366
Mkata Plains 325

Mkata River 328
Mkomazi National Park 294
Mnazi Bay Marine Park 146
Mnemba (Sansibar) 423
Mninga-Baum 337
Momella Farm 181
Momella Gate 190
Momella Wildlife Lodge 188
Momella-Seen 181, 186
Monduli Mountains 173
Monsun 141, 382
Moschusböckchen 108, 377
Moshi 260
Motorboot 75
Msangazi-Flusslandschaft 303
Mt. Kerimasi 216
Mt. Kibirit 335
Mt. Kilimanjaro National Park 267
Mt. Lolmalasin 216
Mt. Luhombero 332
Mt. Meru 180, 189
Mt. Ndanyanya 335
Mt. Nkungwe 353
Mto Wa Mbu 206
Mtoni Palace Ruins (Sansibar) 415
Mugambo 359
Munge River 214
Munge Waterfall 217
Murogo Island (Sansibar) 409
Museum of History and Culture (Sansibar) 389
Muskatnuss 379

Nachtreiher 115
Nachtschwalben 123
Nagetiere 93
Nashörner 103
Nationalparks 145
Natural History Museum (Sansibar) 391
Nature Reserve 149
Naturraum 130
Naturschutz 144
Navigation 25
Nelke 378
New City (Sansibar) 383
Ng'ambo (Sansibar) 383
Ngare Naronja Springs 243
Ngezi Forest (Sansibar) 376
Ngoitokitok Springs 215
Ngorongoro Conservation Area 213
Ngorongoro-Hochland 238
Ngorongoro-Krater 213
Ngurdoto-Krater 180, 185
Nhumbe Waterfall 341
Niedere Affen 90
Night Drive 73
Nilgans 118
Nilkrokodil 126
Nilwaran 127
Nimmersatt 116
Northern Highlands 216
Notfall im Busch 65
Nungwi (Sansibar) 418
Nyange Island (Sansibar) 409
Nyasa-Graben 135
Nyerere National Park 308
Nyika-Ebene 136

O'Swald-Haus (Sansibar) 393
Ohrengeier 119
Ol Doinyo Lengai 135, 156, 227
Old Ithnaasheri Dispensary (Sansibar) 389
Oldupai Gorge 227
Oldupai-Schlucht 156
Olmoti-Krater 217
Oribis 108
Orphanage (Sansibar) 393
Oryxweber 125
Ostafrikanische Kuhantilope 110
Ostafrikanische Oryxantilope 111
Ostküstenstrände (Sansibar) 423, 425

Paarhufer 104
Paje (Sansibar) 427
Palisanderbaum 140
Palmen 140
Palmengeier 119

Pangani-Graben 136
Pange Island (Sansibar) 409
Pangolin 95
Panther-Schildkröte 127
Papageien 123
Pare Mountains 295
Park Regulations 72
Paviane 68, 90, 361
Peace Memorial Museum (Sansibar) 391
Pelikane 114
Pemba 130, 373
Pemba Channel 380
People's Palace (Sansibar) 388
Perlkauz 123
Pfeffer 379
Pferdeantilope 111
Pferdeböcke 111
Pingwe (Sansibar) 425
Pirschfahrt 71
Plateaus 132
Pongwe (Sansibar) 424
Precision Air 19
Privat-Safari 44
Public Beaches (Sansibar) 418
Public Campsite 54
Puffotter 126
Puku 112
Purpurhuhn 121
Purpurreiher 115
Pwani Mchangani (Sansibar) 423

Rackenvögel 123
Rallen 121
Rallenreiher 115
Rappenantilope 111
Raubadler 120
Raubtiere 95
Rebmann, Johannes 270
Regenpfeifer 122
Regional Air 19, 175
Reiher 115
Reiseapotheke 26
Reisekasse 31
Reisepass 28
Reiseveranstalter 37, 170, 266, 403
Reit-Safari 76
Reusch-Krater 269
Riedbock 112
Riedscharbe 115
Riesen-Landschildkröten 377, 409
Riesenglanzstar 125
Riesenmanta 382
Riesentrappe 121
Rift Valley 135, 156, 181, 206, 227
Rinder 109
Rongai-/Naremolu-Route (Kilimanjaro) 291
Roosevelt-Rappen-Antilope 301
Rosaflamingo 118
Rosapelikan 114
Rosenpapagei 123
Rötelpelikan 114
Rotichneumon 100
Rotkopf Guereza 93
Rotschnabelente 118
Rotschnabeltoko 124
Rotschopftrappe 122
Rotschulterglanzstar 125
Rovos Rail 76
Ruaha National Park 335
Ruaha Rift Valley 335
Ruaha River 336
Ruaha-Graben 135
Ruaha-Ökosystem 337
Rubondo Island National Park 367
Ruinenstätten (Sansibar) 414
Rukwa Game Reserve 347
Rukwa Rift Valley 346
Rungwa River 347
Rungwecebus Kipunji 342

Saadani 304
Saadani National Park 301
Säbelschnäbler 122
Safari 60
Safari-Buchung 41
Safari-Circuits 48

Safari-Guide 66
Safari-Lexikon 62
Safari-Organisation 38, 176
Safari-Planung 36
Safari-Tourismus 60
Safari-Vermittler 174
Sanje Waterfalls 332
Sanje-Haubenmangabe 332
Sansibar 130
Sansibar Aders-Rotducker 411
Sansibar Galago 377
Sansibar Rotducker 377
Sansibar Rotkopf Guereza 381, 413
Sansibar Syke's Diademaffen 377
Sattelstorch 116
Säugetiere 90
Savannen 138
Schabrackenschakal 98
Schakalbussard 120
Schakale 98
Schildkröte 127
Schildrabe 125
Schimpansen 90, 355, 356, 360
Schirmakazie 138
Schlangen 126
Schlangenadler 120
Schlangenhalsvogel 115
Schleichkatzen 100
Schliefer 102
Schmetterlinge 362, 414
Schmutzgeier 119
Schnorcheln 405
Schopfadler 120
Schreiseeadler 119
Schuhschnabel 117
Schuhwerk 23
Schuppentiere 95
Schwalbenschwanzspint 124
Schwarzbauchtrappe 122
Schwarze Mamba 126
Schwarzer Milan 120
Schwarzfersenantilope 112
Schwarzkopfreiher 115
Schwarzstorch 116
Seegras 376
Seidenreiher 115
Sekretär 119
Senegalgalago 93
Seneto Pools 186
Seneto Springs 214
Serengeti Highway 240
Serengeti National Park 240, 248
Serengeti Ndogo 185
Serengeti Plains 241
Seronera Valley 242
Serval 96
Shifting Sands 229
Shira Plateau 269
Shira-Route (Kilimanjaro) 290
Shu'mata Camp 197
Sicherheit 63
Siedelweber 125
Siedleragame 127
Silberreiher 115
Singhabicht 120
Sitatunga 109
Sitatunga-Sumpfantilope 367
Sklavenhöhlen 413
Smartphone 34
Snake Island (Sansibar) 409
Sonnenschutz 25, 432
Southern Highlands 133
Spechte 125
Special Campsite 54
Speikobra 126
Speke, John H. 364
Sperbergeier 119
Sperlingsvögel 125
Spice Tour (Sansibar) 412
Spiegelreflexkamera 83
Spitzmaulnashörner 103, 316
Sporengans 118
Spornkiebitz 122
Sprache 62
Springhase 94
Stachelschwein 94

Steere, Edward 390
Steinböckchen 108
Stelzenläufer 122
Steppen-Zebra 103
Steppenadler 120
Steppenpavian 91
Stiegler's Gorge 318
Stone Town (Sansibar) 383
Störche 116
Strauß 114
Streifengnu 110
Streifenhyäne 99
Streifenschakal 98
Studienreisen 46
Stummelaffen 92
südwestliche Strände (Sansibar) 428
Swahili 62, 373
Swahili-Zeitrechnung 35
Swainsonfrankolin 120

Tamarinde 140
Tan-Zam-Highway 327
Tansania National Parks Authority 145
Tanzania Cultural Tourism Programme 172
Tanzania Wildlife Authority (TAWA) 145
Tarangire National Park 197
Tarangire River 199
Taschenlampe 24
Tauben 122
Tauchen 405
Tauchgründe (Sansibar) 406
Tauchunternehmen (Sansibar) 405
Temperaturen 141
Tented Lodges 53
Tented Safari Camps 53
Textor 125
The British Consulate (Sansibar) 394
The Saddle 269
Thomson-Gazelle 113
Tier-Wörterbuch 439
Tierbeobachtung 77
Tierbeobachtungsfahrt 71
Tiere (gefährliche) 63
Tierfotografie 77
Tierwanderungen 50
Tigerginsterkatze 332
Tippu Tip's House (Sansibar) 393
Topi 110
Train-Safari 76
Trappe, Margarete 159, 181
Trappen 121
Trinken 76
Trinkgeld 67
Trockensavanne 139
Trockenwälder 137
Trockenzeit 49
Trompeterhornvogel 124
Tsetse-Fliege 308, 346
Tululusia Waterfalls 187
Tumbatu 373
Tungamalenga 340
Tüpfelhyäne 99

tannp139 jg

Udzungwa Mountains National Park 331
Ufipa-Plateau 136
Ugalla River National Park 350
Uhehe Rotkopf Guereza 332
Uhuru Peak 267
Umba River 295
Umbwe-Route (Kilimanjaro) 289
Unguja 373
Unpaarhufer 102
Unterkunft (Arusha) 163
Unterkunft (Moshi) 263
Unterkunft (Sansibar) 395
Unterkunftsarten 52
Uroa (Sansibar) 424
Usambara-Eisenbahn 260
Usangu Flats Game Reserve 337

Vanille 379
Vegetationsformen 137
Vegetationsstufen (Kilimanjaro) 274
Verhalten 55
Verhaltensregeln 72, 82
Verkehrsverbindungen (Arusha) 175
Versicherungen 35
Verständigung 55
Victoria Gardens (Sansibar) 393
Victoria-Barsch 364
Visum 28
Vögel (Binnenland) 114

Wachtel 121
Waffenkiebitz 122
Waldböcke 108
Wale 382
Walking Safari 73
Wami River 301, 303
Warzenschwein 105
Wasser-Hyazinthe 141, 365
Wasserbock 112
Watvögel 122
Wayne, John 194
Wazungu 55
Weißbrustkormoran 115
Weißrückengeier 119
Weißschwanzgnu 110
Weißstirnspint 124
West-Kilimanjaro 196
Western Corridor 243
Wetter 49, 141
Wiedehopf 124
Wiege der Menschheit 227
WiFi 25
Wilderei 150, 247, 313
Wildlife Division 147
Wildlife Management Area 149
Wildschutz 144
Witwenpfeifente 118
WLAN 25
Wollhalsstorch 116
Wollkopfgeier 119

Zala Park (Sansibar) 428
Zan Air 19, 402
Zanzibar Butterfly Centre 414
Zanzibar Channel 380
Zanzibar Town 383
Zaraninge Forest 303
Zebra Rock 286
Zebramangusten 100
Zebras 102
Zeitverschiebung 35
Zelten 55
Zentralafrikanischer Grabenbruch 135
Zibetkatze 100
Zollbestimmungen 28
Zwergfischer 124
Zwergflamingo 118
Zwergmangusten 100
Zwergspint 124

Der Autor

Jörg Gabriel, Jahrgang 1970, in Indien und Ostafrika aufgewachsen, ging in Äthiopien, Indien und Kenia zur Schule und studierte in Deutschland Politologie und Geografie. Von Ost- bis Südafrika bereiste er viele Gebiete, in seiner Kindheit mit seinen Eltern, dann im Alleingang, und vertiefte dabei seine Kenntnisse über Geschichte und Kulturen, die Naturschutzgebiete und Tierwelt Afrikas. Noch während des Studiums betrieb *Jörg Gabriel* ein Spezialreisebüro für außergewöhnliche Safaris nach Ostafrika. Danach leitete er als Manager und Guide ein exklusives Safari Camp im Selous Game Reserve. Seither hat er Expeditionen organisiert und begleitet, als Co-Produzent, Kameramann und Organisator zu TV-Produktionen für viele Fernsehsender beigetragen (u.a. ZDF, „Traumschiff"). Als Fotograf ist er viel unterwegs. Heute lebt er mit seiner Familie in Tansania und betreibt auf der ehemaligen Farm von *Hardy Krüger* in Momella am Rande des Arusha National Park die bekannte Hatari Lodge sowie das luxuriöse Shu'mata Camp am Fuße des Kilimanjaro. Zudem leitet er zusammen mit seiner Frau *Marlies* die *Wondergarden Foundation,* eine Stiftung, welche kaum bekannte indigene landwirtschaftliche Produkte Tansanias wieder in die Küchen bringt.

Fotonachweis

Die Bilder in diesem Reiseführer stammen von verschiedenen Fotografen und sind entsprechend gekennzeichnet: J. Gabriel (jg), P. Rump (pr), X. Brachtendorf (xb), Ch. Lübbert (cl), F. Jantschke (fj), Adobe Stock (Autorennachweis jeweils am Bild).
Von dem Fotoportal www.fotolia.com sind folgende Bilder: Andreas Edelmann (edel), barantza (barantza), Berg, Martina (berg), biamiti (bia), cucumber images (cucu), Damke, Henner (damke), EastVillageImages (east), ewanc (ewanc), fotoping (ping), Isselée, Eric (eric), Kasal, Jiri (kasal), lexan (lexan), Noakes, Duncan (noakes), nyiragongo (gongo), onewordphoto (one), Otte, claudia (otte), Palenque (pale), p(AS)ob (pasob), PROMA (proma), Running Lizard (lizard), Stefanon, Werner (stef), traveller (trav), Znamenskiy, Oleg (oleg).

tan072 jg

☒ Der Autor in Gesellschaft eines Maasai